C0-BRK-512

tecni-ciencia libros
CCCT 959.03.15 - Lido 952.23.39
Sambil 264.17.65 - El Recreo 706.85.83
Prados 975.18.41 - San Ignacio 264.51.56
El Cafetal 988.04.90 - Valencia 841.11.71
www.tecni-ciencia.com

HISTORIA DE LA MAFIA

un poder en las sombras

GIUSEPPE CARLO MARINO

HISTORIA DE LA MAFIA

un poder en las sombras

Javier Vergara Editor

GRUPO ZETA
Barcelona / Bogotá / Buenos Aires
Caracas / Madrid / México D. F.
Montevideo / Quito / Santiago de Chile

Título original: *Storia della mafia*

Traducción: Juan Carlos Gentile Vitale

1.ª edición: junio 2002

© 1998 Newton & Compton Editori s.r.l.
© Ediciones B, S.A., 2002
  para el sello Javier Vergara Editor
  Bailén, 84 - 08009 Barcelona (España)
  www.edicionesb.com

Printed in Spain
ISBN: 84-666-0973-3
Depósito legal: B. 22.909-2002

Impreso por LIBERDÚPLEX, S.L.
Constitució, 19 - 08014 Barcelona

Todos los derechos reservados. Bajo las sanciones establecidas
en las leyes, queda rigurosamente prohibida, sin autorización
escrita de los titulares del *copyright*, la reproducción total o parcial
de esta obra por cualquier medio o procedimiento, comprendidos
la reprografía y el tratamiento informático, así como la distribución
de ejemplares mediante alquiler o préstamo públicos.

A mi compañera Doris Van De Motter,
en su denodado diálogo con Sicilia.

ÍNDICE

En las ilustraciones fuera de texto las fotografías n.° 17, 19 (I), 20, 21, 25, 26, 27, 28, 29, 30, 31, 32, 33, 34, 35, 36, 37, 38 y 39 son de la agencia fotográfica Studio CAMERA de Palermo (Lannino & Naccari).

Para un libro como éste, declarar de manera previa la modestia de las capacidades personales y de medios es, quizá, menos obligatorio que reconocerse poseedor del valor necesario para escribirlo. En efecto, que sea, por su propio carácter, un libro valiente, no depende tanto —como sería obvio suponer— de su contenido específico, sino más bien de la relación que asume con el oficio y con la particular formación profesional del autor.

Es fundamental proporcionar a los lectores una información directa, hablando con ellos en primera persona. Treinta años de experiencia en la investigación científica me han familiarizado con las severas normas (las obligaciones y las prohibiciones) de la filología, hasta el punto de que no conseguiría abandonarlas del todo sin advertir una insoportable sensación de extrañeza de mí mismo. Dicho esto, estoy convencido de la oportunidad de empeñarme en un trabajo que debe sustraerse al máximo de los vicios habituales del academicismo, aunque intentando preservar de algún modo sus virtudes. Aquí se vuelve primordial el derecho de los lectores, de todos los posibles lectores, de poder seguir el análisis y entender sus notables dificultades, evitándoles la fatiga de particulares ejercicios de comprensión.

Todo esto comporta alternativas técnicas y de lenguaje que son bastante inhabituales en los historiadores italianos. La primera, y menos habitual, consiste en la aventura de enfrentarse con una empresa que no es una confrontación neutral con acontecimientos de otro tiempo, bien definidos y estabilizados en la memoria, sino con procesos aún en curso en los que es más bien el pasado el que depende del presente y no al revés. Confieso que, como historiador siempre decidido a defender la especificidad de su oficio, sería incapaz de tanta osadía si no me sostuviera el recuerdo de la más grande obra de la historiografía contemporánea de todos los tiempos: la *Historia de la guerra del Peloponeso*, del griego Tucídides. Además, me auxilia el ejemplo, reciente e incomparable, de la más apasionada y profunda obra de reflexión científica sobre el siglo que llega a su fin: *El siglo breve*, de Eric J. Hobsbawm. También para quien, como yo, tiene objetivos mucho más modestos, es tiempo de síntesis, de grandes balances y, sobre todo, de una total apertura a los riesgos de un juicio humildemente dispuesto a dejarse condicionar y alimentar por la pasión civil, reintroduciendo cometidos y fines quizá desde hace demasiado tiempo arrinconados por el trabajo historiográfico.

Al disponerme a un empeño de esta naturaleza me veo beneficiado, desde luego, por el hecho de haber dedicado durante años una continua atención al tema central del libro, transmitida en numerosos ensayos a los cuales, a falta de algo mejor, recurriré muchas veces sin el complejo de repetirme. En algunos temas, por lo demás, las repeticiones no son nunca excesivas y sólo puedo complacerme de que mi antigua hipótesis de considerar necesaria una revolución cultural para derrotar definitivamente a la mafia siciliana se haya convertido casi en un eslogan, un *Chartago delenda est*, repetido en diversos y autorizados simposios.

De todos modos, estoy convencido de poder hacer algunas aportaciones interpretativas nuevas, yendo más allá de mí mismo, a costa de prepararme para avivar nuevas polémicas, al haber deliberadamente decidido rechazar los recursos mediante los cuales, habitualmente, los académicos fingen estar distanciados y neutrales en sus análisis. Además, para ser honestos, debe reconocerse que en la historiografía la objetividad es un deber inalienable, pero un deber siempre compensado y moderado por el derecho a una plena libertad de interpretación y valoración de los hechos.

Dado el terreno intransitable y nada consolidado sobre el cual me muevo, para afrontar las cuestiones y superar los obstáculos deberé tratar de imponerme la máxima vigilancia científica posible, como también valerme de las oportunidades y de los azares permitidos por la crónica periodística. Lo que comúnmente se define como objetividad histórica será, si lo consigo, el resultado global de ambas operaciones, es de esperar que potenciado por las reflexiones críticas y las eventuales discrepancias de los lectores.

También debo reservar algunas palabras a los aspectos técnicos del trabajo. Las fuentes utilizadas son fuentes escritas y documentales, fuentes orales, informaciones personales y recuerdos y, con gran abundancia, sobre todo en los últimos capítulos, originales y resúmenes de sumarios de la Magistratura, documentación publicada por la Comisión Parlamentaria de Investigación sobre la Mafia y fuentes memorialísticas y periodísticas, de la prensa diaria y periódica. A propósito de estas últimas debo destacar que, en general, no me atrevería a considerarlas menos fiables, a pesar de sus inevitables imprecisiones, que cualquier informe de un prefecto o de un funcionario de policía. Como sucede, en definitiva, con gran cantidad de documentos, sólo se trata de tener la prudencia de utilizarlas con plena conciencia de su carácter de registros apenas provisionales de los acontecimientos.

La novedad técnica más importante, sobre todo para éste, que es un trabajo historiográfico, está constituida por una sorprendente y deliberada omisión: no lo dotaré de un conjunto de notas. Me parece que la decisión se corresponde plenamente con la arquitectura y el estilo de una escritura orientada a una divulgación culta. Que esto no suscite el revuelo filisteo de los «especialistas», porque —al tener el cuidado de indicar en el texto, para cada cita, a veces genéricamente y en otros casos de manera más precisa, las referencias necesarias y suficientes— precisamente ellos, los especialistas más exigentes, no tendrán dificultades para localizar correctamente las fuentes recurriendo a la bibliografía. Por lo demás, no sin una consciente falta de prejuicio, hago mía la sugestiva propuesta formulada por Eric J. Hobsbawm en el prefacio a la obra antes citada: «Los lectores deberán confiar en la mayor parte de las afirmaciones de este libro, prescindiendo de aquellas que resulten manifiestamente valoraciones personales del autor; no tiene sentido sobrecargar un libro como éste con un vasto conjunto de remisiones eruditas.»

En conclusión, no me queda más que declarar con la mayor disponibilidad mis más sinceras intenciones a todos los protagonistas aún vivos de esta historia y a las personas, de un pasado más o menos reciente, citadas por diversos motivos. Francamente, querría que quedara claro que en ningún caso y en relación con nadie he albergado o albergo ninguna clase de prejuicio hostil que ataque el derecho natural que cada uno puede sensatamente reivindicar respecto de sus propias experiencias existenciales. Para un historiador, que por su específica tarea no es un moralista, la pasión civil puede alcanzar sobre todo, si no exclusivamente, a los datos, los hechos y los elementos objetivos de los procesos analizados. Para las personas, para todas, vale siempre la admonición del papa Juan XXIII de distinguir «el pecado del pecador». Esto no significa que las responsabilidades subjetivas, cuando son concretamente perceptibles, carezcan de importancia para el juicio histórico.

Son indecibles la emoción y los amargos sentimientos con los que debo asumir aquí, como siciliano, el sencillo deber de interpretar y juzgar los hechos. En cierto sentido, tengo la impresión de aprestarme a escribir un libro autobiográfico, tan grande es el papel de la historia de Sicilia que, como verán los lectores, coincide por desgracia con la historia de la mafia. Por suerte, desde las primeras páginas me ayuda, en sintonía con otros innumerables sicilianos, la memoria de muchos mártires, de nombres famosos u oscuros, de una lucha generosa e implacable a la cual esta isla debe la continuidad de su antigua y muy relevante importancia en el marco de la civilización europea.

G. C. M.

Sobre los caracteres originarios

La muy especial naturaleza de la historia que ocupará estas páginas permite que el autor, imitando a algunos directores de cine, llame enseguida la atención de los lectores sobre algunas secuencias de la crónica periodística que un correcto uso de la cronología aconsejaría situar al final. El escenario está constituido por un barrio de la vieja Palermo, con el fascinante nombre árabe de la *Kalsa*, un lugar de pobreza y de degradación, entre palacios aristocráticos en ruinas, casuchas y escombros de la Segunda Guerra Mundial. Allí, en la plaza situada frente al santuario de Santa Teresa, el sábado 9 de noviembre de 1997, en una tarde aún tibia de otoño, una gran multitud, fervorosa e indignada, celebra el triunfo de su párroco, Mario Frittitta, recién salido de la cárcel del Ucciardone. Centenares de manos lo aplauden, levantan sus manos y le acarician el hábito desgarrado, imploran su bendición. Misterios de Sicilia.

El orgulloso fraile carmelita vuelve de la reciente y pública humillación de las esposas que le ha puesto la policía por algunas graves acusaciones formalizadas en su contra por el fiscal de la República: entre otras cosas, los jueces tienen fundados motivos para considerarlo encubridor de Pietro Aglieri, llamado *U signurinu* [el señorito], un representante, entre los más distinguidos y feroces, de la ferocísima agrupación mafiosa de los corleoneses. El fraile ha admitido haber oficiado misa y administrado los sacramentos en la guarida del supercapo; es sospechoso de haberle aconsejado que no se arrepintiera en caso de captura, porque «arrepentirse y acusar a los demás no es de cristianos», y de no haberse sustraído a la responsabilidad de distintas y comprometedoras relaciones con el ambiente mafioso, hasta el punto de haber celebrado en secreto la boda de otro feroz capo fugitivo, Giovanni Garofalo. Todo por la buena causa de la fe, dado que el fraile Frittitta, sin duda un hombre de fe, se ha encomendado la especial misión de convertir a los mafiosos y de ofrecer servicio religioso a los fugitivos.

Probablemente, en cualquier otra parte del mundo civilizado, un consejero espiritual tan excéntrico no habría escapado de la reprobación universal, sin consentir excepciones ni siquiera a los más piadosos del pueblo cristiano. Pero Sicilia es tierra de contrarios o bien, a veces, de una sorprendente excepción de la idea de civilización. Hasta el punto de que el padre provincial de los Carmelitas, en abierto desacuerdo y en polémica con el arzobispo de Palermo, no sólo evita reprenderlo, sino que lo defiende y elogia: «Fray Mario ha desarrollado su obra pastoral con absoluta honestidad [...]; siempre ha trabajado para combatir la cultura mafiosa.» ¿Cómo? Es un misterio: esta vez de los sagrados conventos. Aún más misterioso, si —como luego ha ocurrido— se ha insistido en atribuir a las imputaciones el carisma de incomprendidas virtudes pastorales, suficientes para asegurar al fraile, al menos en la opinión difundida en el barrio, un aura de santidad. Todo ello con el aval de numerosos hermanos del clero regular y secular local, además de fervorosas monjas y de pías mujeres, que recuerdan acontecimientos milagrosos asignados a las dotes taumatúrgicas de su párroco, sin el menor escándalo al saber que sobre el santuario de Santa Teresa planea incluso la horripilante sospecha de un uso impropio como refugio inexpugnable para tironeros y maleantes de la zona perseguidos por la policía.

La peculiar «santidad» de Frittitta, sobre la que la gente fabula, consistiría, ante todo, en su tenaz testimonio de comprensión y de afecto por todos los desgraciados más o menos constreñidos, por un destino maligno, al hampa y, en cualquier caso, caídos bajo el peso de la ley. Es un vivo recuerdo del barrio su enardecida homilía de agosto de 1985, delante del cadáver de un tal Salvatore Marino, sospechoso del asesinato de un funcionario de policía y muerto en las dependencias de la jefatura de Palermo, probablemente por no haber resistido la tortura.

Ahora aparece del todo consecuente, si bien de dudosa oportunidad civil, la extensión de los beneficios de una tan tenaz profesión de caridad a un personaje como Aglieri, que no es precisamente un pobre diablo, sino un delincuente multimillonario —de cuyas vicisitudes específicas nos ocuparemos más extensamente, a su debido tiempo, en este libro— iluminado por la gracia divina al término de su larga carrera criminal. La gente de la *Kalsa* no parece precisamente interesada en los misterios de una clamorosa conversión, sino en la posibilidad de verificar, una vez más, mediante el mismo comportamiento de auténticos hombres de Iglesia, que la muy particular condición del mafioso (como ocurre, por lo demás, con forajidos, proxenetas y prostitutas) no está de por sí en contraste con la religiosidad.

A este respecto, la tradición siciliana ofrece numerosas y recurrentes garantías. El más famoso capo de la mafia agraria, Calogero Vizzini (a quien pronto encontraremos entre los protagonistas de nuestra historia), tenía dos hermanos curas, un primo párroco y nada menos que dos tíos obispos. Su sucesor, Giuseppe Genco Russo, era muy religioso, además de impecablemente democratacristiano, y se preciaba de tener un banco reservado en la catedral de Mussomeli. Parece que no lo era menos el conocido Luciano Liggio, capo histórico de los corleoneses, que asistía a misa los domingos de manera regular. El capo del «grupo de fuego» mafioso catanés, Nitto Santapaola, había erigido en su guarida de fugitivo una especie de altar a la Virgen y tenía una Biblia y un rosario sobre su mesilla de noche.

Se podrían citar centenares de ejemplos por el estilo, aparte del famoso episodio de los frailes capuchinos de Mazzarino que incluso habían transformado su convento, en los años cincuenta, en una activa central de prácticas mafiosas y de la mala vida. Y hay más. En efecto, mucho más allá de parroquias, conventos y guaridas clandestinas, son localizables, «arriba», incluso en las curias episcopales, recurrentes confirmaciones de estas extrañas conexiones de las prácticas mafiosas con las realidades religiosas. No pocos prelados, entre otros el arzobispo de Monreale, monseñor Eugenio Filippi, y el más conocido cardenal Ernesto Ruffini, eran famosos por haberse encontrado más a gusto con personajes de alto nivel mafioso, apreciados como «hombres de orden», que con los adversarios de la mafia, de costumbre sospechosos de comunismo. Sobre un particular episodio, el «asunto» del bandido Giuliano, que, como veremos, estuvo en el centro de las intrigas politicomafiosas en el trienio 1947-1950, podemos confiar en el testimonio de un estadista católico absolutamente libre de sospecha de inclinaciones anticlericales, Mario Scelba, el distinguido ministro de Interior de los gobiernos de De Gasperi, que escribió en su libro de memorias: «Giuliano era amigo de un monseñor [¿el arzobispo de Monreale?], a quien había entregado para obras de caridad algunas sumas de dinero, naturalmente robado. A cambio, el monseñor había alojado a menudo a Giuliano en sitios seguros; [...] había estado escondido en un convento de monjas de clausura, donde había sido presentado por el monseñor, quien garantizaba que se trataba de un buen chico» (Scelba, 1990, p. 160). Ahora se añaden, a una distancia muy acortada por nuestra indagación, las turbias vicisitudes del actual arzobispo de Monreale, monseñor Cassisa, en un denso enredo de corrupción y mafiosidad ambiental.

Si hasta aquí se ha insistido en curiosear entre los extraños recuerdos que el buen fraile Frittitta ha contribuido a llevar a la atención de la crónica periodística, no se ha hecho por ninguna desatinada y gratuita exhibición de anticlericalismo. Por el contrario, se ha querido usar datos que parecen muy útiles para comprender el carácter originario del fenómeno mafioso siciliano, que consiste en su arraigo en la cultura popular, un arraigo tan profundo que permite una tan impropia como convencida alianza con la religión, que es tradicionalmente la viga maestra del sistema de creencias y valores tradicionales. De ello se había dado cuenta, en el siglo XIX, un valeroso fiscal del reino, Diego Taiani, según el cual sería precisamente «la perversión del sentimiento religioso» la que haría que «la mafia echara más raíces» en Sicilia.

Para profundizar en el análisis de este particular aspecto del fenómeno y verificar su larga duración (hasta el punto de dejar bien claro que el fraile Frittitta no constituye en absoluto una excepción) reléase cuanto ha escrito en 1995, en un libro dedicado a la historia de Camporeale, un pueblo muy implicado en las vicisitudes mafiosas, hasta las más recientes de los corleoneses de Brusca y de Riina, un tal Salvatore Accardo, párroco de la catedral: «El siciliano siempre ha sentido al Estado como un extraño que no interviene para hacer justicia contra la afrenta recibida. Entonces debe apañárselas solo con la ayuda de ciertos personajes. El capo mafioso es el que puede, por la fuerza, hacer justicia de inmediato.» Y he aquí los «valores» del sentimiento mafioso: «La mafia encuentra su fuerza en la *omertà* —la ley del silencio—, y se hace inexpugnable en la estructura social de la familia, considerada sagrada y único lugar seguro. En efecto, se dice que la sangre no traiciona.» El mismo sacerdote no se percata, en ese contexto, de que está cantando las alabanzas de la «sabia» mafia de antaño. Por desgracia —destaca— «de la mafia típica del latifundio se ha pasado, también en Camporeale, a la seudomafia, organización delictiva que ha invadido todas las fuentes de beneficio y de poder». De esto se deduce que Accardo, al tiempo que reprueba a los delincuentes, cultiva una tenaz simpatía por los mafiosos «buenos». Con semejante mentalidad por parte de un gran número de «pastores», ¿cuáles podían ser las ideas de las «ovejas»? Muchos curas han estado tradicionalmente habituados a considerar a los capos mafiosos entre las autoridades oficiales de sus pueblos.

Desde luego, puesto que debe reputarse como continuada y no episódica, la relación de intercambio entre la mafia y la religión siempre ha sido desigual: los auténticos mafiosos han podido profesarse y a veces incluso creerse religiosos, mientras que parece excluible que algún auténtico religioso pueda haber sido, bajo ningún concepto, un mafioso. Pero, en resumen, mafia y religión han tenido más que algunas esporádicas ocasiones para reconocerse simétricamente como partes integrantes de una mentalidad común (muy conectada, según veremos, con los intereses concretos de las clases dominantes en Sicilia) que tiende a considerar la moral como un contexto autónomo de valores y de tradiciones sociales que debe distinguirse claramente del sistema de las prescripciones del Estado o de la legalidad. Mafia y religión, como es obvio con distinto título, son expresiones de una cultura premoderna, si no incluso antimoderna, la misma que ha inducido a un cura amigo de Frittitta a defenderlo públicamente, en la iglesia, con estas palabras: «Si el poder nos pide que seamos antimafia, no nos interesa; [...] la cuestión es otra: es que los jueces nos dicen que hagamos ciertas cosas, pero ellos no son nuestros amos; nuestro amo es Jesús.»

Es obvio que la cultura premoderna está en conflicto con todos los cambios históricos producidos desde la Ilustración, con el desarrollo de los Estados nacionales y con la revolución industrial. La especificidad de la cultura mafiosa clásica, en tanto cultura antimoderna, consiste justamente en haber constituido, con seguros amparos tradicionalistas que oponer a los cambios, el repertorio de sus «valores»: un culto casi obsesivo de los intereses identificados con el *asunto*; la inclinación a resolver por la fuerza todos los problemas conectados con la tutela de un orden jerárquico que establece y legitima a distintos niveles los títulos para obtener «honor» y «respeto» (no es casual que al mafioso le agrade definirse como «hombre de honor» u «hombre de respeto»); la absoluta identificación de las normas sociales (y, por tanto, del «derecho») con la costumbre; la enfática subordinación a las reglas del sentido común y el formal homenaje al poder y a los poderosos, además de a los prejuicios consolidados, en un marco de conformismo que vincula con el principio de autoridad todas las formas de la vida social, alimentando un hábito que privilegia las relaciones y las instituciones naturales, los lazos de sangre y las amistades, imponiendo una moral de la resignación, la obediencia, la complicidad y la *omertà*, con todo lo que deriva para la reproducción de comportamientos dominados por el familiarismo, el caciquismo y el machismo. Es comprensible que a una cultura de este tipo le haya resultado útil absorber, secularizándolas, las creencias y las prácticas religiosas, desde el culto a los santos y a las imágenes, hasta las fiestas del calendario eclesiástico, a menudo con la aportación organizativa de las cofradías, singulares bandas religiosas, árbitros de las actividades devocionales y de las procesiones, al margen de las parroquias.

MAFIOSIDAD Y MAFIA: INTERPRETACIONES Y DEFINICIONES

Cuanto se acaba de destacar induce a estimar preliminar al estudio de las vicisitudes a las cuales ha dado lugar en el tiempo el fenómeno mafioso una específica atención por la «mafiosidad». Este último término alude a los difusos y tenaces comportamientos que remiten a una mentalidad y a un extendido sentimiento popular, expresados por procesos culturales profundos y de larga data; y ello a pesar de la bien fundada indignación que enciende los ánimos de no pocos sicilianos definitivamente redimidos de su pesada herencia cada vez que se encuentran discutiendo juicios del tipo de los inducidos, por ejemplo, por el conocido dibujante humorístico Giorgio Forattini, que suele representar a Sicilia con la imagen de una cabeza de cocodrilo ornada con una gorra negra, que es, como todos saben, el sombrero más típico de los mafiosos.

Con una aceptación sin prejuicios de las verdades incómodas, se podría suponer que la cultura mafiosa —en la cual las ideas y los valores producidos por las clases dominantes para su uso y beneficio han sido transformados, por la fundamental unión de tradición y religión, en una *Weltanschauung* popular— se ha formado y desarrollado como un particularísimo fundamentalismo sicilianista, en ciertos sentidos análogo a aquel del que en la actualidad, dando por descontadas algunas relevantes diferencias, hay una amplia y funesta manifestación en los países árabes (entre otras cosas, no es secundario destacar que la misma palabra «mafia» tiene su etimología, casi con seguridad, en la palabra árabe *maha fat*, que significa «protección, inmunidad o exención»). Con todas las dudas del caso, dejemos los diversos aspectos de la cuestión a los antropólogos y conformémonos con fijar los primeros puntos incontestables para el específico campo de investigación de este libro.

El primer punto incontestable: la mafia es, en sentido estricto, un fenómeno siciliano cuya exportación a otras partes del mundo se debe, sobre todo, como es particularmente evidente en las Américas y en especial en Estados Unidos, a las corrientes migratorias sicilianas y a la específica evolución de sus colonias en las diversas realidades sociales de los países de nuevo asentamiento. Las otras mafias que han proliferado por las diferentes regiones, a menudo muy distantes entre sí (las cercanas constituidas por la *'ndrangheta* calabresa y por la camorra napolitana y, un poco más lejos, la clásica marsellesa y, ahora, la turca, la colombiana, la japonesa y la rusa), son fenómenos de fundamental y casi exclusiva naturaleza criminal, de las que se pueden destacar —sólo en relación con ciertos aspectos comunes de la organización y del ejercicio de actividades criminales— las afinidades con la mafia siciliana. El recurso ya habitual a una misma palabra para definirlas a todas, si bien a veces puede favorecer una conveniente simplificación del lenguaje, es desde luego desorientador para la interpretación. Sin las adecuadas precauciones, nos exponemos a un riesgo similar a cuando se usa la palabra «fascismo», nacida de una específica experiencia de la historia italiana, para indicar el nazismo, el franquismo y otros análogos fenómenos totalitarios de entreguerras.

El segundo punto incontestable también permite aclarar mejor el primero: la mafia siciliana (que de ahora en adelante será mencionada sin adjetivos), por la complejidad de los procesos culturales que la han generado y alimentado en el tiempo y por las peculiaridades específicas de su larga historia, no es, y nunca ha sido, circunscribible a la simplificadora dimensión de un fenómeno criminal. Éste es un hecho, como veremos mejor en las próximas páginas, tan indiscutible como difícil de explicar, sobre todo a los no sicilianos, habituados a asociar el término exclusivamente a su alarmada reprobación de las tramas delictivas y de las acciones sanguinarias de aquellas que antaño, con un lenguaje positivista, se señalaban como las clases peligrosas, o bárbaras, de las sociedades modernas. Pero sería injusto atribuir el grave error de interpretación sólo a los prejuicios del sentido común, dado que el estado de los trabajos en la cantera de la investigación sobre el fenómeno mafioso es ampliamente insatisfactorio, a pesar de la sobreabundancia de las aportaciones cognoscitivas ofrecidas a la cuestión por numerosas disciplinas (la historia, el derecho, la sociología, la antropología, la criminología, la estadística, la psicología y, por último, una especie de saber interdisciplinar que se propone, a modo de suma de conocimientos transversales, en las especiales investigaciones del estudio de la mafia). Incluso entre los estudiosos, y entre los mismos magistrados de la antimafia, no hay un acuerdo sobre las palabras y las definiciones fundamentales, sin que se hayan hecho notables avances respecto de la situación de la que era consciente el estudioso Giuseppe Pitrè, impresionado, a comienzos del siglo xx, por la cantidad de opiniones contradictorias registradas sobre el tema. Antes que él, Pasquale Villari, en sus clásicas *Lettere meridionali* [Cartas meridionales] (1882), había denunciado la babel de las ideas y de los lenguajes de los numerosos intérpretes del fenómeno: «Cada uno tiene su opinión o una idea distinta; he leído un gran número de libros y de opúsculos, he interrogado a muchos sicilianos y a muchos extranjeros residentes en la isla desde hace largo tiempo: la variedad de las opiniones crecía cada día.»

El curso de tan numerosa, y nada útil, proliferación de opiniones y, más tarde, de modelos interpretativos, sería imparable hasta nuestros días. Mucho más grave que el desacuerdo entre los estudiosos es el grado de aceptación que, entre tanta confusión, ha logrado conquistar la definición que es, entre todas, la menos convincente, aquella —de amplio uso— según la cual la mafia sería un fenómeno de «delincuencia organizada».

Francamente, debería parecer excesivo el empeño puesto por tantas ciencias en la interpretación de un fenómeno delictivo, por más que éste se revele eficiente y aguerrido, precisamente porque está organizado. Y es extraño que al describirlo se eluda con demasiada frecuencia el problema de dar una razón histórica del motivo por el cual se volvió tan fuerte y capaz de reproducirse en el tiempo, a despecho de todos los cambios, hasta el punto de parecer invencible como el mítico fénix, dado que ningún gobierno ha conseguido nunca liquidarlo de manera definitiva. Por un lado, nadie podría dudar del hecho de que todos los miembros de una organización mafiosa, desde los capos a los gregarios, son criminales; pero, por otro, resulta muy difícil entender cómo y por qué unos temas dignos como máximo de la crónica negra han desempeñado un papel importante en la actividad política de estadistas del nivel de un Giolitti, de un Vittorio Emanuele Orlando y, en fin, de un Andreotti. Es obvio que se trata de una criminalidad muy especial, cuya función, en distintos tiempos y ocasiones, ha sido la de hacer un apreciado servicio al poder político.

Esta última observación establece el tercer punto incontestable y define la estrategia de nuestra investigación: la mafia puede ser estudiada en sus manifestaciones criminales por una infinidad de disciplinas científicas, pero para conocerla y comprenderla a fondo en su compleja realidad de fenómeno politicosocial inherente a una específica tradición cultural es preciso intentar reconstruir sus vicisitudes con los instrumentos propios de la historiografía. Ello resulta particularmente difícil —y, en efecto, se ha intentado muy pocas veces— sobre todo por la extremada escasez de fuentes documentales disponibles (dado que los mafiosos, como se sabe, carecen de despachos habilitados para la producción de documentos oficiales) y por la extendida costumbre de los historiadores de desconfiar tanto de las fuentes orales como de las periodísticas y considerar casi temerario el recurso a métodos de investigación de tipo indiciario. Pero es la misma importancia de la apuesta en juego la que justifica, y hace casi necesaria, cualquier osadía, más allá de las normales cautelas que el oficio aconseja.

Con una sensata operación de verificación de los indicios a través de los hechos, es posible poner en evidencia cuáles son los recorridos a través de los que un fenómeno de indudable naturaleza criminal ha sido utilizado por la política para sus inescrupulosas estrategias de poder, a veces concebidas y justificadas con la remisión a superiores exigencias de interés general. En efecto, nos encontramos ante un característico universo de acontecimientos y misterios, de asuntos criminales y no criminales, de grupos sociales específicos (las bandas) y de grupos paralelos (la masonería), de ideas, prejuicios y postulados ideológicos tradicionalistas de distinto tipo que, todos juntos, componen, para usar una clásica definición de Antonio Gramsci, el sistema de una hegemonía.

Se trata de ver cómo semejante hegemonía se ha formado y con qué consecuencias para la sociedad y para la política, no sólo en el restringido ámbito siciliano, sino en el más vasto contexto nacional e internacional que ha tenido relaciones con las vicisitudes de la realidad siciliana. He aquí por qué, insistimos, si no queremos limitarnos a creer que algunos de los más ilustres estadistas italianos deben inscribirse a la ligera en el registro de las personalidades criminales, es preciso desistir de inmediato de los lugares comunes y elevar el tiro de la investigación muy por encima de la acostumbrada representación de la mafia como criminalidad organizada.

En otras palabras, nos encontramos ante un fenómeno muy complejo que es parte integrante de un sistema de poder, y asume un relieve central la exigencia de entender cómo un sistema de este tipo pudo formarse y reproducirse en la historia. No parece que exista otro camino para salir de la babel de los juicios y de los modelos producidos en distintos momentos por el estudio de la mafia.

CAPÍTULO UNO

El problema de los orígenes

UN FENÓMENO DE LARGA DATA

Un oscuro escritor popular, un tal Giuseppe Petrai, en su *Romanzo di un bandito* [Novela de un bandido], se inventó para el nacimiento de la mafia una fecha precisa, junio de 1799, en una precisa localidad, Mazara del Vallo, y cinco socios fundadores en una taberna: Pata de Cerdo, Nariz de Perro, Giacalone, Tío Pascà e Iannone. Con mucha mayor credibilidad, el meridionalista Pasquale Villari, en sus ya citadas *Cartas meridionales*, escribió que la mafia nació por generación espontánea. Pero, como muchos intérpretes que lo habían precedido y otros que lo seguirían, nunca iría mucho más allá de esta genérica intuición. El problema parece tan irresoluble como el descubrimiento, durante mucho tiempo, de las fuentes del Nilo. Al igual que ocurre con ciertas enfermedades, sobre el empeño de profundizar en las investigaciones para descubrir sus causas prevalece la resignación a no conocerlas. En nuestro caso, se remite fácilmente al misterio. Sin embargo, la cuestión es decisiva para comprender la verdadera naturaleza y el alcance histórico del fenómeno.

Muchos estudiosos se han conformado con registrar que la mafia comienza a aparecer en los documentos oficiales después de la formación del reino de Italia, en los informes de algunos prefectos de la derecha histórica. No antes; aparte de la descripción que hizo de ella en Trapani el magistrado Pietro Calà Ulloa en un famoso documento del 3 de agosto de 1838, del que es útil releer un pasaje central:

> No hay empleado en Sicilia que no se haya postrado ante una
> señal de un prepotente y que no haya pensado en sacar provecho de

su cargo. Esta corrupción general ha hecho que el pueblo recurriera a remedios sobremanera extraños y peligrosos. En muchos pueblos hay hermandades, especies de sectas que se llaman partidos, sin color o fin político, sin reuniones, sin otro vínculo que el [*sic*] de la dependencia de un jefe, que aquí es un terrateniente, allí un arcipreste. [...] Son muchas clases de pequeños gobiernos en el Gobierno. ¡La falta de fuerza pública ha hecho que se multiplicara el número de delitos! El pueblo ha llegado a un pacto tácito con los delincuentes. Así como se producen los robos, aparecen los intermediarios para ofrecer una transacción para la recuperación de los objetos arrebatados. El número de estos acuerdos es infinito. Por eso muchos terratenientes han creído mejor convertirse en opresores antes que en oprimidos, y se inscriben en los partidos. Muchos altos funcionarios los cubren con un escudo impenetrable.

Solamente a partir de 1863 se hizo oficial la utilización del término «mafia», aparecido por primera vez en un trabajo literario, el texto teatral *I mafiusi di la Vicaria* [Los mafiosos de la Vicaría], escrito por un autor popular, Giuseppe Rizzotto. El prefecto de Palermo Filippo Antonio Gualterio, en 1865, habría estado entre los primeros en intuir lúcidamente la relación entre la mafia (la llamaba *maffia*, con dos efes) y la política, con específicas, aunque genéricas y bastante confusas, referencias a las revoluciones políticas de 1848 y 1860 (Renda, 1997, pp. 44-45).

Pocos años después, en 1868, Antonio Traina ofreció un primer registro de ella en su *Nuovo vocabolario siciliano-italiano* [Nuevo vocabulario siciliano-italiano], demostrando cuán poco familiar el fenómeno era para él, en los siguientes términos: «Mafia. Neologismo para indicar acción, palabra u otras cosas de quien pretende hacerse el matón: *bravata, bravuconería*. Seguridad de ánimo, aparente osadía: *arrojo*. Acto o dicho de persona que quiere hacer ver más de lo que es: *fanfarronería*. Insolencia, arrogancia: *prepotencia*. Altivez, pompa: *ostentación*. Nombre colectivo de todos los mafiosos (en Toscana llaman *smàferi* a los esbirros, y mafia dicen de la miseria, ¡y una verdadera miseria es creerse un gran hombre sólo por la fuerza bruta! Lo que demuestra, en cambio, una gran brutalidad, es decir, que se es muy bestia).»

Es sensato estimar que para encontrar los orígenes del fenómeno no es suficiente conformarse con el tardío registro literario y lexicográfico de una palabra, con toda probabilidad ya en uso en el lenguaje popular, y es preciso retroceder en el tiempo, saltando la época borbónica; pero retroceder ¿hasta dónde? El gran politólogo Gaetano Mosca aventuró remontarse al siglo XVII, conectándose, de manera algo temeraria, con la dominación española en Italia (Mosca, 1900). Según su interpretación (a la cual no es ajena la intención de absolver de específicas imputaciones de responsabilidad a la tradición histórica de Sicilia), podría extraerse una idea general sobre las condiciones sociales en las cuales nació y se desarrolló la mafia, de la representación que de dicha dominación extranjera proporciona Manzoni al reconstruir las peripecias de Renzo y Lucia, los protagonistas, de su célebre novela *Los novios*, en las tramas de una sociedad en la cual el libre albedrío sustituía de hecho el vacío simulacro de las leyes, en exclusivo beneficio de los poderosos y de su séquito de esbirros y bribones: los «valentones» de don Rodrigo y del Anónimo y, mejor aún, los dos «grandes señores», serían, así, los progenitores de los mafiosos.

Pero este planteamiento del problema no explica por sí solo el motivo por el cual los primeros frutos «mafiosos» del dominio español en Italia no tuvieron consecuencias en la Lombardía, que es donde transcurre la narración manzoniana, y menos aún explica por qué España, que debería haber sido el epicentro del fenómeno en cuestión, no se ha visto contaminada por él.

Evidentemente, el problema, más que en la opresión, la ineptitud y los efectos perversos de cualquier tiranía extranjera sobre Sicilia, debe relacionarse —como enseguida veremos— con el largo proceso de formación y de reproducción de intereses y poderes indígenas, para cuya consolidación en el tiempo las dominaciones extranjeras constituyeron también un recurrente aval e incluso, a veces, una sólida defensa, no menos que una espada de Damocles o un atentado siempre al acecho.

En cualquier caso, para cerrar enseguida con algún provecho el discurso sobre la sugestiva pista interpretativa abierta por Gaetano Mosca, debe recordarse como muy relevante la incidencia del «españolismo» sobre el proceso formativo de la cultura mafiosa siciliana, o los efectos deseducadores de un peculiar modelo de Estado que —ha destacado oportunamente (1991) el conocido historiador Nicola Tranfaglia— «es, en síntesis, un modelo de Estado absoluto, en el cual las leyes valen contra los enemigos y no son observadas por los amigos, en el cual la administración pública [...] es incapaz de seguir normas uniformes y generales». Siempre que se permanezca alerta respecto de tesis francamente un poco improvisadas del tipo de las planteadas por Cancila (1987), un estudioso que cree haber localizado el origen del fenómeno mafioso en el circuito de las actividades políticocriminales desarrolladas en Sicilia en torno a la Santa Inquisición, sin explicarnos, no obstante, por qué semejantes resultados no se han producido también en otras partes.

Desde luego, tiranos y bribones de toda laya, potentados económicos y sociales en armoniosa complicidad con un séquito delictivo de «clientes», nunca han sido una rareza en Sicilia, y el hecho puede inducir a confundir la mafia con otros fenómenos de criminalidad más o menos vastos entrelazados con los poderes dominantes, desarrollados, como en otras partes del mundo, en tiempos premodernos o en época moderna. Sin embargo, es preciso estar atentos para no caer en la simplificación opuesta de cuantos creen que la mafia sólo nació con la formación del Estado unitario italiano. Los indicios, y no sólo el citado documento del fiscal borbónico Pietro Calà Ulloa, permiten mirar mucho más atrás. Pero, en ningún caso, sin certezas; de modo que, si no se quiere perder el tiempo en inútiles investigaciones, es preciso renunciar a respuestas precisas y definitivas a preguntas sobre los orígenes de la mafia, al tratarse de un problema para el cual sólo son posibles soluciones provisionales y problemáticas, como sucede en el caso de muchos problemas historiográficos que afectan a los orígenes de procesos históricos de larga data. ¿Quién conseguiría establecer con precisión, por ejemplo, cuándo nació el capitalismo?

Cualesquiera que sean las referencias ocasionalmente asumidas para el itinerario de la investigación, resulta obvio que también en el caso de la mafia nos encontramos frente a un fenómeno antiguo. A hacer particularmente difícil la determinación de una fecha contribuye un motivo que es tan evidente e indiscutible como complicado que los estudiosos, en especial los sicilianos, se muestran dispuestos a aceptarlo: consiste en el hecho de que, al ser la mafia un fenómeno social indisociable de la política, su formación y su desarrollo coinciden con las vicisitudes del tenaz sistema de poder que ha caracterizado a Sicilia. Incluso se podría sostener que la historia de la Sicilia política es, de por sí, la historia de la mafia.

UNA SOCIEDAD SIN ESTADO

Con todas las reservas, de las que se han indicado las razones, es sensato investigar las premisas del fenómeno mafioso en los muchos siglos durante los cuales se reprodujo en Sicilia el ordenamiento feudal cuya liquidación sólo se decretaría en 1812. Limitándonos aquí a una síntesis sumaria, se pueden evidenciar los elementos estáticos fundamentales del secular sistema de poder siciliano, para luego seguir sus procesos dinámicos.

Dichos elementos son, por lo menos, dos: el primero está constituido por el ordenamiento feudal con su andamiaje jerarquicopiramidal, de la plebe a los príncipes; el segundo consiste en la particular vicisitud histórica de una soberanía estatal que perteneció, casi sin solución de continuidad durante nueve siglos, a dominadores extranjeros. En un marco en el cual el poder siempre habría sido legitimado desde el exterior, las clases dirigentes sicilianas se habrían valido con discontinua fortuna, desde 1129, de un órgano de representación (el Parlamento), creado por el normando Roger II, que habría dado vida a una clase política local; por el contrario, los distintos extranjeros que se han sucedido en los siglos habrían ejercitado sus derechos de soberanía mediante discontinuas dinastías a veces sólo formalmente implantadas en la isla o (como ocurrió en el curso de la más larga dominación, la española) a través de un ordenamiento autónomo controlado por un virrey.

Estos datos, de hecho, podrían inducir a considerar que Sicilia, incluso dentro de los límites del ordenamiento feudal, consiguió dar vida a un Estado propio. Pero no es verdad, o lo es sólo en una mínima parte. En la isla el Estado siempre fue poco más que el formal andamiaje del poder de los extranjeros. Con estas premisas, es muy comprensible que se lo considerase una entidad, si no enemiga, por lo menos artificial y fastidiosa. De todos modos, los dominadores debían asegurarse como mínimo una tolerancia neutral y, de ser posible, el consenso de los dominados. A su vez, la clase política siciliana habría estado más o menos dispuesta a la lealtad, dependiendo de si los dominadores se mostraban más o menos dispuestos a conceder protección y privilegios a los más fuertes intereses locales. En otras palabras, frente a los extranjeros que apuntaban principalmente a defender sus títulos de soberanía, las clases privilegiadas sicilianas, a cambio de su «obediencia» formal, habrían requerido, y normalmente obtenido, el control económico y social de la isla.

Teniendo presentes los datos estructurales ya puestos en evidencia, es posible hacerse una idea de cuál fue la dinámica del sistema y de cómo estaba destinada a mantenerse en un círculo vicioso. Toda la experiencia histórica de la isla se habría distinguido por una negociación permanente, entre dominadores extranjeros y clase política local, para llegar a unos compromisos más o menos estables, esto es, a unos pactos informales para la cogestión del poder, como si cada una de las partes tirara de un extremo de la cuerda con cuidado de no romperla. Lo que no excluía, sin embargo, la eventualidad de una crisis y de drásticas rupturas, como la de las Vísperas de 1282, a la cual siguieron, en distintos momentos, otras revueltas y las consiguientes represiones.

En conjunto, el sistema formado en Sicilia podría definirse como una sociedad sin Estado, o una ordenación social de tipo feudal celosa de sus prerrogativas y dispuesta a aceptar el poder del Estado sólo en la medida de las ventajas que las clases privilegiadas locales conseguían obtener de vez en cuando.

Todo esto ha producido al menos dos resultados fundamentales. El primero: la extremada debilidad del poder estatal, siempre obligado a pactar con la clase política siciliana las condiciones de su legitimidad, y proclive a conformarse con una soberanía apenas formal. El segundo, y contextual: la tendencia de la clase política y, en general, de las clases dirigentes locales, a figurarse su función en sustancial contraposición al Estado, aunque siempre intentando instrumentalizarlo en apoyo de los denominados «intereses sicilianos». De aquí la larga vicisitud de una práctica parasitaria del liderazgo siciliano, tan astuta en las mediaciones para arrancar concesiones, libertades particulares e inmunidades, como incapaz de proyectar y de perseguir intereses públicos y colectivos.

La historia de la sistemática evitación del Estado, con su inherente predisposición a la ilegalidad, es la matriz de todos los posibles comportamientos mafiosos. La clase dirigente siciliana (la baronía política) carga con toda la responsabilidad, y no es difícil intuir sus consecuencias sociales al darse por descontado que la baronía constituía el vértice de la arquitectura piramidal del sistema y conservaba la hegemonía sobre toda la sociedad.

En conjunto, el sistema funcionó durante siglos como una gigantesca máquina de opresión sobre las clases populares, en el área rural de los feudos donde los titulares de las rentas mandoneaban en cómplice simbiosis con los aparceros (figuras sociales sui géneris de las que se hablará a continuación), pero también en las ciudades y, sobre todo, en la feudal y felicísima Palermo, donde la plebe, en torno a los grandes palacios señoriales, traducía de forma urbana las condiciones de servidumbre que eran los estigmas universales de las clases campesinas.

MAFIA Y SICILIANISMO

El análisis desarrollado hasta aquí, aunque sumario, basta para representarnos el ambiente en el cual la mafia, como intuyó Villari, se formó «por generación espontánea». En una realidad en la cual los privilegios y las inmunidades estaban en lo alto y equivalían, en la práctica, a la ley, no debe sorprender que surgieran de abajo, o sea, de las capas populares, fuerzas decididas a obtener partido. En efecto, es ahí, abajo, donde se toca el punto flaco que evidencia, más que cualquier otra cosa, el originario carácter político del fenómeno mafioso en todas sus expresiones y gradaciones.

La mafia nunca ha sido nada parecido a una elemental expresión de protesta popular contra los poderosos, como a menudo ha fabulado algún ingenuo, fascinado por el mito de Robin Hood. Al contrario que el simpático rebelde de Nottingham, el mafioso nunca habría luchado por hacer triunfar la justicia y los derechos sobre la arrogancia y la prepotencia, sino que habría sido, en cambio, el representante de una clase emergente de prepotentes, o, lo que es lo mismo, de una burguesía parasitaria (de la que es un ejemplo literario significativo el *Maestro don Gesualdo* de Verga), decidida a abrirse camino de forma desaprensiva para compartir el poder de los señores, siempre, como es obvio, en detrimento de cuantos estaban condenados a quedarse atrás, a sufrir los efectos sumados de la miseria y de la opresión. Incluso en los mejores casos, la falta de escrúpulos del mafioso en los negocios habría tenido características muy alejadas de la vigorosa y a veces violenta intrepidez protocapitalista. Esa falta de escrúpulos se habría limitado siempre al espacio insuperable de las actividades especulativas, de mera explotación de los recursos y la riqueza disponibles (el latifundio, en primer lugar), que caracterizan la reproducción viciosa (Adam Smith diría «circular») de la renta inmobiliaria.

Al ser el objetivo del ascenso del mafioso el estado de poder y de privilegio de los señores, aquél no podía dejar de defenderse y salvaguardarse a ultranza de cualquier atentado interno o externo. Esto explica el carácter conservador del fenómeno mafioso, su constante pasión por el orden y la estabilidad, y su tendencia a ponerse, siempre y en cualquier circunstancia, del lado del poder.

El mafioso, en definitiva, se había formado como un elemento «avispado» del pueblo que había aprendido la lección de los poderosos. Desde el principio, habría hecho consistir su valor en una sustancial capacidad de imitación de los señores, demostrando que poseía energías y valor suficientes para sustraerse al máximo del poder del Estado y hacer prevalecer, sobre las leyes, su particular apetito de bienes y prestigio social. Con su ostentosa fidelidad al sistema de privilegios, se convertiría en un perfecto siervo-amo y en un cada vez más refinado comerciante por cuenta propia, un verdadero profesional de la astucia y la violencia.

El fenómeno mafioso se habría desarrollado a la medida de su capacidad para arraigarse en la sociedad rural y ciudadana, asegurándose, con una irregular pero capilar red organizativa (articulada en «hermandades», «bandas» y «familias»), el control efectivo del territorio. Habría conseguido arrancar fidelidad y obediencia a los campesinos y a la plebe urbana haciendo ostentación, entre otras cosas, de la defensa del sentido común y de los valores de la cultura popular con una casi fanática adherencia a las costumbres tradicionales. Así, habría constituido objetivamente el fundamento y la fuente de una legitimación seudopopular del poder de los señores, quienes a su vez nunca habrían dejado de reconocerlo como un producto natural de su misma experiencia histórica, al que proteger aun a costa de tener que soportar sus condicionamientos y, a veces, sus perentorias imposiciones. En efecto, mucho más relevante que las numerosas molestias ocasionadas por él, era la ventaja de poder utilizarlo con prudencia, convirtiéndolo en algo parecido a una fuerza paramilitar a la que manejar desde arriba, con distanciamiento ostentoso, pero con la energía que aconsejaban las circunstancias, para desalentar o derrotar iniciativas capaces de turbar el orden intangible de sus privilegios. En otras palabras, el potencial mafioso habría servido para sostener un poder de inhibición y de chantaje de las clases dominantes sicilianas en relación con los extranjeros que poseían ocasionalmente la soberanía formal y para circunscribir dentro de límites insuperables cualquier posible actividad de gobierno en Sicilia. Todo ello se habría hecho, según las urgencias, apelando a los recursos de la mafiosidad para encender la insubordinación popular y las revueltas o para impedirlas y aplacarlas, con astutas operaciones perfectamente reconocibles en las fundamentales articulaciones de las vicisitudes históricas de la Sicilia preunitaria.

A fines del siglo XVIII, entre 1781 y 1786, el *establishment* siciliano fue embestido por la «revolución desde arriba» de la que fue protagonista —por cuenta de Fernando I de Borbón, que había sucedido a su padre, Carlos III, a la cabeza del nuevo reino de las Dos Sicilias—, en el clima del reformismo ilustrado animado por Tanucci, el virrey Domenico Caracciolo, un aristócrata abierto a una moderna visión del Estado, un intelectual amigo de Voltaire. Pero la baronía, que creía sus privilegios amenazados, no se desanimó, sino que movilizó a fondo sus recursos autóctonos y llevó las de ganar: el temerario marqués fue obligado a desistir y a abandonar la isla. Su sucesor, el príncipe de Caramanico, tenaz en su lucha por la destrucción del feudalismo, murió envenenado.

Cerca de una década después, en 1812, el rey Fernando, obligado por la invasión napoleónica a dejar Nápoles a Joachim Murat y a refugiarse en Sicilia, se vio forzado a tratar con los sicilianos a fin de conservar la corona. Éstos le obligaron a pagar un alto precio, en una operación de refinado maquiavelismo. En ostentosa sintonía con los ingleses que ejercitaban un informal protectorado sobre la isla, se convirtieron rápidamente a una especie de liberalismo baronal. Como perfectos «liberales», pretendieron y obtuvieron una nueva convocatoria del antiguo Parlamento siciliano. Elaboraron e hicieron firmar al rey una Constitución que sancionó el nacimiento de un Estado siciliano esencialmente construido a la medida de los privilegios aristocráticos. Tras proveerse de un repentino liberalismo, llevaron a cabo su acto más teatral: se despojaron de sus mismos privilegios; en nombre de la modernidad, proclamaron la decadencia de los derechos feudales, pero tomaron la precaución de reforzar su poder sobre los bienes: los feudos fueron transformados en propiedades privadas de los barones; en adelante, no serían feudos sino latifundios, es decir, lo que de hecho ya eran.

Caído Napoleón, derrotado Murat y reconstituido el reino del Sur, las clases dominantes sicilianas sufrirían la afrenta de la supresión de la Constitución. Se vengarían a su modo en 1820; esta vez, no contra el rey, sino contra los carbonarios que habían conseguido imponer en Nápoles una Constitución liberal. Aterrorizada por el peligro jacobino, la baronía política organizó desde Palermo una contrarrevolución, cuyo objetivo era el renacimiento de un reino de Sicilia autónomo sobre la base de la Constitución de 1812, reclamada como alternativa a la concedida en Nápoles por Fernando I. Se aprovecharon a fondo de los errores de las autoridades del gobierno napolitano y, en particular, del lugarteniente del rey, el imbécil e incauto general Diego Naselli, que, con diferentes actos interpretados como señales de una inminente acción represiva, favoreció bastante el éxito de un sanedrín de aristócratas que había movilizado sus tropas de matones y pregoneros para hacer dege-

nerar la fiesta de santa Rosalía, entre el 15 y el 17 de julio, en una revuelta popular contra los «napolitanos». Naselli se vio obligado a huir
de Palermo, donde una junta provisional, encabezada por el príncipe de
Villafranca y otros aristócratas (entre los que se contaban los príncipes
de Cattolica, Aci, Baucina y San Cataldo, y los duques de Sperlinga y
Villarosa), con la bendición del cardenal arzobispo monseñor Gravina,
asumió los poderes revolucionarios. Dicha junta, para imbuirse de los
títulos de la representación nacional de Sicilia y estabilizar en una unión
patriótica la alianza entre los barones y el pueblo, se lanzó a un tan alto
grado de inescrupulosa demagogia que aprobó un programa que, tomado al pie de la letra, podía parecer aún más liberal que el promulgado
por los constituyentes napolitanos, con la única diferencia resumida en
el parágrafo que sancionaba una indefectible voluntad secesionista:
«Que Sicilia recupere su existencia política y cuente como antes ha contado entre el número de las Naciones de Europa», con «un Rey propio [...] sólo del Reino de Sicilia que resida en la Isla». Palermo y otros
doscientos municipios de la isla se pronunciaron «por la sagrada causa
de la independencia nacional», una causa —escribieron los organizadores de la revuelta en su pomposa *Proclama a los sicilianos*— «tan legítima, tan justa, tan virtuosa», que obliga «a la dura prueba de hacer mar-
char una imponente fuerza sobre las ciudades rebeldes», o sea, no
secesionistas.

Desde el comienzo hasta el final de las vicisitudes (concluidas con la
dura contraofensiva del gobierno napolitano que liquidó la revuelta secesionista) la aristocracia aprovechó, con enorme astucia, todos los recursos de la insubordinación de la plebe. Barones y baronets, junto con
los «cónsules» de las «maestranzas» (los jefes de un subproletariado muy
similar al de las medinas árabes, estructurado en un sistema que de por
sí constituía la continuidad en el tiempo del antiguo orden medieval del
pueblo llano), se improvisaron en caudillos de las guerrillas azuzadas
contra aquellos que se mostraran hostiles al poder de la junta revolucionaria: un tal Michele Requesenz asumió el título de comandante supremo, haciendo correrías por los campos de la Sicilia occidental, hasta
Trapani (ciudad deplorada como «desleal», «rebelde» e «indigna», porque había permanecido fiel a Nápoles), con bandas de bribones divididos entre la fe en la patria siciliana y la vocación por la aventura fácil,
todos, en general, más bandoleros que guerrilleros, como Santoro y
Tortorici, surgidos de la «medina» (barrios como la Vucciria y Ballarò) o
del suburbio, facinerosos de todas las calañas, monjes secularizados y

«proféticos» como fray Gioacchino Vaglica y ex presidiarios, a las órdenes (es un decir) de nobles o notables en uniforme rojo y amarillo, como el activísimo Salvatore Galletti, príncipe de San Cataldo, Raffaele Palmeri y el barón Gaetano Abela. Entre otros, un enfático coronel, un tal Pietro Bazan, «valiente guerrero animado por el entusiasmo de la libertad», dado que sabía escribir, se había especializado en la producción de proclamas de retórico o, mejor, paladinesco dictado, como ésta de la que extraemos un pasaje como ejemplo:

> Valientes sicilianos que fuisteis los últimos en Europa en derribar a los ídolos de la tiranía, no fuisteis los primeros en saber elegir el mejor tiempo para regresar al santuario de la libertad, disfrutad felices del fruto de vuestros esfuerzos.
>
> Ya tenéis una Patria que era antes vuestra gleba. Sois libres y poseéis la nacionalidad, donde antes erais vasallos. Los pueblos ilustres de la Tierra, los hijos mismos de Parténope [...] no podrán sin injusticia armarse contra vosotros. Europa, que ha enarbolado la independencia y la libertad sobre montones de cadáveres, rodeados de ríos de sangre, se honrará de una Isla que ha desplegado sus águilas en el sentido de la paz después de una lucha de pocas horas y ha sabido conciliar por sus intereses políticos la humillación de sus enemigos con la razón de la humanidad. [...] La reunión fraterna de todos los hijos de una patria, ha sido siempre el único numen tutelar de la Patria misma. Estos sagrados lazos se hacen hoy indispensables, donde el monstruo del despotismo aún humeante e irritado por un reciente abatimiento, medita, conjura, trama en vuestro perjuicio; donde una división intestina entre los hijos de Sicilia mantiene una brecha siempre abierta a nuevas agresiones [...] y quizá levanta los pretextos de la codicia del extranjero.

Es difícil creer que semejante lenguaje pudiera tener algún efecto edificante, en términos de virtudes patrióticas y civiles, y de arrebato ideal, sobre los combatientes de esa especie de cruzada de andrajosos; pero, sin duda, los «sagrados lazos» en los cuales Bazan hacía consistir la así llamada patria siciliana estaban en la base de un poder autóctono que extraía gran parte de su fuerza de su capacidad de movilizar, inflamar y encabezar la rebeldía elemental, y las canalladas, de un pueblo inducido a creer que sus derechos dependían de la misma capacidad con la que los señores conseguían defender sus privilegios de los atentados de los extranjeros. En la ordenación jerárquica de una sociedad que unía a ricos y pobres, siervos y poderosos, en defensa de una común tradición siciliana, se planteaban objetivamente las condiciones de una perversa relación —contra la invasión de poderes extranjeros, no sicilianos— entre las clases altas de la tradición aristocrática y la mafia emergente del pueblo (Marino, 1988 a, pp. 136-146).

¿Sólo se trataba de una incómoda alianza? Más bien de una profunda complicidad. Sin duda, ella es la matriz histórica de una originaria relación solidaria establecida entre la baronía política y su base mafiosa y también del común e instrumental orgullo de defender y valorizar la «sicilianidad».

He aquí explicado cómo y por qué la mafia y las clases hegemónicas sicilianas habrían encontrado, hasta nuestros días, su común denominador cultural en el sicilianismo, cuya ideología habían puesto a punto, a fines del siglo XVIII, los intelectuales de la aristocracia. Una ideología fundada en un curioso mito de la insularidad que es divertido revisar, al menos en sus líneas generales.

Ante todo nos encontramos con la tesis del teólogo Tommaso Fazello, que se había limitado a pensar que Sicilia había sido concebida desde siempre, *ab aeterno*, como una isla en la mente de Dios, si bien destinada a separarse del continente sólo en tiempos del patriarca Noé, tras el diluvio universal. Poco después entraron en juego los descubrimientos del docto Mariano Valguarnera, quien, en absoluto satisfecho por una conjetura que le parecía disconforme con el nobilísimo decoro de su patria, estimó que podía «demostrar que Sicilia fue siempre una isla y nunca estuvo unida a Italia».

Más allá de los datos que pudiera aportar la geología, todos los sabios estaban de acuerdo en atribuir a la Trinacria (nombre griego de la isla, «por los tres promontorios que tiene») una población dotada de excepcionales virtudes, que descendía directamente de Noé o, para ser precisos, de Iavan, hijo de Jafet, hijo del patriarca. Y al ser esos descendientes —como pretendió demostrar irrefutablemente el abad Giovan Battista Caruso— los Cíclopes y los Lestrigones, el historiador Giovanni Evangelista Di Blasi (que no era un aficionado cualquiera y se adornaba con el título de historiógrafo real) se dedicó a la empresa de redescubrir sus costumbres. Llegó al resultado de imaginárselos como elementos de un pueblo, aún tosco, pero no salvaje, abierto a los progresos del «arte agrícola», que desde luego vivía «sin otra ley que la natural», pero que disfrutaba de las seguras ventajas proporcionadas por las «costumbres sencillas y alejadas de esos vicios a los que ha inducido el abuso de la vida social» (*ibid.*, pp. 27-61).

La operación cultural de esos nobles eruditos (Antonio Gramsci los habría descrito como «intelectuales orgánicos» de la aristocracia feudal) consistía, en conjunto, en el esfuerzo de reconocer y definir en el tiempo (y también, sobre todo, fuera y más allá del tiempo) una naturaleza excelsa de Sicilia a la cual se pudiera atribuir el valor de representar la sustancia del presente. Se trataba del ejercicio de una especie de mitomanía de clase con la cual la aristocracia isleña, inventándose unos fabulosos orígenes para Sicilia y los sicilianos, pretendía legitimar, sobre una extraña base historicomitológica, las prerrogativas y los privilegios de su propia hegemonía, concebida y exaltada como fruto natural de una experiencia inmemorial y como defensa y supremo decoro de toda sicilianidad. De la misma manera los sultanes y califas del mundo árabe se habían habituado a fundar su autoridad sobre los títulos de una presunta descendencia natural del Profeta.

Pero, en cierto sentido, los «barones» de la Trinacria eran más exigentes y osados que los califas: a falta de las virtudes militares que nunca habían cultivado, se consideraban los titulares legítimos de las virtudes naturales que se remontaban a la historia profana del paraíso terrenal, al ser su isla —así escribió en 1834 el canónigo Giuseppe Alessi en su *Storia critica di Sicilia* [Historia crítica de Sicilia]— la tierra «que superaba a todas las demás islas en fertilidad y riqueza», un país «juzgado por los poetas digno de ser admitido entre las estrellas».

¿No habría dicho luego el príncipe de Salina, el protagonista de *El gatopardo* de Tomasi di Lampedusa, que Sicilia era tierra de dioses? Esta presunción —el sentimiento secreto de un poder metafísico que está por encima de toda ley— habría influido bastante en la mentalidad de herederos, imitadores y parásitos burgueses de la aristocracia, la generación de los padrinos. En el intercambio vicioso entre dos simétricas y cómplices condiciones sociales antimodernas, la de los señores y la de la plebe, con el tiempo se fue formando una clase de mediadores, una «burguesía mafiosa», con invencibles tendencias tanto a la autocontemplación como al parasitismo, que seguiría representándose como natural y, por lo tanto, virtuoso, su papel social en defensa de un mundo que para los demás —los no sicilianos— habría sido, inevitablemente, inefable y oscuro.

LA REVOLUCIÓN DE 1848 Y LOS ORÍGENES DE LA ANTIMAFIA

Ahora es fácil deducir cuáles eran las dificultades que deberían superar aquellos (y no eran muchos, pero tampoco pocos) que se habían planteado seriamente la cuestión de cómo encaminar a Sicilia hacia la modernidad. Si bien graves y complejas, no habrían sido dificultades absolutamente insuperables. El camino a seguir no habría podido más que coincidir con la apertura de una controversia radical con la Sicilia de los barones y de la plebe. Se trataba de poner en tela de juicio un denso sistema de poderes y privilegios, de obediencias arrebatadas y obediencias convencidas, de servidumbres impuestas y servidumbres provechosas. Era preciso deslegitimar una hegemonía mantenida durante siglos.

Por lo que se refería al pasado, los innovadores sólo tenían derrotas que recordar, empezando por el fracasado intento reformador del ilustrado virrey Domenico Caracciolo; en el futuro no cabía esperar más que nuevas derrotas. Sin embargo, a principios del siglo XIX y sobre todo después de los años veinte, se evidenció en toda la isla, en particular en las áreas urbanas más importantes (Palermo, Catania, Messina y Trapani), el incremento de consistentes núcleos de innovadores bajo el influjo de las ideas y los modelos de progreso (el liberalismo, los proyectos democráticos de Mazzini y del mazzinismo recogidos por hombres como Francesco Crispi, Giuseppe La Masa y Rosolino Pilo, y, en último término, por las corrientes progresistas animadas por las más diversas lecciones socialistas) difundidos por el Risorgimento y por la evolución y la circulación de la cultura nacional y europea (Mack Smith, 1970).

Sean cuales fueren sus particulares inspiraciones ideológicas, a dichas fuerzas les quedó enseguida claro que, para abrirse camino, ante todo deberían disgregar el muro tradicionalista del sicilianismo. Con una conciencia más madura, los núcleos de una emergente cultura democrática, desarrollados en un clima al que sería muy restrictivo definir como desfavorable, advertían que su futuro estaba ligado a la conquista de una identidad política autónoma que sólo podía obtenerse superando las condiciones y los límites de la antigua sociedad sin Estado, es decir, de aquella particular dimensión de Sicilia y de la sicilianidad en la cual, como sabemos, se había formado y estabilizado una relación orgánica entre la baronía y las bases sociales de la mafia.

La primera vía de escape del sistema siciliano estuvo constituida por la adhesión al proyecto de la unidad nacional italiana. Los demócratas más decididos a valerse de ella y a perseguirla constituían un primer e importante resultado del precedente trajín carbonario de una restringida elite de jacobinos y de liberales, trajín luego potenciado, bajo la enseña del proyecto de un Estado nacional y republicano italiano, por la propaganda mazziniana. Ellos iniciaron su experiencia política en las contradictorias vicisitudes del 1848 siciliano, que vieron, por primera vez, a la aristocracia en el carro de una emergente burguesía patriótica (la de los Ruggiero Settimo y los Amari) que se empeñó en la empresa de volver a dar vida a un Estado independiente siciliano (pero con vistas a una eventual Federación de Estados italianos), con resultados precarios, manteniéndose a duras penas durante algo más de un año, finalmente arrollados por el fracaso de todo el proyecto del Risorgimento que había tenido su gran teatro nacional en la primera guerra de independencia.

En aquella ocasión, Sicilia pudo hacer alarde de sus indiscutibles primacías revolucionarias: la sublevación antiborbónica del 12 de enero había sido el primer motín contra la tiranía, encendiendo así el foco de aquello que luego, en marzo, desde Francia, se convertiría en el «gran incendio» europeo. Sólo que Sicilia, a diferencia de las demás realidades europeas, tuvo también la posibilidad de demostrar que sus clases dominantes estaban en condiciones de elegir si era necesario dar vida a la revolución o, en cambio, considerar más conveniente la conservación: un comité revolucionario presidido por Giuseppe La Masa había desafiado a las autoridades borbónicas comunicando con gran anticipación la fecha precisa fijada para el comienzo de la revolución y se había elegido el 12 de enero porque coincidía con el cumpleaños del rey Fernando II.

El extraño caso de un comité revolucionario intencionadamente irónico y burlón y de una revolución anunciada con día fijo dice mucho sobre la capacidad de las clases dominantes italianas —esta vez, un compacto eje de fuerzas de la aristocracia y la burguesía, pero con un liderazgo oficial burgués— de movilizar a gusto a las masas populares, valiéndose de la colaboración de los cabecillas populares, de los cuales, dado lo que ya sabemos, es fácil intuir su especialísima naturaleza.

La elección revolucionaria de la aristocracia estuvo determinada en gran medida por intereses que eran, en realidad, conservadores. Al rey Fernando se le reprochaba sobre todo su indeciso y discontinuo intento de someter a la baronía siciliana a las normas y a las leyes del Estado, un intento que había llegado a amenazar los privilegios de los grandes latifundistas planteando la eventualidad de una reforma agraria. A su vez, la burguesía emergente de las ciudades estimaba insoportable el régimen fiscal, y perjudicial para sus intereses comerciales el particular régimen aduanero introducido por el gobierno borbónico entre Nápoles y Sicilia, que penalizaba los productos de esta última.

Estos y otros motivos de protesta (entre los cuales se hallaban los métodos vejatorios de la policía borbónica, el creciente autoritarismo y, en el fondo, el definitivo desclasamiento de Palermo de capital a ciudad de provincias) se habían fundido, en una mezcla explosiva, con las reivindicaciones patrióticas filoitalianas de la compleja elite de intelectuales y patriotas liberales y mazzinianos (Romeo, 1950).

De todos modos, precisamente de esa acumulación de instancias heterogéneas emerge el dato más interesante a los fines de nuestra historia: como se ha anticipado, en el contexto revolucionario de 1848 —sea en el curso del trabajo constituyente del Parlamento que puso a punto una Constitución con fuertes rasgos liberaldemocráticos, sea en el vasto circuito de una opinión política finalmente alimentada por la libertad de prensa— lograron expresarse y reforzarse las importantes corrientes de democracia laica y jacobina, en torno a personalidades del nivel de Francesco Crispi, Rosolino Pilo y Saverio Friscia. Sin ellas habría sido muy difícil explicarnos el nacimiento, en las décadas sucesivas, de la «otra Sicilia» —muy distinta de la encerrada en el sistema de las complicidades antimodernas de barones y plebe—, que habría sido capaz de generar las fuerzas de la antimafia. Desde luego, se trataba de un proceso que acababa de comenzar y que con los años conocería no pocas contradicciones y deserciones, pero entretanto se echaron las bases de aquella que sería, algo más de una década después, la democracia garibaldina, la gran fuente, para bien y para mal, de la izquierda del Risorgimento y de cualquier futura experiencia inspirada por principios de progreso y de civilización.

CAPÍTULO DOS

Gatopardos y mafiosos, «muchachos» y campesinos de la revolución a la oposición sicilianista

LA MAFIA Y LA EPOPEYA GARIBALDINA

Luego vino el prodigioso verano garibaldino de 1860.

Pasando por alto los complejos aspectos políticos y militares de las conocidas vicisitudes del Risorgimento, sólo es necesario destacar los datos que permiten hacernos comprender por qué fueron decisivas también para la evolución del fenómeno mafioso. Se impone, sin embargo, hacer una observación previa que concierne a los márgenes de factibilidad de la empresa llevada a cabo por Garibaldi: mil hombres no habrían sido suficientes para poner en desbandada a un ejército, si bien diezmado y holgazán como el borbónico, y por último conquistar un reino, sin el determinante auxilio de fuerzas mucho más consistentes, que de hecho surgieron, numerosas y aguerridas, de la realidad popular siciliana y estuvieron presentes en el séquito del Héroe desde la primera batalla de Calatafimi, al día siguiente del desembarco de Marsala y de la proclamación de la dictadura en nombre de Víctor Manuel II, rey de Italia. Siéndonos ya familiar el marco de la hegemonía politicosocial vigente en la isla, no cabe tener dudas sobre el hecho de que dichas fuerzas nunca habrían salido a la luz, o se habrían disuelto de inmediato, sin el impulso de las clases dominantes que dieron su consentimiento a la revolución.

Las pintorescas y anarcoides falanges de los «muchachos» —que desde Calatafimi, cada vez más relevantes en términos de cantidad y de calidad militar, constituyeron la insustituible masa operativa de los Mil para conquistar Palermo, echar a los borbónicos de la isla y preparar y llevar adelante el avance victorioso por la península hasta Nápoles— estaban normalmente encabezadas por jefes de grupo de indiscutible extracción popular, pero en los orígenes y en la dirección de toda la máquina de aquel fragoroso y repentino voluntariado patriótico casi siempre era muy fácil detectar a prestigiosas familias de la aristocracia con sus entusiastas retoños (por ejemplo, entre los más característicos, el caballero Coppola de Monte San Giuliano y el barón Sant'Anna de Alcamo).

Uno de los barones, Brancaccio di Carpino, describe de manera colorida la operación:

> Íbamos cada día a los campos cercanos para reclutar bajo la bandera tricolor a aquellos campesinos animosos que por instinto natural odiaban la tiranía al igual que las clases más cultas, las cuales la detestaban por convicción y por principios.
>
> Era una dura necesidad alistar a gente de toda calaña: por desgracia, estábamos obligados por razones de fuerza mayor, y al no poder elegir según nuestro albedrío, debíamos acoger a todos aquellos que decían que estaban dispuestos a combatir.

Giuseppe Cesare Abba, el patriótico cronista de los Mil, refiere, en sus célebres *Noterelle di uno dei Mille* [Notas de uno de los Mil], haber visto «a montañeses de rostro torvo armados hasta los dientes, y algunos ojos que parecen bocas de pistola» y añade, para completar y a modo de comentario: «Toda esta gente es conducida por gentileshombres, a los que obedecen con devoción.» Abba, que era un ligur de la provincia de Savona, no sentía grandes simpatías por los sicilianos, que le parecían una incomprensible mezcla de caballerosidad y barbarie. De los grupos de «muchachos», cuya elemental ferocidad había registrado personalmente en distintas ocasiones, tendía a ofrecer una representación criminal.

A su vez, el antes citado Brancaccio di Carpino, que era siciliano, se excedía en su generosidad al valorar los efectos de la «dura necesidad» a la que obedecían los gentileshombres en el reclutamiento de los «muchachos»: no era verdad, precisaba, que «los soldados que componían las escuadras revolucionarias fueran todos malhechores y camorristas: había muchos malvados, pero los honestos no eran menos, y tampoco es justo meterlos a todos en el mismo saco y juzgarlos de la misma manera». No obstante, es correcta la interpretación del historiador inglés George M. Trevelyan (1910), quien vio en el fenómeno de las bandas armadas que se habían formado en ayuda de Garibaldi «un último destello de la antigua devoción feudal».

Garibaldi, que era, como escribió con autoridad Engels, un jefe dotado de un profundo «instinto revolucionario», introdujo enseguida en el movimiento unos ingredientes, o mejor, unos gérmenes, socialmente «subversivos» que habrían podido obrar con rapidez en un sentido opuesto a los intereses de los barones y de los burgueses notables, iniciando un proceso de liquidación de su tradicional hegemonía sobre la plebe.

Contra la «devoción feudal» detectada por Trevelyan, la política «revolucionaria» garibaldina, alimentada por indiscutibles fervores laicojacobinos, fue iniciada no sólo con los decretos que prohibieron el saludo *baciamu li mani* (beso sus manos) y el *voscenza* (vuecencia) que era el apelativo con el cual los campesinos y los pobres se dirigían a los señores, sino sobre todo con el decreto del 2 de junio que ordenaba la distribución de las tierras de propiedad pública entre los campesinos (genéricamente indicados como «ciudadanos»), con un privilegio reconocido «en favor de aquellos que se hayan batido por la Patria». Dicho decreto, sin embargo, era de difícil aplicación, porque las tierras de propiedad pública ya habían sido en gran medida usurpadas por un hatajo de mediadores y especuladores, todos más o menos dotados de la rústica y rapaz codicia de bienes de aquel Maestro don Gesualdo de la novela homónima de Giovanni Verga, todos imbuidos, en diferente grado, por el espíritu de la mafia.

Ante tal situación, la posibilidad de reivindicar la tierra de una manera al fin legal, ejecutando las órdenes impartidas por Garibaldi, dio origen a una oleada de revueltas campesinas, particularmente fragorosas en decenas de municipios de las provincias de Palermo, Catania y Messina, contra los «usurpadores», los señores y los aparceros, quienes, como es obvio, hicieron frente común, contando con los relevantes recursos de chantaje de sus tradicionales poderes, que ahora hacían valer sobre el destino mismo de la guerra patriótica contra el Borbón.

El movimiento, analíticamente reconstruido por Denis Mack Smith (1950), fue en muchos casos imponente y encendió en las masas, a veces provocando *jacqueries*, antiguas instancias mesiánicas de regeneraciones y de liberación de la opresión. Junto a los campesinos, actuaron no pocos elementos del clero regular, más sensible a los sufrimientos del pueblo del cual normalmente provenía. Es conocido el episodio, referido por Abba, de un tal fray Carmelo, un joven de veintisiete años que invocaba «una guerra no contra los Borbones, sino de los oprimidos contra los opresores grandes y pequeños, que no están sólo en la corte, sino en cada ciudad, en cada pueblo». Y es conocida la biografía del secularizado fraile Giovanni Pantaleo, obstinado en atribuir al Risorgimento garibaldino el sentido de una sublevación de los pobres contra los ricos.

Si el movimiento popular se hubiera desarrollado como correspondía, con toda probabilidad este libro nunca habría tenido ocasión de escribirse, porque, arrollado el sistema de dominio del latifundio, la misma evolución del fenómeno mafioso habría sido oportunamente bloqueada para siempre. Por desgracia, acabaron ganando el chantaje de los potentados y mafiosos, las intimaciones moderadas del frente de Cavour y Víctor Manuel (a las cuales Garibaldi, presionado por el liberal Giuseppe La Farina, no podía sustraerse) y el sutil cálculo (atribuible sobre todo a Francesco Crispi, que era la mente política de la expedición) de las opciones políticas y de clase que había que elegir para ganar la guerra.

La revolución social fue radicalmente reprimida para favorecer el triunfo de la revolución política. Invocando razones de orden, un duro garibaldino ligur, el general Nino Bixio, se lanzó al más alto nivel del rigor represivo fusilando el 12 de julio a los nueve campesinos que habían protagonizado la revuelta de Biancavilla y, el 5 de agosto, a seis representantes de la revuelta campesina de la cercana Bronte, sobre el Etna, en el territorio del ducado de la familia Nelson.

En definitiva, Garibaldi, aun manteniendo —sobre todo después de los sucesivos acontecimientos que lo inducirían a romper sus relaciones con los moderados y a apuntar a perspectivas cada vez más radicales— la posición de referencia fundamental de todas las corrientes de la izquierda del Risorgimento, había arrastrado fragorosamente a la isla todas las contradicciones sin resolver del mismo: el movimiento unitario nacional había liberado y movilizado a las fuerzas populares, había trazado las líneas de una reforma agraria (en lo inmediato, vuelta contra las propiedades eclesiásticas y detenida en el umbral de los latifundios de los barones) y había potenciado el «hambre de tierra» de los campesinos pobres; pero, en conjunto, y considerando los resultados finales, para las clases populares su acción se había resuelto en un exaltador sueño revolucionario, muy pronto desvanecido en una amarga desilusión destinada a durar varias décadas (Alatri, 1954).

Desde un punto de vista estrictamente político, los unitarios —sean los elementos de izquierdas del Partido de Acción garibaldino, sean los de derechas, moderados o cavourianos— podían, de todos modos, hacer alarde de una victoria. Sólo que, mirando las cosas con más profundidad, habían ganado sobre todo por mérito, y bajo las condiciones de la «baronía política». Los antiguos ingredientes de la alianza y las complicidades viciosas entre los señores y la plebe habían sido una vez más los aglutinantes de las iniciativas políticas y militares vencedoras y habían arrollado el vital proceso de formación de una conciencia popular antimafiosa evidenciado con las revueltas campesinas.

Sobre las intenciones conservadoras del paradójico compromiso por la revolución nacional de los nobles y los señores reunidos en la Guardia Cívica dirigida por Giuseppe La Masa no puede haber ninguna clase de duda. Pero, al respecto, permaneceríamos siempre en el ámbito de sensatas y razonables conjeturas si no pudiéramos disponer de las declaraciones hechas por el duque Gabriele Colonna de Cesarò a una Comisión de Investigación (la parlamentaria de 1875) de la que hablaremos más adelante. El duque reveló sin medias tintas la patriótica estrategia de clase de la baronía siciliana con un juicio asimilable a una verdadera confesión.

Creo que la mafia es una herencia del liberalismo siciliano, porque cuando cayó el feudalismo o, mejor dicho, cuando el feudalismo renunció a su poder (en 1812), los Borbones quebrantaron la palabra dada a Sicilia y desde entonces comenzó una lucha continua, implacable, entre Sicilia y los Borbones. Y digo Sicilia porque todas las clases sicilianas estaban de acuerdo en esta lucha, es más, la aristocracia siciliana hace gala de haber estado siempre de acuerdo con el pueblo. Así es como la aristocracia siciliana siempre ha tenido la pronta y eficaz cooperación del pueblo en todo aquello que se refería a la lucha contra los reyes de Nápoles, como por otra parte el pueblo siempre ha tenido la ayuda, la cooperación y la dirección de la aristocracia. [...] *Todos los barones, todos los propietarios tanto de las ciudades como del interior siempre han tenido una fuerza que estaba a su alrededor y de la cual se han servido para hacerse justicia sin recurrir al gobierno, y de cuya fuerza se han servido siempre que se ha dado la señal de la revolución* [...] Era entonces natural que cuando se debía hacer una revolución no se hilara tan fino en la persecución de aquellos a los que se recurría [...]; para cualquier asunto en el que en otras circunstancias se habría debido recurrir a las autoridades se recurría a aquella gente, y aquí está, para mí, el origen de la mafia.

El documento, sería imposible hacerlo mejor, aclara con qué intenciones la aristocracia italiana, valiéndose de la «pronta y eficaz cooperación del pueblo», ofreció su apoyo a Garibaldi: la ocasión fue utilizada de inmediato para infligir un golpe mortal a los Borbones, con el espíritu antiguo de una clase habituada a «hacerse justicia sin recurrir al Gobierno». La injusticia contra la que se pretendía reaccionar, siguiendo con las motivaciones que habían sostenido la revuelta de 1848, consistía en el desclasamiento de Sicilia a la condición de provincia periférica del reino y, más aún, en la insistencia del Gobierno napolitano en una orientación política tendente a reducir o a condicionar los poderes de la baronía sobre la sociedad de la isla (con los decretos del 16 y del 29 de marzo de 1852 el Gobierno borbónico había sancionado, por ejemplo, la venta de los bienes pertenecientes a la propiedad pública influyendo en la desmembración de grandes latifundios, a veces de nada menos que quince o veinte feudos, controlados por una sola persona).

Para el antiguo orden de los privilegios sicilianos, la salvación de las iniciativas de un Estado cada vez más determinado e invasor pareció venir de Garibaldi, con aquella estrategia de «cambiarlo todo para no cambiar nada» en la cual Tomasi di Lampedusa, agudo intérprete de las tradiciones de su clase, hace consistir el sentido profundo de la participación de la aristocracia italiana en el Risorgimento. La previsión era que, una vez liquidado el arrogante Estado de Nápoles, desde Turín pudieran llegar a lo sumo molestias, superables en el ámbito de un nuevo pacto entre los potentados sicilianos y aquel lejano rey piamontés.

Con esta perspectiva, los barones se prepararon para una nueva negociación y entretanto hicieron su entrada en la escena de la revolución nacional y la alimentaron con la decisiva aportación de los elementos mafiosos a su servicio, bribones y aventureros capaces de arrastrar al pueblo y de convertirlo en un obediente y fiel instrumento de los denominados intereses y derechos sicilianos, bajo la dirección de la aristocracia. Fue así como personajes mafiosos del tipo de Giuseppe Coppola, Santo Mele y Salvatore Miceli se convirtieron en «patriotas» y garibaldinos, junto con decenas de análogos jefes de las escuadras de «muchachos», entre los cuales, como se ha visto —por la explícita admisión de los mismos organizadores— no eran pocos los delincuentes comunes fugados de las prisiones. Garibaldi, a su vez, no hiló demasiado fino en la selección de las cualidades morales y de los antecedentes penales de aquel estupendo pueblo siciliano comprometido en la revolución nacional.

En todo esto, Renda ha visto, muy oportunamente, en su *Storia della Sicilia* [Historia de Sicilia], «el salto cualitativo de la mafia», que consistió, justamente, después de 1860, «en primer lugar en su rápida y generalizada difusión». En el curso de algunos años —sigue Renda— «no hubo pueblo de la Sicilia occidental que quedara inmune. Los mafiosos se multiplicaron por millares, los grupos organizados de la mafia cubrieron como un reticulado la mayor parte del territorio de la isla, comprendiendo diversas zonas de la misma Sicilia oriental», lo cual fue posible «gracias al hecho de que estaban implicados en la mafia los miembros más dotados e inescrupulosos de la emergente burguesía agraria y los representantes más rústicos y retrógrados de la vieja nobleza». También es verdad que durante la revolución se potenciaron algunos aspectos de las antiguas complicidades entre los señores y la delincuencia común: «Los propietarios de tierras y cualquiera que tuviese algo que temer tomaron a su servicio a hombres armados con la función de guardias de corps» y, después de la revolución, «perduró la práctica del recurso privado a la protección de hombres armados en condiciones de hacer frente a malandrines y bandoleros, siendo los mismos hombres armados, a su vez, malandrines y bandoleros».

Es preciso, sin embargo, estar atentos a no limitar el fenómeno a una pura y simple dimensión de orden público y a convertirlo en una cuestión que sólo se refería a una parte de la baronía, a unos señores y barones retrógrados a quienes distinguir de otros no retrógrados y patriotas. Renda, que es un estudioso con fuertes inclinaciones sicilianistas, tiende a no ver o a subestimar el vínculo orgánico y profundo entre la mafia y la historia política de Sicilia, entre la mafiosidad emergente de la plebe y la mafiosidad originaria y permanente de las clases dirigentes y de su cultura siciliana, de su tenaz fundamentalismo antimoderno. En cambio, es necesario insistir sobre este dato para entender, aún más después de la crucial experiencia abierta con el 1860 garibaldino, las características específicas del fenómeno mafioso y comprender el curso de sus sucesivos desarrollos en la relación entre la historia siciliana y la historia nacional.

Se podría decir, forzando sólo un poco los términos de la realidad histórica, que el Estado unitario, al menos en lo que respecta al comportamiento de gran parte de la clase política, nació en Sicilia en el ámbito de una estrategia política de tipo mafioso. Con la excepción de los pocos auténticos liberales de la isla y de los patriotas formados por el mazzinismo, la mayor parte del *establishment* de la isla esperaba del giro

unitario nacional una libertad equivalente a la posibilidad de gestionar
por sí misma, con escasas intromisiones desde el exterior, los asuntos sicilianos. Pero también los auténticos liberales y el movimiento garibaldino en su conjunto debieron considerar, para tener éxito, el sentido y
las particulares características de esa espera, y sobre todo debieron aceptar las especiales fuerzas «populares» por las que estaba sostenida y alimentada.

La mafia a la oposición

A pesar de sus generosas promesas, la expedición del Risorgimento
en Sicilia concluyó con la decepción de todas las principales fuerzas que
Garibaldi había conseguido encauzar contra los Borbones. Fue especialmente la clase política de la aristocracia la que advirtió un sentimiento
de derrota: había tenido éxito al impedir que la revolución política de-
generase en una revolución social, pero no había conseguido reabrir la
esperada negociación con los piamonteses para definir contractualmen-
te las condiciones de la unificación con Italia. El 19 de octubre de 1860
los notables de la isla habían constituido un Consejo de Estado extraordinario, inspirado por el historiador Michele Amari, con el fin de «estudiar y exponer al Gobierno cuáles eran, en la constitución de la gran familia italiana, los órdenes y las instituciones sobre los que convenía
llamar la atención, para conciliar las peculiares necesidades de Sicilia
con las generales de la unidad y prosperidad de la Nación italiana».

Sobre semejantes bases se esperaba iniciar una discusión con los poderes del nuevo Estado, de la que se anhelaba una reconfirmación del
tradicional estatus de autonomía de los poderes locales de la isla; pero
Amari, Ferrara, La Lumìa, Perez y Ugdulena, los principales representantes del consejo, no consiguieron superar el estadio de sus deseos. En
efecto, los vencedores rechazaron cualquier negociación y parecieron
ingratos, e incluso arrogantes, al rehusar la hipótesis de una «anexión
condicionada» y pretendieron que Sicilia sólo se dispusiera a someterse
al nuevo sistema legislativo construido por el Parlamento de Turín.

Aun cuando pueda resultar fastidioso, ofrecer ahora a los lectores
una rápida síntesis de la situación política establecida en Sicilia puede
ayudar a comprender mejor los orígenes de la peculiar maniobra politicomafiosa iniciada y realizada por esas clases dirigentes de la isla a las
que, de ahora en adelante, por comodidad, cada vez más frecuentemen-

te indicaremos con la definición que las engloba a todas ellas de «baronía política».

Inmediatamente después del plebiscito de 1861, la sociedad política siciliana se dividió en dos: por una parte, el puñado de los liberales-unitarios, en la sombra, primero de los gobernadores provisionales que sucedieron a Garibaldi, luego de las prefecturas reales; por la otra, los liberales-autonomistas y los autonomistas a secas, unidos por la común aversión a las orientaciones centralistas del nuevo Estado y por una ácida hostilidad a los militares y a los funcionarios caídos en la isla desde la lejanísima capital piamontesa del reino.

La primera de las dos coaliciones constituía, por así decir, el frente de la nueva legalidad nacional, y con la ayuda determinante de las prefecturas logró tener durante algún tiempo, en el Parlamento de Turín, el papel de la mayoría legal, oficialmente favorable, sin reservas, a la unificación italiana. La segunda de las dos coaliciones, oficialmente minoritaria (si sólo se considera el dato de su representación parlamentaria en los primeros años de vida del reino), era, sin embargo, la directa expresión de una extensa base social (mucho más amplia y capilar que el restringido electorado del 2 % al cual las leyes vigentes permitían el acceso al voto político) y la verdadera poseedora de la hegemonía en la isla (Brancato, 1956).

Representantes de una Sicilia real contrapuesta a la Sicilia legal, los autonomistas, o sea, los más ilustres exponentes de la baronía política, no eran, desde luego, unos desprevenidos y encarnaban la continuidad de una de las tradiciones de maquiavelismo de clase más astutas y sofisticadas que se puedan imaginar. Para su acción, se habían dotado de buenos argumentos teóricos e incluso se habían apropiado de numerosos principios democráticos, tomándolos de las nuevas fuentes del movimiento revolucionario de 1848. Rechazaban la acusación de antipatriotismo y ponían toda la carne en el asador para evitar ser tildados de reaccionarios. Se movían en un plano que conjugaba ambiguamente ideas de progreso y de conservación. Su anticentralismo era por costumbre presentado y defendido como antiestatalismo, en protección de las libertades y de los derechos individuales. Sin embargo, como es previsible, lo que más les interesaba era la defensa a ultranza de una especie de «estatuto histórico» de Sicilia, y su orientación política equivalía a una firme intimación de respeto dirigida al Estado con el objetivo de salvaguardar la ordenación de la economía latifundista (el terreno de los peculiares intereses sicilianos) y el sistema ampliado de reproducción parasitaria de los bienes, entre barones y burgueses, del campo a la ciudad. El autonomismo, por lo tanto, era la nueva versión del tradicional sicilianismo, el principal aglutinante ideológico del que ahora se valía la baronía para unir, como en el pasado, a fuerzas aristocráticas y a fuerzas plebeyas, en un único frente —en defensa de antiguos privilegios y de alardeados derechos e intereses— para el cual viene como anillo al dedo la definición de «oposición mafiosa» (Marino, 1996).

Con un rencoroso resentimiento por la afrenta sufrida, apenas templado por la conciencia de los peligros que afrontar, la clase política aristocrática siciliana, equipándose incluso teóricamente para una larga oposición, asumiría con los piamonteses una actitud en apariencia condescendiente, pero siempre, en esencia, hostil y reticente. La línea de la baronía política sería aquella de no someter a inmediatos ataques frontales a los nuevos poderes estatales gestionados por la derecha histórica, con la intención de sacar ventaja de ella en perjuicio de los más cercanos y temidos enemigos locales (fácilmente identificables en el movimiento popular animado en Sicilia por el garibaldismo); al mismo tiempo, se vigilaría el ejercicio de esos poderes, tendiendo a mantenerlos, por así decir, en un estado de cautividad, con el fin de circunscribir y limitar al máximo su acción.

Es fácil comprender cómo en una situación de este tipo se crearon las condiciones ideales para un nuevo desarrollo del fenómeno mafioso como base popular de las distintas maniobras de las fuerzas políticas sicilianas empeñadas en la confrontación con el gobierno de Turín. Los mafiosos eran preciosos, tanto para la baronía interesada en debilitar al máximo el Estado y en aislarlo de la sociedad de la isla, como para las mismas corrientes garibaldinas que habían puesto a prueba sus servicios durante la guerra patriótica de 1860 y que ahora habrían podido aún utilizarlos en apoyo de la iniciativa democrática dirigida a batir la tendencia moderada de la derecha y a devolver el empuje a la revolución nacional, contando con un Garibaldi que poco después se lanzaría hacia tan radicales perspectivas antimoderadas como para adherirse a la Primera Internacional, declarándose ideológicamente socialista.

El aislamiento y la paranoia del Estado liberal

Cuanto se acaba de escribir no debe inducir a confusión. Sería erróneo imaginar una mafia dividida en dos partes, una al servicio de los aristócratas y la otra aliada de los demócratas.

La cuestión es a la vez más sencilla y compleja y debe explicarse en el marco de la crisis originada por el advenimiento del Estado unitario que provocó una drástica desestructuración del orden precedente, sin conseguir acreditar como mejor el que se estaba inaugurando.

En las antípodas de la general esperanza de mayor justicia, el Estado unitario había acentuado las contradicciones y, en el intento de hacer valer en la isla, con el rigor de la mentalidad piamontesa, las leyes del reino, había iniciado una fase de modernización liberal que, desde las capas populares de la sociedad siciliana, era globalmente percibida como una nueva oleada extranjera de atropellos y de opresión: el aumento de la presión fiscal (los impuestos de timbre y de registro, los inmobiliarios y escolares, hasta llegar al borbónico y odiadísimo sobre la molienda), la desmovilización de las viejas oficinas públicas del reino meridional sustituidas por las nuevas con personal en gran parte septentrional, la liquidación, con las órdenes religiosas, de una red de actividades caritativas que había socorrido a los pobres y, por último, la introducción del reclutamiento militar, vivido como un atentado a las costumbres populares.

La reacción al nuevo curso político fue inmediata, en la dirección de ese radical rechazo del Estado que correspondía a la orientación clásica de la aristocracia y de una naciente burguesía mafiosa. Centenares de jóvenes reacios a la leva se echaron al monte, creando nuevas bandas o engrosando, en el campo, las bandas de salteadores ya existentes. Además, la mayor presión de la miseria sobre las condiciones de vida hizo aumentar el número de delitos, de los hurtos en general al cuatrerismo, las extorsiones y los secuestros, con la violencia y los hechos de sangre correspondientes.

A su vez, los órganos del Estado recurrieron a la mano dura para afrontar una situación que parecía próxima a la ingobernabilidad; así, se iniciaría un período casi ininterrumpido de gobierno militar de la isla, alimentando en los residentes, a todos los niveles, el convencimiento de estar sometidos a la enésima, y más gravosa, dominación extranjera.

El exiguo y desconsolado puñado de liberales unitarios permanecía enrocado en las prefecturas del reino, confiadas a generales o a funcionarios provistos de poderes ejercitados en soledad. El Gobierno, aislado de la sociedad y deslegitimado por los barones, había caído en la trampa de responder con dosis siempre mayores de autoritarismo a una insubordinación cada vez más visible y explosiva. Sus pocos fieles apreciaban el pulso e invocaban —como el buen senador Francesco Di Giovanni, en una carta a Michele Amari— «Una ley severísima, ferocísima, cruelísima, que te deje las manos libres para colgar de los cojones incluso a los sospechosos» (Marino, 1988, p. 129).

Por lo demás, habría sido una empresa vana esperar métodos liberales en un contexto en el que se producían hechos como el de los «apuñaladores» (responsables del asesinato de doce personas, en Palermo, la noche del 4 de octubre de 1862) que hacían temer el inicio de una ofensiva terrorista por parte de la plebe.

En efecto, algunos días después un comité anónimo haría circular una octavilla con una sorprendente y contradictoria reivindicación de los asesinatos en nombre de la libertad y de la «Roma del Papa traicionada»: probablemente todo ello había sido un calculado acto de provocación concebido para promover una drástica ofensiva contra el partido garibaldino (Pezzino, 1992); pero ¿a quién, y hasta qué nivel, se remontaban las responsabilidades?

En todo caso, las autoridades hicieron justicia sumaria: un proceso promovido contra diez pobres diablos del estrato más bajo del proletariado, muy alejados de cualquier verosímil hipótesis de conflicto de ideologías, concluyó con tres condenas a muerte para otros tantos imputados juzgados como jefes y organizadores, y con numerosos años de trabajos forzados para los siete restantes.

Pese a la demostración de fuerza que se había querido dar con las condenas ejemplares emitidas por el Tribunal de Palermo, el grave episodio evidenció, en la práctica, la debilidad y el aislamiento del Estado liberal, tras una grave crisis política provocada por el intento de Garibaldi de relanzar la revolución nacional con una expedición militar de voluntarios reclutados en Sicilia que, según el proyecto, debería haber liberado Roma del gobierno del Papa y de la tutela de los franceses, pero que, como se sabe, fue detenida el 29 de agosto de 1862 por el coronel Pallavicino en Calabria, en el macizo del Aspromonte.

Impresionó a la opinión pública el hecho de que el proceso contra los supuestos «apuñaladores» fuera del todo indiciario y que, por lo tanto, no hubiera pruebas seguras de la culpabilidad de los condenados.

Se había entendido que el Gobierno daba órdenes a la Magistratura y que su principal preocupación era aniquilar el movimiento garibaldino, a partir de un riguroso empeño —oficialmente antiborbónico, antiterrorista y anticlerical— para paralizarlo, atemorizando a las fuerzas populares con las que contaba.

La misma precariedad del control ejercitado sobre la situación siciliana —según se acaba de señalar— inducía a la derecha histórica a representarse su batalla política contra la izquierda en general y contra el Partido de Acción en particular, como un necesario empeño patriótico, hasta el punto de justificar, de ser preciso, cualquier ausencia de escrupulosidad en las relaciones, y en el conflicto, con el medio local. De aquí, con los expedientes de una tan débil como presuntuosa *realpolitik* que acababa tejiendo peligrosas alianzas con la mala vida (siempre que se declarase fiel y enemiga de los demócratas), que existiera también una especie de constante paranoia que veía en peligro las libertades, lo que inducía a militares y funcionarios a actos que, desde la distancia, podrían parecer grotescos, si no hubieran sido, como en efecto eran, terriblemente dramáticos.

Una manifestación ejemplar de dicha paranoia fue el aventurerismo chulesco del mal reputado general Giuseppe Govone, de cuyas operaciones de orden público se puede referir un episodio que indignó a media Italia y, en Sicilia, sobre todo a Napoleone Colajanni, que lo describió de la siguiente manera: «Un desgraciado obrero, Antonio Cappello, era sordomudo; dado que las autoridades militares querían convertirlo a toda costa en un soldado, consideraron que la sordomudez era simulada y lo torturaron... ¡para hacerlo hablar!» El pobrecillo murió martirizado por ciento cincuenta y cuatro quemaduras de hierro candente (Colajanni, 1900).

Para modernizar la sociedad las autoridades no dudaron en entrar por la fuerza en los conventos e imponer el matrimonio a las novicias, como sucedió con Annetta Bommarito, de trece años. Hechos de este tipo no escandalizaban ni siquiera al exiguo puñado de liberales sicilianos. En su nombre, el diligente senador Di Giovanni solicitaba medidas aún más resueltas: «Tengan cuidado [las autoridades] de no moderar no digo la severidad, sino también la ferocidad [...], sin la cual, y sin el toro de Fálaris, si es preciso, no harán nada» (Marino, 1988, p. 126).

En aquel clima, bajo el peso de sus mismos actos de gobierno, los funcionarios públicos, los comisarios y los prefectos de la derecha histórica encontraban dificultades, no ya para orientarse, sino para entender la realidad que tenían delante, y ello a pesar de las informaciones que obtenían del trabajo de sus investigadores y de las conversaciones con los pocos amigos auténticamente liberales y patriotas a los cuales se mantenían aferrados. Por efecto del escaso conocimiento de los asuntos sicilianos, los errores cometidos por exceso de rigor represivo (que potenciaba la enemistad y la hostilidad de vastas capas populares en relación con el Estado, favorecía el revanchismo borbónico y clerical y obligaba a muchos desesperados a la aventura del bandolerismo) no eran menos graves que las culpables tolerancias en relación con los amigos y los informadores, remunerados con privilegios y, a veces, con informales «licencias para delinquir».

Entre las medidas policiales más odiosas y más odiadas ocupaba el primer puesto la libertad vigilada, instrumento de un uso del todo discrecional y a menudo faccioso de la legalidad: «La libertad vigilada —se lee en las *Lettere sulla politica e amministrazione* [Cartas sobre la política y la administración], editadas en Palermo en 1872— era un estigma imborrable para el que la sufría: un delegado confeccionaba una lista de nombres y la mandaba al juez de primera instancia, el cual, sin examinarla, pero con el respeto y la obediencia pasiva de un musulmán, decretaba la libertad vigilada. Ésta era como la excomunión de la Edad Media. Al que la padecía se le negaba el pan y la sal. Si era obrero, perdía el trabajo; si era criado, dejaba de ser aceptado; si era contable, se quedaba sin empleo; pero ¡debía presentarse cada semana ante el delegado del barrio y hacerle constatar que había trabajado!» En conjunto, lo insoportable era esa mezcla de arrogancia e ineficacia que desde los primeros años de la vida unitaria puso en evidencia un estilo de administración pública italiana destinado, como todos saben, a durar largo tiempo.

Las pocas señales en la otra dirección cayeron en el vacío o incluso fueron consideradas por el Gobierno como indicios de una inclinación a la debilidad y a la renuncia a combatir de manera resuelta. Al respecto, será ejemplar el desafortunado caso de un valiente funcionario liberal, el fiscal Diego Tajani, que al obstinarse en el cumplimiento de las leyes y oponerse al uso encubierto de los malhechores por parte de la policía (¡se atrevió a ordenar el arresto del comisario de Palermo, Giuseppe Albanese!), fue inmediatamente removido de su cargo y sustituido, por orden de Guardasigilli, por un tal Salvatore Schiavo, un corrupto chaquetero «conocidísimo por sus delictivas, maquiavélicas y políticas transformaciones y su frecuentación a los locales de juego» (Alatri, 1954).

Las dramáticas contradicciones de la política gubernativa acababan favoreciendo objetivamente el papel de los miembros de la mafia y el arraigo social de la «oposición mafiosa» de la baronía política. En efecto, por doquier, gentes del pueblo sin protección, miserables de diversa condición, campesinos, jornaleros, debieron convencerse muy pronto de que habría sido como mínimo poco razonable exponerse al riesgo de caer víctimas de la venganza de los poderosos mafiosos por respetar las normas de una justicia oficial que a menudo absolvía a los criminales y castigaba a los inocentes. De aquí el silencio y la complicidad ante el delito y el rechazo a colaborar con las autoridades.

Sin embargo, al valorar en conjunto la política de la derecha histórica en lo referente al orden público, sería injusto no considerar que estaba animada por una sincera y profunda voluntad de modernización y que, a pesar de sus mejores intenciones, no podía dejar de sufrir los graves efectos negativos de una situación muy complicada en la cual los funcionarios públicos, cada vez más desorientados, estaban expuestos, cotidianamente, a crecientes dosis de boicoteo, de provocación y de deslegitimación, hasta tal punto que el prefecto Gualterio había podido escribir, desolado, en su informe de abril de 1865, que el Gobierno debía tomar nota de que había perdido «la debida autoridad moral para pedir el necesario apoyo del numeroso grupo de los ciudadanos más influyentes».

El enigma de Sicilia: pero ¿qué es la mafia?

Narra el príncipe Tomasi di Lampedusa que Tancredi Falconieri —el sobrino del anciano gatopardo destinado a una brillante carrera política en el reino de Italia— se divirtió aterrorizando a un mensajero del Gobierno piamontés, el bondadoso señor Chevalley, inventándose historias de horripilante violencia y bárbara crueldad, referidas como testimonios casi de lo más normales de los usos y costumbres de los sicilianos, lo que constituye una sabrosa representación literaria de una cínica diversión a la que cedían los nobles sicilianos para asombrar a los extranjeros, destacada también por Villari en sus *Lettere meridionali* [Cartas meridionales] (1882).

Casi todos los septentrionales del séquito de Garibaldi habían vivido experiencias análogas a las del desventurado señor Chevalley, y a menudo habían tenido ocasión de verificar que el pánico producido por los misterios sicilianos tenía una base real. El general Turr descubrió de qué madera estaba hecho el «muchacho» Santo Mele: «Un bribón [...] capaz de beber sangre, ladrón y asesino.» Por desgracia debió convencerse de que los demás sólo eran patriotas. A su vez, Giuseppe Cesare Abba tomó algunos apuntes sobre la mafia y, en su *Storia dei Mille* [Historia de los Mil], escribió que se trataba de «una tenebrosa sociedad que extendía sus hilos por toda la isla». También observó que aquella fuerza «poderosísima» era favorecida «por la plebe de los campos y también por los ricos de las ciudades, cuando las leyes les parecían contrarias a la verdadera justicia». Sobre las características y la real penetración social del fenómeno no habría mucho que decir, tanto más cuando los sicilianos eran a menudo reticentes a hablar del tema y, en todo caso, estaban poco convencidos de que los septentrionales los comprendían muy poco.

Lo que estos últimos no conseguían entender era, sobre todo, la relación entre la mafia y las clases dirigentes de la isla. Les repugnaba la idea de que unos señores, a menudo no sólo ricos, sino también muy cultos y refinados, pudieran ser cómplices de delincuentes como Santo Mele, y no lograban captar los vínculos y relaciones entre la mafia y el bandolerismo. Entre otras cosas, incluso la verdadera naturaleza del mafioso era un tema alejado del alcance de su capacidad de comprensión. El mafioso era, desde luego, un delincuente, pero ¿por qué entonces hasta un intelectual de indudable cultura democrática como Napoleone Colajanni estaba convencido —tal como escribiría (1990)— que «el verdadero mafioso es una persona laboriosa que obtiene sus medios de subsistencia de su propio trabajo», y es tan «altruista» que a menudo acepta «encubrir los delitos de otros» y arruinarse económicamente «para acudir en ayuda de sus amigos»?

Seguir ahora, durante un momento, las tortuosas conjeturas de las autoridades del reino tras la unificación nacional sobre el enigma de Sicilia resultará útil para entender qué problemas interpretativos pueden plantearse, aún hoy, sobre la cuestión entre aquellos que no están familiarizados con la historia de Sicilia.

En aquellos tiempos, los hombres de la derecha histórica, protagonistas en la isla del no fácil inicio del joven Estado unitario, funcionarios circunspectos y de escasa fantasía, normalmente piamonteses, si bien se percataron de algunas características específicas de la mafia, se mantuvieron en los términos elementales de una visión del fenómeno como si fuese un misterio, tan sorprendidos y alarmados al destacar sus graves efectos sobre el orden público como sustancialmente restrictivos por lo que se refería a la valoración de su alcance político.

En general, toda la cuestión, en cuanto a sus causas, se relacionaba con los datos, también muy someros y oscuros, del retraso histórico de la isla y en particular de la falta de una cultura del trabajo en el Sur de

Italia. Al respecto, reléase, por ejemplo, lo que escribiría, en 1875, el prefecto de Caltanissetta, Guido Fortuzzi:

> Yo definiría la mafia como la especulación de uno sobre la vileza de otro, con el fin de despojarlo de su patrimonio bajo amenaza de muerte, o de imponerle con similar amenaza cualquier acción u omisión que redunde en provecho del especulador.
>
> El primer origen de todos los males (siempre según mi punto de vista) del antiguo reino de Nápoles, y en especial de las provincias de este lado del Faro, es el aborrecimiento que se tiene a las fatigas del trabajo y la consiguiente avidez de procurarse un medio de vida sin él: de donde la camorra y la mafia, que suelen desnudar a sus semejantes para vestirse a sí mismas mediante la intimidación y el fraude, siempre que se evite el aborrecido trabajo.
>
> Esto parte de un debilitamiento moral, que hunde sus raíces en la superposición de razas y acontecimientos políticos y sociales que tuvieron inicio en la más remota antigüedad, y que recuerdan la dominación púnica, la romana, la bizantina, la sarracena, la española, etc.
>
> El espíritu, en suma, de superchería y de prepotencia, unido al de la rapacidad y la inercia, son los coeficientes de la mafia.

En casi todos los informes oficiales de las autoridades periféricas al Ministerio del Interior era recurrente la denuncia de una especie de inferioridad cultural, e incluso psicológica, de los sicilianos respecto de las tensiones civiles de la «revolución italiana». Fortuzzi llegó al extremo de escribir, sin medias tintas, que los métodos liberales serían del todo inadecuados a la «índole» de la población de la isla: «Ciertamente —destacó casi indignado—, desde hace años el nuevo Gobierno nacional está haciendo un peligroso y terrible experimento: gobernar a pueblos como éstos [...] con leyes y ordenamientos a la inglesa o a la belga, que suponen un pueblo culto y moral como allí, o al menos como en la parte superior de la península» (Marino, 1996, pp. 38-39).

En una análoga longitud de onda, Cotta Ramusino, prefecto de Trapani, escribía que «la mafia en Sicilia es el resultado de la perversión del sentimiento moral», y Berti, en Girgenti, hacía remontar sus causas a las «características patológicas de la sociedad, que en Sicilia se manifiestan con síntomas más graves y con formas más enérgicas que en otras partes». En cualquier caso, la fenomenología mafiosa en sus aspectos organizativos aparecía misteriosa e impenetrable. La continuidad y la coherencia de la «acción mafiosa» permitían suponer la existencia de algún plan estratégico en apoyo de las distintas actividades y manifestaciones criminales. Sin embargo, ninguna indagación había conseguido certificar la existencia de algún centro de dirección operativa.

«Los principales centros de la mafia —resaltaba el conde Rasponi, prefecto de Palermo— son Palermo, Monreale, Partinico, Misilmeri, Termini, Montemaggiore, Mezzojuso, Corleone, Palazzo Adriano, Prizzi, Cefalù, San Lauro, Polizzi y las dos Petralie, de donde parte una ramificación gradual en proporción tanto a la distancia como a la consistencia, de acuerdo con la índole de los habitantes, y de determinados individuos de otros pueblos, dependientes o no de la capital del distrito.» No obstante, los organismos policiales, en la afanosa búsqueda de los verdaderos responsables de la máquina criminal, navegan en la oscuridad más absoluta: «Al no ser una verdadera organización, es muy difícil designar con precisión y exactitud los nombres de todos los jefes de barrio y secuaces de la mafia» (*ibid.*, pp. 40-44).

En efecto, las relaciones entre los mafiosos parecían tan orgánicas e integradas como asombrosamente no sometidas a una dirección o una coordinación desde arriba: «Los mismos malandrines y malhechores, comoquiera que se llamen, no tienen una verdadera asociación permanente, con vínculos y pactos estipulados; pero se conocen recíprocamente, a veces se uniforman hasta en la manera de vestir, y ordinariamente en los modos y en los medios que usan para sus fines, y se ponen de acuerdo y cooperan para llevar a cabo cualquier operación.»

Era evidente, por lo tanto, que la «mala hierba» tenía numerosas raíces, pero que era muy difícil seguir sus ramificaciones en trazados enmarañados y mudables que a menudo parecían repentinos, aunque nunca casuales e improvisados; y si razonablemente debía darse por descontada la existencia de alguna estructura directiva, la hipótesis de un sistema de jerarquías estable se hacía, sin embargo, improbable.

Lo que más impresionaba —con la vistosa heterogeneidad de las figuras sociales implicadas por el fenómeno, tales como intermediarios agrícolas, barberos, cabreros, panaderos, molineros y vendedores de pastas, arrieros, carreteros, etc.— era la extremada diseminación, a todos los niveles sociales, de las fuerzas y los comportamientos mafiosos: «Tanto el más mísero aldeano o azufrador —destacaba Fortuzzi— como el más rico barón, príncipe o duque, puede ser un gran mafioso.» Pero ¿cuáles eran, de arriba abajo de la sociedad italiana, los hilos subterráneos y secretos que ligaban los estratos de la mafiosidad popular con los de la mafiosidad burguesa y aristocrática?

Cotta Ramusino señalaba que en la provincia de Trapani, como «por lo demás en las otras partes de la isla, los mafiosos trataban de relacionarse con los propietarios ricos para ser asistidos y protegidos, si fuera necesario». Este dato, el más inquietante de todos, debería haber constituido el punto de partida para una profunda indagación. Sólo que los funcionarios de la derecha histórica, si apenas estaban en condiciones de destacarlo, habrían sido incapaces de interpretarlo. Su misma mentalidad impedía a aquellos honestos liberales considerar creíble una alianza orgánica entre los latifundistas y la mafia.

Que el fenómeno tenía al menos dos niveles, uno inferior y otro superior, estaba claro, pero, en todo caso, ambos eran reabsorbidos en un marco de perversas relaciones criminales entre personas de escaso sentido cívico, que excluía por completo la hipótesis de acuerdos o coparticipaciones referibles a un bloque de intereses de clase.

> La mafia es baja y alta. La mafia baja es rústica y descarada. Cualquier sinvergüenza que cree poseer algo de valor, se las da de mafioso, amenaza con matar a éste y aquél, y así es obedecido y servido de la manera más indigna. No se le niega nada, hasta reducirse a la miseria.
>
> La mafia alta consiste en la ostentación de maneras civilizadas, sí, pero también en estar de acuerdo con matones y mafiosos de baja ralea, a través de los cuales ejecuta sus intimidaciones y venganzas, sea para robar impunemente el ganado de los propietarios limítrofes, sea para conseguir a bajo precio el campo o feudo que se desea, sea también para obtener una muchacha con una buena dote. Esto en el campo. En las ciudades o aldeas para darse aires de poderoso, para arrebatar los cargos municipales con el fin de robar del erario público, o dirigir en el propio beneficio los bienes municipales [...]. Corromper tanto como se pueda a magistrados y funcionarios, engañarlos, trampearlos, prodigar la propia protección, y así ponerse de punta en blanco, enriquecerse y darse aires de poderoso (*ibid.*, p. 42).

Como es fácil advertir, entre baja y alta mafia sólo se percibían diferencias de estilo criminal. Sin embargo, era costumbre compadecerse de los propietarios, en tanto tales, considerándolos víctimas, aun cuando afloraba la sospecha de su directa colusión. En definitiva —los magistrados y los jueces cuyas opiniones fueron recogidas en una especie de libro blanco por el ministro de Justicia estaban convencidos de ello—, los mismos propietarios que aparecían como cómplices de la mafia en realidad no habrían tenido que hacerse perdonar más que el miedo y la vileza con los que se doblegaban ante un estado de necesidad.

La situación de Sicilia es tan mala que, en la comprobada impotencia de la ley para defender a las personas y sus bienes, los más ricos recurrieron a la ayuda de los mismos bribones, a quienes contrataron como guardianes de sus tierras, por lo cual con la influencia de los afiliados a la camorra impidieron los tributos y demás excesos habituales; situación que acabó volviéndose en su contra y costándoles carísima, dado que estos valerosos protectores de sus amos siempre deben tolerar, sin que éstos lo sepan, más o menos importantes pillajes nocturnos, que se permiten los afiliados, y cuyos lucros, según sus depravados estatutos, se ingresan en la caja común y constituyen también un medio de vida para todos ellos. ¡Fue y es una especie de tributo indirecto u oculto de menor proporción que sustituye a los más violentos!

Entretanto, sin embargo, dicho sistema prevaleció de tal manera que todos los guardianes rurales privados son, en Sicilia, los sujetos más ruines, tanto más buscados y temidos en razón directa con su maldad y, por ende, con su mayor influencia sobre la mafia. [...] ¡Esto explica el porqué de las vanas investigaciones de las fuerzas públicas en la detención de los malhechores y de todos los otros afectados por órdenes de búsqueda y captura! (*ibid.*, p. 43).

Por consiguiente, la cuestión del llamado «rufianismo», es decir, de las relevantes protecciones de las que disfrutaban los mafiosos, solía reducirse a los términos de una situación casi ineludible que habría obligado a las personas acomodadas a estar de parte de la mafia «por temor» y, en cualquier caso, para «salvaguardar la integridad de su vida y sus bienes». Todo esto, obviamente, sin excluir que en casos excepcionales alguno acabara haciendo de la necesidad virtud, hasta el punto de decidirse a «participar en las ganancias ilícitas del malandrín».

En verdad, el conde Rasponi llega un poco más lejos en el análisis, expresando de manera velada la posibilidad de que «el rico» se valiera de la mafia no sólo para «conservar indemne de la plaga incurable del bandolerismo su persona y sus propiedades», sino para «mantener esa prepotente hegemonía que ahora ve menguada por el desarrollo y el progreso de las instituciones libres».

Sin embargo, los raros y ocasionales principios de lucidez interpretativa quedaban anclados en una valoración global del comportamiento de la baronía y de sus aliados que no se atrevía a vislumbrar los vínculos de estrategia política o, mejor, de estrategia de clase, que unían a la alta y la baja mafia en la experiencia de la oposición siciliana al Estado liberal. En estas condiciones, los prefectos y los magistrados sólo podían limitarse a registrar con alarma —sin conseguir darle una explicación profunda— el dato puro y simple del aislamiento de las instituciones y de la impotencia de las leyes. Ante las necesidades apremiantes de conocimiento planteadas por la misma inseguridad de una empresa de civilización liberal obligada a abrirse camino entre la enemistad y el permanente boicoteo de las clases dirigentes sicilianas, se habrían dado respuestas superficiales y repetitivas, incapaces de quitar el velo del enigma de Sicilia. Tras haber empeñado al máximo sus capacidades de análisis, los magistrados acababan por volver, aún más confusos, a las preguntas de las que habían partido:

> ¿De qué es producto este estado de cosas? ¿Cuál es su causa principal? Ella deriva de esa clase que constituye la mafia, de la que está infestada no sólo Palermo, sino sobre todo sus alrededores, los habitantes del campo palermitano. La mafia vive entre todos, tiene extensas relaciones, tiene protección, impone. Trama y ejecuta los delitos, despliega protección en la instrucción de los procesos y de los juicios, influye sobre la impunidad; la desmoralización que surge de todo ello crece cada vez más, y es inmenso el mal que afecta a Palermo, que luego se esparce e influye por todo el resto de la isla (*ibid.*, p. 44).

En una maraña de opiniones angustiadas, se acabó por ver de la mafia sólo su inmediata y llamativa fenomenología criminal irreductiblemente enemiga de la ley —el monstruo tentacular y multicéfalo del antiestado—, ignorando casi todo de su naturaleza política. En consecuencia, se planteó la lucha contra la «mala hierba» dentro de los términos simplistas de una cuestión de orden público, definiendo concepciones, metodologías y prácticas represivas destinadas, de un modo u otro, a sobrevivir hasta nuestros días.

El crimen de Corrao y los orígenes de la burguesía mafiosa

Como se deduce del examen de los informes de los prefectos, existía una relación casi directa entre la confusión de las ideas y los errores políticos de las autoridades gubernativas, lo que hace que resulte bastante fácil comprender —desarrollando las observaciones apuntadas en el parágrafo anterior— por qué el fenómeno mafioso se había reforzado a todos los niveles de la sociedad siciliana y en qué medida lo había hecho.

Bajo el peso del rigor represivo piamontés, pero sobre todo por los efectos cruzados de la oposición al Estado de los «barones», por una parte, y de los demócratas, por la otra, se había creado una situación que iba alimentando en Sicilia, a todos los niveles, algo parecido a una creciente demanda social de ilegalidad, y era natural que la mafia viese acrecentado su papel como fuerza capaz de satisfacerla, indiferentemente de derechas o izquierdas, en favor de los barones o en ayuda de la protesta popular atizada por los demócratas, según las oportunidades, las «amistades» y los lazos personales de sus personajes y de sus grupos organizados.

Estaban —como escribió el *Corriere Siciliano*— los «malandrines de nuevo cuño» que, empeñados en «hacer respetar los bienes de sus amos», obtenían un beneficio personal «aligerando los rebaños y las cosechas de los vecinos» y se servían «de la protección de quien les pagaba y del prestigio del nombre (de los señores) para ejercitar su prepotencia sobre el débil». Pero también estaban los turbios elementos del sotobosque patrioticopopular que en el verano de 1862 pareció cerrar filas en apoyo de un último intento de relanzamiento revolucionario del movimiento garibaldino. Este hecho, al que se ha aludido antes, dio origen a la primera crisis grave del Estado unitario, con lo que no pocos de los antiguos «muchachos» de la primera hora volvieron a escena. Los movilizó y organizó en nuevas escuadras de voluntarios uno de los valientes de la revolución nacional, el palermitano Giovanni Corrao. Luego, en agosto, se pusieron fragorosamente en marcha capitaneados por Garibaldi, hasta el macizo calabrés del Aspromonte, con la consigna «Roma o muerte».

Aquí no nos interesa seguirlos en su desafortunada aventura, pero es importante, a los fines de nuestra historia, analizar la trágica suerte de su principal organizador, el valiente Corrao, un personaje tan característico como excepcional, al menos por haber sido uno de los poquísimos plebeyos que ascendieron, por indiscutibles títulos patrióticos, a una posición de primer plano en la escena del Risorgimento italiano. Era trabajador manual, calafateador de naves en el puerto de Palermo, en 1848 había entrado en el mundo de la conspiración mazziniana para la unidad de Italia. Exiliado para huir de la represión de Fernando II, había regresado a Sicilia de forma clandestina precediendo a Garibaldi, para preparar —junto a Rosolino Pilo, que también sería abatido por el plomo borbónico en marzo de 1860— el terreno para la expedición de los Mil. Máximo animador y alma del movimiento de los «muchachos», se había convertido en coronel de un batallón de voluntarios, distinguiéndose en las batallas por la conquista del reino del Sur desde Milazzo a Gaeta, y por último había alcanzado el grado de general. Después del encuentro de Teano entre Garibaldi y Víctor Manuel II, e indignado por la despreciativa actitud asumida por éste en relación con el ejército garibaldino, se había opuesto a la inmediata anexión del Sur al reino saboyano y, anticipando cuanto llevaría a cabo dos años después, había promovido la continuación de la guerra hasta la liberación de Roma, amenazando, en caso contrario, con entrar nuevamente en Palermo para sublevar al pueblo (Alatri, 1954).

Bastante rústico y primitivo, pero desde luego muy generoso y no del todo privado de una cultura autodidacta conquistada junto con su formación política, este hombre, más que cualquier otro en Sicilia, constituía la encarnación del espíritu laicorrevolucionario del garibaldismo en perfecta e indivisible simbiosis con la mafiosidad de gran parte del subproletariado palermitano. No es casual que contara con el apoyo, la complicidad y la amistad de no pocos facinerosos y elementos normalmente poco recomendables de la plebe. Cabecillas de pueblo, audaces de diversa naturaleza y verdaderos mafiosos, como Turi Miceli, Giuseppe Badìa, Lorenzo Minneci, Giuseppe Scordato y Domenico Abbadessa, reunían a una señal suya verdaderas falanges de voluntarios en armas.

Poco más de un año después de los acontecimientos del Aspromonte, al atardecer del 3 de agosto de 1863, el generoso Corrao, siempre amadísimo por la plebe, fue encontrado muerto en un campo de su propiedad situado debajo de Monreale, entre los cítricos de la Conca d'Oro, asesinado —según escribieron los periódicos de entonces— por algunos sicarios disfrazados de carabineros.

¿Fue éste el precio que pagó por sus peligrosas relaciones con la base que lo admiraba y sostenía? Sin duda, semejante precio entraba en el cálculo de su azarosa vida, pero la trágica suerte de un héroe de su nivel no puede reducirse de manera simplista a la hipótesis de un ajuste de cuentas entre malhechores, y ello no sólo porque, a pesar de las personas con las que se codeaba, no era en absoluto un malhechor (Falzone, 1973).

El general Corrao representaba la resistente fuerza políticorrevolucionaria del garibaldismo, y con el espíritu que le había conferido este papel había interpretado y dirigido a esa mafiosidad popular de la que se había valido el Risorgimento nacional. Por desgracia, la muerte nunca sería aclarada. Para tener una idea del misterio en el que se vio envuelta casi de inmediato, baste recordar que cuando el senador Edoardo Pantano intentó comenzar, algo más de una década después, una indagación para tratar de descubrir sus orígenes y motivaciones, ¡debió rendirse porque todos los legajos que contenían las informaciones de la policía y el material de la instrucción de la Magistratura habían sido destruidos! Lo que dice mucho sobre el carácter de aquel crimen, el primero de ese tipo en la historia de la Italia unida.

Siempre navegando en la oscuridad, sobre él pueden formularse hipótesis tan sensatas como inquietantes. Un dato del que resulta oportuno partir es la consideración del papel oscuro y contradictorio, pero cierto, de las relaciones internas en un ambiente politicomafioso que, más allá de las tradicionales complicidades entre aristocracia y plebe, estaba englobando a sectores cada vez más importantes de burguesía, sobre dos ejes antagónicos del llamado Partido del Risorgimento: uno constituido por los liberales y unitarios amigos del Gobierno, y el otro por una corriente de democracia laicopatriótica oficialmente progresista y hasta republicana (dados sus orígenes garibaldinomazzinianos) que, no obstante, se estaba adaptando de algún modo a la realidad institucional del Estado monárquico, preparándose para convertirse en una fuerza de gobierno capaz de sustituir a la derecha histórica.

En lo inmediato, esta última corriente, por ser, como en efecto era, una corriente de oposición al Gobierno, se encontraba objetivamente del mismo lado que la baronía política sicilianista, por lo que pronto consideraría casi natural patrocinar y valorizar sus instancias e intereses para una gran alianza antigubernamental. De este modo, en nombre de una común batalla que sólo habría podido denominarse de izquierdas porque era contra un poder que se declaraba de derechas, el frente de la oposición mafiosa se habría extendido a una parte más amplia de la burguesía del Risorgimento, cuyo principal representante en Palermo era Francesco Perroni-Paladini, seguidor de Crispi.

Obviamente, a los fines de un compromiso orgánico, cada una de las partes (a menudo sutilmente unificadas por relaciones y complicidades interpersonales que nacían de la común iniciación en las logias masónicas) debería haber hecho, por así decir, sacrificios: la baronía política sicilianista renunciando a la reivindicación de un estatuto especial para Sicilia (es decir, a las exigencias autonomistas), y los demócrata-progresistas abdicando de los propósitos revolucionarios y republicanos tradicionales en ellos.

Frente al nuevo marco de alianzas que se iba delineando, Corrao, con su firme y pasional orientación revolucionaria, además de ser la pesadilla de la asociación liberal unitaria, era el adversario más radical de la baronía sicilianista y se había convertido en un elemento por lo menos incómodo para la corriente de los demócratas y los republicanos moderados que se habrían reconocido cada vez más en el indiscutible liderazgo de Francesco Crispi. Éste tenía todos los títulos para aspirar a representar a la Sicilia del poder, por ser, a la vez, ex mazziniano y garibaldino, sensible intérprete de la sicilianidad en todos sus aspectos y uno de los mayores representantes del Risorgimento nacional, jefe de la izquierda parlamentaria en Sicilia y Gran maestro de la masonería (Alatri, 1954).

El general garibaldino, con la seductora fascinación que ejercía sobre la plebe, se encontró con que constituía el mayor obstáculo para el ya iniciado proceso de unión de la aristocracia con la naciente burguesía mafiosa, expresión directa del transformismo de las clases dominantes sicilianas. Su eliminación parece, por lo tanto, imputable a una verdadera coalición de inductores políticos.

No es casual que sus amigos y seguidores más apasionados y tenaces, dirigidos por Badìa, no tuvieran otro porvenir que el de una aventura contraria al sistema (en un terreno que hoy se diría de la izquierda extraparlamentaria), depositando su confianza en las orientaciones filosocialistas del viejo Garibaldi y declarándose, además de intransigentes republicanos, militantes, más o menos informales, de la Internacional, recientemente constituida en el año 1864. Debieron de tener la sensación de un gran impulso mediante el cual reabrir la expedición de los «muchachos». Y, en efecto, considerando que se trataba de una buena ocasión de aprovechar la crisis abierta por la poco gloriosa guerra de 1866 contra Austria-Hungría (la llamada Tercera Guerra de Independencia, que había conocido las humillantes derrotas de Custoza y de Lissa), convocaron a los jefes de escuadra veteranos y fieles de 1860 (entre ellos, el ejemplar Turi Miceli, que con el tiempo se había transformado en un forajido) e intentaron una insurrección.

En un primer momento, el 16 de septiembre y por pocos días, tuvieron éxito: su fuerza, constituida por bandas de maleantes, insumisos y fugitivos de las cárceles, venidos de las montañas y rápidamente mezclados con las hordas desesperadas y violentas del subproletariado urbano, se impuso sobre nada menos que los doce batallones de la Guardia Nacional que defendían Palermo. La revuelta se extendió decididamente a decenas de municipios del distrito y tuvo algún eco también en las provincias de Trapani y Catania. El orden fue restablecido a duras penas, y sólo después de siete días y medio, *manu militari*, por las fuerzas de policía y las tropas de la guarnición, reforzadas por un cuerpo expedicionario de más de cuarenta mil hombres al frente del cual se hallaba el general Raffaele Cadorna.

Ningún historiador consiguió dar nunca una buena razón de aquella gran revuelta, salvo que los insurgentes, casi desde el principio, demostraron haber emprendido, más que una verdadera acción revolucionaria, una fragorosa *jacquerie* sin perspectivas, porque no estaba sostenida por alianzas políticas nacionales o cualquier proyecto político creíble.

Los diversos Badìa, Bonafede, Abbadessa, Minneci, más que parecerse a unos revolucionarios aficionados, se comportaron como jefes de bandas de bandoleros, y debieron tolerar que a sus consignas de libertad y república se añadieran, al extenderse la acción a las áreas más miserables y atrasadas de la «medina», las de los intrigantes borbónicos y los provocadores clericales, como «Viva Francisco II» o «¡Viva el Papa!») (Marino, 1996).

Por otra parte, del lado del poder, la revuelta palermitana constituyó un momento fundamental del proceso que, como se ha dicho, estaba obrando la agrupación, en un único y nuevo frente político, de la baronía sicilianista con la burguesía mafiosa. El marqués de Rudinì, joven alcalde de Palermo y luego elevado al cargo de prefecto de la provincia en premio a su «patriótica conducta durante la insurrección», logró conjurar el peligro de que los revoltosos obtuvieran el apoyo de la aristocracia. Ésta, aterrorizada, quizá por primera vez en su historia, por una movilización popular que se le escapaba de las manos, no estimó que tuviera otra elección que confiar en la represión de los piamonteses, aceptando, contra el peligro de una revolución social, la persuasiva apelación de Rudinì: «Uníos a mí para mantener indemne el ejercicio de vuestros derechos y el disfrute de vuestros bienes.»

El poder oficial del Gobierno, en el centro de una alianza clasista y en simbiosis táctica con el oficioso, pero decisivo, poder mafioso de las clases dominantes de la isla, apagó drásticamente los últimos y desesperados destellos de la mafia popular y subversiva —la mafia baja de los harapientos— que contradictoriamente había alimentado el movimiento de los «muchachos».

La revuelta legalista del sicilianismo

Si bien en Palermo la fuerza del Gobierno había conseguido imponerse sobre la revuelta, en los campos los sufrimientos y la simple protesta de las clases populares confluyeron en el recrudecimiento del fenómeno del bandolerismo. Innumerables bandas, encabezadas por elementos de despiadada crueldad como Alfano, Amorelli, Botindari, Leone, Lo Monte, Plaja, Sajeva, Sparacino, Tamburello, Torretta y Tortomasi, se dedicaban al pillaje, entre montañas y valles, en el vasto latifundio de la Sicilia occidental.

En algunas áreas en particular, como las Madonie, disfrutaban de verdaderas zonas francas, de las cuales los carabineros y la policía preferían mantenerse alejados. En Gangi —el pueblo más característico y aislado de aquellas montañas— los bandoleros constituían incluso una especialidad local de la que vanagloriarse. Circulaban por el pueblo sin problemas y dormían en sus casas. Gozaban de la protección de los barones Sgadari y Li Destri, en cuyos latifundios se encargaban de mantener el orden. En aquella peculiar situación, se trataba, como lo ha señalado recientemente un joven estudioso, Siragusa (1995), de un fenómeno en el cual el mismo bandolerismo había asumido buena parte de las funciones que normalmente correspondían a la mafia. En la zona de Agrigento, donde la distinción entre ambos se mantenía clara, sobresalía como uno de los protectores de alcurnia de los bandoleros —en el lenguaje de aquellos tiempos se los llamaba «rufianes»— el barón Calauro, aunque no era el único de su rango en desempeñar esa actividad.

En definitiva, el bandolerismo —descrito y estudiado de manera ejemplar por Eric J. Hobsbawm (1966), un fenómeno aparte, profundamente distinto de la mafia, consistente en una forma de primitiva rebeldía criminal de los pobres diablos y de los desesperados ante las injusticias y las afrentas sufridas a manos del poder— se convertiría en

Sicilia, de forma cada vez más evidente, en algo similar a un brazo armado que la mafia, en especial la política y la de los grandes terratenientes, habría podido utilizar de vez en cuando desaprensivamente y según lo requiriese la ocasión, para sus fines o para reprimir.

En aquellos años las estadísticas de los delitos cometidos en Sicilia, aunque no siempre eran más numerosos que los perpetrados en otras partes de Italia, se hicieron alarmantes para el Parlamento nacional. Con la unificación, la delincuencia había crecido de forma impresionante en la península. Los delitos, que desde 1863 habían sido, en conjunto, 83.527, después de 1870 alcanzaron la enorme cifra de 132.221, con un aumento del 87 % que no daba señales de disminuir. En el mismo período, los delitos se duplicaron en Palermo, pasando de 2.884 a 4.177; en Catania, aumentaron de 901 a 2.441; en Messina, de 891 a 2.698. Que el fenómeno afectaba a todo el país quedaba de manifiesto, por ejemplo, por los datos relativos a algunas importantes ciudades: en Florencia, pasaron de 2.623 a 4.123; en Génova, de 1.472 a 2.284; en Ravena, de 778 a 2.185, y en Nápoles de 3.780 a nada menos que 7.741.

En Sicilia, sin embargo, la «calidad» de los delitos era distinta, sobre todo porque los culpables aparecían protegidos por un manto de *omertà* que los hacía casi siempre impunes. En particular armaron revuelo los datos relativos al año 1873, ilustrados por el ministro del Interior Girolamo Cantelli: «Mientras que en Lombardía se había cometido un homicidio por cada 44.673 habitantes, en Sicilia se contaba uno por cada 3.194 habitantes; mientras que en Piamonte había habido un herido por cada 2.095 habitantes, en Sicilia se lamentaba uno por cada 544 habitantes, y los atracos, para silenciar los delitos menores, que en el Véneto habían alcanzado una proporción de uno por cada 32.941 habitantes, en Sicilia tenían una proporción de uno por cada 3.098 habitantes.»

Desde luego, la tendencia a manipular los datos y establecer comparaciones entre las regiones para hacer resaltar la anomalía siciliana, correspondía al interés político del gobierno de acentuar la mano dura, no sólo para restablecer el orden público, sino para reintroducir en la isla, con la suspensión o el debilitamiento de las garantías estatutarias para las libertades ciudadanas, una especie de estado de sitio informal que sería útil para atemorizar y controlar a la oposición de izquierdas, que se había vuelto más competitiva y peligrosa en la medida en que se iba haciendo políticamente moderada e idónea para representar legítimamente, en el marco estatutario del reino, los «grandes intereses» sicilianos (Marino, 1996).

En efecto, el máximo representante de la tradición mazziniana en disolución, Francesco Crispi, comenzó a dar señales de disponibilidad en relación con la monarquía, a fin de reforzar su posición y acercarse al bloque del poder, mostrando que había entendido que «París bien valía una misa». Habría dicho: «La monarquía nos une», para subrayar la cumplida formación de un nuevo bloque de fuerzas sicilianas favorable a un acuerdo con el Estado unitario, sobre bases de recíproca conveniencia, más allá de la fase «piamontesa» de la derecha histórica. Así, el viejo líder político de los Mil se convirtió en el garante fundamental de la burguesía mafiosa a la espera de grandes cambios nacionales.

Entretanto, en una situación en la cual todo el frente de la Sicilia del poder se estaba volcando a la izquierda, el velo que cubría las relaciones entre los barones, la burguesía mafiosa, los mafiosos en sentido estricto y los bandoleros se había vuelto aún más compacto e impenetrable para las autoridades públicas. Se potenció el recurso a las tácticas del pasado para acentuar el aislamiento de los funcionarios de la derecha y someterlos a un fuego cruzado de presiones y chantajes. Entre los más sofisticados instrumentos tácticos empleados para la ocasión (se convertiría, hasta nuestros días, en un instrumento clásico de la maniobra politicomafiosa) estuvo el de las «garantías constitucionales» y el uso instrumental de las leyes.

Veamos, ahora, cómo fue utilizado por el sector de los grandes intereses mafiosos, los fundamentales, que gravitaban en la sociedad semifeudal del latifundio.

Si eran interpelados acerca de las actividades mafiosas que se desarrollaban en sus tierras, los propietarios y los parásitos burgueses con los cuales estaban conchabados (los aparceros) seguían invocando descaradamente compasión, declarándose víctimas de la mafia y de los bandoleros y acusando al Estado de ser incapaz de protegerlos. Algunos tenían razón, sin duda, pero era difícil comprender qué impedía a la mayoría denunciar a los malhechores y, sobre todo, qué motivos los inducían a convertirse en protectores oficiosos de éstos (Franchetti, 1876).

Por motivos relacionados, como se ha visto, con una invencible solidaridad de clase, los funcionarios gubernamentales quedaban atrapados en la trampa de una pregunta a la cual no osaban dar respuestas definitivas: ¿se trataba de miedo o de complicidad? De todos modos, estaba difundido el convencimiento de que los mafiosos eran invencibles, y a partir de él no era difícil dar el paso a una especie de resignada tolerancia y a ciertos compromisos destinados a evitar males mayores.

Sin embargo, ya Pasquale Villari había intuido cuánta complicidad se ocultaba en la obligada tolerancia, y los acontecimientos posteriores a 1866 confirmarían su intuición.

Al ser ya ampliamente conocido el marco histórico de la oposición mafiosa, podemos recapitular los distintos elementos del análisis desarrollado hasta aquí para definir, de manera sintética, la estrategia política de la clase dirigente siciliana: la aristocracia mantenía la hegemonía sobre la mafia y ésta, a su vez, dirigía o, al menos, controlaba todo el frente de la ilegalidad y, por consiguiente, también el bandolerismo. Que los propietarios, es decir, los «barones» y la naciente burguesía mafiosa, estaban interesados en continuar el doble juego de utilizar el bandolerismo contra el Estado y de lamentarse por las molestias que inevitablemente sufrían, se vio con claridad cuando en septiembre de 1874 el gobierno de Minghetti aireó la intención de promulgar unas medidas excepcionales de seguridad para normalizar el orden público en la isla.

El hecho merece una breve reconstrucción, puesto que es muy interesante para tener una idea clara del refinado bizantinismo de que era capaz la clase política de la «oposición mafiosa». La baronía política dio comienzo a la maniobra haciendo alarde de su preocupación por la suerte del orden público. En efecto, el 16 de junio de 1874, una delegación de propietarios encabezada por Vincenzo Favara y Francesco Paternostro visitó al prefecto de Palermo, el conde Rasponi, para pedirle «medidas enérgicas» contra el bandolerismo. Pocos días después, el diputado Luigi La Porta dirigió una solicitud idéntica al ministro del Interior Cantelli, lamentando la debilidad del gobierno: «Los propietarios que son las víctimas de los malhechores —dijo—, los propietarios que pagan sus impuestos, tienen derecho a pretender que el Gobierno, que les cobra, cumpla con su deber.» Sobre las medidas concretas a adoptar, el diputado siciliano —que oficialmente era liberal— sólo sugería «reforzar ese cuerpo de soldados a caballo que el Gobierno mostraba tener tan poco en cuenta». Dicho cuerpo, para cuyas actividades preunitarias se puede remitir al hermoso ensayo de Giovanna Fiume (1984), era una especie de policía rural, constituida en la época borbónica y mantenida por los gobiernos del Estado unitario como un instrumento para comprar la colaboración de algunos delincuentes a los que usar contra otros delincuentes. De él se había servido ampliamente, pero sin resultados apreciables, el general Medici algunos años antes en la persecución de una política que había cultivado la ilusión de combatir a la mafia antiestatal (o sea, enemiga del Gobierno) sirviéndose de mafiosos amigos o «conversos» a sueldo de la policía. Sin embargo, y como probarán de manera inequívoca Franchetti y Sonnino en una encuesta sobre la que luego hablaremos, el cuerpo de los «soldados a caballo» de hecho se había transformado en una cómoda milicia privada al servicio de los latifundistas pagada por el Estado, es decir, en una increíble policía que estaba bajo el pleno control de la mafia, y que en la práctica servía para interceder en las relaciones orgánicas entre los latifundistas y los aparceros y entre éstos y los bandoleros.

Por lo tanto, resulta fácil adivinar el sentido profundo de la invocación de seguridad del diputado La Porta. Para el frente formado por mafiosos y propietarios se trataba de aprovechar la más decidida orientación del Gobierno sobre la cuestión siciliana para conquistar un definitivo y oficial dominio de la situación, que llegase hasta el punto de poder gestionar por cuenta propia, con la cobertura del Estado, la misma acción del orden público; en otras palabras: se trataba de obtener un control directo, reforzado y oficioso de los instrumentos represivos contra el bandolerismo, los cuales, de haber sido empleados de forma autónoma por el Estado, podrían haber amenazado muchos intereses consolidados.

En un primer momento el ministro, atendiendo a la opinión expresada por los prefectos, respondió a La Porta que no creyera «agotada la serie de provisiones con las cuales se opera[ba] en la aplicación de las leyes ordinarias en Sicilia» y que, en todo caso, si «todos los medios que la ley ponía a disposición del Gobierno se hubieran manifestado insuficientes», no vacilaría en adoptar medidas más drásticas y excepcionales.

En octubre, el Gobierno de Minghetti —que en mayo había sentido que sus bases parlamentarias vacilaban— temió que las inminentes elecciones pudieran marcar el definitivo derrumbe de la derecha. La sorda y ambigua oposición siciliana, con las nada menos que cuarenta y ocho circunscripciones electorales de las que disponía, constituía un grave peligro para el frente nacional de los moderados. Por lo tanto, el gobierno se apresuró a acordar todos los medios posibles para garantizar a los prefectos eficaces maneras de intervención para condicionar y controlar la campaña electoral. Entre dichos medios, consideró —y Minghetti lo anunció personalmente en un discurso pronunciado en Legnano— que había que dotar a las prefecturas sicilianas de los «mayores poderes y de los mayores medios de acción», mediante una ley excepcional «válida sólo en ciertos momentos y en ciertos lugares» (léase Sicilia); ¡además del refuerzo del cuerpo de soldados a caballo!

En este punto, la actitud de los propietarios y de los políticos sicilianos, que, como hemos visto, habían lamentado la debilidad de la acción gubernativa, cambió de golpe. Favara y Paternostro, que se habían presentado ante el prefecto el 16 de junio, y el mismo diputado La Porta, se volvieron contra el Gobierno acusándolo de reaccionario y autoritario. Encontraron un padrino en el conde Rasponi, que animado por sinceros principios liberales sostuvo con tenacidad la validez de los «medios ordinarios», y, por último, tras comprender que el Gobierno tenía una muy distinta orientación, entregó su dimisión como prefecto de Palermo y presentó su candidatura a diputado, por la izquierda, por la circunscripción de Ravena.

También la opinión pública siciliana, movilizada por la baronía política, se definió como de izquierdas y protestó antes y después del 5 de diciembre, fecha de presentación en el Parlamento de un proyecto de ley gubernativa que preveía medidas «extraordinarias» para Sicilia, dotando a las autoridades políticas y de policía de amplísimos y discrecionales poderes; entre otras cosas, el artículo segundo del proyecto contemplaba que «las personas sospechosas de formar parte de las asociaciones» mafiosas y de bandolerismo o de «ser sus rufianes o partidarios» pudieran «ser sometidas a detención preventiva por orden del prefecto o del subprefecto» mientras se «instruían las actas informativas para denunciarlas [...] a la autoridad judicial» (Marino, 1996, pp. 95-109).

Toda la representación política siciliana en el Parlamento nacional, de derechas y de izquierdas, hizo un frente común en una sagrada unión de la sicilianidad ofendida por la arrogancia del Norte y enarboló las garantías constitucionales, con una apasionada apelación a los principios del Estado de derecho. Se asistió a una competencia para minimizar el problema del bandolerismo, sólo pocos meses antes denunciado como gravísimo. Por su parte, la política gubernativa de la derecha histórica se mostró decidida a no dar marcha atrás respecto de la elección del rigor, manifestando su voluntad de no ceder a los «especiales intereses» sicilianos; incluso tomó una iniciativa que conduciría a la constitución de una comisión parlamentaria de investigación sobre el fenómeno de la mafia. La revuelta legalista de la oposición mafiosa determinó las condiciones de un cambio de dirección que, a partir de Sicilia, como veremos a continuación, decidiría el destino de la política nacional.

CAPÍTULO TRES

La conquista del Estado

EL CAMBIO DE DIRECCIÓN: LA BURGUESÍA MAFIOSA AL PODER

De la firme orientación de la política del Gobierno de Minghetti, advertida como una provocación intolerable y una amenaza subversiva, la baronía política en sus distintas gradaciones recibió el impulso decisivo para perfeccionar esa alianza con la burguesía de izquierdas iniciada después del asesinato del general Corrao y favorecida por la crisis del garibaldismo, que había entrado, como se ha visto, en una irreversible fase de liquidación y estaba empeñado en su laborioso tránsito hacia un futuro político todavía incierto: el anarquismo por una parte y el socialismo por la otra. Ahora, con la cumplida conversión de Crispi a la monarquía, el viejo liderazgo de los masones relacionados con el Risorgimento no tenía motivos para dividirse sobre las grandes cuestiones nacionales, y en adelante la acción por la defensa de los «intereses sicilianos» podría convertirse en parte importante de una operación global y unitaria para la conquista del poder en Italia, arrollando la frontera piamontesa de la derecha histórica.

Tras los pasos de Crispi, iba haciendo su entrada en la coalición de la izquierda todo el frente de la masonería nacionaldemocrática con su particular séquito de maniobreros y mafiosos, más o menos en condiciones de hacer alarde de títulos patrióticos adquiridos en el curso de experiencias precedentes.

Así pues, quedó claro el nuevo marco de una hegemonía sicilianista ampliada por las posiciones originarias y, en cierto sentido, modernizada. Junto a una baronía política regionalista que constituía el nivel alto de las instancias mafiosas correspondientes a los intereses de la aristocracia, la masonería progresista del bloque de Crispi comenzó a representar el nivel alto de las instancias mafiosas correspondientes a los intereses burgueses.

En la práctica, habían llegado a su madurez, y se habían estabilizado de forma definitiva, las condiciones necesarias para garantizar a esa alianza entre la aristocracia y la burguesía la posibilidad de reabrir, en nombre de los intereses y los derechos sicilianos, la negociación con el Estado, esta vez con el objetivo de no enfrentarse a él desde el exterior sino de conquistar una cuota importante del poder nacional. Como es obvio, la operación comportaba un empeño unitario para contribuir, desde el Sur, a la liquidación de la fase de los gobiernos guiados por la derecha histórica e iniciar, en Italia, la época de la izquierda parlamentaria.

Lo anterior quedó nítidamente en evidencia tras las elecciones de noviembre de 1874. El bloque de los regionalistas se fundió con el de los ex republicanos. El resultado fue clamoroso: Sicilia reeligió a 28 de los 48 diputados salientes (32 de la oposición y 16 de la derecha) y envió a la Cámara a 20 nuevos personajes, elevando el número de diputados de la oposición a 43 y reduciendo los ministeriales a 5, es decir, a un puñado de liberales puros capitaneados por el marqués de Rudinì. Entre los nuevos progresistas se contaban barones como Colonna de Cesarò y Majorana Calatabiano, los príncipes de Belmonte y de Trabia, Bordonaro y Torrearsa (todos, con diversos títulos, supuestos «líderes de la democracia») y numerosos personajes relacionados con la mafia e incluso delincuentes comunes promovidos al rango de notables, encaminados a una prestigiosa carrera política, como Raffaele Palizzolo o un tal Sebastiano Cannizzo, de Partinico, prófugo tras huir de un proceso por homicidio y absuelto inmediatamente después de ser elegido diputado.

Con los años, en aquella izquierda de invencible naturaleza transformista, surgiría una cada vez más densa fauna de demócratas instrumentales, a veces disponibles para coaliciones carentes de prejuicios (ora con Giolitti, ora con Sonnino, incluso con los socialistas), entre quienes los más destacados podrían ser Abele Damiani, Aurelio Drago, Nunzio Nasi y Vincenzo Pipitone.

Es sorprendente que cierta historiografía sicilianista a la cual, en distintos momentos, han ofrecido diversos argumentos Giuseppe Giarrizzo y Francesco Renda, haya identificado en aquella astuta operación mafiosa realizada con las elecciones de 1874 una fundamental contribución democraticoprogresista de Sicilia a la historia de Italia. De todos modos, Renda (1985) tiene razón al observar la inmediata incidencia del cambio político siciliano en los equilibrios parlamentarios: en efecto, aquélla realizó plenamente sus objetivos creando las condiciones que pronto determinarían también el deseado cambio político nacional.

Poco más de un año después, la derecha histórica sería obligada a tomar definitivamente nota de su derrota. El 14 de marzo de 1876 Agostino Depretis iniciaría, con un fuerte apoyo siciliano, el primer Gobierno de la izquierda parlamentaria. Crispi, elegido presidente de la Cámara, se convertiría en diciembre del siguiente año en ministro del Interior. Mientras tanto, entre los ministros del Gobierno se sentaba un importante representante de la baronía política siciliana, el barón Majorana Calatabiano, con el cargo, muy significativo, de ministro de Agricultura, la posición más elevada en defensa de la sociedad latifundista.

Se puede afirmar que —a pesar de los poquísimos progresistas auténticos (entre ellos el socialista de Sciacca, Saverio Friscia) presentes en la representación política siciliana— la mafia había llegado finalmente al poder con la izquierda. Pronto se verían las consecuencias para Sicilia y para Italia, a partir del hundimiento de cualquier proyecto de medidas excepcionales para el orden público en Sicilia y de la afirmación de una curiosa y obstinada orientación de la izquierda sobre la mafia: en adelante se consolidaría la costumbre de negar la existencia autónoma del fenómeno mafioso, presentándolo a lo sumo como una variante, un poco especial, de la general fenomenología de la delincuencia común; pero sin excluir que, de ser preciso, se pudiera dar una representación a fin de cuentas positiva, como producto social de una incomprendida sicilianidad, siempre generosa y caballeresca, aunque en ocasiones rústica y rebelde, porque estaba fuertemente alimentada por el alma justiciera de una tradición popular orgullosamente dispuesta a saltar ante cualquier atropello.

Algunos —como el amable profesor Giuseppe Stocchi escribió en la *Gazzetta d'Italia* (agosto-septiembre de 1874)— se lanzaron a hablar, sin pudor, de «una mafia buena, en general inocua y a veces incluso beneficiosa», nacida por selección natural de la «necesidad de poner freno a los atropellos y la violencia», fundada en el «gran principio de la lucha por la vida».

El ocultamiento de la mafia y los descubrimientos
de la encuesta Franchetti-Sonnino

La consecuencia fundamental de la nueva relación instaurada entre los potentados mafiosos y el Gobierno nacional no fue, como podría apresuradamente imaginarse, la conversión de las clases dominantes sicilianas a los valores del estatalismo ni la apertura a una, aunque desaprensiva, modernidad, sino el abandono de la precedente práctica del boicoteo a la cual sustituyó la tendencia a aprovecharse sistemáticamente, desde posiciones de poder nacional, de las estructuras y los recursos del Estado.

Junto a la tutela de los tradicionales privilegios, se haría imprescindible la exigencia de defender los intereses de un expansivo sector de poderosos y señores, cada vez menos connotado por características aristocraticofeudales y cada vez más constituido por una invasora burguesía parasitaria. El sistema vería prosperar, dentro y al margen del eterno latifundio de la renta inmobiliaria, las reforzadas actividades de las clases emergentes (en particular, la de los aparceros), con el efecto de un mayor empobrecimiento para campesinos y clases populares en general.

Aparte de la gran mafia del poder político, los efectos, ahora potenciados, de la global mafiosidad del sistema social siciliano —la misma que ofrecía cobertura al bandolerismo e imponía la *omertà* ante los delitos— iniciaría una nueva y larga fase de prepotencias y tramas ilegales no sólo toleradas sino asumidas por el Estado como otras tantas prácticas de gobierno. Las bandas mafiosas se encargarían de vigilar el hermetismo del sistema, aconsejando, advirtiendo y castigando.

Todo esto haría de la Sicilia mafiosa el baluarte más equipado del conservadurismo en Italia, un bastión de fuerzas antimodernas del que se valdrían todos los intereses conservadores expresados, en tiempos y formas diversas a lo largo de los años, por el marco nacional. Para que un estado de cosas de este tipo arraigase, se requeriría tiempo. Pero las premisas estaban ahí y el advenimiento de la izquierda, como se ha visto, aceleró los procesos, en el interior de un sistema de Italia planteado según el reparto del territorio nacional entre las fuerzas dominantes: el Norte para el naciente capitalismo industrial, el Sur para los dueños de la renta agraria.

El primer paso en esta dirección fue la estipulación de una especie de pacto informal de aceptación recíproca, y de delimitación de las competencias, entre el Estado y la Sicilia mafiosa. El documento fundamental de dicho pacto puede estar indicado en el informe de la Comisión Parlamentaria de Investigación, constituida con la Ley del 3 de julio de 1875 y presidida por el diputado Borsani.

La Comisión, elegida bajo el Gobierno de derechas de Minghetti, concluyó sus trabajos y, sobre la base de un texto redactado por el diputado Bonfadini, informó al Parlamento, obteniendo su unánime aprobación, en julio de 1876, ante el Gobierno de izquierdas de Depretis. En poco menos de un año, y tras interrogar a barones y notables de la isla, los comisarios consideraron que habían recogido suficiente información para ilustrar al país sobre la situación siciliana y en particular sobre el fenómeno mafioso, que constituía la cuestión más inquietante. Si la conclusión a la que llegaron no hubiera tenido muy serias consecuencias políticas, hoy podría ser releída como una hilarante provocación organizada por algunos juerguistas. En resumen, fue la siguiente: la mafia no constituía más que un particular fenómeno delictivo, herencia de los tiempos borbónicos, cuyas principales víctimas eran las clases acomodadas de la isla; pero no había que subestimarla, como por desgracia había ocurrido en el pasado por culpa de algún ansioso funcionario demasiado proclive a la fantasía. Basta, por tanto, de fábulas terroristas. En adelante, como era justo y conveniente, toda Italia debería mirar su frontera mediterránea con una serenidad basada en un optimismo juicioso. Sicilia no tenía por qué avergonzarse al compararse con el resto del país, y, sobre todo, no había que temer que los terratenientes formaran un frente con los malhechores y que, en conjunto, sus clases sociales no estuvieran lo bastante imbuidas de un civilizado espíritu patriótico: «En Sicilia no existe ni una cuestión política ni una cuestión social; el descontento que serpentea por allí tiene muchas causas, sobre todo locales, algunas razonables, otras irracionales o exageradas, pero que no alcanzan, en ninguna parte y en ninguna clase social, un deseo de reordenamiento de la propiedad o de cambio en el orden político actual.» ¿Qué decir entonces de los excesos delictivos registrados por las jefaturas de policía? La respuesta fue tan de conveniencia como conforme al espíritu positivista de los tiempos: se trataría de una «herencia de las razas meridionales», un efecto de la sangre caliente de la población. Lo importante era haber eliminado la sospecha de orgánicas complicidades mafiosas de las clases dominantes y haber aclarado que la misma mafia no era otra cosa que el aspecto criminal de un cierto folclore, al que los progresos del espíritu unitario italiano contribuirían a normalizar (Bonfadini, *Informe*, 1877, p. 1077).

Que la comisión parlamentaria había realizado una operación por
lo menos hipócrita quedó enseguida claro a los jóvenes Leopoldo Franchetti y Sidney Sonnino, autores de una casi paralela y monumental *Inchiesta sulla Sicilia* [Encuesta sobre Sicilia] (1876) en dos volúmenes.
Ambos estudiosos toscanos, destinados (sobre todo el segundo) a un
gran porvenir político, habrían llegado a conclusiones diametralmente
opuestas a las del informe Bonfadini. Su análisis sería ejemplar por su
lucidez y sensatez en la interpretación de los datos, y merece ser brevemente recordado en sus puntos esenciales, pues en conjunto se trata del
primer gran texto orgánico de la historia de la antimafia.

Al contrario de los comisarios de la encuesta parlamentaria, Franchetti y Sonnino (y su colaborador Enea Cavalieri) no se conformaron
con obtener informaciones y juicios del ambiente de las «personalidades destacadas», sino que inspeccionaron Sicilia a lo largo y a lo ancho,
abordando e interpelando, con métodos de investigación de campo, a
centenares de personas y testigos de las más diversas extracciones sociales. Lejos de las tesis oficiales que, no sin dudas radicales, estaban dispuestas a acoger a lo sumo la idea de un monstruo-fantasma sin cabeza,
o bien de una mafia-delincuencia coincidente con el turbio espíritu
pendenciero de la plebe, Franchetti y Sonnino supieron ver y documentar la existencia de asociaciones mafiosas «regularmente constituidas
con estatutos, normas de admisión, sanciones penales, etc., [...] destinadas al ejercicio de la prepotencia y a la búsqueda de ganancias ilícitas». Y
eso no es todo. Para empezar, se analizó, y puso finalmente en sus justos
términos, la relación entre mafia y bandolerismo: el problema de los
malandrines que se burlaban constantemente de la fuerza pública consistía en el juego de las protecciones y de las actividades provocadoras
con las cuales las bandas mafiosas se «divertían» desde hacía años poniendo en jaque la acción del Estado.

Todavía hoy la descripción del fenómeno ofrecida por la encuesta
resulta agradable de releer. Si una patrulla de carabineros se presentaba
en una alquería y pedía noticias sobre los bandoleros de la zona, nadie
los había visto ni los conocía, mientras que éstos sabían perfectamente
dónde estaban las fuerzas de orden público, de dónde venían, qué habían preguntado, adónde se habían dirigido al partir, qué nuevas acciones estaban preparando: «Los bandoleros eran la auténtica autoridad
constituida y reconocida; su servicio de espionaje era el único eficaz»,
de modo que «la resistencia a las fuerzas de orden público podía quedar
impune, pero éstas no estaban a salvo de un asalto de los malhechores».

El punto central que surgía del análisis de los dos estudiosos toscanos, sin embargo, fue un descubrimiento decisivo que todos los señores de entonces, incluido el liberal marqués de Rudinì, se apresuraron a estigmatizar como arrogantemente nordista, capcioso y provocador. Los lectores ya saben, ahora, de qué podía tratarse, pero en aquellos tiempos el descubrimiento tenía las características de una novedad clamorosa. En breve, la meticulosa investigación, sobre todo de Franchetti, cogió inequívocamente con las manos en la masa a los señores, los «propietarios», con su séquito de «amigos» y de personajes respetables del sistema, como cómplices de los bandoleros y, por lo tanto, máximos responsables de una maniobra mafiosa que se valía, para sus propios fines (el control social de los campos, obligando a los campesinos pobres a una obediencia feudal) de aquel voluntariado irregular de salteadores distribuido entre los institucionales soldados a caballo y las bandas de forajidos propiamente dichas.

El indignado marqués de Rudinì observaba: «Podría condenar a este propietario que recurre a los bandoleros, pero si ahondo en mi conciencia digo que somos demasiado duros cuando pretendemos heroísmo en quien no es un héroe, y hay muy pocos héroes en este mundo.» Los comisarios de la encuesta parlamentaria le habían dado la razón: «Los rufianes —había escrito el diputado Bonfadini en su informe— no deben confundirse con las víctimas del miedo; [...] si en una determinada provincia el estado social está hecho de manera que no asegura ni la vida ni el patrimonio ni la familia, no pueden imponerse a los ciudadanos esas actitudes y esas virtudes que son el resultado de un estado social completamente distinto.» En consecuencia, el mismo Rudinì declaraba implícitamente que no era un héroe y que tenía miedo de los bandoleros, se contaba entre quienes expresaban sin complejos su aprecio por una cierta «mafia benigna», que debía entenderse como «disposición a no dejarse atropellar», y añadía, con ánimo y sin ningún prejuicio laico de gran señor: «Mafioso benigno, por así decir, podría serlo también yo, pero en suma puede serlo también cualquier persona que se respete y tenga una cierta altivez exagerada [...] y esa voluntad de exponerse a las luchas, y así sucesivamente» (Archivo Central del Estado, *Encuesta*, 1875-1876, ed. 1969, II, p. 952).

Precisamente este «y así sucesivamente» era lo que no convencía en absoluto a los dos estudiosos toscanos y hacía incluso a un liberal y patriota del nivel de Rudinì sospechoso de pertenecer a esa alta mafia, la «mafia de guante blanco», que todos los datos ofrecidos por la encuesta señalaban como la verdadera, mucho más que la otra, baja y visiblemente «desalmada», de los harapientos, dedicada «a los hurtos, las rapiñas y los crímenes». Por lo demás, como ya se ha recordado, había sido precisamente otro gran señor, el duque de Cesarò, quien había dejado claro que la política de la baronía se había servido a menudo de la mafia contra los Borbones y con finalidades patrióticas.

Un intelectual de cultura y formación inglesas como Sonnino no habría podido dejar de escandalizarse por declaraciones de este tipo y de sacar conclusiones despiadadas que se resumían en dos proposiciones de denuncia fundamentales: «La clase dominante es la causa primera y el fundamento del estado de la seguridad pública en Palermo y alrededores»; «La clase dominante tiende fatalmente a proteger a los malhechores»:

> Esa misma clase acomodada que mostraba una paciencia tan dócil frente a una chusma de vulgares malhechores, que reconocía en ellos una fuerza que debía respetar, y un interés que tener en cuenta en las relaciones sociales, se componía en gran parte de la gente más celosa en Europa de los privilegios y el poder que daba en Sicilia, aún más que en otras partes, la riqueza; más apasionadamente codiciosa de prepotencia, de influencia y también de ganancia; más implacable en los odios, más feroz en las venganzas, tanto ante sus pares como ante aquellos facinerosos que parecían amos absolutos de todo y de todos en las provincias (Franchetti-Sonnino, ed. 1974, I, p. 8).

De esto se desprende una afirmación que agredía a fondo la sicilianidad del poder, en la cual todos los notables sicilianos, sin excepción, no habrían reconocido más que una maldad gratuita: el Estado liberal no habría podido valerse de la colaboración de los propietarios sicilianos sin ofrecer, al mismo tiempo, una indirecta legitimación de la mafia, de sus métodos y de sus hombres. Mientras se mantuviera en pie con la ayuda de la clase dominante siciliana, empleándola como «consejera y en parte como instrumento en la legislación y en la práctica de gobierno», el Estado liberal, el Estado de derecho, no tendría espacio en la isla. ¡Ay de legitimar los poderes sicilianos, sus pretensiones y sus refinados embrollos! Los sicilianos «de toda clase y de todo rango» eran absolutamente «incapaces de entender el concepto de derecho del mismo modo que se entiende en un Estado moderno». Por consiguiente, «para salvar a Sicilia, el Estado» habría debido «gobernarla sin la cooperación de los sicilianos» (*ibid.*, I, p. 36).

Palabras fuertes, éstas, de dos acongojados liberales que ya no aguantaban las maléficas astucias de los barones sicilianos. Desde luego, también, palabras excesivas, fruto de una interpretación clasista, de grandes burgueses ilustrados, que no conseguía captar —y sin duda también rechazaba y temía— el molecular proceso de formación desde abajo, en el camino apenas trazado por el confuso y fracasado movimiento popular de 1860, de otra Sicilia, autónoma de las tradicionales jerarquías y auténticamente democrática. Pero asimismo palabras que sancionaban la intuición de la necesidad de una acción rigurosa e intransigente para favorecer un salto político y cultural de Sicilia hacia la modernidad, con la contextual formulación de propuestas constructivas de «buen gobierno», que apuntaban a la hipótesis de modificar profundamente las relaciones sociales entre propietarios y campesinos mediante una introducción ilustrada del sistema de aparcería, mirando al modelo de las reformas llevadas a cabo en el siglo XVIII por Leopoldo II en Toscana: propuestas sin duda discutibles y un poco anticuadas, aunque desde luego en la dirección de una reforma agraria que era, más allá de toda posible e inmediata iniciativa de orden público, la única medida real de lucha contra la mafia que podía imaginarse. En cualquier caso, es una lástima que fuesen propuestas fuera de tiempo, en una fase en la cual la izquierda, paradójicamente, se estaba haciendo cargo de los intereses de los latifundistas. El juicio oficial sobre la isla y sus poderes autóctonos era el muy perezoso y filisteo de la comisión parlamentaria, sumamente tranquilizador para las fuerzas de la baronía y la burguesía mafiosa que se habían reunido, con Crispi, a la sombra del Gobierno de Depretis.

No sabemos si Franchetti y Sonnino lograron influir inmediatamente sobre la opinión pública con sus denuncias y en qué medida. Habrían vendido algunos miles de ejemplares de su encuesta. Sus tesis serían consignadas al patrimonio de un meridionalismo crítico cada vez más alejado de los palacios del poder. Frente a su sincero y apasionado, aunque desbordante, sentimiento antimafioso, se inició la tendencia oficial a hablar lo menos posible de la mafia, y, en efecto, la misma palabra vio decrecer su uso y durante años desapareció prácticamente del lenguaje de los documentos del reino.

LA OPERACIÓN MALUSARDI CONTRA EL BANDOLERISMO

Mientras estaba en curso el proceso de ocultación del fenómeno mafioso, persistía, inocultable, el fenómeno del bandolerismo. Pronto, sin embargo, los hechos revelarían que también para este grave problema el tácito pacto estipulado entre el Estado y la Sicilia mafiosa contenía un elemento decisivo.

La alta mafia, vencedora en la experiencia de oposición a la derecha, estaba verificando la coherencia de la oficiosa tutela que le había sido acordada por la nueva situación política y no podía arriesgarse a comprometer la credibilidad de su inédito filoministerialismo persistiendo en la defensa del destino de aquel «brazo armado» del que venía valiéndose en los campos. Entre otras cosas, la protección concedida a los bandoleros había comportado —ya hemos tenido ocasión de destacarlo— una cierta dosis de paciencia ante los excesos rústicos de la actividad delictiva (chantajes, extorsiones, fáciles requisas y secuestros) y el peso de esta necesaria, aunque táctica, tolerancia estaba volviéndose tan insoportable como insensato.

Estaba claro que los bandoleros se habían convertido en una incomodidad y un factor de inestabilidad social y que los poderosos y mafiosos querían librarse de ellos, aunque algún funcionario ingenuo, como el subprefecto de Termini, Imerese, escribía aún en noviembre de 1876 acerca de la necesidad de «golpear arriba, de someter a libertad vigilada a personas que ocupan puestos de relevancia en la escala social», sin «temer la venganza ni la impopularidad». En todo caso, todos los honestos servidores del Estado pronto tendrían la impresión de que encontraban apoyos inesperados incluso entre sus tradicionales e irreductibles adversarios. Esta vez nadie temería por la suerte de los derechos y los intereses sicilianos, de modo que aquello que acababa de negarse a la derecha enarbolando las garantías constitucionales, se concedió sin vacilar a la izquierda con un total desinterés por las normas y las garantías estatutarias. Así se dio vía libre a la más importante operación policial del Estado unitario.

El 2 de enero de 1877, y después de un cuidadoso examen de la situación, el ministro del Interior Giovanni Nicotera envió a Palermo como director de la prefectura, con poderes excepcionales, al comendador Antonio Malusardi, un austero y dinámico funcionario piamontés, nacido en Vespolate, en la provincia de Novara. El hombre se reveló de inmediato a la altura de su prestigio profesional. Con la colaboración de un policía de métodos muy expeditivos, el inspector Lucchesi, y del hábil coronel De Sonnaz, en el curso de apenas nueve meses, de enero a noviembre, tuvo éxito en una empresa en la cual habían fracasado los prefectos de la década precedente. Toda la red de protección de la que gozaba el bandolerismo fue disgregada y destruida. Todos los bandoleros, sin excepción —y eran centenares— fueron entregados a la justicia y sometidos a procedimientos penales que infligirían a los imputados duras condenas: varias cadenas perpetuas y décadas de trabajos forzados.

Desde el comienzo de la operación se hizo evidente (a partir del caso ejemplar del bandido Leone, que no consiguió cobrar el rescate del secuestro de un ciudadano inglés y quedó vagando durante un tiempo por los campos, acorralado y finalmente arrestado por los carabineros) la novedad que estaba haciendo posible el éxito: la mafia ya no protegía al bandolerismo, sino que lo había abandonado a su suerte. Después de Leone y sus secuaces Salpietra, Gullo y Giglio, fue el turno del bandolero Passafiume (el *Pitrano*) y luego de la terrible banda Maurina (de San Mauro Castelverde) de los bandoleros Rocca y Rinaldi, seguida por la banda de Sebastiano Torretta, por la numerosa banda de Gaudenzio Plaja (llamada «de los Giulianesi»), y por la de Sajeva, de muy mala fama, que mandoneaba en la región de Agrigento. Estos ejemplos bastan para recordar las fases primeras de una acción represiva muy extendida que aniquiló a docenas de bandas armadas.

El prefecto Malusardi pudo anunciar públicamente, por medio de una proclama difundida el 10 de noviembre por la prefectura de Palermo, que el bandolerismo estaba «sofocado en toda Sicilia y su total derrota es una victoria de la Ley, la Autoridad y la Fuerza Pública». La satisfacción por el resultado obtenido era, desde luego, legítima; pero, desde el punto de vista de un funcionario que tenía presente la complejidad de los problemas de orden público, no se trataba, en absoluto, de una victoria completa. Malusardi sabía perfectamente que las bandas armadas no constituían más que «la exteriorización del bandolerismo»; sabía perfectamente que para actuar en profundidad habría sido necesario «golpear el bandolerismo oculto, las organizaciones delictivas [...], a aquellos que, para decirlo con una sola palabra, constituyen la mafia» (AEP, carp. 52, f. 5).

Nada o muy poco de todo esto se le permitió hacer. Tuvo éxito en su acción contra el abogado Giuseppe Torina, un notable de Caccamo, «rufián» de la banda de Leone, personaje que se contaba entre los representantes de la burguesía mafiosa elegidos para el parlamento. Al haber sido anulada su elección por fraude manifiesto, Malusardi consiguió acusarlo formalmente de complicidad con los bandoleros y someterlo a libertad vigilada. Pero no pudo ir más lejos ni, en consecuencia, dar pasos decisivos para atacar a la mafia. Con decisión, e incluso con arrogancia, sus superiores le impidieron que continuase con las investigaciones puestas en marcha en relación con algunos personajes mafiosos protegidos por la baronía política. Su situación empeoró radicalmente cuando, en diciembre, Crispi reemplazó a Nicotera en la dirección del Ministerio del Interior. Contra el austero prefecto piamontés (que no obstante había conseguido acreditarse ante la opinión pública como un paladín del deber), la prensa y la propaganda a favor de Crispi, con un muy destacado papel del diario *Il Precursore*, empezaron a difundir a gran escala mentiras y calumnias, acusándolos de emplear métodos expeditivos contrarios a la ley, entre los que se incluía a menudo la tortura. Y si es verdad que algunas de esas imputaciones se fundamentaban en los actos de que era responsable el inspector Lucchesi, también es cierto que Crispi, dando muestras de desear que actuara dentro del marco de la ley, en realidad —presionado por sus poderosos amigos sicilianos— tenía la intención de impedirle que fuera más allá de los límites fijados por el Gobierno en la acción de represalia contra el bandolerismo, como se vio claramente en la obstinada, e incluso un poco grotesca, intención del generoso prefecto de «golpear arriba».

Este hecho consistió en su enfrentamiento —aparentemente un simple choque de competencias— con el marqués Spinola, administrador de los bienes de la Casa Real en Palermo, un personaje corrupto e intrigante que solía valerse de la colaboración de los peores malhechores y, apasionado por los juegos de azar, estaba familiarizado con todo tipo de estafas, además de sentir una particular debilidad por el dinero de la administración real. Spinola gestionaba sus asuntos en el palacio real, el palacio de los Normandos y en la real finca de la Favorita, donde tenía bajo su control a la compañía de carabineros (sobornando a sus comandantes) y disfrutaba de los servicios de una caterva de verdaderos valentones manzonianos, todos ellos oficialmente empleados públicos, aunque incultos y de ínfimo nivel.

Malusardi, cuya intención era echar luz sobre esos negocios, obtuvo de Spinola, como primera respuesta, el desalojo de las oficinas policiales del palacio de los Normandos (evidentemente el marqués temía que lo controlasen de cerca). El prefecto, comprensiblemente indignado y aún más receloso, razonó sobre los datos a su disposición, decidió abrir una investigación sobre la gestión de la Favorita y telegrafió al ministro del Interior, revelando sin medias tintas sus sospechas: «[Se han] investigado [las] razones [de la] gran repugnancia [del] marqués Spinola por la presencia [en] ese palacio [de los] agentes [de] seguridad pública; el marqués Spinola acoge y protege a personas sujetas a libertad vigilada y con numerosos antecedentes penales y se opone a que la seguridad pública las pueda controlar» (AEP, Gabinete de Prefectura, carp. 55, f. 20).

Al mismo tiempo, abrió una investigación sobre el personal de servicio en la Favorita y pidió las oportunas informaciones a los carabineros. Éstos intentaron tranquilizarlo, o más bien despistarlo, con evasivas. En efecto, le comunicaron que los sospechosos maleantes, los «valentones» del marqués, eran, poco más o menos, unos verdaderos caballeros. Obviamente, el prefecto no se rindió e insistió en su pretensión de que se llevaran a cabo comprobaciones más precisas; pero, incluso puestos contra las cuerdas, los carabineros se reafirmaron en las informaciones precedentes.

El prefecto, todavía más receloso, confió las investigaciones a la policía. En este punto, la verdad salió a la luz: los empleados de Spinola no sólo eran unos delincuentes comunes, unos mafiosos de baja estofa, sino incluso unos fugitivos buscados por graves delitos: entre ellos, los menos comprometidos con la justicia, eran un tal Giuseppe Cinà, «universalmente señalado como rufián [...], afectado por una orden de busca y captura [...] por robo», y un tal Camillo Cusumano, «arrestado ocho veces sin que, no obstante, expiara un solo año de cárcel», identificado como representante de una banda de secuestradores y «arrestado como cómplice de un asesinato y luego dejado en libertad por falta de pruebas» (AEP, Gabinete de Prefectura, carp. 55, f. 6).

De tan horripilante descubrimiento Malusardi obtuvo más problemas que gratificaciones a su integrísima profesionalidad. Spinola lo ultrajó públicamente, en las páginas de la prensa local, tratándolo despectivamente de «esbirro». El ultrajado volvió a pedir justicia al Ministerio del Interior, solicitando «una rápida decisión de destierro del marqués» porque —destacó amargamente— «prestigio mi cargo no puede en absoluto conciliarse con inmunidades, irresponsabilidades empleado Casa Real que se permite ofender en documento público jefe provincia, representante Gobierno» (AEP, Gabinete de Prefectura, carp. 55, f. 20).

De Roma, el diligente funcionario sólo obtuvo burlas, con lo que vio frustrada su solicitud de solidaridad civil. Para ser breves, Zanardelli, que estaba al frente del Ministerio del Interior en sustitución de Crispi (momentáneamente apartado por el escándalo del descubrimiento de su probable bigamia), se limitó a invitar a Malusardi a una juiciosa minimización de la ofensa, pasando por alto el tema de la disputa, como si fuera irrelevante haberse enterado de que los bienes de la Casa Real en Sicilia estaban en manos de la mafia.

Así, el vencedor del bandolerismo debió tirar la toalla ante un mafioso de guante blanco que lo superaba por su capacidad de granjearse amistades decisivas y protecciones en lo más alto. Dadas las costumbres de entonces que imponían a los servidores del Estado el mayor respeto por la dignidad de las funciones públicas, Malusardi no tuvo otro remedio que dimitir, y no sólo se vio obligado a renunciar al cargo de prefecto de Palermo (en el cual ya había sido oportunamente sustituido por el general Gabriele Corte), sino a toda su carrera, dejando su puesto en la administración estatal y optando por dedicarse a la política, que lo vería, después de 1883, entre los representantes más activos del puñado de opositores radicales en el parlamento (Marino, 1996).

En Sicilia sería olvidado de inmediato. Por lo demás, en el cumplimiento de su misión en la isla, había sido sutilmente manejado por las mismas fuerzas del sistema mafioso, al que había querido infligir un golpe decisivo. Se había percatado de ello entre sospechas y comprobaciones inquietantes y, al final, como se ha visto, con su personal e irreparable perjuicio. El margen de acción que se le había abierto con éxito contra los bandoleros había sido, en concreto, el mismo que una clase política en simbiosis con los intereses de la mafia había decidido consentirle: en otras palabras, había sido la alta mafia la que había mantenido la oculta dirección de una operación con la cual ella misma había provisto a poner fuera de juego a su peonaje armado, a su ejército de reserva. Así, con una diligente prueba de colaboración para el pleno restablecimiento del orden, la mafia había sellado un nuevo pacto con el Estado.

El sucesor de Malusardi en Palermo había sido acogido en la estación por los notables de la ciudad con un séquito de la plebe que enarbolaba carteles con las leyendas: «¡Viva el Ministerio de izquierdas! ¡Viva Cairoli! ¡Viva Corte! Queremos la rápida construcción del ferrocarril de Vallelunga.» De este modo la burguesía mafiosa pretendía dar pruebas de su pleno control del territorio.

En la capital de provincia, y en otros numerosos centros de la isla, se iban reconstituyendo, sin embargo, en los ambientes populares de la fracasada revuelta de 1866, algunos núcleos de auténticos demócratas sensibles al mensaje de la Internacional, bajo las contradictorias influencias de los anarquistas que miraban a Bakunin y de los marxistas reunidos por Salvatore Ingegneros en la redacción palermitana de la hoja *Il Povero*. En conjunto, aún se trataba de un trabajo de hormiga más conspiratorio que elitista, a pesar del desarrollo de las asociaciones y las sociedades obreras, de las que la policía, no siempre equivocada, sospechaba la relación con los residuos de la vieja mafiosidad filogaribaldina. De todos modos, eran las fuerzas de una alternativa social y política tan inmadura aún que para movilizar en mítines de oposición pública a las clases populares necesitaba consignas del tipo de las escritas en un cartel aparecido en una manifestación de desocupados que tuvo lugar en febrero de 1878 en una plaza de Palermo: «Viva el rey. Viva la reina. Viva Crispi. Queremos trabajo.»

CAPÍTULO CUATRO

Una sociedad entre mafia y antimafia

LOS FASCIOS DE TRABAJADORES Y LA REVUELTA CONTRA LA MAFIA

A pesar de las desoladoras opiniones sobre la historia siciliana que parece sugerir el análisis desarrollado, nada sería más errado que pensar en una isla sometida a una realidad totalmente mafiosa e incapaz de cambios vitales. En efecto, hay que tener presente cuanto se ha destacado a propósito de la confusa evolución de los procesos de democracia popular animados —por lo menos desde 1848— en el contexto de una sociedad que advertía el peso de la opresión de las clases hegemónicas. O sea que es preciso no subestimar la dinámica de un cambio progresivo desarrollado en las espirales del sistema politicomafioso, no obstante sus enormes capacidades de hermeticismo y de reproducción.

Esa otra Sicilia de la que se han visto las primeras e inmaduras manifestaciones, con el tiempo estaría en condiciones de desarrollarse y dar vida —con una capacidad de iniciativa tanto más enérgica cuando más sólidos eran, precisamente en la isla, los muros que abatir— a acontecimientos clamorosos, indisociables de un creciente empeño antimafioso alimentado por una acorde cultura política.

En diferentes ocasiones Sicilia, confirmando su peculiaridad de tierra de grandes contrastes, habría podido evidenciar incluso un papel de vanguardia en Italia y en Europa, como centro de movilización de las fuerzas civiles, increíblemente surgidas de un contexto de atraso, empeñadas en generosas luchas por el progreso. Dicho esto, en honor a la verdad debe reconocerse sin embargo que el problema histórico de Sicilia nunca ha consistido en la incapacidad de elaborar proyectos de renovación y de desarrollar consecuentes movimientos de protesta y de liberación, sino en los recurrentes fracasos de tales proyectos y en las recurrentes derrotas de tales movimientos. Esta dinámica viciosa es bien visible en la suerte de los fascios de trabajadores que, no obstante, constituyeron el mayor episodio de movilización progresista de las clases populares evidenciado en la Europa del siglo XIX después de la Comuna de París.

El movimiento implicó a pueblos enteros; sustrajo de la pasividad a miles de personas; reunió y expresó vivaces y originales energías intelectuales. En el movimiento, masas y dirigentes, con dudosa lucidez de ideas pero desde luego con fe, enarbolaron la bandera del socialismo que apenas iniciaba la fundación de su partido en Italia.

Es una lástima que aquí no se pueda dedicar —también por el particular carácter del libro— mucho espacio a estas vicisitudes, en sus orígenes y en su clamorosa evolución de 1891 a enero de 1894. Entre otras cosas, debe advertirse que se trata de un acontecimiento casi del todo ignorado por los manuales escolares y poco conocido por los mismos sicilianos de las nuevas generaciones. Aquí es oportuno limitar la tentación de reconstruirlas sólo en aquellos aspectos que resulten útiles, además de para explicar en líneas generales sus orígenes y evolución, sobre todo para evidenciar cómo y por qué en ella es reconocible la experiencia de la primera revuelta popular contra la Sicilia mafiosa.

A continuación veremos que fue una revuelta (en este caso el término es impropio) completamente distinta, por calidad y fines, de aquellas que la habían precedido. El hecho de haber concluido también con una derrota tendría consecuencias de largo alcance, destinadas a durar hasta nuestros días.

Los fascios de trabajadores —organizaciones de base de origen ciudadano rápidamente extendidas a los campos— tenían en Sicilia su primer antecedente en el fundado en Messina el 22 de diciembre de 1888. Al principio dio la impresión de que se trataba de una edición actualizada de las viejas sociedades obreras de origen mazziniano, surgidas en Sicilia entre los años setenta y ochenta, sobre todo con fines de ayuda mutua, de las que no eran evidentes los proyectos ni la originalidad de la fórmula organizativa. En particular el mesinés, dados los orígenes anarquistas de Nicola Petrina, que era su principal dirigente, parecía remitirse a los fascios obreros constituidos con anterioridad, especialmente en la Italia central, por algunos internacionalistas seguidores de Bakunin. Finalmente en los años noventa las autoridades públicas y los notables de las diversas gradaciones de la burguesía mafiosa siciliana comenzaron a darse cuenta de la relevante novedad política que representaban y a temer sus actividades, pronto sostenidas por un crecimiento que se hizo imponente entre junio de 1892 y diciembre de 1893.

La originalidad fundamental de los fascios sicilianos consistía en su fórmula organizativa de asociaciones abiertas, no corporativas ni sectarias, no condicionadas por ninguna militancia ideológica específica de los afiliados, con el objetivo de reunir el mayor número posible de trabajadores (hombres y mujeres) en base a programas de iniciativa y de lucha que recogían, con las más diversas instancias de mejoras contractuales y salariales, una invocación general de justicia contra los avasallamientos y la prepotencia del sistema dominante. La idea que los sostenía y agrupaba sus fuerzas heterogéneas era sencilla y osada: la unión hace la fuerza.

Para cada *fasciante* y cada una de las distintas categorías de trabajadores asociados (campesinos, artesanos, obreros, azufreros, etc.) se abría la posibilidad de contar con una fuerza de masas unitaria y compacta en apoyo de las respectivas reivindicaciones. De algún modo, con cierta buena voluntad interpretativa, podrían considerarse los antecedentes más próximos de los *soviets* que se constituirían en Rusia en 1905. A diferencia de éstos —que eran organizaciones para la autogestión del poder popular en un contexto revolucionario—, los fascios sicilianos no tenían características subversivas, apuntaban a unos resultados que estaban en línea con una orientación de tipo reformista y adoptaron la huelga como principal instrumento para conseguirlos.

Si los fascios generaban, en las clases dominantes, el pánico de la revolución, esto ocurría porque en Sicilia el solo hecho de tener la cabeza levantada ante el patrón siempre había sido considerado un acto temerario. Además, en la Italia de aquellos tiempos, la huelga, sobre todo en los campos, si bien no estaba prohibida (siempre que se mantuviera dentro de los límites de la llamada «huelga económica») bordeaba siempre la frontera de la legalidad por tratarse de una perturbación del orden público a la que vigilar y, llegado el caso, reprimir.

La particular e inédita capacidad de las organizaciones sicilianas consistía en conjugar una acción fundamentalmente sindical con las más amplias finalidades políticas progresistas que fueron, en gran parte, identificadas en el programa nacional del Partido Socialista. Sin el nacimiento de dicho partido (en Génova, 1892), con toda probabilidad los fascios sicilianos no habrían tenido porvenir o se habrían autoconfinado en el área minoritaria, y ésta sí subversiva, de la iniciativa anarquista (Zangheri, 1997).

Es un hecho que la evolución nacional del movimiento obrero fue decididamente propicia para su desarrollo. El Partido Socialista, aunque con desconfianza, los adoptó políticamente; se las ingenió para dotarlos de una ideología y los asumió como fundamentales organizaciones de base con las cuales contar para realizar su asentamiento en la isla. Con semejante encuadre los fascios se multiplicaron rápidamente, dirigidos por jefes con una fuerte orientación libertaria (el catanés De Felice Giuffrida, el palermitano Garibaldi Bosco, el médico populista de Piana dei Greci Nicola Barbato, el mesinés Petrina y el corleonés Bernardino Verro), y se abrieron, con distintos acentos, al nuevo verbo del socialismo, revelando a una Italia aún incrédula que no toda Sicilia estaba contenida en la tríada formada por los barones burgueses, la mafia y la plebe (Romano, 1960).

Se reunieron en la isla más de trescientos mil militantes de toda condición social, incluidos los filones del republicanismo mazziniano y garibaldino, la masonería de izquierdas e incluso algunas experiencias asociativas animadas por aquellos católicos que estaban saliendo de las sacristías para iniciar, más allá de los viejos compromisos caritativos, una acción social en coincidencia con los socialistas, interpretando el verbo de la *Rerum Novarum* del papa León XIII.

Los fascios, que en buena medida eran campesinos por la composición de su base, tenían sus centrales directivas y sus alianzas obreras en las ciudades y contaban con la simpatía y, a veces, el apoyo orgánico y directo de numerosos intelectuales como Napoleone Colajanni (el demócrata sin tacha que, por su infatigable y original ejercicio del pensamiento libre, sería definido como «la suegra del socialismo»), el conocido jurista Giuseppe Salvioli, el filósofo Raffaele Schiattarella, el sociólogo Aristide Battaglia y el profesor agrigentino Enrico La Loggia (Renda, 1977; Marino, 1998).

Tan amplia gama de confluencias y alianzas, de los demócratas a los marxistas, de los masones a los católicos, del ejército de los sin tierra de los campos a los intelectuales de los Ateneos, resulta comprensible, en cuanto a sus orígenes y sus características, sólo si se echa al menos un vistazo a los procesos de cambio desarrollados en la sociedad siciliana a partir de los años setenta. Como veremos, el imponente movimiento siciliano fue, a la vez, el punto de llegada de un crecimiento y la respuesta a una crisis que intervino para devastar sus bases económicas y sociales.

En los márgenes del latifundio de cultivo extensivo de granos, y en evidente alternativa a lo que éste representaba incluso en términos de poder, había cogido impulso la actividad de una miríada de pequeños y medianos propietarios, empeñados en producciones agrícolas intensivas de alta rentabilidad (viñedos, huertos, olivares, plantíos de cítricos). En las ciudades se había iniciado la transformación del artesanado en proletariado, en el desarrollo de actividades industriales que en Palermo podían contar con el empeño creativo de los Florio, una familia que, con las debidas proporciones, podría imaginarse desempeñando un papel similar al de los Krupp en Alemania. Sobre la totalidad del frente de fuerzas modernizadoras se abatieron los efectos cruzados de la gran depresión económica mundial y de la crisis agraria de finales de siglo. Por una decisión política nacional que sancionaba la alianza entre el capitalismo septentrional y los grandes terratenientes meridionales, las producciones de granos del latifundio gozaban, desde 1887, de una elevada protección de la competencia extranjera. En cambio, las producciones de la pequeña y mediana propiedad, preferentemente destinadas al mercado internacional, sufrirían en mayor o menor medida las consecuencias de la «guerra de las tarifas» sobre las exportaciones. Como es fácil imaginar, los efectos de la crisis caen en especial hacia abajo, sobre los más débiles, en los términos de una más rapaz y perezosa explotación de los campesinos pobres, los asalariados y los jornaleros.

Fue en gran medida por efecto de esta situación de alarma para los pudientes y de acentuado malestar para los pobres que se desarrolló una trama, tan densa como heterogénea, de intereses y de reivindicaciones, como base común para una orientación antigubernativa que, para empezar, en el aspecto local tendía a unificar fuerzas de burguesía productiva y clases populares contra los «parásitos» y los especuladores, contra los privilegiados y antimodernos latifundistas.

Cuando los fascios comenzaron, de manera casi indolora, a aparecer en escena, a finales del primer Gobierno de Crispi (agosto de 1887-febrero de 1891), y luego en el breve período del primer Gobierno de Giolitti, en 1892, tanto los partidarios de aquél como los de éste pudieron alimentar, con distintas formas de condescendencia indirecta o de neutralidad, la idea de utilizarlos como instrumentos a los que usar para ocasionar problemas y molestias a la parte contraria.

Pero cuando el movimiento se reforzó asumiendo cada vez más unas características marcadamente socialistas, los latifundistas sicilianos (el eje central del frente que unía la tradicional baronía con la burguesía mafiosa), alarmados por los notables resultados que los fascios habían logrado obtener en términos de conquistas salariales y contractuales en los campos, pretendieron su liquidación.

Francesco Crispi volvió al Gobierno en diciembre de 1893 con el cargo adecuado para usar la invocada mano dura. En efecto, la usó poco después, en enero, disolviendo *manu militari* los fascios, proclamando el estado de sitio e iniciando una represión violentísima que culminó en procesos que amenazarían con miles de años de cárcel a centenares de jefes y militantes del movimiento.

La opinión pública de entonces —aparte del comprensible suspiro de alivio tanto de los latifundistas sicilianos como del *establishment* del estado de Milán— se dividió en el juicio acerca de aquella violentísima represión. Y dicha división atravesó, desde el interior, al mismo Partido Socialista que había empezado a representar —en una ruptura cada vez más evidente con el Sur y con sus problemas— una fuerza de apoyo del liberalismo progresista giolittiano, en función del objetivo de desarrollar en el Norte las aristocracias obreras, a la sombra del proceso de industrialización del país. Sobre la estela de una famosa carta de Engels a Turati de enero de 1894, comenzó a formarse una cierta tradición socialista que desconocería la cualidad proletaria de los acontecimientos sicilianos del trienio 1891-1894, situándolos, en consecuencia, fuera de la legitimidad marxista.

Por otra parte, incluso un meridional y meridionalista socialista del nivel de Gaetano Salvemini escribió que los fascios sicilianos sólo habían sido una «convulsión histérica», un «embrollo», una aventura de rebeldía semisalvaje que merecía «ser destruida por la fuerza». Entre los marxistas, sólo el gran filósofo Antonio Labriola tuvo el valor de ver en el movimiento siciliano «la primera acción del socialismo en Italia; [...] el primer acto del socialismo proletario en Italia».

Incluso la historiografía sobre el socialismo —antes de la aclaración definitiva que se produjo recientemente gracias al segundo volumen de la einaudiana *Storia del socialismo italiano* [Historia del socialismo italiano] de Renato Zangheri (1997)— oscilaría durante mucho tiempo entre las posiciones opuestas de Salvemini y Labriola. Por añadidura, incautamente, en los años setenta del siglo XX, como apoyo instrumental de la política del PSI (Partido Socialista Italiano) en lucha por la alternativa de izquierdas a la DC (Democracia Cristiana), varios estudiosos socialistas y comunistas, situándose con bastante claridad del lado de Labriola, se dedicarían al singular esfuerzo de medir la credibilidad progresista del movimiento siciliano tratando de algún modo de asimilarlo al movimiento obrero, titular supremo y fundamento de toda legitimidad revolucionaria.

Pero ¿sería correcto someter así a examen a los fascios sicilianos y valorarlos con la vara de medir del socialismo, aunque sus generosos jefes, en general, habían decidido declararse socialistas?

A decir verdad, salir por fin de los apuros de las variadas operaciones historiográficas instrumentales equivale en la actualidad a asumir una óptica muy distinta, saltando del todo las antiguas fronteras ideológicas de la cuestión: los fascios eran, quizá, socialistas (al menos por vocación de una parte de sus militantes) o, quizá, no lo eran en absoluto, lo cual nos sirve muy poco para comprender qué fueron en realidad. Importa observar que dieron vida a un movimiento intensamente progresista, adelantándose al movimiento obrero, y que aportaron expresión organizativa a una cultura de masas de la justicia social. Aún estando alejados de las formas maduras de la modernidad capitalista, recogieron y tradujeron en acción de lucha las instancias de una civilización de los derechos y de la justicia que siempre puede brotar en el mundo, incluso desde un fondo de atraso —por lo demás, como ha sucedido con frecuencia en América Latina con el sandinismo y hoy con el movimiento de Chiapas—, bajo las más diversas banderas. Ellos, fueron, brevemente, la manifestación de ese impulso civil que a veces se afirma, en los pueblos y en los individuos, bajo el empuje moral y, en general, exento de ideología del rechazo a la opresión y el atropello.

Ésta y no otra fue la civilización de los *fascianti* sicilianos, reprimidos y dispersados mientras aún estaban ajustando las cuentas con la indeterminación y con los riesgos de su «revuelta». Su trágica derrota sería también una derrota de toda Italia. En efecto, heridas de muerte las potencialidades de liberación y de progreso de la realidad siciliana, humillada y reducida al silencio durante años toda la fuerza de la democracia meridional, se estabilizaron las condiciones que harían irrecuperable el retraso económico y social del Sur respecto del Norte y se acentuó esa fractura entre las dos Italias que ya se habían evidenciado tras la unificación nacional (Marino, 1998).

Todo esto, a los fines específicos de nuestra historia, equivale a destacar que si los fascios hubieran vencido en su batalla quizás habríamos podido concluir aquí este libro, y que, en cambio, por desgracia nos vemos obligados a continuarlo. Es fácil entender por qué. La drástica liquidación de aquella enérgica sacudida al sistema de los privilegios fue el mayor éxito al que pudieran aspirar todas las perversas fuerzas sociales y políticas que constituían y defendían, *consule Crispi*, la jerarquía de poder y el orden de la sociedad mafiosa.

Por el contrario, no sólo aumentaron las dificultades para que la sociedad de la isla recuperara el camino del progreso, sino que incluso se crearon las condiciones que permitirían que la peor Sicilia esparciera peligrosamente por el mundo sus perniciosas y crónicas enfermedades. En efecto, esa tragedia de finales de siglo estuvo en los orígenes de la exportación de la mafia a las lejanas Américas y en particular a Estados Unidos, un proceso íntimamente relacionado con la oleada emigratoria de los centenares de miles de pobres diablos sicilianos obligados a dejar una isla en la cual se había pasado de la esperanza en un futuro mejor a la desesperación.

LAS ESPINAS MAFIOSAS DE LA ANTIMAFIA

A los fines de un correcto juicio histórico, y siguiendo el hilo de nuestra investigación, no puede eludirse una cuestión que aún divide a los historiadores: averiguar si la mafia tomó parte en el movimiento de los fascios sicilianos y en qué medida lo hizo. Algunos estudiosos de izquierdas han considerado que cumplían (a decir verdad, muy mal) con su deber resaltando la importancia de decisivas experiencias progresistas, pasando de puntillas, por «amor a la patria», sobre datos de hecho que habrían podido resquebrajar los perfiles ideológicos de sus interpretaciones. Quién sabe por qué, el hecho de dar incluso un mínimo crédito a las afirmaciones de las autoridades públicas de entonces, que registraban numerosas infiltraciones mafiosas en el siempre prodigioso movimiento de los *fascianti*, ha sido considerado durante mucho tiempo una orientación que había que estigmatizar como inconvenientemente reaccionaria, como mínimo poco generosa y, en cualquier caso, de derechas. Recientemente, durante los trabajos del congreso de Piana degli Albanesi (21-24 de septiembre de 1994), el historiador estadounidense John Alcorn, de la Universidad de Hartfort, ha impresionado a un público de estudiosos y curiosos desde hace demasiado tiempo acostumbrados a no poner en tela de juicio las interpretaciones consolidadas, leyendo un documento policial de 1893 del cual resulta que los miembros mafiosos del fascio de Corleone sumaban no menos del 20 %-25 % del total.

Ha llegado el momento de ser completamente claros en esta cuestión, sin excesos de veneración hacia los mismos héroes de las luchas populares y campesinas de entonces, dado que es precisamente éste el mejor camino —si se quiere— para comprender el auténtico valor de sus empresas. Guiados por este espíritu nos detendremos ahora en algunos elementos de análisis y reflexión que surgen de recientes e importantes datos historiográficos (Lupo, 1997, pp. 155-165).

Tiene sentido preguntarse si, sin alguna aportación o sin la neutralidad de la mafia, se habría dado un caso como el de Corleone, que reunió en el local del fascio a nada menos que seis mil personas, casi la totalidad de la población adulta del pueblo. Además, se comprende de manera inequívoca —por la *Sentencia del proceso por el asesinato de Bernardino Verro* (9 de abril de 1917), de la que hablaremos— que el príncipe de Baucina, a la cabeza de los latifundistas de la provincia de Palermo, hubiese animado una operación tendente a reunir al «elemento mafioso» para «asociarlo, de ser posible, al movimiento, organizándolo en decurias de manera que el jefe, que permanecería oculto, habría podido influir sobre una decuria siempre decuplicada por cada componente»: en otras palabras, una actividad de infiltración en toda regla.

El mismo Bernardino Verro, jefe del fascio corleonés, el futuro, vivaz y combativo compañero Verro, desde luego el más significativo y heroico (por su trágica vicisitud de lucha sobre la cual tendremos ocasión de detenernos) entre los grandes dirigentes populares del movimiento, reconocería algunas relaciones suyas previas con ambientes mafiosos. El ya citado John Alcorn le ha reprochado, entre otras cosas, la ligereza con que se valió, conscientemente, de la colaboración de los mafiosos Giaimo y Cascio Ferro.

Al respecto, los elementos que se desprenden de la documentación disponible —y en particular las pormenorizadas averiguaciones proporcionadas por la Magistratura en la citada sentencia— no permiten albergar dudas. El socialista cayó en la red tendida por el príncipe Baucina, quien tenía la intención de utilizarlo como un agente de la Onorata Società —la Honorable Sociedad, es decir la mafia— en el movimiento de los fascios. En la sentencia encontramos una descripción detallada de aquella investidura, y es útil ofrecerla aquí a los lectores porque en ella se representa de manera eficaz el modelo clásico de la iniciación mafiosa, un rito, de algún modo similar al de la masonería, que se mantuvo casi inalterado hasta nuestros días (Renda, 1997, pp. 196-198).

Una mañana de abril de 1893, antes del alba, las piedrecitas lanzadas contra los cristales de la ventana de la habitación donde dormía Verro [...] despertaron a éste, quien al darse cuenta de que el que lo llamaba de ese modo era Gagliano bajó a la calle, y ambos se encaminaron hacia la casa de Mariano Colletti [uno de los capos de la banda de Corleone].

Una vez llegados allí, Verro encontró un verdadero sanedrín de hombres sentados en torno a una mesa sobre la que estaban dispuestas, como si fueran comida, tres carabinas cortas y una hoja de papel en la que aparecía el dibujo de una calavera.

Verro expuso sus intenciones sobre el movimiento social iniciado por él en favor de la masa proletaria, y el presidente [un tal Giuseppe Battaglia], después de haberle advertido de los peligros a los que se enfrentaba [en el caso de que no] observara un absoluto y riguroso secreto, pronunció una fórmula de juramento basada en la solidaridad recíproca que fue repetida por quien iba a ser iniciado, al que luego, tras la correspondiente orden presidencial, se le pinchó con un alfiler el índice de la mano derecha, dispensándolo por deferencia de la ritual punción del labio con un puñal.

Para secar la sangre que brotó de la pequeña herida se empleó el papel en el que se había dibujado la calavera, que fue quemado de inmediato.

Ante la llama, primero el presidente y luego los demás «frailucos» intercambiaron con Verro el beso fraternal.

Acabada la macabra ceremonia, se le comunicó la consigna, que escapó de la memoria del iniciado, la señal de reconocimiento consistente en tocarse los incisivos superiores insinuando un dolor de muelas.

Si este documento certifica que Verro consiguió la formal iniciación en la banda de los «frailucos» (lo que habría sido el motivo de la tenaz acusación de traición por parte de los mafiosos y de una informal condena a muerte, al final sin escapatoria), otro documento nos da una noticia segura de la autorizada presencia de un jefe de alto nivel, en el mismo grupo dirigente, de un fascio gemelo al de Corleone, el fascio de Bisacquino. Entre los organizadores y los dirigentes registrados por el funcionario gubernativo, el jefe en cuestión es Vito Cascio Ferro, merecedor por su rango del título de *don*: el cruel don Vito al que pronto veremos empeñado en empresas muy distintas de aquellas de la organización de las luchas campesinas. Aventurero tenebroso y astuto, hombre de mundo, tenaz organizador y protector de bandoleros, Cascio Ferro, supremo dirigente también del fascio de Chiusa Sclafani (en realidad una especie de banda mafiosa enmascarada), con el tiempo se convertiría en el referente privilegiado en Sicilia de la naciente mafia estadounidense. Llegaría a contar con el prestigio de sus lazos familiares y de sus amistades con ilustres aristócratas y latifundistas, como los barones Cammarata, y se convertiría, a su modo, en una personalidad política de relieve a la cabeza de florecientes clientelas electorales como la del diputado Avellone, notable archimafioso del distrito y, por último, de la otra, mucho más importante y oficialmente demócrata, de los Finocchiaro Aprile.

El caso del *fasciante* don Vito Cascio Ferro es, desde luego, clamoroso, y hurgando en los archivos se podrían encontrar casos análogos, aunque menos vistosos. Considérese que otro futuro mártir de la antimafia, un dirigente campesino discípulo y colaborador de Verro, combatiente sin tacha por la justicia, Nicola Alongi, natural de Prizzi, era vigilado por la policía, sea porque se lo consideraba un peligroso subversivo, sea por su costumbre de «frecuentar la compañía de [...] personas sospechosas en materia de delitos comunes». Por otra parte, está fuera de discusión que una policía sometida al poder tendiera a decir y escribir sobre los «subversivos» todas las maldades imaginables, pero también es verdad que en un pueblo casi totalmente mafioso como era Prizzi, el fascio del que Alongi había recogido la herencia de lucha organizando memorables huelgas campesinas no se habría podido constituir, como de hecho se había constituido el 29 de octubre de 1893, con una impresionante manifestación callejera, sin pasar a través de una experiencia de drástica división de la base social y de decantación de las fuerzas progresistas en un turbio ambiente popular en el que había de todo y lo contrario de todo (Marino, 1997, pp. 55-56).

El área en la cual estaba naciendo la antimafia era la misma de la que tradicionalmente se había nutrido la mafia, y no sólo la baja, sino también la burguesía mafiosa, que a menudo procedía de las filas de la masonería (en la cual continuaba militando en poliédricas composiciones de logias que seguían el perfil de la evolución transformista de la política) tanto como de la burguesía demócrata, a veces proclive al socialismo (piénsese en el caso ejemplar de algunos conocidos protosocialistas como Antonino Riggio y Saverio Friscia, fundadores de la Internacional en Sicilia).

La secretas solidaridades masónicas, contiguas a las relaciones de la verdadera mafia (que en ciertos casos podía incluso presentarse como una especie de masonería popular), en ocasiones implicaban también a los elementos más capacitados para adquirir una cierta cultura procedentes de la base campesina. No era casual que un campesino autodidacto como Nicola Alongi sintiera una particular veneración por el filósofo Giordano Bruno, un «ilustrado», verdadero santo laico de la tradición masónica, al cual, qué casualidad, estaba consagrada la logia de su pueblo. Y masones eran tanto los antimafiosos como el socialista Friscia y el demócratarradical Napoleone Colajanni, y los principales políticos del variopinto y litigioso contexto politicomafioso dominante, de Crispi a Rudinì, de Vittorio Emanuele Orlando a Camillo Finocchiaro Aprile. En una misma familia podían a menudo convivir personajes de la mafia y de la antimafia. Aún hoy, entre los sicilianos más expuestos en la lucha contra el fenómeno mafioso, ¿quién podría estar seguro de no tener —aparte de los omnipresentes masones— a algún adepto a las bandas o a algún «amigo de los amigos» entre sus antepasados?

Sin tener presente el vasto laberinto de sinergias y contradicciones indivisibles del ordenamiento sociocultural siciliano, resulta difícil comprender algo de la mafia y de Sicilia. En semejante complejidad debe entenderse el papel rompedor que tuvo, desde la época de los fascios, la difusión del verbo socialista al dividir el campo, al fijar con nitidez los términos de las alternativas y las referencias de las diferentes alineaciones, determinando así la formación de un área cultural y política antimafiosa, importante aunque claramente minoritaria y destinada a derrotas recurrentes.

Desde el principio el socialismo sólo pudo introducirse a través de los mismos canales de la mentalidad y la cultura del ambiente, pero actuando como levadura para conversiones fulgurantes y vivaces cambios de signo de los comportamientos tradicionales. Ofrecía, por ejemplo, a no pocos elementos del pueblo la posibilidad de conquistar, a través de experiencias de lucha por la justicia social, ese crédito, ese «respeto», al cual todos aspiraban y que en el pasado solía obtenerse mediante exhibiciones de mafiosidad. Y eso no es todo. El socialismo, con su léxico de liberación, abría a nuevos valores, con un soplo pararreligioso que en los iniciados estimulaba energías y tensiones análogas a las producidas por el evangélico descenso del Espíritu Santo a las mentes y los corazones de los apóstoles: enseñaba una fascinante sintaxis de la civilización que asignaba a los oprimidos el papel de sujetos-protagonistas; alimentaba el sentimiento de aquella reconquistada subjetividad con la fuerza de un mito de progreso representado por el rojo «sol del porvenir».

Sin embargo, para los conversos como Bernardino Verro la vida no resultaba nada fácil en un ambiente en el que la mafia, con sus poderes y su cultura, ejercitaba una hegemonía real sobre la mayor parte de la población. Era preciso cultivar un espíritu de pioneros. El esfuerzo de reunir las individualidades, a menudo recelosas, de una realidad popular caracterizada por la disgregación social descrita por estudiosos y políticos como Giustino Fortunato y Antonio Gramsci, y el esfuerzo de hacer tocar casi con la mano a los compañeros potenciales la posibilidad de obtener con las luchas resultados positivos, por no mencionar el cuidado de frenar los excesos y conjurar los conflictos de los pequeños intereses (la guerra de los pobres contra los pobres), eran empeños que constituirían el calvario cotidiano de los dirigentes, quienes debían conquistar su prestigio y autoridad sobre el terreno.

Semejante exigencia, en un ambiente habituado a la fuerza y que en esencia la apreciaba (y hacía de ella la condición decisiva para conseguir respeto), imponía una constante demostración de la capacidad de saber emplear, de ser preciso, también la fuerza. Una capacidad de este tipo —en un contexto en el cual los poderes del Estado sólo funcionaban en desmedro del pueblo llano— era, además, la única arma defensiva, y se trataba en verdad de un arma muy débil e imprecisa, de la cual los dirigentes y los activistas de las luchas campesinas podían disponer. Quienquiera que, en aquellos tiempos, se hubiera decidido a llevar a cabo acciones contra la mafia sólo habría podido esperar sobrevivir si lograba asegurar el hermetismo de la organización en torno a su liderazgo; desde luego, no habría podido contar, para su protección personal, con las guarniciones militares o las escoltas policiales. «En este infierno —escribiría uno de los líderes de la antimafia campesina, Cammareri Scurti— para contar y asegurarse la existencia había que convertirse en un demonio» (Marino, 1998, pp. 109-116).

Por otra parte, si para la antimafia no existía más comportamiento autodefensivo que el descrito, no debe asombrarnos el que funcionarios gubernativos cortos de entendederas, a menudo bajo la influencia de notables interesados y «amigos de los amigos», metieran todo en el mismo saco, poniendo a los más decididos enemigos de la mafia en el mismo plano que a los mafiosos.

Sin embargo, en cierto sentido se podría decir que las espinas producidas por una difusa mafiosidad ambiental apuntaban a las mismas carnes de los más decididos representantes de la antimafia. Y esto podía ocurrir tanto más fácilmente cuanto mayor fuera el empeño de los dirigentes (como sería el caso de Verro en Corleone), no sólo en la organización de las asociaciones campesinas, sino también en las competiciones electorales por la conquista y el control del poder municipal.

Cuanto se acaba de observar para las distintas personalidades del movimiento debe extenderse al juicio sobre todo el movimiento de los fascios: descontada su arriesgada exposición a la posibilidad de una contaminación mafiosa —en un particular período en el que la misma y generalizada crisis económica favorecía vastas y heterogéneas alianzas de protesta antigubernativa—, constituyeron objetivamente, por sus propósitos, por las cualidades políticas y culturales de sus dirigentes y por su masivo seguimiento, un gran movimiento contra la mafia.

El crimen de Notarbartolo y el caso Palizzolo

Como se ha visto, Crispi se ocupó de salvar a los latifundistas y a los aparceros de una revuelta que había puesto en crisis su poder. Pero entretanto el sistema de la hegemonía mafiosa había sufrido un peligroso ataque en los órganos vitales de su red de negocios urbana, en particular, en aquel punto neurálgico de los intereses financieros de la burguesía mafiosa que era el Banco di Sicilia. La mafia se ocupó directamente de salvar estos intereses con un crimen ejemplar.

El máximo representante de una ofensiva moralizadora, que había encontrado ecos y apoyos crecientes en la opinión pública, era el comendador Emanuele Notarbartolo de San Giovanni, uno de esos raros hombres que Sciascia diría de «tenaz concepto», un moderado de la más austera tradición de la derecha histórica, pero también un ex garibaldino, además de anticrispino y antigiolittiano, amigo del marqués de Rudinì. Antes alcalde de Palermo, en 1876 había sido nombrado director general del Banco di Sicilia y había contribuido de manera decisiva a sanearlo y relanzarlo (Giuffrida, 1973, II, pp. 115-163).

Pero, a pesar de su constante rectitud, no había conseguido impedir que el consejo general de la institución se convirtiera en presa de intereses de clientela sostenidos por la política, hasta el punto de tener que reconocer amargamente, en 1889, que ésta era «pródiga en favores y se dejaba dominar por las corrientes electorales». El conflicto entre los dos sujetos en liza había sido resuelto por Crispi en favor de su clientela. Había negado la razón al director general y había obtenido su sustitución por un hombre de su confianza, el duque de Verdura. En la cúpula de la institución se potenciaría un mercantilismo que haría prevalecer, sobre las exigencias de una correcta administración bancaria, un temerario favoritismo en apoyo de las demandas financieras de los sujetos económicos más poderosos, protegidos por la política: la asignación de las financiaciones sería decidida por las Comisiones de Descuento constituidas por los consejeros delegados de las mismas empresas que las requerían: los Pirajno, Oliveri, Donner, Pirandello, Genuardi y Gueli —había denunciado Notarbartolo— se aprovechaban «ampliamente del crédito del banco en beneficio propio o de la firma o sociedad en que tenían intereses» *(ibid.)*.

Llegado Giolitti a la presidencia del Gobierno, en la situación que luego se originó en Italia con el estallido del escándalo de la Banca Romana, Notarbartolo se había encontrado en el centro de la tormenta, no porque se le imputaran responsabilidades en las intrigas que estaban en la base del escándalo, sino porque conocía hechos comprometedores que habrían podido implicar a Crispi, precisamente en una circunstancia que el estadista italiano habría intentado aprovechar a fondo contra Giolitti para recuperar el poder. En aquel clima turbio, encendido por los resplandores revolucionarios de los fascios, el rumor que en enero de 1893 daba por seguro su próximo regreso a la dirección general del banco probablemente le resultó fatal.

En la tarde del 2 de febrero, en un coche de primera clase del tren número 8 procedente de Messina, al cual había subido en las cercanías de Sciara (adonde solía ir para atender a la administración de un latifundio), unos sicarios desconocidos lo asesinaron y arrojaron el cadáver por la ventanilla en un tramo de la vía férrea entre Trabia y San Nicola, a pocas decenas de kilómetros de Palermo, donde sería encontrado horas después. El cuerpo de la víctima, destacarían los testigos, había sido desfigurado por docenas de puñaladas infligidas salvajemente.

¿Por qué aquella trágica muerte? Dos ferroviarios, un tal Carollo y un tal Garufi, fueron identificados como los ejecutores materiales; pero ¿quién había ordenado el asesinato? La suerte de las indagaciones había sido indicada por la indiscutible naturaleza politicomafiosa del crimen. Sería la suerte que en adelante correrían hechos de este tipo: la resignación al misterio. Y, esto, a pesar del inusual empeño de la familia de la víctima por el descubrimiento de la verdad. Aunque Notarbartolo se había ganado muchos enemigos con la severidad de sus criterios administrativos, consistentes indicios de culpabilidad, casi pruebas, se agolparon sobre un triste canalla de la escena política siciliana, el diputado Raffaele Palizzolo, fiel a Crispi, personaje cuya pertenencia a las filas de la alta mafia había sido certificada por sus anteriores delitos. Pero Palizzolo estaba tan protegido, y desde tan arriba, que el hijo de Notarbartolo debió luchar durante nada menos que seis años para verlo en el banquillo de los acusados como inductor del crimen (Notarbartolo, 1949).

Entretanto, el curso de la política nacional había conocido varios gobiernos: caído Crispi en 1896, arrollado por el desastre colonial de Adua, se habían sucedido los ministerios de Rudinì y de Pelloux. Sicilia había conocido la excepcional institución del Comisariado Civil, una especie de intervención de toda la vida política en la isla, que había permitido que el comisario, Giovanni Codronchi, procediera, con medidas bien dirigidas, a una aniquilación política sistemática de la corriente crispina (Lupo, 1997).

En ese contexto, marcado a finales de siglo por los cañonazos de Bava Beccaris contra los manifestantes milaneses de 1898, Palizzolo había seguido sin recato su normal actividad política y, a pesar de un primer fracaso electoral, aún era diputado en activo cuando, en diciembre de 1899, al fin se abrió en Milán, por «legítima sospecha», el procedimiento penal en su contra. La Sala de lo Penal de Milán remitió el caso a Palermo para una serie de indagaciones suplementarias. El proceso, siempre por legítima sospecha, fue trasladado entonces a Bolonia, donde pareció concluir, el 30 de junio de 1902, con un veredicto que admitía la tesis de culpabilidad de Palizzolo (condenado a treinta años de reclusión).

En el curso del procedimiento —que había involucrado en calidad de testigos a numerosos representantes del *establishment* siciliano— se había evidenciado plenamente la amplitud de las intrigas politicofinancieras de la burguesía mafiosa. El hecho, en un país en el que ya se había producido el giro liberalprogresista del gobierno de Zanardelli-Giolitti, había asumido las dimensiones de un caso de interés nacional. En todos los periódicos no se hablaba de otra cosa que de la mafia y de sus relaciones sistemáticas con la política, en una escalada de reprobación moral que pareció volverse en contra de la clase política siciliana, alarmada por las terribles aperturas a los socialistas del nuevo curso (Renda, 1972, pp. 377-419).

La respuesta del frente formado por los barones y la burguesía mafiosa no se hizo esperar, y fue tan clamorosa y cautivadora, sobre todo en Palermo, entre los comerciantes y la plebe, que hizo temer una revuelta. El arma usada para la movilización fue la ya tradicional del sicilianismo. Se atribuyó a la sentencia de Bolonia el carácter y la voluntad de un atentado contra Sicilia. Palizzolo fue elevado a símbolo de los «derechos» de la isla, ofendidos por los septentrionales (Lupo, 1997, pp. 103-110).

Barones y personajes de «respeto» de distinta posición social, sostenidos por sus intelectuales, constituyeron un numeroso Comité a favor de Sicilia cuyo manifiesto fue redactado por el conocido estudioso Giuseppe Pitrè. Dicho comité, dirigido por seis diputados (entre quienes se encontraba otro conocido canalla, el diputado Avellone), además de numerosos caballeros, abogados y notarios, contaba con latifundistas de antigua condición aristocrática, como Gaetano Tasca, el conde Monroy, el príncipe de Monforte, el príncipe de Resuttano, el conde Galletti, el marqués Bellaroto y el barón Bocardo. Toda esta gente respetable empezó a amenazar con una escalada de manifestaciones públicas, dando a entender —como intuyó perfectamente el prefecto De Seta— que estaba dispuesta al extremo paso de la ruptura del «pacto» con el Estado nacional.

El chantaje secesionista estaba implícito en la acongojada defensa de los derechos sicilianos. Giolitti, ascendido poco después a la presidencia del Gobierno (y, entretanto, ministro del Interior), debió sacar sus conclusiones con un uso sabio de los recursos de la *realpolitik*. En la práctica se orientó a aceptar la idea de que si aquellos poderosos señores sicilianos querían la mafia podían quedársela a condición de que apoyaran a su gobierno. Así fue como se dispuso a aceptar en el Sur, en nombre de la unidad nacional y del interés del Norte de modernizarse en paz, el papel de «ministro de la mala vida» que le atribuiría Gaetano Salvemini.

¿Cómo aplacar, entonces, la revuelta de la clase dirigente siciliana? Desde luego, el caso Palizzolo era cuestión de los tribunales, y también en aquellos tiempos la Magistratura se decía celosa de su independencia. Por otra parte, la política tiene las manos largas, y habrá sido por esas manos, o por otra razón, pero lo cierto es que el Tribunal Supremo anuló la sentencia de los jueces boloñeses y Palizzolo, sometido nuevamente a proceso, esta vez en Florencia, fue absuelto por falta de pruebas, como correspondía a un perfecto mafioso. De inmediato sus protectores sicilianos lo convirtieron en un héroe y le organizaron un homenaje público. Para la ocasión incluso se alquiló un barco que fue a recogerlo a Nápoles. Una gran multitud lo recibió en Palermo, donde las tiendas habían bajado sus persianas para la ocasión. Luego, quisieron que su homenaje continuara en Estados Unidos de América, adonde se trasladó el personaje, recogiendo el entusiasmo de los emigrados sicilianos con mensajes y consecuencias que es fácil imaginar (Falzone, 1974, pp. 279-283).

Así, el crimen de Nortarbartolo concluyó con una apoteosis de la mafia y la mafiosidad. Y los mafiosos iniciarían su largo reinado en el séquito de Giolitti, quien, con todas sus aperturas progresistas, había tenido la oportuna sagacidad de acreditarse en Sicilia como el nuevo Crispi.

CAPÍTULO CINCO

Formas y poderes del reino mafioso giolittiano

UNA MIRADA DE CONJUNTO A LA ÉPOCA DE GIOLITTI

El largo e informal gobierno de la mafia en la isla, desde 1902 hasta la Primera Guerra Mundial, fue, en conjunto, tan homogéneo que hacer un análisis detallado de él podría resultar, paradójicamente, superfluo. En resumen, bajo Giolitti se restableció y se hizo casi inexpugnable ese sistema de dominio al cual se habían opuesto sin éxito los fascios de trabajadores. En la relación con el Estado y con su administración local se reforzó, y se convirtió casi en normativo para todos, el trazado marcado por la praxis política de la mafia agraria, con su decisivo poder de control de las elecciones políticas y administrativas. Lo anterior no necesita muchas explicaciones si se piensa que en el mapa oficial de las circunscripciones mononominales se superponía el de los notables, empeñados en competiciones cuyo resultado en todo caso estaba ligado a los «méritos» adquiridos prodigando favores y asegurando a sus «clientes» la inmunidad ante la ley.

La mayor parte de la clase política siciliana, expresada y sostenida por la mafia, se convirtió en pieza orgánica de una estructura del poder nacional fundada en la aceptación del dualismo Norte-Sur. A la fractura nacional entre las dos Italias correspondían en la isla otras fracturas específicas, como la existente entre la vasta área occidental caracterizada por el aplastante predominio del latifundio, y el área oriental, en torno a Catania, abierta a experiencias más dinámicas; además de la enorme y tradicional fractura entre la ciudad y el campo.

Este estado de cosas incidía de forma tan relevante sobre la realidad que dividía incluso a los socialistas, que habían reaparecido en escena para representar la más significativa expresión de las vocaciones de progreso. Los socialistas de ciudad, que en Palermo tenían la peculiaridad de estar encabezados por un «barón rojo» (Alessandro Tasca, príncipe de Cutò) y eran reformistas convencidos empeñados en sostener todos los cambios hacia la modernidad, se convirtieron de hecho en parte integrante de un bloque asociativo (dirigido por Florio) en el cual se ocultaba la misma burguesía mafiosa. Por el contrario, los del campo fueron dejados prácticamente solos en su lucha y quedaron expuestos no sólo a los castigos de la mafia sino a distintas formas de represión militar motivadas por la necesidad inmediata de tutelar el orden público.

En conjunto, el período vio crecer el fasto y el prestigio de la ciudad de Palermo, estimulada por el activismo declinante de los Florio y encaminada hacia una prometedora era de desarrollo de las empresas productivas, adornada por la gracia de su *liberty* incomparable. Fue aquélla una *belle époque* insular que se convirtió en mito. Gente refinada de todas partes de Europa afluía a una bella y elegante capital dotada de hoteles exclusivos. El káiser Guillermo II no desdeñaba la hospitalidad de su amigo Florio, que también daría nombre al primer gran certamen automovilístico del mundo, la Targa Florio. A pesar de la nunca superada miseria de las clases populares, la ciudad vivía un clima de moderado optimismo por el futuro. Precisamente porque el gobierno giolittiano era uno de los menos invasores que se hubieran conocido, sobre todo en la ciudad se habría apreciado su tendencia a dejar hacer, la cual generaba una positiva sensación de provechosa autonomía, tanto en la declinante aristocracia como entre los elementos más activos y emprendedores de la nueva burguesía.

La Sicilia profunda del latifundio y de los aparceros

Frente a una civilización urbana dotada de una vitalidad no inferior a la de otras análogas realidades italianas, en los campos del latifundio (que aún estaban entre las principales fuentes de rentas de las que se beneficiaba una amplia parte de la misma burguesía ciudadana) arreciaba el sistema de explotación de los campesinos pobres por parte de una clase de viejos y nuevos señores. Allí, desde hacía siglos, la figura central del mecanismo de opresión era, más aún que la del latifundista aristocrático, la del aparcero, varias veces mencionada en los capítulos precedentes y que ahora hay que observar más de cerca por el papel dominante que habría asumido en el marco social del período giolittiano (Marino, 1998).

Quién era en concreto el aparcero y en qué consistía su fundamental función mafiosa, particularmente acrecentada desde la segunda mitad del siglo XIX, son preguntas esenciales a los fines de nuestro análisis, y sólo se puede responder a ellas mediante una rápida descripción del sistema del latifundio. Éste se articulaba en un complejo andamiaje de arrendamientos: los aparceros se aseguraban el arriendo de los grandes ex feudos y procedían a dividirlos en pequeñas partes que subarrendaban o redistribuían en distintas formas de coloniaje (con un contrato llamado «terrazgo») a una miríada de campesinos, a fin de sacar beneficio de una renta parasitaria que estaba constituida por la diferencia entre el importe del cánon que ellos mismos habían tenido que pagar al propietario y las entradas monetarias o en especie que, a su vez, obtenían de los subarrendatarios y las distintas prestaciones de los «colonos». Obviamente, para que la operación fuese rentable y lucrativa necesitaban sacar el máximo provecho del trabajo campesino con elevados cánones de subarriendo o diversas formas de imposición y hasta de extorsión, además de severos controles (en los cuales estaban empeñados los capataces o guardias) para impedir sustracciones u ocultamientos de productos y vigilar el pleno respeto de los «pactos».

Para hacerse una idea aún más clara y sintética, todo el ordenamiento económico y social de la Sicilia profunda puede imaginarse como una pirámide. En el vértice de ésta se situaban, con un poder tan formal y reverenciado como apenas decorativo y, sin embargo, generosamente remunerado por rentas recurrentes e incuestionadas, los propietarios (todos indistintamente «barones» o «caballeros», aunque con frecuencia sólo se trataba de recientes beneficiarios de usurpaciones y actos de rapiña), a menudo más de derecho que de hecho. A éstos se adecua perfectamente la definición de «absentistas», porque generalmente eran por completo ajenos a la organización del trabajo que se desarrollaba en sus tierras y se mantenían alejados de ellas, residiendo de forma habitual en las ciudades (sobre todo en los fastuosos palacios de Palermo construidos a medida de las vanidades y la riqueza de los linajes), cuando no eran más tentados por las ocasiones y las aventuras de un vagabundeo de lujo por Italia y el exterior (Marino, 1997).

Apenas por debajo del vértice, pero con su fuerza asegurada por la posesión de plenos y directos poderes sobre los recursos económicos y humanos del sistema, prosperaba la rapaz fauna de los aparceros, empeñada en las ya descritas operaciones de intermediación parasitaria, a veces enmascaradas por presunciones empresariales. Oficialmente el aparcero no era más que un inquilino, pero, por una autoinvestidura avalada por los barones o por su explícita delegación, tenía el derecho de monopolio de los recursos agrícolas del territorio; su discrecional y codiciosa gestión de los subarriendos y concesiones diversas a alto precio, era el equivalente de un poder sobre los mismos recursos elementales que aseguraban una precaria supervivencia a las familias campesinas. En no pocas ocasiones el aparcero era, además de un ruin chantajista, un usurero. En todo caso, sus tareas de intermediación parasitaria entre barones y campesinos lo convertían en un cínico y astuto explotador de los pobres y los necesitados, sometidos tanto a sus tributos de naturaleza económica como a sus advertencias paternales y los juicios de su singular moral, que requería un recurso normal a todos los posibles instrumentos y expedientes de las prácticas autoritarias. Era, por lo tanto, el gozne de la hegemonía de clase de la gran propiedad sobre la Sicilia profunda. De ello resultaba, con una destacada función de conservación social, la inevitable pertenencia del aparcero a la mafia: de manera directa, participando en las actividades criminales de las bandas (a menudo muy activas también en el cuatrerismo) o, de manera indirecta, gozando de relaciones privilegiadas de contigüidad (en este caso, era considerado «amigo de los amigos») y de protección.

Ni falta hace decir que los aparceros —apoyados por sus guardias y capataces— hacían siempre frente común con los propietarios de los latifundios y éstos con los aparceros en la común empresa de imponer el orden y de explotar a los campesinos. En caso de transgresiones, o sea, de negativa a obedecer las normas no escritas, pero rigurosas e ineludibles, de aquel especialísimo ordenamiento, las bandas recurrían a distintas formas de presión sobre los insubordinados, de los consejos amistosos a las intimidaciones o, en los casos considerados más graves, a la ejecución de sentencias de muerte, de costumbre con la *lupara*, la escopeta de caza de cañones recortados, símbolo del poder mafioso.

La base de la pirámide se asentaba en el campo, entre pueblos, aldeas y latifundios, por lo que constituía una vasta y heterogénea área de disgregación del trabajo campesino que comprendía tanto a los pequeños como a los medianos subarrendatarios (a veces definidos, impropiamente, como aparceros o más a menudo *burgisi*, «campesinos acomodados»), como a una miríada de colonos o de mal llamados arrendatarios con otras figuras mixtas de campesinos pobres sometidos a un consuetudinario régimen de pactos tiránicos. El peso de la pirámide, muy gravoso para los colonos y los subarrendatarios de los aparceros (sistemáticamente chantajeados y coaccionados), se convertía incluso en aplastante para los trabajadores asalariados, los simples braceros, a menudo desocupados y en cualquier caso temporeros, pobres diablos explotados y sometidos al arbitrio de todos, llamados *jurnatara* («jornaleros»), porque, justamente, cobraban por jornada, a menudo en especie, o con salarios mixtos (monetarios y en especie) que en los mejores casos les permitían poco más que la adquisición de un kilo de pan y de algún vaso de vino.

El infierno de las azufreras

Dentro de su árido y desesperante horizonte agrario, la Sicilia profunda se hundía literalmente en sus mismas vísceras allí donde —como en algunas zonas de las provincias de Agrigento, Caltanissetta y Palermo— el sistema del latifundio era sustituido por el de las minas de azufre, que algunos de los contemporáneos se obstinaban en definir enfáticamente como industrial. En verdad se trataba de otra parte del infierno, estructuralmente muy similar a la primera. En efecto, también el de la azufrera era un ordenamiento jerárquico, una pirámide.

En su vértice, muy a menudo la propiedad no coincidía con la titularidad de la empresa que se encargaba de la explotación económica de la mina; se imponía, en cambio, el papel parasitario de un intermediario, esto es, de una particular figura de arrendatario, el «aparcero de la azufrera», que con frecuencia poseía, justamente, en «aparcería», el yacimiento junto con todo el latifundio en el cual éste estaba situado. A los más o menos relevantes tributos y condiciones de la intermediación parasitaria de dicho aparcero no se sustraían los sujetos técnicos (los distintos industriales o las sociedades concesionarias) que se hacían cargo de las actividades de extracción. Además, en general se trataba de sujetos de rasgos empresariales muy dudosos, y no pocas veces improvisados, que raramente recurrían a ingenieros de minas y personal técnico y administrativo cualificado, a fin de obtener la mayor utilidad con el menor gasto posible.

Por debajo del variopinto vértice en el que se fundían los intereses de la propiedad, intermediación mafiosa y un empresariado impropio, se reiteraba la infeliz realidad cotidiana del trabajo de la azufrera, un mundo cerrado y opresivo similar a las instituciones descritas por Erving Goffman en *Asylums* (1968), también estructurado y gestionado de manera jerárquica: la tarea de extraer el azufre estaba confiada a unos singulares especialistas que trabajaban a destajo, los «picadores», a cada uno de los cuales se proveía tanto de las herramientas como del personal necesario para la excavación y el transporte del mineral desde las entrañas de la mina hasta los depósitos al aire libre. El picador era, por lo tanto, una especie de obrero especializado y, al mismo tiempo, maestro para sus aprendices y ayudantes. En tanto que patrón, se las daba de pequeño empresario e infligía a sus empleados las torturas cotidianas de una práctica de explotación cuya implacable brutalidad era equivalente a la de sus miserables necesidades personales: los ayudantes sobre los cuales ejercitaba su tiránico dominio eran, en general, aquellos peones adolescentes que solía reclutar obteniéndolos en custodia de los respectivos padres a cambio de un desembolso de dinero —el llamado *soccorso morto*, «subsidio muerto»—, en una suerte de inversión a largo plazo que en la práctica se semejaba mucho a la adquisición de un esclavo (Marino, 1998).

El fenómeno se encuentra descrito con claridad ejemplar en el informe de una encuesta llevada a cabo en 1881 por el inspector Vittorio Savorini por encargo del entonces prefecto de Agrigento, Giorgio Tamajo. De ella se extraen informaciones horripilantes.

El peón estaba «encadenado al picador» que había efectuado «una verdadera compra del muchacho». Con los años, le sería muy difícil recuperar la libertad, ya que para hacerlo debía devolver a su patrón la totalidad de la suma (con los correspondientes intereses) que éste había pagado a sus padres en el acto de reclutamiento. Con toda probabilidad estaría obligado a cargar con su deuda toda la vida, porque su inhumano trabajo no era remunerado con regulares, aunque miserables, salarios, sino con discontinuas e irregulares cantidades a cuenta, «casi siempre cantidades en especie, [...] llamadas *spesa*», consistentes en «harina de trigo, aceite, y a menudo sólo pan».

> Ellos [los picadores], previo contrato con un vendedor de comestibles, que les deja un tanto por ciento, obligan a sus peones a retirar diariamente de un determinado almacén el equivalente de ochenta céntimos o una lira en mercancías. De este modo el peón no toca nunca dinero, y cuando se le ocurre comprar algo, que no puede encontrar en el comercio asignado, está obligado a comprar

allí por ejemplo un kilo de pan que vale treinta céntimos, que paga a cuarenta y vende a veinte. Así sucede que después de enormes esfuerzos, después de haber dejado la salud en esas simas que son las minas, ante las apreturas de las cuentas el peón se encuentra cargado con nuevas deudas que van a acrecentar el *soccorso morto*. De aquí el desconsuelo, la postración, el trabajo forzado, en una palabra: la infeliz situación económica del peón.

A fines de siglo, la edad de los peones en las minas de la provincia de Agrigento variaba, de media, entre los diez y veinte años, pero no era raro, en muy «infelices situaciones económicas, higiénicas y morales», hallarlos aun menores: en pueblos como Palma Montechiaro, Aragona y Casteltermini, los niños eran utilizados a partir de los siete años; en Cianciana, incluso desde los seis. Por otra parte, dadas las casi infranqueables dificultades para realizar el rescate del *soccorso morto*, con frecuencia se daba el caso de peones que habían sobrepasado la cincuentena. En otras palabras, aquellos pocos que conseguían llegar a adultos permanecían en la esclavitud hasta la vejez.

Del latifundio a la azufrera, la Sicilia profunda no constituía precisamente un sistema de vida, sino un área de disgregación social en la cual, si uno era pobre, debía resignarse a conquistar una precaria supervivencia diaria. Por los efectos difusos, de arriba abajo, de la opresión ejercitada por la compleja máquina de los poderes sociales (en la escala jerárquica de los grandes a los pequeños privilegios), a menudo la sistemática explotación de la que eran directamente responsables y beneficiarios los señores y su séquito de siervos-amos convivía con la autoexplotación de los pobres y con sus elementales conflictos. En general, la obediencia y la resignación eran consideradas virtudes civiles.

La nueva y prodigiosa cultura de la liberación elaborada por los fascios de trabajadores sobrevivía en las fatigas organizativas de las valerosas elites progresistas que en los primeros años del siglo XX intentaban encaminar el latifundio hacia una experiencia de civilización y de reformas con el lema del socialismo; pero debía enfrentarse con una difusa mentalidad popular que extraía sus orientaciones de proverbios como los que siguen, recogidos por el inspector de policía Giuseppe Alongi (1877), y repetidos por viejos y padres de familia como letanías de sabiduría: «Mundo ha sido y mundo será»; «La horca es para el pobre, la justicia es para el tonto»; «No dejes lo poco por lo mucho»; «Si no eres rey no hagas leyes nuevas, deja el mundo como lo encuentres»; «Quien llora no muere»; «Doblégate, junco, que pasa la corriente»; «Es mejor ser ladrones que chivatos»; «Mandar es mejor que follar»; «Trabaja con honor y sirve al patrón.»

La violencia pacífica y las matanzas proletarias

Hay una frase siciliana que resume una filosofía y define el estilo brutal del poder: «Comer carne, mandar carne y cabalgar carne.» Por carne se entiende la viva, la de quien debe someterse y obedecer, trátese de los pobres en general o de las mujeres. En todo caso, la obediencia compete a quien no es tan fuerte como para pretender que le respeten. Nada más adecuado que esta expresión para ilustrar el cinismo y la feroz voracidad de los señores y los parásitos de la sociedad del latifundio que a principios del siglo XX se había habituado a considerar a la policía, el ejército y las instituciones del Estado como fuerzas e instrumentos naturalmente destinados al particular y discrecional servicio de los titulares de ese «respeto». Esos señores, fuesen ilustres por nacimiento o hubiesen surgido de una afortunada especulación, eran representantes privilegiados de aquella sima de intereses y prerrogativas que gustaba de definirse como la Onorata Società. Todos ellos estaban convencidos de que eran titulares de una especie de soberanía originaria dotada de valores jurídicos sustanciales por estar fundada sobre los derechos históricos de los usos y costumbres. No es casual que —recordémoslo de pasada— un estudioso siciliano formado en aquella época, Santi Romano, uno de los mayores juristas del siglo XX, de una cercana observación del fenómeno extrajera elementos de juicio fundamentales para definir lo que debe entenderse por ordenamiento jurídico y poner a punto su «teoría institucionalista» del derecho público.

Si algún funcionario público hubiera demostrado alguna vez que no estaba en condiciones —por ingenuidad, por sensibilidad humanitaria o, peor aun, por un riguroso sentido moral de su cargo— de atenerse a las férreas reglas del sistema, el diputado «amigo» de la circunscripción se habría ocupado de quitarlo de en medio con la incruenta violencia de sus artes de politicastro.

En el renovado ejercicio de antiguas habilidades bizantinas el giolittismo estaba instituyendo la costumbre de una generación de notables —casi siempre inducidos por las obligaciones de los tráficos electoralistas para la conquista de los escaños a una tolerante complicidad con los jefes-clientes mafiosos— que definiría durante todo el siglo los modelos de la clase política siciliana. Desde los primeros tiempos resultó de ello una lóbrega idea de las ventajas y los honores que aseguraban los cargos asumidos en la administración de la cosa pública: al ser entendida ésta sólo como el campo de máxima expansión de los intereses y los apetitos particulares, la práctica de la política coincidía con dos actividades de mediación convergentes, una entre el Gobierno (más precisamente entre los ministerios romanos) y la circunscripción, y la otra, mucho más vulgar, entre el mercado de los requerimientos y las necesidades de los clientes.

Entretanto, en la relación entre Sicilia y el Estado estaba desarrollándose una dinámica de instrumentalización recíproca que ofrecía a la Sicilia política una autonomía de poderes y funciones locales remunerados con el apoyo asegurado al Gobierno en el parlamento nacional, mientras que permitía que el Estado conservara la imagen de una soberanía formal que, de hecho, resultaba mucho más que debilitada.

Por lo tanto, el transformismo, del que el giolittismo constituía la gran expresión nacional, era en Sicilia la perfecta versión política de la adaptación de las costumbres locales a la práctica por medio de un paradójico uso mafioso de la legalidad. Esta nueva costumbre, muy distinta de aquella de los tiempos de la «oposición mafiosa», hacía superfluo, y potencialmente dañino, cualquier empeño directo del Estado en tareas de control y represión.

Oficialmente el Estado se mantenía por encima de las partes como un observador y guía neutral, pero sus funcionarios sabían perfectamente cómo comportarse cuando la inquietud popular gestionada por los socialistas volvía a manifestarse con peligros, verdaderos o presuntos, para la fisiología del sistema. Los problemas relativos al orden público en general se afrontaban y resolvían de forma instintiva, con cuidado de herir lo menos posible las sensibilidades autóctonas. Cuando era preciso la fuerza pública entraba en acción sin esperar órdenes desde arriba, y con más interés en prevenir que en reprimir. Así pues, la misma violencia del poder aparecía como pacífica, similar a las advertencias «paternales» de los padrinos mafiosos. En suma, se trataba de violencia, sí, pero vocacionalmente amistosa, y tolerante hasta lo imposible.

A diferencia de lo ocurrido en los años crispinos ya no serían necesarios métodos y medios propios de un estado de sitio. Por lo general, un mecanismo nacional-local de control social tan bien engrasado funcionaba a la perfección (y veremos de qué modo contribuyó a mermar y a corromper el mismo empeño de los adversarios). Si alguna vez se bloqueaba, solía deberse a una excesiva presión popular o a la inoportuna iniciativa de algún militar o policía de bajo nivel, con el efecto casi inmediato de una matanza proletaria de la que el Gobierno, pasada la tormenta, encontraba el modo de exculparse, atribuyendo las responsabilidades ora a algún subversivo infiltrado entre los manifestantes, ora a algún carabinero demasiado vehemente. Así se salvaban, a la vez, el derecho de huelga de los trabajadores, el deber de la tutela del orden por parte del Estado y el interés de clase de los propietarios y los aparceros mafiosos en la represión.

La reconstrucción, en las crónicas de entonces, de las dos principales matanzas proletarias de este período sirve, mejor que cualquier complejo análisis histórico, para poner en evidencia cuánto, al fin y al cabo, aquella violencia «pacífica y casual» del Estado era en realidad funcional y orgánica a las instancias fundamentales de la sociedad mafiosa. Veamos a continuación la de Castelluzzo (un pueblecito de la zona de Trapani, debajo de Erice), del 13 de septiembre de 1904, que estuvo en el origen de la proclamación de la primera huelga general en Italia.

He aquí, brevemente, las principales secuencias de la acción: muchos campesinos se aglomeran en la calle en torno a Nicola Raiti, presidente de una cooperativa socialista, que aspira a conquistar un latifundio pasando por encima de la intermediación de los aparceros; de pronto, una patrulla de carabineros, alarmada por la suerte del orden, se presenta encabezada por el brigadier Carlo Riffaldi al grito de: «En nombre de la ley, estáis todos arrestados»; se producen escenas de pánico, Raiti pide explicaciones y el tozudo brigadier insiste: «¡Arrestadlos!» Los campesinos huyen y los carabineros disparan; un joven bracero desarma al brigadier, lo que constituye resistencia a la fuerza pública; algunos campesinos intervienen en el intento de impedir que lo arresten; el brigadier se enfrenta a ellos a sablazos y los obliga a huir. Los demás miembros de la patrulla disparan; el brigadier quiere prender fuego a la sede de la cooperativa; acuden las mujeres y una de ellas resulta herida en un pecho. Por fin, los carabineros arrestan a Raiti, suspenden la acción y se alejan; el balance de la refriega es de dos muertos y ocho heridos. El brigadier, luego sometido a investigación y juzgado por el tribunal de Trapani, sería absuelto un año después, por «haber actuado en legítima defensa» (Marino, 1998).

Otra matanza, aún más grave por el número de víctimas, sucedió el

15 de agosto de 1905 en Grammichele, en la provincia de Catania, con ocasión de una manifestación socialista para la colocación de la bandera de la Cámara del Trabajo. El orador oficial ya había concluido su discurso cuando un valeroso bracero tomó la palabra y dijo, obviamente en dialecto siciliano: «Quiero hacer una proclama: bajo esta bandera debemos estar unidos para vencer a nuestros enemigos asesinos, es decir, los señores y los caballeros que nos matan de hambre. Son ellos los que no nos dejan trabajar y nos impiden llevar al campo nuestros asnos para no dañar sus viñedos y sus jardines y hacernos morir obligándonos a cargar sobre las espaldas los arneses de trabajo y las alforjas. Todos serán nuestros enemigos y nosotros, unidos, ¡debemos derrotarlos!» El delegado del Partido Socialista lo intimidó para que callase. La multitud comenzó a agitarse. Alguien gritó: «¡Queremos libertad de expresión!» El teniente de carabineros, un tal Tito Testa, temiendo lo peor porque la multitud se estaba dirigiendo alborotada hacia el ayuntamiento, ordenó abrir fuego: dieciocho muertos y doscientos heridos quedaron sobre el terreno (*ibid.*).

LA MAFIA EN LOS AYUNTAMIENTOS

Así organizado, el sistema del latifundio colocaba puntualmente, por medio de las elecciones, al personal político de su jerarquía además de en el Parlamento romano, al cual accedían los grandes notables, en las distintas administraciones municipales naturalmente confiadas a los vigilantes de los gentileshombres locales (que eran, justamente, los caballeros de los que hablaba el bracero de Grammichele y los barones, los aparceros, los usureros, los notarios y los más diversos profesionales liberales), casi siempre asociados, en los pueblos, en los llamados «círculos de los nobles». Dichos círculos, junto con la sala del Concejo Municipal, constituían, si se quiere, la plaza o la escena pública en la que aparecían con autorizada apariencia civil los protagonistas de actividades reservadas, desarrolladas y resueltas preliminarmente en las bandas o en las logias.

Semejante marco social cubría de distinta manera toda la isla, aunque tenía sus más orgánicas expresiones en las tres grandes provincias mafiosas de la parte centrooccidental. Es una correcta representación de común uso historiográfico aquella de una llamada «Sicilia del interior» en la cual, durante todo el período giolittiano, la mafia habría disfrutado ampliamente de una legitimación informal, convirtiéndose en algo similar a una verdadera institución social por efecto de la política perseguida por un Estado nacional sensibles sobre todos a los requerimientos y los intereses de los notables y los «boyardos» locales.

Sin embargo, nadie ha explicado todavía de manera exhaustiva el mecanismo de esta institucionalización. En general se ha insistido en el papel desarrollado por las bandas mafiosas como entidades capaces de controlar los votos en período electoral y de dirigirlos hacia los candidatos «amigos de los amigos» (casi siempre progubernamentales), obteniendo a cambio plena libertad para oprimir y emprender negocios y una amplia impunidad para sus actividades delictivas. Ésta es sin duda una visión correcta de las cosas sicilianas de entonces, pero es una visión parcial.

La parcialidad consiste en el hecho de no evidenciar lo bastante que ya en época giolittiana la relación entre la mafia y el Estado estaba superando con mucho los términos de la tradicional «negociación» entre las dos partes, según el esquema que había funcionado en las décadas precedentes. En verdad, ahora, más que «negociar» con la mafia, el Estado era prácticamente inexistente: había abdicado de sus funciones renunciando al control del territorio.

Por lo tanto, la institucionalización de la mafia era sobre todo el efecto de la abdicación de la estatalidad y de la entrega de la Sicilia profunda al indiscutible dominio de sus fuerzas privilegiadas. Se trataba, en la práctica, de una institucionalización pasiva. La mafia, a su vez, se había extendido y arraigado mucho más allá de la dimensión de las relaciones entre sus sombrías bandas y estaba ocupando todo el sistema social, asumiendo también un control casi absoluto sobre la política, ejercido a dos niveles: uno, nacional, sobre el cual actuaba directamente a través de los diputados elegidos para el Parlamento con el concurso determinante de sus votos (que eran todos o casi todos progubernamentales); otro, local, cuyo dominio era asegurado por los notables (a menudo parientes directos de los aparceros o aparceros ellos mismos) que ocupaban los principales cargos administrativos en los ayuntamientos o influían de manera determinante en ellos. De los dos, este último era decisivo porque, impregnando la vida y las actividades públicas, garantizaba la unidad orgánica entre el poder económico sobre las tierras y el poder político en los pueblos y, por consiguiente, aseguraba el control pleno y exclusivo del territorio.

La vida administrativa municipal era la sede y la encrucijada obligada de numerosos y relevantes intereses, de la gestión fiscal al nombramiento de los aparceros de las tierras de propiedad municipal, de la creación y asignación de puestos de trabajo en los despachos a las decisiones relacionadas con los trabajos públicos y las correspondientes contratas, de la organización de las escuelas y de las instituciones sanitarias a la asistencia a los indigentes y los trámites de distinto tipo para el otorgamiento de una miríada de concesiones, favores y privilegios pequeños y grandes. Pero más importante que todas las particulares ventajas que el poder municipal podía asegurar era el prestigio que el alcalde, los administradores y los distintos concejales obtenían del hecho mismo de gestionarlo.

Aunque con funciones necesariamente distintas, un único hilo ataba a notables y aparceros, a administradores y «políticos», es decir, a esas «personalidades de respeto» capaces de entretejer relaciones de clientela que guiaban, a menudo registrándolas a sus propios nombres, las facciones de poder local que se llamaban «partidos». La mafia, al ser —como antes se ha destacado— poder político e institución social totalizadora, en la práctica coincidía con el conjunto de ese omnívoro sistema, público y privado al mismo tiempo, del cual dependían las actividades cotidianas y el destino mismo de una masa de súbditos para los cuales habría resultado eufemística la definición oficial de «ciudadanos».

El sistema mafioso tenía una dialéctica interna que, siempre con el más riguroso respeto por las reglas y los códigos consuetudinarios, avivaba frecuentes y complicados conflictos de interés, para cuya resolución era decisivo el papel, ora de mediación, ora de mando, de los padrinos de las bandas y de sus diputados. Lo que en ningún caso el sistema mafioso hubiera podido nunca tolerar habría sido una eventual y bien determinada oposición desde el exterior y, aún menos, como es obvio, los atentados a su hegemonía política y social.

En semejante contexto, la ilegalidad era la norma y la legalidad la excepción, si bien, como de costumbre, la mejor manera de eludir las leyes consistía, justamente, en hacer un uso capcioso e interesado de ellas en desmedro de los adversarios de turno. Las autoridades estatales eran casi inexistentes o se limitaban a ejercitar una vigilancia formal que sólo manifestaba cierta eficacia cuando era necesario bloquear, en su nacimiento mismo, eventuales disidencias en perjuicio de las clientelas políticas más cercanas a las prefecturas y a los diputados progubernamentales. Cuando por un motivo u otro eran llamadas a ejercitar sus funciones de inspección institucionales, casi siempre su tarea se resolvía en un trabajo de intercesión entre los intereses de los clanes más fuertes, que de forma inevitable acababa secundando las pretensiones de aquellos que, por su propia fuerza, ya eran los vencedores.

A veces las violaciones de las leyes resultaban tan flagrantes que los prefectos del reino no podían evitar intervenir las administraciones municipales. Sin embargo, semejantes decisiones a menudo dependían de las mismas exigencias procedentes de fuerzas e intereses consolidados o emergentes que no se consideraban bien representados por los notables en el poder. En tales casos, después de un breve período de intervención del Ayuntamiento, las elecciones para la renovación de la administración pública producían (a veces con un cambio de guardia entre las facciones dominantes) sólo algún arreglo parcial o el restablecimiento de una normalidad formal e hipócrita, confirmando la esencia de la irregular situación precedente.

Al respecto, la documentación presente en los archivos, sólo para el área, muy típica, de la provincia de Palermo, es impresionante. Para nuestros fines, basta aquí con exponer un muestrario esencial, extrayendo de los papeles del Archivo Central del Estado (ACE) apenas una parte de las numerosas informaciones significativas.

En general, a quien estaba entre los jefes o era «amigo de los amigos» se lo eximía de la obligación de pagar impuestos. La formación y consolidación de las clientelas de los notables solían realizarse a cargo del erario público. Por ejemplo, en Balestrate, un pueblo de la costa palermitana, «los empleados municipales no habían tenido que pagar el impuesto sobre la renta» y tampoco «la contribución por su inscripción en la Caja de Previsión»: todo ello en el contexto de una increíble confusión y de manifiesta corrupción: «Dos tercios de los mandatos [municipales] eran a nombre del ex secretario, para pagos a terceras personas, sin estar acompañados de los recibos de los legítimos acreedores». El balance municipal había sido, de hecho, abolido, así que «la falta de cuentas» hacía imposible conocer «la exacta situación financiera del Ayuntamiento» (ACE, Ayuntamientos, carp. 425).

En una línea análoga, en Montelepre los jefes de barrio locales habían vuelto a poner de moda la tradición borbónica de no fastidiar a los súbditos con solicitudes de dinero, aun a costa de cerrarse toda posibilidad de gasto, abandonando al pueblo a su degradación. En efecto, escribía el comisario real extraordinario Ernesto Perez: «Ninguna administración pensó nunca en afrontar el problema de un ordenamiento de las finanzas municipales» y las últimas administraciones incluso «estudiaron todas las maneras de reducir los impuestos para conquistar una malentendida popularidad en detrimento de unos servicios públicos suprimidos casi por completo».

Con los mismos fines y criterios, en Monreale, algo más arriba de Palermo, «el servicio de cobro de los créditos» había sido abandonado para no turbar el sueño de los deudores, la mayoría de los cuales eran los mismos «componentes del cesado Concejo». La denuncia, redactada esta vez por el prefecto de Palermo, seguía evidenciando un sistema integral de corrupción que abarcaba todo el pueblo: «[...] del arancel sobre el consumo obligatorio en economía no se obtiene ni siquiera la suma prevista en el presupuesto, en tanto que la mayor parte de los pagos son hechos a precio de favor, en especial para los comerciantes adheridos al partido de la mayoría; muy poco se obtiene del relevante patrimonio del Ayuntamiento porque éste está poco cuidado, es más, abandonado por falta de inventario; la evaluación de los impuestos locales, en especial para aquellos relacionados con el ganado, está siempre por debajo de las previsiones, porque se hace con criterios parciales» (ACE, Ayuntamientos, carp. 728).

La cuestión de los aranceles sobre el consumo, como en casi todos los ayuntamientos, estaba en el centro de las irregularidades de Misilmeri, donde entre otras cosas se hacían tan evidentes los estigmas de la mala vida en los empleados y en la misma policía urbana que no consiguió escapar a una amonestación gubernativa, bien que superficial. Misilmeri era una de las principales bases de la clientela política del diputado Salvatore Avellone, digno homónimo de aquel Gian Battista Avellone conocido como autor de un libro apologético sobre el espíritu mafioso de los sicilianos (1911).

«La nota dominante» de una situación sólo eufemísticamente definible como irregular estaba constituida —se lee en el fallo de la sentencia del Consejo de Estado que disolvió la administración municipal— «por el favor concedido a personas allegadas o fieles a los componentes de la administración misma». El estado de cosas que revelaba una encuesta de la Prefectura no dejaba dudas sobre el hecho de que la Junta Municipal estaba integrada por un hatajo de mafiosos. «Las más relevantes irregularidades —continuaba el texto de la sentencia— se refieren a la gestión de los aranceles sobre el consumo, a los servicios de recaudación y tesorería y al de las medicinas, todos ejercitados de hecho por parientes o allegados de los administradores, para cuyos servicios fue destacada la falta de los correspondientes talonarios y de muchos otros documentos necesarios para justificar las entradas y salidas.» Naturalmente, nadie limpiaba las calles, a pesar de los gastos reservados para los barrenderos, y lo mismo ocurría con los servicios públicos y el cementerio. ¿Y qué decir de la guardia urbana? Estaba constituida «por veinticinco agentes, de hecho reducidos a nueve», ocho de los cuales se hallaban «sometidos a procedimiento penal por asociación de malhechores, uno expedientado por robo, dos detenidos por homicidio y cinco habían sido despedidos u obligados a dimitir» (ACE, Ayuntamientos, carp. 424).

De forma aún más evidente, la administración municipal de Marineo era casi oficialmente una banda mafiosa. El comisario real Giuseppe Rossi denunció el hecho, sin particular escándalo, dado que era algo habitual en la mayor parte, si no en todos, los municipios de la provincia: «[...] una red de intereses ocultos abarca a todo el grupo administrativo, dedicado en exclusiva a la satisfacción de intereses personales. La administración pública era palestra de competiciones apasionadas dirigidas exclusivamente a asaetear a los adversarios o a favorecer a conventículos amigos. Las disposiciones legislativas eran arteramente desatendidas y también esto con fines o beneficios de índole personal» (ACE, Ayuntamientos, carp. 728).

No era distinta la situación que se registraba en Caccamo, el pueblo del conocido politólogo Gaetano Mosca, donde «la administración municipal [...], surgida por efecto de la corrupción», lo había «violado todo, lo había descuidado todo», porque «la hacienda pública era administrada como si fuese privada», con perjuicios de incalculable alcance para un ayuntamiento que «habría podido ser uno de los más ricos y que, en cambio, se estaba encaminando hacia la quiebra».

A pocos kilómetros de distancia, en Ficarazzi, el edificio de la escuela elemental fue construido «en un extremo del pueblo [...] porque el terreno pertenecía al alcalde»; para la ejecución del proyecto «los trabajos fueron encargados a estrechos parientes del mismo».

En Piana degli Albanesi, el notable sin antagonistas e imperecedero alcalde sería durante varios años el capo Francesco Cuccia, ex carretero, convertido en caballero de la Corona de Italia. Con análogas características, Giuseppe Randone regía el destino de Santa Cristina Gela. Es superfluo describir la composición del poder local en Partinico.

Se podría elegir al azar cualquier ayuntamiento de la Sicilia profunda y se observaría, inevitablemente, una lista de mafiosos en la cúpula de la administración.

Allí donde, por efecto de excepcionales y no fácilmente repetibles circunstancias afortunadas, alguna combativa fuerza popular provista de proyectos modernizadores había logrado conquistar el ayuntamiento, debía enfrentarse al día siguiente con la dura reacción del ambiente de notables mafiosos: una reacción a veces llevada a cabo con instrumentos legales formalmente incuestionables, usando con habilidad y sin prejuicios todos los posibles expedientes del engaño, la difamación y el chanchullo, pero siempre dispuesta a recurrir, en casos extremos, al arma del crimen.

Los acontecimientos de Corleone —a los cuales dedicaremos más adelante una particular atención— representarían el trágico apogeo de dicha reacción mafiosa ante un ejemplar intento de buen gobierno ciudadano ensayado, con valor, por el principal dirigente del movimiento socialista de la zona, Bernardino Verro, uno de los más activos representantes del residual liderazgo popular de los fascios. Al respecto, sin embargo, es bastante ilustrador el caso de Castelbuono, descrito, con una objetividad de juicio insólita en los burócratas de entonces, por el comisario real Oreste Eller Vainicher: allí, en las Madonie, una administración municipal que parecía «hecha aposta para sostener de la mejor manera el destino del Ayuntamiento», muy pronto había evidenciado, no obstante, un único e imperdonable defecto: «Surgida por un estallido popular generoso y espontáneo, disgustaba a un puñado de personas que no dejó de intentar ningún medio [...] para verla destruida; se le creó un ambiente imposible con mil artes, mientras se embrollaban en las dificultades de un balance que era como una madeja imposible de desenredar». Y fue destruida (ACE, Ayuntamientos, carp. 727).

Así se desarrollaba normalmente la denominada «lucha política» en la Sicilia profunda giolittiana: antes aún que de una competencia por los cargos de la administración municipal, se trataba de un juego crónico de pequeñas astucias entrecruzadas, de conflictos ásperos y, más a menudo, de forzosas transacciones, con el cual las familias más importantes medían sus fuerzas según un concepto privado por completo de la cosa pública.

Aunque formalmente titulares del derecho de voto libre y secreto, los súbditos-electores debían resignarse a no ejercitarlo porque las elecciones se desarrollaban según los procedimientos analizados por Gaetano Salvemini en sus famosas encuestas sobre la formación de las camarillas políticas progubernamentales en Castelvetrano, Licata, Campobello di Mazara y Palma Montechiaro, los cuales correspondían poco más o menos, a los que eran usuales, para dar otro ejemplo, en Prizzi, descritos por un honesto pero impotente comisario de policía que intentó encausar al jefe de la mafia local, un tal Pietro D'Angelo, un gran aparcero que no por casualidad era también el alcalde del pueblo:

> En las elecciones, y precisamente cuando comienza la votación, él se pone cerca de la puerta de la sala donde ésta tiene lugar y a cada elector que pasa para ir a votar lo llama y, con ademán mafioso, le entrega la papeleta, imponiéndole que la deposite en la urna. El elector no tiene el valor de rebelarse y obedece (AEP, Gabinete de Prefectura, carp. 285).

Dada una situación que, para los débiles y sobre todo para los honestos, era la del infierno sobre el cual se ha detenido recientemente Giorgio Bocca (1992), no debe asombrarnos la desconfianza generalizada de los ciudadanos honestos hacia el Estado, equivalente al descrédito en que había caído el desastroso, y provechoso, Gobierno giolittiano. «Las personas honestas y débiles —destacaba un desconsolado delegado de policía en Prizzi— sea por el innato y malentendido sentimiento de *omertà*, sea por el terror que sufrían, se refugiaban bajo la protección del partido imperante de la mafia que, por eso, por los tristes precedentes, las represalias y los delitos que cometía, se hacía cada vez más fuerte e invulnerable.» La mayor parte de la población se había familiarizado, por así decir, con la sombría realidad a la cual la condenaba un inextricable enredo de poderes violentos, mala vida sistemática y degradación social.

Casi todos aquellos pueblos y aldeas eran sucios y malolientes a causa de las exhalaciones de las alcantarillas a cielo abierto y por el estiércol condensado en capas sobre las calles, lo que resultaba particularmente infernal en los largos y calurosos veranos con sus nubes de moscas y de mosquitos, por no mencionar los sutiles venenos culturales esparcidos por doquier por arraigados sometimientos colectivos al prejuicio y el sentido común. Allí era habitual preguntarse cada mañana: «¿Quién ha muerto asesinado esta noche?» También podía darse el caso, como ocurrió en Cianciana, donde un oscuro «muchacho», Leonardo Marino, alcanzado en un brazo por un disparo de *lupara*, debiera perder la vida porque el médico municipal, afiliado a una banda mafiosa rival, se había esforzado por hacer degenerar una herida leve en una gangrena mortal.

CAPÍTULO SEIS

Expansión en América
y conflictos en Sicilia

LA MAFIA ECHA RAÍCES MÁS ALLÁ DEL ATLÁNTICO

Los ejemplos sobre los que se ha empeñado, incluso en exceso, la paciencia de los lectores, pertenecen a una microhistoria del fenómeno mafioso cuya macrohistoria se desarrollaba en Palermo y en las altas esferas que, mediante el giolittismo, conectaban los intereses de los notables y los «gentileshombres» sicilianos con la gran política nacional. En una dimensión todavía mayor, aunque diferente por su calidad, motivaciones, proyectos, prácticas, intereses y esquemas operativos, esta historia estaba empezando en las lejanas Américas.

En particular, las vicisitudes del fenómeno mafioso en Estados Unidos merecerían una atención específica que aquí nos limitamos a plantear, manteniéndola deliberadamente en los márgenes de nuestro itinerario de análisis, porque —tememos— nos induciría a error, llevándonos hacia un campo en el cual la mafia, aunque sin perder del todo el contacto con ciertos postulados culturales y mentales de la originaria tradición siciliana, evidenciaría desde el principio la tendencia a resolverse en un puro y simple fenómeno de criminalidad organizada. Esta tendencia sería el inevitable efecto de las diferentes condiciones ambientales de ultramar, donde las estructuras históricas del poder y de la sociedad civil estaban inconmensurablemente alejadas de aquellas propias e irrepetibles de Sicilia; si bien, como se sabe, los mafiosos más destacados nunca perderían el hábito de considerar la relación con la política como parte integrante del negocio y de las actividades criminales, que era herencia de sus orígenes sicilianos. De todos modos, al contrario de cuanto había ocurrido en Sicilia, la mafia en Estados Unidos no era, desde luego, un producto de las clases sociales dominantes, sino —como ha conseguido representar con eficacia Mario Puzo en su novela *El padrino*— más bien, en sus comienzos, el más llamativo y organizado efecto de la violenta y cínica reacción expresada por una particular comunidad étnica de marginados contra el sistema de una sociedad también cínica y violenta, como era, precisamente, la norteamericana.

Existen pocas dudas sobre el hecho de que la mafia transmigró de Sicilia a América en los mismos barcos de vapor, abarrotados hasta lo inverosímil (como las herrumbrosas naves que recientemente se han visto venir de Albania), que transportaban a los emigrantes sicilianos. Luego, dispersos por los *States*, se aglutinarían en los guetos (el neoyorquino de Brooklyn, o *Bruccolino*, sería el más famoso) de una miserable y genérica «italianidad» formada espontáneamente también por una común exigencia de afrontar la desventaja de no hablar inglés. La historia de este proceso de asentamiento, en gran parte italomeridional, es larga y compleja: comenzada en la segunda mitad del siglo XIX, llegaría a su fase adulta, con efectos de estable y a veces llamativo éxito, entre los años veinte y treinta del siglo XX, en los años locos del prohibicionismo y de la Chicago dominada por Al Capone y los distintos gánsteres con los trajes a rayas y el *borsalino*, el típico sombrero de fieltro.

El hecho de ponerla en evidencia en este punto de nuestra reconstrucción depende de la exigencia de identificar de manera correcta su fase fundamental, esa que para Italia era la próspera época giolittiana, en la cual se registró una excepcional aceleración (la más relevante del siglo) del movimiento emigratorio siciliano, con una intensa dinámica no sólo de fugas de la isla, sino también de repatriaciones, que por sí misma puso de relieve los efectos dramáticos (de desestabilización violenta, de afanosas búsquedas de condiciones elementales para la supervivencia y de final marginación de grandes regiones del país) de una rápida modernización que creó y estabilizó en el Norte el «triángulo industrial», determinando una ruptura definitiva con el Sur y definiendo así, con características destinadas a convertirse en permanentes, el modelo dualista del desarrollo italiano.

Al respecto, los datos del *Annuario statistico dell'emigrazione italiana* [Anuario estadístico de la emigración italiana], con toda probabilidad imprecisos, son de todos modos ilustrativos: entre el año 1900 y el año 1913, 1.092.527 sicilianos dejaron la isla por las Américas, con puntas muy llamativas (más del doble de la media anual de unos 50.000 emigrantes) en los años 1905 (106.208), 1906 (127.603) y 1913 (nada menos que 146.061), en el clima de candentes decepciones después de las ilusiones despertadas por la demagogia populista del nacionalismo con la guerra de Libia. La cifra general es muy relevante: corresponde a poco menos de un cuarto de toda la población siciliana. La gran mayoría (797.191) afluyó a Estados Unidos. Allí, los emigrados encontraron «colonias» establecidas en las décadas precedentes y, en particular, las formadas a partir de los años setenta, que se vieron incrementadas con las oleadas emigratorias posteriores a 1880 como efecto de los graves malestares sociales provocados, sobre todo en el campo, por la gran depresión y, luego, con la dura represión del movimiento de los fascios.

Se trataba de las comunidades siculoamericanas que tiempo atrás habían acogido triunfalmente —como se ha recordado antes— al diputado mafioso Raffaele Palizzolo, tras el proceso Notarbartolo, comunidades que habían conocido, con todo el peso de las dificultades que debían superar cotidianamente en un ambiente hostil, verdaderos momentos de tragedia, como la matanza de 1890 en Nueva Orleans (de la que hablaría el presidente Harrison, el 9 de mayo, en su mensaje anual al Congreso de Estados Unidos), fruto de una reacción xenófoba popular ante una decisión judicial que había nacido de un turbio conflicto de intereses entre dos grupos de sicilianos (los Matranga y los Provenzano) que se disputaban el control del puerto de la ciudad con misteriosas complicidades de la policía. Una furiosa multitud de más de mil personas sacó de la cárcel en la que se encontraban recluidos a once italianos elegidos al azar y los asesinó salvajemente. Semejante acto de justicia sumaria suponía una respuesta a la sentencia del tribunal que había absuelto (a tres por insuficiencia de pruebas y a los demás por no haber cometido el delito) a seis miembros del clan Matranga acusados de asesinar a Hennessey, el jefe de policía de la ciudad (Falzone, 1973).

Ya en esa ocasión la emigración siciliana, más allá de cuanto ponía de relieve la exposición al odio masivo de los nativos, había puesto en evidencia los aspectos más sórdidos de su lucha por la incorporación a la sociedad americana, con la emergencia de sus ilegales actividades portuarias y su capacidad para involucrar en una red de corrupción también a los americanos. La opinión pública había sido informada del eficaz empeño defensivo asumido en favor de los imputados por una organización mafiosa que había conseguido reunir nada menos que 75.000 dólares para pagar los honorarios de los abogados y sobornar a una parte de los jueces.

La aparición pública de la mafia había puesto en evidencia —junto con ciertas características estratégicas que se convertirían en permanentes (la organización en clanes dirigidos por padrinos, la inclinación a recoger en una especie de fascio de los marginados a todos los emigrados italianos, una bien calculada iniciativa tendente a permear con prácticas corruptivas la sociedad del poder y el bienestar)— una fuerza y un arraigo social destinados a perfeccionarse en los años siguientes, y sobre todo en la primera década del nuevo siglo, un período en el cual sus numerosas «familias» y «hermandades» conseguirían que muchos de sus integrantes ascendieran en la escala de la riqueza y el prestigio.

El tráfico de la emigración clandestina (que explica, junto con el contrabando, el especial interés de la mafia por los puertos) fue, en la época giolittiana, uno de los principales canales de la expansión hacia América del reino mafioso siciliano. Este tráfico se intensificó en el contexto de los procesos iniciados por la crisis del sistema económico mundial, que a partir de Estados Unidos alcanzó su apogeo con el crac de la bolsa de Nueva York en octubre de 1907. Varios efectos recesivos de relevancia incidieron de forma negativa en el nivel de la ocupación. El crac de la bolsa —consecuencia de los desafortunados excesos especulativos de algunos colosos del sistema económico estadounidense (los grupos Heinze, Harriman, Kuhn Loeb, el National City Bank)— afectó sobre todo a las cajas de ahorro (las *trust companies*) y, por lo tanto, a multitud de pequeños ahorradores. Dadas las circunstancias, se había hecho casi imposible obtener un visado de entrada en regla para trabajar en Estados Unidos, mientras aquellos inmigrantes sicilianos establecidos en los años anteriores que no habían conseguido hacer fortuna sintieron fracasar sus esperanzas y resolvieron repatriarse. También se decidieron por el retorno a casa muchos de los más afortunados, que habían conseguido rebañar la suficiente cantidad de dólares para comprar una parcela en sus pueblos de origen. Así se creó un imponente ir y venir de barcos, desde y hacia América, que transportaban por el Atlántico a dos corrientes simétricas de repatriados y nuevos emigrantes.

Sicilia conoció el fenómeno de la reintegración de los «americanos» dispuestos a pagar precios fabulosos para asegurarse un trozo de buena tierra de labor; la mafia, desde ultramar, funcionaba como una «agencia» insustituible para la entrada y distribución en Estados Unidos de nuevas oleadas de pobres diablos decididos a intentar la aventura tras huir de una patria que se les estaba haciendo aún más amarga y avara que en el pasado: en la Italia septentrional la crisis sería superada mediante una innovadora reestructuración de la economía capitalista basada en una inédita concentración de recursos financieros en el sistema industrial, mientras que Sicilia —en absoluto beneficiada por el mito nacionalista de «Trípoli bella tierra de amor», que había seducido a los ingenuos con la promesa de tierras y oportunidades de trabajo en África— verificaría en poco tiempo, como veremos mejor a continuación, el definitivo fracaso de una penosa época de reformismo en el campo, el reforzamiento del poder de los aparceros, la supresión física de los principales jefes del movimiento campesino y el definitivo derrumbe de sus posibilidades de dar vida a un proceso de desarrollo estable.

De todos modos, sobre el hilo sutil que, de una orilla a otra del océano, ligaba la suerte de tantos sicilianos pobres o sólo aventureros a los *States*, las ocasiones que ofrecían, y no sólo para el negocio de la emigración, las transformaciones ocurridas entre 1907 y 1913 resultaron muy propicias para la mafia, tanto en la madre patria, su reino insular, como en sus lejanas colonias. Se puede afirmar que en el curso de esa excepcional fase de experiencia, la mafia salió de sus confines originarios por primera vez en su larga historia, encaminándose decididamente hacia un porvenir internacional. Todo esto, como es obvio, pagando el precio de dicha internacionalización en términos de cambios crecientes en sus características originales, e incluso en sus estilos de comportamiento, con efectos —pronto evidenciados por aquel gansterismo del que se revelaría excelente maestro en Chicago el no siciliano Al Capone— que con los años volverían a afluir, como veremos al tratar la segunda posguerra, de las colonias a la misma madre patria (Vecoli, 1983).

El itinerario de la transformación sería marcado por algunas «invenciones», fruto de las originarias condiciones ambientales que constreñían a la mafia americana a realizar sus «negocios» exclusivamente en las ciudades: alejada miles de kilómetros de los intereses de los barones del latifundio y de las actividades tradicionales de los aparceros sicilianos, la práctica fundamental de la especulación mafiosa —la intermediación parasitaria— sólo podía sobrevivir y desarrollarse en el interior de un mecanismo de formación de la riqueza coincidente con el mercado de la producción industrial y con su correlativo sistema de comercios y servicios. La misma aspiración más típica de la mafia —la adquisición de un poder social autónomo y vocacionalmente soberano respecto del Estado y sus leyes— sólo habría podido realizarse delimitando, en el enorme espacio de la sociedad urbana americana, un bloque de fuerzas alternativas y de intereses homogéneos (de algún modo unificados por un criterio de pertenencia étnica), un «reino» de los sicilianos dotado de una hegemonía potencial sobre todos los italianos, una *Little Italy* con sus tradiciones, sus fiestas y sus santos patronos (santa Rosalia, san Gennaro, santa Ágata), pero sobre todo con un orden protegido por autoridades reconocidas (los padrinos, los capos de las familias) y con una economía propia que desarrollar entre actividades legales (artesanía y comercio, restauración, transportes y servicios diversos) y mucho más lucrativas actividades ilegales (contrabando, prostitución, juegos de azar, etc.).

Obviamente, el marco aquí expuesto fuerza un poco la realidad de las cosas y no tiene en cuenta muchas variables y excepciones, como ocurre cada vez que se quiere construir un modelo interpretativo. De todos modos, no hay que olvidar que la mayoría de los emigrados sicilianos habría huido deliberadamente de la sujeción hegemónica de la *Little Italy* eligiendo el camino de una honesta integración con los mejores aspectos de la sociedad americana, contribuyendo así —también con la intercesión de importantes fuerzas modernas y progresistas— a definir el rostro noble y positivo de la emigración (la otra Sicilia en América). Asimismo, no debe subestimarse el sentimiento de esa auténtica y casi desesperada pasión por la defensa de una identidad cultural que veía amenazada su supervivencia y alimentaba también los peores aspectos de su realidad.

Considerada desde un punto de vista socioantropológico, la mafia en Estados Unidos sería en gran medida el efecto de una perversa relación instaurada entre las tradiciones parasitarias de un sicilianismo resistente y las nuevas oportunidades ofrecidas por una sociedad rica pero despiadada en sus métodos y sus valores, definidos fundamentalmente por los dólares de la cuenta bancaria. Dadas estas condiciones, no es casual que haya mantenido una relación no sólo sentimental con la lejana isla de los orígenes, de modo que los mafiosos de las familias americanas se convertirían en los naturales «primos» de los mafiosos sicilianos, con una reconocida autoridad de estas últimas, mantenida en los primeros años del siglo XX, en obediencia a los principios del «respeto» tradicionalmente adoptados para definir los grados de la jerarquía y el padrinazgo. Las mismas ceremonias de iniciación de los adeptos a la mafia —reveladas y descritas por Joe Valachi— serían en América similares en todo a aquellas que se practicaban en Sicilia (Kefauver, 1953).

El caso Petrosino

Plenamente acorde con el modelo interpretativo general sobre el que quizá nos hayamos entretenido demasiado, fue desde luego la primera de las invenciones específicas de la mafia americana: la estructuración de la especulación parasitaria en esa impropia y perversa «industria de la protección» que se perfeccionó en la primera década del siglo XX, junto con el negocio de la emigración clandestina y el contrabando, en la llamada «Mano Negra», una organización a la vez elemental y compleja, arraigada sobre todo en Nueva York y especializada, entre otras cosas, en imponer la «mordida», una especie de seguro forzoso, a los comerciantes y a los más diversos profesionales o titulares de actividades económicas.

Fue precisamente en el contexto de la lucha que la policía emprendió contra la Mano Negra que se desarrolló una primera confrontación entre las fuerzas que representaban el rostro benéfico y honesto de la emigración y aquellos que representaban el rostro maléfico y violento. La vicisitud —que sacaría a la luz la consistencia del intercambio mafioso entre Sicilia y Estados Unidos— comenzó con la iniciativa de Bingham, jefe de la policía de Nueva York, de crear una especie de fuerza especial secreta.

En efecto, se trataba de un cuerpo autónomo respecto de la misma policía oficial (de la que se sospechaba, con razón, que estaba infiltrada por la mafia), sostenido en su trabajo de investigación y represión por un Consejo de Ciudadanos constituido en representación de las numerosas víctimas de exacciones, extorsiones y chantajes, dispuestas a colaborar con la cobertura del anonimato para no arriesgar su vida. A financiar la operación contribuyeron directamente numerosos representantes de la comunidad italiana, incluidos no pocos siculoamericanos.

El mando de la fuerza especial fue confiado a un italiano, crecido en América y educado a la americana, que pocas décadas antes, aún muchacho, había compartido la aventura de sus padres emigrados de un pueblecito de la Campania (Padula): el teniente Joe Petrosino, un policía valeroso y hábil investigador, ya conocido por haber descubierto que la Mano Negra chantajeaba también al gran tenor Enrico Caruso, pero sobre todo hombre tenaz cuya honestidad era, como se dice, a prueba de bombas.

Para golpear a fondo la criminalidad mafiosa neoyorquina Petrosino necesitaba una información (en particular sobre los antecedentes penales y las actividades de las «amistades» de los inmigrantes integrados en la mala vida) que sólo la policía italiana habría podido proporcionarle. Pero intuyendo que ésta era reticente y quizás estuviese conchabada con miembros corruptos de la misma policía americana, decidió remontarse a la cabeza de la mafia y dirigirse personalmente a Palermo, en Italia, para indagar de cerca y en profundidad, más allá de las complicidades y los misterios, con enorme confianza en los notables medios financieros de que disponía y, sobre todo, en los recursos de su extraordinario oficio (Lupo, 1993).

Tras desembarcar en la capital siciliana a fines de febrero de 1909, se puso de inmediato manos a la obra, después de inscribirse con un nombre falso (Simone Guglielmo) en el registro de huéspedes del lujoso hotel De France, en la plaza Marina. Rechazó toda posible ayuda de las autoridades italianas; se mantuvo apartado de la policía, considerándola en colusión con la mafia. Utilizó los datos que poseía; extendió las indagaciones inspeccionando a fondo el ambiente, solo; increíblemente, en una tierra de impenetrable *omertà*, encontró informadores por la fuerza de persuasión de sus dólares distribuidos a manos llenas, sin escatimar; conoció a mafiosos de distinto rango, sobre todo «muchachos», pero también a capos importantes, quizás al capo mismo de la mafia, el inefable don Vito Cascio Ferro, un personaje inquietante, ex *fasciante* que había vivido durante algunos años, de 1901 a 1904, gozando de indiscutible prestigio, en Estados Unidos, entre Nueva York y Nueva Orleans (donde es fácil intuir qué relaciones y qué clase de negocios había cultivado).

De ese modo el generoso Petrosino entró, o creyó entrar, en el sanctasantórum de los misterios. Pero no le permitieron salir de él con su botín de informaciones, pues la tarde del 12 de marzo fue asesinado en la escalinata que conducía al hotel en que se hospedaba. El caso estalló inmediatamente después. La policía italiana hizo su parte. Las sospechas cayeron sobre Cascio Ferro, pero no se hizo nada porque el filogiolittiano y archimafioso diputado De Michele Ferrantelli se apresuró a protegerlo, declarando que a la hora del crimen se encontraba en su casa, a setenta kilómetros de Palermo (Falzone, 1974).

Desde luego, Joe Petrosino había demostrado que tenía las ideas claras, no tanto acerca de la mafia, sino, o casi exclusivamente, sobre sus aspectos criminales: poco más —aparte de alguna feliz pero problemática intuición sobre las conexiones transoceánicas y los vínculos entre mafiosos y hombres corruptos del poder político— habría podido asegurarle su «observatorio» americano. En Sicilia probablemente sólo había percibido que había entrado en el reducto de una realidad parecida a un Estado clandestino, con sus leyes, sus colonias y sus propias relaciones internacionales. Obviamente, nunca se sabrá qué descubrimientos se llevó a la tumba, si es que en realidad hizo alguno.

Es un hecho que después de su muerte la mafia seguiría desarrollándose en Estados Unidos asumiendo formas menos elementales que las de la Mano Negra, «americanizando» de la mejor manera posible la ininterrumpida lección de la madre patria siciliana. Por entonces, entre los muchachos más espabilados, procedentes de Lercara Friddi, un pueblo de la provincia de Palermo, se hallaba Lucky Luciano, que con el tiempo se revelaría capaz de inéditos sincretismos siculoamericanos y de las invenciones más temerarias y originales.

Conquistas y derrotas de la antimafia socialista

El reino mafioso de Sicilia, de cuya particular prosperidad en la década giolittiana era buena prueba su misma expansión transoceánica, no debe imaginarse, sin embargo, como una realidad compacta carente de fisuras, rupturas, progresos y experiencias alternativas. No existen estructuras totalitarias que no deban ajustar las cuentas con oposiciones tanto más decididas y dispuestas a la lucha cuanto más fuerte es su sistema de dominio.

Si bien es verdad que la mafia y la mafiosidad constituían la forma política y el carácter dominante de las clases dirigentes, ello no significa que toda la sociedad siciliana fuese mafiosa. Por supuesto, el área de los grandes y decisivos poderes, con sus complicidades y colusiones, seguía siendo alimentada desde abajo, es decir, por las capas populares y plebeyas de las que emergían las nuevas generaciones de la burguesía mafiosa con aquella fauna de notables, parásitos y hampones cuya mentalidad, costumbres y decisivas funciones sociales acabamos de exponer; pero que la mayor parte del pueblo estaba relacionado con la mafia sólo para sufrir sus presiones era un dato del que un número cada vez mayor de personas estaba tomando conciencia. No toda la experiencia de los fascios de trabajadores se había perdido. De alguna manera, durante algunos años había conseguido sobrevivir una herencia capaz de mantener vivos los intentos de renacimiento de la otra Sicilia. El mismo modelo demócrata y liberal giolittiano, si bien apenas superpuesto a un contexto siciliano del que se garantizaba el derecho a la diversidad, había favorecido algunos cambios, no todos negativos.

En conjunto, la mafia había constituido su reino, conquistando una oficiosa autonomía institucional de la que ya conocemos los mecanismos, sobre todo porque había logrado aprovechar a fondo la misma elección del Estado de mantenerse lo más ajeno posible a los oscuros enredos de la sociedad siciliana. Más que un verdadero mal gobierno —como se ha destacado— durante todo el período giolittiano Sicilia conoció un desgobierno.

Mientras que por un lado semejante situación permitió que la mafia fuera sobre todo «a la suya» con el menor fastidio por parte de las autoridades gubernativas (remuneradas con el constante y apreciado servicio de una representación en el Parlamento, normalmente con distinta intensidad filogiolittiana), por otro abrió —con el reconocimiento de los derechos de asociación y de huelga— nuevos espacios al renacimiento del movimiento popular contra la antimafia, en un enlace entre la iniciativa política de los socialistas del campo y la de los católicos, entre quienes destacaba, por su ingenio vivaz y su empeño organizativo, el joven sacerdote Luigi Sturzo, inspirador y guía, en su Caltagirone, de una estructura cooperativa de sagrada y profana denominación: la Pequeña Industria Agrícola San Isidoro.

El Partido Socialista, a su vez, había reanudado su difícil camino organizativo el 14 de noviembre de 1897, desde Piana dei Greci, recogiendo la apelación de Nicola Barbato. Se había relanzado en el campo, con características claramente sindicales y reformistas, el movimiento de las Ligas de Resistencia y de las Sociedades de Ayuda Mutua, casi todas orientadas a transformarse en más o menos informales secciones del Partido Socialista Italiano. El reformismo socialista había recuperado sus posiciones en las ciudades en torno a ex líderes de los fascios —Garibaldi Bosco en Palermo, De Felice Giuffrida en Catania—, experimentando, más allá de las antiguas pasiones revolucionarias, las nuevas tácticas de la confrontación pacífica y constructiva con la denominada burguesía productiva, utilizando el fundamental instrumento organizativo de las Cámaras del Trabajo.

Sin embargo, el centro de la acción socialista estaba y seguiría estando en el latifundio, esa área que el dirigente trapanés Sebastiano Cammareri Scurti definía como «la Sicilia siciliana». Allí, el problema fundamental era sostener las reivindicaciones salariales de los braceros, ayudando al mismo tiempo a la gran masa de campesinos pobres —multitud de colonos, o sea, de pequeños subarrendatarios y de *burgisi*— a liberarse de las intermediaciones parasitarias. Al final, el arma de la huelga agrícola (decisiva para las reivindicaciones salariales y para la mejora de los pactos agrarios) no era por sí sola suficiente. Dando por descontado que para mantenerse dentro de los límites de la legalidad debía tratarse en todo caso de una huelga económica y que, por lo tanto, no debía asumir las características de un atentado a los derechos de los terratenientes, su objetivo habría podido consistir sobre todo en una lucha contra el poder parasitario de los intermediarios, es decir, de los aparceros. En este sentido, la huelga habría asumido un papel fundamental, pero sólo si se encuadraba en una estrategia que necesitaba alguna fórmula organizativa original para obtener una relación pacífica y directa, sin intermediarios, entre los propietarios y los campesinos pobres. Dicha fórmula fue inventada por Bernardino Verro y por Cammareri Scurti, adaptando el modelo reformista de las cooperativas de trabajo a las exigencias específicas de la sociedad latifundista siciliana (Renda, 1972; Marino, 1998).

Así nació el contrato de arrendamiento colectivo, adoptado también por los católicos encabezados por el sacerdote Luigi Sturzo. Esta original fórmula organizativa —más allá de los diferentes fines ideológicos a que ambas partes la orientaban— se realizaba, en la práctica, con la intención de dar vida a una cooperativa de campesinos pobres que asumía colectivamente en arrendamiento una más o menos amplia porción de tierra, uno o varios latifundios, comprometiéndose a pagar el correspondiente cánon al propietario a fin de sustraerse a la intermediación parasitaria del aparcero. Un venerable anciano de Camporeale, el señor Vincenzo Liotta, a sus ciento cuatro años, recuerda así, con increíble lucidez, aquella fase organizativa de las clases populares, con referencia a su personal experiencia de militante del movimiento católico:

> Arrendamos el feudo de Mandrianuova, cuyo propietario era el príncipe de Camporeale. Dividimos el terreno en numerosos lotes de unas diez hectáreas cada uno. Para cada lote se nombró a un jefe; yo era uno de ellos. Posteriormente el lote se dividía entre nosotros, los campesinos, mediante sorteo. A cada uno se le asignaba según sus necesidades y el número de miembros de la familia. La cosecha de trigo se llevaba a los locales de la cooperativa, que se encontraban en el patio. Una parte de la cosecha iba al príncipe para pagar el arrendamiento, otra era depositada en un fondo común de la coo-

perativa y la parte más notable era dividida entre nosotros, los campesinos (Accardo, 1995).

A este ordenamiento de sociabilidad campesina basado en formas cooperativas de producción y trabajo, asociarían, sobre todo los católicos —según las líneas estratégicas de su movimiento nacional—, varias formas de cooperativas de crédito y consumo.

Así se desarrollaron, en la Sicilia profunda, dentro del área misma del infierno mafioso, unos articulados procesos asociativos (aparte de las tradicionales Ligas de Resistencia, los arrendamientos colectivos, las cajas rurales, los bancos populares, etc.) en algunas bien determinadas áreas en las cuales el movimiento campesino podía contar con la iniciativa y las capacidades de dirigentes locales dotados del necesario bagaje de preparación política y de motivación ideológica: el área interna de la provincia de Palermo en torno a Verro y a su discípulo y colaborador de Prizzi, Nicola Alongi; el área trapanesa-ericina donde sobresalían las personalidades de Cammareri Scurti y de Giacomo Montalto; la agrigentina en la cual se había afirmado la dirección carismática del maestro elemental socialista Lorenzo Panepinto y la otra, católica, de la Sicilia suroriental, ramificada por toda la isla, bajo el prestigioso y hábil liderazgo del sacerdote Luigi Sturzo.

No es éste el sitio oportuno para un análisis detallado de todo el proceso, de sus luchas generosas, de sus huelgas (entre las cuales las más importantes fueron las de 1901 y 1903), y de sus parciales y fatigosos éxitos, de sus contradicciones y fracturas internas; pero es conveniente destacar, a los fines de nuestro análisis, su carácter general, que consistía, objetivamente, en una acción global tendente a disgregar el frente mafioso (la alianza latifundistas-aparceros) de la sociedad latifundista. También es oportuno señalar sus límites insuperables, que dependían tanto de los efectos de un persistente aislamiento del mundo rural (la fractura ciudad/campo), que acababa resolviéndose en una desesperante soledad de los mismos dirigentes socialistas respecto de las centrales urbanas de su partido, como de las condiciones generales impuestas por la orientación legalista del reformismo. Más que de límites, se trataba de permanentes insuficiencias y de insidiosas exposiciones a prácticas de compromiso.

Ante todo piénsese en la estrechez del espacio en que podía realizarse la afirmación de los arrendamientos colectivos. Para los propietarios de los latifundios no había ninguna diferencia entre recibir el cánon de arrendamiento de una liga de campesinos o de un aparcero individual:

para ellos, a los fines de la reproducción de la renta, lo importante era que el cánon percibido fuera en todo caso el de mercado, y lo que determinaba el valor en éste de los arrendamientos era, por lo general, la negociación entre los propietarios y los aparceros, con un papel determinante de estos últimos allí donde —y era, en concreto, casi por todas partes— eran las bandas mafiosas las que definían los criterios de los pactos y dictaban las condiciones. Por lo tanto, para asegurarse la tierra de cultivo, también los campesinos organizados deberían pagar un cánon no inferior al establecido por la mafia, a menos que éste no se correspondiera con los intereses de la misma mafia, como ocurría en el caso de terrenos de escasa calidad que ningún aparcero habría estado interesado en adquirir.

De este modo, la mafia, al defender sus intereses, sostenía también los de los propietarios, porque aseguraba y protegía un orden inmodificable que, si era desbaratado, habría privado a los grandes terratenientes del control de sus latifundios, con la consecuencia de exponerlos a una escalada de reivindicaciones campesinas previsiblemente cada vez más radicales. Ahora es fácil comprender cómo y por qué, en semejante orden, siempre que un latifundio hubiera sido objeto de disputa entre una liga campesina y un aparcero mafioso, el conflicto de intereses —aparte de ocasionales excepciones— no podía por menos que darse por resuelto de partida. Un jefe de liga que se hubiera obstinado demasiado en sus requerimientos, primero habría sido abordado y aconsejado para que desistiera; luego, en caso de falta de arrepentimiento, sería amenazado y, por último, si era necesario, liquidado.

Si se prescinde de cuanto consiguieron realizar Verro y Panepinto en Corleone y en Santo Stefano di Quisquina respectivamente, corriendo enormes riesgos, los requerimientos de tierra por parte de las cooperativas eran tolerados, y a veces aceptados, sólo en la medida en que fuesen compatibles con las exigencias de autotutela del orden mafioso. De ello resultaba el hecho de la objetiva pertenencia y subordinación de los mismos arrendamientos colectivos al sistema de latifundio dominado por los aparceros. Lo anterior resultaba aún más evidente allí donde el movimiento campesino era dirigido por los católicos en competencia con los socialistas o por algunos genéricos representantes demócratas del tipo de Nunzio Nasi, Vincenzo Pipitone o un socialista sui géneris como Enrico La Loggia. En tales casos las cooperativas constituían la base de compactas clientelas electorales, pertenecientes, de manera directa o indirecta, al marco de las relaciones políticas de la mafia. Además, no se trataba de organizaciones inmunes a las infiltraciones del hampa, e incluso allí donde habían conseguido preservar su originaria pureza no se sustraían a los conflictos de intereses entre los socios. Para su buen funcionamiento, las capacidades organizativas y administrativas de sus dirigentes debían ser importantes, y, cuando funcionaban, se mantenían alejadas de modelos de moderno empeño empresarial. En definitiva, en el latifundio del trigo, y aparte de alguna esporádica mejora agronómica, aquéllas acababan limitándose a gestionar lo que había, asegurando una precaria supervivencia a los socios.

Otro límite para la acción del socialismo reformista concernía a la relación entre economía y política, y era en verdad un límite perentorio e insuperable. En efecto, la mafia podría haber dejado pasar, en los términos antes descritos, una cierta experimentación del reformismo agrario en el terreno meramente económico; pero nunca habría podido tolerar el eventual intento de los adversarios de ocupar posiciones políticas o administrativas de relieve en los pueblos de la sociedad del latifundio, y esto por las imprescindibles exigencias de una hegemonía global cuya suerte estaba ligada a la capacidad de los poderes mafiosos de mantener un control integral del territorio: el poder político debía seguir siendo patrimonio exclusivo de los «gentileshombres» y los notables. El poder político era, justamente, el límite que la antimafia nunca habría podido sobrepasar. Entre los pocos valientes que intentaron cruzarlo, comprometiéndose con éxito en las luchas políticas municipales, pagó con su vida Lorenzo Panepinto, asesinado en Santo Stefano el 16 de mayo de 1911. Y no es sorprendente que el mismo destino (del que ya habían sido víctimas en Corleone, en 1905 y 1906, los socialistas Luciano Nicoletti y Andrea Orlando) alcanzara pronto a la personalidad más manifiestamente política y prestigiosa del movimiento.

EL ASESINATO DE BERNARDINO VERRO

El caso que tuvo por protagonista al corleonés Bernardino Verro constituye, por sus precedentes, sus emocionantes aspectos heroicos y su trágico final, la mejor representación sintética de la antimafia del período giolittiano, manifestando al máximo sus posibilidades y sus limitaciones. Dada su particular importancia, parece oportuno reconstruirlo en su contexto municipal, siguiendo sus movimientos y detalles fundamentales.

Verro tenía a sus espaldas una larga carrera de dirigente socialista iniciada, como se recordará, entre luces y sombras, en tiempos de los fascios. Había conocido la cárcel y los rigores del Tribunal Militar crispino y había adquirido una notable experiencia internacional, como exiliado, en Túnez y Francia. Había llegado a estos países escapando de la persecución de las autoridades giolittianas, después del extraordinario éxito de la huelga campesina que, a la cabeza de su hermandad, había dirigido en 1901, logrando arrancar a los propietarios las importantes concesiones sancionadas por los denominados «nuevos pactos agrarios» de Corleone: el prefecto Cesare De Seta lo había denunciado como responsable de «una asociación dirigida a incitar a la desobediencia de las leyes y al odio entre las clases sociales»; y los mafiosos de la banda de los «frailucos» lo habían condenado a muerte (Renda, 1998).

La historia personal de Verro sería verdaderamente singular: la de un condenado a muerte no sólo capaz de retrasar durante más de una década la ejecución, sino también de realizar, en tan grave y permanente situación de peligro para su vida (le agradaba definirse como «un muerto de permiso»), unas excepcionales empresas políticas: de vuelta al pueblo tras su voluntario exilio en 1906, había abierto una Casa del Pueblo, y en ella había puesto a punto y concretado sus ideas sobre el arrendamiento colectivo de las tierras, fundando una cooperativa socialista, la Unión Agrícola Cooperativa, que en el curso de cuatro años conseguiría arrendar nueve feudos, nada menos que 2.500 hectáreas de tierra, divididas en 1.289 lotes para otros tantos campesinos, liberando así al menos a cinco mil personas de la obediencia a los aparceros. También tenía en su activo la experiencia de una afortunada cooperativa de consumo que había reunido a unos cinco mil socios. En cualquier caso, el hecho de que hubiera logrado seguir vivo y cumplir con su misión dependía de manera decisiva de la vastedad del consenso masivo y de la fuerza del prestigio personal que había conseguido obtener.

Pero Bernardino Verro no podría sobrevivir al intento de transformar sus éxitos en el plano de la promoción social en estables resultados políticos. Ese intento tuvo su momento crucial en 1907, en el contexto de la competición electoral para la renovación de la administración municipal. Las principales partes en liza eran tres: los llamados liberales, que constituían la representación de los intereses de propietarios y mafiosos organizados por las bandas; los socialistas, dirigidos por Verro, que contaban con una consistente base electoral, en gran medida coincidente con los socios del arrendamiento colectivo y sus allegados; y los católicos, por la fundamental iniciativa de un cura local dotado de vocación social, Raffaele Vinci, formado en el surco de la experiencia democratacristiana recientemente iniciada en Sicilia por el sacerdote Sturzo y otras personalidades de relieve como Ignazio Torregrossa, Vincenzo Mangano y Francesco Parlati.

El inteligente jefe campesino supo comprender, con excepcional intuición política, la importancia del inédito movimiento democratacristiano y trató de dar vida a una colaboración orgánica entre socialistas y católicos, a pesar de que estos últimos habían organizado una cooperativa propia, la San Leoluca, también ésta un arrendamiento colectivo, que el frente de los propietarios se ingeniaría para utilizar en función antisocialista. Sin embargo, a pesar de los riesgos de uso instrumental a la que estaba expuesta, también la cooperativa católica constituía, en lo inmediato, una no subestimable perturbación para los intereses de los aparceros mafiosos (Marino, 1997).

En semejante situación, la elección política de Verro fue una apuesta valerosa que apuntaba a los comunes intereses de clase de la base social de los socialistas y los católicos, y, por lo tanto, a la previsible unidad de acción del movimiento campesino, prescindiendo de las muy diversas inspiraciones ideológicas de los dirigentes. Si el proyecto de alianza se hubiera realizado habría determinado un gran salto cualitativo del movimiento, de la esfera de lo económico a la más compleja dimensión de lo político, con el efecto de una expulsión radical de los prohombres mafiosos (los liberales) de la administración del Ayuntamiento.

En una primera fase la apuesta pareció afortunada. La alianza entre socialistas y católicos se concretó en un pacto electoral informal para la gestión del Ayuntamiento en contra de los liberales y consiguió vencer en las elecciones, aunque por los pelos. El resultado inmediato fue una nueva Junta dirigida por el católico caballero Vinci, hermano de Raffaele, y sostenida por los socialistas, que entraron en el Concejo Municipal con su carismático jefe, que con toda razón pudo considerarse el verdadero ganador de las elecciones. Pero después de la bonanza llegaría la tormenta. Las bandas mafiosas, con una operación de deslegitimación de los resultados electorales, se recuperaron de la derrota: los liberales paralizaron la vida del Ayuntamiento, haciendo que faltara sistemáticamente el número legal en las sesiones del concejo. El alcalde, atemorizado por las advertencias y los chantajes transmitidos incluso desde el frente de la cooperativa católica hacia la cual se habían orientado los guiños de los latifundistas y los aparceros, dio señales de condescendencia hacia los adversarios que Verro no pudo dejar de interpretar como síntomas de una complicidad antisocialista. La alianza se rompió y el alcalde presentó la dimisión.

Naturalmente, la mafia se aprovechó de manera inmediata y a fondo de las consecuencias de la crisis con los habituales medios —la alarma por el desorden, la difusión de informaciones falsas, la denigración del adversario acusado de personales ambiciones de poder, el «sensato consejo», alternado con el insulto y la amenaza— a los cuales estaba acostumbrada con habilidosa pericia.

En el pueblo se potenció la campaña contra Verro, para aislarlo, cortando de forma definitiva los hilos de sus alianzas: explotando las preocupaciones de la parte más conservadora del clero local, fue señalado, contradictoriamente, como el peligroso subversivo por el cual algunos católicos ingenuos se habían dejado embaucar, al tiempo que como el verdadero responsable de la parálisis administrativa del Ayuntamiento, por haber obedecido a interesadas ambiciones partidarias al decidir la ruptura con el alcalde: «El principal motivo del rencor de Verro hacia el alcalde, el caballero Vinci —escribiría el prefecto de Palermo, admitiendo las informaciones que le habían llegado de los ambientes liberales—, hay que buscarlo en la constitución de la cooperativa agrícola San Leoluca, de la que es tesorero el sacerdote Raffaele Vinci, hermano del alcalde, y que, por las mayores facilidades dadas a los campesinos, ha quitado un gran número de socios a la cooperativa agrícola socialista, de la que Verro es director.»

El mismo prefecto, presionado tanto por los liberales como por los católicos, se decidió a proponer al ministro del Interior la disolución del Concejo Municipal de Corleone, con una sorprendente motivación que, al releerla, se revela muy interesante para comprender las complicidades del Estado con los potentados mafiosos locales, sobre todo porque trasluce una cínica premonición, casi una advertencia y una justificación, de la próxima ejecución de la condena a muerte que pesaba sobre la cabeza del dirigente socialista: «[...] propongo a S.E. la disolución del Concejo Municipal de Corleone, puesto que, si hasta ahora los adversarios de Verro han soportado sus violencias en los mítines públicos, es probable que recurran, a pesar de los llamamientos a la calma de las autoridades locales, a actos hostiles, respondiendo a la violencia con la violencia» (ACE, Ayuntamientos, carp. 728).

Esa violencia anticipada por el prefecto se evidenciaría puntualmente algunos meses después, el 6 de noviembre, día de las nuevas elecciones administrativas, con un atentado contra la vida de Verro, que fracasó por falta de puntería de los sicarios.

El dirigente socialista continuó impertérrito con su acción. Mantuvo firmemente las posiciones del movimiento y las reforzó asegurando nuevos éxitos a las actividades del arrendamiento colectivo y redactando un programa para una nueva y moderna gestión social del Ayuntamiento que recogió una creciente atención.

Evidentemente, aparte de la determinación en la lucha, debió aprovechar sus excepcionales recursos de oportunismo, de vigilancia y de astucia táctica para seguir salvando su vida. La mafia, aún más desorientada por el creciente prestigio del personaje, debió tomar nota de la conveniencia —a la cual era llamada por las autoridades gubernativas— de abstenerse de realizar actos radicales que habrían sido decididamente impopulares. Durante un tiempo prefirió dedicarse a la progresiva demolición de la imagen pública del adversario y utilizó a fondo ciertos errores administrativos y ciertas irregularidades contables de las que se hicieron responsables los dirigentes de la cooperativa socialista ante el Banco di Sicilia. Verro, injustamente acusado de haber emitido ilegalmente letras de cambio (¡se descubriría que su firma había sido falsificada!), fue calumniado y obligado a sufrir un nuevo período de detención.

Su tenacidad, sin embargo, dio sus frutos. Tras salir indemne y políticamente reforzado del escándalo (al cual, como es fácil intuir, no debieron de ser ajenos los elementos mafiosos infiltrados en su cooperativa), obtuvo al fin, el 28 de junio de 1914, un acto de pública justicia, concretado en su elección como alcalde del pueblo con 1.455 papeletas sobre 2.405 votantes. Fue un triunfo, pero trágico. La conquista del poder político y administrativo resultaría fatal para él.

En efecto, a los pocos meses de su elección, el alcalde de Corleone, emblema viviente de la utopía socialista y el jefe del movimiento campesino siciliano que había conseguido vencer sobre el terreno a los aparceros, por lo general protegido por improvisadas y quizá desleales escoltas armadas de compañeros ante la pesadilla permanente de la venganza de los «frailucos», fue finalmente cogido por sorpresa por dos asesinos mientras regresaba a su casa. Sacó su Browning, pero se encasquilló. Fue alcanzado y cayó de bruces sin vida; ya en el suelo, recibió otro disparo, en la sien.

La policía arrestó a trece personas, sospechosas de haber organizado el asesinato. En cierto sentido, algunos de los funcionarios y magistrados del Estado cumplieron escrupulosamente con su deber. La instrucción identificó con pruebas y argumentos sensatos las responsabilidades mafiosas. ¿Se permitiría que las normas oficiales del Estado de derecho se impusieran, por una vez, en una Italia empeñada en una guerra y próxima al drama de Caporetto, sobre las normas del reino de la mafia?

En el curso del proceso, en el otoño de 1917, un golpe de efecto, no precisamente imprevisible, si se piensa bien, echaría por tierra el trabajo de los investigadores: el procurador real, un tal Edmondo Wancolle, sostuvo que la vista había refutado la instrucción y que no tenía sentido continuar por «un camino que no conducía a la verdad». Los «frailucos» obtendrían así su éxito definitivo. A partir de ese momento nadie se atrevería en Corleone, ya no a acusarlos, sino a dar por seguro que eran criminales.

CAPÍTULO SIETE

De guerra en guerra, entre Sicilia y América

EL DRAMÁTICO OTOÑO DEL REINO MAFIOSO

Cuando Bernardino Verro fue asesinado, Italia, como acabamos de recordarlo, ya había entrado en el drama de la Gran Guerra que la haría cambiar. Aquel asesinato había significado también la muerte del reformismo y de su ineficaz, aunque en ocasiones generosa, acción contra la mafia.

Visto con cierta distancia, el balance final de una experiencia difícil en la cual, como se ha visto, las iniciativas socialistas se habían cruzado con las del naciente populismo católico, no puede asumirse entre los mejores, tanto si se mira el horizonte del latifundio como el de las realidades urbanas.

Durante el largo período giolittiano el reformismo socialista había obtenido en el campo unas conquistas temporales, y ello sólo en algunas zonas restringidas, apartadas entre sí, cada vez más parecidas a precarias ciudadelas asediadas, mientras que en las ciudades había trabajado sustancialmente en favor de la burguesía mafiosa. Palermo, la capital meridional de la moda y los estilos de la *belle époque*, el milagro de un fasto refinado superpuesto a la miseria de la mayoría de sus habitantes, estaba sufriendo los efectos de la lenta decadencia de la fortuna empresarial de los Florio. Esto afectaba a una cada vez más improbable Sicilia industrial, a la que estaba ligada la penosa suerte de un núcleo de clase obrera, constituido preferentemente por metalúrgicos y trabajadores de las sociedades armadoras (en el astillero naval y en algunas fundiciones), por algunos químicos (de la Química Arenella) y por numerosos albañiles y trabajadores de la madera (en la firma Ducrot), junto con una masa de aprendices y de eventuales de distintos oficios empeñados en las actividades artesanales.

Los dirigentes del Partido Socialista Italiano y de la Cámara del Trabajo, según la línea reformista marcada a nivel nacional por Turati, desde principios de siglo se habían dedicado a pequeñas batallas por la mejora de las condiciones de vida y de trabajo, con una notable tendencia sea a los útiles compromisos tácticos en el ámbito sindical, sea a una demagogia insustancial y oportunista en el ámbito político. En otras palabras, estaban aprendiendo el arte de hacer carrera apropiándose de la representación de los intereses obreros de la cual se convertirían en imbatibles maestros en Estados Unidos los sindicalistas mafiosos italoamericanos. En Sicilia, sus funciones de astuta mediación entre los patronos y los trabajadores los harían asimilables, desde luego en sentido amplio, a los aparceros: sindicalistas como el contable Emanuele Raimondi y el obrero Guarrasi darían muestras de valerse de sus posiciones directivas en la Cámara del Trabajo sobre todo para potenciar su prestigio personal y conquistar un particular poder de contratación frente a la patronal. Los políticos del movimiento, personajes como Aurelio Drago, Vincenzo Raja y el inefable «barón rojo» Alessandro Tasca Mastrosimone, príncipe de Cutò (miembro de una familia que daría relevantes miembros a la alta mafia), oportunistas a más no poder, estaban entrenados para conducir sus luchas electorales por el Ayuntamiento y por la conquista de los escaños en el Parlamento con un estilo aristocrático y métodos e instrumentos de clientelismo en absoluto distintos de los de sus adversarios burgueses.

Por más que la cosa pueda parecer paradójica, en cierto sentido los mismos señores de la Sicilia industrial, los Florio, habían mantenido el verdadero liderazgo del movimiento obrero o habían ejercido sobre él una indiscutible hegemonía (en la práctica, como la de los barones sobre los campesinos), una hegemonía de la que eran muy conscientes tanto un socialista casi ostentosamente devoto de la patronal como el abogado Filippo Lo Vetere, como un ex combatiente como Giuseppe Garibaldi Bosco, uno de los jefes de los fascios sicilianos de fines del siglo XIX, transformado en un flexible y juicioso dirigente de la Cámara del Trabajo.

También en otras partes se producían metamorfosis análogas: otro jefe de primera magnitud de los fascios, el catanés De Felice Giuffrida, con ocasión de la guerra de Libia, se había convertido incluso en nacionalista, asumiendo el mito dannunziano de la «cuarta orilla»; asimismo, un antiguo *patròn* del movimiento demócrata, Napoleone Colajanni, también proclive al nacionalismo, estaba encaminándose rápidamente a la conclusión filofascista de su vida.

Si el balance de la acción de los progresistas sicilianos era el antes descrito, y no otro, también es verdad que en los equilibrios de poder sobre los cuales se había erigido de manera estable durante más de una década el «reino de la mafia» se estaban condensando las incógnitas del nuevo curso histórico iniciado por la guerra mundial. Para empezar, habría sido difícil no darse cuenta del hecho de que, en lo bueno y en lo malo, Italia había salido muy cambiada de la experiencia de la época giolittiana. El Norte se había industrializado. El movimiento obrero estaba convirtiéndose en un sujeto político de primer nivel, en un contexto favorable a un inédito protagonismo de las fuerzas populares organizadas por los partidos de masas y por los sindicatos. En un juego político cada vez más complejo tanto en Sicilia como en el resto de Italia, la misma burguesía mafiosa tenía sus problemas de orientación, evidenciados por un fenómeno caracterizado por una creciente división de sus notables, y un aumento de los litigios entre los mismos, que se haría particularmente agudo en la posguerra, no sólo por la crisis general del Estado liberal, sino por el avance de los partidos de masas, la alarma de una revolución inminente y el fragoroso y ambiguo inicio del movimiento fascista, cuyas orientaciones y metas no eran previsibles.

De todos modos, durante algunos años el liderazgo mafioso había podido contar con un poder intacto y el haberse familiarizado, en los años giolittianos, tanto con las tácticas políticas del transformismo para gestionar la relación con el Estado nacional, como con la práctica de una calibrada violencia que, como se ha visto, golpeaba con dureza cuando era necesario pero que, en general, se mostraba proclive a mimetizarse con la legalidad.

Al lector quizá le resulte fastidioso, pero para preparar el análisis de las próximas páginas y dar por concluida esta parte de nuestra historia, es útil exponer el marco sintético del ordenamiento politicomafioso entre guerra y posguerra. Tal vez valga más que una fotografía de época de toda la clase política siciliana, y en cualquier caso es el retrato crepuscular del dramático y exhausto otoño del reino (cuyos grandes dignatarios no podían saber que se trataba, en realidad, del inicio de una agonía).

El trasfondo está constituido por el tenebroso panorama del antiguo partido en la sombra de la burguesía mafiosa, la masonería, ahora bastante distanciada de los proyectos laicodemócratas propios del Risorgimento y convertida en una red secreta de intereses mercantiles. Éstos se hallaban a menudo al servicio de un inescrupuloso arribismo que conectaba, en el común acceso a los favores y las ventajas asegurados por las más variadas formas de corrupción, a la pequeña mafia rústica y plebeya de los delincuentes con la gran mafia de los titulares de las rentas y los gestores de las principales actividades especulativas y criminales, entre las cuales sobresalían las ligadas al monopolio mafioso del mercado inmobiliario y a la gestión de la usura. En primer plano, se evidencian, multiplicadas y extendidas, sus clientelas, reunidas en torno a desaprensivos notables, habituados a elegir de vez en cuando referencias instrumentales en la política nacional para situarse a la derecha o a la izquierda, según los intereses y «consejos» de sus grandes electores.

No se trataba, préstese atención, de personajes de importancia sólo local; algunos de ellos estaban condicionando, y seguirían haciéndolo en el futuro, la política nacional italiana en su totalidad. Baste destacar que, aparte de los hermanos cataneses Carlo y Gabriello Carnazza, en la Sicilia occidental descollaban, a la derecha, el liberal Vittorio Emanuele Orlando (el futuro «presidente de la victoria») y su ramificada cohorte de aliados y, a la izquierda, el demócrata Andrea Finocchiaro Aprile (el futuro jefe del separatismo siciliano), que había sucedido a su padre, Camillo, en la dirección de una corriente encabezada por Francesco Saverio Nitti y tenía su base en el vasto interior latifundista de la zona de Palermo. A partir de 1913, y dadas las nuevas exigencias planteadas por la introducción del sufragio universal, ambos incluso habían apostado por la carta del reformismo, empeñándose de distinta manera en operaciones de instrumentalización de las organizaciones socialistas, que tampoco eran inmunes, como se ha señalado, a las infiltraciones y contigüidades mafiosas y se hallaban predispuestas, en las ciudades, a los peores compromisos.

En los límites de una estrategia que apuntaba a ampliar las bases sociales del bloque de poder mafioso, tanto Orlando como Finocchiaro Aprile no habían escatimado atenciones y favores a cooperativas de campesinos y a cajas rurales, siempre que se hubieran declarado «amigas», testimoniando su reconocimiento con un consiguiente comportamiento electoral. De forma análoga, Enrico La Loggia se había especializado, desde la izquierda, en la mediación social entre el reformismo socialista y el liberalismo; pero su «sol del porvenir» estaba poniéndose antes aun de haber iluminado. Por su parte, para los más puros representantes de la generación que de verdad había dirigido en el latifundio las luchas contra el sistema mafioso, y para los dirigentes campesinos surgidos con renovado espíritu de la misma movilización de masas posterior a la guerra, demostrar que se había comprendido plenamente la lección del caso Verro sería, desde 1915, el equivalente a expresarse con un lenguaje revolucionario cada vez más determinado.

Entre estos últimos destacaba la excepcional figura de un discípulo de Bernardino Verro, Nicola Alongi, de Prizzi. Pocos como él tendrían tan clara la exigencia de no repetir los errores del reformismo agrario. Había comprendido que un movimiento de liberación del orden mafioso impuesto por latifundistas y aparceros planteaba de manera inaplazable la cuestión de la conquista por parte de los campesinos de un pleno poder sobre la tierra. Más allá de las viejas relaciones con la llamada «burguesía progresista», esto debía resolverse mediante una alianza orgánica con el movimiento obrero que permitiera a las fuerzas populares poner fin a los límites del secular retraso y el desesperante aislamiento del campo. Con sorprendente intuición, un campesino autodidacto estaba iniciando, aun a riesgo de su generosa vida, una nueva experiencia de luchas populares que en cierto sentido se anticipaba a la estrategia que, años después, pondría a punto Antonio Gramsci, en la línea del leninismo, para su proyecto de revolución italiana (Marino, 1997).

La crisis de la posguerra y la antimafia revolucionaria

La Gran Guerra —mucho más allá de sus vicisitudes militares y de sus lutos— había sido, por sí misma, una «guerra de masas» que había involucrado incluso a los campesinos meridionales y sicilianos y había funcionado, en conjunto, como un gigantesco detonante social de efectos imprevisibles.

Entre sus consecuencias más llamativas, al menos dos fueron las principales novedades destinadas a desarrollarse dramáticamente en la posguerra siciliana. Una, que implicaba de manera directa a las fuerzas obreras y populares de la ciudad, consistía en las instigaciones difundidas desde el Oriente ruso, a partir de 1917, como consecuencia del gran acontecimiento de la Revolución de octubre que parecía abrir el camino a un próximo derrumbe del capitalismo y el advenimiento del socialismo en Occidente. Para empezar, en el contexto de la crisis social provocada por la guerra exigía iniciativas rigurosas contra la carestía de la vida, medidas inmediatas para los desocupados y aumentos salariales para los ocupados. Otra consecuencia, que afectaba en particular al campo, consistía en una casi paroxística acentuación del hambre de tierra de los campesinos (en especial de aquellos pobres y sin tierra), con una carga reivindicativa que era potenciada por cuantos regresaban a los pueblos, procedentes del frente militar, con la conciencia de haber cumplido un deber patriótico y haber adquirido títulos indiscutibles para que se reconociesen sus servicios y recibieran una remuneración inmediata.

Las dos novedades se enlazarían muy pronto en una batalla global, de ciudad y de campo, por los derechos populares y la justicia social, determinando una multiplicación de reivindicaciones y de protestas (contra los patrones que negaban los aumentos salariales, contra los enriquecidos con la guerra, los llamados «tiburones», los aprovechadores, los enchufados y los especuladores en el mercado negro). Hubo, en conjunto, una excepcional reanudación de la conflictividad social y de la lucha de clases, con características y consignas de tipo revolucionario, que reactivó la memoria de los lejanos tiempos de los fascios sicilianos. De este modo también Palermo y su interior agrícola entraron en el fuego del «bienio rojo».

Un primer momento de aguda manifestación del conflicto coincidió con la huelga general del 5 de julio de 1919; convocada en reclamo de la jornada laboral de ocho horas y contra la carestía de la vida, que desembocó en graves desórdenes callejeros, dividió a la ciudad en dos grandes frentes antagónicos y fue también la ocasión para una clara asunción del liderazgo del movimiento por parte de la vanguardia obrera palermitana (en gran medida constituida por trabajadores del astillero naval), dirigida por un singular socialista revolucionario, en realidad un comunista *ante litteram*, que se llamaba Giovanni Orcel. Al mismo tiempo se acentuaron, y se hicieron casi irrecuperables, las distancias con la Cámara del Trabajo aún dominada por los reformistas.

A su vez, los llamados «combatientes», es decir los veteranos de guerra, se colocaron del lado de los huelguistas poniendo en evidencia las contingentes orientaciones radicales y de protesta social de su movimiento, dirigido en Sicilia por pintorescos y ambiguos personajes que a menudo vacilaban entre la derecha y la izquierda, como el mayor Carlo De Ryschy, el coronel Rosario La Bella y el capitán Vittorio Ambrosini, que desempeñaría un papel nacional, primero entre los comunistas como inventor de los «audaces del pueblo» para oponer a las escuadras fascistas, y luego como agente de la OVRA, la organización de vigilancia del régimen.

Si en la ciudad los adversarios de los obreros pertenecían, con distinto título, al frente de la burguesía conservadora que tenía a su derecha a los nacionalistas (entre ellos Alfredo Cucco, Rizzone Viola, Mario Taccari y Carlo Cervello) y a su izquierda la hegemónica fuerza de los liberales (bajo el ala protectora del gran Vittorio Emanuele Orlando), en el campo los adversarios de los campesinos pobres eran siempre los mismos, aunque con una relevante integración de especuladores y hampones emergentes, miembros todos ellos de la orgánica combinación de poder mafioso que ya conocemos.

Para muchos integrantes de la mafia la guerra había sido un buen negocio. En el período 1915-1918, los braceros y los colonos que se habían quedado en casa, así como las familias de cuantos habían sido enviados al frente, vieron incrementados los niveles de explotación a que eran sometidos por patrones y aparceros. Por el contrario, a la baja mafia se le abrieron nuevas posibilidades de lucro, que iban desde el mercado negro hasta una más orientada explotación del cuatrerismo para la provisión de animales para el ejército, pasando por el tráfico, en connivencia con funcionarios estatales corruptos, de exoneraciones y licencias militares.

La economía de guerra y el hecho mismo de la movilización militar de muchos pequeños y medianos propietarios habían dado impulso, entre otras cosas, a la difusión del régimen de los pequeños arrendamientos (aparte de los grandes arrendamientos de los aparceros tradicionales), ampliando así las oportunidades de cuantos conseguían ocupar un pequeño lugar en la red de las intermediaciones parasitarias. Aquellos que habían sido obligados a cumplir con el deber patriótico de combatir se habían proletarizado, al menos por la pérdida de las protecciones aseguradas por las viejas ligas.

Al mismo tiempo, todo el orden que había sostenido el reino mafioso anterior a la guerra se vio drásticamente desestabilizado, en el marco de una crisis cada vez más evidente del viejo Estado liberal. En Sicilia, donde el número de efectivos policiales había descendido de forma acusada, la despoblación por la partida de los jóvenes hacia el frente militar, el renacimiento del bandolerismo (un fenómeno endémico, nunca extinguido por completo) y un creciente malestar popular, agravado por el luto que se sumaba a la miseria, actuaron como nuevos factores de inseguridad e inestabilidad.

El apogeo de la desestabilización coincidió con el creciente papel de los partidos políticos y los movimientos de masas, favorecido por el nuevo sistema electoral proporcional introducido por el presidente Nitti para las elecciones de 1919. La compleja organización politicomafiosa de las clientelas, aglutinadas por notables expresados y sostenidos por las bandas de la Onorata Società, se desmoronó y su viciosa dinámica quedó bloqueada: el sistema proporcional tendía a la despersonalización de la lucha política, y la vieja clase política debía ajustar las cuentas con el problema de la reagrupación de los votos en apoyo a las listas de los partidos y la calibrada distribución de las preferencias entre los candidatos. Por añadidura, masas crecientes de ciudadanos de las más diversas capas populares, y al fin con exhibidas inspiraciones ideológicas, demostraban un muy escaso respeto por las normas del respeto, o sea de la obediencia a los padrinos y demás personajes influyentes de antaño.

Ahora, junto con el viejo Partido Socialista, en el cual la larga ola de la revolución bolchevique estaba desarrollando las transformaciones que pronto conducirían al nacimiento del Partido Comunista de Italia, se había constituido oficialmente el Partido Popular del sacerdote Sturzo. A su vez, el movimiento obrero, con sus múltiples tendencias, miraba el ejemplo de la Rusia leninista, en tanto que el *establishment* de la vieja Italia burguesa —de la Turín obrera de Gramsci y Togliatti, a la Palermo feudal de Vittorio Emanuele Orlando— temía sus propósitos revolucionarios, sobre todo porque en lo inmediato era imposible saber si más allá de contingentes divergencias, habría podido enlazarse su acción con la del fragoroso movimiento radical de los veteranos de guerra, y con qué resultados.

En Sicilia, los combatientes estaban revelándose, de manera inquietante, como una fuerza contraria al sistema, en especial los campesinos veteranos de guerra, que ya no estaban dispuestos a aceptar pasivamente el estado de cosas que habían dejado en sus pueblos en el momento de partir al frente. A las viejas ligas reconstituidas o reforzadas por los socialistas y los católicos del Partido Popular (las ligas rojas y blancas) empezaron a sumarse las «tricolores» del movimiento de los veteranos de guerra. Para todos, imbuidos de una revigorizada conciencia de los derechos civiles indisociables del mérito por los sacrificios realizados, la referencia fundamental del proyecto estaba constituida por el eslogan «La tierra para los campesinos», lanzado por la propaganda de guerra del Gobierno de Orlando después del desastre de Caporetto.

A las reivindicaciones de los campesinos se uniría más tarde una intervención de política social del Gobierno de Nitti adoptada con la intención, nunca llevada a cabo, de privilegiar a los combatientes para separarlos de los socialistas y los católicos, incluido el decreto Visocchi (2 de setiembre de 1919), completado por un decreto sucesivo de Falcioni (22 de abril de 1920), que permitía la concesión de tierras incultas o mal cultivadas en formas que iban del arrendamiento temporal a la enfiteusis, a cooperativas o ligas regularmente constituidas y reconocidas como idóneas por las correspondientes comisiones provinciales. Esta normativa excepcional (que debe considerarse un precedente histórico de los más famosos decretos promulgados por el comunista Fausto Gullo en la segunda posguerra), si bien distaba de ser la reforma agraria que los latifundistas tanto temían, constituía, desde luego, un paso importante en esa dirección. Entre otras cosas, asumiría un valor cada vez más decisivo el hecho de que al fin existieran unos instrumentos legales, en la forma de normativas del Estado, a los cuales los campesinos pobres podían apelar —en plena sintonía con el espíritu patriótico del belicismo— para apuntar a una directa conquista de la tierra.

Por una coincidencia de acontecimientos sin precedentes, antes y después de los decretos Visocchi y Falcioni (en diciembre de 1917 había nacido la Unión Nacional de Combatientes, un ente público dotado del poder de expropiar terrenos privados para conceder a cooperativas campesinas de combatientes) se determinaron condiciones extraordinariamente favorables al desarrollo de la acción revolucionaria de la que se había convertido en protagonista Nicola Alongi, primero en su Prizzi, para extenderse rápidamente a toda la Sicilia occidental.

Como era previsible, una acción de este tipo debería ajustar las cuentas con la más dura reacción del opuesto frente agrariomafioso, también empeñado en la búsqueda de nuevas tácticas para escapar a los golpes inesperados de la legislación del Estado y salvar su poder gravemente amenazado. Condicionadas por la demagogia de sus notables, presionadas desde la izquierda y desde la derecha, y atormentadas por la pesadilla de la revolución, las fuerzas dirigentes tradicionales no podían eximirse, con Vittorio Emanuele Orlando, del deber histórico de hacer tangibles en términos de justicia social —al menos para los veteranos— los frutos de la victoria nacional.

Las bandas mafiosas debieron ejercitarse en tácticas de soslayamiento y socavamiento del movimiento campesino, tratando de aprovechar las diversidades ideológicas de los jefes de éste (y en particular las que existían entre revolucionarios y reformistas, entre socialistas y católicos-populares), a fin de separar a los «buenos» de los «malos», es decir, a las personas y fuerzas razonables a las que se podía secundar con un cálculo prudente, de aquellas sólo enfadadas y subversivas a las que había que combatir sin piedad. Obviamente, mientras no se permitiera interpretar la buena voluntad como debilidad, había que demostrar que aún existía la capacidad de emplear la fuerza contra los llamados «irresponsables». Semejante exigencia debió de estar en el origen del asesinato, cometido el 31 de enero de 1919 en Corleone, del jefe de liga alongiano Vincenzo Zangara. Sin embargo, la mayor parte del empeño se dedicó durante un tiempo a las operaciones destinadas a confundir y debilitar el frente adversario, y no sólo con las tradicionales operaciones de infiltración, sino incluso con una actividad inédita: la constitución de cooperativas de combatientes presididas y dirigidas por aparceros o algún otro personaje mafioso.

En cierto sentido, también la mafia quiso dar la impresión de que se socializaba, haciendo ostentación de sensatez, dedicación a las razones de un orden justo y pasión patriótica.

En un accidentado recorrido marcado por simétricas señales de violencia y astucia, Nicola Alongi debió afrontar, a partir de la base de Prizzi, los difíciles problemas causados a su acción por una cooperativa católica y, de modo mucho más grave, por una cooperativa de combatientes constituida por un tal *Sisì* Gristina, gran aparcero, hermano de un alcalde supuestamente socialista y emanación directa de la Onorata Società local. En la práctica, mediante las cooperativas de veteranos de guerra de conveniencia los mafiosos buscaban contener la presión de las reivindicaciones populares dentro de niveles fisiológicos, impidiendo que los latifundios considerados esenciales para sus intereses fuesen asignados a las auténticas organizaciones campesinas, las revolucionarias, que miraban mucho más allá del horizonte definido por las leyes vigentes y apuntaban de manera decidida a la reforma agraria con el objeto de transformar en posesión definitiva las tierras temporales asignadas.

Sin embargo, esta maniobra tan insidiosa como sofisticada encontró un obstáculo en el imprevisto éxito de la iniciativa de Alongi y sus seguidores, que consiguieron mantener juntos a los campesinos —a todos, cualesquiera que fuesen las banderas, rojas, blancas o tricolores, de sus organizaciones— en un frente unido capaz de comprender y desbaratar los peligros de la instrumentalización. Después de la huelga general de septiembre-octubre de 1919, que fue casi un ensayo general, se hizo imparable, sobre todo en el interior palermitano, la ofensiva del movimiento para la conquista de los grandes latifundios, con el arma legal que constituía el decreto Visocchi, del que se exigía la correcta e inmediata aplicación en beneficio de multitud de viejas y nuevas cooperativas cuyas acciones de presión y lucha se desarrollarían en distintas formas de suspensión del trabajo y ocupación de los latifundios (Marino, 1976).

Los propietarios y los aparceros se encontraron a la defensiva por primera vez desde los tiempos de los fascios: temiendo hallarse frente al peligro de una derrota de enormes dimensiones que, dado el marco de evolución de los acontecimientos nacionales caracterizado por vibrantes tensiones revolucionarias, habría podido convertirse en una debacle definitiva, se apresuraron a restablecer el orden llevando a cabo —según destacaría un inteligente policía, el subcomisario Martin— «un plan orgánico destinado a la eliminación de los principales miembros del Partido Socialista». En otras palabras, se trataba de decapitar el movimiento en un intento de extinguirlo y reconducir sus fuerzas hacia la moderación. Alongi, que había potenciado enormemente los recursos ofensivos del movimiento campesino conectando sus luchas con las de los obreros de Palermo, dirigidos por Giovanni Orcel, empeñado en la ocupación de las fábricas (en una experiencia urbana simétrica a la rural de la ocupación de los latifundios), fue amenazado de muerte, pero la acción prosiguió con su astuta lógica gradual.

Se trataba de disgregar y dispersar la base del movimiento sometiendo a ésta a una ofensiva de actos de castigo ejemplares: el tiro se elevaría cada vez más; al final, se golpearía inexorablemente a los jefes —Alongi en el campo y Orcel en la ciudad—, pero no sin haber intentado antes aislarlos y paralizarlos, lo que incluía el intento de privarlos de sus principales colaboradores atemorizándolos, aterrorizándolos o incluso matándolos. Después del asesinato de Giovanni Zangara, la atención se desplazó a Prizzi, la nueva capital de la antimafia revolucionaria de la Sicilia profunda, donde se puso en marcha el plan con la idea de realizar una demostración de fuerza tan perfecta como fiel al guión tradicional de las ejecuciones mafiosas: en la noche del 22 de septiembre, mientras abría la puerta de su casa, fue asesinado de dos disparos de *lupara* el principal colaborador de Alongi, el campesino Giuseppe Rumore, secretario de la Liga de Mejoramiento y culpable de haber «abierto los ojos» a los trabajadores reclutados por la cooperativa de combatientes, sustrayéndolos a la instrumentación del aparcero mafioso que los había organizado (Marino, 1997).

He aquí, en resumen, la funesta sucesión de los demás actos terroristas: secuestro de Giuseppe Cascio (otro jefe de liga de la zona); amenaza al campesino Giuseppe Zimmardi (un valeroso activista del movimiento); atentado contra la vida del primer teniente de alcalde socialista Giuseppe Macaluso, y, por último, martirio de Alongi. Éste había conseguido mantener a raya durante un tiempo a sus probables asesinos desafiándolos a cara descubierta en los mítines públicos (decía, repitiendo una expresión de su maestro Bernardino Verro, que era «un muerto de permiso»); además, había hecho correr el rumor de que los había identificado y registrado, con un amplio repertorio de informaciones, en un escrito que sus herederos entregarían a la Magistratura.

Por desgracia, estas antiguas artes de autodefensa de las víctimas designadas por la mafia resultaron ineficaces: el estado de emergencia en los campos ocupados por las ligas campesinas era tal que los mafiosos debían afrontar incluso el riesgo de una eventual incriminación de sus asesinos y contar con la impunidad por la cual se afanarían sus «amigos» de la alta política. En efecto, no perdieron el tiempo y Nicola Alongi fue asesinado a disparos de *lupara* el 29 de febrero, a pocos pasos de la sede de la Liga de Mejoramiento.

Decapitado, así, el movimiento campesino, había que proceder a la decapitación del de la ciudad, para cortar el hilo de la alianza entre los obreros y los trabajadores del campo. Se realizó empleando la misma táctica, si bien usando otros instrumentos, de los que el principal fue la explotación intensiva de los socialistas reformistas (paradójicamente aliados del liberal V. E. Orlando) para aislar a la vanguardia obrera revolucionaria que había quedado en minoría en la Cámara del Trabajo. Sin embargo, Giovanni Orcel preservó intacto su prestigio a la cabeza de las fábricas ocupadas y dio prueba de notable eficiencia al dirigir la autogestión obrera de las actividades productivas. Pero cuando sobre esa compleja experiencia, que duró poco más de dos meses, cayó el telón en toda Italia, y en consecuencia también en Sicilia, se encontró indefenso ante las acusaciones de los reformistas por su desastrosa osadía revolucionaria y pagó las consecuencias de las estrechas relaciones de complicidad entre el frente industrial y el frente formado en el campo por los elementos mafiosos. En efecto, pocos días después del fin de la ocupación del astillero naval, también Orcel tuvo su tarde: el jueves 14 de octubre, un sicario anónimo lo hirió de muerte «con una terrible puñalada en el costado izquierdo».

La gravedad del hecho pronto tendría lúgubres consecuencias en la forma de una nueva intriga de hechos delictivos, marcada por el intento popular de hacer prevalecer sobre la calculada impotencia de la justicia oficial (que nunca conseguiría castigar esos delitos) una tan desesperada como sumaria «justicia proletaria». De todos estos hechos se extraen elementos importantes para una verificación final de los efectos cruzados de la antimafia obrera y campesina de aquel prodigioso e infeliz año 1920: el desconocido asesino de Orcel se habría confiado a su hermano, un obrero militante comunista, indicándole como inductor del asesinato a un «propietario de Prizzi» (el conocido *Sisì* Gristina); difundida la información en los círculos comunistas, un grupo de compañeros leales habría decidido vengar a Orcel procediendo a la eliminación física de Gristina, que el 23 de enero de 1921 recibiría una puñalada mortal en la espalda. A su vez, el asesino de Orcel, que había revelado el nombre del inductor, sería castigado por la mafia con la muerte. La excepcional «partida de justicia» caería en el olvido de la larga noche fascista (Cimino, 1988).

El fascismo y la mafia

Por más que fuese dura y despiadada con los enemigos del «frente interno», la contraofensiva mafiosa, concluida como se acaba de ver, corría el riesgo de fracasar en el «frente externo» constituido por el desarrollo de la política nacional. A pesar del fracaso de la ocupación de las fábricas en las ciudades del Norte, la amenaza revolucionaria no parecía liquidada sino sólo alejada. Un vasto arco parlamentario que iba de los socialistas al Partido Popular, realizaba, si bien con diversas y a menudo opuestas indicaciones, propuestas reformadoras para la «cuestión agraria» que apuntaban en la dirección de un desmantelamiento más o menos radical del latifundio siciliano. Entretanto, en la isla, la oleada del movimiento no daba señales de agotarse y recibía nuevos incentivos en la forma de numerosas concesiones de tierras incultas a las cooperativas campesinas por parte de las correspondientes comisiones constituidas en las prefecturas. Latifundistas y aparceros temieron el derrumbe de su sistema de dominio. Para conjurar semejante eventualidad tuvieron que aceptar un imprevisto e inefable aliado septentrional, al cual, en condiciones normales, probablemente nunca habrían pensado en dirigirse. Se trataba del fascismo, que también en Sicilia había hecho su aún incierta aparición.

En la valoración de las oportunidades que ofrecía y en el cálculo de los consiguientes riesgos de la alianza, la clase política de la burguesía mafiosa, o sea, el frente formado por masones, liberales y demócratas, fue todo lo contrario que unánime y decidida. Pasando por alto los detalles, aquí podemos limitarnos a estudiar las opciones estratégicas fundamentales sobre las cuales se enfrentó en su interior y se dividió. Una parte, la demócrata encabezada por Finocchiaro Aprile, apostó sus cartas como alternativa al fascismo en un intento de relanzar la protesta sicilianista contra el Estado nacional. En el centro del área en que gravitaba esta orientación se hallaba la Sociedad de Agricultores Sicilianos, es decir, la baronía agraria, dirigida por Lucio Tasca con el auxilio directo del futuro capo máximo de la mafia Calogero Vizzini (*u zu' Calò*: «el tío Calò») y de latifundistas y notables del calibre de Antonino Bartoli, Giacomo Hopps Carraci, Pucci di Benisichi y Giulio D'Alì Staiti. Mediante un documento oficial de octubre de 1920 difundido en el periódico *L'Ora*, estos agricultores hicieron saber que se defenderían solos (es fácil imaginar con qué métodos) «por todos los medios y sin la ayuda del Gobierno» y lanzaron la amenaza de una «guerra civil». A su vez, el político Finocchiaro Aprile se empeñó en una firme oposición al movimiento de Mussolini, convencido de que el Partido Fascista no era más que «el representante del capitalismo septentrional contra el Sur de Italia» (Marino, 1976, p. 313).

Por el contrario, otra parte de la clase política masonicomafiosa, la llamada liberal, que se encontraba en las posiciones de Vittorio Emanuele Orlando, se orientó a seguir a Giolitti en su política tendiente a utilizar el fascismo contra el «peligro rojo», para luego absorberlo y normalizarlo en el sistema de lealtades estatutarias. Sin embargo, esto no equivalía a la idea de aceptar una alianza sin condiciones. Según los orlandianos, el fascismo debería haber sometido a una negociación informal con los titulares de los grandes intereses sicilianos, para el presente y para el futuro, los términos de la conducta política del nuevo régimen en relación con Sicilia. Es decir, debería haber reconocido y tutelado esa especie de autonomía de hecho del sistema de poder siciliano a la cual los anteriores gobiernos, de Giolitti en adelante, se habían adaptado, lo cual, en coherencia con su proyecto nacionaltotalitario, el fascismo, una vez conquistado el poder en Italia, obviamente no hizo y ni habría podido hacer. Es más, tras obtener una notable ventaja electoral del apoyo de los liberales sicilianos (Orlando ya se había puesto de acuerdo con los fascistas en la lista de la Unión Nacional para las elecciones de 1921 y luego habría capitaneado la «listaza» de 1924), ante la solicitud siciliana de negociaciones Mussolini respondió con una política cauta en principio pero cada vez más invasora y agresiva, cuyo fin era expulsar y liquidar a la parte más consistente e ilustre de la clase política prefascista, ocupando forzosamente sus espacios sociales con la introducción, en todos los niveles (de las administraciones a las asociaciones privadas y las cooperativas) de personal de su confianza. En esta línea, era inevitable que el jefe del fascismo se preparase para infligir un golpe mortal a la mafia.

Según se cuenta, en un recorrido por el interior palermitano realizado en mayo de 1924, a Mussolini le había indignado particularmente el descaro del alcalde mafioso de Piana dei Greci, Francesco Cuccia, que poco más o menos le había dicho, como si estuviese dándole un consejo y asegurándole protección: «Vaya tranquilo, Excelencia, que aquí, de aniquilar a los subversivos y de garantizar el orden nos ocupamos nosotros.» De regreso en Roma, Mussolini no tardó en confiar a un funcionario estatal de excelentes cualidades profesionales (que ya había estado en Sicilia como comisario de Trapani) la tarea de liquidar a la mafia (Petacco, 1976).

Frente a la marcha de una situación que permitía prever un reforzamiento de la autoridad del Estado sobre la sociedad siciliana en perjuicio de sus tradicionales fuerzas dominantes, Vittorio Emanuele Orlando pasó a la oposición. Con un valor que no puede negársele, intentó crear problemas al nuevo régimen, incluso después del discurso mussoliniano del 3 de enero, organizando y dirigiendo en Palermo una lista llamada Unión por la Libertad, con la que se enfrentó a los fascistas en las elecciones administrativas de agosto de 1925. Lo hizo en ocasión de un célebre mitin en el transcurso del cual el «presidente de la victoria» reveló de manera inequívoca, exaltando públicamente a la mafia, con qué sentimientos y preocupaciones por el inmediato futuro relacionaba su oposición al fascismo con las amenazas que pesaban sobre sus «amigos»:

> Ahora os digo, ¡oh palermitanos!, que si por mafia se entiende el sentido del honor llevado hasta la exageración, la intolerancia contra toda prepotencia y atropello llevada hasta el paroxismo, la generosidad que se enfrenta al fuerte pero perdona al débil, la fidelidad a los amigos, más fuerte que todo, incluso que la muerte, si por mafia se entienden estos sentimientos y estas actitudes, a pesar de sus excesos, ¡pues entonces se trata de rasgos indivisibles del alma siciliana y me declaro mafioso y estoy contento de serlo!

Mientras Orlando pronunciaba su provocador discurso, Mori, que disponía de poderes excepcionales y sería llamado el «prefecto de hierro», se disponía a llevar a cabo en Palermo la mayor operación antimafia de la historia. En cuatro años de infatigable trabajo actuaría con resolución, pero sobre todo con astucia.

Antes de hablar de los resultados y de proponer una valoración general, es preciso recordar que al respecto los historiadores están divididos entre dos interpretaciones diametralmente opuestas. Está la tesis de cuantos sostienen que Mori logró infligir a la mafia un golpe decisivo, que habría destruido el fenómeno para siempre si el fascismo hubiera permanecido en el poder durante un período mucho más largo que dos décadas; y está la de cuantos consideran que la operación se limitó a golpear y a dispersar, con determinación, pero con resultados apenas provisionales, a la llamada baja mafia, es decir, a la delincuencia más o menos organizada, sin fastidiar demasiado a la alta mafia, la de los capos y notables que pertenecían al sistema de poder (lo que hoy llamaríamos «tercer nivel»), es decir, la verdadera mafia, árbitro de los grandes intereses y los grandes negocios, que sería asimilada por el régimen, hasta el punto de que puede decirse que la mafia se puso la camisa negra.

Las dos tesis tienen buenos argumentos y no nos parece que sea necesario privilegiar una en detrimento de la otra. Resulta más oportuno reordenar rápidamente los hechos y las ideas para comprobar si el análisis histórico desarrollado hasta aquí nos ayuda a llegar a un esclarecimiento definitivo.

Para empezar, es obvio que el régimen fascista, con todo su inusitado rigor, se mantenía muy firme en su intención de no traicionar los principios de su estrategia general fundada en la defensa de los intereses de clase de los propietarios. Lo cual comportaba mucho más que una pura y simple indulgencia. En consecuencia debía obstinarse, como hizo Mori, en una interpretación del fenómeno siciliano que imaginaba a todos los propietarios, de los grandes a los pequeños —aparte de las complicidades que se hacían remontar sobre todo a los vicios de la clase política prefascista, corrompida por el giolittismo y todas las perversas insidias de la «Italita» liberal—, como víctimas de la mafia. Con semejante óptica habría sido piadoso asumir como un hecho cierto que muchas personas de bien habían sido arrastradas y hechas cómplices de la mafia por las intimaciones de un «estado de necesidad» que imputar al desgobierno. En el nuevo clima habría sido oportuno tanto reprimir severamente como favorecer todas las posibles recuperaciones de la legalidad, sin excluir que algunos mafiosos pudieran redimirse, una vez que se hubiera demostrado, en todos los terrenos y tras una vigorosa operación policial, que un Estado eficiente es siempre más fuerte que cualquier delincuencia organizada.

Las prefecturas ya habían puesto a punto unas monografías sobre los distintos pueblos de la Sicilia occidental, en las cuales se habían censado, en dos registros diferentes, a los miembros de la vieja mafia y a los denominados de la nueva, con la intención de separar a los elementos «devotos del orden y la conservación» de aquellos que sólo se dedicaban a peligrosas actividades «subversivas y delictivas». Los datos ya habían servido para la penetración política fascista en los distintos ayuntamientos con vistas a las elecciones de 1925. Por lo tanto, Mori pudo contar de inmediato con un marco de informaciones articulado que le permitió iniciar, casi al día siguiente de instalarse en Palermo, unas fulminantes guerras relámpago en áreas muy localizadas de elevada densidad criminal (Duggan, 1986).

Todo ello fue precedido por una larga «Ordenanza para restablecer la seguridad pública en los campos», promulgada el 5 de enero de 1925. Esta normativa imponía que los terratenientes despidieran a todos los vigilantes, colaboradores, guardias, capataces y granjeros que tuvieran cualquier deuda pendiente con la ley y que en el futuro no nombraran a otros sin la autorización de los órganos policiales; intimaba a rechazar «el pago de contribuciones o de tributos en general» solicitado por la mafia y a recurrir, para «la tutela de la seguridad propia y de los propios bienes», sólo a los «órganos estatales de defensa social»; imponía a todos la obligación de una «localización» constante, previendo el arresto de cualquiera que hubiese sido «sorprendido en actitud sospechosa fuera de los lugares habitados del propio municipio o incluso en el pueblo, si es de noche».

Con los poderes casi dictatoriales de que disponía, el «prefecto de hierro» amplió de manera sistemática el radio de su acción a medida que aumentaba su información y procedió, con el expeditivo método de las redadas, al arresto de centenares y más tarde miles de malhechores, que según los casos eran enviados a la cárcel por medio de procesos regulares o confinados en las islas adyacentes a Sicilia en aplicación de simples decisiones administrativas, o bien sólo sometidos al régimen de libertad vigilada. Para erradicar la mala vida de las Madonie, donde tenían su reino algunos típicos ejemplares de bandoleros-mafiosos (Andaloro y el casi mítico Ferrarello) protegidos por los grandes notables locales, sometió a asedio el municipio de Gangi y lo expugnó con una teatral maxirredada (Mori, 1932; Siragusa, 1995).

Al mismo tiempo, aparte del uso implacable del palo, demostró que también sabía valerse de la zanahoria. Con los campesinos fue hábil y, a veces, persuasivo. Se prodigó en mítines, en manifestaciones de propaganda y en exhibiciones demagógicas; intentó, con sincera pasión, convencer y convertir. Inició la práctica de movilizar a la opinión pública, y sobre todo a los jóvenes, contra la mafia, presidiendo reuniones y manifestaciones en las plazas de los pueblos y en las escuelas. Fue un diligente propagandista de los objetivos de sus medidas, con la idea, bastante vaga y discontinua, de que debía promover un profundo cambio cultural en las bases del sistema de vida siciliano. Quiso que la severidad y la represión no ofuscaran, sino que hicieran resaltar con benéfico prestigio, el rostro pacificador del Estado. Ha de reconocerse que era, sobre todo, un gran policía, no precisamente un fascista (Petacco, 1976).

Debido al impulso de los éxitos de la operación, numerosos notables mafiosos, varios «personajes de respeto», aristócratas y aparceros, políticos y politicastros de distinto nivel, comenzaron, poco a poco, a colaborar activamente con Mori. Piénsese que la mayor parte de la amplia base mafiosa de la zona de Agrigento fue confiada al rigor de la ley por mérito de un notable de Cianciana, en conexión con ilustres «amigos de los amigos». El príncipe Lanza di Scalea había hecho su elección definitiva encabezando, para las elecciones de 1925 en Palermo, la lista de los fascistas opuesta a la de Orlando.

En los pequeños municipios este tipo de elecciones se multiplicó, por lo general con un marcado tinte nacionalista. En Prizzi, por ejemplo, el gran aparcero Epifanio Gristina, a quien ya conocemos como probable inductor del asesinato de Nicola Alongi, se convirtió en uno de los jefes de barrio del fascismo local. En Gangi, en las Madonie, asumieron una análoga postura los barones Sgadari y Li Destri, personajes cuya amistosa frecuentación de bandoleros y mafiosos constituía, desde finales del siglo XIX, un dato importante, y casi un honor del que hacer gala, de las respectivas tradiciones familiares. Lo mismo hicieron personalidades no menos respetadas, como el marqués Ettore Pottino de Capuano, el conde Alfonso Gaetani de Oriseo, el barón Vincenzo Ferrara y el comendador Francesco Mocciaro. Se podrían mencionar centenares de casos similares (Tessitore, 1994).

Reléanse, para tener una idea de dicho proceso, las noticias recogidas en un minucioso informe de 1925 por el administrador departamental Girolamo Montesano sobre la ya citada nomenclatura política de la ferocísima Gangi.

> Los Li Destri tienen gran cantidad de personas encargadas del trabajo de su vasto patrimonio inmobiliario, y en especial el barón de Rajnò goza de una particular estima [...]. El barón de Equilia y, por lo demás, toda la familia Li Destri, ha sido un fervoroso fascista y ha ocupado el cargo de secretario político [...]. El partido del barón Giuseppe Sgadari se compone exclusivamente de su numeroso personal. Es una persona riquísima y de buena cultura administrativa [...]. Está haciendo las gestiones para regularizar su situación nobiliaria en lo relativo a la heráldica, pero en el pueblo es siempre, anticipadamente, el barón, por tradición familiar y por antonomasia. No hace política activa y simpatiza con el fascismo.
> El partido del comendador Francesco Mocciaro está compuesto, como el del barón Sgadari, por el amplio tropel de sus empleados. Es la persona más rica del pueblo, es muy devoto amigo de S.E. V.E. Orlando y ha simpatizado con el fascismo.

Respecto de los «barones» y los dignatarios tan deliciosamente amigos, ¿qué otra actitud habría podido tomar, más que disponerse a acogerlos con benévola esperanza, un régimen que había nacido en defensa de sus intereses? Por lo tanto, no es difícil imaginar qué puede haber impulsado a Mussolini, gratificado por tantas conversiones de «hombres de honor», a poner coto a la acción del «prefecto de hierro» que interpretando literalmente la orden que se le había impartido de destruir a la mafia había decidido someter a indagaciones apremiantes incluso a un importante jerarca, el diputado Alfredo Cucco, antes nacionalista y guía reconocido del fascismo en Sicilia, y que según ciertas informaciones, luego no confirmadas por el sucesivo procedimiento judicial, habría sido un ilustre personaje de la nueva mafia de Castelbuono.

Sobre el enérgico prefecto tuvo las de ganar su más duro adversario, el general Di Giorgio, ex ministro de Guerra del gobierno de Mussolini, quien le reprochaba el que hubiese perdido el sentido de la proporción. El «prefecto de hierro» también estaba indagando sobre ciertas equívocas relaciones de este poderoso general. El *duce* se apresuró a poner fin a la cuestión conformándose con el oficial «agradecimiento al régimen fascista por haber aniquilado a la mafia», recitado en la Cámara por el diputado Abisso el 4 de marzo de 1927. Cesare Mori, cubierto de honores, pero de hecho arrinconado, se consolaría escribiendo dos libros sobre sus experiencias.

¿Tienen razón, pues, quienes sostienen que la operación Mori consistió, en la práctica, en liquidar de forma drástica a la baja mafia de los delincuentes y los bandoleros y en acoger amorosamente en las filas del régimen a la alta mafia? Tienen razón sólo en parte, porque Mori también golpeó duro arriba, y desde luego habría proseguido en la pista de las relaciones entre la mafia y la política si no se lo hubiesen impedido, como se ha visto (Lupo, 1997, p. 191).

De todos modos, no se libró de una dura pena de prisión (cincuenta años) don Vito Cascio Ferro, el mítico patriarca de Bisacquino, muy conocido por el caso Petrosino y que moriría en la cárcel durante los bombardeos aliados de 1943. Sin duda, a su desgracia contribuyó de manera decisiva el que hubiese permanecido fiel a sus antiguas amistades liberales. Su caso judicial merece una atención particular, por tratarse de un testimonio significativo de los métodos inescrupulosos y expeditivos a los que se atenían los tribunales antimafia de entonces. Puesto que la instrucción no había conseguido recoger, sobre los delitos con seguridad imputables a Cascio Ferro, pruebas suficientes para un dictamen condenatorio, se pensó en «fabricarlas» ad hoc y se les atribuyó un valor decisivo, con la desenvoltura de la que sólo eran capaces los tribunales fascistas (Falzone, 1974).

El anciano patriarca se tomó las cosas con filosofía. Escuchó el duro veredicto con despreciativa impasibilidad. Luego, tras solicitar y obtener la palabra, y mientras en la sala se hacía un religioso silencio, realizó ante el tribunal una declaración afectadamente «caballeresca» cuyo texto, releído hoy, puede valer como un documento elocuente de la mentalidad y el estilo de los padrinos de la vieja mafia: «Señores, ustedes no han conseguido obtener las pruebas de mis numerosos delitos, ¡se han limitado a condenarme por el único delito que nunca he cometido!»

Mucho menos interesantes, pero en todo caso clamorosas para una opinión pública habituada desde hacía décadas a la impunidad de los mafiosos, fueron las demás acciones judiciales. Se llevó a juicio, pocos días antes de que la muerte natural lo substrajera de indagaciones definitivas, al abogado Antonino Ortoleva, al que los rumores daban por capo de toda la organización criminal de la mafia.

Decenas de ex alcaldes mafiosos, empezando por Francesco Cuccia de Piana dei Greci (el incauto consejero de Mussolini), fueron condenados a graves penas de prisión, y similar suerte corrieron personalidades bastante conocidas y respetadas, como el comendador Gaetano Bongiorno, el abogado Gaetano Salemi y notables del calibre de Antonio Lopez, Antonio Tata, Marcello Milletarì, Stefano Pittari, Placido Stimolo y Ortoleva, los Tusa, los Guccione y los Farinella. No lograron salir bien librados, aunque después consiguieron hacerse un cierto espacio de supervivencia a través de una umbrátil navegación en el régimen, personajes destinados a figurar en la gran historia de la mafia, como Calogero Vizzini, «señor» de Villalba; Giuseppe Genco Russo, «patriarca» de Mussomeli, y el palermitano Carlo Gambino.

Entre los miles de malhechores sometidos a una impresionante sucesión de maxiprocesos (muchos más que los quince registrados por Duggan), la enorme mayoría eran unos pobres diablos y constituían, a lo sumo, el peonaje de la mafia; pero no pocos —entre los imputados del proceso de Termini Imerese de 1927 y del de Mistretta de 1928— estaban muy por encima de la baja mafia (Tessitore, 1994).

¿Cómo resolver la contradicción? ¿Qué había sucedido en realidad con la operación Mori? Pues que todo el frente politicomafioso se había dividido, desde dentro, en cuanto a la valoración de las probabilidades de afirmación y duración del fenómeno fascista en Italia. Los que estaban convencidos de la definitiva victoria del fascismo y auguraban una larga vida al régimen se apresuraron a ganar la orilla del colaboracionismo. Mori y el fascismo pudieron así aprovecharse de una oleada de doliente transformismo, o sea, de una creciente corriente de arrepentidos por conveniencia o necesidad. Con el pintoresco lenguaje de la mafia, habrían podido denominarse —más allá de su nivel social— *cascittuni* y *muffuti*, es decir, «traidores». Con el tiempo, el fascismo, protector del orden y los privilegios de clase, los «educaría» para defender sus intereses y desarrollar mejor sus negocios ya no contra el Estado, sino a través del mismo. Entre las dos partes se consolidaría un tan cordial como hipócrita entendimiento: el fascismo daría por buena su completa contrición, mientras que ellos, los *cascittuni*, fingirían creer que siempre habían sido buenos patriotas.

En cambio, cuantos del otro lado apostaron por una breve duración del régimen se colocaron, cautos o desdeñosos (en todo caso reacios a pesar de las indudables ventajas que habían obtenido del final del «peligro rojo» de los años veinte), a la sombra de la oposición al régimen de Vittorio Emanuele Orlando y de Andrea Finocchiaro Aprile. Naturalmente sus dispersas fuerzas de *omini d'unuri* (hombres de honor) y de *picciotti* (muchachos), las bases de su orgullo sicilianista, los soldados de su ejército humillado pero aún indómito, se encontraban en la cárcel o en las islas donde los habían confinado.

INNOVACIÓN Y TRADICIÓN: LUCKY LUCIANO

Los mafiosos antifascistas podían contar con la solidaridad de los incomparables «primos» de su floreciente colonia americana, aunque es imposible saber por qué canales subterráneos habían conseguido mantener, en el curso de los años fascistas, conexiones con los *States*. Se sabe con certeza que en la década de los veinte ya se había iniciado ese intercambio de favores que consistía —exactamente como se cuenta en la película *El mafioso*, protagonizada por Alberto Sordi— en usar asesinos americanos para cometer crímenes en Sicilia y asesinos sicilianos para cometer crímenes en América. Así fue como a comienzos de los años veinte un tal Arnone, delincuente de Caltanissetta que unos años antes había emigrado a Estados Unidos escapando de una cadena perpetua por doble homicidio, regresó a Sicilia para llevar a cabo, con otro asesino, una venganza mafiosa. Luego, la honorable sociedad siciliana, en una cumbre en el hotel Continental de Palermo, organizó en 1925, su vuelta a América. Los *States* eran el refugio natural de todos los buscados en Italia por delitos relacionados con la mafia.

Por otra parte, los mafiosos de la madre patria representaban un mundo de prácticas y valores al cual los mafiosos americanos aún rendían un formal homenaje mientras que, en términos sustanciales, estaban alejándose rápidamente de él. A determinar el curso de los cambios radicales ocurridos en América contribuyó de manera decisiva la inventiva de Lucky Luciano (Salvatore Lucania), cuya obra podría verse como el aspecto criminal de aquella inflexión producida en los años treinta, después del crac de la Bolsa de Nueva York (29 de octubre de 1929), que coincidió con el *New Deal* del presidente F. Delano Roosevelt.

Limitándonos aquí a extraer de hechos muy complejos sólo las referencias esenciales útiles para nuestra historia, se puede intuir, de manera general, que los incentivos brindados por la política de Roosevelt a la evolución de una sociedad de consumo de masas, basada en un modelo de Estado de bienestar o *welfare State*, ofrecieron objetivamente a la mafia, más allá de cualquier intención, excepcionales oportunidades de especulación tanto legal como ilegal. A ello hay que añadir, en el marco de los intereses suscitados por la reestructuración de la economía capitalista, las inéditas experiencias de poder en el mundo del trabajo por el control de los sindicatos obreros así como de la intervención en la política y en los partidos, a través de los comités y las asociaciones más diversas, de vez en cuando constituidos en apoyo de las candidaturas a los cargos, tanto a nivel de base, en las pequeñas y grandes ciudades, como en los estados y en los organismos federales. Favorables a los intereses mafiosos resultaron asimismo las orientaciones estatalistas y dirigistas de la nueva política, que incrementaban el peso de los aparatos burocráticos, fácilmente domesticables —como evidenciarán varios años después las grandes encuestas gubernativas (la Kefauver, la McClelland, etc.)— con operaciones de corrupción perfectamente orientadas.

Es casi superfluo precisar que la mafia, en general, se volvió partidaria de Roosevelt casi de inmediato. A través de los mismos mecanismos impulsados por las grandes reformas, se pusieron las bases de una alianza entre los mafiosos y sectores importantes del Partido Demócrata que tendrían una subterránea, aunque atormentada, continuidad hasta los años sesenta, en tiempos del presidente J. F. Kennedy. Para empezar, dicha alianza favoreció no sólo el merecido éxito de una personalidad del espectáculo del nivel de Frank Sinatra, sino también el ascenso político de ilustres personajes de la comunidad italosiculoamericana, como el alcalde de Nueva York Fiorello La Guardia (después de 1945, presidente de la UNRRA, la Administración de las Naciones Unidas para la Rehabilitación y la Ayuda de los Países Liberados), el juez de la Corte Suprema Joe Impellitteri y el pintoresco y poderoso Fortunate Pope, director del periódico *Il progreso italoamericano* (Vecoli, 1983).

En ese contexto dinámico se había cerrado de forma definitiva, con el fin de la Prohibición, la época de la producción clandestina y del contrabando del alcohol, pero se perfilaba otra perspectiva de negocio aún más prometedora, con un mercado potencialmente inmenso: el de los estupefacientes. También se había afirmado, sobre todo en el sector de los transportes y en el portuario, el lucrativo control mafioso del mercado del trabajo a través de unos singulares sindicatos obreros (en los espacios abiertos a jefes autoritarios y corruptos por el conflicto entre la ALF y el CIO, las dos litigiosas centrales sindicales), y marchaban bien los juegos de azar clandestinos, la prostitución y otras actividades similares que estructurarían en la cercana Cuba un verdadero imperio, entre villas faraónicas, casinos, burdeles y hoteles de lujo.

Todo esto exigía un cambio radical de mentalidad y de métodos, más allá del hábito de la cautela de algunas «familias» y de las incluso demasiado elementales y toscas prácticas de gánsteres del ya liquidado y pasado de moda Al Capone (Kefauver, 1953).

Lucky Luciano —pronto con la excéntrica colaboración de un discípulo destinado durante un tiempo a ser también su sombra, el mal reputado y «caballeroso» Albert Anastasia, capo de Asesinos S.A.— cogió al vuelo el aire de los nuevos tiempos y lo asimiló convirtiéndolo en el alma de la transformación directiva de la mafia. Para abrir el camino a sus soluciones modernizadoras, tuvo que hacer limpieza entre las familias neoyorquinas —a partir de su base natural de *Bruccolino*— liquidando a sus principales competidores, dos capos viejos y superados: primero a Joe Masseria, en 1930, con la ayuda de Salvatore Maranzano; y al mismo Salvatore Maranzano al año siguiente, sin necesidad de ayuda. Así, una vez constituido un personal espacio de poder adecuado a sus proyectos, comenzó a tejer una vasta red de alianzas, apuntando a las familias y a los capos con los cuales se podía contar para una operación de vasto alcance, mucho más allá del horizonte de Nueva York. Uno tras otro, se asociaron los Genovese y los Bonanno, los Gentile y los Galante, los Bonventre, los Di Bella, los Garofalo, los Sorge, los Priziola, los Vitale e innumerables personajes que, desde el comienzo o a continuación, con los años constituirían —extendiéndose por todo el continente— el grupo dirigente, la cúpula, de la mafia americana (Consiglio, 1973).

De este modo nació, sicilianísima en su nombre y americanísima en su estructura y fines, la Cosa Nostra, un verdadero *holding* de la especulación mafiosa encaminado a convertirse en poco tiempo en una multinacional criminal con enormes capitales en continuo aumento, garantizados y alimentados por una imponente cantidad de negocios tan diversos como combinables, sucios o limpios, a veces incluso ostentosamente legales, bajo la enseña de los servicios y los «favores» que hacer a los aliados de la política y la economía, a los amigos y a los amigos de los amigos. Pero durante un tiempo su inventor tuvo una vida difícil. El republicano Dewey, fiscal especial del estado de Nueva York, con finalidades relacionadas con su objetivo político fundamental de derrotar al Partido Demócrata, pretendió incriminarlo. Lucky Luciano, procesado por el único delito por el cual la policía fue capaz de reunir pruebas —el de explotación de la prostitución *(compulsory prostitution)*— fue condenado a treinta años de cárcel. Pero los amigos y sobre todo los intereses nacionales de los que eran árbitros los servicios secretos, en los más altos niveles federales de Estados Unidos, pronto le garantizarían una casi definitiva, y siempre clandestina, libertad provisional (Mercadante, 1986).

En la práctica, el hábil Lucky habría encontrado una atípica y respetada colocación en el organigrama reservado a los agentes secretos, y por sus patrióticos servicios habría sido generosamente remunerado con la concesión de una plena libertad para realizar negocios dentro y fuera de América, hasta el punto de convertirse en una especie de embajador de la mafia de Estados Unidos o, más precisamente, en el director general del *holding* criminal americano, cada vez más vocacionalmente internacional, empeñado en los negocios del mercado mundial de estupefacientes y, por lo tanto, interesado en la Sicilia mafiosa como su natural y fundamental base estratégica en Europa.

Así, la Cosa Nostra conseguiría de hecho una tácita e informal legitimación y la ayuda de poderosas tapaderas políticas y militares, mientras que su reconocida utilidad para la causa de la democracia americana en el mundo le permitiría establecer orgánicas y subterráneas alianzas sobre todo con la masonería. Gran parte de esta experiencia de cooptación de la mafia en el sistema de los grandes intereses nacionales estadounidenses no se explicaría sin el crecimiento general del papel social y económico (también positivo, y a veces justamente prestigioso) de la comunidad siculoamericana y sin considerar que los mafiosos de este origen y sus amigos, por más que fuesen, como eran, unos inescrupulosos y cínicos malhechores, nunca habían perdido del todo ese sentido casi instintivo y sofisticado de la política y esos rasgos de *savoir faire*, de astucia y flexibilidad, e incluso de sabiduría, procedente de su originaria cultura siciliana. Estas características excepcionales y este sentido del poder los diferenciaban nítidamente de los delincuentes comunes, y contribuían, además, a acreditarlos como anómalos «hombres de negocios» en una sociedad, como la estadounidense, tan puritana y respetuosa de las formas como habituada a la falta de escrúpulos.

La increíble historia fue parcialmente reconstruida por la encuesta de una comisión del Senado estadounidense, conocida como Comisión Kefauver, por el nombre de su presidente. Es un caso misterioso, del que pronto hablaremos, conectado inicialmente con los problemas políticos y militares planteados por la Segunda Guerra Mundial.

Perfil de don Calogero Vizzini

Entretanto, es oportuno reconducir la atención a Sicilia. Mientras en Estados Unidos se llevaba a cabo la modernización mafiosa que culminaría en la Cosa Nostra, en Sicilia la tradición histórica fundada en los intereses parasitarios del latifundio estaba consiguiendo su más significativa y definitiva expresión en la singular personalidad, y en las refinadas operaciones politicomafiosas, del varias veces citado don Calogero Vizzini, señor de Villalba, el último de los grandes padrinos por su indiscutible inteligencia y por su universal prestigio, capo de todos los capos, un noble criminal, aunque hijo de campesinos y de elemental cultura, tan despiadado como capaz de hacer coexistir la mala vida con una ambigua bonhomía campesina y un astuto e instrumental legalismo que lo inducía a recurrir, antes que a la violencia, a todo esfuerzo de persuasión para engatusar y obligar a la obediencia a sus numerosos súbditos y ampliar su influencia a distintos niveles del poder en un ostentoso culto del orden. Sus «devotos», los aliados políticos, sus numerosos parientes eclesiásticos, las mujeres reservadas y fieles de su familia, sólo habrían dicho que era un «gentilhombre» ejemplar.

Un estudioso local que puede considerarse incluso un testigo, Luigi Lumia, ha trazado un retrato suyo (1990) que es el mejor de los hoy disponibles:

> Dicen que Calogero Vizzini nunca encargó explícitamente a nadie que fuese a matar a una persona. Y es posible. Es más, dicen que, por el contrario, impidió, a veces, que sus más diligentes «muchachos» cometieran alguna imprudente locura. Y también esto es posible.
>
> Don Calò, dúctil hasta el punto de hacer ostentación de su condescendencia cuando no estaban en juego cuestiones de particular importancia, de otro modo duro hasta las últimas consecuencias, asumió en Villalba, en la posguerra, el papel del patriarca, del «hombre de todos»: cualquiera que fuera a refugiarse bajo su manto protector, sin distinción de partido, no hubiera obtenido más que beneficios siempre que hubiera mostrado fidelidad, obediencia y, si las circunstancias lo hubiesen impuesto, valor. ¡Sólo los mejores podían estar junto a él!
>
> El gesto siempre mesurado, el ademán flemático, de pocas palabras, don Calò evitaba, al máximo, el recurso a medios extremos.

Siempre trataba de arreglar las cosas y de reconducir a los hombres a la razón, es decir, al modo en que había decidido que debían ir los hombres y las cosas. Si luego, a pesar de su «buena voluntad», alguien se obstinaba en actuar por su cuenta, entonces ya no respondía de cómo se hubieran puesto las cosas, si éstas se atravesaban... eso no sería, por supuesto, culpa suya.

Gracias a sus dotes excepcionales, Vizzini, que desde luego era antifascista por motivos en absoluto reconducibles a una pasión por las libertades civiles, consiguió navegar indemne —ya se ha aludido a ello y ahora lo veremos mejor— en el fascismo. Sin un hombre de semejante casta, que sería, con su experiencia, el gozne entre dos mundos y dos épocas, sería difícil comprender cómo la mafia siciliana, a mediados del siglo XX, transitaría finalmente, casi sin solución de continuidad, de su largo «medievo» a la modernidad.

En efecto, don Calò tenía a sus espaldas una carrera en la cual al interés por las tradicionales especulaciones en el sector agrícola se añadían aquellas por negocios de tipo comercial-criminal y otros, en el sector azufrero, que se habrían podido reconocer, con un poco de buena voluntad, como «industriales». Era, por lo tanto, un aparcero de tierras y de minas, y también algo más, aunque no muy definible.

En cierto sentido, su rápido ascenso en la organización mafiosa había sido un producto de la Gran Guerra, obviamente sin ninguna connotación patriótica, aunque el personaje, a su manera, se había dado a conocer como patriota en la tarea de convencer a los campesinos de Villalba —muy comprensiblemente reacios (dado el precio nada remunerativo fijado por las autoridades del Estado)— a entregar su trigo a los almacenes públicos para sostener «el esfuerzo bélico de la nación». En realidad, el futuro capo había intuido, y luego realmente vivido, la guerra como un provechoso negocio y, en efecto, se había incorporado a los tráficos mafiosos entrelazados con las actividades de los distritos militares, los centros de asistencia y las comisiones de requisamiento de animales y productos agrícolas. Buenos beneficios había obtenido del mercado de las exoneraciones y las licencias militares para falsos inválidos y enfermos. Pero lo mejor se lo había garantizado el comercio de caballos y de mulas y, en general, de animales de carga, de tiro o de carne solicitados por el ejército para los transportes y la alimentación de las tropas. Y, al no ser propietario de animales, había empezado a robarlos, dirigiendo el vasto tráfico de ganado de la mafia en la zona.

Para seguir más de cerca los procedimientos de la operación recurrimos una vez más a la pormenorizada monografía de Lumia:

> La mafia adoptaba [...] diversos métodos para la «venta» de los cuadrúpedos a la Comisión de Requisamiento. Uno de ellos era ofrecerle las cabezas de ganado que robaban decenas de cuatreros sueltos por los campos. La Comisión, sin hilar demasiado fino, los aceptaba y pagaba un precio «justo». El otro consistía en poner en práctica una estratagema sencilla —pero difícilmente realizable sin la complicidad de algunos jefes militares— mediante la cual las mismas cabezas de ganado adquiridas poco antes por el Estado, volvían a ser nuevamente vendidas por la mafia, siempre al Estado, dos, tres o más veces en el curso de la misma jornada.

En el tráfico, Vizzini se había mostrado tan inescrupuloso como desenvuelto, contando con una red de complicidades extendida en el ejército y la administración pública. Sin embargo, en 1917 no había conseguido escapar a una orden de búsqueda y captura, emitida por una comisión militar de investigación, por delitos de corrupción y fraude «en perjuicio de la Nación en guerra». Sostenido por una formidable cohorte de defensores dirigida por el diputado Fulci, en 1918 había resultado finalmente absuelto del procedimiento judicial que tuvo lugar en Caltanissetta, conocido como el «proceso de las mulas».

Así había conquistado su plena investidura mafiosa y, desde aquel año y durante mucho tiempo, su crecimiento en los negocios y en el prestigio —aparte de algunas dificultades temporales debidas a la misma complejidad de las operaciones que conducir a puerto— no habría conocido pausas. Siendo ya propietario del feudo Marchesa de nada menos que 501 hectáreas (adquirido en 1916 por apenas sesenta mil liras en una subasta pública amañada), decidió dividirlo en lotes y venderlo a los campesinos, a precios normalmente superiores a las 1.500 liras por hectárea, de modo que debió de ganar una suma al menos diez veces superior a aquella que, apenas dos años antes, había empeñado en la adquisición. Con los abundantes medios financieros ahora disponibles (reforzados por los créditos que le fueron concedidos por la Banca Autonoma di Credito Minerario, una estructura financieromafiosa), se había lanzado al sector minero, o sea, a un sistema de intereses configurable como un área de capitalismo del subdesarrollo.

Con una única «acta de cesión» de los propietarios, en octubre de

1919 se había convertido en «dueño del grupo de minas existente en las "terrazas" denominadas Gaetani, Trigona, La Paglia, Fiocchi, Costa Grande, Costa Piccola, La Cagnina, Polizzi, Rizzo e Ippolito, en el territorio de Caltanissetta». En total, nada menos que diez minas, aparte de la azufrera Gessolungo, de la que era propietario desde hacía tiempo (Lumia, II, 1990).

En los umbrales de la época fascista, nuestro personaje, ahora reconocido como uno de los mayores capos de la isla, se había convertido en un respetable industrial de cuya frecuentación estaban orgullosos los más poderosos personajes del empresariado y del mundo político siciliano, en un circuito de relaciones mafiosomasónicas que afectaba, hasta Roma y más allá, a todos los ganglios vitales del sistema de poder construido en los años giolittianos. Don Calò era íntimo amigo del barón Giuseppe Rizzo de Cammarata, el hombre con el cual, de joven, había sido denunciado y condenado por favorecer a la banda Varsalona. En 1922 habría estado en Londres, con otros amigos y prominentes colegas —los Lanza di Trabia, los D'Ayala, los Donegani—, en la mesa de las negociaciones internacionales de los industriales transformadores de azufre.

Sin embargo, ya se ha dicho, nunca abandonaría —al contrario, incluso las reforzaría hasta la conquista de un singular dominio sobre el gran feudo Miccichè de Villalba— sus posiciones en el latifundio. Por lo tanto poseía títulos más que suficientes para ascender, junto con el poderoso «barón» palermitano Lucio Tasca y a los distintos Bartoli y D'Alì Staiti, en la dirección informal de aquel Partido Agrario que hemos visto actuar contra los campesinos, y en una difícil negociación con el fascismo, en el «bienio rojo», tras la Primera Guerra Mundial. Tras llegar al más alto nivel de la integración de la mafia con la política, había estrechado relaciones, casi de igual a igual, con Vittorio Emanuele Orlando e iniciado su amistad con Andrea Finocchiaro Aprile, el futuro jefe carismático del separatismo siciliano.

Los datos biográficos hasta aquí reseñados explican, junto con el amplio consenso constantemente reiterado desde su Villalba, los motivos por los cuales hasta al mismo fascismo se le hizo imposible descalabrar su autoridad. Dadas sus poderosas amistades y su flexibilidad táctica, el régimen debió limitarse a fastidiarlo. Precisamente en los años más intensos de la operación Mori, el astuto patriarca consiguió incluso apoderarse de nuevas y relevantes propiedades inmobiliarias, con una operación de tan refinada como parasitaria intermediación entre el dueño del feudo Belici y una base de unas trescientas familias campesinas —encabezada por la cooperativa de veteranos de guerra de Villalba— que aquí no viene al caso analizar en sus detalles para no aburrir a los lectores. Pero también conoció algunas afrentas que desafiaron y alimentaron su no obstante cauto y siempre respetuoso antifascismo: la dolorosa humillación, a partir de 1928, del confinamiento policial, si bien en una localidad no alejada de su pueblo, Tricarico, en la Lucania, a pesar de la cual pudo seguir ocupándose de sus negocios; luego, aún en 1928, la deshonra de la quiebra, con unas pérdidas de más de cuatro millones de liras, de sus actividades como industrial minero; por último, desde agosto de 1929, el esfuerzo de tener que defenderse, en un agotador procedimiento judicial (primero en Caltanissetta, luego en Palermo, por legítima sospecha) que lo vio imputado, por asociación de malhechores, bajo la acusación de ser el capo de una «mafia de las minas» con ramificaciones internacionales.

En aquella ocasión la opinión pública se dividió: la oficial, encabezada por los carabineros, insistía en representarlo como «un mafioso enriquecido con métodos mafiosos», mientras que la más vasta de los «gentileshombres» y de un cierto pueblo llano de su ambiente aldeano insistía en presentarlo como «una víctima de la mafia». Un general de la milicia fascista fue aún más lejos; llegó incluso a criticar a las autoridades del régimen: «Calogero Vizzini —dijo— no es un mafioso, sino una víctima del fascismo, y el fascismo no necesita víctimas.» El resultado de la movilización a su favor fue una triunfal absolución.

Por lo demás, que don Calò era una personalidad inoxidable, a pesar de todas las habladurías de esbirros y adversarios («él es la mafia de veinticuatro quilates» solía repetir el comisario de Caltanissetta), resultaba también del comportamiento de las instituciones financieras y de numerosos amigos en apoyo de sus negocios: no obstante la declaración oficial de quiebra, inexplicablemente el Banco di Sicilia (un ente público, préstese atención) siguió concediéndole créditos (incluso un préstamo de nada menos que 185.000 liras en 1930) y lo mismo seguirían haciendo algunos acomodados particulares durante una década. Además, los fascistas de los cuales el padrino estaba rodeado, eran casi todos, como el ex diputado del PPI (Partido Popular Italiano) Pietro Cascino, ahora secretario federal del PNF (Partido Nacional Fascista), sus antiguos clientes: en otros tiempos los había ayudado a abrirse camino en la política y le eran fieles. Por lo tanto, se encontraba tutelando, paradójicamente como antifascista, el porvenir de numerosos chaqueteros, jerarcas de conveniencia, que nunca habrían jurado por la suerte milenaria del régimen y que, sin duda, estaban dispuestos a otras eventuales epifanías políticas. El sabio patriarca era tolerante, tenía tiempo y sabía esperar.

Luego de mirar nuevamente tanto a América como a Sicilia, tenemos los elementos suficientes para una comparación de la cual parten las directrices del que sería el desarrollo de la historia mafiosa después de la época del fascismo. En Estados Unidos nadie habría podido ser más americano en su perpetuación de la sicilianidad que Lucky Luciano, a la cabeza de la Cosa Nostra. En Sicilia, por su parte, nadie habría podido ser más siciliano que el intermediario capitalista Calogero Vizzini al echar las bases para una rápida integración de la Onorata Società con la mafia americana (Mangiameli, 1984). Eran dos líneas aún distintas, pero simétricas, que pronto se encontrarían y más tarde, como veremos, incluso se fundirían, con el concurso de acontecimientos históricos decisivos del siglo XX.

CAPÍTULO OCHO

El intento secesionista
y los primos americanos

CAE MUSSOLINI Y LA MAFIA REINVENTA EL SEPARATISMO

El fascismo, con relevantes novedades respecto del pasado, había creado tanto las condiciones para la colaboración de la Sicilia mafiosa con el Estado como las necesarias para una ruptura definitiva. A potenciar estas últimas contribuyó bastante, en 1940, la decisión de Mussolini de lanzar el así llamado «asalto al latifundio». La operación, concebida por Giuseppe Tassinari y dirigida con inspirada demagogia por un técnico de nombre Nello Mazzocchi Alemanni, involucró, con técnicos del nivel de Paolo Fortunati, Serafino Scrofani y Arrigo Serpieri, también a numerosos intelectuales de prestigio como Giuseppe Cocchiara, Alessio Di Giovanni, Renato Guttuso, Nino Savarese y Vann'Antò, entre quienes es fácil reconocer a aquellos destinados a una próxima experiencia de abierto antifascismo (Marino, 1998).

Lo inició Mussolini en persona, con un célebre discurso pronunciado en julio de 1939. Con grandilocuente fogosidad y retórica pomposa, profetizó «el fin del latifundio como la definitiva liquidación, querida por la férrea voluntad fascista, de un tiempo de vergüenza y de incivismo». A su manera, definió el muy tardío proyecto de un «meridionalismo fascista» increíblemente conectado no sólo al tradicional ruralismo de la época, sino a una utilización demagógica de la reciente decisión del régimen de dotarse de una política racial: «Rescatar la tierra, con la tierra a los hombres, con los hombres a la raza, para dispersar al viento las cenizas malditas de la corrupción, el embrollo, la arbitrariedad y la desidia.» ¿Así quería finalmente denunciar el parasitismo y las cínicas prácticas antipopulares de los latifundistas sicilianos, dejando entender que la medida era también una demostración de que ya se había colmado la capacidad de prudente y cómplice aguante del régimen? Semejante duda se insinuó enseguida en las cabezas de la baronía agrario-mafiosa, poniendo en crisis consolidadas seguridades de privilegio e instrumentales lealtades fascistas, tanto más que el Duce, al rendir homenaje a una «Sicilia adorable», precisó que quería «transformarla en una tierra libre y pura para siempre».

El 2 de enero de 1940, mientras la guerra hacía tiempo que estaba devastando Europa e Italia se disponía a salir de la «no beligerancia» con la constitución de un específico ente público encargado de la empresa, Mussolini pasó de las palabras a los hechos, impartiendo la orden de asaltar el latifundio siciliano. Los latifundistas no correrían peligro en cuanto a sus títulos y derechos de propiedad, pero a condición de no sustraerse de la obligación legal de formular y realizar (con la ayuda técnica y financiera del Estado) unos planes de transformación para hacer productivas las tierras sin cultivar o mal cultivadas. Al mismo tiempo deberían disponerse a hacer efectivo el marco social de la «colonización», renunciando al viejo sistema del arrendamiento a los aparceros y procediendo, en cambio, a dividir los latifundios en fincas de pequeña y mediana dimensión que asignar, con contratos de aparcería (llamados de «colonia mejoradora»), a la directa gestión de los cabezas de familia campesinos. En base a la ley, cuantos se hubieran sustraído a las obligaciones de la transformación y de la colonización serían pasibles de expropiación por parte del «Ente de Colonización del Latifundio Siciliano», que sustituiría a los propietarios en la relación con las familias campesinas.

Es casi superfluo advertir que las drásticas medidas no pasarían del papel. En efecto, no se tiene noticia de que se iniciase ningún procedimiento de expropiación por parte del Ente, que en cambio dedicó su actividad, sobre todo, a la realización de caminos entre las fincas y bebederos para animales. Además, con vocación de constructiva modernidad emprendió la construcción de unas dos mil casas solariegas y una decena de pueblos rurales para el asentamiento directo de algunas familias de colonos (1.634 en total, a fecha del 31 de agosto de 1942) en las pocas áreas de latifundio colonizadas. En concreto, los grandes barones gozaban todavía de «amistades» e influencias más que suficientes para sustraerse tanto a las obligaciones de la ley como a las sanciones previstas para los incumplimientos de la misma.

Sin embargo, por más que ampliamente aplicada o soslayada en la parte relativa a las cargas correspondientes al Estado, la nueva legislación pendía como una espada de Damocles en particular sobre la suerte de los aparceros y de toda la fuerza social de la mafia agraria. Su imponderable amenaza futura era de por sí más que suficiente para producir en los ambientes agrariomafiosos una alarma no del todo exorcizable con el recurso a las amistades y a los favores para frenar la actividad del Ente y conjurar una rigurosa aplicación de las normas.

Desde luego, bien visto, ese asalto fascista al latifundio no era precisamente una reforma agraria, y dados los límites del ambiente social siciliano y de su planteamiento corporativo —según una línea proyectual que habría gustado a lo sumo a un Crispi o a un conservador ilustrado como Sidney Sonnino—, resulta difícil imaginar cómo habría podido tener, con los años, desarrollos más avanzados y radicales. No obstante, es correcto reconocer en él un notable paso hacia adelante respecto de la política del «saneamiento integral» que hasta ese momento perseguía el régimen, sustancialmente en apoyo de la gran propiedad latifundista (*ibid.*, pp. 311-323).

Si bien es verdad que se trataba de un proyecto dictado en gran medida por las contingentes necesidades de aprovisionamiento alimentario de un país en guerra y de una extremada iniciativa demagógica en el intento de mostrar, después de veinte años de complicidad con los latifundistas, una cierta solicitud por las carencias de los campesinos sicilianos llamados a las armas, también lo es que marcaba una irreversible orientación hacia una verdadera reforma agraria. Y bastaba esa orientación para determinar una drástica ruptura de la tradicional línea de alianza de la política nacional con los intereses de los latifundistas sicilianos. Como consecuencia casi inmediata se tuvo el efecto de una rápida reagrupación, a la vez defensiva y ofensiva, en torno al eje de los grandes intereses de la sociedad del latifundio, de todas las fuerzas mafiosas, sea de aquellas que se habían dejado cooptar por el régimen, sea de las que se habían atenido a una línea de umbrátil oposición o de prudente neutralidad.

Semejante proceso de recomposición unitaria fue acelerado por la caída del fascismo y los sucesivos acontecimientos politicomilitares: con la previsión de una posible afirmación, en el gobierno de Italia, de los partidos de la izquierda de clase, que estaban asumiendo el mayor peso del antifascismo militante y la dirección de la Resistencia, se hizo aún más aguda la alarma planteada por el «asalto al latifundio». Si hasta el fascismo, que durante dos décadas había sido el baluarte nacional de los grandes intereses amenazados por la revolución, había dado al final señales de no estar dispuesto a defender el sistema social del latifundio siciliano, ¿qué habrían podido esperar los latifundistas, más que una irreparable catástrofe, de una Italia cada vez más condicionada por los comunistas y los socialistas?

La crisis de la histórica alianza entre los grandes intereses sicilianos y la política nacional en el sistema de los poderes conservadores del Estado unitario italiano, una vez disuelto el régimen fascista, parecía destinada a asumir las características definitivas de un proceso irreversible, al menos porque los mismos poderes conservadores estaban saliendo humillados y derrotados de la tragedia de la guerra. Al tomar nota de ello, el frente agrariomafioso se convenció de que no disponía de otra hipótesis de salvación que la de relanzar el separatismo siciliano, promoviendo un inmediato distanciamiento de Sicilia del resto de Italia, con la simultánea formación en la isla de un Estado formalmente independiente, pero en concreto confiado a la protección internacional de la principal potencia anticomunista de Occidente: en cierto sentido, forzando sólo un poco la interpretación de los hechos, se podría decir que la madre patria de la mafia decidió entregar su tambaleante destino a la salvadora ayuda de su poderosa colonia americana.

Fue con esta vocación que en 1943, en un despacho de abogados de la romana Via Cicerone, 28, y tras el 25 de julio, que decidió el fin de Mussolini —mientras estaba en curso el renacimiento democrático dirigido por los partidos de masas y se estaba formando con el CLN (Comité de Liberación Nacional) el frente de la resistencia armada a la ocupación nazi—, un grupo de personajes casi anónimos al frente de los cuales se hallaba Andrea Finocchiaro Aprile en simbiosis con el conde Lucio Tasca y don Calogero Vizzini, fundó oportunamente un Comité de Acción que poco después redactaría, y luego difundiría en Palermo, el manifiesto del «resurgimiento nacional siciliano».

Más allá de los muy comprensibles tonos retóricos de la ocasión, la cultura política de esa singular agrupación de patriotas sería resumida precisamente por Tasca (el más importante representante de la agricultura mafiosa), resurgido como un increíble campeón del antifascismo de la penumbra de sus sufridas y oportunistas relaciones con los jerarcas del fascismo, con un libelo de título inequívoco, *Elogio del latifondo* [Elogio del latifundio], editado en Palermo en octubre de 1943, que se convertiría en el texto sagrado de todas las futuras oposiciones a la reforma agraria. He aquí, a continuación, un pasaje fundamental:

El latifundio siciliano, para quien aún no lo sepa, es el mito de Ceres y de Proserpina, tiene raíces en la historia de la humanidad y milenios de nobleza. [...] ¡Gloria, pues, al latifundio siciliano! [...] El latifundio es una gran reserva de riqueza que los sicilianos sabrán valorizar el día en que los recursos económicos de su tierra sean empleados en la isla.

Desde sus primeros pasos, el renacimiento democrático en Sicilia se valió del tradicional reformismo de la clase política relacionada con la mafia para convertir rápidamente las anteriores actitudes oportunistas, que habían alimentado tanto el filofascismo de conveniencia como el así llamado «antifascismo», en una demanda de liberación de la isla de los riesgos de un futuro amenazante que se cernía sobre los derechos históricos de sus clases privilegiadas.

El momento pareció propicio, dado que para conseguir esa invocada liberación podían aprovecharse a fondo los intereses estratégicos en el Mediterráneo de las grandes potencias y, sobre todo, las consecuencias de la catástrofe fascista sobre el mismo organismo del Estado unitario. Barones y aparceros, padrinos, viejos notables, hombres de honor y amigos de los amigos tuvieron ocasión de presentarse ante los vencedores, además de como fiables y serviles aliados, como víctimas de un poder extranjero que durante veinte años había oprimido la isla. ¿No era acaso verdad que el mismo fascismo había sido un producto de los septentrionales? En la plena y abierta recuperación del antifascismo, el problema fundamental que la Sicilia mafiosa habría debido afrontar era una decidida y astuta autodefensa del nuevo «viento del Norte», un viento que se imaginaba devastador y de un color rojo revolucionario.

El desembarco de los Aliados y el renacimiento de la mafia

La ya iniciada recomposición de un amplio frente mafioso antifascista recibió la decisiva potenciación, en junio de 1943, del desembarco aliado en Sicilia. La operación *Husky*, como fue denominada en código, había sido preparada por un intenso ajetreo de los servicios secretos en el cual la mafia —según resulta, por otra parte, de la encuesta Kefauver, de testimonios de los servicios de inteligencia y, hoy, de las actas de la Antimafia italiana— había tenido un papel de primer plano. Estaría fuera de lugar escandalizarse por hechos que respondían a acuciantes instancias politicomilitares en un período en que era esencial para la democracia derrotar al nazifascismo. Pero es cierto que así se habían establecido las premisas, en Estados Unidos, de una alianza entre la mafia y el Gobierno que luego, concluida la guerra, se estabilizaría, con un objetivo distinto, en otras direcciones (Pantaleone, 1962).

El proceso debe reconstruirse desde los orígenes utilizando lo poco que hasta ahora ha traslucido de la cortina de misterios que aún envuelve las actividades de los más diversos servicios estratégicos y militares estadounidenses.

Ya se ha aludido al informal papel de agente al que había sido promovido Lucky Luciano. Ahora es el momento de ser más precisos. El personaje fue enrolado mientras aún estaba en la cárcel por iniciativa de los servicios estratégicos de la marina, regularmente autorizados por el fiscal general del distrito de Nueva York. Se le solicitó la patriótica colaboración de la mafia, dueña y señora indiscutible del puerto (del que existe una sugestiva representación en una famosa película con Marlon Brando), para prevenir las previsibles acciones de los zapadores alemanes que estaban al acecho a lo largo de la costa a bordo de los submarinos. El capo se reveló a la altura de la misión y Murray Gurfein, responsable de la operación, hizo que le dieran como premio una celda confortable en la prisión de Comstock y las credenciales para nuevos y más prestigiosos encargos. En efecto, poco después, en 1942, Earl Brennan —un dirigente de la inteligencia secreta que había vivido un tiempo en Italia bajo cobertura diplomática con la misión de establecer contactos con la organización de vigilancia antifascista— consideró útil contar con sus servicios a los fines del trabajo que había asumido de coordinador de una Office of Strategic Service (OSS) [Oficina de servicios estratégicos], constituida por los italoamericanos Victor Anfuso, Max Corvo y Vincent Scamporino, con la tarea fundamental de organizar la penetración política de Sicilia con vistas al desembarco militar (Faenza-Fini, 1976).

En el mismo año, desde luego no por azar, fue constituido, con el apoyo directo del Departamento de Estado, bajo la dirección de Luigi Antonini, un específico sindicato italoamericano, el Italian American Labour Council [Consejo Italoamericano del Trabajo], con la misión de «ayudar a los esfuerzos bélicos de Estados Unidos y de sus aliados».

Es incluso demasiado fácil intuir el sentido y los fines del delicado encargo confiado a Luciano: debería organizar —lo que con seguridad hizo, con toda la rapidez que le permitían los vínculos existentes entre la Cosa Nostra y la Onorata Società— un frente interno filoaliado en Sicilia, aprovechando todos los recursos de la hegemonía social de la mafia y sus relaciones orgánicas con la masonería. En otras palabras, se trataba tanto de preparar el terreno para una amistosa hospitalidad de la población a las tropas aliadas, como de predisponer las condiciones favorables, las alianzas y el mismo personal local que utilizar para un pacífico y eficaz gobierno de la isla por parte de la futura administración militar. Desde esta perspectiva, fundada en el proyecto de utilizar a fondo a los «amigos» sicilianos de la Cosa Nostra —aquí está, préstese atención, el punto que evidencia tanto la calidad, como la enorme medida de la falta de prejuicio empeñado en el oficioso proyecto del Gobierno de Estados Unidos (o al menos de algunas de sus estructuras a las que hoy, eufemísticamente, se denominaría «desviadas»)—, en la práctica la mafia era legitimada como futura clase dirigente de la isla, con potenciales tareas de protección en toda Italia. Al ser éstas y no otras las grandes líneas estratégicas del Pentágono y los servicios secretos —como es razonable creer en base a los elementos de hecho, que son mucho más que simples indicios, recogidos por una bibliografía cuyas informaciones fundamentales, por más que a veces puedan abandonarse a las suposiciones, no han sido desmentidas (Filippo Gaja, Michele Pantaleone, Faenza y Fini)—, no se puede pensar que Earl Brennan y sus colaboradores obligaran a Lucky Luciano a organizar sus filas y a impartir sus disposiciones a los «primos» sicilianos desde el recinto de una prisión. Debieron obtener una liberación clandestina e incluso encuadrarlo, con una falsa identidad, en el grupo de los agentes y asesores que colaboró con los generales en el momento del desembarco en Sicilia y en el curso de las sucesivas operaciones militares y políticas. Y, en efecto, no pocos testimonios directos confirman esta hipótesis, aunque, como es obvio, durante mucho tiempo será difícil acreditarla definitivamente en el ámbito historiográfico, al estar aún cerrado, o controlado, el acceso a los documentos.

Un dinámico y culto periodista japonés, Keiichi Suzuki, que trabaja para el *Asahi Shimbun* de Tokio y que recientemente ha llevado a cabo una investigación sobre el tema, no está en absoluto convencido de la credibilidad de las certificaciones oficiales que le suministraron en Estados Unidos sobre la presencia de Luciano en la cárcel en el período de la ocupación militar aliada de Sicilia. Éstas, en realidad, sólo confirman que el capo aún no había sido borrado de la lista de los detenidos, mientras que es cierto que, si estuvieran equivocados cuantos aseguran

(el último, en estos días, el anciano senador Nicola Cipolla) haber verificado su presencia en Sicilia en aquellos años, no se comprendería,
sobre todo, el sentido de la motivación con la cual luego, en 1946, el
gobernador del estado de Nueva York, Thomas Dewey, decidió oficialmente «perdonarlo» y dejarlo en libertad condonándole nada menos
que dos tercios de la pena: la libertad le fue concedida (pero con la muy
extraña obligación de regresar a Italia) por méritos patrióticos sobre la
base de un documento del comandante de la marina Charles Haffenden que acreditaba sus dotes de lealtad y unos imprecisos actos de efectiva colaboración con los cuales había sido «de gran ayuda a las fuerzas
armadas» (Gaja, 1950; Faenza-Fini, 1976).

   ¿Se trataba sólo de la colaboración prestada en el puerto de Nueva
York? También podría ser, y no es el caso de perderse en deducciones y
fantasías. La cuestión, desde el punto de vista historiográfico, es sólo
una curiosidad, porque, haya sido o no partícipe directo de las vicisitudes del desembarco en Sicilia, no hay duda de que Lucky fue el perno
de la operación confiada a la Cosa Nostra que concluyó con una objetiva asunción de la Onorata Società siciliana para la estrategia de la política americana en Italia. Y no hay dudas de que, al menos desde 1946,
todas sus actividades en Italia habrían sido toleradas y encubiertas como
remuneración de méritos ya adquiridos y de otros eventuales que escapan de la verificación historiográfica, ya que están absorbidos por la nebulosa de los misterios que envuelven a las empresas de los servicios secretos.

   Es un hecho que junto a Luciano actuaron, con diversos títulos y a
distintos niveles, si bien en diferentes tiempos y modos, con patriótico
interés por la suerte del destino político y militar de Estados Unidos
—según cuanto ha confirmado la prensa de actualidad sobre el tema
basándose en las fuentes citadas—, los principales representantes de la
organización mafiosa americana: Joe Adonis, Albert Anastasia, Joseph
Antoniori, Jim Balestrieri, Thomas Buffa, Leonard Calamia, Frank Coppola, llamado «Tres Dedos», Frank Costello, Joe De Luca, Peter y Joseph
Di Giovanni, Nick Gentile, Vito Genovese, Tony Lo Piparo, Vincent
Mangano y Joe Profaci (Pantaleone, 1962).

   En el caluroso verano de 1943 (¿recuerdan los lectores las páginas
del *Cándido* de Leonardo Sciascia en relación con aquella atmósfera
irrepetible?), por encima de las tramas misteriosas del espionaje militar
tuvo finalmente las de ganar la fiesta de un encuentro popular por el
triunfo de la Sicilia liberada. Todos los mafiosos enviados por el prefec

to Mori a las colonias penales del régimen y los demás perseguidos con distinto título, recuperaron la libertad con la patente de antifascistas y obtuvieron consuelo, y un vibrante testimonio de afecto, de sus numerosos «primos» americanos presentes en los ejércitos de los generales Eisenhower y Patton. Y al ser los americanos los nuevos cruzados de la democracia, también los indígenas mafiosos aprendieron a llamarse demócratas e identificaron como su protector al coronel Charles Poletti, un dinámico *paisà* —antes abogado de Roosevelt y luego, durante poco tiempo, en 1942, gobernador de Nueva York— máximo representante de Estados Unidos en la administración militar aliada (AMGOT) primero en Sicilia y posteriormente en toda Italia («coronel Poletti, menos charla y más espagueti», habría protestado, en Roma, la voz de Pasquino).

Como su guía carismático, apareció rápidamente en escena —con su «Apelación al pueblo de Sicilia» difundida desde Palermo el 12 de junio— aquel Andrea Finocchiaro Aprile, cuyos antecedentes ya conocemos y a cuya nueva actividad será bueno dedicar un poco de espacio en las próximas páginas. Por ahora es suficiente tomar nota de la oportunidad de su intervención pública en el marco de la recomposición de las relaciones entre políticos, masones y mafiosas iniciadas, como se ha visto, en su despacho romano. Él pudo cerrar rápidamente el paréntesis de la experiencia de aislamiento vivida en el período fascista y obtener honor y provecho inmediatos de aquella experiencia de notable de los primeros años veinte que lo había visto —a la cabeza de la Sociedad de Agricultores de Lucio Tasca, junto al conocido Calogero Vizzini— como protagonista de una firme oposición sicilianista al fascismo (Marino, 1976).

Coherente con sus ideas y con la satisfacción de que finalmente la historia le diera la razón, el masón Finocchiaro Aprile lo tuvo fácil para señalar en la actuación del fascismo la última y más grave manifestación de la rapacidad colonialista de los dominadores septentrionales respecto de Sicilia y también para plantear entre los «señores» de la isla la preocupación de que otros y definitivos actos de arrogancia pudieran venir del «viento del Norte». Así fue que, desde su casi improvisado e incierto comienzo romano, el Movimiento por la Independencia Siciliana (MIS) cogió impulso en la isla sobre el eje de una cada vez más estable alianza con la alta mafia agraria representada por Tasca y Vizzini, con una inicial, si bien cauta, benevolencia de los americanos y, lo que más contaba, con la fundamental aportación de esa vasta serie de «hombres de honor» y de «muchachos» salidos, como verdaderos triunfadores, de los rigores del régimen mussoliniano. Sus proclamas, a partir de aquella del 10 de julio, de la cual se reproduce a continuación un pasaje significativo, habrían hablado de «derecho histórico de Sicilia a la independencia», además de la «necesidad de un plebiscito, conforme al principio de autodeterminación de los pueblos».

> [...] La unidad de Italia, y no por culpa nuestra, está destrozada y Sicilia quiere organizarse, gobernarse y vivir por separado, sola. El nuevo Estado liberal e independiente de Sicilia, según el sistema republicano, debe surgir y surgirá porque ésta es la indefectible voluntad del pueblo siciliano [...]. Con este supremo fin algunos hombres de probada fe y de segura experiencia se han asociado en distintos momentos para predisponer todo lo necesario y para pedir también el concurso de las grandes naciones unidas al fin de la constitución del nuevo Estado de Sicilia, la formación del gobierno provisional y la admisión de una delegación siciliana en la futura conferencia de paz, en la cual nuestra nación querrá participar como una buena amiga de Inglaterra, de Norteamérica y de las demás potencias aliadas [...].

El movimiento de Finocchiaro Aprile (el MIS) fue, no por casualidad, la primera fuerza política que apareció públicamente en la Sicilia liberada con intensas presunciones de representación democrática, mientras que el PCI (Partido Comunista Italiano) y los democratacristianos empezaban a salir, no sin problemas, de la clandestinidad. Y no por casualidad el MIS encontró un rápido crédito en la alta sociedad de la isla y obtuvo un éxito, pronto sancionado por la conquista, por parte de sus militantes, de importantes posiciones de responsabilidad política (Renda, 1987).

Sobre las relaciones entre el AMGOT, por una parte, y el separatismo y la mafia, por la otra, la verdad histórica es tan inobjetable como, por muy comprensibles motivos, controvertida. En una reciente entrevista (1993), Charles Poletti, de más de ochenta años en la actualidad, ha declarado asombrosamente: «No, nunca hemos oído hablar de la mafia, nunca hemos tenido ningún contacto con la mafia; yo tenía una posición eminente, si hubiéramos tenido relaciones con la mafia lo habría sabido.» También ha añadido que cree que la mafia en realidad no existe: se trataría sólo de «una invención intelectual», y no se entiende bien por qué inefable sentido de la justicia, un historiador italiano, Renda, ha insistido recientemente (1997) en la tentativa de interpretar benévolamente sus tesis y defender su imagen. Como es obvio, dada esta opinión, Poletti nunca habría estado en condiciones de reconocer y temer como mafiosos a los distintos capos que rodeaban a personalidades como el juez del Partido Demócrata Ferdinando Pecora o, en el puerto de Nueva York y en los sindicatos americanos, a su fraternal amigo Luigi Antonini. Y tampoco el gánster Vito Genovese que, juran los testigos, estuvo, obviamente bajo un nombre falso, entre sus principales hombres de confianza en el cuartel general de la AMGOT en Palermo con el encargo oficial de intérprete (Pantaleone, 1962).

No obstante, y aun dudando, como se ha visto, de la existencia de la mafia, Poletti no ha negado que a veces en Sicilia le había ocurrido conocer a personajes señalados por la opinión pública, quién sabe por qué, como mafiosos. Pero todos le habían parecido —y con razón, dadas las buenas relaciones que mantenían con él— «tranquilos, tranquilos, tranquilos». No le habían creado problemas. Ha considerado justo rendir honor a la verdad: «Nunca, durante todo el período del gobierno militar en Sicilia, nadie me ha referido un problema relacionado con la mafia, ¡nunca, nunca!» Y, desde luego, habría sido por lo menos extraño que alguien le hablase de ello: ¿acaso el problema no había sido radicalmente resuelto, desde el principio, por la lealtad patrioticodemocrática de la Cosa Nostra?

Todos los laboriosos «primos» de Lucky Luciano eran respetables antifascistas. En su avance por la isla las tropas aliadas habían sido acogidas, casi sin excepción, con calurosas manifestaciones de entusiasmo propiciadas por «gentileshombres» muy respetados por la gente, que exhibían su fe en la democracia y, normalmente, integraban la formación independentista de Finocchiaro Aprile. ¿Quién se habría atrevido a tachar de mafioso a un terrateniente del nivel del conde Lucio Tasca? Poletti apreció de inmediato su «caballerosidad» y lo nombró alcalde de Palermo. En la misma línea política, estimando que actuaba en favor del renacimiento de la democracia en Italia, instaló a otras figuras análogas —si bien mucho menos aristocráticas— en la dirección de las administraciones municipales de la isla: aparte del conocido campeón del antifascismo don Calò Vizzini en Villalba, a otros innumerables personajes de similar cultura democrática como Antonino Affronti, Serafino Di Peri, Giuseppe Genco Russo, Giuseppe Giudice, Vincenzo Landolina, Peppino Scarlata y Alfredo Sorce (Renda, 1997).

Entre las distintas investiduras la más memorable y densa de valor simbólico fue, desde luego, la de don Calò en Villalba el 26 de julio: los americanos no habían tenido dificultades para reconocerlo como autoridad indiscutible desde su primer encuentro con el pueblo; el hombre, más allá del hecho de que se declarara oficialmente independentista, era por sí mismo mucho más que un partido. A los oficiales aliados debió de parecerles extraño que, con todo el prestigio del que disfrutaba, aquel famoso padrino (¡considerado incluso merecedor de un ridículo nombramiento de «coronel honorario» del ejército estadounidense por la inefable ayuda proporcionada a las operaciones militares aliadas!) se hubiera conformado con vivir en un pueblo tan pequeño y aislado, rodeado por vastas extensiones de tierra que, abrasadas por el sol, parecían irremediablemente áridas y desoladas.

Es imaginable que cuantos ignoraban la esencia de las cosas miraran a los capos de la Sicilia latifundista —entre los cuales otros muy similares o apenas inferiores al de Villalba eran Giuseppe Genco Russo, en la no distante Mussomeli, y Francesco Di Cristina, en Riesi— como a unos jefes de tribus aborígenes en un país por colonizar. La Sicilia del interior, con sus tropeles de niños descalzos en el fango y en el estiércol de las calles sin asfaltar, se presentaba en toda la increíble miseria en la que la había dejado el régimen fascista; y los servicios sanitarios de las divisiones militares tuvieron que esforzarse mucho para desinfectarla, con dosis masivas de DDT, de las nubes de mosquitos que difundían la malaria.

Por lo tanto, don Calò, famoso mafioso con un hermano arcipreste, una familia respetable y un séquito de devotos dispuestos a todo ante su mínimo gesto, debió de parecer a los liberadores más ingenuos como un elemento singular, una figura folclórica, de aquella degradación general. Él probablemente fuese consciente de ello. Como hombre prudente que era, se mostró agradecido por el honor de la alcaldía, pero permanecería en la administración del pueblo sólo durante cinco meses, tras los cuales dejó el cargo, que estimaba inadecuado para su rango, a su sobrino Beniamino Farina, dado que estaba ocupado en empeños mucho más importantes a los cuales lo ligaba, con Lucio Tasca y Finocchiaro Aprile, su participación en el trabajo político de alto nivel en el cual estaba en juego la suerte de los grandes intereses sicilianos (Lumia, II, 1990).

A los pocos meses del desembarco aliado de Gela, aquel trabajo ya había obtenido resultados halagadores. Un conocido informe redactado

Vito Cascio Ferro, un criminal con estilo, el más distinguido y misterioso patriarca mafioso entre los siglos XIX y XX, probable asesino del policía italoamericano Joe Petrosino.

Calogero Vizzini, llamado «don Calò», un intermediario capitalista mafioso, patriarca de Villalba, y padrino de los padrinos de la Onorata Società.

El legendario gánster Al Capone, en los años de la primera posguerra
en la cima de su «dictadura» criminal en Chicago.

Una célebre foto de Tony Berardi de la matanza de San Valentín,
el hecho más famoso de Al Capone.

El capo siculoamericano Lucky Luciano, director general de la mafia internacional, inventor y fundador de la Cosa Nostra.

Giuseppe Genco Russo, padrino y notable democratacristiano
de la Sicilia profunda, émulo y sucesor de don Calò.

Salvatore Giuliano, despiadado bandido «político» y coronel del EVIS
(Ejército de Voluntarios por la Independencia de Sicilia) en los años
de la segunda posguerra.

Otra imagen de Salvatore Giuliano, vestido de guerrillero,
en su árido «reino» del interior palermitano.

Las autoridades públicas, entre las fuerzas del orden y los periodistas, discuten,
en el patio del picapleitos Di Maria de Castelvetrano (Trapani), en torno
al cadáver de Salvatore Giuliano, instrumento y víctima de la mafia
y de oscuras tramas internacionales.

El bandido Gaspare Pisciotta, lugarteniente y luego asesino de Salvatore Giuliano, ejecutor de las instrucciones de la mafia (con la complicidad de oscuros poderes del nuevo Estado republicano).

Luciano Leggio, llamado Liggio, capo de los corleoneses, personaje emblemático de la simbiosis entre gansterismo americano y mafia siciliana.

Otra imagen (casi triunfalista) de Luciano Liggio en el curso de un procedimiento judicial en su contra.

Cuatro rostros horripilantes de la mafia urbana de los años sesenta, la edad
de oro del «saqueo de Palermo», cuando el poder era gestionado por el trío
político Gioia-Lima-Ciancimino: de arriba abajo y de izquierda a derecha,
Salvatore Greco, Pietro Torretta, Vincenzo Rimi y Filippo Rimi.

Palermo, la «ciudad violenta», se convierte en la «ciudad sin ciudadanos»:
la matanza del Viale Lazio de 1963, apogeo del enfrentamiento
entre la vieja mafia y la nueva.

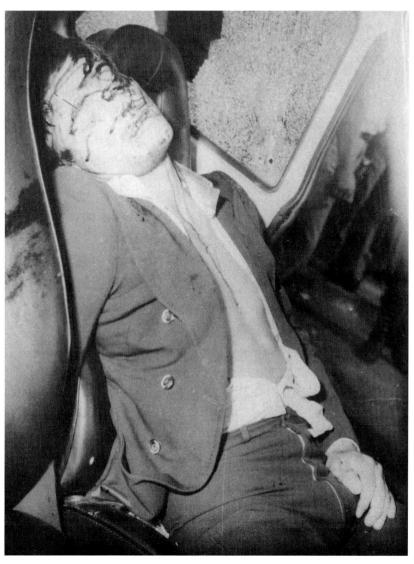

Una víctima de la guerra de la mafia de los años sesenta.

Joe Valachi, el mafioso arrepentido americano: fue el primero en desvelar,
a los investigadores del Senado de Estados Unidos (encuesta Kefauver),
los vínculos internacionales de la mafia.

por el capitán Scotten en diciembre de 1943 precisaba que «el ochenta por ciento de los municipios de la provincia de Palermo había sido confiado a mafiosos y separatistas» y que «la mafia dominaba las relaciones entre los Aliados y la población». Además, el AMGOT entregó al capo Vincenzo De Carlo el control de los almacenes de trigo y al médico archimafioso de Corleone, Michele Navarra (el primer patrón de Luciano Liggio), la organización de una sociedad de transportes en el interior de la zona de Palermo destinada a dirigir las actividades del mercado negro.

Obviamente, en la citada entrevista el viejo Poletti ha negado haber tenido relaciones comprometedoras con el separatismo, pero es seguro que el movimiento de Finocchiaro Aprile —en el cual, entretanto, había confluido casi toda la burguesía mafiosa con el personal del latifundio, de los grandes propietarios a los aparceros y los guardias— debió gran parte de su éxito a la posibilidad de presentarse como el «partido de los americanos».

El separatismo, la mafia y los Aliados

Ahora detengámonos, al menos un instante, a recapitular, porque nos encontramos ante un pasaje fundamental de nuestra historia que exige el máximo de concentración para la correcta valoración de los acontecimientos. Un rápido repaso al estado mayor del movimiento permite evidenciar en él una perfecta sincronía de los componentes históricos básicos del ordenamiento mafioso. Lucio Tasca, gran señor, con su séquito de barones y baronets (¡entre ellos, el más importante, el catanés duque de Carcaci aspiraba sin más a la corona de Sicilia!), representaba la tradicional nobleza del latifundio, del que era reconocida la mente política del momento. A su vez, Andrea Finocchiaro Aprile —un político de una pieza, o sea, radicalmente demócrata y liberal además de antifascista, con tradiciones familiares garibaldinas a las espaldas, uno de los más importantes masones del palacio Giustiniani, una figura tribunicia y desbordante, por sus ideas mitad jacobinas y mitad reaccionarias, con una extraña y astuta mezcla de populismo justicialista y de lealtades filoaristocráticas— constituía en el MIS el monumento viviente del sicilianismo y era, por lo tanto, el más natural y carismático líder de la burguesía mafiosa. Por último, don Calogero Vizzini personificaba a la mafia, ésa que alardeaba de orígenes y caracteres populares, en la cúpula de su indiscutible autoridad en la Sicilia profunda.

¿Cuáles eran los objetivos de tan amable terceto? Después de las clandestinas reuniones romanas de 1943, habían ampliado progresivamente el horizonte de los mismos. Para hablar claro, su fin, comoquiera que lo llamasen —y en la noble cuenta del patriotismo sicilianista de los tres personajes, ¡quién da más!— consistía en el intento de elevar a la dignidad de Estado independiente el tradicional ordenamiento mafioso siciliano. Cualquier otra hipótesis complicada que la historiografía académica se esforzara en formular al respecto sería estérilmente hipócrita y capciosa. También es superfluo tratar de medir el grado del apoyo directo o indirecto que recibieron de los angloamericanos. Poletti, en la citada entrevista, ha negado de manera un poco grotesca haberlos alentado en la realización de sus proyectos: ¡haberlos puesto a la cabeza de las administraciones locales sicilianas no habría sido un estímulo sino sólo una loable operación para involucrarlos en el renacimiento democrático de la Italia liberada! (Dando crédito a su versión de los hechos, la facultad de Magisterio de Palermo incluso lo ha propuesto para un doctorado honoris causa en ciencias de la educación, motivada por el aprecio de su contribución pedagógica a las fuerzas juveniles del renacimiento democrático italiano, una iniciativa por suerte desbaratada por la oposición de la opinión pública antimafiosa.)

Lo que ahora es de veras importante entender es un dato de una evidencia tan palmaria que no merece mayores esfuerzos de análisis e interpretación: el frente independentista siciliano (también llamado separatista) por al menos cuatro indivisibles motivos era el más idóneo para ligarse a los intereses estratégicos de los aliados y en particular de Estados Unidos: era anticomunista, antifascista, decididamente filoamericano y parecía en condiciones de controlar de manera provechosa el territorio con el consenso de la población. Es obvio que la cuestión de los favores recibidos se resolvió de forma implícita. ¿Y la mafia? ¿Los americanos, empeñados en una batalla para reconstituir la democracia en Italia, utilizaban a los mafiosos subestimando su peligrosidad para la suerte del desarrollo democrático? No podían subestimarlos, ya que los funcionarios del Foreign Office, en un largo capítulo de su manual de instrucciones militares, el *Sicily Zone Handbook* [Manual para la zona de Sicilia], se habían precipitado a explicar que el fenómeno mafioso en Sicilia era tan fuerte que ni siquiera un régimen autoritario como el fascista había conseguido erradicarlo. ¿Entonces, por qué? No es difícil responder. Mimetizada en el frente sicilianista-americanista-antifascista, la mafia venía a asumir un papel de fuerza fundamental que utilizar precisamente para el éxito de esa batalla por la democracia en Italia que, bajo la visión americana, coincidía con la denodada batalla en curso contra el comunismo.

Consciente de su importancia estratégica, el estado mayor separatista siciliano empezó a comportarse como una especie de gobierno en la sombra a la espera de una legitimación oficial. Finocchiaro Aprile ostentó una informal investidura de jefe de Estado e incluso se inventó una «política exterior» cuyas iniciativas refería con énfasis pomposo en los multitudinarios mítines públicos. Es divertido seguir su itinerario.

El 20 de septiembre de 1943 escribió a sir Winston Churchill, invocando respetuosamente su «autorizado y precioso auxilio», para la resurrección material y moral de Sicilia «después de tantos años de olvido por parte de todos los gobiernos y después de las inicuas persecuciones del fascismo». No recibió respuesta. Esperó hasta diciembre, mientras se hacían acuciantes los rumores de una próxima restitución de Sicilia a la administración del Gobierno italiano de Brindisi. Luego, se animó por algunas declaraciones de Eden a los municipios (de las cuales se transparentaba una actitud al menos de reflexión del Gobierno de Su Majestad británica sobre las aspiraciones independentistas sicilianas) y le escribió directamente al Foreign Office:

> Todos nos hemos alegrado de las claras y repetidas alusiones de la prensa inglesa a la necesidad de una decisión en favor de Sicilia. [...] Por tanto me permito exhortarlo vivamente a solicitar un dictamen favorable a nosotros. Anhelamos la formación de un Estado soberano de Sicilia de régimen democraticorepublicano. Nuestra situación económica es buena y nuestra balanza comercial presenta un notable superávit de las exportaciones sobre las importaciones. Podemos y queremos vivir solos y así avanzar en el camino de la civilización. El industrialismo del Norte nos ha puesto obstáculos y nos ha explotado de todas las maneras posibles, y esta situación deberá cesar de una vez para siempre.

A sir Winston había escrito que los sicilianos, como «pertenecientes al tronco itálico», sólo habrían podido aceptar federar su república soberana «con otra república u otras repúblicas que pudieran surgir en Italia», en el caso de que «ellas surgieran de un fondo estrictamente democrático y con el mismo carácter social en base a amplias y radicales reformas». Como es obvio, de esa «estricta perspectiva democrática» quedaban rigurosamente excluidos los comunistas. Con posterioridad escribió al secretario de Estado americano Cordell Hull, lamentándose de no haber recibido respuesta a un mensaje remitido, a través de Poletti, al presidente Roosevelt.

En la conducción de su «maniobra diplomática» Finocchiaro Aprile probablemente se consideró un maestro del maquiavelismo, como quedaría demostrado por la capacidad de presentar la causa siciliana a los ingleses en clave filobritánica y a los americanos en clave exclusivamente filoamericana. No descuidó la debida consideración a Su Majestad británica Jorge VI y al general De Gaulle. E incluso tuvo esperanzas en la intercesión de sus esposas, hasta el punto de escribir una conmovedora carta patriótica a Eleonora Roosevelt. El apogeo de su iniciativa internacional fue el memorándum enviado a la Conferencia de San Francisco, con el cual pretendió explicar orgánicamente a las Naciones Unidas las motivaciones históricas y políticas del independentismo siciliano (Marino, 1993).

Desde luego, este diletante empeño diplomático del líder separatista debió de irritar a los americanos, que por mucho que les interesase instrumentalizar el movimiento siciliano no estaban dispuestos a privilegiarlo respecto de las fundamentales cuestiones de su política en Italia y en Europa. Durante un tiempo se encontraron en la difícil situación de no poder legitimar, por una parte, el separatismo siciliano sin suscitar las reacciones alarmadas del Gobierno italiano y las sospechas de miras colonialistas por parte de los aliados soviéticos, y, por la otra, de tener que continuar sosteniéndolo, de algún modo, para no comprometer el sistema de alianzas sobre el cual se fundaba su administración militar en la isla. De imponer un parón perentorio a cualquier eventual tentación hegemónica estadounidense ya se había ocupado de manera inequívoca la URSS en diciembre de 1943, enviando a Palermo a Andréi Visinski con la misión de aclarar la intransigente hostilidad soviética al separatismo italiano y, sobre todo, de dar testimonio de la misma.

Después del armisticio, con la consiguiente decisión de prepararse para honrar el compromiso de devolver Sicilia a la administración italiana, para los americanos fue forzoso escabullirse de estas demasiado comprometedoras relaciones y, esto, desde los primeros tiempos de la recomposición de los lazos de amistad con el segundo Gobierno de Badoglio, hasta el punto de que Finocchiaro Aprile se sintió obligado a mandar al Departamento de Estado una protesta formal por el cambio de actitud de las autoridades aliadas. El 11 de febrero de 1944 el Gobierno italiano retomó el control directo de la isla y, sobre las cenizas del AMGOT, y en la prefiguración de una especial relación institucional de nuevo cuño que instaurar entre la región siciliana y el Estado, la tarea de presidir la administración italiana sobre la isla fue confiada a una especie de «funcionario *ad acta*» o de superprefecto con dignidad de ministro, definido con el título de alto comisario para Sicilia.

En conclusión, el sueño, cultivado por el *establishment* politicomafioso, de un Estado siciliano integrado a través de la diplomacia en el nuevo orden mundial decidido por las grandes potencias vencedoras de la guerra, se reveló una ilusión y, por lo que se refiere a sus propios proyectos, duró apenas pocos meses: Finocchiaro Aprile se vio constreñido a rebajar la demanda de una soberanía siciliana y a dar cada vez más relieve a la hipótesis de una reorganización de tipo federalista del Estado italiano posfascista. Entretanto tuvo que tomar nota de la nueva situación (analizada en un próximo parágrafo) determinada también en Sicilia por efecto de los procesos puestos en marcha por el renacimiento democrático en todo el país. Los ambientes políticos y militares estadounidenses, al distanciarse de las instancias secesionistas sicilianas, no tenían ni la más mínima intención de comprometer sus relaciones con «amigos» tan aficionados y leales como los mafiosos sicilianos que habían ido tan lejos en su americanismo como para fundar, en el archipiélago de las organizaciones separatistas, el llamado Movimiento por la Cuadragésimo Novena Estrella que —se lee en un documento del mando militar italiano de noviembre de 1944— encabezaban «el abogado Ardizzone y el caballero Calogero Vizzini de Villalba», perseguía el fin de «poner a Sicilia bajo el protectorado de Estados Unidos de América» e incluso se había dotado de «un escudo propio constituido por el símbolo de la Trinacria en el centro y de una bandera americana».

Más que abandonarlos, las autoridades americanas se empeñaron en un delicado trabajo para ayudarlos a definir una estrategia adecuada a los procesos de cambio en curso. El consulado general de Estados Unidos en Palermo se convirtió en la central oficiosa de las correspondientes actividades de recíproca consulta.

Dos documentos de alto secreto, tan preciosos como poco citados, publicados en anexo a un informe de la minoría de la Comisión Parlamentaria Antimafia —uno el 21 de noviembre, otro el 27 de noviembre de 1944, ambos firmados por el cónsul general Nester—, hacen referencia, muy significativamente, a un denso intercambio entre masonería, mafia, servicios secretos y autoridades diplomáticas americanas para estudiar qué hacer ante una situación que estaba aconsejando archivar definitivamente las hipótesis secesionistas (Nicosia, VI legislatura, doc. XXIII, n.º 2).

La decisión que al final se consideró más conveniente y oportuna fue la de dar vida a «un movimiento apoyado por la Mafia [¡adviértase la mayúscula!] para la autonomía siciliana», teniendo en cuenta que el movimiento de Finocchiaro Aprile estaba «perdiendo popularidad y la confianza de la población» por efecto de la creciente iniciativa de los partidos de masas y, en particular, de la DC (Democracia Cristiana) y el PCI, firmemente decididos a liquidar el separatismo.

Como se sabe, la estrategia antisecesionista tanto de los democrata-cristianos como de los comunistas, y de sus respectivos aliados en los gobiernos nacionales de unidad antifascista, aunque con distintos matices y diferencias, consistía fundamentalmente en apresurar los tiempos para la concesión a Sicilia de una amplia autonomía regional (dotada de un peculiar y adecuado estatuto) en el marco del Estado unitario italiano. Con una misión dimensionada dentro de dichos términos, el Gobierno de Bonomi, que en junio de 1944 había sucedido al segundo Gobierno de Badoglio, había confiado, en julio, el encargo de alto comisario para Sicilia al democratacristiano Salvatore Aldisio. Por tanto, ya se había puesto en movimiento una dinámica que llevaría a la elaboración del Estatuto regional.

Con la decisión tomada en el sucesivo mes de noviembre, revelada por los dos documentos citados, en la práctica, la mafia tomó nota de la imposibilidad de seguir otros caminos y, en perfecto acuerdo con sus protectores americanos, se dispuso a seguir la evolución del proceso autonomista en curso, obviamente con la intención de condicionarlo, para mantenerlo dentro de los límites compatibles con la defensa de sus intereses que —precisan aún los dos documentos— gozaban del pleno apoyo de una no mejor identificada Logia Agraria (¿la logia masónica de los grandes terratenientes?). Lo que había conducido al frente mafioso capitaneado directamente por Calogero Vizzini hacia semejante posición había sido el intenso ajetreo de «una serie de reuniones secretas con representantes de la Mafia en Palermo durante tres días», desarrolladas «en una villa situada a poca distancia de la costa de Castellammare del Golfo», bajo la égida de los servicios estadounidenses, reuniones organizadas y presididas por el «general Giuseppe Castellano, comandante de la división Aosta en Sicilia» (el mismo general que había firmado por cuenta de Italia el armisticio de Cassibile de septiembre de

1943), un siciliano, importante representante de la masonería internacional, que se había valido constantemente de la colaboración de otros dos masones, «el ex capitán Vito Guarrasi» (también presente en la tienda de Cassibile frente al general Eisenhower) y «el abogado Vito Fodera».

Entre las hipótesis formuladas en esas reuniones, hubo también una de inmediatas referencias operativas que luego sería abandonada: favorecer la remoción del democratacristiano Salvatore Aldisio del cargo de alto comisario, para sustituirlo por «un famoso siciliano, Virgilio Nasi, capo de la provincia de Trapani», que —según se lee en el segundo de los dos documentos— «había sido abordado por el general Castellano después de presentar su plan a los altos capos de la Mafia en el curso de la semana» (*ibid.*).

No podemos saber si la mafia consiguió influir efectivamente sobre la marcha de los procesos autonomistas y la elaboración del Estatuto siciliano, y en qué medida lo hizo. Es, de todos modos, seguro que los americanos consideraban y trataban a la Mafia, con mayúscula, como a una apreciada y muy estimada fuerza política de primera magnitud y que intentaban guiarla con prudencia a través de agentes y fiduciarios masónicos integrados de manera estable en las estructuras militares y civiles italianas. Aparte de la política y de sus complicadas estrategias, en el intercambio entre Sicilia y América se habían formado las condiciones necesarias y suficientes que habrían hecho posible la fusión del *holding* criminal americano fundado en los años treinta por Lucky Luciano con la Onorata Società italiana.

Habrá que ver por qué vías se concretaría luego el proceso simbiótico que daría vida a la moderna multinacional del negocio mafioso: una nueva y más afinada y ramificada Cosa Nostra internacional cuya sede principal —en línea con las particulares exigencias estratégicas del Occidente empeñado en la guerra fría con la URSS— sería transferida de Estados Unidos a Sicilia. Durante décadas sólo se intuiría su existencia antes de que, a fines del siglo XX, Tommaso Buscetta revelase su organización (Barrese, 1993; Arlacchi, 1996).

CAPÍTULO NUEVE

La última frontera
de la Sicilia profunda

EL FIN DEL SEPARATISMO DE IZQUIERDAS Y LA EXTRAÑA MUERTE DE ANTONIO CANEPA

La decisión de la mafia de abandonar el proyecto secesionista equivalía, en la práctica, a un drástico viraje hacia un más familiar juego táctico sobre la línea de la tradicional negociación con el Estado nacional, que tendría consecuencias inmediatas de distinta naturaleza.

La primera consistió en la acción para recuperar y potenciar ese clásico instrumento de interdicción y de chantaje y, al mismo tiempo, de prudente mediación para la verificación de la fuerza de negociación en el terreno del orden constituido por el fenómeno del bandolerismo que en la inmediata posguerra había resurgido espontáneamente en la isla, con una verdadera explosión de bandas criminales dedicadas a rapiñas, saqueos, extorsiones y secuestros de personas, entre las cuales, junto a la de Salvatore Giuliano (que ocupará una parte muy importante en nuestra historia) en la zona de Palermo, destacaban las menos conocidas, y crudelísimas, de los Badalamenti en Agrigento, de Rosario Avila en Niscemi (la banda era llamada, justamente, la de «los niscemeses»), de los Albanese en las Madonie, de Trabano en Caltanissetta y las otras dispersas por el campo, las de Dottore, Di Maggio, Labruzzo, Li Calzi, Mulè y Urzì (Renda, 1997).

Para el mejor control y la más conveniente utilización del bandolerismo, la mafia se valdría, como pronto veremos, de un organismo «militar» —el EVIS (Ejército de Voluntarios por la Independencia Siciliana)— que, a decir verdad, había nacido de la iniciativa de un bloque de fuerzas separatistas juveniles alimentadas por la carga utópica de un auténtico patriotismo siciliano, de por sí subversivo y objetivamente en clara contradicción con los intereses del liderazgo mafioso del movimiento. Pues bien, la segunda consecuencia inmediata de la renuncia a la secesión fue la realización de una tenebrosa operación que permitiría vaciar al EVIS de sus contenidos originarios y transformarlo en un elemento de concentración de bandoleros.

Veamos ahora, en líneas generales, las distintas fases de la compleja trama. Para comprenderla, es preciso destacar que el movimiento independentista siciliano, a pesar de la naturaleza y la composición en absoluto progresista de su equipo de dirección, para afirmarse y convertirse (como en efecto hizo claramente en el período 1943-1944) en un movimiento de masas había debido prender fuego a la pólvora de la más inescrupulosa demagogia, difundiendo ambiguos y contradictorios mensajes en reclamo de justicia que habían enardecido a varios jóvenes, induciéndolos a menudo a una inédita interpretación en clave revolucionaria —y, por lo tanto, radicalmente libertaria y antimafiosa— del mismo proyecto secesionista. Finocchiaro Aprile había sido el inspirado pregonero de tal demagogia en las plazas de toda la isla. El efecto inevitable había sido el fenómeno de un independentismo de izquierdas (cuyo líder político sería el abogado Antonino Varvaro), que un grupo de estudiantes de la Universidad de Catania, encabezados por un excéntrico docente, el joven profesor Antonio Canepa, radicalizaron en la forma aventurera de una organización militar que habría debido conquistar la independencia siciliana —y, a la vez, hacer la revolución— con las armas.

Así nació el EVIS en febrero-marzo de 1945. Su comandante, Canepa (que asumiría el nombre de batalla de Turri), era un hombre con agallas: formado en el fascismo de izquierdas y una vez caído el régimen, había reflexionado sobre las razones de un quizás originario y confuso antifascismo y se había convertido en agente de los servicios británicos; de vuelta a Catania después del desembarco angloamericano, había recuperado su cargo de profesor universitario de Historia de las ideas políticas (con anterioridad había sido ayudante de «mística fascista») y se había adherido al independentismo, pero con una cultura política que entretanto se había convertido en algo parecido a un anarcomarxismo, sensible a las sugestiones revolucionarias del comunismo (Carcaci, 1977).

En efecto, se profesaba patriota siciliano y comunista, en el sentido de concebir la liberación de Sicilia como un primer paso en la dirección de una revolución nacional que habría debido instaurar al fin la justicia social en la isla. Por exigencias tácticas colaboró con príncipes, duques y baronets del movimiento (el *duchino* Guglielmo di Carcaci y Bruno di Belmonte, los Biondo, los Cupane, los Pottino, los La Motta, los De Stefano y los Petrulla) y también con personajes de la alta mafia y la masonería como Concetto Gallo y Attilio Castrogiovanni, pero solía lanzar a sus seguidores directos mensajes como éste: «Ahora los utilizamos, luego les cogemos las tierras.» Las ideas que cultivaba están bien resumidas en el escrito de uno de sus discípulos: «Queremos una Sicilia en la que no se perpetúe el escándalo de colosales fortunas asentadas sobre la miseria y el embrutecimiento de la mayoría; sólo en un régimen de verdadera justicia social podremos considerarnos independientes y libres.»

Un hombre como el comandante Turri resultaba precioso y a la vez suscitador de energías juveniles, además de incómodo por las ideas con que intentaba dar al movimiento siciliano una estrategia nacional y popular. ¿Cómo deslegitimarlo sin crear graves perturbaciones y numerosas defecciones en ese sector social que vivía el independentismo como batalla por la justicia?

Finocchiaro Aprile y sus amigos, al comienzo, pusieron al mal tiempo buena cara y dieron vía libre al EVIS; pero sobre todo Calogero Vizzini y los «grandes» de la mafia-mafia del *establishment*, que estaban decididos, como se ha visto, a abandonar el separatismo, no podían más que considerarlo una espina en el costado, o sea, como una esquirla enloquecida que hay que eliminar lo antes posible. Obviamente, esta orientación sólo podía ser compartida por la baronía mafiosa del latifundio. Y, en cualquier caso, si alguien se hubiera encargado de eliminarlo, ni los latifundistas ni los aparceros se habrían rasgado las vestiduras.

Es un hecho que Antonio Canepa fue efectivamente eliminado (asesinado junto con dos jovencísimos estudiantes, uno de secundaria y otro universitario, Giuseppe Giudice y Carmelo Rosano), el 17 de junio de 1945, en una carretera del Etna, en el cruce Randazzo-Cesarò, cuando regresaba de visitar el primer campamento militar de su ejército de voluntarios. La muerte lo sorprendió en el transcurso de un confuso enfrentamiento a tiros con una patrulla de carabineros del que existen varios informes oficiales. Pero estos informes no explican suficientemente las responsabilidades del suceso; no aclaran, por ejemplo, si el enfrentamiento existió de verdad o si los únicos que abrieron fuego fueron los carabineros, habida cuenta de que el profesor-guerrillero habría muerto, según escribió el entonces prefecto de Catania, «por el estallido de una bomba que él mismo llevaba en el bolsillo» (Marino, 1993).

Esta historia de las bombas en los bolsillos de las víctimas es un clásico de los informes policiales de aquellos años. A las dudas sobre la dinámica del episodio deben añadirse los interrogantes sin respuesta acerca de sus orígenes: no estamos en condiciones de saber si se trató de un encuentro casual o de una celada cuidadosamente organizada, y, de ser cierto esto último, por qué misteriosa entidad y valiéndose de qué fuentes de información. Sobre el tema los testigos han sido muy contradictorios y reticentes. En todo caso, a partir del valor seguro del móvil, que debe atribuirse a los intereses políticos del frente mafioso, la lógica de los hechos hace tolerables las suposiciones que proponen interpretar el asesinato de Canepa como una ejecución decidida desde arriba. Entre otras cosas, cuanto ya conocemos sobre las orgánicas relaciones establecidas entre la mafia e importantes autoridades militares italianas a la sombra del consulado general de Estados Unidos, proporciona una interesante pista interpretativa. Si de las sensatas suposiciones pudiéramos pasar a irrefutables pruebas documentales, tendríamos ocasión de confirmar una verdadera obra maestra de la mafia; haber logrado transformar, con un uso impropio de las fuerzas del Estado, a una víctima designada de su astuta violencia incluso en un mártir, ¡al que ofrecer a la veneración de la variopinta base social del sicilianismo!

Cualquiera que fuese la auténtica verdad sobre la muerte del profesor-guerrillero, estamos, de todos modos, en condiciones de conocer sus inmediatas consecuencias. La izquierda del movimiento independentista se enfrentó a una agotadora vicisitud de inexorable liquidación. Durante algún tiempo, el EVIS fue mantenido con vida, pero se confió su dirección a Concetto Gallo, un personaje de la mafia, que se definiría pomposamente como heredero de Canepa (el «segundo Turri»), pero que, en realidad, no habría tenido otro afán que tratar de dar un sumario encuadre militar al bandolerismo, llevando a la práctica un plan acordado con Francesco Paternò de Carcaci y con Lucio Tasca. Después de haber asumido a su servicio al feroz Rosario Avola, realizó —con la especial mediación del barón Stefano La Motta— la más famosa de sus operaciones: concedió el grado de coronel del EVIS al bandido Salvatore Giuliano (Carcaci, 1977).

AGONÍA Y MUERTE DE LOS GATOPARDOS

Tras la puesta en marcha, por primera vez en la historia, de una gestión directa del bandolerismo por parte de las altas jerarquías de «barones» mafiosas, se creó una fuerza de características reaccionarias y clericales, cuya doctrina era una extraña síntesis de sicilianismo, americanismo y anticomunismo, la cual, aunque no de inmediato, se revelaría muy útil en el momento de emprender negociaciones con el Estado. Entretanto, en 1945 había que preguntarse si habría sido posible reanudar de verdad las negociaciones con el Estado, cuándo y, sobre todo, con qué Estado. Los sujetos, al menos por la parte italiana, aún no estaban bien definidos, y las vicisitudes del Norte no presagiaban nada bueno para los mafiosos, dado que la Resistencia antifascista, que había salido triunfante de la guerra apenas terminada, estaba trasvasando sus fuerzas a los grandes partidos de la izquierda, presentando a sus miembros como candidatos para la dirección del país. Además, en especial la aristocracia terrateniente y los aparceros pronto habrían debido medirse con el peligro que suponía el advenimiento de la república.

Fue en semejante contexto que el liderazgo de los sectores mafiosos y sicilianistas debió afrontar difíciles problemas de orientación sobre los cuales se determinó una fractura entre cuantos consideraban definitivamente archivada la hipótesis secesionista y aquellos que, en cambio (y hablamos principalmente de los aristócratas latifundistas), estimaban que la hipótesis secesionista aún podía ser usada como última arma en defensa del peligro, obviamente amenazador, de un Estado republicano.

En breve, el frente se dividió entre una parte de filomonárquicos convencidos y angustiados y otra de agnósticos (entre ellos el mismo Finocchiaro Aprile) para quienes la república, si hubiera nacido en Italia, no habría constituido un gran problema.

El conde Tasca, líder de los filomonárquicos, se aventuró por su cuenta. Probablemente tenía en mente la idea de transformar a Sicilia en una Vendée —aprovechando a fondo el «ejército» de los bandoleros— en el caso de una afirmación de la república en el referéndum institucional fijado para el 2 de junio de 1946. Con esta intención, ayudado en Roma por el príncipe Giovanni Vannucci di Petrulla y en Sicilia por el general Berardi, urdió un enredo con la casa de Saboya (que actuó, por su parte, a través de Alfredo Covelli y Antonio Trizzino) basado en la siguiente propuesta: en caso de derrota en el referéndum, el rey

Humberto II habría podido refugiarse en la isla, donde los nobles se afanarían por hacerlo reconocer como rey de Sicilia, a condición de que él se declarase, incluso en caso de victoria, dispuesto a convertirse en rey de «una Sicilia independiente con una unión personal con el soberano de Italia» (Marino, 1993).

En concreto, el conde Tasca intentó, en el estilo de los viejos tiempos, un uso chantajista de la movilización armada de los bandoleros sicilianos para inducir al rey a hacerse promotor de la independencia siciliana en la previsión de poder sacar ventaja personal en el caso de un resultado desfavorable del referéndum. El rey Humberto, que hacía pocos días había sucedido a su padre Víctor Manuel III, hizo saber que no estaba dispuesto a apostar por una eventual corona de consolación y, en cualquier caso, no al precio que se le requería. Y allí se acabaron las vacilaciones. Sin embargo, el episodio no careció de consecuencias para el movimiento separatista: mientras arreciaban las polémicas entre monárquicos y republicanos y se alzaba contra el mismo «perezoso» Finocchiaro Aprile el apasionado desdén de los jóvenes que habían cultivado el utópico sueño revolucionario de Canepa, la corriente que, con la dirección de don Calò, representaba a la mafia-mafia se sintió reforzada en su decisión de hacerse a la mar para una navegación inmediata que aconsejaba, en una fase de evidente indeterminación política en Italia, no asumir empeños que habrían podido resultar comprometedores: don Calò, con un numeroso séquito de mafiosos, hizo ver que se refugiaba, en posición de espera, en el viejo Partido Liberal, pero sin dejar de mandar en avanzadilla a su sobrino Beniamino Farina a la DC; por lo demás, en caso de necesidad los numerosos sacerdotes y monseñores que tenía en su familia habrían sido suficientes para un viático «católico» de orígenes indiscutibles.

En conclusión, el enredo del conde Tasca con la casa de Saboya, tan decididamente desfasado y ridículo, además de fracasado, había evidenciado a qué niveles de desatino y de banalidad se había precipitado la cultura política de la aristocracia terrateniente, que había permanecido congelada durante el fascismo y ahora era del todo incapaz de advertir las señales y las presiones de la modernidad. En vano se había insistido en una pantomima patriótico-reaccionaria contra la república cantando himnos en lengua siciliana, de todo corazón en sintonía con las duquesas y las baronesas —Ersilia Aliotta, Marianna Alliata, Maruzza Biondo, Carmela La Motta, Clotilde Notarbartolo y tantas otras— de las ligas separatistas femeninas que bordaban la Trinacria en los estandartes rojos y gualdas de los guerrilleros potenciales y de los otros, ya en armas, a las órdenes del bandido-coronel Salvatore Giuliano. En efecto, el 2 de junio de 1946, todos tocarían con la mano la fugacidad de sus sueños con los resultados del referéndum: es verdad que el voto monárquico resultaría aplastante en la isla (nada menos que 1.292.100 votos contra los 705.949 recogidos por los republicanos), pero increíblemente fue en el campo, donde tradicionalmente habían dominado los barones, donde se expresó el mayor consenso por la república, señal de la consolidación de los partidos de izquierdas, a la cabeza de un gran movimiento por la reforma agraria que había retomado el camino interrumpido por el fascismo en los años veinte.

Aparte de la cuestión institucional, abiertas las urnas con los votos para la elección de la Asamblea Constituyente, se vería que los mayores consensos habían ido a los grandes partidos de masas nacionales: 643.049 votos para la DC y 409.434 para la izquierda (PCI, PSIUP —Partido Socialista Italiano de Unidad Proletaria—, PD'A —Partido de Acción—). Para los separatistas sería una debacle, rebañando, con las listas del MIS, apenas 166.332 votos y situándose incluso por debajo de la nueva formación llamada Hombre Cualquiera (185.266 votos), refugio de elementos contrarios a los partidos y de nostálgicos del fascismo. La disolución del MIS era un hecho inevitable.

Así se trazarían las líneas de desarrollo del nuevo curso autonomista, iniciado el 16 de mayo de 1946 —por una fundamental iniciativa de los democratacristianos— con un decreto del lugarteniente del rey, que se anticipaba a los tiempos de la Asamblea Constituyente: un golpe de gracia para el movimiento separatista. En términos sociales, el dato más remarcable es el fin de la función histórica de la aristocracia, la muerte de la baronía como clase. Si la izquierda del movimiento separatista había sido liquidada por la mafia, la antigua nobleza de la Sicilia profunda se había estrangulado sola: la inoportunidad política le había resultado fatal.

Cuando el príncipe Tomasi di Lampedusa mencionaba en su célebre novela que, acabada para siempre la era de los «gatopardos», se había abierto la indeciblemente amarga de los lobos y los chacales, ¿se refería sólo al siglo XIX garibaldino o también, y sobre todo, a una experiencia autobiográfica vivida, con el alma desgarrada, a comienzos de la segunda posguerra?

Así agotada, en una lenta agonía (que aún difundiría sus lúgubres fuegos fatuos durante algún tiempo), la antigua hegemonía aristocrática sobre el sicilianismo y el sistema de los privilegios sicilianos, en adelante la burguesía mafiosa y los aparceros, deberían buscar nuevas alianzas en un espacio mucho más vasto que el de su isla y, entretanto, amoldarse a actuar solos, a su manera, en un difícil proceso de adaptación a los procesos crecientes de la modernización, mirando cada vez más a los ejemplares modelos de organización mafiosa de sus «primos» americanos. Debe destacarse, como veremos mejor en las siguientes páginas, que la misma idea de América como tierra de las libertades (con una no improbable envidia por las fortunas y la mitificada potencia de la mala vida americana) sería cultivada por no pocos bandidos del período y, en particular, por Salvatore Giuliano.

La epopeya antimafiosa de los campesinos y las expectativas políticas de la mafia

Tanto el efímero y caduco éxito del separatismo como su rápido agotamiento y su derrota encuentran explicación en el marco de una verdadera guerra social, abierta en Sicilia con el renacimiento democrático. La afirmación de los partidos de masas, que era el nuevo gran problema político con el que debió medirse la mafia en especial después del nacimiento de la república en Italia, había ido al mismo ritmo que una extendida recuperación de la iniciativa popular, en vez de genéricamente contra el fascismo, las injusticias y el sistema de privilegios. Al principio había habido muestras de malestar y de protesta, a menudo muy confusas y expuestas a la instrumentalización, como la manifestación que tuvo lugar en Palermo el 19 de octubre de 1944 y en el curso de la cual el ejército había disparado sobre la multitud con un balance de 16 muertos y 104 heridos, o, poco después, el movimiento ¡No Partimos! contra la llamada a las armas para continuar la guerra (del que había sido protagonista en Ragusa, a fines de 1944, la popular Maria Occhipinti) difundido, con notables infiltraciones de ex fascistas, sobre todo en la parte suroriental de la isla.

El área neurálgica de los conflictos todavía se situaba principalmente en el campo, donde la cuestión de cuestiones era siempre la de la tierra. En el período mussoliniano el área del latifundio —a pesar de las tardías y propagandistas iniciativas de 1940— incluso había aumentado, pasando del 22,6 % de la superficie agraria en 1927, al 26 % en 1934. En 1946 la distribución de la propiedad aún evidenciaba una situación de tipo suramericano: las propiedades superiores a las doscientas hectáreas cubrían el 27,3 % del territorio agrícola y estaban en manos del 1 % de los propietarios; las superiores a las cincuenta hectáreas cubrían el 42,7 % y pertenecían al 4 ‰ de los propietarios.

Estos datos son importantes tanto para imaginarnos la fuerza reprimida liberada, en miles de familias de campesinos pobres, por esas vitales necesidades populares, que Togliatti resumía en la metáfora del «hambre de tierra», como para darnos cuenta de la entidad de los intereses que los latifundistas y los aparceros tuvieron que defender. Para ellos, la alarma se había multiplicado rápidamente, sobre todo después de la promulgación de la nueva normativa agraria sancionada por los gobiernos de unidad antifascista, entre octubre de 1944 y 1946, con la firma del comunista Gullo, la cual —a partir de la «concesión a los campesinos de las tierras sin cultivar»— marcaba una clara orientación gubernativa hacia la reforma agraria (Renda, 1987).

Al problema que suponía llevar a efecto esa orientación en concretas medidas legislativas no podía escapar, con las izquierdas, tampoco el propio liderazgo nacional democratacristiano, representado en Sicilia, además de por el alto comisario Salvatore Aldisio, por Giuseppe Alessi y por Bernardo Mattarella, con el patrocinio, desde enero de 1947, del ministro del Interior del Gobierno de De Gasperi, el siciliano Mario Scelba. Las iniciales desconfianzas, cautelas y, a veces, hostilidades de la mafia en relación con la DC se explican por los propósitos reformadores que este partido estaba casi obligado a ostentar para no perder terreno, sobre las cuestiones de la reforma agraria y la actuación autonomista, respecto del PCI, cuyas relevantes capacidades de atracción política sobre las masas campesinas eran potenciadas por la hábil política de su secretario regional, un singular jefe popular salido de las cárceles fascistas, el culto y apasionado Girolamo Li Causi, un dirigente de nivel internacional del comunismo, dotado además de excepcional intuición política, de un profundo conocimiento de los problemas sociales de la isla, al ser él mismo siciliano.

Para la concreta aplicación de los decretos Gullo (a la cual los latifundistas e intermediarios contraponían una infinidad de obstáculos y de pretextos), y para impulsar en dirección de la reforma agraria el movimiento campesino, guiado por los comunistas y los socialistas con el instrumento organizativo de la Federterra (la Federación de Trabajadores de la Tierra), había retomado el camino interrumpido por el fascismo en los años veinte con una acción de gran eficacia, cuya capacidad de ampliar su base social crecía en proporción con los importantes resultados lentamente conseguidos. Además de la huelga, la principal forma de lucha estaba constituida por la ocupación de los latifundios. En evidente alternativa a la Sicilia mafiosa, la otra Sicilia había vuelto a levantar decididamente la cabeza. Los efectos de esa acción irresistible, destinada a traducirse en un aumento de la fuerza electoral de la izquierda, eran tales que inducían a la mafia agraria a una extrema batalla defensiva en la frontera del latifundio. Un primer acto ofensivo, que es útil contar con todo detalle, fue el que se vio forzado a realizar, para reafirmar su papel de capo histórico de la mafia de los aparceros, el patriarca Calogero Vizzini, atentando contra la vida de Girolamo Li Causi.

El hecho —muchas veces contado épicamente por los narradores que, en aquellos tiempos, aún vagaban, con sus grandes telones coloreados, por las comarcas agrícolas de la Sicilia profunda— se presta a la perfección para representar, casi en un contexto de obra teatral, no sólo la naturaleza de los comportamientos, sino también la mentalidad y los estilos de las partes que se confrontaron en aquella primera fase del enfrentamiento entre la mafia y la antimafia.

Era el sábado 16 de septiembre de 1944 y en Villalba se esperaba con ansiedad un acontecimiento excepcional: el mitin del secretario regional comunista, fijado para las seis de la tarde en la plaza. Por la mañana habían aparecido en algunos muros, junto con el símbolo de la hoz y el martillo, las leyendas «Pan y trabajo» y «Viva Li Causi». Para que la manifestación pudiera desarrollarse, el secretario comunista del pueblo había consultado al mismo don Calò, que había concedido su autorización, a condición de que durante el mitin se evitase «hablar de cosas locales», para no perturbar el orden con provocaciones que las personas de «respeto» no habrían podido tolerar. El mitin (en el estrado estaba presente, entre otros, el futuro mafiólogo Michele Pantaleone) comenzó a su hora, en una plaza semidesierta, con la gente situada en los márgenes o en las callejas adyacentes para escuchar sin comprometerse. Éste era el escenario y he aquí, a continuación, la acción, tal como está sugestivamente narrada por el testigo villalbés Luigi Lumia.

Abrieron el mitin los «presentadores del orador oficial», los cuales, durante algunos minutos hablaron en favor de la unidad de Italia, contra el separatismo y, quizá para hacer propaganda de la república, ensalzaron el antiguo esplendor de Amalfi, de Venecia y de otras repúblicas marineras.

Calogero Vizzini parecía distendido, tranquilo [...]. Li Causi, con su voz tonante y con lenguaje sencillo, intercalando las frases con palabras en dialecto, comenzó enseguida a hablar de Sicilia, de la explotación de los campesinos, de los aparceros, del feudo... Atraídas por las persuasivas palabras del orador, muchas personas [...] se habían ido acercando al estrado: «*Giustu dici*» [Tienes razón], «*Lu Vangelu di la missa, dici*» [Lo que dices va a misa]. También don Calò había bajado del bordillo y, lentamente, seguido por los suyos [...] se había situado casi enfrente del orador, en las proximidades del camión de los comunistas. [...] ¡Li Causi había pronunciado la palabra aparceros! Ahora Calogero Vizzini parecía aturdido; parecía que ya no conseguía captar el sentido de las palabras [...]. Luego, Li Causi, con su voz de hierro que rebotaba por los muros de las casas, dijo: «...como, por ejemplo, el feudo Micciché». Don Calò, como si se hubiera despertado de repente, gritó: «¡No es verdad, es falso!»

La gente comenzó a huir. Calogero Geraci, un viejo comunista [...] se encaminó lentamente, renqueando, hacia Vizzini, al que conocía, para decirle que dejara hablar al orador, «Que ahora la palabra es libre»; pero después de dar algunos pasos, un bastonazo en la cabeza lo dejó en el suelo, sin sentido.

Y fue como una señal.

De pie sobre la mesita, blanco indefenso de los proyectiles de la mafia, Li Causi gritaba con los brazos en alto: «¡Quietos! ¡Quietos! ¡Que se abra el debate!» Pero las pistolas mafiosas ya habían comenzado a desgranar su rosario de sangre.

Li Causi, gravemente herido, fue ayudado por sus compañeros y transportado a una casa cercana, mientras que una suerte análoga, con resultados de diversa gravedad, había alcanzado a otras trece personas (Lumia, II, 1990).

Los hechos tendrían, de 1949 a 1954, una larga consecuencia judicial que sería interesante, y en algunos aspectos incluso hilarante, seguir con detalle en las actas de los procesos de Cosenza y de Catanzaro. Al final, aunque condenado a seis años de cárcel, Vizzini conseguiría que la pena le fuera conmutada, y ello en base a una razón sorprendente: es verdad —habían lucubrado los jueces— que el personaje era «señalado como capo de la mafia», pero dada su edad y, sobre todo, «la falta de antecedentes penales», ¡sería injusto excluirlo del beneficio de no expiar la pena concedido a los otros imputados (entre ellos, su sobrino Farina) en tanto y en cuanto eran «trabajadores, casi todos no fichados»!

Retomando ahora el hilo de nuestro análisis, debe destacarse que el acto intimidatorio del gran «patriarca» contra los comunistas no tuvo los efectos esperados. Las izquierdas no sólo no desistieron de su ofensiva, sino que la intensificaron hasta el punto de que toda la Sicilia profunda se teñiría de rojo por la selva de banderas de los campesinos en los numerosos latifundios ocupados, siguiendo a valerosos jefes de liga. El conflicto asumiría características similares a las de una verdadera guerra social, y ciertamente larga, ora de posición, ora de movimiento, destinada a marcar toda la fase histórica entre 1946 y la primera mitad de los años cincuenta. En este contexto —al menos mientras permaneció sin modificaciones, hasta 1947, la fastidiosa situación nacional que veía juntos en el Gobierno a comunistas y democratacristianos—, y liquidado ya el separatismo, a la mafia le costaba encontrar referencias políticas firmes y confiables que no fueran las de sus amistades en los ambientes americanos y los servicios secretos. Los problemas de la confrontación y la negociación con el Estado se habían vuelto complicados y enmarañados —como se ha destacado— por la misma persistente provisionalidad del marco político italiano general, cuyos imprevisibles desarrollos habrían podido ofrecer garantías definitivas (si los comunistas hubieran sido expulsados del Gobierno) o cumplir nuevas y aún más graves amenazas (si los comunistas hubieran seguido gobernando).

En estas condiciones, los mafiosos, a la vez que persistían en una prudente actitud de desinterés político, demorándose, como don Calò, en el aparcamiento constituido por los restos del Partido Liberal prefascista, no podían dejar de reforzar al máximo la visibilidad de su fuerza de interdicción respecto de los comunistas, con el fin, por así decir, de aumentar su poder de negociación frente a la DC, que era el eje manifiesto del nuevo sistema filoamericano de hegemonía que se estaba construyendo dificultosamente en Italia.

Aparte de los intereses económicos específicos de los aparceros, en crisis a causa de la ofensiva campesina, la demostración de que eran capaces de mantener el control del latifundio y de bloquear la carrera hacia la reforma agraria, se convirtió, para el frente mafioso, en la condición esencial para realizar precisamente esa exigencia de visibilidad y de potenciación del poder de negociación. En consecuencia —aunque estaba claro que la partida con la nueva república se decidiría, mucho más allá de la misma suerte de la guerra social en curso en el campo, sólo en clave política, en un nuevo sistema de alianzas a nivel nacional— la Onorata Società debió empeñar el máximo de sus potenciales de violencia y de terrorismo contra el movimiento campesino que, a su vez, respondería a cada golpe recibido elevando el nivel de su iniciativa sindical y política.

En esa guerra se combatía, por una parte, con la *lupara*, y por otra con las armas de la organización y los recursos de una creciente conciencia civil que iba liberando a las masas de antiguas dependencias y retrasos. Como es obvio, sin embargo, sólo la *lupara* ocasionaba víctimas: decenas de caídos en varias oleadas del terrorismo mafioso, decenas de mártires, sindicalistas, dirigentes de diferente nivel, simples militantes. Para los campesinos sicilianos, por su parte, fue una epopeya de lucha y de muerte. Golpeó sobre todo a los jefes de liga campesinos socialistas y comunistas: cuatro muertos en 1945; ocho en 1946; diecinueve en 1947; cinco en 1948. La matanza continuaría en los años siguientes, hasta 1966, y ello a pesar de la progresiva reducción del papel político de la mafia agraria.

CAPÍTULO DIEZ

El pacto con la república

LOS PROBLEMAS DE LA DEMOCRACIA EN ITALIA Y EL PAPEL ESTRATÉGICO DEL SUR Y DE SICILIA

Entre los trágicos acontecimientos que acabamos de mencionar, el más trágico y decisivo, no sólo para la historia de Sicilia, ocurrió el 1 de mayo de 1947. Antes de abordarlo, es preciso tener bien claros los términos de lo que estaba en juego, lo que comporta una reflexión sobre los procesos de cambio y las inquietudes de la realidad en la cual se produjo el hecho.

Para el mundo, que había descubierto el telón de acero aproximadamente a un año del discurso de Churchill en Fulton, el 5 de marzo de 1946, había comenzado la guerra fría; para Italia, era el trabajoso inicio de la república: el viaje del presidente De Gasperi a Estados Unidos había marcado el itinerario de un viraje occidentalista que haría necesario proceder a una rápida liquidación de la fase de la unidad antifascista comenzando por la exclusión de los comunistas y los socialistas del gobierno.

Es preciso ver, ahora, cómo y por qué Sicilia —tradicional centro neurálgico de las dinámicas meridionales— acabó asumiendo un papel de primer orden en el horizonte de la lucha política italiana cuya importancia no escapaba a las grandes potencias empeñadas en la disputa por la redefinición de los equilibrios en Europa y en el tablero mediterráneo (Gaja, 1950; De Lutiis, 1985).

En los primeros meses de 1947, vigilia de la ruptura de la colaboración con socialistas y comunistas, la situación política general del país no era nada tranquilizadora para los partidos filoamericanos. En las elecciones para la Constituyente del 2 de junio de 1946 las izquierdas habían registrado una notable afirmación: sumando los votos obtenidos por los comunistas y los socialistas se habían asegurado una fuerza global equivalente al 39,7 % del electorado (en valores absolutos, 9.336.668 votos), superando en más de cuatro puntos los resultados obtenidos por la DC, que se había quedado en 8.101.004 votos (35,2 %).

El tercer gabinete de De Gasperi, el monocolor formado el 31 de mayo de 1947 para sacar a socialistas y comunistas del Gobierno, se sostendría sobre una mayoría parlamentaria constituida con la aportación determinante de liberales, populistas y monárquicos.

En definitiva, si se quería excluir del marco de las relaciones oficiales de poder a los neofascistas del MSI (Movimiento Social Italiano) de Michelini y Almirante, la suerte del frente occidentalista y filoamericano en Italia dependía, además de los modestos recursos del PRI —Partido Republicano Italiano— (4,4 %), del apoyo ofrecido a la DC por una variopinta fuerza de derechas en gran parte aglutinada en el Sur del país —la Unión Democrática Nacional de liberales y democratalaboristas (6,8 %), el Hombre Cualquiera de Giannini (5,3 %) y el Bloque Nacional de la Libertad (2,8 %)—, una fuerza desde luego no caracterizada por una segura fidelidad a la atormentada elección por la república salida de las urnas del referéndum.

Entre otras cosas —ya se ha recordado parcialmente—, el voto sobre la cuestión institucional había evidenciado el fuerte arraigo de las orientaciones monárquicas en el Sur (particularmente en las ciudades, de Nápoles a Palermo), donde Humberto de Saboya, con el apoyo de los notables del mundo agrario y el clero, había visto concentrada la mayor parte de sus 10.718.502 votos recogidos en el país.

Si se reflexiona sobre los datos electorales se comienza a comprender el alcance y el sentido de las preocupaciones democratacristianas y en particular de De Gasperi: en las elecciones políticas fijadas para abril de 1948 la DC —como se verá mejor dentro de poco afinando el análisis— no habría podido conformarse con apostar por una repetición de los resultados obtenidos en 1946; sin un crecimiento del consenso (y, como es obvio, con más graves consecuencias en el caso de un retroceso) se estabilizaría en Italia una situación que determinaría el fracaso, quizá definitivo, de todo el proyecto degasperiano de gobierno, fundado en la hipótesis de una autonomía política y programática del Centro democratapopular tanto en relación con las izquierdas como con las derechas.

Si los comunistas, desde el punto de vista democratacristiano, amenazaban la democracia, los partidos de derechas, si se hubieran reforzado imponiéndose como los únicos posibles aliados de gobierno, habrían constituido un muro insuperable para las vocaciones sociales y populares de la DC. Para conjurar semejante eventualidad, sólo quedaba batirse con todos los medios para acrecentar de manera relevante la base de consenso electoral del partido: en otras palabras, muchos más votos en el país y muchos más escaños en el Parlamento.

A los fines de un resultado de este tipo, los márgenes de maniobra en el Norte eran muy restringidos, porque allí el voto popular era expresado, en general, de una manera más consciente y politizada (más o menos libre de sofocantes presiones de la clientela y de condicionamientos de los notables), hasta el punto de hacer considerar, con sensatez, que los partidos se estaban acercando a una fase de casi definitivo asentamiento de sus respectivas bases electorales.

En todo caso, el movimiento obrero con su extensa y capilar fuerza hegemónica sobre las masas populares —cualesquiera que fuesen las previsibles pérdidas del partido de Nenni por efecto de la escisión del palacio Barberini— delimitaba un bloque compacto que no sería fácil forzar, mientras el espacio que se entreveía a la derecha no parecía el más adecuado para un rápido y muy consistente avance electoral.

Subsistían en los hechos las condiciones para temer que la DC, en el Norte, casi hubiera alcanzado el techo de sus posibilidades de consenso. Por tanto se imponía la exigencia de intentar una ruptura en el Sur, donde la situación era mucho más móvil e indeterminada, donde con oportunas estratagemas y bien calibradas alianzas se podría preparar un mecanismo de embaucamiento y de control de las opiniones, donde podría tener más eficacia una campaña propagandística confiada a difusos estados emotivos tradicionalistas y al terror por el comunismo alimentado por los ambientes clericales, y donde sería posible recolectar gran parte de ese voto plebeyo que se había expresado a favor de la monarquía.

De todos modos, el hecho de que existiera de verdad un tan vasto campo de indeterminación no constituía de por sí una garantía de éxito, porque también en el Sur los socialcomunistas estaban registrando y potenciando, como se ha visto, rápidos y prometedores progresos de su base social.

Dadas las dificultades de un enfrentamiento decisivo para los equilibrios del poder político en Italia, que imponía, entre otras cosas, una muy sofisticada maniobra en las arenas movedizas de la sociedad meridional, para la DC el uso directo de la fuerza no pocas veces se habría revelado menos eficaz que el sistemático recurso a la astucia y la corrupción.

Los notables de las tradicionales jerarquías sociales, los distintos politicastros y compradores del atraso, asistían con comprensible alarma a la creciente afirmación de los comunistas y los socialistas —mucho más allá de los magros resultados electorales obtenidos en 1946 (respectivamente el 10,9 % y el 10 % en el Sur continental y el 8,8 % y el 11,5 % en las islas)— en una realidad caracterizada por una muy exigua presencia obrera que, respecto del Norte, era aún el gran campo definido por Antonio Gramsci.

Las izquierdas, además de recoger los frutos de su vigorosa iniciativa política en el frente de las luchas campesinas, estaban avanzando también en el tejido de las sociedades urbanas, con conexiones cada vez más densas y profundas con la protesta meridionalista y las vocaciones reformadoras de numerosos núcleos de la burguesía democrática.

Se trataba de un fenómeno que Mario Alicata, en un escrito publicado por *Rinascita* (1948, n.º 4-5), habría oportunamente indicado y descrito como «nuevo y característico»:

> Este fenómeno nuevo y característico del Sur ha consistido en un impulso, en un propósito, en una voluntad de emancipación y de renovación que ha recorrido, como una llama, todas nuestras regiones, que ha descendido hasta tocar ciertas profundidades casi inexploradas de la sociedad meridional —a los cavernícolas del Sasso de Matera, a los habitantes de los bajos fondos de Nápoles y a los campesinos pobres del Cilento y de la Alta Irpinia—, ha hecho salir de su tradicional aislamiento a amplias capas de nuestra pequeña burguesía humanística, ha sustraído a ciertos núcleos de pequeña y mediana burguesía de las ciudades y de los grandes arrabales de las provincias de su tradicional sometimiento al bloque agrario reaccionario.

Cada vez con mayor intensidad después del 2 de junio, la política comunista, o sea, del Frente Democratapopular (PCI + PSIUP), se desarrolló en el Sur a través de los bloques locales del pueblo en las elecciones administrativas, sobre la base de una organización unitaria de nuevo cuño que utilizaba los círculos, las consultas populares y los distintos instrumentos de asistencia y solidaridad.

En el campo, aparte de la Federterra, que se oponía con éxito a la democratacristiana Coldiretti (la Confederación Nacional de Cultivadores Directos), encabezada por Paolo Bonomi, comenzó a florecer también el movimiento cooperativo rojo, aprovechando todas las oportunidades abiertas por los decretos Gullo.

En las raras y ralas áreas industriales —a partir de Nápoles— se puso en movimiento una vivaz acción sindical de las comisiones internas que preparó el movimiento de los consejos de gestión en las fábricas. Un momento decisivo del impulso organizativo, y de la unificación de los comunistas y los socialistas con los intelectuales de vanguardia y numerosos representantes de las tradicionales corrientes democráticas y meridionalistas, fue luego el congreso de las fuerzas democráticas meridionales, desarrollado en Pozzuoli el 19 de diciembre de 1947.

Las izquierdas, por lo tanto, estaban muy adelantadas en el camino que habría debido conducirlas a un arraigo social estable, superando los límites de las gráciles e improvisadas formas organizativas del pasado y creando las condiciones para transformar «en permanentes esos vínculos espontáneos y temporales» realizados —destacó otra vez Alicata— «a menudo con capas nuevas, a veces imponentes, de masas populares».

Mirado en conjunto, el Sur, desde el punto de vista de la DC, aparecía como un área en la cual se concentraban los mayores factores de indeterminación política que habrían podido favorecer la victoria comunista en Italia, así como las mayores oportunidades para conjurarla definitivamente. Habría bastado una elección equivocada en la operación de las alianzas, un error de acción o de omisión, una inoportunidad o una impertinencia, para tener el corolario de una Italia no deseada.

Para comprender plenamente el estado de peligro que hacía resaltar la decisiva importancia del Sur, es suficiente reflexionar sobre las consecuencias que un desplazamiento incluso modesto del voto meridional hacia el Frente democratapopular habría podido determinar en el ordenamiento político italiano.

Se puede sensatamente calcular, con una aproximación por defecto, que si en el Norte la situación hubiera permanecido invariable en los datos de las elecciones de 1946, un crecimiento general del 5 % de los votos comunistas y socialistas en el Sur (apenas el 2,5 % más para cada uno de los partidos) habría hecho subir al menos en dos puntos porcentuales el dato electoral nacional de las izquierdas, que así se habrían asegurado una amplia mayoría relativa, de más del 40 %, en el Parlamento, como para obligar a la DC a combinaciones de gobierno sometidas a aplastantes condicionamientos de las derechas.

Pero las previsiones eran aún más alarmantes porque tanto en el Sur como en el Norte el PCI y el PSI —como evidenciarían las elecciones administrativas— no estaban en absoluto en una fase de estancamiento y de regresión, mientras que emergían los signos de un cierto debilitamiento de las potencialidades electorales de la DC, presionada y asediada por los partidos menores de centro y sobre todo por las distintas formaciones de derechas.

En el caso de un grave descalabro electoral de la DC, todo el horizonte de esa frágil Italia republicana nacida de la derrota del nazifascismo correría el riesgo de ser una vez más arrollada por las negras e infaustas sombras del pasado: en una situación vinculada a los imperativos internacionales de la guerra fría, en las condiciones ineludibles de un país de soberanía limitada, con toda probabilidad, para cerrar el camino a un gobierno comunista, no habría habido otra solución que recurrir a alguna forma de régimen autoritario, sacrificando el antifascismo y la vocación democrática.

El ministro del Interior del Gobierno de De Gasperi, Mario Scelba, a la cabeza de su ejército de carabineros y policías, tenía muy fundados motivos para mirar al Sur como a uno de los principales frentes italianos de la guerra por la democracia, un frente en el cual empeñar a fondo las fuerzas disponibles, sea con rigor y ceño militar, sea con los métodos expeditivos e inescrupulosos aconsejados por una situación de emergencia. El marco de los peligros y las alternativas que hacían del Sur el verdadero árbitro de la suerte nacional le resultaba extremadamente claro, y como siciliano advertía con una capacidad de análisis y de previsión de la que carecía el austríaco De Gasperi las presiones angustiantes a que se veía sometido el juicio político:

> En el Sur de Italia se decidirá la suerte del porvenir político del pueblo italiano. [...] Nosotros, los meridionales, debemos sentir la importancia de esta verdaderamente histórica función del Sur; y si éste contribuye de manera determinante a la afirmación de las libertades en Italia habrá merecido frente a la conciencia nacional otro título de reconocimiento y de supremacía espiritual y moral y un derecho a una más amplia comprensión de sus necesidades [...].

Después de las elecciones del 2 de junio los socialcomunistas, lamentando su derrota, escribieron en sus periódicos que para conquistar la mayoría necesitaban dos millones de votos y éstos dos millones de votos sólo podía suministrarlos el Sur.

Sostenido por una conciencia tan aguda y dramática, Scelba se cargó, de hecho con una investidura informal vivida casi como una delegación especial, de todo el peso de la política meridional de la DC y del Gobierno de De Gasperi (Marino, 1995).

Se trataba, en concreto, de normalizar el Sur, no sólo en el sentido de un puro y simple restablecimiento del orden público (particularmente perturbado en la inquieta Sicilia), sino en el sentido político de restaurar y reforzar —a partir de Sicilia— la tradicional función conservadora asumida por la realidad meridional en el sistema italiano, enlazándola con las exigencias específicas de la estrategia centrista de De Gasperi.

La tarea era de una dificultad excepcional, porque requería la coordinación de al menos tres operaciones simultáneas y en muchos aspectos contradictorias: la primera y fundamental consistía en bloquear por todos los medios el avance y la penetración social de los comunistas y los socialistas; la segunda, que debía sincronizarse con la primera dentro de un sistema de complicidades y alianzas con los notables de la agricultura latifundista y con los distintos estratos urbanos de la burguesía conservadora, debía apuntar a absorber en la DC, o en cualquier caso a aglutinar en torno a este partido, a las fuerzas más heterogéneas que se declaraban liberales, populistas o monárquicas; la tercera, concebida para integrar y estabilizar los efectos de las dos anteriores, pero evidentemente contradictoria respecto de ambas, se concretaría en una constante campaña política y propagandista para competir con los comunistas en el terreno de las propuestas de iniciativa social contra la miseria y la explotación del trabajo, sin olvidar la reforma agraria requerida por los campesinos y las demandas de autonomía administrativa planteadas por vastas capas de la burguesía progresista.

Para las tres operaciones, y en especial para las dos primeras, sería cada vez más necesaria y decisiva la aportación, en distintas formas, de la mafia.

El 20 de abril de 1947 se abatió sobre las dificultades y los riesgos de la maniobra democratacristiana en el Sur la alarmante tempestad provocada por los resultados sicilianos en la elección de los diputados a la primera Asamblea Regional de la posguerra: los comunistas y los socialistas, mucho más allá de los magros datos de 1946, habían conquistado juntos la mayoría relativa. Contra eso —como refería el prefecto de Bari, comprendiendo las tendencias que el pánico provocado por el avance comunista en Sicilia estaba alimentando en todo el Sur— se perfilaba «la posibilidad de la constitución de un bloque (de derechas) con vistas a las futuras elecciones políticas».

Las izquierdas, además de ganar en el campo, se habían convertido en la principal referencia de los intelectuales y de una parte, aunque exigua, de la burguesía progresista, por el uso democrático de los poderes autonomistas de la isla; habían aprovechado al máximo la herencia de las fuerzas populares que en los años precedentes se habían dejado seducir por el movimiento separatista. En semejante situación, una entidad que conocemos perfectamente, aprovechando también las vastas complicidades externas disponibles, consideró que podía valerse de tan propicia ocasión para demostrar que poseía toda la fuerza necesaria para detenerlas, respondiendo así, con una anticipación desgraciadamente enérgica, a las señales de guerra que procedían de la presencia de un hombre con las actitudes policiales de Scelba en el Viminale, de la evolución de la situación internacional y del nuevo curso de la política nacional.

La matanza de Portella della Ginestra y los misterios de la política

Quizás haya un sentimiento siempre nuevo al reiterar el relato de los funestos acontecimientos del pasado, como ocurría con la tragedia en la antigua Grecia. Hoy, la generación que se ha enfrentado de cerca con la matanza de Portella della Ginestra —el sanguinario suceso siciliano del primero de mayo de 1947— al reconstruir sus recuerdos para transmitirlos a las nuevas generaciones aún sufre una sobrecarga de emociones que sólo un gran esfuerzo de objetividad consigue, aunque imperfectamente, controlar. La memoria histórica se sustrae con dificultad a la tentación de una representación mítica de los hechos. Se incurre en algo similar a un riesgo de infidelidad histórica, o sea, de degradación a una pura retórica de la melancolía y la indignación, del cual uno se sustrae no eludiéndolo, sino en cierto sentido pagando su precio, siempre que se consiga indicar con rigurosa precisión el motivo histórico que justifica el excepcional énfasis de la evocación.

El motivo es el siguiente: aquella matanza fue, a la vez, una tragedia popular y la matriz de todos los acontecimientos de criminalidad política que oscuramente se desarrollarían y entrelazarían en Italia en más de cuarenta años de historia republicana (De Lutiis, en Casarrubea, 1998).

Aunque no sean exhaustivas y definitivas, las revelaciones de fines de siglo han desvelado el marco verídico de los últimos cincuenta años. Ha habido en Italia (y quizás aún no ha sido definitivamente desbaratada) una república oculta que, de diferentes maneras y tiempos, ha actuado en la sombra con los instrumentos de la corrupción, la mafia, la masonería y los servicios secretos ante una república manifiesta y oficial nacida de la Resistencia, una misteriosa república criminal opuesta a la de la experiencia democrática. En definitiva, una doble Italia, o mejor —como ha escrito Franco De Felice (1989)— un «doble Estado». Esa república, ese «doble Estado», hicieron su primer ensayo general el primero de mayo de 1947.

El hecho es conocido. Cerca de tres mil personas —campesinos pobres de la provincia de Palermo, con sus mujeres y niños— reunidos en Portella della Ginestra, un valle soleado dominado por abruptas montañas a poca distancia de Piana dei Greci, celebraban el día del Trabajo. Con una excursión rica en sentido político, estaban restableciendo una tradición iniciada a fines del siglo XIX por Nicola Barbato. Festejaban los primeros éxitos de sus luchas y la victoria electoral de las izquierdas en las elecciones regionales del 20 de abril. A las diez y media de la mañana, un zapatero de Piana, el secretario de la sección socialista local, de pie sobre la «piedra de Barbato», tomó la palabra para el discurso oficial de la manifestación. Fue entonces cuando desde las montañas circundantes —pero quizá, también, desde un sitio mucho más próximo, según ha supuesto con sensatos argumentos Giuseppe Casarrubea en su reciente libro (1998) sobre el tema— comenzaron a crepitar las ametralladoras. La multitud se agitó aterrorizada y se disgregó en el desesperado intento de encontrar refugio. El fuego continuó implacable. Treinta y cuatro personas (once muertos y más de veintisiete heridos), entre hombres, mujeres y niños, quedaron sobre el terreno, acribilladas y desfiguradas, a veces debajo de sus mulas agonizantes enjaezadas de fiesta, entre gemidos e imprecaciones.

Sobre los autores de la matanza los comunistas dieron enseguida la indicación más razonable: habían sido los «barones» por mano de aún desconocidos ejecutores materiales reclutados por la mafia. Las dudas al respecto no habrían servido más que para encubrir a los responsables, tanto más que algunos capos mafiosos locales ya habían lanzado, en la vigilia del primero de mayo, algunos inquietantes y sibilinos mensajes que habían sido subestimados. Tesis, ésta, inmediatamente oficializada por Li Causi en el curso del debate sobre los hechos desarrollado en la Constituyente del 2 de mayo.

El líder comunista siciliano fue perentorio: superando a duras penas los gritos de protesta de los liberales y los populistas, entre las interrupciones y los insultos de los diputados Bellavista y Giannini, invocó como inductores y ejecutores de la matanza a «los capos mafiosos, los aparceros, los representantes del partido monárquico, del bloque liberal-populista».

En nombre del Gobierno, el ministro Scelba, en la apertura del debate, ya había proporcionado su sorprendente interpretación: «El crimen se ha consumado en una zona afortunadamente limitada [...] en la que persisten mentalidades feudales sordas y cerradas [...]. Este crimen no es una manifestación política: ningún partido político se atrevería a organizar semejantes manifestaciones [...]. Se dispara sobre la multitud de trabajadores, no porque sean tales, sino porque son culpables de reclamar un nuevo derecho. Se venga la ofensa, tal como se dispararía sobre una persona, por cualquier afrenta recibida, individual o familiar» (*Actas Constituyentes*, 2 de mayo de 1947).

Los mismos argumentos serían repropuestos en una entrevista al *Giornale di Sicilia* del 9 de mayo: la matanza no habría sido más que «un episodio circunscrito y madurado en una zona con unas condiciones absolutamente singulares»; era preciso excluir «de manera perentoria» que se tratara de un hecho de algún modo imputable «a cualquier partido organizado». Con análoga determinación se eludía toda posible referencia a la mafia. El colmo de esa actitud minimizadora y, desde luego, provocadora, Scelba lo alcanzó en el Consejo de Ministros, cuando excluyó categóricamente que se pudieran imaginar responsabilidades de los latifundistas e incluso llegó a asegurar que los inductores de la matanza —admitiendo y no concediendo que fuera lícito hablar de inductores— a lo sumo habría que buscarlos entre los campesinos mismos, en un ambiente de «guardias o campesinos excluidos o temerosos de ser excluidos de la propiedad».

Algunos días después, con el desarrollo de las primeras investigaciones, fue forzoso revisar, al menos en parte, los elementos para la interpretación de los hechos. En efecto, el trágico acontecimiento de Portella no quedó como un episodio circunscrito. Es más, resultó evidente que la matanza sólo había iniciado una ofensiva terrorista para la cual se intuía la existencia de un preciso plan político de carácter criminal que, de una manera muy inquietante, parecía obedecer a las nítidas orientaciones anticomunistas emergidas en el marco nacional con la crisis del tercer Gobierno de De Gasperi, preludio de la definitiva liquidación de la unidad antifascista: en la noche del 22 de junio fue atacada con ráfagas de ametralladora, granadas de mano y cócteles molotov la sede de la sección comunista de Partinico. Aparte de los numerosos heridos, hubo dos muertos: los comunistas Antonino Casarrubea y Vincenzo Loiacono.

En el curso de la misma noche fueron asaltadas y destruidas las sedes de los partidos de izquierdas en Carini, San Giuseppe Jato, Borgetto, Cinisi, Montelepre y Monreale. Esta vez los criminales rubricaron sus acciones: una octavilla firmada por Salvatore Giuliano invitaba a los «jóvenes sicilianos a la sublevación» e informaba de la constitución, en las montañas de Sagana, de un cuartel general de la lucha armada contra el comunismo que se aprestaba a reclutar un ejército de voluntarios.

Además, el 21 de junio las investigaciones habían constatado, para estupor de la opinión pública, que el autor material de la matanza de Portella era el mismo Salvatore Giuliano, a la cabeza de veinte hombres de su banda.

En el curso de la sesión del 24 de junio Scelba no pudo ignorar que el conocido forajido de Montelepre se había convertido en «apóstol de una especie de cruzada antibolchevique en Sicilia». Obviamente, declaró que había impartido «órdenes severísimas» con el fin de garantizar «la más amplia vigilancia en las sedes de los partidos amenazados». Enseguida decidió asignar una recompensa de tres millones por la captura del bandido. En una entrevista al *Giornale di Sicilia* (24 de junio de 1947) manifestó las intenciones más combativas, comprometiéndose con firmeza a «erradicar por todos los medios, sin reparar en gastos, cualquier forma de bandidismo». Pero, en definitiva, se obstinó en confirmar sobre los hechos de Portella y sobre el resto, la versión oficial inicial: «No se puede afirmar —ratificó de forma perentoria— que haya cómplices o inductores.»

En cierto sentido, quizá se aprovechara de la misma posibilidad de atribuir todas las culpas a un delincuente común, aunque prestigioso y políticamente enaltecido, como el coronel Giuliano.

En adelante, lo importante para Scelba sería ante todo circunscribir la interpretación de los hechos en el estrecho horizonte de los elementos oficialmente surgidos de las investigaciones, insistiendo en las exclusivas responsabilidades personales del bandido: éste debía de haber actuado por decisión propia, con la única pretensión de reconquistar cierto crédito político después del fracaso de la experiencia separatista. La intención era reciclarse en la nueva fase política, asumiendo la apariencia de un adalid del anticomunismo y contando con la eventualidad de adquirir méritos de cara a la clase política gobernante y de recibir a cambio, más tarde o más temprano, la impunidad por sus delitos. Nadie había pensado nunca en prometerle nada semejante por mucho que él se hubiese obstinado, inventándose, si era necesario, que había actuado por mandato de prominentes representantes del Estado.

En otras palabras, según la versión de Scelba, la matanza de Portella no habría sido más que una trágica operación realizada en perjuicio del Gobierno por parte de un forajido cuya intención era chantajear al Estado por razones de supervivencia personal. De este modo, excluida por completo la hipótesis de la responsabilidad atribuible a las fuerzas sociales o a los partidos políticos, no sólo se salvaría la inocencia de los «barones» y del frente liberal-populista, sino que incluso se libraría por completo del fastidio de tener que hacer referencia a oscuras tramas agrariomafiosas, dejando entender que el poder de la mafia en Sicilia era, sobre todo, una fábula propagandista de los comunistas.

¿Por qué tanta obstinación en no ver aquello que a cualquier hombre de mediocre sentido común le habría parecido evidente?

La interpretación de Scelba era, desde luego, una primera señal de esa tendencia a ocultar la verdad que, con los años, se convertiría en una práctica corriente del poder: una «*omertà* de Estado», diría Michele Pantaleone (pero igualmente podría hablarse de una *omertà* clasista), un tipo de comportamiento necesario para la construcción de un Estado secreto a la sombra del oficial.

Prescindiendo del hecho de que al principio el mismo Scelba podía tener las ideas confusas sobre la matanza de Portella, lo que impresiona de inmediato es su comportamiento reticente y cómplice, el cual, como veremos, sólo puede explicarse reconduciéndolo al sentido general de la política tendente a la normalización del Sur. Para una explicación profunda y definitiva se necesitarían las informaciones que ni los jueces del proceso de Viterbo contra la banda de Giuliano con las setecientas páginas de su sentencia, ni los parlamentarios de la Comisión de Investigación sobre la Mafia en sus distintas ediciones y en cerca de treinta años de trabajo, han conseguido obtener. Para ir más allá de lo conocido —que, en concreto, coincide con la notoriedad de un misterio quizás ya irresoluble— sólo se puede avanzar mediante hipótesis interpretativas que conducen por una pista indiciaria.

Parece sensato volver a partir de los grandes interrogantes sobre los móviles políticos de la matanza y preguntarse si no es preciso imaginar en el origen de los hechos una situación en la cual el bandido Giuliano —obviamente interesado en «ennoblecer» un crimen horrendo presentándolo como una acción de guerra ideológica— conocía sólo en parte y superficialmente, como puede darse casi por descontado, las verdaderas intenciones de las personas físicas o de las entidades que lo habían inducido (con medios que desconocemos pero que incluirían eficaces «consejos» y promesas cautivadoras) a llevar a cabo los desgraciados hechos del 1 de mayo y a proseguir en la ofensiva terrorista. Dada la gravedad de aquéllos, debe excluirse que los inductores sólo se propusieran espantar a los comunistas. No habrían sido tan ingenuos para no prever que una matanza tan cruel habría tenido en la opinión pública consecuencias que iban a reforzar, más que debilitar, al PCI, partido dotado de una muy fuerte organización, casi de tipo militar, y de un liderazgo astuto y aguerrido.

No parece, por lo tanto, que pueda dudarse de que los responsables de la matanza debían de tener en mente unos bien calculados objetivos políticos, comprendidos entre un mínimo y un máximo. El máximo, con toda probabilidad, consistía en un plan provocador: inducir a los comunistas, en todo el país, a una respuesta de proporciones tales que fuese interpretada como el inicio de una insurrección nacional, hasta el punto de justificar una intervención represiva adecuada y acabar para siempre con el PCI decretando su ilegalización.

Obviamente, la prudencia de Togliatti, aun siendo muy conocida, no podía descontarse por completo y en cualquier caso una oleada emotiva de vasto alcance, con la contextual activación de procesos espontáneos difícilmente controlables, habría podido tener tremendos e imponderables efectos de desestabilización sobre el liderazgo de la izquierda.

Las intenciones de los provocadores ocultos fueron decididamente frustradas por los comunistas, que consiguieron imponer la disciplina ante las emociones provocadas por la tragedia, encauzándolas hacia una protesta ordenada y responsable —la huelga general del 3 de mayo— que en Palermo asumió valores de afirmación nacional y patriótica con el homenaje final de los manifestantes en el monumento a los caídos de todas las guerras.

Refuerzan la hipótesis antes expuesta varios elementos importantes, más o menos indiciarios que, aun estando entre los más idóneos para activar la fantasía, sería un error subestimar, sobre todo después de los recientes descubrimientos de ocultas organizaciones utilizadas por los gobiernos y manipuladas por los servicios secretos italianos, de hecho bajo las órdenes de la CIA, para la lucha contra el comunismo. No es en absoluto aventurado pensar en algo similar a una matanza de Estado o, más correctamente, al acto final de una intriga en el curso de la cual la mafia actuó aprovechando su poder sobre el bandolerismo, con la dirección internacional de los servicios secretos.

Es sorprendente que nadie haya reflexionado sobre las precisas indicaciones proporcionadas a Li Causi por un secuaz de Giuliano, el bandolero Rosario Candela, que manifestó textualmente a Li Causi: «Objetivo de la matanza: crear una gran provocación para poner a los comunistas fuera de la ley.» A potenciar la credibilidad de las revelaciones de Candela han contribuido las recientes revelaciones del señor Colby, alto directivo jubilado de la CIA, sobre la existencia de un plan preciso del Pentágono para la reocupación militar de Sicilia por parte del ejército de Estados Unidos en caso de una victoria electoral de socialistas y comunistas en las temidas elecciones fijadas para abril de 1948.

Teniendo en cuenta estas referencias, hay pocas dudas sobre la existencia de un interés americano en favorecer el desarrollo de condiciones que pudieran vincular a Sicilia con el papel de una Vendée anticomunista. En semejante marco, se explicaría el extraño comportamiento —destacado por la sentencia del proceso de Viterbo— del inspector de policía Ciro Verdiani, desde hacía años hombre de los servicios secretos, que tenía el deber oficial de arrestar a Giuliano y, en cambio, no sólo protegía su rebeldía sino que hasta lo invitaba a cenar. Es un hecho que el inspector general de la Seguridad Pública de Sicilia, Ciro Verdiani, que tanta parte tuvo en la oscura trama de las relaciones entre el bandido de Montelepre y las fuerzas policiales, procedía de las altas esferas de la organización de vigilancia antifascista, y todo deja suponer que su encargo especial en la isla respondía a un mandato que no se limitaba a las funciones de la lucha contra el bandolerismo para el restablecimiento del orden público. Lo anterior parece tanto más verdadero si se recuerda que Verdiani se ocupó muy poco o de una manera tan extraña de la lucha contra el bandolerismo que transformó a quien debería haber sido su principal enemigo, el astuto y escurridizo Salvatore Giuliano, capaz de huir de las más elaboradas operaciones de policía, en una especie de confidente con el cual no despreciaba comer en un clima afable y amistoso.

El incomprensible comportamiento del inspector Verdiani —un hecho probado, no un rumor fantasioso— maravillaría a los jueces de Viterbo, que aun sin intentar ofrecer una interpretación, lo estigmatizarían junto con otras actitudes análogas que concernían al inspector Messana, predecesor de Verdiani, y al mismo fiscal general de Palermo, el inefable Emanuele Pili.

Si, como resulta obvio, Verdiani no era un ingenuo, se puede estar seguro de que él nunca habría detenido a Giuliano (que consiguió prolongar durante unos tres años su tranquila contumacia después de la matanza de Portella) sin el consenso de la mafia, con la cual debía de estar en curso alguna importante negociación al nivel de ocultos pero prominentes poderes nacionales y, quizás, internacionales.

Varios indicios inducen a sospechar algo muy serio e inquietante en las misteriosas conexiones —sobre las cuales se poseen noticias seguras y documentadas— entre prominentes personajes americanos y el «rey de Montelepre» (Casarrubea, 1998).

¿Con qué fines el turbio periodista Michael Stern, ex coronel del ejército estadounidense, probable agente de la CIA y, en cualquier caso, hombre de los servicios secretos, además de traficante de armas por cuenta propia, había entretejido sus personales relaciones de «amistad» con el bandido? Todos los testimonios —a partir de aquel, fundamental, proporcionado por el bandido Giovanni Genovese— concuerdan en referir que Giuliano, en la vigilia de la matanza de Portella, recibió una importante carta y que después de haberla leído aparte, dijo a sus hombres: «Ha llegado la hora de nuestra liberación, es preciso hacer una acción contra los comunistas, es preciso ir a disparar contra ellos.»

Nunca ha sido posible comprobar quién era el remitente de esa carta. Después de su captura, en el curso del proceso de Viterbo, el bandido Pisciotta, cayendo en no pocas contradicciones, la habría atribuido incluso a Scelba, quien desde luego no era un hombre tan ingenuo como para exponerse directamente al chantaje de un forajido.

El hecho es que la carta no era una invención y alguien debía de haberla escrito. Pone un relevante valor indiciario para la credibilidad de la pista americana si se da crédito al testimonio de otro bandido, Pasquale Sciortino, según el cual se habría tratado de una misiva procedente de ultramar, sin duda de Estados Unidos, conteniendo promesas e indicaciones sobre una posible expatriación de Giuliano a ese país.

Algunos años después, en 1951, habría sido mucho más explícito sobre la cuestión otro ex bandido, un tal Epifanio Ajello, al atribuir la paternidad de la carta —que contenía explícitas incitaciones a realizar actos terroristas contra los comunistas— a un viejo conocido nuestro, al coronel Charles Poletti.

Además, constituyen otros tantos indicios en la misma dirección los numerosos interrogantes a los cuales la misma Comisión Parlamentaria de Investigación no consiguió dar respuesta por la inexplicable desaparición de la documentación oficial que quizás habría permitido echar luz sobre los hechos.

¿En qué se concretó la actividad de espionaje desarrollada en Italia por numerosos gángsters siculoamericanos? ¿Cuál fue, en particular, el papel atribuido al repatriado Lucky Luciano? ¿Quién favoreció y llevó a cabo, y con qué finalidades específicas, la expatriación a Estados Unidos de Pasquale Sciortino, cuñado y lugarteniente de Giuliano? ¿Cómo se coordinó el trajín de espionaje mafioso con la estrategia anticomunista global de la política americana en Italia?

Desde luego, hay que añadir que no es posible interpretar en clave ideológica la decidida elección filoamericana de Salvatore Giuliano. El bandido era un mocetón semianalfabeto que sabía poco o nada de comunismo y de anticomunismo. Casi de repente —pero probablemente interpretando el filoamericanismo, en línea con las posiciones de la mafia, como una renovada versión de su precedente elección separatista— se atribuyó las funciones de jefe militar de la cruzada antibolchevique en Italia. Incluso pretendió lanzar proclamas políticas en nombre de la democracia y las libertades amenazadas por el totalitarismo. Se elevó a símbolo de la moralidad social y la justicia.

Sus escritos, desde las distintas cartas abiertas publicadas por los periódicos hasta los memoriales enviados a los jueces del proceso de Viterbo, eran de costumbre más bien confusos y agramaticales. Pero tampoco faltan aquellos que asombran por sus dotes de refinamiento formal y de riqueza lexical de las que los semianalfabetos normalmente carecen. Evidentemente podía contar con diversos «instructores» y consejeros de rango, que habría que buscar en el entorno de sus frecuentaciones de fugitivo, un turbio círculo en el cual los capos mafiosos estaban acompañados por agentes secretos, inspectores de policía, abogados y picapleitos e incluso —lo escribe el mismo Scelba en su ya citado libro de memorias— eclesiásticos de alto nivel, quizás el arzobispo en persona, de la Curia de Monreale.

Fue en ese ambiente que debió de realizarse la rápida iniciación del bandido en la democracia y el americanismo, la cual, por quienes fueron los celebrantes, no podía dejar de coincidir con la muy precisa voluntad de sacar infames beneficios políticos.

Que una trama tanto nacional como internacional estaba en la base de la trágica felonía de la que Giuliano había sido «un instrumento inconsciente» era una hipótesis bien presente en la reflexión de Girolamo Li Causi, que con el lenguaje ideológico de entonces denunció «el plan criminal de las fuerzas mundiales dirigidas por el imperialismo» —Estados Unidos en estrecha unión con el Vaticano— «de hacer de Sicilia su fortaleza mediterránea».

Semejante trama habría podido incluir tanto el probable objetivo máximo de la matanza de Portella (el antes indicado en los términos de una «gran provocación» anticomunista) como otros objetivos, entre los cuales estaba sin duda el mínimo de una impactante manifestación de potencia del frente agrariomafioso cuyo sentido es resumible en algo similar a un mensaje lanzado por una parte resoluta y compacta a una contraparte considerada aún insegura y vacilante en el curso de unas negociaciones políticofinancieras para el reparto de las respectivas áreas de influencia y la definición de los equilibrios del poder; por tanto, un perentorio mensaje mafioso de los potentados sicilianos a los nacionales, expresado en una fórmula cifrada pero de paradójica elocuencia, descodificable en una frase expeditiva y brutal del tipo: «En bloquear el avance comunista en nuestro territorio pensamos nosotros; entretanto vosotros apresuraos a ofrecernos las contrapartidas adecuadas.»

EL BANDIDO, LA POLÍTICA Y LA MAFIA

La línea interpretativa trazada hasta aquí permite evidenciar plenamente, como veremos mejor más adelante, la estructura orgánica de la relación instaurada entre el caso Giuliano y la operación scelbiana para la normalización del Sur, en los desarrollos de un proceso muy dinámico marcado por acontecimientos clamorosos y por misterios sin resolver, cumplido entre 1947 y los primeros años cincuenta. Ante todo, se presta a despejar el campo de análisis de los hechos de una fundamental cuestión sobre la cual tanto los jueces de Viterbo como los distintos investigadores de la Antimafia se han devanado los sesos sin éxito: ¿quién encargó al bandido la matanza de Portella? Un interrogante sólo en parte equivalente al otro, más político que judicial —¿por qué se decidió y llevó a cabo la matanza?—, al cual ya se ha dado una problemática respuesta.

La búsqueda de los elementos de prueba para el descubrimiento de los inductores y para su precisa identificación y cuanto aún haría falta para una definitiva constatación de la verdad en clave judicial, no plantean problemas tales como para bloquear el juicio histórico con su fallida resolución. No es que a la investigación historiográfica puedan bastarle unos simples indicios, pero en el caso en cuestión los elementos indiciarios concurren todos a sostener, hasta los umbrales de una casi absoluta certeza, la única explicación de los hechos que puede asumirse como razonable.

Nunca ha sido posible probar la responsabilidad de los personajes acusados por los bandoleros porque se trataba de responsabilidades que, por su especial naturaleza, escapaban al alcance de los instrumentos de investigación judicial.

Con toda probabilidad, los verdaderos inductores según el concepto jurídico del término, los inductores *stricto sensu*, no fueron identificados por el simple hecho de que no existían. El inductor debió de ser un complejo sujeto colectivo constituido por el sistema de las relaciones entre la mafia y la política, algo similar a ese «tercer nivel» (un nivel superior a la misma cúpula de la organización militar-criminal de la Cosa Nostra) sobre el cual sólo las más recientes revelaciones de Tommaso Buscetta y de otros arrepentidos están comenzando de algún modo a echar luz, si bien con tantas sombras y contradicciones que hacen muy difícil e improbable la constatación de las responsabilidades penales de las conocidas personalidades políticas implicadas.

De ese inductor colectivo, los distintos personajes de vez en cuando involucrados por los bandoleros, en Viterbo y en el curso de los sucesivos procedimientos judiciales, eran ellos mismos —individualmente considerados— los primeros mandatarios: según el rango personal y la posición social, embajadores de innominadas e innominables potencias superiores a las cuales se atribuía la responsabilidad de las órdenes o bien simples intérpretes y ejecutores de un oculto plan urdido por un tan anónimo como seguro poder del cual se hacía descender la autoridad de los prudentes y sibilinos mensajes, de los guiñadores consejos, de las instigaciones, de las protecciones y de las promesas.

Debía de tratarse necesariamente de un circuito de relaciones y complicidades directas o indirectas muy vasto, coincidente al menos con el área en la cual gravitaban los intereses y los sujetos políticos de la negociación entre los poderes del Estado, las potencias internacionales del anticomunismo y los potentados sicilianos: la mafia siciliana y la americana, la masonería, los liberales, los monárquicos, los populistas, los ex separatistas de derechas, pero también diversos representantes del Partido Democratacristiano: uno de los principales protectores de Giuliano fue, durante mucho tiempo, el padrino Vincenzo Rimi —miembro de la dirección de la DC en Castellammare del Golfo (Trapani)—, infatigable defensor del ministro democratacristiano Bernardo Mattarella (Casarrubea, 1998, p. 48).

En consecuencia, las informaciones en poder de los bandoleros —sobre el verdadero y supremo origen de las instrucciones a las cuales consideraban que debían atenerse— no podían ser más que informaciones objetivamente parciales, ambiguas y problemáticas, a la vez dudosas y verídicas. De aquí las inevitables contradicciones, no siempre referibles a un juego de reticencias y de invenciones regulado por las tácticas procesales aconsejadas por los abogados.

Es un hecho que uno de los posibles y más informados testigos, el bandido Salvatore Ferreri, llamado Fra' Diavolo, un confidente del inspector Messana que había participado en la reunión en el curso de la cual se había organizado la matanza del primero de mayo, había sido eliminado por la policía (Casarrubea, 1998) con procedimientos análogos a aquellos que, en el marco de la lucha contra el terrorismo, habrían costado la vida al pobre anarquista Pinelli, en tiempos del caso Valpreda.

A su vez, desde el momento en que Scelba impartió la orden de intensificar las operaciones para entregarlo a la justicia, el principal protagonista de los hechos, el bandido Giuliano, quedó en vilo entre la tentación de vaciar el saco para dar una inmediata respuesta ofensiva al rigor policial, en el cual captaba las señales de una próxima traición de sus protectores políticos, y la opuesta exigencia de no hablar. Se trataba de una exigencia vital, porque sólo con el silencio habría podido seguir esperando la ayuda de las inefables fuerzas de las cuales dependía su misma supervivencia.

Sin embargo, acabó eligiendo el peor camino, el de decir y no decir, de avanzar hasta el borde de revelaciones clamorosas y retroceder de inmediato después de obstinarse en afirmaciones frágiles y poco creíbles. Se cuidó mucho de aceptar la vibrante y en verdad profética apelación que le dirigió Li Causi, invitándolo a hablar, a dar públicamente los nombres de sus instigadores, antes de que fuera demasiado tarde:

¿Estás o no estás convencido de que actualmente el objetivo del gobierno, en relación a ti, es hacerte matar en una reyerta y no capturarte vivo porque los democratacristianos y los monárquicos temen que reveles las relaciones que han tenido contigo para hacerse elegir, haciéndote promesas que ya sabían que traicionarían a continuación? [...] ¿No sería mejor que declarases públicamente cuáles son los hombres de la democracia cristiana, el Partido Monárquico y el Partido Liberal que te han impulsado al crimen? ¿Quién te envió la carta que te empujó a realizar la matanza de Portella y de la cual ha hablado Genovese en su confesión?

Bajo la presión de los distintos consejos que recibía de desleales e interesados «amigos», el bandido habría hecho circular al menos dos versiones del todo opuestas sobre la matanza de Portella: con la primera, daba a entender que había actuado por mandato de prominentes personalidades políticas y arrojaba infamantes sombras sobre el comportamiento de Scelba en todo el caso; con la segunda, se atribuía la entera y exclusiva responsabilidad de los hechos (aunque minimizando su alcance político y presentándolos bajo la forma de una trágica fatalidad), exculpando del todo a Scelba.

En efecto, en una carta del 29 de marzo de 1949, escrita en respuesta a la apelación de Li Causi, se dirigió directamente a los jueces de Viterbo, invitándolos a no ensañarse con los imputados y lanzó un oscuro mensaje en el cual las promesas de revelaciones para echar luz definitiva sobre los hechos se entrelazaban con insultos y genéricas acusaciones dirigidas a Scelba:

> Siguiendo la prensa, me ha sido posible conocer el anuncio que ha dado la Magistratura para el inicio del proceso por los sucesos de Portella della Ginestra.
>
> En realidad, dicho anuncio me ha causado una viva impresión por el hecho de que se pone fin a tal proceso sin que el verdadero responsable, como me han definido todos los periódicos, aún no esté en condiciones de estar presente y responder en dicha causa.
>
> En tal caso aconsejo a la Magistratura y a los hombres de gobierno que tengan la paciencia de esperar hasta que se produzca mi captura, puesto que sólo de esta manera se podrá saber la verdad, dado que me han definido como el principal responsable.
>
> De otro modo, desde hoy comienzo a acusar a todos aquellos

que tienen interés en llevar adelante esta causa en la que los verdaderos culpables son ellos, y principalmente ese bufón del ministro Scelba, que ha dado la orden de cogerme muerto para evitar que un día pueda hablar tanto de éste como de otros hechos.

Seguían unas delirantes declaraciones sobre su intención de constituir en Sicilia «un verdadero ejército guerrillero» para combatir el comunismo, y las inquietantes respuestas a las preguntas que le había dirigido Girolamo Li Causi:

> Scelba quiere hacerme matar porque lo mantengo en la pesadilla de hacer pesar sobre él grandes responsabilidades que pueden destruir toda su carrera política y acabar con su vida.
> He ayudado a la democracia cristiana porque la reconocía como la democracia de las naciones. A los monárquicos los he ayudado por obligaciones personales y no por ideas políticas.
> Además de que estoy convencido de que el objetivo del Gobierno es el que usted [Li Causi] me dice, es más, le añado que el objetivo más fuerte de eliminarme es porque piensan que algún día podría convertirme en el peligro número uno para ellos.

¿Por qué, entonces, no se decidía a hablar? No hablaba —quiso precisar— para no violar el código de honor «de un hombre como yo que antes que la vida procura mantener alta la reputación moral y tiende sobre todo a hacer justicia con las propias manos».

Pero apenas algunos meses después, el 24 de abril de 1950, con un memorial entregado al abogado Romano Battaglia, hizo saber a los jueces de Viterbo que, en concreto, tenía poco o nada que revelar. Sólo miró de atenuar la gravedad penal de los hechos y reforzar su imagen de guerrillero:

> Fue una odisea trágica e increíble que tenía un objetivo distinto del que tuvo. Han dicho que antes del hecho recibí una carta con órdenes superiores; no es verdad; era una carta de los comunistas en mi contra; mi represalia, pues, además de su carácter político, fue también un asunto personal. Mi intención era golpear al senador comunista Girolamo Li Causi, máximo representante de los rojos en Sicilia; cuatro días antes de Portella lo mandé a buscar a su casa en Palermo [...]; no lo encontré, sino las cosas habrían ido de otra

manera. Entonces pensé que lo encontraría en el mitin del 1 de mayo en Portella. Dije a mis hombres que dispararan al aire 1.500 tiros para atemorizar a los «mitineros»; habría aprovechado la confusión para coger a los jefes comunistas, en el caso de que el senador no estuviera. En efecto, Li Causi no estaba; pero los míos, que eran casi todos jóvenes, hicieron fuego sobre la multitud y pasó lo que pasó.

Con un segundo memorial, del 28 de junio, casi en la vigilia de su trágico fin, reafirmó que había actuado en Portella por propia decisión, excluyendo del todo la existencia de inductores y haciendo ostentación de generosidad: habría podido —escribió— «aprovechar la ocasión para vengarse en cierto modo del señor Scelba», pero él, Giuliano, no era «ni cobarde, ni traidor, ni infame». Palabras, estas últimas, en las cuales hay que intuir, entre líneas, un sibilino mensaje dirigido no precisamente al ministro del Interior, sino a los «amigos» y protectores mafiosos: un mensaje del tipo «Fiaos de mi voluntad de no traicionar y mantener los pactos» o algo por el estilo.

Es muy probable que el principal secreto que conocía Giuliano concerniese a los enredos que se estaban realizando en Sicilia entre la mafia y la política y que sobre la base de conocimientos de dicha naturaleza considerase que podía comprometer a Scelba.

Evidentemente el mocetón, con su sagacidad campesina, faroleando o mezclando verdad y fantasía, estaba intentando sacar el máximo provecho del arte del chantaje con el cual se había familiarizado en el curso de su carrera de forajido. Su fin, declarado de manera muy explícita en los distintos mensajes difundidos por la prensa, era obtener una amnistía que comprendiera también los crímenes de los que era responsable.

De todos modos, tenía la intención de empeñar todas sus energías para librarse de la reclusión perpetua a que se había condenado. Precisamente para sustraerse de la cárcel, después de haber matado por casualidad a un carabinero que lo había sorprendido in fraganti en una operación de pequeño contrabando tras el desembarco aliado en Sicilia, se había echado al monte y había elegido el camino sin retorno de los forajidos.

Con mucha mayor determinación habría intentado usar todos los medios de que disponía para no encontrarse en la cárcel después de una singular experiencia criminal que, dadas las excepcionales condiciones de la Sicilia de la posguerra, le había permitido conquistar una imagen de Robin Hood y aparecer en las primeras páginas de la gran prensa internacional (Barrese-D'Agostino, 1996).

Se imaginaba a sí mismo como un héroe de la justicia y la sicilianidad, mientras que una tan increíble como difusa creencia popular, bruscamente desmentida por los hechos de Portella, le atribuía la virtud de robar a los ricos para dar a los pobres. Incluso después de su terrible crimen del primero de mayo siguió considerando que estaba en lo justo: «en realidad creo —escribió en diciembre de 1948 al director de *Il Giornale della Sera*—, y muchos otros se convencerán de ello, que la justicia no existe sólo en los tribunales, sino dentro de cualquier hombre que tenga el ánimo consciente y justo».

No toleraba que sus gestas criminales fueran presentadas, «a través de las imposiciones de la policía», no precisamente basadas en «ese sentido de defensa y de justicia», como acciones impulsadas por la «ferocidad para sobrevivir y dominar». Reivindicaba un «estado de ánimo generoso», rechazando con desdén el juicio de cuantos lo maldecían como sanguinario, y aspiraba a un público reconocimiento del «estado de necesidad» que, a su parecer, justificaba incluso las peores acciones, porque, escribía en la misma carta, «si no hubiera una razón no mataría».

El último juego autodefensivo basado en el chantaje que el desgraciado, presionado entre la mafia y las fuerzas del Estado, estaba llevando a cabo, era desde luego un juego tan astuto como temerario. Quizá, dada la situación, se trataba de un juego obligado, porque la única elección posible, la indicada por Li Causi, sin duda habría ofrecido al bandido mejores garantías para salvaguardar su vida, bien que al precio de una condena a cadena perpetua.

Tras tomar la decisión de apostar todas sus cartas a la conquista de la libertad personal, Salvatore Giuliano, por lo poco o mucho que conocía de las tramas a las que su aventura criminal lo arrastraba de manera irremediable, no podía ignorar al menos tres cosas: la primera, que sin la protección de la mafia no habría podido continuar durante demasiado tiempo su fuga y conquistar una definitiva salvación; la segunda, que sólo se salvaría si conseguía encontrar un refugio clandestino en el exterior y que, dadas las específicas relaciones internacionales de sus protectores, su tierra prometida no podía encontrarse más que en Estados Unidos de América, en las zonas sobre las cuales se ejercitaba la incisiva y tranquilizadora influencia de la mafia siculoamericana; y la tercera, que las posibilidades de la salvadora expatriación se verían enormemente potenciadas por un comportamiento que lo acreditase, más allá de su verídica imagen de delincuente común, como un guerrillero que luchaba por la democracia contra el comunismo.

Además, un reconocimiento público de esta última virtud habría ayudado a los «amigos» americanos a presentarlo como un perseguido y a defenderlo en el caso de eventuales solicitudes de extradición planteadas por la Magistratura italiana.

El bandido trató de juntar las tres cosas y de concretar sus respectivas exigencias improvisándose como un personaje político. Además, el estilo de semejante disfraz le era familiar, al menos desde que había sido nombrado coronel. Una vez cambiados los tiempos, el coronel —después de un breve paréntesis de indecisión en el curso del cual había apoyado a Antonino Varvaro y su corriente separatista de izquierdas desprendida del MIS— consiguió individualizar oportunamente, por intuición personal o por consejos recibidos, el frente en el cual le convenía situarse. No encontró dificultades para cambiar de uniforme, ya que con la ayuda de los viejos protectores (también ellos en fase de rápida conversión política) podía reivindicar una cierta continuidad ideal de la nueva elección con la precedente.

El sicilianismo separatista del que había asimilado la lección era la pasión, quizás auténtica, que le permitía vivir en un sentido trágicoheroico su condición de forajido: es decir, en el sentido de una rebelión contra un Estado injusto, el italiano, responsable —como escribió personalmente al presidente Truman— de haber depredado Sicilia, tratándola, en «ochenta y siete años de unidad nacional como una mísera colonia» (Barrese-D'Agostino, 1996).

En cambio, América (a la que su padre había conocido en su juventud como emigrado) le evocaba la idea de una libertad ilimitada fundada en la justicia. Y habría querido unir a Sicilia con América, en una asociación política estable que identificaba con la democracia. Los comunistas, defensores del Estado unitario, adversarios de América, le parecían, o al menos así lo declaraba oficialmente, como seductores desleales que engañaban al pueblo siciliano impulsándolo a perseguir objetivos contrarios a sus tradiciones y sus intereses reales.

Esta ideología elemental, o, si se prefiere, esta autojustificación en clave ideológica de una miserable experiencia criminal, sostenía el taimado plan de hacer de su banda ex separatista el primer núcleo de una fuerza combatiente anticomunista: «Nuestra organización —se lee en la antes citada carta a Truman— lo es en sentido estricto; ya tenemos un partido antibolchevique dispuesto a todo para eliminar al comunismo de nuestra isla»; pero ¿se había enterado de que los americanos tenían un plan para una eventual reocupación militar de Sicilia?

Los circuitos mentales de la enrevesada operación perseguida por el bandido para conquistar su libertad están aún más claros en una «Apelación al pueblo», enviada al *Giornale di Sicilia* en marzo de 1948, de la cual extraemos algunos pasajes significativos.

> ¿Qué condena puede imputarme la humanidad si he robado a los ricos y he dado algo de esa ganancia a los pobres, ayudándolos y defendiéndolos con todas mis fuerzas de las insidias y de la contradicción moral y material?
>
> Ha sido mucho el dinero que he obtenido de los señoritos ricos, y habría sido suficiente incluso un quinto de dicha suma para haberme podido crear un porvenir en otra parte. Pero mi pensamiento no ha sido ése, sino el que he perseguido desesperadamente durante cuatro años, es decir, separar a Sicilia de Italia y convertirla en un Estado confederado con América. [...] Y si he hecho esto, ha sido porque un faro profetizador de luz me ha iluminado la mente diciéndome que el mundo debía dividirse en dos partes tal como hoy hemos visto las pruebas, y he entendido que sólo así Sicilia habría podido recuperar la palabra y los justos derechos como pueblo laborioso y evitar el peligro de caer presa de alguna eventual nación explotadora, como Rusia, que tanto nos desearía. [...]
>
> Yo, hijo de trabajadores sanos y laboriosos, hijo también de la miseria, hombre que ha conocido amargamente distintos niveles de vida; yo, que he luchado como todos sabéis contra esos cerdos ricos, vuestros expoliadores, no puedo traicionaros al daros mis consejos, que deben ser para vosotros la guía en la elección entre la democracia y el comunismo.
>
> Confiad, oh pueblo, en lo que os digo [...] Repudiad a estos falsos comunistas que aun sabiendo que actúan de mala fe han prometido y siguen prometiéndoos sin ningún escrúpulo el paraíso terrenal.
>
> No siento ningún rencor por vosotros, oh pueblo llano, porque comprendo perfectamente el triste delirio del hambre que os ha debilitado esa esperanza de bienestar que todos anhelamos, confiados. [...] Pero no es el comunismo el que puede daros ese desahogo y esa libertad y prosperidad, porque sus tendencias no se limitan a eso.

Como primer problema a resolver, vuestros jefes comunistas se han planteado el de la mafia, acusándola de haber servido a los ricos feudatarios para proteger sus bienes y manteneros a vosotros siempre como esclavos de ellos. [...] Pero la verdad no es ésta [...].

La mafia, como todos sabéis, es gente que procede de la mala vida, que ha sufrido y a causa de sus problemas familiares ha tratado de ayudarse, y por la importancia de su prestigio ocupa los mejores puestos que pueden alcanzar de la forma más fácil resolviendo la situación familiar, sin saber que esos señores que los tratan con tanta deferencia hacen el doble juego, y que luego, cuando el mundo se calme, los mandarán a la cárcel tal como los mandaron después de la entrada del fascismo.

Giuliano era un semianalfabeto al que la extraordinaria publicidad de la que había disfrutado por sus empresas clamorosas había transformado en un megalómano sin recato. Del texto antes citado —significativamente dirigido no sólo a los sicilianos, sino a los «hombres libres de todo el mundo»— se desprende que se consideraba un iluminado, casi un profeta, al servicio del bien social. En su delirio de grandeza, el mocetón (apenas tenía veintiséis años) se mostraba convencido de tener la autoridad necesaria para dar disposiciones incluso a los mafiosos, considerados como elementos apenas distintos, pero también expuestos a la opresión, de ese generoso pueblo siciliano al que se proponía guiar en una lucha de liberación del dominio «colonial» italiano y de los engaños de la «jauría roja».

Es fácil comprender que no tenía las ideas claras sobre el fenómeno mafioso y que, como ocurre de costumbre con cualquiera que sufra una instrumentalización, ni siquiera estaba en condiciones de entender que era instrumentalizado. Tenía la certeza de que la ayuda que le aseguraban sus amigos mafiosos sólo era una manifestación de solidaridad motivada por instancias existenciales. Desde esta óptica, las instrucciones operativas e «ideológicas» que le venían del frente agrariomafioso habría podido siempre interpretarlas y valorarlas —precisamente en la forma con la cual le eran impartidas— como amigables y premiosos consejos, con mayor razón si quienes se las transmitían eran personajes importantes por su condición social o su prestigio político: quizás habría mirado con suficiencia al potentísimo pero rústico don Calò Vizzini, capo de la mafia siciliana, mientras que no habría resistido a la fascinación de Charles Poletti o de notables monárquicos como el príncipe masón

Gianfranco Alliata di Montereale, el diputado Tommaso Leone Marchesano, el diputado Cussumano-Geloso y de un prominente democratacristiano como Bernardo Mattarella, a los que luego su primo Gaspare Pisciotta, en Viterbo, habría señalado —ciertamente sin pruebas objetivas— como inductores de la matanza de Portella (Montalbano, 1982).

Así se explica cómo y por qué, en relación con la matanza del 1 de mayo, estaba en condiciones tanto de poder atribuirse la responsabilidad de los hechos como de amenazar con revelaciones que perjudicarían a personalidades prominentes. Durante cierto tiempo, a un bandido a la vez inteligente e ingenuo, peligroso y maleable, ignorante y politizado, pasional y calculador, popular y anticomunista, como Salvatore Giuliano, la mafia y las demás fuerzas turbias que estaban reorganizándose en la república habrían tenido que inventárselo si no hubiese existido. Esto es así en particular para el tradicional frente agrariomafioso, que con la conquista de un pleno control sobre las actividades del «rey de Montelepre» había conseguido el importante resultado de aumentar su poder «contractual» en la negociación en curso con el Estado.

El bandido se convertiría, a partir de Portella della Ginestra, en el protagonista instrumental, y a la vez la víctima, de una compleja operación en dos frentes —el de los intereses económicos de las clases dominantes locales y el de los intereses políticos nacionales gestionados por la DC— destinada a decidir durante varias décadas, mucho más allá del particular horizonte siciliano, los equilibrios del poder en Italia. Para los notables políticos mafiosos sicilianos constituía una prenda preciosa y un símbolo de poder, al cual se unían las no irrelevantes fuerzas y recursos reaccionarios salidos a la luz con la protesta separatista del trienio 1943-1946, aún disponibles para una eventual Vendée si las izquierdas hubieran conquistado el poder en Italia.

Es útil, además, observar que la matanza de Portella tuvo lugar durante la crisis política de abril-mayo de 1947, en una fase en la cual aún estaba en duda el intento de De Gasperi de constituir un nuevo gobierno finalmente anticomunista en línea con la situación internacional marcada por la guerra fría.

La ejecución de Salvatore Giuliano y el inicio de la alianza entre la mafia y el Estado

Una vez aclarado el horizonte y liberado el campo nacional de un inmediato «peligro rojo» por efecto de la victoria democratacristiana del 18 de abril, el frente agrariomafioso se encontró ante el problema de cómo obtener los mayores beneficios posibles antes de entregar al Estado la «prenda Giuliano», liquidando así definitivamente las cuentas del separatismo mediante un acuerdo estable con los nuevos poderes democratacristianos de la república.

Es sensato estimar que en la partida participaron, aunque en distintos frentes, tanto las personalidades políticas indicadas por los bandoleros (y varios años después por el diputado comunista Montalbano) a los jueces de Viterbo como inductores de la matanza de Portella, cualquiera que fuese su nunca probada responsabilidad directa en aquel específico acontecimiento, como los distintos inspectores de policía y los agentes más o menos secretos, italianos y extranjeros, que ya se han mencionado. Pero en la negociación, el papel principal, al menos para Sicilia, lo desempeñaba la mafia. Por la otra parte, las funciones de suprema dirección estratégica por cuenta del Estado y de la DC (esta última representada en Sicilia sobre todo por Bernardo Mattarella), correspondían a Scelba, que también podía no tener un claro y cumplido conocimiento de las tramas urdidas por los servicios secretos y los agentes extranjeros.

Los temas sobre el tapete eran muy complejos, porque si, por una parte, el frente de los agricultores sostenido por la mafia tendía a una extrema defensa de la gran propiedad latifundista, por la otra, la DC y el Gobierno de De Gasperi tenían la seria intención, bajo el impulso de las mismas fuerzas empresariales de la Confindustria (la Confederación Nacional Italiana de Industriales) de Angelo Costa, y con inteligentes objetivos de estabilización social anticomunista, de llevar a cabo en el Sur una reforma agraria que confirmase la vocación social de los nuevos poderes republicanos y marcase, con una clara referencia a la tradición, la vía católica para la resolución de la cuestión campesina.

Sobre esta base, las posibilidades de un compromiso serían casi inexistentes mientras no se hubieran verificado unos cambios sustanciales en la composición de las partes. En concreto, para la mafia y sus actividades se hacían necesarias unas decisiones estratégicas innovadoras —sobre la orientación del negocio y la elección de las correspondientes alianzas de poder— que ponían profundamente en crisis su misma tradición. En consecuencia, los conflictos en el ambiente mafioso no podían dejar de ser muy agudos y radicales: estaban los defensores de la continuidad con el pasado y, por tanto, de las tradicionales actividades parasitarias de los aparceros en los latifundios (lo cual, en términos políticos, equivalía a una reafirmación de la relación orgánica con los grandes terratenientes y a una precisa opción en favor de los monárquicos y de los así llamados liberales); pero también eran cada vez más numerosos los que habían comprendido el alcance de los cambios irreversibles que se estaban produciendo en Italia y apostaban por la perspectiva de los nuevos negocios urbanos ligados a la fase de reconstrucción del país y a otras actividades ilegales más modernas, al estilo de los «amigos» americanos (lo cual, en términos políticos, equivalía a un progresivo abandono de los intereses agrarios y a una nueva opción en favor de la DC).

Don Calò Vizzini ya había dado el ejemplo de la modernización disponiéndose a ganar, con sus más directos secuaces y colaboradores, la orilla democratacristiana. Pero una elección definitiva, sin previas y seguras garantías, habría sido aventurada. El capo Santo Fleres, uno de los primeros grandes protectores de Giuliano, había pagado con la muerte su irreflexión.

Sería ridículo imaginar que la mafia pretendía algo similar a un tratado formal. Más bien necesitaba una sofisticada recomposición de señales y mensajes, de comportamientos y de actos concretos que descifrar con cuidado, según un estilo antiguo más sensible a los gestos y a los silencios que a las palabras. Lo importante habría sido adquirir los conocimientos fundamentales para el presente, y de utilidad para el futuro, que dieran garantías fiables sobre la corrección del desciframiento. Para este fin, habría asumido un valor cada vez más significativo —dada la específica naturaleza política de la DC— el comportamiento de los principales representantes de la jerarquía eclesiástica (el cardenal Ruffini, primado de Sicilia, y monseñor Filippi, arzobispo de Monreale), que desde el principio cumplieron con las expectativas de la mafia.

Por su parte, el ministro Scelba, gestionando la operación por cuenta del Gobierno, habría debido prestar mucha atención a no equivocar sus movimientos. Y desde luego entre los más atinados debe enseguida contarse el primero (haber negado decididamente un carácter político a la matanza de Portella), al cual siguió el segundo, consecuencia directa de hacer ostentación de sus deberes institucionales de ministro del Interior, empeñándose con energía en la tarea de entregar a la justicia a un peligroso forajido.

Era preferible, y sensato, que de cuidar las relaciones con los representantes de la Onorata Società se ocuparan en Sicilia otros democratacristianos del tipo de Bernardo Mattarella, un católico ejemplar muy estimado por los mafiosos y siempre en perfecta simbiosis con las orientaciones de los altos prelados. En otras palabras, Scelba se encargó de que a los mafiosos les quedase clara desde el principio la determinación y la fuerza del nuevo régimen republicano. Advirtió que las mayores garantías de éxito de la razón de Estado residen en los actos que manifiestan de manera inequívoca la autoridad de éste. Al mismo tiempo, sostenido por la idea católica según la cual en situaciones de necesidad se debe elegir el mal menor, estaba plenamente dispuesto a aceptar que para la consecución de sus fines la razón de Estado utilizase también los medios más inescrupulosos.

Así, después de los hechos de Portella, en la línea de una interpretación muy restrictiva que lo reconducía todo a los problemas técnicos de la confrontación entre las fuerzas del orden con un singular fenómeno de bandolerismo en un territorio circunscrito, quiso demostrar que tampoco en el caso Giuliano toleraría debilidades o vacilaciones. Con actos demostrativos de dudosa legalidad, utilizando incluso al ejército, sometió casi a un régimen de estado de sitio a Montelepre y los pueblos vecinos, con la intención oficial de cortar los circuitos de *omertà* que aseguraban a la banda las coberturas y los recursos necesarios para la supervivencia, e hizo incluso arrestar, como sospechosa de complicidad, a la madre de Giuliano. Al mismo tiempo, procedió a dar un nuevo y más eficaz ordenamiento organizativo a las fuerzas del orden que participaban en la operación. Teniendo bien fundados motivos para temer la corrupción de la policía, atribuyó un papel preeminente a los carabineros. De la reestructuración general nació el Comando de Fuerzas de Represión del Bandolerismo (CFRB). Las responsabilidades políticas de los organismos gubernativos fueron separadas de las militares, lo que equivalía, en la práctica, a oficializar la lucha contra el bandido Giuliano como una verdadera guerra.

En consecuencia, todas las acciones —incluidas las más temerarias e inescrupulosas— llevadas a cabo en el curso de la operación represiva serían consideradas acciones de guerra, adscribibles a las autónomas decisiones de los militares sin que el Gobierno debiera compartir la responsabilidad.

Así se adoptó una solución desde luego muy hábil que permitiría justificar incluso eventuales y maquiavélicos acuerdos operativos con la mafia como recursos técnicos exigidos por la excepcionalidad de la situación. Pero, por otra parte, tanto los bandidos como los mafiosos no tendrían la posibilidad de distinguir entre las iniciativas del CFRB y la acción del Gobierno: cada vez que un inspector de policía o un oficial de los carabineros llegara a un pacto con ellos, habrían considerado directamente comprometido al Gobierno. Y, a fin de cuentas, por lo que se refiere a la esencia de las cosas, no se habrían equivocado.

Con su planteamiento de la lucha contra el bandolerismo, Scelba, en la práctica, había legitimado la negociación entre el Estado y la mafia e igualmente creado las condiciones para la formación de un «Estado secreto», en este caso dotado de instrumentos autónomos bien visibles, formalmente al servicio del Estado oficial (Casarrubea, 1998).

Para la ejecución de su excepcional mandato militar el coronel Ugo Luca tuvo a su disposición a unos dos mil hombres —entre los cuales, de inmediato, un contingente de cien carabineros altamente especializados— que constituyeron una estructura a la que hay que señalar sin duda como el primer Cuerpo Especial constituido en la Italia republicana. Las fuerzas fueron concentradas en el pequeño «reino» de Giuliano. A pesar de la particular eficiencia y modernidad de sus destacamentos, el jefe del CFRB habría debido esforzarse durante cerca de un año antes de conseguir el resultado decisivo que lo haría digno de un elogio público de Scelba en el Parlamento y de la promoción a general por «particulares méritos en sus funciones».

Como se sabe, según la primera versión oficial, el bandido Giuliano, a punto de abandonar el país en un avión, habría sido muerto en la noche del 5 de julio de 1950, a las 2.50 horas, en el patio de una casa de Castelvetrano, víctima de un enfrentamiento a tiros con los carabineros dirigidos por el capitán Antonio Perenze, promovido sobre el terreno a coronel.

Tiempo después se descubriría —sobre todo por mérito de la pormenorizada investigación del puntillosísimo periodista de *L'Europeo* Tommaso Besozzi— que el enfrentamiento a tiros había sido una vulgar puesta en escena: en realidad el bandido había sido asesinado por orden de la mafia, quizá por su lugarteniente y primo Gaspare Pisciotta, el cual, luego, arrestado a pesar de las promesas de impunidad por la incauta iniciativa de un policía con exceso de celo, acabó tras los barrotes del proceso de Viterbo, donde, bajo la presión de la indignación por la «traición» sufrida, hizo las ya mencionadas revelaciones. Según otra versión de los hechos, Giuliano habría sido entregado cadáver a Pisciotta por la mafia de Monreale, dirigida por el capo Ignazio Miceli, que se había ocupado de hacerlo matar por el «muchacho» Luciano Liggio por orden de Gaetano Badalamenti. Cualquiera que fuese la verdad sobre la ejecución de Giuliano, la dinámica de los hechos fue casi idéntica a aquella de la operación del siglo XIX del prefecto Malusardi: la misma mafia se encargó de manera decisiva de la liquidación del bandolerismo, en este caso del ex separatista asociado al EVIS, al que consideraba un instrumento inútil y engorroso.

Como es fácil intuir, de agosto de 1949 a julio de 1950 se desarrolló la fase más problemática de las negociaciones entre la mafia y el Estado, en el marco de la iniciativa militar del coronel Luca. Fue entonces cuando maduraron, también en el ámbito del sistema de intereses y de poderes mafiosos, las condiciones necesarias que permitieron al fin la entrega del bandido al Estado.

Para tener una idea de cuán turbio y misterioso era el marco de los acontecimientos (en los cuales debió participar desde el principio, entre otros, con encargos oficiosos, el agente secreto inspector Ciro Verdiani) es útil releer cuanto ha escrito sobre ello en marzo de 1970, con correctas y nunca desmentidas informaciones, Giuseppe Loteta en las páginas de *Astrolabio*.

> Cuando Salvatore [Giuliano] era todavía un pequeño contrabandista, en los umbrales de su primer homicidio, fue protegido por el poderoso capo mafioso de Partinico Santo Fleres, que lo siguió de lejos en todas sus gestas y le aseguró durante mucho tiempo el beneplácito de los mayores capos mafiosos de la isla, desde don Calogero Vizzini hasta Vanni Sacco. Pero *u zu Santu* [el tío Santo] cometió el error de no haber entendido que Giuliano se había convertido en un intolerable elemento de desorden en las rígidas estructuras mafiosas [...] que, sobre todo después de la quietud que había seguido a la triunfal victoria electoral democratacristiana del 18 de abril, debía ser eliminado.
>
> Así, el 17 de julio de 1948 el viejo mafioso cayó fulminado por una ráfaga de ametralladora en la plaza principal de Partinico [...]. La historia de Santo Fleres [...] es bastante sintomática de la actitud adoptada por la mafia en relación a Giuliano. En efecto, no hay etapa de la [...] carrera [de Giuliano] que no haya sido querida por la

mafia, desde sus orígenes separatistas hasta su muerte [...]. Es Ignazio Miceli, capo mafioso de Monreale [en excelentes relaciones con la Curia arzobispal de monseñor Filippi] quien puso en contacto a Giuliano con los jefes del separatismo siciliano. El mismo Miceli que se convierte en confidente del inspector Verdiani [...], el mismo Miceli que se dirige a Roma nada menos que dos veces en marzo de 1950 junto con el capo mafioso de Borgetto, Memeco Albano, para acordar (pero ¿con quién?) la mejor manera de expatriar a Giuliano [...]. Pero aún no estaba todo dicho con la mafia. Mientras las bandas de Monreale preferían para Giuliano la solución de la expatriación y la habían apoyado ante el inspector Verdiani, las de Castelvetrano apostaban claramente por la supresión física. Entonces aparecen otros dos personajes mafiosos, Nitto Minasola [...] y Giuseppe Marotta, justamente capo de Castelvetrano.

El primero es confidente del general Luca, el organizador del programa de desmembramiento de la mafia (o sea, de la traición de Pisciotta) y del asesinato de su capo [...]. Marotta es, en cambio, el hombre de los últimos detalles, el proveedor del último refugio de Giuliano, la casa del abogado De Maria en Castelvetrano, donde el bandido encontraría la muerte. Y mafioso es, en fin, Filippo Riolo de Pian dei Greci (a dos pasos de Portella della Ginestra); mafioso un tal Gallo, brazo derecho del capo de Alcamo, Vincenzo Rimi (figura de relieve en el panorama de las relaciones y frecuentaciones del diputado de la DC Bernardo Mattarella).

Muchas de las informaciones proporcionadas por Loteta tenían su principal fuente en el importante memorial, publicado por *L'Ora* de Palermo entre diciembre de 1961 y enero de 1962, del mariscal Lo Bianco, que había sido colaborador directo de Verdiani. Aparte de los detalles suministrados con cierta comprensible aproximación por las crónicas y los memoriales, ¿qué había sucedido? ¿Qué factores habían intervenido para determinar la orientación, que finalmente había predominado en el frente mafioso, por una condena a muerte de Giuliano? Para responder, es preciso seguir recurriendo a sensatos razonamientos sobre bases indiciarias.

No cabe duda de que la eliminación de Giuliano coincidió de algún modo con una concesión de crédito de la mafia a la DC, que abriría el camino hacia la reforma agraria.

Las discrepancias sin resolver con las cuales todos, del centro democratacristiano a las izquierdas, debieron medirse en el Parlamento regional siciliano, están bien descritas en un informe de los carabineros al ministro del Interior: «Los pareceres —se lee en él— son opuestos: por un lado, los terratenientes no se resignan a la pretensión, como dicen ellos, de verse privados de parte de sus bienes, y afirman que las fincas, si se parten en trocitos, acabarán rindiendo menos; por el otro, los braceros agrícolas y los aparceros lamentan la perduración de una situación de hecho intolerable, y sostienen la urgencia de fraccionar, entre aquellos que las cultivan, las grandes fincas, generalmente adquiridas a través de remotas usurpaciones y que, si son divididas, aumentarán la producción, con el bienestar de amplias capas de la población.»

Hay que advertir que en el documento (ACE, DGP, 1950, carp. 8) los carabineros referían los hechos con un esfuerzo de imparcialidad que sin embargo transparentaba una clara tendencia a sostener las reivindicaciones del movimiento campesino, sin la mínima alusión a los comunistas, que de hecho lo dirigían. Semejante orientación, muy distinta de aquella a la cual las autoridades se habían atenido en los años precedentes, permite suponer que —a pesar de la firme resistencia de los latifundistas, destinada a manifestarse con otras duras iniciativas de castigo contra los dirigentes del movimiento campesino— ya se habían definido los acuerdos políticos y sociales fundamentales que permitían promulgar la reforma agraria, reconociendo su alcance de iniciativa decisiva para construir en torno al poder democratacristiano un nuevo marco de orden sostenido por la colaboración de la mayor parte de las fuerzas locales tradicionalmente capaces de asegurar a los gobiernos el consenso y el formal control del territorio.

Así hemos llegado a un importante pasaje interpretativo de la realidad siciliana que permite arrojar luz sobre las líneas esenciales de la verdadera obra maestra estratégica realizada, a través de Scelba, por el Gobierno de De Gasperi. De los hechos es posible remontarse, intuitivamente, al plan político que los hace historiográficamente interpretables.

Siguiendo la línea de su reformismo conservador, De Gasperi estaba convencido de la necesidad de un distanciamiento tan cauto como significativo de la DC de las pretensiones de los grandes propietarios. La opción de la pequeña propiedad campesina estaba en el centro de la tradición popular católica en relación con los problemas del mundo agrícola y la sociedad meridional. En la pequeña propiedad de agricultores se estaba formando la enorme clientela democratacristiana de la Coldiretti de Paolo Bonomi. Con estas premisas, para avanzar hacia la realización de los proyectos, en Sicilia había que romper la alianza de la mafia con los latifundistas.

En otras palabras, era preciso crear las condiciones para inducir a la mafia a abandonar su antigua relación parasitaria con el latifundio, a costa de tolerar el cambio de rumbo de sus intereses hacia nuevos y más lucrativos negocios. Y esta perspectiva —ya se ha destacado— comenzaba a perfilarse como la más interesante para una parte consistente de la mafia modernizadora, que empezaba a emerger detrás de los viejos padrinos.

Es verdad que la mafia conseguiría su transformación más radical a partir de los años setenta, cuando, como ha destacado en su análisis el informe Violante de la Antimafia (1993), entraría masivamente en el tráfico internacional de estupefacientes; pero desde finales de los años cincuenta se había iniciado «la transformación de la mafia agrícola en mafia urbana».

En este punto, a la mafia le bastaría, junto con un reconocimiento oficioso de los servicios que estaba en condiciones de ofrecer al poder político a través de los tradicionales canales giolittianos de control del electorado, la garantía de que el Estado no la molestaría en sus negocios. ¿Y con qué inequívoca señal —un mensaje oficioso, casi más elocuente que un mensaje oficial— el Estado habría podido expresar su voluntad de conceder semejante garantía, más que aceptando el concurso de los poderes mafiosos para restablecer el orden en Sicilia? En realidad, el Estado fue incluso más allá de los términos de una alianza táctica para derrotar al bandolerismo: primero con sus increíbles inspectores de policía, luego con un aval incondicionado a la autónoma iniciativa del coronel Luca, en la práctica delegó a la mafia las funciones de la fuerza pública: «La Cosa Nostra —destacó recientemente el citado informe Violante— resultó ser "el titiritero" que movía los hilos de unas circunstancias en el curso de las cuales se verificaron acontecimientos idóneos para resquebrajar fuertemente la credibilidad del Estado.»

A su vez, la mafia, con la entrega del cadáver del «rey de Montelepre», dio a cambio algo que valía mucho más que la vida de un peligroso forajido: ese cadáver era, en cierto sentido, el símbolo materializado de la definitiva conclusión de la partida separatista. Salvatore Giuliano fue, por lo tanto, la víctima propiciatoria de una inflexión política, o sea, de un nuevo pacto entre las jerarquías de los poderes locales y el Estado que marcaría durante décadas, a partir de Sicilia, toda la morfología de las relaciones Norte-Sur en la historia de la república (Marino, 1995).

CAPÍTULO ONCE

El fin de la mafia del latifundio

LA MAFIA NO EXISTE

La garantía de la garantía o, mejor, la prueba fehaciente para la Cosa Nostra de la estipulación del «pacto», fue la *omertà* del Estado: la decisión política de ocultar el fenómeno siciliano detrás de un insuperable muro de silencio, hasta la definición de la doctrina oficial, convertida en canónica durante años, con la aprobación explícita y tenaz de la Iglesia, según la cual «la mafia no existe» más que en la perversa fantasía de los comunistas y de los difamadores de Sicilia.

Por supuesto, el primero en atenerse a un silencio riguroso fue el ministro Scelba, que sobre los hechos de Portella y sobre los sucesivos formularía interpretaciones y juicios a menudo tan torpes que rayaban en el ridículo, tanto acerca de la muerte de Giuliano, como de los méritos del coronel Luca, los extraños comportamientos de las autoridades policiales en la acción para consolidar el orden público en Sicilia, la misteriosa muerte de Pisciotta y la conversión de los capos a la DC.

Incluso en su reciente libro de memorias, Scelba ha seguido callando, limitándose a proporcionar, sobre hechos clamorosos de los que fue protagonista, informaciones inútiles que son archiconocidas incluso para los más distraídos lectores de las crónicas de entonces (Scelba, 1990).

Por motivos que es fácil intuir, el tema se convirtió muy pronto en un tabú también para los funcionarios centrales y periféricos del Ministerio del Interior. Significativamente, los prefectos evitaban la palabra «prohibición» cuando en sus informes tenían algo que referir o proponer sobre la mafia, y recurrían con cautela a complicados circunloquios.

Por ejemplo, el prefecto de Trapani pretendía hacerse entender señalando a los mafiosos, sin nombrarlos, como «un círculo de personas que vive en los márgenes de la delincuencia asociada y protege sus acciones». A su vez, Angelo Vicari, prefecto de Palermo y futuro jefe de la policía, al reivindicar sus títulos en la lucha contra el bandolerismo —que había concluido «con un brillante epílogo en la madrugada del 5 de julio en Castelvetrano»—, se mostraba vacilante entre las razones institucionales de su cargo, que habrían requerido explícitas declaraciones de empeño antimafioso, y la prudente valoración de las exigencias políticas del momento que le aconsejaban usar un lenguaje no comprometedor para expresar sus precauciones sobre las consecuencias de los golpes infligidos a la estatalidad por las vicisitudes relacionadas con Giuliano: «[...] los órganos de policía deben perseguir con tacto y energía las latentes manifestaciones criminales, de modo que desaparezca en el recuerdo de las jóvenes generaciones el pensamiento de que condenados por delitos comunes constituyan elementos así llamados de orden; el ordenamiento jurídico debe ser tutelado única y exclusivamente por los órganos del Estado» (ACE, DGP, 1950, carp. 12).

Por lo que se refería a los aspectos formales del análisis, Mario Scelba no podía dejar de coincidir con el prefecto Vicari, pero su visión política lo llevaba, en síntesis, a identificar a las autoridades y el prestigio del Estado democrático con la suerte del sistema de poder democratacristiano. Por lo tanto, estaba convencido de que si se mantenía a la mafia dentro del marco de las compatibilidades de ese sistema, contribuyendo con su objetivo papel anticomunista a la defensa de la democracia, el Estado tendría las de ganar en términos de fuerza y nada que perder en términos de prestigio.

De esta línea interpretativa —una verdadera «doctrina», se diría en Estados Unidos— el personaje proporcionó una ilustración sintética e inequívoca en el curso de una reunión (26 de julio de 1950) de la V Comisión de Defensa de la Cámara.

La oposición ha sostenido esta tesis: el bandolerismo siciliano es la expresión de la mafia; el Gobierno, en particular el ministro del Interior, al ser representante de la mafia, nunca destruiría el bandolerismo siciliano. Hoy que ha sido destruido, hoy que la gran mayoría de sus elementos más activos han sido muertos o capturados, se tiene la prueba concluyente de que el planteamiento de la oposición no tenía ninguna base, y que, por el contrario, era verdadero no sólo el deseo sino incluso el interés del ministro de Interior de destruir el bandolerismo, que representaba, indudablemente, un elemento negativo para el prestigio del Estado.

Cualquier explicación que yo diera no serviría de nada; la oposición seguiría sosteniendo que el Gobierno apoya a la mafia, tal como ayer decía que apoyaba al bandolerismo. De todos modos, afirmo que la mafia interesa al Gobierno sólo por cuanto se refiere al respeto de las leyes. Como el Gobierno ha hecho todo lo posible por destruir el bandolerismo, así hará contra la mafia en cuanto ésta realice actividades contrarias a las leyes y al orden público, sin preocuparse de las pretendidas consecuencias políticas.

El discurso, al menos en lo relativo al tono de las afirmaciones, tiene algo que podría recordar aquel celebérrimo de Mussolini del 3 de enero de 1925 sobre el caso Matteotti. En efecto, parafraseando sus significados sin modificar, no obstante, la esencia de su estilo, sonaba más o menos como sigue: «Que quienes me acusan de ser amigo de los mafiosos continúen pensando lo mismo, si quieren; que sepan que me considero por encima de la cuestión, sin preocuparme de las pretendidas consecuencias políticas; en efecto, combatiré a la mafia siempre que ella se manifieste como actividad contraria a las leyes y al orden público.»

Ninguna declaración habría podido ser más explícita al indicar, si bien con las necesarias cautelas, tanto las cláusulas del acuerdo con la mafia como el consiguiente comportamiento adoptado por el Gobierno, que había bloqueado la propuesta, planteada por el socialista Giuseppe Casadei y el comunista Giuseppe Berti, de instituir una Comisión Parlamentaria de Investigación sobre las relaciones entre la mafia y la política después de la matanza de Portella, con el pretexto de no querer dar pie «a nuevas especulaciones políticas y agitaciones contra las fuerzas del Estado»: ¿una Comisión Parlamentaria? «¿Para hacer qué...? ¿sobre las condiciones generales de la isla? —había abreviado Scelba, con pesada y provocadora ironía—. Nosotros conocemos perfectamente esas condiciones y no necesitamos ninguna encuesta.»

El ministro del Interior siempre se opondría con tenacidad a cualquier hipótesis de indagaciones cognoscitivas o de medidas legislativas excepcionales para Sicilia, manteniéndose fiel a una antigua tradición garante de la clase política siciliana exhibida, como sabemos, desde los tiempos de la derecha histórica. Por último, dado que el ordenamiento de las relaciones sociales y de los intereses dominantes en Sicilia y en el resto del Sur se estaba recomponiendo de la mejor manera posible para los efectos de un creciente arraigo político de votantes de la DC, tomó nota de los buenos servicios recibidos y se convenció de que el orden público no tenía nada que temer de la «normal» actividad de la mafia, de la camorra y de otras entidades similares. Más que oponerse a ellas sería sabio dejarlas actuar según su naturaleza histórica, que las convertía en paradójicas fuerzas equilibradoras y de orden en el contexto del atraso meridional.

En una línea similar se obstinaría la misma magistratura, aún fuertemente condicionada por el hábito de obedecer al poder ejecutivo adquirido durante la época fascista. Para hacerse una idea, sería muy útil releer los textos de los diferentes discursos de apertura de los años judiciales o los escritos de un magistrado del nivel de Giuseppe Lo Schiavo (1962), fiscal general del Tribunal Supremo, del que los lectores encontrarán aquí, más adelante, una frase muy significativa.

Desde su sillón de gobierno, Scelba estimaba, sencillamente, que debía cumplir con su deber anticomunista: minimizar a la mafia o incluso negar su existencia equivalía, desde su punto de vista, a impedir que los «enemigos de la democracia» pudieran tener las de ganar. Fijó una línea a partir de la cual, durante mucho tiempo, nadie habría podido desviarse sin exponerse a la sospecha de haberse convertido, como se decía entonces, en un «idiota útil» de los comunistas. Así pues, Scelba fue, por convicción o por motivos de fuerza mayor, exactamente lo contrario del prefecto Mori.

A principios de octubre de 1950, con un viaje triunfal al territorio del difunto «rey de Montelepre», fue a testimoniar su satisfacción por la creciente normalización de Sicilia, recibiendo los homenajes y los aplausos de las autoridades mafiosas.

Algunos años después, en 1960, llegaría al colmo en el curso de un mitin en una plaza de Ragusa. Según como anotó un sorprendido testigo, en aquella ocasión justificó la presencia del pez gordo Giuseppe Genco Russo en una lista electoral democratacristiana para las administrativas, afirmando cándidamente que a él le constaba que Genco Russo tenía la ficha penal limpia, y luego añadió, con torpe y provocadora ironía: «Admitiendo que la mafia sea una organización para delinquir, ¿por qué el PCI no denuncia a la mafia a las autoridades judiciales?» (Montalbano, 1982, p. 171).

Mafia, antimafia y reforma agraria

Ahora intentaremos representar en un sintético marco unitario la situación en la cual se iniciaron los años cincuenta, empezando por puntualizar, una vez más, los términos del cambio descrito en los anteriores parágrafos.

La «operación Giuliano» había perfeccionado, en cierto sentido, el importante servicio que la Onorata Società —en la línea de su americanismo incondicionado— estaba prestando desde hacía tiempo a la república en su nueva situación en el interior del «mundo libre». Un primer e importante acto de dicho servicio había sido la casi gratuita contribución ofrecida a la triunfal victoria de la DC en las elecciones del 18 de abril de 1948. En efecto, en esta ocasión la Onorata Società, a pesar de sus cautelas tácticas debidas a la aún no producida conclusión de las negociaciones en curso, en conjunto habría llevado a cabo a la perfección las instrucciones recibidas de sus primos de ultramar, según las cuales, para derrotar al Frente Democratapopular, sería necesario no dispersar los votos en los pequeños partidos, sino concentrarlos en una única formación anticomunista. Así, a partir de don Calò, muchos mafiosos, aunque sin exponerse teatralmente, habían comenzado a prescindir, de hecho, de su formal militancia liberal y a convertirse, de uno en uno, en democratacristianos.

La Comisión Parlamentaria sobre la Mafia destacó ampliamente la preciosa ayuda mafiosa a la afirmación democratacristiana de 1948. Como prueba de ello, asumen particular importancia los resultados electorales de Caltanissetta, el área directamente controlada por don Calò (y por otros importantes capos como Genco Russo y Francesco Di Cristina), donde, en efecto, la DC había pasado de 37.289 votos a 73.225 (51,35 %) sobre 145.720 votantes, mientras que el Frente democratapopular había bajado del 41,36 % al 31,51 %.

Por su parte, el bandido Giuliano, dadas sus personales obligaciones de reconocimiento en relación con los aristócratas ex separatistas como el príncipe Alliata y el barón La Motta (los artífices de su investidura militar en el EVIS), se había atenido a las instrucciones con una cierta libertad interpretativa: sus «consejos» y la expeditiva obra de «persuasión» de sus secuaces habían favorecido, en su reino de Montelepre, tanto un triunfo de los monárquicos, que habían pasado de 114 a 1.034 votos, como un vistoso reforzamiento de la DC, que había más que duplicado sus votos (de 719 a 1.593); mientras el Frente, dirigido por Antonio Varvaro (el líder político de la izquierda separatista que se había pasado al PCI) había sufrido una debacle, logrando rebañar sólo 27 votos.

En 1950, concluidos los hechos en los términos que ya conocemos, con la entrega al Estado del cadáver de Salvatore Giuliano, la mafia obtuvo al fin una especie de verdadera legitimación como respetable fuerza del orden democraticoatlantista. A su vez, el Gobierno, conseguida la vía libre, estuvo en condiciones de hacer resaltar los contenidos sociales de su programa, favoreciendo la realización de la reforma agraria, que fue promulgada, en efecto, en Sicilia el 27 de diciembre de 1950, con una ley cuyo contenido normativo configuraba una de las más avanzadas intervenciones reformadoras puestas en marcha en la Italia de la posguerra. Pero el mayor mérito fue el de la Región Siciliana, y sobre todo el de las fuerzas políticas —los comunistas de Li Causi y de Ovazza y los socialistas—, que representaban a la antimafia con su largo martirologio de campesinos caídos bajo el fuego de la *lupara*.

La ley —que de todos modos fue recordada con el nombre del democratacristiano Silvio Milazzo, natural de Caltagirone, discípulo del sacerdote Luigi Sturzo y amigo del ministro del Interior Mario Scelba— preveía la directa asignación en propiedad a los campesinos pobres de las tierras expropiadas (con indemnización) a los latifundistas, las cuales serían divididas en lotes a sortear entre quienes tuvieran derecho a ello; sancionaba la anulación de los actos de reventa a sociedades producidos después de enero de 1948 y de las transferencias efectuadas después de diciembre de 1949; imponía la obligación de la transformación agraria e inmobiliaria para todas las propiedades que excedieran las veinte hectáreas, además de la obligación, para las propiedades superiores a las cien hectáreas, de llevar a cabo programadas ordenaciones de cultivos, sobre la base de los criterios indicados por los inspectores agrarios; fijaba —y éste era su punto más característico, incluso respecto de las demás leyes de transición promulgadas en Italia por otras regiones— la limitación de la propiedad de la tierra a ciento cincuenta hectáreas; transformaba el Ente de Colonización (constituido, como se recordará, por el fascismo) en Ente por la Reforma Agraria en Sicilia (ERAS), autorizándolo a llevar a cabo las transformaciones y las mejoras ocupando el lugar, si fuera necesario, de los propietarios insolventes.

En conjunto, según el dictado de la ley, se habría podido asegurar que el movimiento campesino había vencido su batalla contra la mafia de los «barones» y los aparceros. Pero semejante afirmación habría sido por lo menos incauta, porque la ley de reforma, aun tan progresista, contenía varias normas y contradicciones que daban espacio a múltiples posibilidades de interpretaciones restrictivas y de desviaciones en beneficio de los grandes propietarios: por ejemplo, la oportunidad de aplazar sine díe las expropiaciones y las asignaciones mediante recursos y procedimientos de oposición judiciales de imprevisible resultado y de interminable duración (durante mucho tiempo se habrían valido de ellos, entre otros, los herederos del almirante Nelson, que eran propietarios de un enorme ducado sobre el Etna); la sanción de validez concedida a las transferencias ya efectuadas, a menudo con finalidades defensivas o especulativas de los propietarios, en aplicación de la ley Sturzo para la formación de la pequeña propiedad campesina; la exclusión del eje de la reforma de los plantíos de cítricos, los viñedos, los terrenos de regadío y las tierras de cultivo arbóreo especializado; la exclusión del derecho a las asignaciones de los campesinos y braceros que no fueran cabezas de familia, además de cuantos hubieran sido condenados por delitos de violencia privada (¡ocupaciones de tierras y huelgas no autorizadas!) y de los braceros y campesinos cuya renta de la tierra y de edificios, referida al año 1943, superase las cien liras; la posibilidad reconocida a los terratenientes de despedir trabajadores de sus tierras, haciendo reconocer eventuales y capciosas incompatibilidades de las relaciones contractuales con las exigencias de los planes de transformación. En suma, se trataba de una vasta nebulosa de oportunidades legales en la cual los propietarios y los mafiosos habrían podido tejer sus tramas para reducir, en la práctica, el alcance reformador de la ley.

No sólo se habrían registrado agotadoras dilaciones burocráticas, como las relativas a la construcción de las estructuras de servicio para los asignatarios (pueblos rurales, casas solariegas, instalaciones hídricas, carreteras, centros de mecanización, instituciones sanitarias, etc.); sino que empezaría, con el trabajo del ERAS, la pequeña corrupción de numerosos empleados «amigos de los amigos», hasta la organización de verdaderas estafas, como la de la imposición a los asignatarios de los «pliegos de condiciones de concesión», mediante firmas obtenidas bajo extorsión para obligar a los campesinos —normalmente analfabetos o semianalfabetos— a compromisos que ellos ignoraban literalmente, con el fin de eludir las disposiciones de las leyes por medio de atajos y engaños. En la práctica, un ente constituido *para* los campesinos comenzó a funcionar *contra* los campesinos, poniéndose al servicio de los propietarios interesados en eludir la reforma y de los mafiosos que intentaban convertirla en una ocasión inédita para nuevos negocios y enriquecimientos (Ovazza, II, 1990).

También se convertiría en un ente elefantiásico (con más de dos mil funcionarios, respecto de los 266 empleados del viejo Ente de Colonización fascista), por progresivas inyecciones de personal contratado con criterios del clientelismo. La clásica guinda del pastel fue, para la mafia, el nombramiento como comisario del Ente de un tal Arcangelo Cammarata, un viejo amigo del americano Poletti, que en 1943 lo había nombrado prefecto de Caltanissetta. Éste hizo de manera que no pudieran subsistir dudas sobre la jerarquía de los poderes encargados de la realización de la reforma: nombró como su asesor y colaborador al capo Giuseppe Genco Russo, al cual confió la directa gestión del consorcio de saneamiento del valle de Tumarrano. Otro asesor y colaborador, al mismo nivel que Genco Russo, fue el capo Vanni Sacco (Renda, 1998, p. 313).

Una densa cuadrilla de antiguos aparceros se integró en las filas de los reformadores, asumiendo el control de las más delicadas y provechosas actividades del Ente. Aparte de la naturaleza mafiosa del liderazgo político de éste, no pocos de los funcionarios eran, además de arrogantes, corruptos y, a menudo, increíblemente distraídos e ineficientes: por distracción (pero, desde luego, con sutiles intentos de boicoteo y provocación), ¡habían llegado al punto de expropiar los cementerios e incluso el teatro griego de Siracusa! En vano les advertía el comunista Mario Ovazza desde su escaño parlamentario:

> Esos funcionarios no deben olvidar que los campesinos no han obtenido la tierra como limosna; la han obtenido por un derecho asegurado por la ley de nuestra autonomía, por un derecho sancionado por la Constitución: el derecho de los trabajadores a acceder a la tierra, derecho que desde hace siglos los campesinos siempre han reivindicado. Los asignatarios deben ser tratados como ciudadanos libres, tal como quiere la Constitución, tal como el espíritu cívico y el amor cristiano quieren que sean tratados. No podemos tolerar que el Ente se comporte de manera feudal, es más, aún peor, en sus relaciones con los campesinos.

Las vicisitudes del ERAS evidenciarían de manera ejemplar, durante años, la encarnizada confrontación entre la mafia y la antimafia, en una fase de intensas transformaciones que estaba obligando a los tradicionales poderes del latifundio a ensayar todos los intentos útiles para sacar «lo mejor de lo peor», encauzando la mafiosidad en los mil riachuelos del sistema político y administrativo, de vez en cuando con expedientes refinados o groseros para trucar convenientemente las cartas de un nuevo juego de poder que habría debido ajustar las cuentas con la democracia y con la fuerte iniciativa de una civil oposición política. Muchos consiguieron no perder; otros muchos conseguirían tener más que antes bajo una nueva forma.

No pocos grandes «barones» (aquellos a los que la izquierda indicaba con el término «agrarios») habían dividido sus propiedades, para evitar que se las expropiaran, en lotes de extensión inferior a las cien o ciento cincuenta hectáreas que transfirieron a varios sujetos con procedimientos más o menos ficticios de donación o de venta. Un caso significativo, entre muchos otros, ilustra muy bien este fenómeno. Cuatro días antes de la aprobación de la ley, el 23 de diciembre, realizando el milagro de resolver en una sola mañana unos trámites burocráticos muy complejos, Calogero Vizzini había logrado eludir la expropiación de su principal posesión (el antiguo feudo Miccichè de Villalba, del que había sido aparcero) haciéndolo asignar en enfiteusis a una cooperativa de conveniencia (Lumia, II, 1990).

Normalmente a los campesinos les correspondieron las peores tierras, aquellas que los mismos propietarios tenían interés en ceder al Ente de Reforma para recibir las indemnizaciones. Además, las obras públicas conectadas con las asignaciones y las relativas a las obligaciones de saneamiento originaron un interesante campo de nuevos negocios en el que comenzaron a abrirse camino personajes dotados de las especiales cualidades de un Vito Ciancimino o del «muchacho» Luciano Leggio (del que nos ocuparemos dentro de poco), ambos de Corleone.

En conjunto, la reforma agraria fue un éxito político de la izquierda (sobre todo del PCI) ampliamente volatilizado en su realización práctica. Después de algunos años de euforia se verificaría su fracaso social, al menos en relación con las expectativas de los campesinos pobres. Éstos, aparte de los más afortunados, no tendrían otra salida para sustraerse a las consecuencias de la decepción sufrida y para escapar de una invencible miseria que emigrar hacia el Norte de Italia. Por otra parte, no se equivocan los estudiosos que insisten en poner en evidencia los decisivos cambios estructurales producidos en el campo. El sistema de latifundio se desmanteló de forma casi radical, y aunque esto fue, desde luego, un resultado de alcance histórico, mucho más allá del mismo, el principal efecto a los fines de nuestra historia es otro, y no precisamente positivo. Puede señalarse sintéticamente como un fenómeno de acelerada «modernización del sistema mafioso» relacionado tanto con el cambio de estatus del que disfrutaron numerosos aparceros convertidos en grandes y medianos propietarios con tierras sustraídas a los campesinos pobres, como con las nuevas y desprejuiciadas oportunidades de inversión para el dinero que se habían embolsado los propietarios con las indemnizaciones y las ventas.

Entre otras cosas, en marzo de 1950 había nacido la Cassa per il Mezzogiorno, que daba paso a lucrativos negocios especulativos privados gracias a la donación de recursos públicos por parte del Estado. A ello había que agregar el vasto campo de las actividades especulativas en las ciudades (en particular en Palermo, de nuevo capital), en el marco diseñado por la región autónoma, con sus concejalías y sus diversos entes públicos que se iban desarrollando con dimensiones cada vez más similares a las de los ministerios romanos. La misma Palermo estaba creciendo a una velocidad increíble; en pocos años casi se cuadriplicaría, en una dinámica de necesidades y consumos que producía nuevas necesidades y consumos. Así, el gran negocio de la modernización estaba al alcance de quien tenía dinero, y nadie estaba más provisto de éste que la burguesía mafiosa.

El testamento de la mafia agraria

Sobre la larga historia de la mafia agraria estaba cayendo el telón. Conviene clarificar los términos reales y los límites de este cambio de fase decisivo, pero no sin antes intentar descubrir si aquel viejo mundo no dejó por casualidad un testamento. Pues bien, si se quiere ser un poco generoso en la definición atribuible a los documentos, el testamento existe y es de verdad excepcional. Se trata de un texto anónimo pero atribuible sin duda a Calogero Vizzini, escrito probablemente como una memoria pública autodefensiva después del atentado a Li Causi. Dado que el capo era semianalfabeto, con toda probabilidad lo dictó a don Salvatore Vizzini (don Totò), arcipreste de Villalba. Lo hemos encontrado entre los papeles del archivo de Andrea Finocchiaro Aprile, al cual fue enviado el original. También fue publicado parcialmente en la hoja separatista *Sicilia Indipendente* (1944).

El carácter testamentario que debió de tener en las intenciones del autor resulta del hecho de que fue dirigido a los jóvenes comunistas y, en general, a todos los «buenos muchachos» de las futuras generaciones. Leerlo con la perspectiva que da el tiempo resulta útil a los fines de una comprensión inmediata de los contenidos y los modos de autorrepresentación, o sea, de los llamados valores, de una consciente y orgullosa condición mafiosa.

Permitidme que me presente, buenos muchachos, y compadecedme por los pocos minutos que robo a vuestras ocupaciones, si las tenéis, para leer esta parrafada que quiero soltaros, así, como buenos amigos.

Tengo muchos años, pero debo confesaros que quisiera vivir largo tiempo en este pícaro mundo lleno de miserias morales y materiales. Y quiero comenzar por hablaros de las miserias morales de este mundo, dado que en cuanto a las miserias materiales debo deciros que durante toda mi vida he luchado con todas mis fuerzas por eliminarlas. He hecho algo al respecto y a continuación os lo documentaré, pero desde ahora quiero que sepáis que deseo hacer aún más, mientras el buen Dios me mantenga con vida.

Y comienzo por las miserias morales. He visto muchas entre los hombres, pero debo deciros que la miseria moral [...] que se ha relacionado conmigo es el no va más de cuanto se pueda ver. Me han presentado con los tintes más oscuros, tildándome de mafioso, de cobarde, de siervo con librea, de cuatrero, de estafador, de reaccionario y de muchas otras maneras, empleando vocablos tan extraños que no los recuerdo. [...]

Los periodistas me han dicho [...] que soy un mafioso. Y yo, que me he preguntado muchas veces si lo soy o no, debo deciros que siempre me he respondido que lo soy y como tal me presento a vosotros, comunistas sicilianos. Digo sicilianos y no de otras regiones, puesto que sólo vosotros podréis comprenderme cuando os diga qué es la mafia.

Soy un individuo que siempre ha llorado por los dolores ajenos, por las miserias materiales de los hombres y me he entregado por completo a paliarlas. Debo confesaros que con frecuencia he regresado a casa sin cuartos en el bolsillo, ya que los había dado por la calle a cuantos me los habían pedido.

Siempre he reaccionado cuando alguien ha querido avasallarme y en esto no he pactado, puesto que por haber respetado a todos mis semejantes siempre he deseado el correspondiente respeto. También he reaccionado cuando he visto que querían perpetrarse atropellos contra los débiles, aunque fueran desconocidos.

Para hacer esto, por Dios, se necesita algo de valor. [...] He aquí, por lo tanto, que soy mafioso a nuestra manera, a la siciliana, dando aquello que puedo a quien lo necesita, respetando y haciéndome respetar, no tolerando atropellos contra los débiles, respetando el honor de los demás y haciendo respetar el mío.

Me han dicho [...] que soy un cuatrero y, según ellos, me lo han demostrado publicando las acusaciones que en el pasado se han presentado contra mí. Menudo descubrimiento el de las pasadas acusaciones de los famosos años de 1927 a 1942, los años fascistas que en Sicilia han arrojado tanto fango. ¿No sentís que os hierve la sangre, vosotros, comunistas sicilianos, ante el pensamiento de las difamaciones contra los sicilianos cuando se metía a todos en el mismo saco? También yo fui arrastrado y estuve en chirona, sin imputación alguna, salvo la de ser un mafioso, como si mafia y cuatrerismo fueran lo mismo.

Siempre fui absuelto.

Y llegaron las medidas de destierro, ya que no me querían en absoluto a la vista. [...] Con qué amabilidad me trataban los polizontes y los carabineros: «Por favor, póngase cómodo», me decían, y me llevaban con ellos cada vez que llegaba a Sicilia aquel caballero fundador del imperio [...].

Los demás me han quitado mis cuartos, pero no recuerdo haberme quedado nunca con una lira ajena. Y a propósito de la quiebra debo decir que he sido condenado, sí, condenado a seis meses porque ni siquiera tenía los registros de la administración.

Pero ¿cuándo he tenido registros en mi vida? A lo sumo he tomado apuntes de mis negocios en una libreta, pero a menudo incluso he olvidado hacer esto.

Siempre he avanzado a la pata llana.

El documento concluye con la enumeración de los méritos adquiridos sobre el terreno, transcribiendo en positivo los datos relativos a las empresas —la actividad de «industrial» del azufre, la conquista del antiguo feudo Belìci, la cooperativa de conveniencia constituida para apropiarse del antiguo feudo Miccichè— de las que los lectores ya conocen los indiscutibles tejemanejes criminales. De todos modos, debe destacarse que a pesar de la desvergonzada versión filistea de los hechos, el escrito contiene algo elementalmente sincero: ese orgullo por la mafiosidad que era reivindicado por el gran Vittorio Emanuele Orlando ante sus electores.

Es difícil esperar encontrar en otra parte una tan apasionada idea de la mafia, sin ningún tipo de prejuicio elevada a cánon supremo de vida moral, con sus príncipes caballerescos arraigados en un culto obsesivo del orden y las jerarquías sociales: una mafiosidad cuya verificación es el éxito (pero también el fracaso si queda a salvo el honor), cuya esencia no es tanto la riqueza como el poder, que al ser autónomo y seguro de sí mismo cuando está en contra de la ley lo está sólo porque no considera que ésta sea necesaria.

Así, el viejo patriarca, con la conciencia del prestigio conquistado, se investía de los títulos de una paradójica violencia no violenta, guiada por intenciones morales, sostenida por tensiones filantrópicas, vuelta contra los injustos y los atropellos, benéfica y tutelar en relación con los débiles y los indefensos. En todo esto —agrade o no a los sicilianistas— puede captarse todo el repertorio cultural de una inefable condición existencial a la que Leonardo Sciascia definió como «sicilitud»: el sentimiento mafioso como indolente aceptación de un destino, el código secreto de la sicilianidad, un destilado de toda la historia de la isla.

Calogero Vizzini murió en su cama y en su pueblo, de muerte natural, el 10 de julio de 1954. Le rindieron honores con un funeral presidido por monseñores, autoridades públicas y dignatarios de la Onorata Società procedentes de toda Sicilia.

Una enorme inscripción bordada en negro, sobre la puerta de la iglesia, exaltó sus méritos y virtudes sintetizando una ideología de la mafiosidad cuyos principios se querían entregar ostentosamente a las futuras generaciones:

POCO GENEROSOS/SOBRE SU ATAÚD TODAVÍA ABIERTO/EN VANO LANZARON LOS ÚLTIMOS DARDOS/EL ODIO Y LA ENVIDIA/EN ESA EXTREMA HORA DE LLANTO/FUE MÁS FUERTE EL AMOR/Y CON VOZ DE VASTA RESONANCIA/DIJO/A TODOS LOS HONESTOS/LA GENTILEZA DE SU TRATO/LA NOBLEZA DE SU CORAZÓN./CLARIVIDENTE/EN EL COMERCIO Y EN LA INDUSTRIA/LLEGÓ A ALTURAS NUNCA ALCANZADAS/CON FELIZ INTUICIÓN/SE ANTICIPÓ Y LLEVÓ A CABO LA REFORMA AGRARIA/ALIVIÓ LA SUERTE/DE LOS OSCUROS OBREROS DE LA MINA/Y RECOGIÓ SIMPATÍAS Y PRESTIGIO/ENEMIGO DE TODAS LAS INJUSTICIAS/HUMILDE CON LOS HUMILDES/GRANDE CON LOS MÁS GRANDES/DE-

MOSTRÓ/CON LAS PALABRAS Y CON LAS OBRAS/QUE SU MAFIA NO FUE
DELINCUENCIA/SINO RESPETO DE LA LEY/DEFENSA DE TODO DERE-
CHO/GRANDEZA DE ÁNIMO/FUE AMOR.

Ante el padrino y sus turbios valores se inclinaron incluso magistrados del nivel del fiscal Giuseppe Lo Schiavo. Este último, sin ningún
embarazo, llegó a reconocer públicamente el papel institucional de la
Onorata Società y rindió un compungido homenaje al cuerpo de su
jefe, como si fuera el de una autoridad pública semejante a un soberano.
En efecto, escribió: «Se ha dicho que la mafia desprecia a la policía y a la
Magistratura; es una inexactitud. La mafia respeta a la Magistratura y a
la justicia. En la persecución de los bandidos y los forajidos la mafia ha
secundado a las fuerzas del orden. *Ojalá la obra del sucesor de don Calogero Vizzini pueda ser orientada por el camino del respeto a la ley.*»

A partir de entonces los funerales de la mafia obedecerían a un cere-
monial análogo, como por ejemplo, en marzo de 1961, el de uno de los
mejores secuaces de Vizzini, el padrino de Riesi Francesco Di Cristina. También para él, sobre la puerta de la iglesia, se colocó un epitafio
similar:

EN ÉL LOS HOMBRES ENCONTRARON/UNA CHISPA DE LA ETERNIDAD
ROBADA A LOS CIELOS/REALIZÁNDOSE EN TODA LA GAMA/DE LAS PO-
SIBILIDADES HUMANAS/HIZO VER AL MUNDO TANTO CUANTO PUDO/A
UN VERDADERO HOMBRE/EN ÉL VIRTUD E INTELIGENCIA/JUICIO Y
FUERZA DE ÁNIMO/SE UNIERON FELIZMENTE/POR EL BIEN DEL HU-
MILDE/PARA LA DERROTA DEL SOBERBIO [...].

Lo bueno es que este tipo de cosas las escribían los curas y los intelectuales del pueblo, contando con el universal acuerdo de los «justos».
Y la gente, en enormes aglomeraciones, mostraba verdadera tristeza,
como queriendo testimoniar una integral entrega a los valores de una
cultura agredida por los nuevos tiempos de la que sólo los verdaderos
sicilianos poseían la clave interpretativa y el orgullo. Sin embargo, prescindiendo del hecho de que aún se pudieran rendir semejantes honores
a otros padrinos como Genco Russo y Vanni Sacco, ninguno igualaría
nunca a don Calò, que tendría una herencia frágil e incierta en una sociedad campesina que estaba a punto de ser arrollada por la modernización.

La larga transición del campo a la ciudad

Con Calogero Vizzini desapareció la generación histórica de los padrinos, aunque nada podría ser más equivocado que imaginar una situación de rápida disolución de la mafia agraria con un casi inmediato traslado de sus elementos a la ciudad. Genco Russo, que había sucedido a don Calò en la dirección suprema de la mafia, permaneció en su Mussomeli, a la cabeza del consorcio de saneamiento del valle de Tumarrano, asegurando sus preciosos servicios electorales al diputado de la DC Calogero Volpe (Lupo, 1993).

En general, los distintos mafiosos del campo siguieron este ejemplo, aprestándose para adaptar su papel a los nuevos negocios y potenciando aquellos electorales para controlar las administraciones locales y las redes de clientela en apoyo de los políticos amigos. En resumen, el sistema mafioso de los campos siguió funcionando y, por lo tanto, asesinando al menos a otra decena de dirigentes campesinos empeñados en la realización de la reforma agraria, entre ellos el socialista Salvatore Carnevale, en 1955, y el comunista Carmine Battaglia, que cerraría la lista en 1966, en un área atípica de las actividades mafiosas, Tusa, en la zona de Messina, donde recientemente se había implantado una mafia que controlaba el sistema del pastoreo y de la zootecnia en los Nèbrodi. El caso de Salvatore Carnevale ha obtenido —sobre todo por mérito de la película de los hermanos Taviani, *Un uomo da bruciare* [Un hombre que quemar], que ha reconstruido puntualmente su martirio— una tan amplia notoriedad que hace casi superfluo volver a hablar de ello. Su caso tuvo la particularidad de representar una fase de las luchas campesinas contra la mafia para conseguir nada más que una correcta aplicación de la ley de reforma agraria.

El caso Battaglia, a su vez, tuvo su escenario en una zona, la de Messina, en la cual la mafia se había desarrollado hacía poco para controlar, como se ha dicho, el pastoreo y la zootecnia en los Nèbrodi. También esto puso en evidencia la evolución de los procesos politicomafiosos paradójicamente activados por la misma reforma agraria.

Dada la consistencia de los negocios que la mafia continuaba desplegando en el campo, la transmigración del personal mafioso del campo a la ciudad fue bastante lenta. En síntesis, los títulos para el acceso a la aventura urbana (que obligaría a difíciles confrontaciones con los mafiosos que entretanto se habían formado en la ciudad) seguían siendo conquistados en el campo. Ejemplares, al respecto, son las primeras fases de la carrera criminal del hombre destinado a convertirse en el principal representante de la nueva mafia: Luciano Leggio, llamado Liggio.

El nombre del «muchacho» nos resulta conocido por las sospechas que lo implican en el caso Giuliano: es la cabeza del feroz grupo mafioso llamado «de los corleoneses». En efecto, había nacido y vivía en Corleone. Hijo de campesinos pobres (su padre un bracero), el mocetón había descubierto el bienestar en tiempos de guerra, a los dieciocho años, con ocasión de la llegada al pueblo de las tropas aliadas. Las ideas de cómo era posible conquistar la riqueza con la mala vida se las había dado un criminal formado en Estados Unidos, un tal Vincent Collura, que había regresado a Corleone en 1936. Éste, que había sido su maestro, se convirtió también en su cómplice. Pero pronto la notable inteligencia de Liggio tendría las de ganar.

En aquellos tiempos el capo de la mafia corleonesa era un singular personaje que representaba, quizá más que ningún otro en Sicilia, la asociación instaurada en cierta burguesía provincial entre la tradición masónica y las prácticas mafiosas: el médico municipal Michele Navarra, que aún tenía en un puño al mismo Collura, a quien, dotado de una muy distinta mentalidad, no agradaba este yugo y esperaba la ocasión propicia para librarse de él. Durante algunos años respetó las reglas de la jerarquía, con su discípulo. Esperó.

Ejecutando las órdenes impartidas por el médico capo mafioso, él, con Lucianuzzu (así se llamaba a Luciano Liggio), al atardecer del 10 de marzo de 1948 liquidaron a Placido Rizzotto, el sindicalista heredero de Bernardino Verro que dirigía las luchas campesinas en la zona. Obedecieron juntos durante algunos años más. Luego, con la reforma agraria, las cosas cambiaron profundamente. A Collura, la ocasión esperada para actuar a su manera, a la americana, se la ofreció el mismo curso de las vicisitudes que estaban disgregando a la vieja sociedad del latifundio (a la cual Navarra continuaba perteneciendo tenazmente). Pero en este punto comenzó a equivocarse en las cuentas, porque su pupilo había dejado de aprender y era más espabilado y determinado que él y, desde luego, además de naturalmente más joven, más rápido y preciso con la ametralladora.

Entre el anciano doctor Navarra y el muchacho se inició una batalla a la cual Collura se vio arrastrado, ahora con un papel de segundo plano. El *casus belli* está indicado en las actas de la Antimafia como un conflicto de intereses aún ligado a actividades de tipo tradicional: una sociedad constituida por el padre de Lucianuzzu para el ejercicio de actividades ganaderas —en realidad una banda que se ocupaba sobre todo de la matanza clandestina de reses— entró en oposición con un agricultor local, protegido de Navarra, titular «de un terreno limítrofe con una finca de la sociedad ganadera»: una disputa similar a las que se habían producido en el Viejo Oeste americano entre ganaderos y agricultores.

En realidad, indagando más a fondo sobre la base de testimonios directos, se descubre que el conflicto era más radical y estaba determinado por una cuestión en la que se iban formando dos orientaciones estratégicas opuestas sobre el futuro de las actividades mafiosas. Lo que verdaderamente estaba en juego era la suerte del proyecto para la construcción de un dique destinado a irrigar el vecino valle del Belice. Navarra, a la cabeza de un frente de agricultores conservadores, para los cuales la construcción del dique habría supuesto la expropiación forzosa de sus tierras por razones de interés público y el cambio de los equilibrios productivos y sociales a los cuales estaban conectados sus intereses, se oponía; por el contrario, Luciano Liggio, titular de una pequeña empresa de transportes e interesado en introducirse en el campo de las previsibles actividades especulativas que la realización de una gran obra pública habría hecho posible, era favorable. Así, se enfrentaron dos proyectos disímiles, dos modelos sociales, casi dos visiones opuestas del mundo: las cautelas conservadoras de los herederos de la vieja sociedad del latifundio (para los cuales era esencial tratar de salvar lo salvable de la jerarquía de los aparceros y los guardias) y el espíritu innovador de cuantos sabían mirar más allá del horizonte limitado del antiguo parasitismo sobre las actividades agrícolas; en cierto sentido, el atraso contra la modernidad. Lucianuzzu no tuvo dudas: Navarra debía ser eliminado. Para hacerlo sólo había que esperar el momento más favorable y sobre todo la autorización de los nuevos poderes, aún no plenamente manifiestos, que estaban sometiendo a la vieja mafia (Mercadante, 1986).

Con Luciano Liggio estaba naciendo un nuevo tipo de mafioso, un capo de la modernidad en el cual el primitivismo criminal de los antiguos bandoleros de los campos sicilianos (los Ferrarello, los Andaloro, los Salvatore Giuliano) se fundía directamente —saltando la mediación de la peculiar tradición representada por un Calogero Vizzini— con el gansterismo a lo Al Capone y con las vocaciones empresariales de un Lucky Luciano. Y haría escuela, generando a los distintos Riina, Brusca y Provenzano.

Por efecto del derrumbe del sistema del latifundio, estaban paralelamente en curso unos cambios decisivos en la estrategia de los negocios de los viejos mafiosos que, por mentalidad e ideología, seguían perteneciendo, en resumen, al mundo de don Calò. Entre éstos estaba desde luego Giuseppe Genco Russo con su diputado y protegido, el médico democratacristiano Calogero Volpe. Entre los más característicos de la misma área, hay que recordar a Vanni Sacco, cuyas vicisitudes, en particular, evidencian como, a su vez, una tradición de intermediario capitalista a lo Vizzini podía rápidamente acceder, por sus propias virtudes autónomas, al campo de los nuevos negocios, más allá del horizonte agrario. Sacco es quizás el mejor ejemplo al que podemos referirnos para comprender los procesos de la transición. En el mapa de los poderes mafiosos tradicionales, era uno de los más prominentes capos de banda del interior.

Escribe un autorizado testigo —el diputado turinés sicilianizado Mario Ovazza (1990)— que en Camporeale «no se movía una hoja sin permiso de Sacco»: allí, en la provincia de Trapani, «no se vendía ningún terreno si antes no se procedía al examen de sus valoraciones de conveniencia a los fines de sus intereses personales y de la banda que se había asegurado el monopolio de las operaciones de compraventa y todo el control de las actividades agrícolas». Pero el rasgo agrícola fundamental de ese poder mafioso era todo lo contrario de exclusivo. Más aún, Sacco ya estaba provechosamente empeñado en operaciones criminales, centradas en el contrabando de tabaco, que estaban literalmente desplazando el eje de sus negocios del campo a la ciudad. La organización y el control del contrabando de tabaco fueron la matriz de una orientación sin prejuicios hacia el narcotráfico que pronto saldría a la luz. Lo cual, como es obvio, plantearía problemas de perfeccionamiento o, mejor, de modernización de la iniciativa mafiosa hacia modelos de empresa criminal, de los que Sacco fue el precursor junto con otros personajes de la escuela tradicional, como los Rimi (cercanos al diputado democratacristiano Bernardo Mattarella), los Greco, los Badalamenti, los Di Maggio, los Bontate y los Buscetta.

Al menos por su edad avanzada, Vanni Sacco podía ser reconocido como el más típico representante de la vieja mafia que consiguió transformarse en nueva mafia manteniendo inalteradas sus características y formas tradicionales de mentalidad y de costumbre. Su caso es emblemático de una dialéctica entre continuidad y cambio que se desarrollaría con cada vez mayor evidencia desde principios de los años cincuenta: un cierto «corazón antiguo» del sistema mafioso pudo seguir latiendo en el campo, pero el cerebro comenzó a funcionar exclusivamente en la ciudad.

En otras palabras, se verificó un gradual desplazamiento del centro de hegemonía: un proceso, éste, determinado tanto por una nueva composición de los intereses mafiosos, y por la clara prioridad que en ellos estaban asumiendo los grandes negocios de la ciudad, como por la disolución —como se verá mejor en el próximo parágrafo— de la Onorata Società en la Cosa Nostra, con todo lo que siguió para una nueva fase de experiencia. Dicha experiencia pronto asumiría una imponente dimensión internacional, ligándose, desde los tiempos del desembarco angloamericano en Sicilia, a la suerte de su interesado servicio a la causa del mundo libre.

CAPÍTULO DOCE

La asociación con el sistema democratacristiano

LA MAFIA Y LA ESTRATEGIA ANTICOMUNISTA

En los años cincuenta no se habló demasiado de la mafia y de los mafiosos en el transcurso de los procesos antes descritos. Es más, estuvo casi prohibido hablar de ello. Quien lo hacía era consciente de que corría un riesgo. La consigna del silencio formaba parte del nuevo pacto informal entre el Estado y los potentados sicilianos. Entre los más rigurosos en el respeto de dicha cláusula debe recordarse al arzobispo de Palermo, Ernesto Ruffini, el más atlantista y anticomunista de los cardenales italianos, que consideraba tan preciosa a la mafia que negaba su existencia. Según su extravagante doctrina, la mafia era una invención de la perversa fantasía de los difamadores de Sicilia. De tan descarada mentira a la que se prestaba el alto prelado —podría decirse que «con buenas intenciones»—, luego se aprovecharía ampliamente con otros fines su propio sobrino, Attilio Ruffini, futuro ministro de la república.

Mientras a distintos niveles se insistía en no verla, la mafia había avanzado mucho en la puesta a punto de su nueva organización. Las autoridades estatales apenas parecieron percatarse, pero como un enigmático fenómeno folclórico que seguir con más curiosidad que alarma, cuando, el 12 de octubre de 1957, aprovechando la discreta hospitalidad del hotel Delle Palme, tuvo lugar en Palermo un extraño encuentro internacional de personajes fuera de lo común que representaban a la flor y nata del *establishment* mafioso americano: en el puesto de honor estaba el gran gerente, Lucky Luciano, y, a su lado, Joe Bananas (Giuseppe Bonanno) y Frank Carrol (Francesco Garofalo), con Camillo Galante y Giovanni Bonventre, Joseph Palermo, de la familia Lucchese, el

sindicalista Santo Sorge, Vito Di Vitale y John Di Bella, de la familia
Genovese, y Vito Vitale de la familia de John Priziola, de Detroit.

Comparados con ellos, los sicilianos parecían mucho menos prominentes a ojos de la policía. Aparte del «institucional» Genco Russo y del
siculoamericano Gaspare Maggadino, los demás fueron considerados,
al menos momentáneamente, como simples gregarios. En verdad se trataba de personajes nuevos, pero algunos de ellos habían obtenido el carné de capo demostrándose capaces de imponer nuevos métodos —métodos americanos— a los padrinos de la mafia agraria. Entre ellos
desempeñaban un papel importante los hermanos Greco, que en el interior palermitano domimaban el territorio de Villabate por haber conseguido eliminar al viejo y bonachón padrino Giuseppe Cottone (llamado *u patri nostru*, «el padre nuestro»). Y no era del todo desconocido
Luciano Liggio de Corleone, que probablemente en aquella ocasión
obtuvo vía libre para liquidar en Corleone a su ex capo y patrón, el anticuado Michele Navarra, que, en efecto, sería ajusticiado el 2 de agosto
de 1958 por la tarde junto con otro médico, el desconocido doctor
Giovanni Russo, ametrallados en el automóvil que habría debido devol-
verlos a casa después de una jornada de trabajo en el hospital.

En torno a la mesa de la cumbre estaban también otros personajes
destinados a convertirse en famosos: los La Barbera, los Badalamenti,
quizá también Pietro Davì, llamado «Jimmy el Americano». Todos tenían en común la capacidad de pensar a lo grande, superando las mo-
destas y mezquinas visiones campesinas de las anteriores generaciones
mafiosas. Si se prescinde de la mentalidad más tradicionalista y respetuosa de los antiguos valores mafiosos de un personaje a caballo entre
dos épocas como Tano Badalamenti, aquellos mafiosos de nueva generación preferían con mucho la ametralladora a la tenebrosa *lupara*
(Tranfaglia, 1992, p. 125).

Que aquella reunión palermitana había sido mucho más que un
reencuentro de insólitos «primos» se sabría en los años siguientes. Se
comprendería que se había tratado de uno de los momentos decisivos
de una reorganización internacional de la Cosa Nostra, diseñada en el
curso de la cumbre de octubre de 1956 en el hotel Arlington, en las cercanías de Nueva York, y luego culminada en noviembre —esta vez con
los sicilianos en viaje de trabajo, huéspedes de los americanos— en la
villa de Joseph Barbara en Apalachin (Nueva York). De una cumbre a
otra, la alianza siculoamericana se concretó en una nueva estrategia de
negocios mafiosos, con particular referencia al que se convertiría en el

business más importante: el tráfico de estupefacientes. Al mismo tiempo —superando el anticuado modelo de las bandas, apenas conectadas entre sí por relaciones mediadas por los capos y en general dotadas de decisión autónoma— se perfeccionó y se implantó en Sicilia, sobre las bases de los precedentes americanos, la moderna estructura de la Cosa Nostra (una estructura de tipo federativo, horizontal y vertical, casi de tipo militar, a la vez jerárquica y respetuosa de las competencias territoriales de los distintos grupos mafiosos) que Tommaso Buscetta revelaría al juez Falcone: abajo, la familia (célula primaria de base territorial, compuesta por «hombres de honor» también llamados «soldados», coordinados por los «jefes de decena», y gobernada por un «representante» asistido por «consejeros»); a nivel intermedio, los «distritos», constituidos por dos o más «familias» territorialmente contiguas; arriba, la «comisión» o «cúpula», compuesta por los jefes de «distrito» y presidida por un personaje de particular prestigio, reconocido como un *primus inter pares*.

¿Por qué los americanos consideraron que necesitaban de los sicilianos? ¿Por alguna conmovedora deferencia hacia una isla lejana en la cual todavía situaban, con la tradición de sus padres, los orígenes de su identidad? En verdad había ciertos acuciantes motivos que convertían a Sicilia en particularmente adecuada para satisfacer mucho más materiales e inmediatas necesidades. No sólo la revolución castrista había vuelto inutilizable la gran base caribeña de Cuba, sino que se debía racionalizar el tráfico ligado al complejo ciclo de producción, refinación, corte y distribución de los estupefacientes, y en especial de la heroína, un tráfico que tenía sus bases no sólo en África, sino en Extremo Oriente (a partir de la gran zona de producción de Pakistán), y que luego, desde Turquía, habría debido alcanzar Europa a través del Mediterráneo para expandirse por los diversos canales de su mercado mundial. También era preciso racionalizar el otro gran negocio mafioso, el tráfico de armas.

Con estos fines, la estratégica ubicación de Sicilia era de por sí ideal. Y había mucho, mucho más, que la hacía preciosa: la isla era también el centro en el cual la mafia podía disfrutar de las mayores coberturas políticas, al ser allí, en Italia (donde el peligro comunista era mayor), una fuerza importante y plenamente legitimada entre las investidas de la delicada función de defender a la democracia y el mundo libre. En concreto, Sicilia estaba situada al máximo nivel de una estrategia atlantista que unía, en un contexto inseparable, política e intereses mafiosos. En efecto, la sintonía entre las dos partes era perfecta: la política pedía votos que oponer a los comunistas; la mafia, a su vez, pedía libertad de empresa. Los votos, incluso prescindiendo de las obvias pretensiones de los mafiosos, sólo se habrían podido obtener favoreciendo la prosperidad de los negocios, sobre todo en una situación en la cual el comunismo parecía beneficiado en su crecimiento por el malestar de la población.

Dado el desarrollo de los partidos de masas, ya no era el tiempo de los «maceros» giolittianos y, en todo caso, habría sido forzoso respetar la Constitución de la república y las reglas democráticas. Tratándose de una realidad política que tenía gran interés en confirmarse como formalmente antitotalitaria, un sistema de poder anticomunista sólo habría podido constituirse y funcionar con el consenso. Y un vasto consenso nace, sea de la protección de los grandes intereses o de la satisfacción de amplias necesidades. Pero en Sicilia la del negocio mafioso era, con todas sus numerosas variantes, la dimensión de los grandes intereses. Por consiguiente, ella se transformaría, casi por la propia fuerza de las cosas, tanto en el epicentro como en el contenedor de todas las principales necesidades que satisfacer, desde aquellas fundamentales del trabajo, a las otras de la carrera y la afirmación social. Así se abriría el camino a una «legalidad democrática» capaz de funcionar como una paradójica «ilegalidad institucionalizada» o, si se prefiere, se iniciaría la época de un Estado dispuesto a subordinar al máximo las finalidades públicas a los intereses privados, sin distinguir demasiado entre lícito e ilícito, entre aquello que es legal y aquello que no lo es y no puede serlo. Todo esto se verificó en Sicilia entre los años cincuenta y setenta y recibió luego una fortísima potenciación de la progresiva exportación al Sur de los modelos de vida y de la demanda social de la sociedad de consumo. En las próximas páginas recorreremos las etapas fundamentales de aquel proceso que fue, indivisiblemente, historia de Sicilia e historia de la mafia.

La larga era de la mafia democratacristiana

Después de la cumbre del hotel Delle Palme la mafia revelaría, de forma cada vez más evidente, las profundas transformaciones que estaban incidiendo sobre todo en su morfología. Las de mayor relevancia no fueron precisamente las más vistosas, en las que ha insistido la mafiología. La adopción de métodos «americanos» y los consiguientes hábitos de gánsteres sólo fueron los aspectos externos de un proceso mucho más hondo y complejo que, en concreto, coincidía con la formación del sistema de poder democratacristiano. Ahora veremos cómo y por qué.

Descontados los resultados conseguidos en términos de asentamiento social en los años cincuenta bajo el gobierno regional de Franco Restivo, la DC daría, también en Sicilia, el gran salto organizativo, promovido por el secretario nacional Amintore Fanfani, que la convertiría en un dinámico partido de masas, fuerte en el ordenamiento de su liderazgo de funcionarios, capaz de operaciones sin ningún tipo de prejuicio por la plena «ocupación del poder»: un partido, en definitiva, a la altura de la tarea de enfrentarse a un enemigo del nivel del PCI de Togliatti, del que se temían la eficiencia y la capacidad de penetración social. Para construir semejante partido, destinado a concretar la hegemonía democratacristiana sobre los aparatos de la administración, la economía y las finanzas, Fanfani recurrió a nuevos hombres. Éstos, en Sicilia, fueron identificados en algunos personajes emergentes (entre otros, en distintos tiempos y ocasiones, los desaprensivos Giovanni Gioia, Salvo Lima, Vito Ciancimino, Mario D'Acquisto, Girolamo Di Benedetto, Franz Gorgone, Sebastiano Purpura, Michele Reina, Ernesto Di Fresco, Antonino Riggio y Francesco Caldaronello) que, no sin una mezcla de desprecio y admiración, serían señalados por los viejos del partido como los «jóvenes turcos».

Antonio Gullotti, secretario regional, fue el director oficial de la operación. Pero, desde el principio, fue decisiva la habilidad demostrada sobre el terreno por uno de los jóvenes lugartenientes, Giovanni Gioia, el jefe de la corriente fanfaniana (antes jefe de la secretaría personal de Fanfani), investido con la secretaría provincial de Palermo con una especie de informal supervisión sobre toda la Sicilia occidental. Para comprender en conjunto el sentido de su trabajo, se puede aventurar —pero no demasiado— una comparación entre los cambios en curso en la mafia y los registrados en la DC: tal como el sistema mafioso estaba pasando del archipiélago de los padrinos a la orgánica estructura de la Cosa Nostra, así el partido democratacristiano empezó a pasar de una difusa oligarquía de notables o *rais* distribuidos por el territorio (los Aldisio, Alessi, Giglia, La Loggia, Lo Giudice, Mattarella, Milazzo, Restivo, Scelba, Volpe...) a la estructura orgánica de un partido de dirigentes y de burócratas a tiempo completo, o sea de profesionales de la política.

Éste fue el partido que en poco tiempo se apropiaría de las principales palancas del poder en Sicilia, superponiéndose a las instituciones del

Estado. La gran partida comenzaba a jugarse, no sólo en el terreno de la floreciente proliferación del clientelismo en los ayuntamientos y en la región, sino en el de las actividades privadas, que se aprovechaban de las transferencias de capital del Norte al Sur en el marco de la política meridionalista (Cassa per il Mezzogiorno), por no mencionar las inversiones en la construcción generadas por la urbanización creciente, las del ENI (Ente Nacional de Hidrocarburos) para la búsqueda y explotación del petróleo, y las destinadas, desde distintos sectores, al intento de llevar a cabo una moderna industrialización.

Giovanni Gioia puso en práctica con habilidad las directivas fanfanianas para el partido, pero de una manera que podría definirse como «a la siciliana». Tuvo en cuenta los peculiares poderes de la sociedad de la isla, se apropió de ellos y los utilizó a fondo. Como se lee en un informe de la Comisión Parlamentaria de Investigación sobre la Mafia, pasó «de la línea restiviana (del diputado Franco Restivo) de alianza sólo electoral y gubernativa con las fuerzas de derechas que eran la expresión orgánica de las bandas mafiosas, pero que se mantenían aparte y separadas del partido democratacristiano, a una concepción que apuntaba a absorber en el interior de la DC a esas mismas fuerzas»; de modo que prevaleció «la orientación de obligar a las fuerzas ex liberales y monarquicopopulistas a entrar en la DC [...]»; y «las personas que hasta 1956 habían sido representantes, concejales municipales, diputados regionales y parlamentarios nacionales del Partido Monárquico y del Partido Liberal, poco a poco pasaron con todo su séquito a la DC». Se trató de un proceso de rápido trasvase: «Las bandas mafiosas, que eran portadoras de la fuerza electoral de estos personajes habían confluido en la DC con los capos mafiosos de las distintas zonas de Palermo a la cabeza: Paolino Bontà, Vincenzo Nicoletti, Pietro Torretta, La Barbera, Greco, Gambino, Vitale, etcétera. Lo mismo sucedió en decenas de ayuntamientos de la provincia: las bandas mafiosas [...] confluyeron en la DC» (Comisión Parlamentaria Antimafia, Inf. Cattanei, 1972).

Pagó con su vida el precio de la operación el alcalde democratacristiano de Camporeale, Pasquale Almerico, eliminado por haber negado el carné del partido al conocido padrino Vanni Sacco. De esto último poseemos el inédito, muy sencillo y vivaz, testimonio de Mario Ovazza, que fue testigo directo.

En Camporeale Vanni Sacco era el amo absoluto, con su influencia personal y con el auxilio de las fuerzas de la mafia, entre otras las de un italoamericano que era su álter ego en la zona, un tal Schirò. En un momento dado estalló la situación de la relación entre los partidos en Camporeale. Vanni Sacco era liberal, pero aceptó la oferta de Gioia, entonces secretario provincial de la DC, para su paso y el de todos los suyos [que eran todos de Camporeale] a las filas de la DC. Esto se produjo a la manera mafiosa y guerrillera.

Entonces Almerico era el secretario de la DC de Camporeale. Éste era, en síntesis, un hombre honesto o como tal se mostraba en la gestión del Partido Democratacristiano en Camporeale; planteó un problema muy sencillo: si Vanno Sacco y los suyos se convierten en democratacristianos, me matarán, porque encontrarán en la protección del partido del Gobierno [...] la coartada y la salvaguarda política.

Entonces el árbitro de estas cuestiones era Gioia, que no le hizo caso, ni respondió ni intervino. Cuando el paso de Vanni Sacco y de los suyos a la DC fue aceptado, con todas sus consecuencias, Almerico dijo que su vida corría peligro. En efecto, Almerico murió asesinado porque estaba claro que ya no contaba con el apoyo de la DC.

Entonces se produjo una rebelión de almas frenada por la presencia de Sacco, de la mafia y de la DC. Los párrocos tenían la orden de no hablar, a través de las «bondadosas» interpretaciones que daba el arzobispo: «No os mezcléis en estas cuestiones» (Ovazza, 1993).

Entre la DC y la Iglesia, entre negociaciones secretas y teatrales exhibiciones, el nuevo curso afirmó por doquier la soberanía democratacristiana, adquiriendo enormes depósitos de consensos electorales, con un sutil juego de complicidades entrelazadas, en función de un orden que se sostenía sobre el aprovechamiento de una continua liquidación del Estado en beneficio de cada vez más extensos intereses privados y de clientela.

De ello resultó la formación de una densa trama de alianzas politicomafiosas que se reforzaría hasta el total dominio de la mafia sobre la política y la economía. Giovanni Gioia, y sus más directos colaboradores, Lima y Ciancimino, conquistaron un poder al que ninguno de los mayores notables del pasado habría osado aspirar.

Al respecto, los datos de hecho son innumerables. Habitualmente los capos no se limitaban a sostener a los políticos amigos, sino que iban mucho más allá: incluso los formaban y los criaban como si fueran caballos de sus escuderías, luego los inspiraban o, mejor, los dirigían, como parece que hacía Paolino Bontà con el diputado Francesco Barbaccia y con el arribista Ernesto Di Fresco. El mismo Gioia era a la vez un político y un «hombre de negocios». Y de qué clase de negocios se ve por la ficha a su nombre redactada por la Antimafia: junto a Lima y Liggio era socio de Francesco Vassallo, un ex carretero convertido en empresario de la construcción, y estaba vinculado «con la pandilla mafiosa de Nick Mattarella». Todos juntos cultivaban las mejores relaciones con Luciano Liggio, «gran amigo de Ciancimino». Este último, que era justamente el político creado por el cruel grupo mafioso de Corleone, se convertiría en la suprema autoridad de las contratas públicas y las comisiones ilegales.

La DC, que en aquel punto habría podido conformarse con ser el partido de la contigüidad mafiosa, se convirtió en el comité de negocios de la mafia. Este comité —aunque con diversas contradicciones internas— aseguraba una dirección unitaria y una coherente orientación estratégica a un denso grupo de politicastros y especuladores, todos tan acostumbrados a la mala vida que era casi imposible hacer una distinción entre los mafiosos utilizados por la política y los políticos utilizados por la mafia.

Desde la cúpula estratégica, las complicidades alcanzaban y penetraban —mediante la masonería, que era su principal vehículo— en todos los aparatos de poder (incluidos los institucionales) y en todos los recursos públicos y privados. Abajo, en los barrios populares, se compraban y se vendían, pero sobre todo se controlaban, los votos para las elecciones. Arriba, y en los niveles intermedios, se gestionaba, con personal *ad hoc*, el mercado de los puestos y las carreras en la administración y, mediante los bancos y las financieras de conveniencia, el de la inversión de los capitales provenientes del Estado o de las actividades ilegales (contrabando, narcotráfico, usura, extorsiones, prostitución, juegos de azar, etc.). Giovanni Gioia colocaba a sus hombres en los puestos clave de los bancos: por ejemplo, el doctor Ciro De Martino y el caballero Alicò en el Banco di Sicilia y el doctor Cusenza (con el cual estaba en personales relaciones de negocios) en la Cassa di Risparmio. El Ayuntamiento de Palermo y las concejalías regionales se hincharon de manera anormal por la introducción de funcionarios y empleados (a menudo destinados a un «no trabajo» generosamente retribuido) en virtud de títulos mucho más decisivos que los profesionales, que normalmente eran ciertas indicaciones cuyo origen es fácil adivinar. Se premiaban con puestos y cargos a los obedientes y a los solícitos, a los clientes, a los amigos de los amigos, a los recaderos, a los recolectores de votos y a los maniobreros del mercado especulativo mafioso.

Tommaso Buscetta (el capo arrepentido del que tendremos varias ocasiones de hablar) también ha delineado con abundancia de detalles un marco ambiental de aquellos años que, con una palabra familiar a Leonardo Sciascia, podría sencillamente definirse como el «contexto»: «La sede natural de la DC» se había convertido en la vivienda privada de un intachable hombre de honor (hoy arrepentido), un médico, un profesional del que en Palermo se hablaba muy bien, un tal Gioacchino Pennino «capo de la familia de Brancaccio»: en esa casa solían encontrarse, para definir las estrategias del negocio politicomafioso, los numerosos «políticos» de entonces (naturalmente Giovanni Gioia y Michele Reina, Rosario Nicoletti, Ernesto Di Fresco, Giuseppe Cerami, Margherita Bontà, Franco Restivo, Mario D'Acquisto, Giuseppe Trapani, Franco Barbaccia y Attilio Ruffini), mencionados por Buscetta con precisa indicación de los respectivos capos de referencia. Las relaciones entre estos y los mafiosos eran tan cordiales, y aun familiares, que Buscetta podía tutearse incluso con Ruffini, futuro ministro de Defensa, sobrino del cardenal de Palermo (Barrese, 1993).

En el contexto formado al lado, pero no al margen, de la gran política, se desarrollaron y se consolidaron algunas fortunas económicas que definirían las características de ese fenómeno que Pino Arlacchi resume en el concepto de la «mafia empresarial». Además de continuar en los tradicionales negocios parasitarios (como la extorsión) la mafia inició, mediante fiduciarios y testaferros, una actividad empresarial sobre todo para el blanqueo de dinero negro, sea en el sector de la construcción, sea en los de la producción industrial, sin descuidar el turismo y el comercio, con particular referencia a la gran distribución (Arlacchi, 1983; Santino-La Fiura, 1990).

Esta actividad —sobre todo con el despegue de la sociedad de consumo, a partir de los años sesenta— se convertiría en el gran medio de expansión de la especulación mafiosa, tanto en la isla como en el resto del territorio nacional italiano, con puntos estratégicos en las grandes ciudades del Norte y grupos de presión sobre la administración estatal (también encargados de infiltrarse, por ejemplo mediante el mafioso Pippo Calò, gran amigo y protector de la famosa banda romana de la

Magliana, en los ambientes ministeriales y los aparatos institucionales en Roma). En Milán se constituiría la principal central de los tráficos mafiosos en el Norte, sobre todo por iniciativa de un capo dotado de notables actitudes empresariales, Gerlando Alberti, que en Cologno Monzese —según cuanto se desprende del informe Cattanei de la Antimafia—, en estrecha relación con otro empresario, Tommaso Buscetta, gestionaba la organización del mercado septentrional de la droga, convocando recurrentes cumbres en las cuales participaron en distintos momentos los Greco, Gaetano Badalamenti, Pietro Davì y el «americano» Salvatore Catalano, varias veces señalado por sus actividades en Italia por la Oficina Federal de Narcóticos de Estados Unidos (Tranfaglia, 1992, pp. 50-51). Para dar todo el «mérito» a quien corresponde, debe recordarse que el primer gran empresario siciliano del narcotráfico, además del intermediario más autorizado entre la mafia americana y la mafia siciliana, fue durante varios años Frank Coppola, llamado Frank *Tres Dedos*, que antes de operar en distintas partes de Italia (en Pomezia y en otros sitios) había ligado su suerte, en su natal Partinico, a la tradición de importantes amistades políticas, como aquella ilustre con Vittorio Emanuele Orlando.

Entretanto, la importancia estratégica de Catania había crecido para la mafia. Desde siempre, la ciudad había sido fundamentalmente ajena al fenómeno mafioso (hasta tal punto que aún hoy sus mejores estudiosos encuentran dificultades para comprenderlo y tienden a negar su relación orgánica con la cultura y la tradición política de Sicilia). El área jónico-tirrénica de la isla con su animada capital había conocido sobre todo las actividades de más o menos bonachones y fantasiosos estafadores (por los cuales era incluso famosa), además de bandas de pequeños delincuentes y de técnicos y virtuosos de los robos con destreza. Las cosas cambiaron allí profundamente y con rapidez en los años sesenta, en el marco de una expansión de los intereses mafiosos relacionados con los grandes negocios, desde la droga a las contratas, que, desde el epicentro palermitano, en unión con las mediaciones políticas de los miembros de los partidos de gobierno en la Región y el Estado, abarcó toda la isla.

La delincuencia catanesa, por así decir, se pervirtió, descubrió la relación con la política y produjo sus capos. En un ambiente que era dinámico y vocacionalmente moderno por tradición (hasta el extremo de que Catania podía vanagloriarse de ser la Milán del Sur), y donde existían varios elementos prácticos y espabilados, se daban, por tanto, las condiciones ambientales idóneas para una rápida acogida de las nuevas formas y experiencias de la mafia empresarial, a menudo enlazada con actividades legales dirigidas por algunos inescrupulosos industriales (en realidad especuladores del sector de la construcción), capaces de extender sus actividades empresariales incluso mucho más allá de Sicilia. Algunos de ellos se harían enseguida ricos y famosos, en virtud de sus muy especiales méritos. Al menos cuatro de los empresarios de la construcción ascenderían incluso a la cúpula exclusiva de los Caballeros del Trabajo. Uno de éstos, quizás el más importante, Costanzo, es entre otras cosas un apasionado del arte —y de los safaris en Kenia—, hasta el punto de que ha conseguido registrar a su nombre, en las cercanías de Venecia, una célebre villa de Palladio (Fava, 1984, pp. 239-273).

Así, con sus importantes referencias dentro de una red de conexiones legales e ilegales, se formaría en Catania, entre actividades de extorsión y narcotráfico, una mafia de alta especialización criminal en torno al clan de Nitto Santapaola y al de Pulvirente. El tono productivo de la Milán del Sur quedaría marcado por el imperio de un corrupto empresariado que premiaría el activismo sin prejuicios de los «caballeros»: las empresas del grupo del ya citado Carmelo Costanzo y los de Gaetano Graci, de Francesco Finocchiaro, de Mario y de Ugo Rendo (*ibid.*, pp. 239-273).

Ese inédito rostro empresarial de la economía ligada a la mafia, o decididamente condicionada por ella, aparecía, de todos modos, marcado por la continuidad con una invicta tradición parasitaria, y esto fue siempre bien visible sobre todo en Palermo, donde los mayores ejemplos se dieron en las actuaciones, en el campo de la construcción, de «empresarios» como Vassallo, Spatola y Maniglia, y por las más complejas actividades del grupo del conde Cassina y el imperio fiscal de los Salvo y los Cambrìa.

Particularmente significativo es el caso de los primos Nino e Ignazio Salvo. Procedentes de familias mafiosas y mafiosos ellos mismos (ambos —revelará Tommaso Buscetta— eran «hombres de honor de la familia de los Salemi»), originarios de la región de Trapani, donde junto con los Corleo también habían conquistado el control político de un territorio que había sido de Bernardo Mattarella, operaban en estrecha colaboración, por intenciones y negocios, con los capos Stefano Bontate y Gaetano Badalamenti, financiaban a la DC y constituían en ésta la gran base económica del poder de Gioia y Lima. Además, debe recordarse, eran los propietarios del hotel Zagarella, en las proximidades de Palermo, donde se alojaría varias veces Giulio Andreotti.

Sobre todo en el período en que Lima y Ciancimino, a la sombra de Gioia, dominaron el comité de negocios del Ayuntamiento de Palermo (Lima estuvo a la cabeza de la administración municipal durante aproximadamente un quinquenio, de 1958 a enero de 1963, mientras que Ciancimino, que había estado casi siempre al frente de la crucial concejalía de Obras Públicas, fue luego alcalde de 1970 a 1971), los primos Salvo estuvieron en el centro de una red de corrupción y de intereses especulativos de corte mafioso que, de la región al Ayuntamiento, se enlazaba con los entes regionales, los bancos, las actividades abiertamente criminales de los constructores y toda la gama de los tráficos legales e ilegales.

En un contexto de violencia, corrupción y mala vida los distintos poderes mafiosos, desde los diversos centros institucionales, se alimentaban con recíprocos intercambios de favores. Desde la región las recaudaciones de los Salvo-Cambrìa, sobre las operaciones de cobro de impuestos, conseguían obtener el increíble beneficio del 10 % y luego, obviamente, eran muy generosos con los «amigos»: los bancos (sobre todo el Banco di Sicilia y la Sicilcassa, pero también otros como la Banca del Sud durante algún tiempo y la Banca Sant'Angelo y la trapanesa Banca Sicula de los D'Alì Staiti y la Etnea de un conocido «caballero» y la de Canicattì y todas las otras cuya floreciente expansión en una realidad de creciente subdesarrollo sigue siendo un misterio) financiaban con recíprocas garantías políticas a empresarios del tipo de Vassallo, Cassina, Costanzo, Rendo, Spatola, Maniglia, Moncada y Seidita. Los empresarios, a su vez, no regateaban lo que se debía a los distintos capos, sobre la base del reparto del territorio decidida por los acuerdos entre las familias en el seno de la Cosa Nostra. El Ayuntamiento llevaba a cabo la convenida distribución de las contratas cuidando de no crear problemas al poderoso conde Arturo Cassina, gran maestro de los Caballeros del Santo Sepulcro, pero sobre todo tranquilo concesionario (durante treinta y seis años) del servicio de mantenimiento de las calles y alcantarillas de la ciudad, con contratos automáticamente renovados; de la construcción y la asignación de las casas populares, con criterios de clientela controlados por las familias, se ocupaba el inefable abogado Santi Cacopardo.

La mafia no se limitaba a mandar en los cementerios, sino que comenzaba a procurar clientes a sus afiliados que gestionaban las pompas fúnebres desde los hospitales: pobre de quien hubiera tenido la desgracia de ser ingresado en un hospital si no tenía a disposición, para intentar sobrevivir, medios personales adecuados para sostener las distintas demandas de «mordidas» por parte del personal sanitario, de los médicos a los enfermeros (estos últimos, a menudo reclutados entre ex campesinos y electores de las clases bajas de los diputados e introducidos en el servicio después de sumarios «cursos de formación») (Comisión Parlamentaria Antimafia, Inf. Cattanei, 1972).

A su vez, por lo que se refería a su tarea específica en la cúpula del sistema, la región, dotada de concejales del tipo del diputado Giacomo Muratore, hombre de confianza de Gioia, aprobaba regularmente las actuaciones del Ayuntamiento.

Es casi superfluo ilustrar los métodos con los cuales se obtenía el éxito en los negocios. Para dar un ejemplo, baste recordar que el constructor Vassallo, con la ayuda de su socio Gioia, consiguió su primera contrata obligando a los competidores a retirarse. Y son impresionantes las noticias que se desprenden de los informes de los carabineros sobre las relaciones triangulares que ligaban algunas empresas (Vassallo, Piazza, Moncada, etc.) y algunos capos mafiosos (Torretta, Di Trapani, Buscemi) a administradores públicos como Ciancimino, Di Fresco, Pergolizzi y Matta. Todo ello era mucho más que un sistema de poder contiguo a la mafia. Se trataba, más bien, de un sistema que coincidía en todo con ésta, en el más alto grado de su modernización. La Cosa Nostra constituía su necesario e indivisible componente criminal (*ibid.*).

Así podemos registrar un fundamental punto de llegada de la decisiva metamorfosis de la segunda posguerra: mucho más que la oficial constituida por las rústicas y sanguinarias falanges de capos y «soldados», la verdadera mafia, la mafia «real», ahora coincidía del todo con la burguesía mafiosa, enormemente ampliada con su singular clase política, empresarial y burocrática, y con su extenso séquito de maniobreros, profesionales e intelectuales tan prestigiosos como codiciosos y serviles: sobre todo abogados y economistas, pero también médicos, ingenieros, periodistas, profesores universitarios y rectores, directores de instituto, dirigentes y funcionarios, industriales y comerciantes, notarios, incluso magistrados, directores teatrales y poetas, centenares de personajes registrados puntualmente por los documentos de la Antimafia. Si al citarlos quisiéramos ser exhaustivos, llenarían un libro entero. Más allá de las responsabilidades individuales, todos eran herederos de los «barones», los «gentileshombres» y los aparceros del siglo XIX, fueran verdaderos «hombres de honor» por iniciación mafiosa como los Salvo o simples asociados al sistema mafioso por iniciación masónica o por relaciones de amistad y de complicidad.

A esa nueva «baronía política», la Cosa Nostra de los Bontate, los Badalamenti, los Buscetta, los Liggio y los Greco le hacía pagar su enorme y multiforme mordida, que normalmente estaba constituida por la posibilidad de monopolizar sin molestias los negocios más sucios y lucrativos. En 1965 para el tráfico de droga se establecería incluso una sociedad *ad hoc* formada por los mafiosos Pietro Davì (un personaje ejemplar, antes capo de la más grande organización de contrabando de tabaco del Mediterráneo), Rosario Mancino, Antonino Sorci, Mariano Troia y Antonino Matranga, financiada por Angelo La Barbera, Salvatore Greco (*u Cicchiteddu*, «el Burrito») y Salvatore Greco (*el Ingeniero*). Pero entretanto las mayores oportunidades de enriquecimiento estaban concentradas en esos obradores donde a menudo los cadáveres de los enemigos desaparecían bajo coladas de cemento en los pilares de los edificios en construcción.

Obviamente, a pesar de las reglas del honor mafioso gratas a Tommaso Buscetta, la misma competencia entre las distintas familias que se habían repartido el territorio, de Palermo y de vastas zonas de la isla, creaba agrios conflictos cuya apuesta no sólo estaba constituida por las cuotas de negocio reivindicadas, sino por la directa cooptación de los propios hombres en los cargos oficiales del poder político. Fue precisamente por la acentuación de estos conflictos que estalló, a comienzos de los años sesenta, una verdadera guerra entre las bandas, con resultados que serían temporalmente destructivos para toda la organización de la Cosa Nostra.

Las causas de dicha guerra deben identificarse en la tenaz hostilidad de los grupos mafiosos urbanos a la entrada en la ciudad, y al crecimiento en los sectores ricos del negocio, de los grupos mafiosos procedentes del campo. Por una parte estaban los «campesinos», es decir, Luciano Liggio (con Bagarella, Riina y Provenzano) y los Greco, que no aceptaban tener que conformarse sólo con el contrabando de tabaco y las operaciones, aún no prósperas, del narcotráfico; por la otra, estaban los «ciudadanos» del clan de La Barbera, que pretendían controlar en exclusiva la extorsión de las especulaciones en las áreas edificables de Palermo. En consecuencia, Liggio y los Greco se aliaron contra los La Barbera y el enfrentamiento entre los dos grupos de familias fue despiadado.

El 17 de enero de 1963, Salvatore Greco atrajo a su rival Salvatore La Barbera a una trampa, lo secuestró y luego lo asesinó. De rebote, con los supervivientes de los La Barbera, el capo Pietro Torretta —que intentaba abrirse paso— puso en marcha la venganza: el 17 de febrero, un mes después de la muerte de Salvatore La Barbera, un Fiat 1100 cargado con explosivos fue hecho estallar delante de la vivienda de Salvatore Greco en la localidad de Ciaculli. La explosión destruyó casi todo el edificio, pero Greco, que estaba ausente, sobrevivió. La consecuencia fue una escalada de reacciones y contrarreacciones entre las dos partes, cuyo resultado más sangriento no quedó circunscrito al ámbito de la guerra entre los miembros de la mafia sino que involucró, con inusitada violencia, el 30 de junio de 1963, a las fuerzas del orden: algunos carabineros vieron en Palermo un Giulietta sospechoso, siempre en la localidad de Ciaculli; mientras lo inspeccionaban, explotó y siete integrantes del Cuerpo perdieron la vida.

Palermo: una ciudad sin ciudadanos

Dada su capacidad orgánica, la estrategia de poder de la DC había logrado cooptar a los socialdemócratas de Casimiro Vizzini, al Partido Republicano de Aristide Gunnella y a varios representantes del PSI. En particular Gunnella —que se había formado en la Sicindustria (una organización creada para el fomento de la industria siciliana), dirigida por el ingeniero Domenico La Cavera, y de ésta había pasado a un puesto directivo en un ente regional del que hablaremos dentro de poco— consolidaría en Sicilia un personal poder «proconsular» que lo convertiría en el amo de los carnés de los militantes y en el interlocutor privilegiado de la dirección de su partido: por ejemplo, en relación a Giovanni Spadolini, efectuaría tareas de mediación y de conexión con los intereses sicilianos análogas a las desarrolladas por Lima, primero con Fanfani y luego con Andreotti. Entre otras cosas, sobre Gunnella se condensarían las sombras de sus relaciones con los ambientes mafiosos de Caltanissetta y, en particular, con Giuseppe Di Cristina, el capo de Riesi que había heredado el cetro de su padre, Francesco, y había ascendido junto a Bontate y Badalamenti a los máximos niveles de dirección de la Cosa Nostra. Saldría a la luz y armaría mucho revuelo la contratación de Di Cristina en la SOCHIMISI, una empresa de capital público administrada por Gunnella. Éste habría intentado minimizar sus responsabilidades endosándoselas fundamentalmente a un singular y poderoso canalla del Norte, el véneto Graziano Verzotto, que ocupaba el puesto de secretario regional de la DC. De todos modos, quedaría objetivamente a cargo de Gunnella el dato del estrepitoso éxito electoral obtenido por el PRI en Caltanissetta, partiendo casi de cero, en las elecciones políticas de 1968: sólo en el Ayuntamiento de Riesi el notable republicano habría conquistado de golpe 261 votos.

Todo esto basta para comprender el sentido extensivo que debe atribuirse a la fase histórica que hemos definido como la «larga era de la mafia democratacristiana». En verdad, en ella florecieron múltiples vástagos políticos, en los más diversos espacios, grandes y pequeños, de los partidos de gobierno, aunque aquellos distintos de la DC, en las relaciones con el sistema general, podrían considerarse de «soberanía limitada». La experiencia de centroizquierda favorecería la progresiva implicación de crecientes fuerzas socialistas (la de los futuros seguidores de Craxi, dotadas de una elemental e insaciable voracidad) e incluso de algunas vistosas, si bien exiguas, fuerzas comunistas, para las cuales será necesario hacer un razonamiento aparte a fin de determinar una situación en la cual cada uno habría podido, sensatamente, decir que «quien esté libre de culpa que tire la primera piedra». Una universal *omertà* habría envuelto las intrigas de una lucha política, reducida en gran medida, en la práctica, al reparto del voto de intercambio (con la misma lógica del reparto del territorio entre las bandas mafiosas), que, obviamente, continuaría manifestando en los detalles sus conflictos, sus celos y maldades de partido, y sus venganzas. De ello resultaría, con el ascenso de los mandaderos de los políticos y de numerosos titulares provinciales de rentas electorales, una ulterior e imparable decadencia de la clase política y del personal de la administración pública: en los fastuosos palacios de la región y de los entes regionales se habrían hecho frecuentes las presencias anómalas de caras de presidiario y de bribones, ora zalameros y serviles ora tiránicos y arrogantes, de vez en cuando increíbles como diputados o como dirigentes a pesar de su capacidad para valerse con provocadora pericia del repertorio lingüístico de la jerga política.

En el centro de la gran modernización mafiosa se situaba Palermo, que era, además de la capital, el símbolo objetivado, el monumento. De la administración municipal, dirigida por Lima y Ciancimino, cuyas oficinas centrales y periféricas estaban embutidas con elementos de su servidumbre electoral, ya conocemos los rasgos fundamentales. Ahora se trata de añadir algunas informaciones sobre las actividades y la lúcida, aunque perversa, estrategia política del comité de negocios instalado en el Ayuntamiento, para entender qué irreparables daños se infligieron entonces a la civilización con aquella operación, pasada a la historia con la inequívoca definición de «el saqueo de Palermo», que martirizó, afeó y desfiguró, hasta hacerlo irreconocible, el rostro de una ciudad que había estado entre las más hermosas de Italia y de toda Europa, convirtiéndola en una horrible aglomeración de cemento y asfalto.

Semejante devastación no se comprendería sin tener en cuenta la enorme necesidad de construcciones ocasionada —ya se ha aludido a ello— por el nacimiento de la autonomía regional y el constante flujo de inmigrantes de los pueblos del interior de la isla, o sea, como suele decirse, del campo. También se ha mencionado el consiguiente y masivo traslado de ex aparceros y de personal de análogos orígenes al lucrativo mercado de la construcción. Casi por inducción natural, todo el sector económico sufrió las particulares connotaciones del proceso, hasta el punto de que se hizo imposible que un empresario de la construcción no fuera mafioso o al menos estuviera ligado a la mafia. El inevitable efecto fue el paradójico servicio mafioso proporcionado, en todos sus aspectos particulares (desde la construcción de viviendas, hasta las infraestructuras y los servicios), a la veloz cuadriplicación de la vieja ciudad. De algún modo, el hecho de que este servicio fuera real hizo posible que la mafia —y no sólo en Palermo, sino también en otras ciudades, como Agrigento y Catania, que conocieron análogos, si bien menores, problemas de crecimiento— se mimetizara en un objetivo papel empresarial y obtuviera las correspondientes protecciones públicas y los correspondientes estímulos. Dadas las dimensiones de la transformación en curso, en Palermo todo fue a lo grande, y resultaba más fácil que la mayoría de la población viera, al principio sobre todo, los efectos positivos de la modernización, pasando de puntillas sobre las operaciones especulativas y habituándose a considerar las disputas, y luego las guerras entre las bandas que se estaban repartiendo la ciudad como inevitables incidentes de recorrido de una inédita carrera hacia el progreso. Fue también por estos motivos que los Lima y los Ciancimino disfrutaron de un consenso masivo y consiguieron expandir hasta lo inverosímil sus redes de clientela. Obviamente, en semejante marco, el orden y las reglas mismas de la administración de la ciudad coincidían con los intereses mafiosos.

El plan regulador y el reglamento urbanístico fueron sistemáticamente violados con variantes y concesiones diversas prodigadas por «amistad» con el voto de la mayoría municipal; concejales de Obras Públicas como Ciancimino y el menos conocido, pero no menos comprometido «ultragioiano» Giovanni Matta, dieron vía libre a vergonzosas especulaciones. Se dio incluso el caso de un ciego encargado de la urbanística, un socialdemócrata muy singular que, a pesar de su minusvalía, parece que tenía una fabulosa capacidad para valorar al peso, con las manos, la entidad de los sobornos.

Los asentamientos urbanísticos obedecían a instancias de conveniencia de los «empresarios». Con la invasión de cemento se reducían al mínimo los espacios verdes. Antiguas y espléndidas calles desaparecieron del todo o cambiaron asumiendo los rasgos de una modernidad de pacotilla. El centro histórico primero sería asediado por el crecimiento anormal de una selva de edificios, luego, poco a poco vaciado y degradado hasta convertirlo en triste distrito de todo tipo de marginación. Y, hasta aquí, nada excepcional respecto a cuanto estaba sucediendo en los años sesenta con la invasión de los especuladores del sector de la edificación también en otras partes de Italia. La especialidad de Palermo consistía en el hecho de que los mafiosos dedicados a las actividades de la construcción eran normalmente los mismos que tenían los hilos de la política, así que la estrategia de los negocios coincidía con aquella por el integral control político del territorio. Esta estrategia consistía, en concreto, en una explotación intensiva, a los fines de un enriquecimiento indebido y de poder, de los cantos de sirena y de todas las seducciones difundidas también en Sicilia por la sociedad de consumo subsiguiente al llamado «milagro económico». La isla seguía siendo, en conjunto, pobre y distante, por sus rentas medias, de las áreas más avanzadas del país. Pero contenía una consistente franja de enriquecidos, a veces indecentemente ricos. Y los mismos pobres diablos que habían abandonado el campo perseguían en la ciudad un sueño de bienestar: aspiraban a casas con ascensor y con instalaciones centralizadas para el agua y la calefacción, a cocinas confortables, a baños como mínimo decentes.

A este segmento social, muy sensible a la seducción del consumismo y a sus inherentes ideologías de acrítica y rapaz modernidad, el poder especulativomafioso ejemplificado por los Lima y los Ciancimino (un poder que era a la vez, en los hechos, la causa y el efecto, la expresión política y la fuerza activadora) construyó y diligentemente ofreció en dosis crecientes ese tipo de ciudad que correspondía con plenitud, sea a sus ingenuas expectativas de elevación civil y de bienestar, sea a los horribles gustos con los que estaba quemando deprisa, como avergonzándose de ella, la herencia de las tradiciones campesinas dejadas atrás.

Pero ¿a qué palermitanos se transmitía la oferta de la mafia? ¿Cuál era el específico carácter de la población que, en Palermo, votaba sistemáticamente en su gran mayoría por la DC de Lima y Ciancimino? Al menos tres cuartas partes de ellos eran palermitanos sólo porque estaban oficialmente empadronados en el Ayuntamiento. En realidad eran forasteros de recentísima inmigración, respecto de los cuales la vieja ciudad (en la cual, por otra parte, se había perdido y disuelto la antigua identidad aristocrática) no había estado en condiciones de ejercitar una actividad de cooptación hegemonizadora del tipo de la que, en cambio, eran capaces ciudades del Norte de fuerte identidad, como Milán. En consecuencia, esos forasteros urbanizados contribuyeron a hacer a Palermo cada vez más ajena y paradójicamente extranjera respecto de sus mismas tradiciones, cuyas expresiones serían cada vez más marginadas, debilitadas, olvidadas, en muchos casos definitivamente barridas.

Por lo tanto, era natural que de un proceso de por sí devastador tuviera efectos devastadores (y de verdadera barbarie), que incidían tanto sobre las estructuras ricas (las vastas áreas de urbanización moderna construidas por la especulación mafiosa) como sobre aquellas zonas pobres e incluso miserables levantadas con las distintas subvenciones a la edificación popular. De todo eso sólo cabía esperar el envilecedor ambiente de una ciudad sin auténticos ciudadanos, una ciudad informal —como la definirían Gaetano Testa y Michele Perriera, los escritores palermitanos de vanguardia del Grupo 63—, socialmente heterogénea y disgregada, marcada por la dramática contradicción entre los vanagloriosos efectos de una construcción monumentalizada para los pudientes y aquellos de la degradación de la modernidad asegurada, o sea impuesta, a los pobres como inédita forma de gueto dentro de un ilusorio bienestar.

Así nació y se formó una capital plenamente adecuada a la mafia: un área de geografía urbana vacía de sociabilidad real, dotada de núcleos culturales aislados y asediados, contradictoria y a menudo abominable en las formas, aquí y allá perezosamente resignada a la degradación y la ruina, radicalmente sin estilo, dado que éste es un alto producto de la cultura, y la cultura no se da en la disgregación social.

CAPÍTULO TRECE

Del neosicilianismo
a la oposición moral

EL MILAZZISMO, LOS COMUNISTAS Y EL FENÓMENO MAFIOSO

La matanza de Ciaculli se produjo cerca de un período de notable desestabilización política que permitía prever nuevas inestabilidades. De octubre de 1958 a febrero de 1960 Sicilia había vivido las turbulencias del enfrentamiento entre un grupo autonomista encabezado por el notable democratacristiano Silvio Milazzo (un personaje muy típico, *metà baruni e metà viddanu*, «mitad barón y mitad aldeano», según la sugestiva definición de Felice Chilanti), por una parte, y el Gobierno nacional presidido por Fanfani, que era también secretario político de la DC, por la otra.

Los hechos son reconstruidos aparte, a costa de una breve digresión y de alguna regresión de la reconstrucción histórica, porque en ella se iniciaron procesos destinados a tener larga vida, que contribuirían a modificar de manera relevante, con seguras ventajas para la mafia, la morfología del frente contrario a ésta, corrompiendo sobre todo al bloque comunista, que hasta entonces había constituido su parte más consistente y definida. Fue uno de esos casos, no raros en la historia, en los cuales las tácticas se vengan del uso instrumental al cual suelen estar circunscritas, invadiendo y deformando, con efectos más visibles en la distancia, el campo de las grandes estrategias.

El PCI, dirigido por el secretario regional Emanuele Macaluso (que había sucedido a Li Causi), advertía plenamente el drama del gran avance mafioso en torno al grupo fanfaniano de jóvenes figuras del partido. Al mismo tiempo, en una época en la cual la idea misma de modernidad aún coincidía con la de industrialización, compartía la alarma del empresariado siciliano por el creciente asentamiento en la isla de fuerzas capitalistas septentrionales que aprovechaban a fondo los incentivos regionales y nacionales para el desarrollo de las áreas deprimidas. Se temía que la presencia hegemónica de los «monopolios» (término con que se definía a los potentados capitalistas septentrionales) constituyera un gran obstáculo para el despegue de perspectivas industriales sicilianas autónomas y que se estuvieran agravando los rasgos coloniales de las condiciones que se daban en Sicilia respecto de la Italia del Norte. Se registraba el fracaso de las esperanzas depositadas en los mecanismos, ahora anquilosados y subalternos, de la autonomía regional.

Para mejorar las cosas, Macaluso pretendía promover una unificación política de las fuerzas populares con la parte sana del mundo agrícola y con una emergente burguesía de pequeños y medianos empresarios que solicitaban ayudas y subvenciones públicas para el lanzamiento de sus actividades y se habían reunido en la Sicindustria dirigida por el ingeniero Domenico La Cavera, nacida de una drástica y muy polémica ruptura con Confindustria (Macaluso, 1970).

Las líneas sobre las cuales se movería la acción comunista habían sido marcadas por el mismo Palmiro Togliatti en el tercer Congreso Regional Comunista de abril de 1957: la autonomía —había destacado con alarma, precisando las instrucciones al partido en la isla— «está en peligro sobre todo por la intervención de una nueva fuerza, constituida por los grandes monopolios del Norte, los cuales primero han trabajado para impedir que se desarrollaran las fuerzas capitalistas en Sicilia y, cuando luego ellas se desarrollaban, han trabajado para sofocarlas, arruinarlas».

Para Togliatti se trataba, en el fondo, de una traducción en términos de política interna de la estrategia de que se había dotado desde hacía tiempo la política exterior de la URSS para las relaciones con los países del Tercer Mundo: favorecer la unificación, en un frente nacional antiimperialista y, por lo tanto, antiamericano de las burguesías progresistas de esos países para atraerlas a la órbita de la influencia soviética (emblemática, al respecto, fue, por ejemplo, la política perseguida en relación al Egipto de Nasser). En el caso de Sicilia, el equivalente de las burguesías progresistas nacionales era identificado por el PCI en el conjunto de las fuerzas sociales y económicas sensibles a un resuelto empeño de defensa de los derechos autonomistas de la isla contra la invasión neocolonialista del capitalismo septentrional. Para atraerlas a la órbita comunista habría sido necesario desestabilizar, desarticular y, llegado el caso, desintegrar, el sistema de poder del Norte constituido por la Democracia Cristiana, favoreciendo la formación de un amplio frente autonomista alternativo, sin vacilar en establecer relaciones de alianza sea con los católicos sicilianos en desacuerdo con las posiciones de la secretaría nacional de su partido, sea con las fuerzas de la oposición de derechas dirigidas por los neofascistas del MSI y por los monárquicos.

A su vez, el democratacristiano Silvio Milazzo, el ya recordado notable de Caltagirone, estaba muy influido por la polémica desarrollada en aquellos tiempos por el viejo sacerdote Luigi Sturzo junto con su discípulo Mario Scelba, contra la degeneración partitocrática y estatalista del sistema italiano, que imputaba a Fanfani y a la izquierda democratacristiana. Milazzo, terrateniente que vivía en su propia piel las dificultades del sector agrícola siciliano, de las filípicas sturzianas cogía sobre todo los aspectos meridionalistas. Pronto fue identificado por los comunistas, junto al liberal de izquierdas Domenico La Cavera, entre los interlocutores ideales que cultivar para la política que habría debido poner en crisis a la DC realizando la deseada alianza autonomista contra los monopolios, entre los cuales, como «predadores» de Sicilia, se indicaban sobre todo la Montecatini y la Gulf Italia, empresas empeñadas respectivamente en el sector minero y en el petrolero (este último reivindicado en exclusiva, cada vez con mayor insistencia, por el ENI de Mattei).

¿Cómo no dar la razón a las ideas y a los hombres que perseguían semejantes objetivos? Eran aquéllos los años durante los cuales Fanfani, que había sucedido a De Gasperi, estaba intentando dar vida a una DC cesarista, empeñada —desde la cúpula romana de la plaza del Gesù hasta las distintas realidades regionales— en realizar una estructura de partido monolítica y compacta, embebida de ideologismo clerical y predispuesta a la ocupación de los nuevos espacios de poder abiertos en el enredo entre capitalismo privado y capitalismo de Estado. Los años también en Sicilia durante los cuales el integrismo neomedieval del cardenal Ernesto Ruffini se estaba desposando con el fanfanismo de Giuseppe La Loggia (con el cual el mismo cardenal estaba emparentado, mediante su sobrino Attilio). Y los años, finalmente, del crecimiento mafioso que ya conocemos.

En la Asamblea Regional siciliana, a la época de Franco Restivo (ininterrumpidamente en la presidencia de la Región en el precedente período degasperiano) —que había sido la época de las disputas indirectas y resueltas en «casa» en el espíritu de la reciente autonomía de la isla— sucedía la época de la partitocracia y, por lo tanto, de los enfrentamientos gestionados de forma directa en Roma por las secretarías nacionales de los grandes partidos. Conectada con la certeza de un vaciamiento radical de los valores autonomistas, la frustrante sensación de subalternidad afectaba no sólo a los comunistas, sino también, como se ha visto, a corrientes del mundo católico, a los pequeños y medianos industriales y a los agricultores modernos (Varios autores, *Il milazzismo*, 1980).

Silvio Milazzo fue oportuno al aglutinar y guiar hacia objetivos rompedores a las fuerzas dispersas del malestar católico que aspiraban sobre todo a dar una lección a Fanfani. Las vicisitudes de la política regional se volverían pronto convulsas y violentas. En efecto, los comunistas, el 2 de agosto de 1958, consiguieron que no se aprobara, en votación secreta, el balance presentado por La Loggia, presidente de la región. Éste, respaldado por Fanfani, se negó a dimitir, determinando una situación en el límite de la legitimidad constitucional. El 23 de octubre siguiente, con el concurso de los votos comunistas, la Asamblea eligió a Silvio Milazzo para la presidencia de la región. Éste plantó cara a Fanfani, rechazando con desdén sus intimaciones para que dimitiera. Así dio vida, con la creciente colaboración de Ludovico Corrao y Francesco Pignatone, a una imprevista disidencia democratacristiana (luego estructurada en un partido autónomo, la Unión Siciliana Cristianosocial) y a una coalición de fuerzas políticas heterogéneas (desde los comunistas hasta los neofascistas), en apoyo de su gobierno (Grammatico, 1996).

El fenómeno, bajo la enseña de la denominada «operación Sicilia», se llamaría «milazzismo», mientras que sus seguidores, por el nombre del nuevo partido (pero también con una sarcástica referencia a antiguas y bárbaras etnias ilirias), serían despreciativamente señalados por sus adversarios como «uscoques». En plena coherencia con sus premisas y con la estrategia a la cual obedecía, la operación, sin advertir ni el mínimo malestar por la alianza con el partido neofascista que la hizo posible, fue avalada por Togliatti y conducida en Sicilia, incluso con entusiasmo, por el comunista Emanuele Macaluso, a pesar de las intrigas partidistas y los graves episodios de corrupción que, casi de inmediato, enfangaron sus razones y sus declarados fines democraticoautonomistas.

Obviamente no todos los comunistas, aunque vinculados por una férrea disciplina de partido, pensaban del mismo modo. Uno de los protagonistas de la política regional de aquellos años, el comunista Mario Ovazza (cabeza del PCI en la Asamblea Nacional), ha recordado, en sus *Appunti inediti* [Notas inéditas], de 1993, el sufrimiento con el cual debió participar en las poco edificantes vicisitudes políticas iniciadas después del lanzamiento de la «operación Sicilia».

«Apenas transcurridos unos días desde la formación del Gobierno», en efecto, él fue obligado a participar en un increíble «comité, presidido durante un cierto tiempo por el mismo Milazzo», cuya función oficial era satisfacer las crecientes solicitudes «de introducir, de una manera u otra, en puestos adjudicados por amiguismo, a elementos conectados con la mayoría milazziana». Y he aquí su amargo comentario que es también una inequívoca denuncia:

> No me encontré demasiado a gusto en este comité y fui valorado incluso por mis compañeros como un incapaz paladín de muchas solicitudes, de manera que primero fui alegremente ayudado, y después sustituido, por el compañero Cortese.

Ovazza vio luego a sus compañeros comunistas «lanzados a segar o a espigar» en ese degradante campo de mercadeo, si bien con un «apetito en absoluto comparable al de los voracísimos compañeros socialistas».

A pesar de las mejores intenciones oficiales, el empeño prodigado por el comunista Macaluso en la tarea de juntar en una alianza autonomista al PCI con una DC buena liberada de la mala, y con las más diversas expresiones de la burguesía progresista, acabó resolviéndose en el insensato festín de una gran operación de transformismo mal comenzada y peor terminada, con la compraventa de los votos de la Asamblea Regional para mantener con vida a un Gobierno cada vez más sometido a contradictorias demandas de iniciativa legislativa, pero aún más de cargos y de favores que distribuir equitativamente desde la izquierda comunista hasta la derecha fascista.

No es casual que el tercer Gobierno de Milazzo, el último, cayera el 15 de febrero de 1960 con vergüenza y deshonor, por un intento de corrupción (consistente en la tentativa de compra del voto favorable de un parlamentario de la oposición, a golpe de talonario), ensayado por sus emisarios con un democratacristiano, el diputado regional Carmelo Santalco, considerado abordable, que en cambio pocas horas después haría pública e indignada denuncia en el Parlamento siciliano. Por el lugar en que se desarrolló, el hecho sería recordado como el «escándalo del Grand Hotel Delle Palme»: un acontecimiento, en sí y por sí, dada la naturaleza de la mentalidad que lo produjo, decididamente mafioso, cuyo carácter ignominioso para la cultura política de la isla sería incluso potenciado en el tiempo por los mismos constantes esfuerzos de la historiografía sicilianista para ocultarlo o minimizarlo.

Prescindiendo de las temerarias prácticas de las que se valieron para sobrevivir en una extraña mezcla de ingenuidad y bribonería, los gobiernos de Milazzo —alimentados por una melodramática carga de pasión regionalista y marcados, en el comportamiento de sus líderes, por un estilo político sólo comparable con el de algunas clásicas repúblicas bananeras— eran desde luego los menos adecuados que se hubiera podido imaginar para alguna orgánica acción contra el fenómeno mafioso. En una situación en la cual un frente de fuerzas heterogéneas se consideraba empeñado en una genérica batalla por la Sicilia que cada uno, de la derecha a la izquierda, interpretaba a su manera, estaba obviamente excluido que alguien pensase en dar espacio a encuestas, investigaciones cognoscitivas y, menos aún, a procesos autocríticos que pudieran turbar el clima de las alianzas o desacreditar la imagen de la clase política y de los grupos dirigentes de la isla. Una vez más, como había sucedido varias veces en el pasado (por ejemplo, en los tiempos del conflicto con la derecha histórica) el empeño en defensa de la «sicilianidad» se prestaba para definir un horizonte de convergencias tácticas entre sicilianos de izquierdas y sicilianos de derechas, siempre que fueran y se sintieran de verdad sicilianos.

Naturalmente, en semejante marco, el liderazgo de la izquierda de los comunistas y los socialistas hizo todo lo posible para resaltar el sentido progresista de su presencia en la coalición milazziana, apuntando a favorecer el desarrollo de autónomas fuerzas empresariales sicilianas sostenidas y financiadas por la región (así nacerían organismos económicos como la SOFIS de La Cavera y el IRFIS) y acusando, no sin razón, a la DC de ser esencialmente antimeridionalista al servicio de los monopolios del Norte y de haber representado en la isla el principal obstáculo para la realización de las finalidades democráticas de la autonomía regional. En la persecución de semejante empeño progresista consideró también que debía cumplir con su deber contra la mafia perfeccionando los resultados de las precedentes luchas concluidas con la reforma agraria y la liquidación del latifundio (Macaluso, 1970).

En la práctica se empeñó en una acción tendente a remover a los ex titulares del poder mafioso de los puestos de poder que habían logrado conservar en el campo. Desde luego la operación no fue fácil aunque, de hecho, consistía en el abatimiento de realidades residuales que la nueva mafia urbana de estilo americana estaba dejando a sus espaldas como vestigios de un pasado irrepetible. No careció de importancia —por un fundamental impulso comunista de cuyas indicaciones se hizo cargo de manera encomiable, durante algún tiempo, un concejal de agricultura de la extrema derecha, el miembro del MSI Dino Grammatico— haber sustraído el control de los consorcios de saneamiento a mafiosos del nivel de Genco Russo y Vanni Sacco. Pero, en conjunto, no fue radicalmente eliminada la hegemonía mafiosa sobre los mismos procesos iniciados por la reforma agraria y sobre el personal del citado ente público encargado de ella, cada vez menos sensible, como denunciaba Mario Ovazza, a las necesidades reales de los campesinos. Además, esa máquina de turbio poder se había consolidado perfectamente en el ordenamiento mafioso-clientelar realizado por la gestión del «amigo de los amigos» Angelo Cammarata (Renda, 1998).

En verdad, limitándose a golpear a algunos impresentables padrinos de la mafia rural, los gobiernos de Milazzo y sus sostenedores ni se apercibieron del nuevo curso mafioso, de preeminente caracterización urbana, entrelazado con un rompedor aumento de la ilegalidad, la especulación y la corrupción. Es más, al no apercibirse, lo favorecieron y participaron en él de maneras más o menos directas, permitiendo que la masonería, parte no secundaria del frente politicomafioso global, asumiera informales tareas de gobierno y penetrara en la administración regional. Los privilegios de los potentísimos recaudadores mafiosos Nino e Ignazio Salvo, los cuales —según cuanto ha aflorado recientemente de los procesos en curso y en particular de las informaciones proporcionadas por Tommaso Buscetta— apoyaron el milazzismo, no sufrieron daños o molestias de ningún tipo. La nueva fase sirvió incluso para reforzar sus posiciones, sea en la sede de la Región, sea en el específico contexto urbano de Palermo que precisamente en aquellos años vio la afirmación en el Ayuntamiento del comité de negocios de Lima y Ciancimino y el inicio del saqueo mafioso de la ciudad, sin la más mínima denuncia ni la mínima oposición de Milazzo y de sus aliados.

Formas y poderes de la economía mafiosa comenzaron también a extenderse por Catania, Trapani y Agrigento. La politiquería especulativa de los milazzianos (condimentada con la extravagante falta de prejuicio de personajes de opereta como el barón Majorana della Nicchiara, el barón Tuccari y el poliédrico diputado Germanà, ex monárquicos improvisados amigos de los comunistas) hizo en concreto de ejemplo y de motor de la experiencia de los fanfanianos, los enemigos oficiales del milazzinismo que, a la sombra de las estructuras de la administración regional, se abarrotaron y atiborraron de traficantes y aventureros de todo tipo en torno al gran banquete de las bandas, presidido por el trío Gioia-Lima-Ciancimino, en la especulación inmobiliaria, el control sistemático del territorio y la organización del tráfico de estupefacientes. Por lo demás, en tanto y en cuanto sicilianos, también ellos, si bien en la posición de increíbles opositores, tenían títulos que ostentar para no sentirse a disgusto en el clima de la «operación Sicilia». Los ayudaba enormemente la confusión provocada por el triunfo de un transformismo que, de hecho, estaba anulando en toda la isla las diferencias entre derecha e izquierda, privilegiando las tácticas y las astucias de pequeño cabotaje respecto de las estrategias políticas. En conjunto, desde distintas posiciones de gobierno o de oposición, una variopinta fuerza de sicilianos revigorizados en el orgullo de sus prerrogativas, fueran de vez en cuando milazzianos o antimilazzianos, contribuyó a crear las condiciones ideales para la prosperidad de una mafia especulativa y criminal que ya no necesitaba el latifundio ni advertía su nostalgia.

Tampoco deben tomarse demasiado en serio las sutiles disquisiciones de algunos historiadores sicilianistas sobre las diferencias entre el primer gobierno de Milazzo (valorado positivamente, y casi exaltado) y los dos siguientes constituidos después de las elecciones regionales de junio de 1959, considerados como el inicio de un proceso degenerativo en gran parte atribuido al éxito de las tramas pervertidoras de los antiautonomistas y los monopolios. Y no deben subestimarse las puntuales declaraciones hechas sobre el tema por el colaborador con la justicia Antonino Calderone: «En la constitución del gobierno de Milazzo la acción de la Cosa Nostra fue decisiva [...] Muy cerca de Milazzo estaba un "hombre de honor", consejero de la familia de Catania, el diputado Concetto Gallo [...]; la mafia lo sostuvo con mucha fuerza [al gobierno de Milazzo].» Lo cual, además, estaba perfectamente en línea con la gran tradición sicilianista de la mafia.

En la trastienda del gobierno regional se había constituido el oscuro poder de un personaje misterioso e inquietante, el ya citado abogado masón Vito Guarrasi que —recuerda una vez más Mario Ovazza, testigo angustiado de una análoga angustia de Girolamo Li Causi—, «aconsejaba a Milazzo y en muchos sentidos lo dirigía», desde un pequeño despacho en el palacio de Orléans, con un papel oficioso (¡el de la masonería!) de «eminencia gris portadora de notables intereses». En el marco de conjunto trazado por la eficaz y sintética reconstrucción de Ovazza, la izquierda tuvo las mayores responsabilidades, en tanto que fuerza política mayoritaria. Pero la suya, en conjunto, fue todo lo contrario de una buena prueba: por primera vez en el poder en Sicilia, mostró que había absorbido tan bien la costumbre política y administrativa democratacristiana que consiguió practicarla sin embarazo; incluso el hambre consiguiente a un largo ayuno contribuyó, sobre todo en el caso de los socialistas —se ha destacado antes y es útil insistir en ello, al menos para aclarar ciertas diferencias aún remarcables en favor de los comunistas—, a hacer omnívora la oportunidad, finalmente presentada, de aplacarla.

Así, para los socialistas (que habían asumido en Sicilia una orientación autónoma respecto de la línea política nacional del partido) el período milazziano constituyó el más significativo precedente de lo que se convertiría en su comportamiento normal, a fines de siglo, con Craxi y el craxismo. Pero incluso entre los mismos comunistas comenzó a aflorar, camuflada por las exigencias de la política de alianzas, una inédita orientación reformista —precursora del «gradualismo» de los años ochenta— que, sobre el eje Macaluso-La Cavera-Milazzo, o sea PCI-Sicindustria-agricultores, respondía a los intereses de una burguesía siciliana (habituada desde siempre a hacer coincidir la modernidad con el aprovechamiento con fines privados de los recursos públicos) en la cual era muy fácil, y casi natural, la infiltración mafiosa. Incluso se puede añadir que esos improvisados reformistas no estaban en condiciones de percatarse de este peligro, dada la larga hegemonía que la burguesía mafiosa había ostentado, y desde luego aún ostentaba, sobre todas las componentes burguesas de la tradición siciliana. La mafiosidad se respiraba en el aire, en todas las estancias del poder; y se había convertido en tanto más necesaria, cuanto más la misma inescrupulosidad de la operación política en curso la hacía, de algún modo, imprescindible para mantener unidos en un frente único los múltiples intereses sicilianos conculcados por la arrogancia nórdica de Fanfani y los monopolios.

Sobre las dramáticas verificaciones de Li Causi, que no tenía dudas sobre las características de parasitismo criminal del fenómeno mafioso, y que fue aislado y liquidado políticamente, prevaleció, de hecho, en el liderazgo comunista del momento, la tesis interpretativa de un estudioso y dirigente nacional del PCI, Emilio Sereni, tesis según la cual la ma-

fia no habría sido otra cosa que «una burguesía que había visto obstrui-
do su desarrollo». Sereni, que había limitado su análisis al mundo del
campo, como buen marxista ortodoxo, era proclive a interpretar todos
los fenómenos sociales como efectos de los procesos y las contradicciones del desarrollo capitalista y, en consecuencia, se había convencido de
que los aparceros sicilianos, fuerza central de la mafia, eran figuras similares a los aparceros ingleses del siglo XVIII, retrocedidos a campeones
del atraso porque en Sicilia, al revés de cuanto había ocurrido en Inglaterra, no había prosperado la dinámica modernizadora del desarrollo
capitalista y no se había puesto en marcha la revolución industrial.

Esta interpretación inducía a suponer que para liquidar el fenómeno mafioso era suficiente incentivar la expansión de las formas de producción capitalista y, en particular, de la industrialización: la modernidad y, por lo tanto, la definitiva liquidación de las atrasadas formas de
producción, a las cuales correspondía la burguesía mafiosa, se habría
realizado ineludiblemente mediante radicales reformas estructurales, en
favor de las cuales creían trabajar y batirse, contra los monopolios del
Norte, tanto el comunista Macaluso como el liberal hereje La Cavera.

Sin embargo, en ese camino sería cada vez más difícil no reconocer
el valor positivo y progresista de todas las posibles formas y expresiones
de iniciativa y arrojo empresarial, con la obvia tendencia a considerar
más progresistas, en tanto más prometedoras para el desarrollo, a las
empresas más inescrupulosas y más fuertes. De ello derivarían, como
efectos fundamentales, una búsqueda de consenso de vasto alcance más
allá de las líneas del planteamiento de clase que Li Causi había dado a la
política del partido y una activación sin prejuicios de relaciones políticas (sostenidas también por lazos personales y a veces por verdaderas
amistades y complicidades) precisamente en esa área corrupta del empresariado siciliano en la cual las posiciones más fuertes estaban inevitablemente representadas por empresarios como el conde Cassina, el conde Vaselli, los primos Salvo y los caballeros de Catania.

En otras palabras, el camino elegido por la izquierda para dar paso a
las así llamadas reformas estructurales conducía a no ver el carácter mis-
tificador y los habituales contenidos de cultura y mentalidad mafiosas
que alimentaban el mito de una revuelta progresista del Sur contra el
Norte colonialista y —lo que es aún más grave— inducía a no saber reconocer el fenómeno nuevo de la mafia empresarial y a establecer con
él, desde la izquierda, como ya se ha destacado, incautos compromisos.

En conjunto la vicisitud milazziana dio el impulso en Sicilia a un singular reformismo comunista, muy similar a una camaradería y no inmune de sospechas masónicas, que a fines de siglo simpatizaría mucho más con Craxi que con Berlinguer. Las transformaciones en curso evidenciaban cómo en el PCI siciliano —aparte de reiteradas y rituales fidelidades a la doctrina del marxismo, a veces sobre el surco de originarias y paradójicas simpatías por Stalin y el stalinismo— se habían introducido, convirtiéndose en fuerzas dirigentes decisivas, algunas personalidades que representaban una inédita y un poco extraña versión comunista del sicilianismo, en la línea de una tradición —como es obvio en absoluto comunista— que se remontaba a la izquierda posterior al Risorgimento del siglo XIX. En general oscilaban entre un radicalismo meridionalista a lo Colajanni y un socialismo campesino de época giolittiana. Nada más y nada menos, como en los tiempos de esa democracia filosocialista que a principios del siglo XX había simpatizado con los Florio y, en lucha con Giolitti, había paradójicamente escogido como su principal referente nacional al conservador ilustrado Sidney Sonnino. No es casual que varios economistas italianos, entre otros Paolo Sylos Labini, hayan resaltado que quizás en Sicilia los auténticos liberales no tenían otra posibilidad para abrirse camino que afiliarse al PCI.

Es probable que el peculiar carácter de una militancia marcada por semejantes orígenes y predisposiciones estuviera entre los factores que contribuyeron a reducir en algunos dirigentes y en algunos intelectuales comunistas de la isla (muchos habían llegado al marxismo desde una reciente historia personal de crocianismo) el embarazo por las inmediatas exigencias tácticas de la colaboración con la derecha monárquica y neofascista. En no pocos de ellos prevaleció la presunción de poder conferir, con el hecho mismo de su presencia, rasgos democráticos y progresistas a aquella turba de peones que se había reunido en la heterogénea composición política del milazzismo. Y, sobre todo, predominaron las pasiones tradicionalistas de una batalla, a veces librada con autenticidad de vocaciones, por los intereses de Sicilia. Por desgracia, en esa batalla, hasta las más puras posiciones mafiosas y filomafiosas no podían más que encontrarse a gusto. Nunca, desde los tiempos del Comité en favor de Sicilia, constituido en defensa del diputado mafioso Palizzolo después del crimen de Notarbartolo, se había visto en la isla una oleada tan imponente de sicilianismo. Y los lectores ya saben por qué y cuánto el sicilianismo siempre ha sido un precioso recurso de la mafia.

¿Cómo habría incidido todo esto en la suerte de un conflicto entre la mafia y la antimafia? Por una parte, desplazando los términos, objetivamente, una vez más en favor de la mafia; por la otra, creando una situación en la cual —iniciada una experiencia asociativa entre los partidos y comprometida seriamente, para el PCI y el PSI, la posibilidad de seguir representando a la otra Sicilia— el porvenir de la antimafia sería entregado a inéditas fuerzas transversales que se estaban formando más allá de la lógica de la pertenencia a los partidos y, sobre todo, a los grupos de ciudadanos de la sociedad civil nacidos en apoyo de aquellas valerosas individualidades (al principio muy raras) de los mismos partidos y de aquellos magistrados, policías, carabineros y funcionarios públicos decididos finalmente a romper el sistema de las complicidades de coalición y de la *omertà* de Estado.

En cierto sentido, se puede observar, por tanto, que la fase milazziana contribuyó de manera decisiva a cerrar el largo capítulo de una antimafia política entregada en exclusiva a la oposición de izquierdas al sistema de poder democratacristiano y a abrir el nuevo capítulo de una antimafia intelectual y moral que dependería cada vez más, con los años, de la iniciativa de la Magistratura y de las fuerzas del orden. Pero los pasos en esta dirección serían lentos y entretanto también la Cosa Nostra habría debido resolver bastantes problemas.

La antimafia intelectual y moral y la iniciativa política de Giuseppe D'Angelo

El sistema mafioso se vio inicialmente desestabilizado por la revuelta milazziana, a lo que debe sumarse el que las familias mafiosas de Palermo estuviesen viviendo desde hacía tiempo una fase de exasperada conflictividad debido al reparto del territorio y la conquista de las mejores cuotas de negocio que las obligaría, como se ha visto, a la guerra.

Además, existía un grave motivo de alarma que las estaba alejando de la línea política fanfaniana aún personificada en la isla por Giovanni Gioia, y que hacía impostergable la exigencia de encontrar nuevos referentes nacionales. Fanfani, con el cauto apoyo de Aldo Moro, había iniciado la época del centro-izquierda, y la eventualidad de un cambio de este tipo estaba conectada con la de un posible regreso indirecto del PCI al Gobierno nacional, con la cobertura del PSI.

El cardenal Ruffini, entretanto, empeñaba todas sus energías para conjurar esta estrategia: proclamaba acongojadas apelaciones a la disuasión, lanzaba anatemas obstinándose en las posiciones del Santo Oficio, que en 1949 había excomulgado a los comunistas; reconfirmaba el autonómico efecto de pecado mortal de la colaboración con éstos y los unía inseparablemente a los socialistas, pero no a los mafiosos, con los cuales seguía mostrándose benevolente. En concreto, había hecho suya la extraña doctrina que la mafia tradicionalista había elaborado sobre sí misma y de la que algún viejo capo todavía desgranaba su fundamental artículo de fe: los mafiosos, admitiendo que existieran de verdad y no fuesen, como era más que probable, una invención de los subversivos, eran elementos de orden, expresiones de una sabia y generosa sicilianidad que no tenía nada que ver con la delincuencia. Por consiguiente, en base a esta doctrina, el alto prelado no habría tenido ninguna dificultad en reconocer que personajes como Liggio y los La Barbera, con sus exhibiciones de violencia el estilo de los gánsteres americanos, pudieran ser perseguidos como delincuentes comunes, siempre que se tuviera por dignos de consideración y de respeto a cuantos hubieran seguido conformándose con un juicioso uso de la *lupara* y ateniéndose a las reglas de la Onorata Società. Por desgracia para él, el anciano Ruffini se había reducido a defender los restos de una vieja Iglesia que estaba sufriendo el choque inesperado del pontificado de Juan XXIII. Y, junto con su mito reaccionario de la Onorata Società, se deshizo en solitaria y desdeñosa impotencia su oposición al centro-izquierda.

La Cosa Nostra, realidad muy pragmática y, desde luego, sin ningún interés por las doctrinas —que, no obstante, seguía disfrutando de ciertas rentas de posición de la mentalidad y las costumbres de la vieja mafia, aunque, desde hacía tiempo, se había habituado a prescindir de las demasiado sutiles distinciones entre los conceptos de mafia y delincuencia—, sobre la cuestión de la apertura a los socialistas abrigaba las mismas ideas y vivía la misma alarma que el cardenal, obviamente por motivos en absoluto referibles a preocupaciones de naturaleza religiosa. Temía el probable ascenso a posiciones de poder de los más tenaces enemigos de sus intereses. Temía un cambio de actitud del Estado, un eficaz empeño de la vigilancia pública y el inicio de sistemáticas prácticas represivas y, en una situación aún marcada por duros conflictos entre sus componentes, sobre todo temía tener que enfrentarse, con la previsible inflexión hacia un nuevo ordenamiento del liderazgo político nacional, a la necesidad de sustituir a probados «amigos» bien adiestrados en las prácticas del vigente sistema de poder, por otros más modernos y adecuados a los cambios, pero aún no disponibles.

Por otra parte, estaba el peligro de que el debilitamiento de la guerra fría en el marco internacional contribuyera a una deslegitimación y a un progresivo vaciamiento de su papel atlantista. Por lo tanto, al ser una fuerza que —como ha recordado Tommaso Buscetta— «votó siempre por el espantajo del comunismo», Fanfani muy difícilmente habría podido seguir en su peligrosa aventura. En efecto, Lima y Ciancimino estaban empezando a mirar hacia Andreotti (jefe en aquellos tiempos de una corriente de derechas de la DC) y, como veremos mejor dentro de poco, arrastrarían con ellos a los primos Salvo con un impresionante séquito de soldados y «hombres de honor».

Fanfani, bien se puede decir, en el marco de aquellos acontecimientos fue de veras afortunado, no por su elección, sino porque abandonado por sus incómodos aliados sicilianos (aparte de Giovanni Gioia, que se mantuvo fiel, pero enfermo de cáncer y a punto de morir), saldría definitivamente indemne de la nebulosa de las relaciones politicomafiosas.

Casi para confirmar la alarma difundida también en la Sicilia mafiosa por el deshielo internacional y por las aperturas de la era de Juan XXIII, desde el frente opuesto, el de cuantos no sólo no temían sino que solicitaban cambios radicales, emergió en la cúpula de la política del partido democratacristiano y de la Región un político de Enna, Giuseppe D'Angelo, que pronto se revelaría como uno de los más decididos enemigos de la mafia. Las ocasiones contingentes de su ascenso e, inseparablemente, de su firme orientación de lucha contra la mafia, fueron en gran parte determinadas por las tareas que tuvo que asumir, en su calidad de secretario regional de la DC, en la difícil batalla contra Milazzo. Él había vivido con auténtica indignación la vicisitud del milazzismo, de la cual había comprendido sea los vicios del peor transformismo, sea las sutiles complicidades mafiosas, sea los aspectos de una extrema batalla que coaligaba a todas las heterogéneas fuerzas contrarias, por diversos y a menudo opuestos motivos, en la apertura a la izquierda.

Toda la DC, expulsada del Gobierno y muy humillada y doliente en la oposición, le había dado vía libre y lo había seguido en la lucha contra el milazzismo, tendiendo a interpretar su orientación antimafiosa como una contingente medida táctica para batir al adversario o, a lo sumo, como una coquetería del personaje, proclive a un tan exhibido como inocuo moralismo. De todos modos, había sido precisamente él quien había tendido la trampa fatal a los emisarios de Milazzo que habían intentado comprar al diputado Santalco. Había tenido éxito e incluso se había divertido por los aspectos grotescos del asunto.

Por otra parte, la degradación de la DC era tal que no le permitía considerar auténticas y creíbles las mismas aspiraciones a la limpieza que lograban abrirse camino en su turbio horizonte. Pero, a pesar de tanta degradación, D'Angelo, un ex «accionista» pasado a la DC, adversario de Gioia, de los fanfanianos y de su historia en Sicilia, representaba de verdad el rostro limpio de su partido y tenía, en contra de Lima, Ciancimino y el grupo especulador y mafioso de los Salvo, auténticos propósitos de moralización de la vida pública. Su acción, que durante un tiempo contó con la ayuda, en la sede nacional, de Paolo Emilio Taviani, se concretó esencialmente en una superación de las posiciones de Fanfani hacia la izquierda de Aldo Moro. Cuando en 1962 se convirtió en presidente de la Región, después del difícil paréntesis de un triste Gobierno de transición presidido por el barón Majorana della Nicchiara, inició una experiencia de colaboración orgánica con el PSI (dirigido en Sicilia por otro antimilazziano como Salvatore Lauricella), destinada a constituir el laboratorio de la fórmula de centroizquierda que sería adoptada en clave nacional.

El mérito fundamental de la iniciativa de D'Angelo, pero también su límite, consistía en una visión de tipo ilustrado que lo inducía a considerar posible el desarrollo de una eficaz acción contra la mafia basada en las buenas intenciones y en los esfuerzos de movilización de la opinión pública de un puñado de personas de bien y de intelectuales honestos e indignados.

Con semejante valoración de los recursos que utilizar y con la incauta pretensión de poder hacer convivir a la antimafia con el anticomunismo sobre la línea de su radical oposición al milazzismo, D'Angelo, en tanto que antimafioso, era sólo un «profeta desarmado» y también un profeta de dudosa lucidez. Desde luego, teniendo en cuenta el hecho de que era un convencido democratacristiano, sería excesivo reprocharle no haber comprendido que el problema no consistía en moralizar a la DC, sino en quitar de en medio a la misma DC, por aquello en que ella misma se había convertido y representaba un irredimible sistema de poder politicomafioso. Pero no hay dudas sobre el hecho de que su abstracto moralismo y su tenaz anticomunismo le cerraron el camino para las grandes alianzas de masas que habría necesitado su acción: decidido, o constreñido por la situación política general, a no ir más allá de los socialistas en la búsqueda de consensos, se encontró combatiendo una batalla en al menos tres frentes: contra la mafia que penetraba en las fibras de su partido, contra los comunistas y contra las derechas hostiles al centroizquierda.

Quizá sea verdad que las condiciones generales del período sólo le permitían un infeliz planteamiento estratégico de su acción. No obstante, sigue siendo una experiencia histórica de alto valor civil la que consiguió iniciar durante al menos un trienio con su semanario *Sicilia Domani* —y su puñado de jóvenes intelectuales honestos e indignados, de «católicos demócratas»—, que promovió una animada campaña de prensa contra la mafia. La fértil labor de esos jóvenes llegó a análisis y denuncias sin precedentes sobre las relaciones entre la mafia y la política y, anticipándose de verdad a los tiempos, a la propuesta de promulgar una legislación idónea para romper el círculo vicioso de la *omertà* favoreciendo y apoyando a los mafiosos arrepentidos dispuestos a colaborar con la justicia.

En los límites de lo posible, D'Angelo intentó hacer corresponder los hechos con las posiciones de principio. Con el fundamental apoyo de Aldo Moro (pero también de Carlo Donat Cattin y de la izquierda llamada «de base») logró obtener (imponiéndose sobre su reluctante partido) que la misma Asamblea Regional siciliana pidiera, con una moción aprobada por unanimidad el 30 de marzo de 1962, la institución de una Comisión Parlamentaria de Investigación sobre la Mafia, que, en efecto, fue constituida el 14 de febrero de 1963 bajo la inicial presidencia del diputado Paolo Rossi, luego sustituido por el senador Donato Pafundi, ayudado por dos vicepresidentes de excepción, el democratacristiano Oscar Luigi Scalfaro y el comunista Girolamo Li Causi (Menighetti, 1984).

Éste fue el momento más alto del testimonio civil de D'Angelo, pero conseguido en clave nacional, por un fundamental empeño de los partidos de izquierdas y, en particular, del PCI. También fue el momento que marcó la primera afirmación de una antimafia intelectual y moral, una antimafia transversal, dentro de los partidos y más allá de los confines de su militancia, que por desgracia estaría condenada a mantenerse durante muchos años del todo aislada y minoritaria, sin el apoyo de una adecuada sociedad civil, en torno a personalidades valerosas expuestas tanto al riesgo de su vida como a una infinidad de recurrentes intimidaciones y denigraciones. Su máximo representante sería el gandhiano Danilo Dolci (protagonista, en Partinico, con su Centro de Estudios e Iniciativas, de una vigorosa acción politicopedagógica contra el fenómeno mafioso y autor de una importante *Inchiesta su Palermo* [Encuesta sobre Palermo], con otros intelectuales (como Leonardo Sciascia) que aún se reconocían en el liderazgo del PCI.

Dolci, fundador de la primera radio privada de Italia, ganador del premio Lenin de la paz en 1958, referencia de estudiosos de todas partes del mundo, infatigable adversario de la mafia, de la que conocía bien su fundamental naturaleza de fenómeno político (en efecto, estuvo en la cárcel tras una condena por difamación padecida por haber valientemente acusado al poderoso ministro Bernardo Mattarella), ascendería a una notoriedad internacional y, varias veces candidato al Nobel, continuaría en una compleja, aunque incomprendida, acción de pedagogía social en el aislamiento de su Centro de Estudios Pueblo de Dios, en Trappeto, en las proximidades de esa pequeña capital mafiosa que es el pueblo de Partinico.

Sobre un análogo trazado de denuncia y de pasión civil, se desarrolló con creciente capacidad de penetración social en los años sesenta el trabajo politicocultural del periódico comunista dirigido por Vittorio Nisticò, *L'Ora* de Palermo: entre otras cosas, publicó por entregas una memorable encuesta sobre la mafia de Felice Chilanti y Mario Farinella, ideada y realizada junto a Nisticò, Mauro De Mauro y Marcello Cimino, con la colaboración, entre otros, de Michele Pantaleone, autor de un afortunado libro, con prefacio de Carlo Levi, cuyo mismo título, *Mafia e politica*, armó un gran revuelo, sonando de por sí como una acusación al sistema de poder democratacristiano. Vittorio Nisticò pasaría días difíciles bajo la amenaza de incursiones terroristas de la mafia contra la sede de su periódico que, en efecto, conoció momentos de pánico por el hallazgo de una bomba en los locales de la imprenta.

Con todos los límites debidos a su misma exigüidad, ese frente moral —que, en los partidos, iba de la izquierda democratacristiana de Moro al partido comunista— señaló, de todos modos, que estaba en curso un molecular proceso de formación de una antimafia de masas, que testimoniaba, a pesar de la adversidad de los tiempos, la incidencia positiva, sobre la sociedad siciliana, de la experiencia democrática iniciada en la posguerra con el advenimiento de la república. Comenzaron a emerger importantes novedades respecto de la situación de predominante pasividad que se había registrado en los años cincuenta, aunque con la relevante excepción constituida por las iniciativas del PCI y el PSI.

Un nuevo liderazgo de extracción popular se iba introduciendo en los aparatos de la vida pública, enfrentándose con las fuerzas aún poderosas del tradicional Estado clasista que en Sicilia había reconstituido, como se ha visto, su «baronía»; se estaban formando nuevos dirigentes políticos, al lado de servidores del Estado dotados de auténtica cultura democrática en distintos niveles de la magistratura, la policía y la burocracia. En muchos casos, esas nuevas subjetividades, animadas por vocaciones alternativas a lo existente, nacían del seno de una experiencia que había hecho posible que muchos hijos de campesinos y de obreros accedieran a los estudios superiores, a la obtención de licenciaturas y de diplomas, y al ingreso en la administración pública. Se trataba de una generación destinada a un papel decisivo en la sociedad civil: ya habituada a las controversias críticas y a las luchas de 1968, a veces había expresado y, en cualquier caso, siempre sostenido —con sus manifestaciones, con sus desfiles, en los debates de las escuelas— los juicios de la antimafia y de ese heroico personal de una fuerza pública cada vez más distanciada de la mentalidad antipopular de la policía de Scelba, que testimoniaría su fidelidad al Estado democrático con innumerables mártires: Alfredo Agosta, Antonio Agostino, Roberto Antiochia, Filadelfio Aparo, Salvatore Bartolotta, Emmanuele Basile, Luigi Bommarito, Ninni Cassarà, Mario D'Aleo, Carlo Alberto Dalla Chiesa, Rosario Di Salvo, Boris Giuliano, Emanuela Loi, Lenin Mancuso, Natale Mondo, Giuseppe Montana, Pietro Morici, Emanuele Piazza, Domenico Russo, Giuseppe Russo, Vito Schifani, Mario Trapassi, Calogero Zucchetto y todos los demás miembros de las fuerzas de orden caídos en el curso de la lucha contra la mafia.

El ineficaz empeño del Estado

La nueva antimafia, nacida en los años sesenta bajo el impulso de la primera Comisión Parlamentaria de Investigación, en el clima de la matanza de Ciaculli, consiguió a principios de los años setenta algunos éxitos inciertos y parciales, pronto reabsorbidos por la continuidad de la hegemonía mafiosa sobre la sociedad siciliana. En 1964, una investigación de la Región sobre los entes locales promovida por el presidente D'Angelo bajo presión del PCI y desarrollada por el prefecto Bevivino, documentó y denunció, entre otras cosas, la corrupción sistemática, los abusos y las actividades mafiosas del Ayuntamiento de Palermo. Pero esa iniciativa puso en evidencia también los límites insuperables que ponía la DC a la iniciativa política. En efecto, cuando los escandalosos resultados fueron comunicados a la Asamblea Regional y el PCI pidió con una moción la disolución de la administración municipal, la DC —incluido D'Angelo, que no pudo o no quiso comprometer la suerte de su gobierno y el patriotismo de partido— formó una piña en torno a las posiciones de Lima, y el resultado fue dejarlo correr. A empeorar la situación de la DC siciliana estaba contribuyendo, de manera cada vez más determinante, la actividad politico-especulativa de la secretaría regional confiada a Graziano Verzotto, el antes citado canalla, que aprovechaba, pero no en la dirección originaria del mandato recibido, su papel de representante informal del presidente del ENI Enrico Mattei, comandante guerrillero en tiempos de la guerra de liberación contra el nazifascismo y ahora gran patrón nacional de la izquierda democratacristiana. En este punto conviene recordar que Verzotto debía sus particulares relaciones de amistad con Mattei a su brillante pasado de guerrillero combatiente en las brigadas católicas de la Resistencia que operaron en el Véneto.

Apretado en los muy estrechos espacios de la política de delimitación de la mayoría, entre una izquierda democratacristiana empujada por Verzotto hacia las peores alianzas y los socialistas dedicados a una búsqueda sin prejuicios de posiciones de poder, D'Angelo sería pronto aislado y, por último, barrido por la reacción mafiosa ante su decidida acción contra el excesivo poder de los Salvo, después de haber intentado privarlos de su escandaloso monopolio de las recaudaciones. Embestido por una oleada de denigraciones, y de hecho abandonado por su partido, no sería elegido en la siguiente cita electoral. Su puñado de católicos demócratas se dispersaría, y no todos sus representantes continuarían en su empeño contra la mafia: alguno, por personales exigencias de carrera, en los años siguientes incluso acabaría en los brazos de Lima.

Mejores resultados obtuvieron los órganos de investigación y la policía, que sacaron provecho de la misma situación creada con la guerra entre las familias mafiosas. Con una acción que tenía pocos precedentes, en el verano de 1963 la brigada móvil de la jefatura y los carabineros llevaron a cabo una masiva operación de peinado que concluyó con el arresto de más de doscientos cincuenta mafiosos. La operación tuvo el límite de estar fundamentalmente circunscrita a los mafiosos de poca monta. En efecto, siguieron prófugos gran parte de los mayores peces gordos, entre ellos Salvatore Greco, Pietro Torretta, Antonino Matranga, Mariano Troia, Rosario Di Maggio, Michele Cavataio, Tommaso

Buscetta, Giuseppe Panzeca, Gaetano Badalamenti y cuantos figuraban en las listas de los informes llamados de los «treinta y siete» y los «cincuenta y cuatro» transmitidos por los investigadores a la autoridad judicial.

En compensación, produciría por fin resultados el trabajo para la captura de Luciano Liggio, gracias al cual el joven capitán Carlo Alberto Dalla Chiesa había adquirido, en Corleone, su peculiar experiencia en la lucha contra la mafia. El escurridizo Liggio, fugitivo desde hacía casi dieciséis años, fue arrestado en Corleone el 14 de mayo de 1964, en casa de las hermanas Sorisi.

Sin embargo, los resultados de los distintos procedimientos penales llevados a cabo contra los mafiosos no fueron satisfactorios: entre ellos, son memorables el proceso de Bari y el de Catanzaro, aquél contra Angelo La Barbera y otros cuarenta y dos, y el otro contra Pietro Torretta y ciento veinte acusados más. Como para tener una idea de la modestia de los éxitos obtenidos por las fiscalías de la república, recuérdese la historia ejemplar de Liggio, que, juzgado en rebeldía en primera instancia, en Bari, por el homicidio de Navarra, fue absuelto el 2 de octubre de 1962. Con posterioridad, enviado otra vez a juicio en 1964 con una serie de graves imputaciones, después de su arresto fue de nuevo absuelto, el 23 de febrero de 1965, por el Tribunal de Palermo del cargo de asociación de malhechores y condenado por dos delitos menores y luego exculpado por el Tribunal Supremo gracias a una amnistía; de nuevo juzgado en Bari, fue absuelto el 10 de junio de 1969; otra vez procesado y condenado a cadena perpetua con sentencia irrevocable del 23 de diciembre de 1970, escapó a la vigilancia de la policía en el curso de una convalecencia por enfermedad en Roma, en Villa Margherita; finalmente sería arrestado en Milán el 16 de marzo de 1974 (Tranfaglia, 1992, pp. 109-123).

Sobre la suerte de los procedimientos judiciales pesaba el clásico silencio de los testigos (aunque el muro de la *omertà* luego sería derrumbado por el primero de los arrepentidos, el mafioso Leonardo Vitale, que presa de una crisis mística haría numerosas revelaciones que le valdrían la incredulidad casi total de la autoridad judicial y la condena a muerte por parte de la mafia, ejecutada en diciembre de 1984). Pero sobre todo pesaban las misteriosas complicidades de los mafiosos con áreas corruptas de la misma Magistratura (el caso de la I Sección del Tribunal Supremo presidido por el juez Corrado Carnevale, sería ejemplar durante años), la falta de una legislación adecuada y, en una medida imponderable, cierta impericia de los distintos magistrados e investigadores y deficiencias de coordinación de las informaciones a los fines de la indagación. Sólo en los todavía lejanos años ochenta se pondría remedio a tantos límites.

A pesar del fracaso global de la actividad represiva, la Comisión Parlamentaria de Investigación valoraría con inoportuno optimismo, a mediados de los años setenta, los resultados obtenidos por el Estado. Consideró que a fines de 1972 se había determinado una crisis irreversible de la organización mafiosa: «Las bandas más audaces —se lee en el informe del senador Michele Zuccalà (1976)— han sido desarticuladas [...]; los hombres más representativos y peligrosos [...] de la nueva mafia están arrestados y neutralizados; [...] es suficiente para resistir esta situación precaria y esperar tiempos mejores.» La misma matanza de «hombres de honor» verificada en la Via Lazio de Palermo en diciembre de 1969 (en el curso de la cual, por orden de Stefano Bontate, había sido asesinado Michele Cavataio, quien antes de expirar había conseguido matar, a su vez, al principal de sus agresores, un hermano mayor de Leoluca Bagarella), había sido apresuradamente interpretada como un signo de agonía de la organización mafiosa. Desgraciadamente, la realidad era muy distinta. Por lo demás, los mismos trabajos de la Comisión Pafundi concluirían con importantes aportaciones cognoscitivas y de análisis, pero sin la capacidad de dar impulso a la promulgación de medidas legislativas adecuadas para las exigencias de la lucha contra el fenómeno mafioso (Pantaleone, 1969).

Una experiencia importante (por suerte destinada a mejorar en las sucesivas reediciones de la Antimafia, culminadas en el excelente trabajo producido bajo la presidencia de Luciano Violante), en aquella primera fase de los años sesenta, se resolvería en una especie de vivaz ejercitación académica.

Es verdad que la Cosa Nostra no había resistido del todo al ataque del Estado y a los efectos de su misma guerra intestina, hasta el punto de que se había decidido acabar con ella; y es verdad que personajes como Badalamenti y Buscetta, para sustraerse al arresto se habían visto obligados a refugiarse en el exterior. Pero, en vez de los tiempos mejores esperados y entrevistos por la Antimafia, vendrían, como ahora veremos, tiempos peores (Barrese, 1973).

DOS MISTERIOS: DE DE MAURO A MATTEI, DE MATTEI
A DE MAURO

En los años sesenta, las matanzas y ajustes de cuentas entre capos y «muchachos» de la Cosa Nostra raras veces eran noticia. La gente apenas sentía curiosidad, convencida, como la fuerza pública, de que en el fondo hacían un servicio a la sociedad porque «se mataban entre ellos». En cambio, el 16 de septiembre de 1970 produjo gran conmoción la noticia de la desaparición del periodista de *L'Ora* Mauro De Mauro.

Intelectual vivaz de pasado aventurero (venía de una juvenil experiencia fascista, en la Décima MAS de la república de Salò, y luego se había acercado al PCI), profesional de alto nivel, De Mauro era un hombre al que en Palermo todos conocían por haberse distinguido por sus valerosas investigaciones sobre el separatismo, Giuliano y el fenómeno mafioso. También tenía intereses históricos: un inteligente y documentado opúsculo suyo sobre la revuelta palermitana del Siete y Medio aún se lee con provecho.

Aquella tarde del 16 de septiembre desapareció de forma misteriosa: tras abandonar su vivienda para comprar una botella de whisky en un bar cercano, unas personas que casi con seguridad no le resultaban desconocidas lo convencieron de que subiera a un automóvil. No era insólito que amigos e informadores lo abordaran en el portal de su casa para conversar con él. Su esposa esperó pacientemente su regreso, hasta que se vio obligada a dar la alarma. Al principio se esperó que fuera un secuestro normal. Luego, el interminable silencio sobre su suerte hizo intuir la tragedia de una de las tantas «muertes blancas» de la Palermo de aquellos años: los cadáveres desaparecían fácilmente en los pilares de hormigón de los constructores mafiosos.

El misterio de aquella desaparición pronto se fundiría con otro misterio, entre los más inquietantes de la historia de la república. En efecto, el periodista palermitano estaba colaborando con el director Francesco Rosi para la película que, poco después, vería la luz con el título *El caso Mattei*; en particular indagaba sobre las últimas horas pasadas del presidente del ENI en Sicilia, el 27 de octubre de 1962, antes de que subiese a su avión privado, cuyo vuelo concluiría trágicamente sobre el cielo de Bescapé, en las cercanías de Milán. A sus más directos colaboradores les había confiado que estaba en posesión —por desgracia, no se sabe si sobre el caso Mattei o sobre otro asunto— de impresionantes informaciones para una exclusiva que en Estados Unidos le habrían asegurado el premio Pulitzer.

¿Qué hilo ataba, si de verdad los ataba, los dos misterios? Las investigaciones sobre la desaparición de De Mauro habrían seguido pistas contradictorias y no concluyentes. La que sensatamente partía de la probable relación del suceso con las investigaciones para la película de Rosi sería pronto abandonada.

¿El motivo? Desde luego, la extrema complejidad de una cuestión que no permitía ver cómo un crimen de la mafia, como era casi con seguridad la desaparición de De Mauro, podía relacionarse con la muerte del presidente del ENI, que, según las conclusiones a las que había llegado la investigación del caso, no podía ser más que un accidente aéreo debido a la niebla o a una imprevisible avería mecánica y en absoluto un atentado, tesis, ésta, mucho más presunta que probada, y opuesta a algunos testimonios desechados demasiado deprisa. Pero tesis canónica e imbatible durante décadas, casi se prohibió pensar de otra manera. Al respecto, el autor de este libro, como ocurre muy pocas veces a los historiadores, está en condiciones de dar un testimonio personal: al ser él, entonces, un jovencísimo discípulo de Giovanni Spadolini en busca de un puesto en una redacción y al estar estudiando en la Escuela Superior del ENI de San Donato Milanese, consiguió participar en una reunión de periodistas en Bescapé, la madrugada del 28 de octubre, en la casa de un campesino de la zona. Con el entusiasmo del neófito, fue el único que sostuvo la tesis del atentado. Poco después, de vuelta al lugar del desastre, fue bruscamente abordado y amenazado de muerte por un esbirro que de inmediato se esfumó entre una multitud de técnicos aeronáuticos, sanitarios, militares y curiosos. Con semejante precedente, a quien esto escribe no le asombró enterarse de que las cinco mil copias del libro de Fulvio Bellini y Alessandro Previdi, publicado en 1970 con el título *L'assassinio di Enrico Mattei* [El asesinato de Enrico Mattei], se esfumaran en un santiamén de las librerías adquiridas por un desconocido comprador. Y tampoco se asombra ahora por las recientes revelaciones de Giorgio Bocca sobre las informaciones proporcionadas al periodista Italo Pietra por Jruschev, según las cuales el KGB sabía que Mattei había sido asesinado, obviamente por la CIA. Evidentemente, el atentado contra el presidente del ENI —culpable, a los ojos de los potentados internacionales occidentalistas, de haber desestabilizado y comprometido las estrategias y los intereses de las grandes multinacionales petroleras (las llamadas «siete hermanas»), comprando petróleo en la URSS y, sobre todo, iniciando relaciones contractuales más favorables a los países productores para la investigación y la explotación de los hidrocarburos— debía seguir siendo un accidente.

Para empeñarse de nuevo en la búsqueda de la verdad sin topar con obstáculos insuperables habría que esperar el fin de la guerra fría y la reapertura del caso, en la primavera de 1994, por parte de la Fiscalía de Pavía.

El impulso decisivo vendría de las declaraciones del arrepentido Tommaso Buscetta, al fin idóneas para arrojar luz sobre la relación de la mafia con el caso Mattei y, a éste, con el caso De Mauro: la tragedia de Bescapé tenía la marca de la mafia, que la había provocado manipulando en el aeropuerto de Catania el avión de Mattei «para complacer a una familia americana de la Cosa Nostra». Por lo tanto, en la actualidad existen pocas dudas sobre la naturaleza profunda de esos misterios. Conocidos los inductores, siguen siendo desconocidos, al menos por ahora, los ejecutores materiales. Y es de esperar que al respecto las cosas se aclaren lo antes posible.

¿Tuvo un papel fundamental en ese sucio trabajo el terrorista de la Cosa Nostra, e informal agente de la CIA, Carlos Marcello? Por el papel desempeñado directamente por los sicilianos son mucho más creíbles las sospechas que conducen al capo de Riesi Giuseppe Di Cristina. Y es de verdad inquietante, más allá del particular hecho criminal en cuestión, el que el citado fuese buen amigo y compadre de Graziano Verzotto, el secretario regional de la DC, que unos años antes, en septiembre de 1960, había sido su testigo de boda. El equívoco politicastro democratacristiano había sido la sombra de Mattei en sus últimas horas en Sicilia. Una muy macabra y tenebrosa sombra. Es triste, además, constatar a qué nivel de amistades sicilianas se había degradado el guerrillero Verzotto, que tiempo después, convertido en un personaje impresentable incluso para los democratacristianos comprometidos con los peores enredos del poder, sometido a investigación y ante la amenaza de una orden de búsqueda y captura, buscaría refugio fuera del país, en Francia y el Líbano, no se sabe gracias a qué protecciones internacionales.

A la espera de posibles constataciones definitivas sobre la verdad, el caso Mattei constituye, en conjunto, una importante fuente de datos e informaciones para incrementar el peso histórico de cuanto hemos conseguido verificar hasta aquí sobre el papel filoatlantista, al lado de los servicios secretos, que la mafia había logrado conquistar y que aún durante varios años estaría en la base de su fuerza internacional.

CAPÍTULO CATORCE

Lealtades atlánticas y fidelidades andreottianas

CONTRA EL AVANCE DEL PCI

Según las coincidentes revelaciones de los arrepentidos, a pesar de los golpes sufridos la Cosa Nostra se reconstituyó a principios de 1970. Sería errado subestimar las capacidades de organización de la criminalidad, pero también esta vez el hecho correspondía al plan estratégico de la clase política de la burguesía mafiosa, puesta ante la necesidad de salvar su sistema de poder. Reflexiónese sobre algunos importantes datos históricos.

La generación de la posguerra apenas había atravesado la nebulosa de la revuelta juvenil de 1968. Una parte del movimiento estudiantil había confluido en la izquierda extraparlamentaria, manifestando vivaces inclinaciones extremistas. El año 1969 estuvo marcado por la extendida reanudación de las reivindicaciones obreras que culminaron en el «otoño caliente». Al mismo tiempo, las elecciones políticas celebradas en mayo del año anterior habían señalado un claro avance del PCI. A su vez el PSI, salido de la infeliz reunificación con los socialdemócratas, si bien aún ligado a la fórmula del centroizquierda, se estaba acercando a esa estrategia tendente a llevar a los comunistas al Gobierno a la que su secretario, Francesco De Martino, llamaría «de los equilibrios más avanzados».

Mientras, en el marco internacional comenzaba a resquebrajarse la monolítica unidad del movimiento comunista y estaba en curso la aproximación de Enrico Berlinguer a los católicos con la propuesta estratégica del «compromiso histórico». Pronto el PCI comenzaría a beneficiarse de un progresivo aumento de afiliados y de votos que no se interrumpiría hasta 1978, su avance se concretaría en la conquista de las administraciones de seis regiones y de las mayores ciudades italianas. El fenómeno creó en la contraparte, y sobre todo en las altas esferas de la OTAN, la alarma que daría origen a la «estrategia de la tensión» (De Lutiis, 1985).

La urgencia de oponerse a un más fuerte e insidioso peligro comunista en Italia, al cual un sector de la DC, incluido Aldo Moro, parecía ofrecer incautamente una orilla, favoreció el desarrollo de ese criminal trajín de los servicios secretos que aseguraría un papel de primera magnitud tanto a la logia masónica de Licio Gelli para la gestión de conjunto de la estrategia de la tensión, como —y esto es lo que aquí nos interesa— a la mafia, guardián fundamental e irrenunciable de la fuerza electoral con la cual, desde el Sur, aún se podría afrontar con éxito el avance comunista en el país. Puntualmente, poniendo fin a una guerra que aún tendría alguna manifestación tardía hacia fines de 1972, Stefano Bontate, Salvatore Riina y Gaetano Badalamenti constituyeron —refiere Buscetta, que tomó parte en la operación— un triunvirato con el fin de establecer el futuro ordenamiento de la mafia siciliana. Conviene destacar que en el amable terceto figuraba precisamente aquel *Totò u curto* (Totò el corto), brazo derecho de Liggio y condenado a cadena perpetua, que se convertiría en lo que todos sabemos. En aquella particular ocasión ya representaba al grupo minoritario de los corleoneses. A su vez, Bontate y Badalamenti eran los exponentes de la mayoría, constituida por las familias de las ciudades.

Avancemos ahora, pacientemente, algunos pasos. Siempre según las fuentes de los arrepentidos y de las relaciones de la Antimafia, se sabe que Bontate —con la colaboración de sus fraternos amigos Tommaso Buscetta y Giuseppe Di Cristina (prominente capo de Riesi que tenía el control de Caltanissetta)— actuaba en estrecha relación con los primos Salvo y que éstos estaban unidos, políticamente, a Salvo Lima. Por tanto no es difícil identificar al que movía los hilos del triunvirato. Al mismo tiempo, tampoco Ciancimino estaba fuera de juego, al ser el político de Liggio y de Riina. Pero, entretanto, Lima y Ciancimino se habían convertido en los pilares de la corriente de Giulio Andreotti, con un largo cortejo de ex fanfanianos (entre otros, Antonino Riggio, Mario D'Acquisto y Sebastiano Purpura). Está claro, por lo tanto, que Lima, Ciancimino, Badalamenti, Bontate, Buscetta y Di Cristina, con Riina y sus respectivos secuaces, formaban parte, de manera formal o informal, de la corriente andreottiana.

Esta corriente de la DC —con el control electoral que le aseguraban en Sicilia capos tan prominentes, por la particular astucia de su jefe nacional y por la capacidad de instaurar acuerdos y alianzas transversales más o menos estables con representantes de otras corrientes (sobre todo con los «amigos» locales de Donat Cattin o con notables emergentes, entre los cuales se distinguiría el famoso Calogero Mannino, verdadero patrón de la política en la zona de Agrigento y luego secretario regional y varias veces ministro)— desde ahora sería el eje principal de las relaciones politicomafiosas. En otras palabras, pronto se convertiría en el centro en progresiva expansión de una nueva red de votantes, costeada con recursos públicos y capaz de asegurar mayorías a la DC en las consultas electorales en Sicilia. Además, asumiría un papel de dirección de un nuevo comité de negocios, mucho más extenso que el de los tiempos de Gioia, perfectamente amalgamable con la masonería, arraigada y extendida en toda la isla (en Catania, por ejemplo, tendría la privilegiada referencia de los «caballeros», con el auxilio de Nitto Santapaola), ramificado en toda Italia y dotado, como veremos, de importantes conexiones internacionales. No es casual que Salvo Lima —según afirman numerosos ex funcionarios— fuera uno de los más asiduos frecuentadores del consulado general de Estados Unidos en Palermo, donde recibía correo diplomático de ultramar.

El trabajo de dicho triunvirato consistió en la búsqueda de un compromiso entre las familias con el objetivo de una pacificación, que fue al fin conseguida con una sabia dosificación de los intereses entre las partes. Así se formó la nueva comisión de la Cosa Nostra, capitaneada, en 1975, por Gaetano Badalamenti, secundado por Stefano Bontate, Rosario Di Maggio, Salvatore Scaglione, Giuseppe Calò, Rosario Riccobono, Filippo Giacalone, Nené Geraci y, *dulcis in fundo*, por los capos de la nueva guardia, Luciano Liggio, sustituido por Salvatore Riina, con la especial colaboración de Bernardo Provenzano.

La historia de esta formación criminal, con sus evoluciones y con sus rupturas, ocuparía las vicisitudes mafiosas y politicomafiosas de los siguientes veinte años. Al analizarla en las próximas páginas nos veremos obligados a enfocar en cada ocasión a distintos protagonistas y distintos casos y episodios de particular importancia con una cierta libertad cronológica, para extraer el mayor provecho posible de las informaciones que van aflorando de procesos aún en curso en los tribunales.

Sin caer en el sensacionalismo, deberemos valernos sin vacilar del derecho de crónica para una nueva sistematización orgánica al menos de algunas informaciones fundamentales que proceden de un flujo imparable de revelaciones, así como —teniendo en cuenta el hecho de que éste es y quiere ser un libro de historia— no dejarnos arrastrar por la crónica hasta el punto de dar por ciertos acontecimientos y responsabilidades aún sometidos a indagación y juicio. Menos que nunca, por lo tanto, los lectores podrán esperar de las próximas páginas el esfuerzo de una afanosa persecución, de la prensa y de otras fuentes, de las noticias que crecen día a día.

Un historiador debe superar también el fastidio que supone entregar a la memoria de la posteridad los nombres de personajes que, por más que relacionados con las actividades de ilustres y prominentes hombres de Estado, no merecerían más que el olvido y la indignada eliminación de los registros de la civilización. Pero no renunciaremos a aventurarnos en una especie de historiografía sobre el terreno, o sea, en una arriesgada y quizá nunca intentada recuperación historiográfica de datos y acontecimientos de procesos *in fieri*, con el fin de afinar, al máximo de las posibilidades permitidas, la interpretación global del fenómeno mafioso que estamos construyendo. Al atenernos, para la reconstrucción histórica, a un planteamiento diacrónico-sincrónico, proporcionaremos, de todos modos, de vez en cuando, las referencias necesarias para la correcta cronología de los hechos.

De Sicilia a Italia

Con la recomposición de 1975 y el acuciante ascenso de los corleoneses se afirmó en el sistema de la Cosa Nostra la tendencia a hacer prevalecer un planteamiento organizativo de tipo vertical respecto del anterior, en el cual se había mantenido el tradicional ordenamiento de tipo horizontal que había asegurado una mayor autonomía de decisión a cada una de las familias, aunque en el ámbito de una especie de federación disciplinada de reglas comunes. Es preciso subrayar que, al principio, se trató sobre todo de una línea de tendencia, al menos porque cada uno de los capos (y eran muchos) era celoso de la autoridad de la que disfrutaba en el propio territorio y sólo estaría dispuesto a valorar la conveniencia de la coordinación de sus negocios con los de los demás.

El proceso de una cada vez más acentuada centralización de las decisiones de la cúpula, y la consiguiente eliminación progresiva de las tendencias centrífugas, habrían obedecido a las casi necesarias exigencias de gestión de los grandes negocios nacionales e internacionales (el control de las contratas públicas, el narcotráfico, el comercio de armas, la usura y la extorsión). En efecto, se trataba de actividades que comportaban un denso intercambio y relaciones múltiples entre los mafiosos y un personal técnico a menudo de elevado nivel profesional, normalmente reclutado a través de la masonería.

En la isla, la distribución territorial de las familias sería, por así decir, racionalizada. Los núcleos dispersos de la nunca eliminada mafia rural procurarían renovar sus actividades tradicionales sincronizándolas con aquellas cuyas estrategias eran definidas por la cúpula de la Cosa Nostra, de modo de garantizar, dentro de lo posible, «a cada uno lo suyo» (Lodato, 1990).

En este contexto, la conflictividad por la definición de las competencias y las jerarquías aumentaría al menos durante todo el tiempo necesario para que los corleoneses, protagonistas del cambio en curso, estabilizaran su poder. El personaje central de la transición, antes de la definitiva afirmación de Riina, fue Michele Greco, llamado «el Papa»: según algunos testimonios un capo tan mediocre como capaz de hacer un buen papel en los salones; según otros, un astuto mediador y un equilibrista entre las corrientes de la Cosa Nostra; en cualquier caso, un hombre de «cualidades» contradictorias, mitad padrino y mitad gánster.

En la fase de la racionalización se definirían mejor también los específicos marcos subregionales de la organización, en las respectivas áreas provinciales, integrando el personal mafioso en sentido propio, los «hombres de honor», con los numerosos «amigos de los amigos» en una red de poder constituida por una ilimitada masa de politicastros, profesionales y administradores locales. Desde Palermo, dividida en varios distritos, cada uno bajo la autoridad de un capo rodeado por hombres de su confianza, la Cúpula controlaría todo el sistema de las familias de la provincia, en la cual, junto a las clásicas fortalezas como Bagheria, Termini Imerese, Corleone, Prizzi y Partinico, se habrían vuelto sobremanera agresivos los emplazamientos de Villabate, Marineo, Carini y San Giuseppe Jato. En las montañas de las Madonie, de Gangi a las dos Petralie, con características más tradicionalistas, en un ambiente particularmente habituado a respetar el código de la *omertà*, se habría estabilizado durante mucho tiempo el poder de la familia de San Mauro Castelverde, encabezada por el capo Giuseppe Farinella (llamado el *zu Peppino*, «tío Peppino»), capaz de extendidas proyecciones hasta el área de Messina (Tusa, Castel di Lucio, Pettineo, Mistretta, Capizzi, etc.). El *ghota* mafioso madonita, en un denso enredo de mafia y masonería para el control de todas las actividades económicas de la zona (que, en el marco de las anteriores luchas campesinas por la reforma agraria, ya había conocido el martirio de los sindicalistas Epifanio Li Puma y Salvatore Carnevale), dirigiría operaciones de sistemática rapiña de los recursos públicos y privados, concretando en distintos tiempos y lugares, de los ayuntamientos de montaña a los de mar, perversas alianzas operativas entre personajes del nivel de Gerlando Alberti, Angelo Siino, Peppino Barreca, Tommaso Cannella, los Panzeca, los Prestifilippo, Pippo Calò, Pietro Restivo y Cataldo Farinella (La Torre, Informe de la minoría, VI leg., doc. XXIII, n.º 2).

Ya se ha hablado de las especiales características del ambiente catanés, de su empresariado financiero y de la construcción en el ambiente corrupto de las empresas de los caballeros. En el sistema mafioso la ciudad etnea potenció una especial autonomía, caracterizada en particular por la contigüidad entre una fuerte criminalidad al estilo de los gánsteres y las actividades económicas legales. Nitto Santapaola entraría en la órbita de los corleoneses sobre todo como un asesino de brillantes capacidades utilizables siempre que fuera necesario, mucho más allá de su territorio (por ejemplo, en Palermo), para confundir y despistar a la policía.

También en Caltanissetta, y en especial en esa horrible «minimegalópolis» de la colonización industrial en que se había convertido Gela a consecuencia de las colosales instalaciones de Agip para la explotación de los yacimientos petrolíferos, la poliforme rearticulación del viejo tejido de la mafia rural, durante algún tiempo bajo la égida, desde Riesi, del inquieto Giuseppe Di Cristina (un cabeza loca, demasiado amigo de Badalamenti y de Bontate y proclive a comportamientos independientes y, por tanto, insoportable para los corleoneses), estaba llegando a resultados de pura y salvaje criminalidad entre grupos impulsivos a menudo en conflicto entre sí.

Parecía más quieta y tradicional, por mentalidad difusa y formas organizativas —que tendían incluso, con la inédita formación de la *Stidda* (Estrella) a afirmar una especie de derecho a la secesión de la Cosa Nostra—, el área mafiosa de Agrigento. Pero la quietud, por otra parte varias veces perturbada por graves crímenes «ejemplares» (por ejemplo, los asesinatos de los jueces Saetta y Livatino sobre los que luego volveremos) marcaba, paradójicamente, la total sumisión del territorio a la mafia. La provincia del desastre de Agrigento y de las escandalosas especulaciones en el Valle de los Templos se había especializado sobre todo, implicando a toda la clase dirigente, en la sistemática rapiña de los recursos públicos (fondos de la Cassa per il Mezzogiorno, la Región, el Estado y la Comunidad Europea en varios flujos y ocasiones de destino productivo o, casi siempre, asistencial). Allí no había político de nivel nacional o local, diputado o administrador, que no debiera su posición al mercado del voto de intercambio, cuya premisa necesaria estaba constituida por la transformación de los mismos partidos en centrales oficiosas de la hegemonía mafiosa en todos los aspectos de la economía y la vida social. Allí, más allá y por encima de los distintos sucesos criminales, la mafiosidad se había encarnado, como costumbre y como cultura colectiva, en los más ínfimos y corrientes asuntos de la vida cotidiana; se respiraba en el aire; había triunfado y casi no permitía vías de escape, ni a la izquierda ni a la derecha. Con toda razón en la zona de Agrigento se habría podido decir que «la mafia no existe», porque al ser todo allí, verdaderamente todo, mafia y nada más que mafia, habría sido más sencillo señalarla como la pura y simple realidad natural del ambiente. Lo cual, obviamente, ocurría haciendo casi desesperada la oposición de una siempre consistente y selecta minoría de fuerzas democráticas antimafiosas.

En comparación con el área agrigentina, parecía más articulado y contradictorio el asentamiento mafioso de la zona de Trapani, una provincia en la que, al lado de numerosas y más o menos normales actividades empresariales en el sector agrícola (sobre todo vitivinícola) y en la pesca, una floreciente mala vida (que tenía sus representantes más prominentes en las figuras de los Salvo y sus principales políticos de referencia en los andreottianos y en algunos socialistas partidarios de Craxi), cultivaba una vistosa vocación por el tráfico de armas, de drogas y de dinero y se había dotado de una sorprendente diseminación de cajeros automáticos bancarios y de equívocas «sociedades financieras». El clan de los Licari, en particular, tenía controlada desde los años cincuenta la zona de Marsala. En su paso a la hegemonía de los corleoneses, el archipiélago de las importantes familias históricas de la zona —los Buccellato y los Navarra en Castellammare, los Rimi en Alcamo, los Minore en Trapani, los Salvo y los Zizzo en Salemi, los Taormina en Castelvetrano, además de los Accardo, los Asaro, los Calabrò y los Di Stefano— conocería el desarrollo de nuevos clanes caracterizados por acentuadas actitudes propias de gánsteres con criminales del tipo de los Agate, los Sinacori, los Virga, los Messina, los Bua y los Bruno, todos ellos no sólo meros asesinos, sino también comerciantes especiales «todoterreno» (Vincenzo Virga, por ejemplo, era un distinguido joyero abierto a diversos tráficos), que dicen poco a los lectores no sicilianos. Así como dice poco a los extraños al ambiente el nombre de un político inquietante, el diputado Enzo Culicchia, que —según se lee en la relación de la Antimafia firmada por el presidente Luciano Violante— saltó a la atención de las crónicas judiciales por homicidio doloso y, sobre todo, por «estar al servicio de la familia mafiosa de los Accardo y de ser el inductor del homicidio del concejal Stefano Nastasi». Luego regresaremos sobre el caso de Culicchia para dar una información más exacta, mientras que, por el momento, siempre con referencia a los años ochenta, es necesario recordar el nombre del andreottiano más intrigante de la provincia, el diputado Giuseppe Giammarinaro, gran organizador de cooperativas juveniles recientemente acusado por los arrepentidos de mantener «estrechas relaciones con varios hombres de honor».

A la espera de las definitivas verificaciones procesales, está fuera de duda el particular papel de superdirección asumido y mantenido, por encima de los asesinos, por la burguesía mafiosa organizada tanto por la corriente andreottiana como por el personal transversal de una excéntrica asociación cultural, el Centro de Estudios Scontrino, presidido por una singular figura, Giovanni Grimaudo, un conocido sinvergüenza condenado por estafa que se valía de dicho centro para coordinar las actividades especulativas de carácter mafioso de nada menos que seis logias de misteriosos nombres (Isis, Isis 2, Osiris, Muchachito de Alcamo, Cafiero e Hiram) sobre las cuales gravitaba, con funciones que pueden imaginarse mucho más concretas y comprometidas que aquellas rituales habitualmente atribuidas a los grandes maestros, el prominente y acomodado economista Pino Mandalari, administrador personal de don Totò Riina, estimadísimo por los masones sicilianos en consideración a sus especiales méritos de fundador de la sociedad Estrella de Oriente de Mazara del Vallo.

El irresistible ascenso de los corleoneses a la cúspide de la Cosa Nostra en todas las provincias de la isla estaba produciéndose en un contexto global en el que las distintas articulaciones territoriales sicilianas de la mafia se convertían a la vez en lugares de promoción y en terminales de un negocio complejo, muy articulado en sus intereses particulares, orientado, estratégicamente dirigido y gestionado, mucho más allá de los confines de Sicilia, para alcanzar dimensiones de carácter por lo menos nacional. Para esto, además de para coordinar las iniciativas regionales, servía la cúpula de la organización, instalada en Palermo, capital del sistema.

Las principales ramificaciones de la Cosa Nostra en las otras partes de Italia, según cuanto resulta a la Antimafia, desde hacía tiempo habían tocado los mayores centros urbanos, de Milán a Roma, de Génova a Nápoles (compitiendo con la camorra). En particular, Badalamenti, en el período en que había sido sometido a destierro policial y obligado a residir en Macherio, había hecho de «esa zona de Milán el centro de relaciones y de actividades poco claras», conectadas «con Alberti y otros mafiosos como Gaetano Fidanzati, Faro Randazzo, Gaspare Gambino, Calogero Messina y otros». En Roma actuaron en distintos momentos Natale Rimi, Frank Coppola, Pietro Davì y el mismo Luciano Liggio. Y, siempre en Roma, se evidenció el peculiar papel del tesorero de la mafia, Pippo Calò, de acuerdo con la banda de la Magliana (una estructura criminal de servicio presente en numerosas operaciones transversales con el terrorismo y quizás implicada en los trágicos acontecimientos del asesinato de Aldo Moro). Entretanto, se iban consolidando amplias relaciones también en el área en gran desarrollo del Noreste, en un vínculo orgánico, iniciado sobre todo por Fidanzati, con la «banda del Brenta». Todo esto, aparte del peculiar y original desarrollo de otras organizaciones similares a la mafia que operaban en la Italia meridional como la 'ndranghetta calabresa, la clásica camorra napolitana y la Sacra Corona Unita pullesa (Tranfaglia, 1992).

De Italia al mundo: el caso Sindona

Un negocio cuyo corazón estaba constituido por el tráfico de drogas y de armas no podía prescindir, sobre todo para el blanqueo de dinero negro y otras actividades similares, así como por sus orígenes y el mercado necesariamente internacional al que se dirigía, de una conexión orgánica con las adecuadas estructuras financieras.

Esta exigencia fundamental de todo el sistema de negocios permite intuir la importancia de las tareas asignadas a los Salvo, ligados por un hilo directo a la gran masonería, a la alta política y a la estrategia de la corriente andreottiana, además de las relaciones con las empresas oficialmente legales y no mafiosas como las de los caballeros cataneses, y abre sobre todo al escenario del papel internacional, tanto en el aspecto político como en el económico y el mafioso, desarrollado entre Italia y América por Michele Sindona.

Éste es un personaje particularmente importante de nuestra historia porque representa, con su misma biografía, el momento más alto y ejemplar de la internacionalización de los poderes mafiosos en el marco del occidentalismo que supo aprovechar durante décadas las alarmas y las consiguientes oportunidades de la guerra fría. Es también el personaje en que se evidencia cómo la masonería —desde siempre parte importante de la historia general de la burguesía mafiosa— se convirtió en un componente esencial de la mafia. No es casual que las actividades de Sindona dieran como fruto, con las de la logia masónica P2 de Licio Gelli, la existencia de una especie de partido en la sombra de la CIA en Italia, una organización tan especulativa y funcional a los intereses de una red amplísima de personajes a la caza del poder en Italia (del mundo financiero e industrial a la administración pública, de las esferas militares a las civiles, del periodismo a la universidad) como instrumentalmente ideologizada en su empeño de obtener una renta posicional que hacer valer en los más altos niveles de la república.

Tanto para Sindona como para Gelli el mejor recurso-base a su disposición era el comunismo, en el sentido de que la lucha contra éste constituía la coartada de sus empresas, incluidas las de carácter criminal, y el fundamento de las complicidades de las que pudieron disfrutar en Italia, a los niveles del enorme poder ejemplificado sobre todo por Giulio Andreotti, y en Estados Unidos, en los más exclusivos círculos de las administraciones establecidas en la Casa Blanca. De este modo, Gelli proponía su actividad como un precioso servicio a la alianza atlántica. Pero aquí nos interesa en particular Sindona, un campeón del mundo libre y un denodado combatiente por la democracia especializado en una industriosa actividad internacional de ciclo completo que, alimentada por el tráfico de estupefacientes, se ejercitaba en una sofisticada maniobra de blanqueo y gestión, a alto nivel de competencias técnicas, de los ingentes flujos financieros de dinero sucio y culminaba en el control e incluso en la directa propiedad de grandes estructuras financieras, en un sistema de sociedades —centrado en la Finambro y diversamente articulado en bancos de negocios como la Banca Unione, la Banca Privada Finanziaria, el Banco di Roma-Nassau— dotado de prensiles relaciones con el Bank of America y el Banco Ambrosiano de Milán, y de conexiones que implicaban, mediante el IOR (Instituto de Obras de la Religión) y monseñor Marcinkus, incluso los intereses económicos del Vaticano.

Puede afirmarse que Sindona, nacido en Patti, un pueblecito de la provincia de Messina, había ascendido progresivamente, gracias a una genial capacidad masonicomafiosa, de Sicilia a Milán y de allí al mundo, a la cúspide del poder real de cierto capitalismo. En Italia, el indiscutible mérito democrático de Sindona fue haber financiado a la DC. Andreotti le había reconocido incluso el título de «salvador de la lira», lo cual, dada la autoridad del reconocimiento, podría sugerir —aparte de un inequívoco juicio sobre la naturaleza del poder del que Andreotti fue durante años la máxima expresión en Italia— varias reflexiones sobre los orígenes y las bases de la riqueza nacional en ciertos períodos de la Primera república. El mismo Andreotti habría acreditado a Sindona en las altas esferas estadounidenses, recomendándolo a personalidades de la economía y la política como Rockefeller.

Reconstruir la historia de un supermafioso tan umbrátil y casi secreto por los orígenes de su papel, como oficialmente importante y durante mucho tiempo estimado y adulado, comportaría el esfuerzo de escribir un libro entero. En su caso, por la densidad biográfica de una experiencia con aspectos novelescos, estamos incluso mucho más allá de los casos de Calogero Vizzini y de Lucky Luciano. Solamente la vicisitud que lleva a la quiebra del milanés Banco Ambrosiano y abre el escenario del asesinato de Giorgio Ambrosoli, y luego al extraño ahorcamiento del banquero Roberto Calvi bajo el puente de Blackfriars de Londres, ocuparía muchas páginas, y aún no sabemos con qué provecho para la investigación en pos de la verdad histórica.

Aquí es necesario limitarnos a valorizar, con otras referencias, algunos elementos de la detallada relación de la Comisión Parlamentaria de Investigación sobre el caso Sindona, publicada en 1982, firmada por el democratacristiano Giuseppe Azzaro, para darnos cuenta de la composición orgánica de una Cúpula internacional de la Cosa Nostra, cada vez más constituida por figuras, en absoluto abiertamente criminales, de técnicos, intelectuales y administradores, y por otras análogas mentes sutiles y sofisticadas, capaces de gestionar los enormes recursos financieros de la acumulación mafiosa: algo similar, en otras palabras, a un perfeccionamiento y un ennoblecimiento de una muy especial multinacional politicoespeculativa heredera de aquella inventada por Lucky Luciano, ahora al fin en condiciones de desarrollarse y crecer con toda comodidad en los mercados del capitalismo internacional. Se trataba, pues, de una multinacional que, por lo que se refería al eventual recurso a la violencia y el crimen, cultivaba una visión de las necesidades a las cuales obedecer y una cínica idea de libertad de las leyes y la moral común, análogas a aquellas con las cuales, por ejemplo, la CIA organizó y realizó, con impasible determinación, el asesinato de Lumumba en el Congo o de Allende en Chile.

Resulta útil para el análisis una orientación preliminar sobre la geografía de la mafia americana de la cual Sindona extrajo los principales recursos para su ascenso internacional. A fin de encontrar el centro de la Gran Manzana es preciso mirar a Manhattan. Allí, después de los años treinta, se había estabilizado, en un área que llegaba de Brooklyn al Bronx, pasando por Greenwich Village, el sistema de las familias más poderosas, entre las cuales la capitaneada por Vito Genovese constituía la más directa filiación del trabajo fundacional de Lucky Luciano. Genovese se había convertido en capo, con lo que en 1957 obligó a un anterior lugarteniente de Luciano, el legendario Frank Costello, a retirarse pacíficamente de la escena; a continuación, el papel directivo sería asumido por Vincent Gigante (el extraño capo que se hacía pasar por loco y solía pasear en pijama por Greenwich Village, arrestado en julio de 1997).

Paralelamente se había desarrollado el poder de otras cuatro familias no menos conocidas e importantes: la de John Gambino y sus más directos y homónimos parientes (Agostino, Charles, Erasmo, Gaspare, Joseph y Paul), el liderazgo de la cual sería asumido a finales del siglo XX por John Gotti y, tras el encarcelamiento de éste, por su hijo John Gotti Jr. en un cuestionado condominio con Anthony Carollo; la de los Lucchese, al frente de la cual se encontraba Anthony Corallo (en prisión desde 1987); la de los Colombo, dirigida por Carmine Persico (condenado en 1987 y ahora a la espera de la libertad provisional); y finalmente la otra familia histórica, pero en decadencia y descomposición, de los Bonanno.

Entre los distintos negocios que se desarrollaban en la Gran Manzana, los más avanzados en modernidad y criterios empresariales eran los de los Genovese, dedicados al control del mercado financiero de Wall Street, y los de los Gambino, especializados en combinar actividades financieras ligadas al tráfico de estupefacientes con la más tradicional dedicación a la extorsión. A la alianza con estos últimos debió sobre todo Michele Sindona —de acuerdo con «amigos» del nivel de Joseph Macaluso, Giacomo Vitale y Antonio Caruso, y con la feliz colaboración de un modesto, pero muy acaudalado contable nativo de Pittsburg, un tal Daniel Anthony Porco, cuyo apellido, que en español significa «cerdo», es toda una declaración— su ascenso en Estados Unidos, durante un tiempo con los importantes y oficiales apoyos de los banqueros ingleses Hambros y del secretario del Tesoro David Kennedy. Su entrada en la cúpula americana fue, al comienzo y durante varios años, algo similar a una vigorizante e incruenta inyección de cultura y de inteligencia sicilianas que favoreció una más elevada relación de la mafia internacional con la gran política, uniendo sus intereses a los de la Alianza Atlántica en su batalla anticomunista. Asimismo, conectaba las dos vertientes, la americana y la europea, en un juicioso servicio a las tramas de los servicios secretos y la masonería, que en Italia, zona de frontera de la guerra fría, tenían como casi obligadas referencias a la DC andreottiana, el Vaticano, la logia P2 de Gelli, la misteriosa organización de Gladio y, no se sabe bien por qué contactos subterráneos, los llamados servicios secretos desviados y los mismos componentes ambiguos y fácilmente infiltrables e instrumentalizables de las organizaciones terroristas de derecha y de izquierda, en activo entre finales de los años setenta y principios de los ochenta (De Lutiis, 1985).

Sin embargo, incluso con su pasión por la alta política, Sindona se había acreditado sobre todo como un genial gestor de negocios, y en Sicilia mantenía preciosas y en cierto sentido necesarias conexiones, directas e indirectas, tanto con la base criminal, a la cual correspondían las mayores responsabilidades en el tráfico de estupefacientes y de armas, como con una respetable nomenclatura. Aquéllas tenían, de por sí, poco en común con las vulgares prácticas de la delincuencia, de maniobreros y fiduciarios de un americanismo militante (heredero directo del de los tiempos del separatismo de la posguerra) que constituían el *ghota* siciliano de esa especial burguesía cuya naturaleza ya conocemos, descrita pormenorizadamente por el informe D'Alema, Minervini, Cafiero de 1982. Nos referimos, en primer lugar, a su yerno, Pier Sandro Magnoni, y al médico masón Giuseppe Miceli Crimi (que en los años sesenta había actuado como especulador en la sanidad estadounidense y había entrado en contacto con Henry Klausen, soberano de la Gran Logia Madre del Mundo), el ginecólogo masón Michele Barresi (presidente de la logia Camea), el burócrata regional masón Salvatore Bellassai, el abogado Raffaello Scarpitti y varios empresarios y profesionales «de respeto» como el constructor Rosario Spatola y Gaetano Piazza, Francesco Foderà, Ignazio Puccio y Giuseppe Sano.

Habiendo hecho siempre uso de las sutiles armas de los negocios, precisamente a causa de éstos murió al fin Sindona, ahogado en las aguas de su aventura. En su camino había encontrado enemigos irreductibles del nivel de Ugo La Malfa, Paolo Sarcinelli, Filippo Maria Pandolfi, Giorgio Ambrosoli y Enrico Cuccia. Pero cuando a partir de 1974 los vientos dejaron de ser favorables, se encontró ante la quiebra de su sistema financiero (con el consiguiente inicio de una fase de extrema autodefensa confiada a operaciones abiertamente criminales y con una evidente exposición a la bancarrota fraudulenta, hasta el punto de no poder sustraerse a los tiros cruzados y luego a la incriminación de las magistraturas estadounidense e italiana), todavía sus «amigos» le prestaron fielmente ayuda. Al menos hasta 1979, Giulio Andreotti trató de salvarlo de la bancarrota mediante un plan confiado al ministro Gaetano Stammati. Un excelente mandadero de aquél, Franco Evangelisti, incluso se trasladó para consolar (obviamente con la cobertura de la mafia) al afligido financiero, mientras éste se hallaba fugitivo en América.

Para los detalles de estos hechos se pueden leer las actas de la Antimafia y del específico informe parlamentario de investigación. Aquí basta con recordar que Sindona, el final de cuyos días se acercaba, impresionaría a la opinión pública con la rocambolesca, y en algunos aspectos grotesca, experiencia de un falso secuestro montado en Estados Unidos para escapar de las autoridades judiciales de este país y trasladarse clandestinamente a Sicilia, donde habría debido recoger las ingentes sumas de dinero que tenía que devolver a mafiosos del nivel de Calò, Bontate, Inzerillo y Riina, que se habían visto perjudicados por el fracaso de sus actividades financieras. Llegado allí, y acogido con amorosa e insidiosa condescendencia por la burguesía mafiosa palermitana, incluso habría tratado de relanzar el separatismo siciliano (incitando a ello a Badalamenti y Tommaso Buscetta, que se negaron) y, en todo caso, habría maquinado hacerse disparar un tiro en una pierna por su amigo el doctor Miceli Crimi, según parece para dar credibilidad al secuestro.

Finalmente se entregó a la justicia estadounidense y fue extraditado a Italia, donde, tras ser sometido a juicio y condenado a cadena perpetua como inductor del asesinato del honesto y valeroso Giorgio Ambrosoli (liquidador de la Banca Privata Italiana), en marzo de 1986 murió en la cárcel de alta seguridad de Voghera luego de ingerir, como el bandido Pisciotta, el contenido de una taza de café.

Para corroborar los elementos de reflexión que han surgido en el análisis, se puede destacar como conclusión que el inquietante caso es, entre los que están a nuestra disposición, el más idóneo para poner en evidencia la perfecta triangulación internacional formada por la política, la masonería y la mafia. Sus hilos específicamente italianos envolvían todo el eje de la corriente andreottiana, hasta la peculiar triangulación de su fundamental base siciliana constituida por la burguesía mafiosa, la masonería y la delincuencia. Desde semejante base, subían hacia una cima que, en el curso de los años ochenta, se habría reforzado cada vez más mediante la alianza orgánica con el sedicente y alegre socialismo libertario de Bettino Craxi.

CAPÍTULO QUINCE

Negocios y corrupción entre Andreotti y Craxi

Mafiópolis y Tangentópolis

En la larga era de los años ochenta que, a los fines específicos de nuestra historia, podríamos definir como la época andreottiana-craxiana, el antiguo comité de negocios de la Palermo de los años sesenta se convertiría, para las nuevas levas de la mafia, apenas en el pálido recuerdo de una iniciación al bienestar y a la riqueza voluntariosamente expandida hacia el resto de Italia y el mundo, pero aún en gran parte circunscrita al campo de seguridades autóctonas y apetitos provinciales. En suma, una dulce prehistoria.

Fue justamente con la nueva cúpula reforzada por la contribución cada vez más determinante de los mafiosos corleoneses que la Cosa Nostra se encaminó a perfeccionar, hasta los más altos niveles y con el protagonismo de un orgánico sujeto colectivo, esa función de vasta y violenta mediación parasitaria entre el contexto nacional de la sociedad de consumo y el específico contexto meridional de la sociedad del subdesarrollo que, en definitiva, confirmó, innovándola, la tradición clásica del fenómeno mafioso. Con el tiempo, y a pesar de la particular rusticidad de los corleoneses y sus notables semejanzas con los antiguos bandoleros, la evolución se habría profundizado en un proceso de reorganización criminal que más adelante examinaremos.

Por el momento intentaremos dar una primera y coherente sistematización a una desbordante cosecha de nuevas informaciones proporcionadas por los colaboradores de la justicia después de los arrestos más recientes llevados a cabo por las fuerzas del orden. De ellas, aparte de la verificación de las responsabilidades de los distintos operadores, es posi-

ble remontarse a la definición de un marco de la dinámica especulativo-
mafiosa de los años ochenta historiográficamente significativo y, en sus
aspectos fundamentales, definitivo.

Una explicación que desde hacía años se esperaba en vano (y que se
suplía, no siempre de manera convincente, sólo con deducciones) sobre
las actividades «empresariales» de la mafia y sobre sus relaciones con la
economía legal de toda Italia, la ha dado finalmente un mafioso cuya
existencia casi se ignoraba, Angelo Siino, que, arrepentido, se ha manifestado como una especie de ministro de economía y obras públicas del
gobierno de la Cosa Nostra. En efecto, Siino se había mimetizado tan
bien entre la burguesía mafiosa, en los pliegues de las más respetables
operaciones de una economía reconvertida en legal por la protección de
los partidos políticos, hasta el punto de aparecer, más allá del restringido círculo de los iniciados, como un normalísimo e inteligente contable
que frecuentaba sin problemas los ambientes de la gente de bien. Por lo
demás, el mismo Michele Greco, también «el papa», y masón, encontraba la mejor acogida en los más exclusivos círculos y salones de Palermo y estaba totalmente a gusto entre aristócratas medio arruinados y
grandes profesionales, entre los cuales se distinguía, por el prestigio de
su linaje, un corleonés honorario (pero activo como anómalo «muchacho»), el príncipe Alessandro Vanni Calvello Mantegna di San Vincenzo, capo de la familia de Alia.

Al respecto véase la aguda película de Roberto Benigni *Johnny Pali-
llo* para una correcta, aunque deliberadamente fantasiosa, irónica e hilarante representación de aquella realidad cuyos mecanismos, sin embargo, permanecieron en secreto durante más de una década.

Si no se estaba entre los «especialistas», desde el exterior a lo sumo se
podía entrever una gran fiesta, análoga en muchos aspectos a la que parecía disfrutar la Milán de Craxi y compañía, que aún lograba mantener
oculta su floreciente Tangentópolis.[1] En Sicilia una análoga ocultación
duró todavía más y cuando, en 1992, la realidad milanesa comenzó a
salir a la luz del sol, hubo incluso quien se preguntó si acaso la mafia,
por algún incomprensible motivo, y quizás en tanto que básicamente
comprometida en el mercado de estupefacientes, no había hecho de an-
tídoto contra ese fenómeno septentrional. Pero se equivocaba por mu-

1. En el lenguaje periodístico, el corrupto sistema económico y de poder instaurado en Italia en el curso de los años ochenta, basado en la solicitud y el pago de *tan-
genti*: comisiones ilegales. *(N. del T.)*

cho, porque al fin se sabría —hace apenas algunos meses— que los sicilianos incluso habían inventado Tangentópolis o, al menos, no habían ido por detrás de nadie al iniciar su proceso de desarrollo.

También se ha identificado el motivo de la mayor resistencia de los telones sicilianos: en julio de 1983 la Cosa Nostra —según ha esclarecido la Fiscalía de Caltanissetta— había conseguido bloquear el desarrollo de las indagaciones sobre las relaciones triangulares entre mafia, política y economía eliminando al juez Rocco Chinnici, que las estaba llevando a cabo con éxito. A un objetivo análogo, garantizar la *omertà* que encubría las actividades ilegales y masonicomafiosas del área de Trapani, había obedecido, en enero de ese mismo año, la decisión de suprimir al juez Gian Giacomo Ciaccio Montalto. En septiembre de 1990, la Cosa Nostra reforzaría el muro de silencio con el asesinato del juez Rosario Livatino, en la provincia de Agrigento, de nuevo en Canicattì, un pueblo particularmente rico en bancos y financieras, en una vasta zona neurálgica de la especulación, tanto mafiosa como de aquellos relacionados con Tangentópolis, sobre la cual reinaba el ministro democrata-cristiano Calogero Mannino, con una corte que se extendía hacia la izquierda, más allá de los socialistas inclusive.

Una cierta magistratura había hecho el resto: en 1991 el Tribunal de Catania había reconocido que los caballeros Costanzo y Graci, finalmente procesados, habían tenido ciertamente relaciones con la mafia, pero los había absuelto, declarándolos «no punibles», con una singular motivación: «El rechazo de cualquier diálogo [con los mafiosos] orientado a la consecución de un determinado punto de equilibrio conduciría al empresario a renunciar al ejercicio de la empresa.»

Algo relevante surgiría más tarde, en mayo de 1993, contra el empresario agrigentino Filippo Salamone (el hermano del famoso juez de la Fiscalía de Brescia Fabio Salamone, tenaz impulsor de las investigaciones sobre Antonio Di Pietro). Éste se había declarado culpable de concusión; tras pactar la pena, fue condenado a un año y tres meses de reclusión. Sólo eso.

El silencio resistiría hasta el ciclón de las declaraciones de Siino a la Fiscalía palermitana en noviembre de 1997, completadas por otros dos arrepentidos, Vincenzo Sinacore y Francesco Milazzo. Corrido el telón, ha aparecido por entero, con claridad y riqueza de detalles, el marco formado por la mafia y Tangentópolis de los años ochenta. Al contarlo a los lectores del *Giornale di Sicilia*, así describe eficazmente el «ciclón» Ettore Serio: «[Siino] dibuja un mapa detallado de las logias masónicas encubiertas donde capos, políticos de relieve, representantes del mundo económico y altos burócratas entretejían relaciones y gestionaban contratas. Pone en danza a ex presidentes de la Región, parlamentarios nacionales y locales, cooperativas blancas y rojas, carabineros, magistrados, grandes industriales del Norte. Dibuja, en suma, una Cosa Nostra introducida en todos los ganglios de la sociedad, no la infraestructura [...] sino la estructura, no el contrapoder, sino el poder; un mundo en el que se habrían perdido las distinciones entre capos y representantes de las instituciones.»

¿Tan inusitada locuacidad es sólo el venenoso golpe de timón de un mafioso? Cualesquiera que fuesen las causas y las inescrutables intenciones, las revelaciones han fluido a las crónicas con una sistematicidad casi de contable, concretándose en una verdadera oleada de datos, con precisa indicación de nombres y apellidos, motivos, circunstancias, números, hechos y lugares, confirmados por al menos otra decena de arrepentidos. El centro de la organización clamorosamente desvelada estaría constituido por una «mesa de distribución», cuidadosamente predispuesta para las negociaciones indirectas, en distintos tiempos y ocasiones, entre los representantes de los particulares componentes (la Cosa Nostra, los partidos, el empresariado) de un único e indivisible sistema de mala vida.

En torno a esa mesa se habrían formado o consolidado, para un reparto de los recursos públicos equilibrado y razonable, las amistades cómplices de algunos personajes históricos de la política y de otros emergentes del mundo de las logias masónicas, entre los que Siino ha citado a cuatro diputados democratacristianos —el infaltable andreottiano Salvo Lima, el renovador de la izquierda democratacristiana Calogero Mannino, el más modesto Salvatore Sciangula y Rino Nicolosi, ex presidente de la Región, conocido como el «Negus», «número uno de la organización de las contratas»— y los empresarios Filippo Salamone (antes citado, titular de la Impresim y cuñado de Sciangula), Giovanni Miccichè (socio y colaborador de Salamone), el ingeniero Antonio Vita (amigo y quizá socio de Mannino) y, naturalmente, el mismo Angelo Siino con mandato especial de la cúpula mafiosa.

En la «fiesta» habría participado también el administrador de Calcestruzzi del Consorzio Cooperativo Rosso Ravennate. Entrando en detalles, las revelaciones implicarían a varios elementos de izquierda procedentes del PCI, como el doctor Michele Cavallini (ex director de la Ravennate) y un profesor de la Universidad de Catania, el economista Elio Rossitto, a su vez unido por una sólida amistad al diputado andreottiano catanés Antonino Drago y con estables relaciones con el socialista Salvo Andò (conocido por los lectores más informados en las cuestiones políticas por su papel como ministro de Defensa).

Al final —pero ¿es posible esperar encontrar el fondo de un abismo en el cual se ha precipitado toda la *societas* de los poderosos y los notables sicilianos?—, Siino también ha revelado, aparte de las relaciones de la mafia con el diputado democratacristiano Giammarinaro, que entre los beneficiarios de la «tarta» estaban, no menos ávidos que los representantes de la DC, los socialdemócratas dirigidos por el conocido ex ministro Carlo Vizzini y los republicanos, estos últimos a través del administrador ingeniero Ciaravino (amigo de Gunnella, imperecedero secretario regional del PRI), precisamente mientras en la sede nacional Giovanni Spadolini intentaba recoger la elevada y austera herencia moral de Ugo La Malfa.

El escenario abierto, al comienzo, sobre la Sicilia occidental se extendió rápidamente a toda la isla. Investigaciones y procesos han evidenciado cómo las operaciones de la mafia y Tangentópolis eran fundamentales para la suerte del empresariado catanés dominado por los «caballeros».

De las neblinas de la zona de Agrigento, con las emociones y la indignación de la sociedad civil por las brutales eliminaciones de los valerosos jueces Saetta y Livatino, han emergido los contornos de un poder económico, político y mafioso dotado de un increíble peso internacional: allí, en una compleja actividad especulativa de carácter criminal, desde hacía tiempo la creciente influencia de la mafia institucional de la Cosa Nostra, bajo el mando de los corleoneses, se había entrelazado con la autónoma fuerza local de la *Stidda* y, en particular, con los efectos de retorno sobre el territorio de las actividades de un imponente *holding* mafioso (dotado de una densa red de conexiones en Italia, Suiza, Inglaterra, Canadá, Estados Unidos y Suramérica) constituido y dirigido, para el narcotráfico y el blanqueo de dinero, por el capo de Siculiana Pasquale Cuntrera en asociación con algunos de sus parientes y paisanos de las familias Caruana, Giacardella y Mongiovì. Cuntrera, conocido a mediados de los años sesenta por la estadounidense DEA como «el más rico y peligroso comerciante de heroína de la Europa meridional», nunca había renunciado a controlar las diversas fuentes y recursos del negocio y la política en su originaria base agrigentina, aunque las exigencias y los éxitos de su aventura lo habían llevado, sobre la ola de su prestigio como «Rothschild de la droga», a los refinamientos de las lujosas residencias inglesas de Surrey y a las triunfales relaciones en Venezuela con el presidente Luis Herrera Campins.

Que todo esto fuera posible por méritos mafiosos, incluida la formación de patrimonios personales apenas inferiores a los de Berlusconi, Agnelli o Benetton, no era un hecho sorprendente, al menos para cuantos conocían las vicisitudes de un Michele Sindona, pero los descubrimientos relativos al imponente imperio de Cuntrera (debidos en gran parte también a las fundamentales investigaciones de Giovanni Falcone) han sido de particular importancia para comprender cómo y por qué las actividades especulativas relacionadas con la mafia reveladas por Siino siempre eran reconducibles a un marco de intereses de alcance nacional, y aun internacional, a pesar de que en ocasiones su ámbito podía parecer circunscrito a específicas áreas provinciales de Sicilia.

Esta última es una observación que quizá pueda valer también para la interpretación de los resultados de las recientes indagaciones de la Magistratura y de la Comisión Parlamentaria Antimafia que han sacado a la luz las singulares actividades del hampa del área de Messina, de cuya existencia ni se sospechaba. La de Messina era definida en Sicilia con un lenguaje pintoresco del que es fácil adivinar la naturaleza, la provincia *babba*, es decir, la provincia «tonta», porque era casi por completo ajena al fenómeno mafioso, con la excepción de algún turbio episodio marginal, como el recordado asesinato del sindicalista Carmine Battaglia, en un territorio donde un notable de Sant'Agata di Militello, un tal Giuseppe Russo, al servicio de la DC y en relaciones de amistad con su convecino, el jefe de policía Angelo Vicari, había controlado durante un tiempo la «mafia de los pastos» en el territorio montañés de los Nebrodi (Ovazza, 1967).

En la ciudad del estrecho, de tradiciones masonicoliberales en los márgenes de la isla y nunca del todo recuperada del destructivo terremoto de 1908, no parecía que la mafia tuviese mucho que exprimir aparte de limones. Sin embargo, casi por sorpresa, el asesinato de un valeroso periodista local, Beppe Alfano, revelaría que, en cambio, también en Messina la mafia había echado raíces, bajo la dirección, entre otros, de un capo de fidelidad corleonesa, Giuseppe Gullotti.

Según cuanto se desprende de recientes indagaciones, la provincia, en coherencia con su situación geográfica, se habría convertido en una especial área de interconexión, para el intercambio de favores y para la común gestión de actividades ilegales, entre la mafia siciliana y la 'ndrangheta calabresa. En particular parece que la sociedad urbana de Messina había dado curso al desarrollo de una especulación, tan próspera e impregnada de actividades criminales como de incierta y difícil definición mafiosa, porque es aparentemente asimilable a fenómenos de pura y simple corrupción del tipo de la Tangentópolis milanesa. Poseía, no obstante, una característica original, debida al marco limitado de los recursos económicos vernáculos: al ser la Universidad la única gran empresa de la ciudad, acabaría por convertirse en el objetivo, el centro y la articulación de las actividades ilegales, los enriquecimientos ilícitos y las relaciones peligrosas, todo ello a pesar de la elevada calidad cultural de sus docentes y de su inalterable prestigio como institución científica de indiscutible vitalidad.

La crónica proporciona numerosos datos reveladores de una anomalía tan singular e inquietante. Como efecto de una práctica de favoritismos múltiples y de venales amistades entre «barones» y especuladores, devino una auténtica «gusanera», crecida, sobre todo en los años ochenta, al amparo de comisiones ilegales, prebendas y honorarios para asesorías inútiles y millonarias. El ex rector, Guglielmo Stagno d'Alcontres, heredero de una conocida familia principesca, fue condenado por el Tribunal de Cuentas a reembolsar al Estado más de setecientos millones de liras de honorarios pagados, por asesoramientos, al jurista Angelo Falzea. Pero el hecho sólo debe registrarse como un episodio de una realidad mucho más amplia y compleja, del sistema de poder de la ciudad, sobre la cual finalmente se ha abierto una ventana.

Para reconstruir el marco integral y verídico de lo sucedido y verificar su grado de exposición directa con los intereses de las bandas es preciso esperar a los desarrollos de la acción judicial que recientemente ha alcanzado al ex juez Angelo Giorgianni, actual diputado de la Lista Dini y subsecretario de Interior (hace poco al fin cesado) del Gobierno Prodi, indirectamente acusado por Siino y, directamente, por la Comisión Parlamentaria Antimafia presidida por Ottaviano Del Turco. También es preciso esclarecer el marco de las turbias actividades de un Ateneo —gobernado, con reiteradas manifestaciones de consenso académico, por un representante de la más rica y poderosa burguesía de Messina, el rector Diego Cuzzocrea— que, como culminación de varios episodios violentos, ha conocido el reciente asesinato de uno de sus docentes.

Con específica referencia a las responsabilidades de Giorgianni en los tiempos de su actividad como juez en la zona de Messina, el vicepresidente de dicha Comisión, el diputado Niki Vendola, ha denunciado que el caso se inserta en un escenario «impresionante de impunidad e injusticia». Además, no sólo en Messina la entente mafia-Tangentópolis siciliana sería inimaginable sin constantes coberturas y complicidades de algunos sectores corruptos del estamento judicial y de las distintas fuerzas de policía.

A la espera de nuevos esclarecimientos sobre las peculiares vicisitudes messinesas, para todo el contexto de los años ochenta podemos conformarnos con las revelaciones de Siino completadas por aquellas de otros colaboradores de la justicia para fijar un punto fundamental sobre las reglas adoptadas en Sicilia para el reparto de las comisiones ilegales, que eran tan elementales como perentorias: «La mitad a los políticos, el resto a la Cosa Nostra.» Se ha sabido que, en un momento dado, se convino instituir también el llamado «impuesto Riina»: ¡un porcentaje del 0,80 % sobre todos los negocios tenía que llegar directamente al capo de la Cosa Nostra! Según las más recientes declaraciones de Giovanni Brusca, Salamone, con su socio Miccichè, habría asumido las mayores responsabilidades de la representación de los empresarios: habría mantenido relaciones estables con Siino, haciendo incluso de «recaudador de la mordida de las empresas de la zona de Agrigento».

Obviamente, el cuidado fundamental de alimentar un regular flujo de comisiones ilegales comportaba una distribución prudente de las contratas de las obras públicas a empresas fiables, de vez en cuando señaladas por los políticos y los mafiosos. En esta operación, la Cosa Nostra se comportaba con mucha racionalidad: incluso habría acogido el consejo de remover al «excesivamente denostado» Siino, adhiriéndose a la propuesta de los empresarios de sustituirlo por un administrador septentrional, el ingeniero Giovanni Bini, al que correspondería el liderazgo de las contratas en licitación con el capo Antonino Buscemi (álter ego de Riina) y con el ya mencionado ingeniero Vita, fiduciario del diputado Mannino.

El ascenso de Bini a la cúspide del sistema, siempre que fuera definitivamente constatada, sería un dato que evidenciar como particularmente importante porque permitiría una inequívoca verificación de las nuevas aportaciones de gestión nacional afluidas desde lugares bien distantes de Sicilia a los intereses gestionados por la Cosa Nostra. Es un hecho que Bini era el terminal siciliano del grupo Ferruzzi que en 1984, con Calcestruzzi Spa (y por lo tanto con Lorenzo Panzavolta, el gran amigo de Raul Gardini, que era el presidente), había sustituido a la familia mafiosa de los Greco para realizar, con el concurso de dinero fresco y de modernas capacidades administrativas, una de las más horribles operaciones especulativas patrocinadas por Salvo Lima: la parcelación abusiva de la montaña Pizzo Sella que cierra el palermitano golfo de Mondello, frente al célebre monte Pellegrino, para Wolfgang Goethe «el promontorio más hermoso del mundo». A la parcelación abusiva siguió de inmediato un desastre ambiental de increíbles dimensiones, destinado a hacerse aún más tremendo por efecto de la pésima y apenas parcial ejecución de las obras proyectadas, así que Pizzo Sella asumiría la lúgubre apariencia de un monumento marítimo a la mafia: una acumulación de restos de chalecitos sin terminar sobre un enorme espacio rocoso sin una brizna de hierba, durante años triste lugar de encuentro y compenetración de oscuros tráficos de empresas sicilianas y septentrionales con fines e intereses que pueden imaginarse mucho más amplios y complejos que aquellos que suelen relacionarse con las especulaciones inmobiliarias normales.

El marco de la relación entre mafia y Tangentópolis siciliana se vio posteriormente aclarado por efecto de los primeros resultados de la operación Basura concluida en julio de 1998 con la detención de centenares de empresarios y de mafiosos (entre otros, el consuegro de Vito Ciancimino, Agostino Catalano) de las provincias de Trapani y de Palermo, pero también con una nueva implicación del agrigentino Filippo Salamone y de Giuseppe Costanzo. Así se inició la verificación procesal de la hipótesis de un sistema más articulado y dinámico en el cual el área mafiosa de vieja fidelidad corleonesa ya estaba a punto de dividirse en dos partes, estratégicamente cómplices, pero tácticamente en competencia: una, todavía dependiente de Riina, dirigida y gestionada por el dúo Giovanni Brusca y Angelo Siino; y otra, que se remonta al poder cada vez más autónomo de Bernardo Provenzano, controlada y guiada operativamente por el dúo formado por Antonino Buscemi y Giuseppe Licari.

LOS NUEVOS APARCEROS

Entre contratas y comisiones ilegales, actividades empresariales y grandes centros de representación y distribución comercial, tráfico de estupefacientes y de armas, extorsiones y actividades financieras diversas para el blanqueo de dinero, la red de los negocios en el centro de la cual se hallaba la Cosa Nostra y que, desde Sicilia, se expandía a Italia y el mundo, podía contar, manejando un volumen de dinero estimable en algunos centenares de miles de millardos de liras, con una muy variada gama de oportunidades y con crecientes aportaciones de personal con rasgos y competencias empresariales. Si se quiere ser más preciso, aquello que se ha llamado no impropiamente el PIM (el Producto Italiano Mafioso), oscilaría entre los 69.000 millardos de liras calculados por el presidente de la Cámara, Violante, y los 230.000 millardos de liras calculados por la Confcommercio (la Confederación General del Comercio). Según otras informaciones verificadas durante el proceso, sólo en 1984 la mafia habría facturado en Italia entre cien mil y ciento cincuenta y cuatro mil millardos (equivalentes a cerca del 12 % del PIB italiano), con un número variable de miembros, comprendido entre ochocientos mil y un millón de personas. En particular la extorsión habría conseguido por sí sola un volumen anual de veinte mil millardos de liras (con ciento cincuenta mil miembros), mientras que igualmente provechosas habrían resultado las actividades de estafa y falsificación (doce mil millardos y medio de liras y cien mil miembros).

En consecuencia, se puede valorar por aproximación la fuerza electoral de la mafia. El circuito del negocio era el mismo circuito en el cual se producían las transacciones para el llamado voto de intercambio. El arrepentido Antonio Calderone, que ha hecho la siguiente declaración, ha trazado la dinámica general del fenómeno: «Los políticos siempre han venido a buscarnos, porque disponemos de muchos, muchísimos votos. Para tener una idea de cuánto cuenta la mafia en las elecciones [...], tengan presente que cada hombre de honor, entre amigos y parientes, puede disponer de más de cuarenta o cincuenta personas. Los hombres de honor en la provincia de Palermo son mil quinientos o dos mil. Multipliquen por cincuenta, y obtendrán entre setenta y cinco y cien mil votos que orientar hacia partidos y candidatos amigos.» Luego estaban, mucho más numerosos, los votos que eran comprados directamente en negociaciones privadas y aquellos que resultaban de perentorias imposiciones de los capos de las bandas territoriales: en conjunto, varios centenares de miles. El poder económico vinculado a la mafia era, por lo tanto, el fundamento del poder político de las corrientes privilegiadas de los partidos de Gobierno y, en el seno de las corrientes, de los principales notables que se repartían los votos de preferencia, tratando los denominados «paquetes de votos» como normales, aunque algo especiales, partidas de mercancías.

Giorgio Bocca, al abordar de nuevo y por completo la cuestión en una reciente indagación de *La Repubblica* (27 de noviembre de 1997), ha entrado en los detalles de la economía mafiosa utilizando las pormenorizadas investigaciones científicas de 1997 de los profesores Mario Centorrino y Guido Signorino de la Universidad de Messina. He aquí algunos extractos del análisis resultante:

De momento parece imposible controlar un mercado financiero mundial que sólo en divisas negocia diariamente centenares de millardos de dólares, o un sistema crediticio italiano que tiene cincuenta millones de cuentas o de libretas de ahorro. En los últimos años se han intervenido en Sicilia la Banca Agricola de Marsala, las de Monreale y de Agrigento, pero sólo en las provincias mafiosas se cuentan más de dos mil instituciones de crédito con máximo desarrollo en las provincias de Palermo, Bari, Reggio Calabria y Nápoles. En la Sicilia occidental la mafia ha creado centenares de bancos cooperativos, ha utilizado la banca para sus propósitos. El capo Bontate para no tener que desplazarse había abierto a sus expensas una filial del Banco de Monreale en Villa Grazia de Palermo, donde vivía. En el trienio 1993-1995 se han incautado bienes mafiosos por siete mil cuatrocientos millardos, una cifra respetable pero, a causa de la duración de los procedimientos, los efectivamente obtenidos por el Estado son ciento cincuenta y nueve.

Las cifras sobre el blanqueo de dinero mundial proporcionadas por las Naciones Unidas son de vértigo y en ello participan con sus paraísos fiscales también nobles naciones como el Reino Unido en Gibraltar y el Caribe o Francia en Mónaco o el Gran ducado de Luxemburgo y otros austeros custodios de las reglas de Maastricht. En la globalización financiera la mafia tiene una clara ventaja: usa la corrupción como los otros y, además, la fuerza, la licencia para matar y el volumen de sus intereses.

Bocca, en definitiva, ha sintetizado los resultados económicos del colosal crecimiento de la economía mafiosa en los años ochenta: una coyuntura favorable destinada a durar hasta el final de la primera república. Un imperio de tan grandes dimensiones no habría podido ser gestionado sólo por los rústicos y semianalfabetos delincuentes que componían la cúpula oficial de la organización mafiosa, aunque es verdad que éstos, muy conscientes de su especial fuerza, estaban acentuando

—como veremos mejor dentro de poco— su agresividad en un delirio de omnipotencia. En conjunto, según cuanto se va evidenciando con cada vez mayor claridad por los progresos de las indagaciones, la Cosa Nostra constituía sobre todo el componente de fuerza (de vez en cuando de persuasión o de disuasión), o sea el brazo armado, y la estructura para el control y la eventual gestión de la pequeña delincuencia, de una enorme Mafiópolis mezclada con la sociedad oficialmente regida y regulada por la legalidad y los partidos de la república.

Por lo tanto, aquello que en los años ochenta se había estructurado en otras partes en la llamada Tangentópolis, en Sicilia constituía un aspecto importante —pero no el único ni el fundamental— de un fenómeno de dominio integral, casi con las características de un Estado totalitario, de una burguesía mafiosa no sólo siciliana sino enormemente extendida. No es casual que Leonardo Sciascia haya escrito amargamente que Sicilia era la metáfora de Italia.

Piénsese, para tener una idea del totalitarismo de dicha forma de poder, que incluso el equipo de fútbol de Palermo —según han descubierto recientemente los financieros del GICO— había sido comprado por un constructor por cuenta y orden del capo Rosario Riccobono, de modo que el Palermo, con sus gloriosas tradiciones deportivas a las espaldas, acabó precipitándose a la tercera división sin conseguir levantar cabeza nunca jamás. El hecho ha salido hace poco a la luz junto con otras graves acusaciones lanzadas por el arrepentido Salvatore Cocuzza contra un tal Liborio Polizzi, ex presidente del Palermo Calcio y concejal provincial de deportes, incriminado por «colaboración con asociación mafiosa». Los financieros del GICO incluso han descrito, con una investigación que espera una definitiva verificación por parte de la Magistratura, el papel desarrollado en la extorsión (gestionada principalmente por los capos Francesco Madonia y Raffaele Ganci) por los empresarios Vincenzo y Filippo Rappa, amigos y sostenedores del diputado Salvo Lima.

Por lo que se refiere específicamente a los distintos aspectos del gran ente formado por la mafia y Tangentópolis, los principales imputados involucrados por Siino han reaccionado rápidamente, en el obvio intento de sustraerse a la acusación de mafiosos, proponiendo su versión de los hechos. Conviene prestar atención a sus argumentos, no sólo como complemento del análisis, sino sobre todo porque se trata de afirmaciones que permiten verificar una perfecta y casi sorprendente reproducción, en un trazado histórico de largo alcance, de los modelos de comportamiento de la clase dirigente siciliana frente a la denuncia de su implicación orgánica en el fenómeno mafioso.

El primero en rebelarse fue el investigado Salamone. Ha dicho: «¿Siino...? vino a vernos como un pequeño empresario que pedía un favor. Tiempo después comenzó a hacer ciertos discursos, comenzó a decir que debíamos pagar una "mordida" si queríamos trabajar en paz.» Al cabo de unos días, a él y a su socio Miccichè se les pusieron los pelos de punta cuando el cruel capo Giovanni Brusca se presentó para aclarar los términos de la situación. En resumen, más allá de la letra y los detalles de sus declaraciones la tesis defensiva de Salamone puede resumirse en la siguiente proposición:

> Nosotros, los empresarios, pagábamos comisiones ilegales a los políticos y también éramos chantajeados por la Cosa Nostra. Ergo: éramos víctimas tanto de los políticos como de los mafiosos.

De inmediato intervino públicamente el diputado Rino Nicolosi, en nombre de los partidos, y sus declaraciones, con algunas libertades de expresión pero respetando rigurosamente el contenido, se pueden resumir como sigue:

> Nosotros, los políticos, es verdad, exigíamos a los empresarios el pago de comisiones ilegales y, por lo tanto, lo reconocemos, éramos corruptos; pero sería una temeridad acusarnos de mafiosos. ¡No! Fue la mafia la que se introdujo solapadamente en nuestras operaciones, realizadas en general con el noble objetivo de financiar la política. Ergo: ¡todos fuimos víctimas de la mafia!

A ambos ha respondido el fiscal Roberto Scarpinato en un artículo publicado por *Micromega*. El marco de las relaciones de carácter especulativo, «tangenticio», mafioso y criminal era sistemático, único e indivisible, de Sicilia al Norte de Italia y viceversa: «Las indagaciones en curso en el Norte y en el Sur parecen volver a anudar los hilos de un discurso subterráneo que puede conducir ya no a la superestructura política y a la infraestructura mafiosa, sino a la propia estructura, a la espina dorsal del sistema criminal italiano. En otras palabras, a la cúspide estratégica de la Italia ilegal.»

A los fines de nuestro análisis historiográfico, Roberto Scarpinato asume un papel análogo al de Leopoldo Franchetti en el lejano año 1875, cuando, como se ha visto, comprendió a fondo y denunció con Sonnino, en su célebre encuesta, que los «barones», los latifundistas, no eran víctimas sino cómplices de la mafia.

Es asombroso, pero no para quien conoce a fondo Sicilia y sus circunstancias, que la clase dirigente no haya cambiado una coma de los argumentos autodefensivos elaborados hace más de cien años. En efecto, se trata de una clase dirigente que, sobre todo en los años ochenta, se había habituado a considerar la isla, con todas sus proyecciones en el mundo, como un único y articulado sistema de recursos privados de cuya propiedad disfrutaba por derecho político. Esos recursos, por lo tanto, podían ser alquilados, subalquilados o vendidos a placer a cuantos, sicilianos o no, hubieran estado dispuestos a pagar los debidos cánones (léase comisiones ilegales) o los precios de venta convenidos. A su vez, los inquilinos, los nuevos aparceros de la mafia empresarial, podían desquitarse a placer con los más débiles, exprimiéndolos y esquilmándolos con una infinidad de chantajes y «mordidas». No es casual que el diputado Rosario Nicoletti, democratacristiano de izquierdas, pero amigo de Lima y sicilianista apasionado, secretario regional de su partido en los años del «gran festín», soliera repetir a los más íntimos, refiriéndose a los nuevos aparceros del Norte: «Ésos..., no pueden salirse de rositas... ¡Que paguen!... ¡Todos tienen que pagar!» Y todos, en efecto, pagaban. Es amargo reconocerlo en tanto que sicilianos: la Cosa Nostra se había vuelto indistinguible de una de las clases políticas más sofisticadas y, desde luego, peores del mundo.

Al liderazgo del sistema accedían en distintos grados todos los partidos de Gobierno (con una parcial implicación de los de oposición), sometiendo las normas a las respectivas corrientes de derecha y de izquierda, aunque debe reafirmarse que el papel central en el enredo de relaciones correspondió siempre a la corriente andreottiana, fundamental estructura nacional de garantía para la DC y los diferentes socios exteriores. Por lo que se refiere a su organización, esta corriente, de la que ya conocemos su selecta composición, obedecía a una dinámica de las relaciones cima-base-cima eficazmente descrita por los arrepentidos y, en particular, por Leonardo Messina y Gaspare Mutolo: para sus necesidades, los soldados de la Cosa Nostra se dirigían a Lima y éste lo explicaba a la cúspide, al capo de la corriente: allí arriba, en la cúpula de los Evangelisti, los Vitalone y los Ciarrapico, se encargarían de resolver los problemas, entre los cuales estaba el de salvar a los «muchachos» de las condenas de los tribunales amañando el curso de los procesos. Sobre el tema, el más explícito fue el arrepentido Gaspare Mutolo: «El senador Andreotti es exactamente la persona a la cual el diputado Salvo Lima se dirigía una y otra vez para las decisiones adoptadas en Roma que involucraban intereses de la Cosa Nostra.»

El maestro Ciccio y el «Matasentencias»

En Roma, los mafiosos sicilianos contaban con los «amigos» que componían la cúspide nacional de la corriente andreottiana. Al mismo tiempo, tenían la oportunidad de incluir entre los «amigos de los amigos» más poderosos (siempre allí, en Roma) a otro prominente personaje, Corrado Carnevale, un siciliano de Licata, ascendido a la cúspide de la Magistratura con el cargo (casi ininterrumpidamente durante siete años) de presidente de la primera sección del Tribunal Supremo. Desde luego, Carnevale tenía títulos suficientes para convertirse en el magistrado más amado por los abogados de la Cosa Nostra, aunque sólo fuera por tratarse de un garante intransigente, sostenido por una sólida base doctrinaria (compartida por no pocos profesores prominentes de la facultad de Derecho de Palermo) y exhibido con una insistencia casi paranoica. Durante al menos un siglo, el «garantismo», como bien saben los lectores, ha sido utilizado como una de las principales armas defensivas y ofensivas de los poderes privilegiados de la isla contra las leyes del Estado; si se quiere, como una especie de huelga al revés, una forma de lucha que consiste en la sustitución de la abstención laboral por una pedante y exasperada aplicación de todas las normas y disposiciones reglamentarias vigentes para dilatar, y de hecho paralizar, las actividades regulares de los despachos.

Carnevale se había especializado en buscar, con una lupa perfectamente legal, cinco pies al gato en los fallos de las sentencias. Y tanto buscaba que al fin siempre conseguía encontrar algo adecuado para anular las sentencias. De aquí, el mote de «Matasentencias», en verdad conquistado con mérito y sobre el terreno. La lista de los «méritos» que le han reconocido al respecto los jueces que lo han sometido a proceso son de verdad numerosos. Los ha pormenorizado y agudamente reconstruido, en un artículo del periódico *La Repubblica* (23 de junio de 1988) el periodista especializado Attilio Bolzoni:

> El hombre es el que es. En lo bueno y en lo malo, es siempre él: indefectiblemente primero.

Hace exactamente diez años había pulverizado la investigación de Giovanni Falcone sobre las revelaciones del arrepentido Calderone, distribuyéndola «por razones de competencia» a 12 fiscalías de la República. Para él la Cúpula era una fábula, y la mafia un conjunto de bandas sin dirección. Hace exactamente siete años había excarcelado a 43 mafiosos del maxiproceso —entre otros, Michele Greco, Giuseppe Madonìa, Pippo Calò, Mariano Agate, Giovanbattista Pullarà y Stefano Fidanzati— por haber superado el plazo de la prisión preventiva. No sólo la Cúpula era una fábula para él, sino también un resultado aritmético, el cálculo de los días que cada imputado debía purgar. Hace exactamente cinco años, le preguntaron: «¿Cuántas sentencias ha matado, presidente?» No respondió. Entonces eran poco menos de quinientas. Había anulado la condena a cadena perpetua contra Michele y Salvatore Greco por el homicidio del juez de instrucción Rocco Chinnici. Había absuelto a Licio Gelli de la acusación de subversión y pertenencia a banda armada. Había ordenado un nuevo proceso por la matanza del rápido 904 Nápoles-Milán [16 muertos y 266 heridos] anulando la cadena perpetua para Pippo Calò y su brazo derecho Guido Cercola.

Había rechazado el recurso de Enzo Tortora que pedía desarrollar —por legítima sospecha de que la opinión pública había influido sobre el fallo del juez— el proceso de apelación contra la camorra lejos de Nápoles. Había trasladado —al contrario— de Milán a Roma la investigación sobre los fondos negros del IRI [Instituto para la Reconstrucción Industrial].

Sus sutilezas legales exorcizaban los hechos. Absueltos por el Tribunal Supremo los tres asesinos del capitán Basile. Reducidas a cero 134 cadenas perpetuas y 700 años de cárcel a Mommo Piromalli y a sus esbirros. Borradas todas las condenas por tráfico de drogas a los Bono de Bolognetta. Los mafiosos no decían por teléfono «trae la droga» o «tráeme tantos kilos», decían «camisas» y «pizzas». Esa «habla críptica» no podía constituir una prueba, concluyó el altísimo juez. Le preguntaron otra vez: «Y entonces, ¿cuántas sentencias ha matado, presidente?»

Esta vez respondió: «Para matar algo, es preciso que ese algo esté vivo.»

Entre los hechos mencionados por Bolzoni es ejemplar, en particular, la anulación por defectos de procedimiento (en realidad por fútiles e irrelevantes errores de forma) de la sentencia de condena emitida por el Tribunal de Apelación de Palermo contra los tres asesinos, perfectamente identificados, del capitán de carabineros Emanuele Basile, indefendibles por los mismos capos de la Cosa Nostra. Como es comprensible, empresas de semejante ralea suscitaban el alborozo de la Cosa Nostra, ofreciendo ocasiones para fiestas como la que se celebró —cuenta el arrepentido Totò Cancemi— cuando, de una sola tacada, se obtuvo la excarcelación de 43 mafiosos por haberse superado los plazos procesales.

No sabemos si Francesco Messina de Mazara del Vallo, el *Maestro Ciccio*, tuvo ocasión de encontrarse personalmente con su hábil correligionario Corrado Carnevale.

Ciccio, que se suicidaría en extrañas circunstancias, era un sombrío alquimista o, si se prefiere, un vinatero de códigos y normas procesales. Con su empírica sabiduría a menudo conseguía aliviar las penas de los «muchachos»: asumía las solicitudes, las valoraba, establecía de vez en cuando el grado de legitimidad, decidía sobre la activación de las influencias que había que ejercer sobre los jueces; al respecto, distribuía, por delegación de la cúpula, consejos y disposiciones a amigos y amigos de los amigos. El canal privilegiado de sus operaciones de Sicilia a Roma y viceversa eran los distintos políticos (sobre todo Lima y los primos Salvo) de la corriente andreottiana y una red de maniobreros, cancilleres y masones, particularmente extendida en el mundo de los abogados y picapleitos.

En concreto, es un decir, el personaje ejercitaba un papel similar al de un ministro de Justicia de la Cosa Nostra. Ya se ha dicho, y es bueno repetirlo, que antes de las constataciones finales de los procedimientos procesales en curso, no es posible saber si consiguió y cuánto aprovecharse del garantismo del hábil Corrado Carnevale. Pero es cierto que, según la Fiscalía de Palermo, con los años hizo amañar por parte del Tribunal Supremo al menos ocho procesos mediante «verdaderas tergiversaciones de los hechos», aprovechándose a fondo del arma legal de las sutilezas de que se valían las «togas sucias» imponiendo a la justicia los estigmas mafiosos de «múltiples y graves anomalías».

Por otra parte, no existen dudas sobre el hecho de que la cúpula de la mafia no reparaba en gastos con tal de «ajustar las sentencias». Y Carnevale daba signos inequívocos de compartir al menos los humores del ambiente en el que actuaba el Maestro Ciccio, hasta el punto de exhibir abiertamente su desprecio por los héroes de la lucha antimafia: «Yo respeto a los muertos... —diría con ocasión de una manifestación pública de garantías— pero algunos muertos... ese cretino de Falcone...» En plena conformidad con este juicio, se habría afanado para anular una serie de cadenas perpetuas a los capos, tratando de desintegrar el llamado «teorema Buscetta», base fundamental de la sentencia de instrucción de Giovanni Falcone (Galluzzo-La Licata-Lodato, 1992).

Con el apoyo de semejantes testimonios, es obvio que tan infatigable demoledor de procesos entre los mafiosos podía gozar de una muy especial fama de santidad: «Para nosotros —declararían algunos "muchachos" del Ucciardone— es como el papa Juan XXIII.» Ahora, en el surco de la mejor tradición sicilianista que se remonta por lo menos a los años del proceso Palizzolo por el crimen Notarbartolo, muy poco puede sorprenderse el «augusto» Carnevale por las actas con las cuales la Fiscalía de Palermo ha decidido pedir su procesamiento por «colaboración con asociación mafiosa». ¿Conocía a Andreotti? ¿Formaba parte de la estrategia política de su corriente? El «Matasentencias» niega tenazmente haber intercambiado incluso algunas palabras con el líder democratacristiano. Y, desde el punto de vista de sus exigencias procesales, sería difícil no comprender su actitud. En efecto, dada su peculiar especialización profesional, ¿de qué cosas sino de sentencias y de «muchachos» habría podido hablar con el «tío Giulio»? Hayan hablado o no, directamente o por personas interpuestas, tenían la vocación para un diálogo propiciado por amigos comunes y, de cerca o de lejos, si no socios, desde luego no eran enemigos.

Considerado en su conjunto y con el prudente distanciamiento de la crónica que compete al historiador, el caso Carnevale no puede y no debe resolverse en la oportunidad de señalar un chivo expiatorio para la mucho más compleja circunstancia del amaño de los procesos en la cual sirve como máximo para evidenciar, como suele decirse, la punta del iceberg. En efecto, durante décadas la hegemonía mafiosa sobre la sociedad italiana y sus relaciones entre la clase dirigente y el Estado había sido tan difusa como para involucrar a amplias partes del sistema judicial, de los magistrados a los abogados, al igual que a los demás aparatos de los poderes públicos. Habitualmente, antes aún que los amaños, estaban las distintas operaciones de ocultamiento de los delitos y de encubrimiento de los procesos por parte de fiscalías influidas por capos y notables de la política. Y no es difícil entender cómo sobre el filo de las mismas mediaciones del trabajo de los magistrados y de los abogados se establecían las ocasiones propicias para establecer relaciones de complicidad con los mafiosos, en perfecto acuerdo con las reglas de un sistema de poder que había concedido a la mafia una investidura política oficiosa.

Se trata de una larga historia de la que ahora van aflorando, en los tribunales, protagonistas convictos o sólo presuntos, implicados, a veces como cómplices, por los arrepentidos; por ejemplo, el juez Giuseppe Prinzivalle, condenado por el Tribunal de Caltanissetta a diez años de reclusión por «concurso en asociación mafiosa y prevaricación»; el jovencito de buena familia Cesare Musotto (hermano de un penalista ilustre y político de Forza Italia, presidente de la provincia de Palermo), que según una sentencia de primera instancia del Tribunal de Palermo alojaba en su villa a mafiosos del nivel de Leoluca Bagarella; los abogados recientemente sometidos a proceso como sospechosos de relaciones, aún presuntas y por confirmar, con la mafia, como Franco Marasà y Filiberto Scalone; el comisario Bruno Contrada, del que un proceso que concluyó con una condena cuestionada ha revelado las inquietantes frecuentaciones mafiosas y las oscuras tramas de funcionario del SISDE (Servicio para la Información y la Seguridad Democrática); Ignazio D'Antone, ex jefe de la Brigada Móvil y la Criminalpol (policía criminal) en Palermo, del que aún sería temerario presumir la culpabilidad mientras prosiguen las pesquisas judiciales sobre las acusaciones por «colaboración con asociación mafiosa». ¿Y qué decir de tantos otros, durante mucho tiempo también prominentes y respetables? ¿Cuántos de ellos eran apenas informales «amigos de los amigos», referentes tolerantes a causa de intereses ligados a las profesiones o encubridores, protectores, cómplices por acción u omisión, si no incluso «a total disposición» de las bandas? Todos podían ser, y al fin resultar, jurídicamente inocentes, o bien formalmente «no mafiosos» (porque, como todos saben, ninguno de ellos es mínimamente asimilable a los criminales), pero ¿podían escapar de la condición histórica (desde luego, de por sí, poco o nada relevante para la normativa penal) de representar ejemplarmente la tradición, la mentalidad y las costumbres de una cierta y muy particular cultura siciliana?

Todo esto permite tener una idea de cuán difícil debió de ser y, al principio, arduo y solitario el trabajo de jueces como Borsellino, Chinnici, Costa, Di Lello, Falcone o Terranova y de personalidades institucionales y funcionarios como Dalla Chiesa, Boris Giuliano, Ninni Cassarà, Beppe Montana y Piersanti Mattarella que se encontraron introduciendo la lógica del Estado y afirmando los valores de la estatalidad en contra de sectores importantes y dominantes del mismo *establishment* oficial del Estado.

LA HISTORIA DE UN BESO Y EL PAPEL DE BELCEBÚ

Entre los hechos de naturaleza criminal que un auto de procesamiento (cuya importancia histórica es un dato sobre el que volveremos) achaca al senador Andreotti, lo mismo que para un análisis historiográfico es sin duda secundario, resulta de lo más adecuado para despertar la curiosidad y la pasión de la crónica. Como es obvio, incluso sobre un historiador ejerce cierto efecto saber que un presidente del Consejo de Ministros puede haberse encontrado clandestinamente con el capo de todos los capos, don Totò Riina, mientras éste estaba fugitivo, inalcanzable para todas las policías que reconocían en ese presidente a la suprema autoridad de Gobierno del país. El encuentro, si quedara definitivamente probado, sería aún más horripilante en consideración a dos datos relativos, en primer lugar, a sus motivaciones específicas y, en segundo, a su sede: Andreotti debería haber exhibido la plena autoridad de esas funciones de garantía por las que los mafiosos lo llamaban afectuosamente el tío Giulio, empeñándose en amañar las sentencias del así llamado maxiproceso (del que luego hablaremos); el sitio elegido para tan edificante conversación habría sido precisamente la casa del recaudador mafioso Ignazio Salvo que, en aquella época, estaba en prisión domiciliaria.

Sin embargo, indignación civil aparte, si el historiador, como en este caso, es un siciliano, no se impresiona en absoluto por la eventualidad de que los dos se hayan besado. Desde luego, resulta divertido pensar que un Andreotti, encargado de la censura cinematográfica cuando era un joven subsecretario de De Gasperi, sea ahora censurable por un beso, a pesar del sospechoso cuidado que él mismo solía dedicar a aquellos con que solían concluir las películas de capa y espada proyectadas en las salas parroquiales. En el caso en cuestión, sin embargo, ni siquiera se trataría de un beso político, del tipo del que hace algunos años, en un sabroso cartel satírico inglés, se intercambiaban apasionadamente la señora Margaret Thatcher y el presidente Ronald Reagan bajo la inscripción en letras mayúsculas de *Lo que el viento se llevó*. En efecto, en Sicilia es de uso común la *basata*, que consiste en apenas un roce de las mejillas, entre dos amigos, e incluso entre dos simples conocidos que, por cortesía o recíproca convicción, se consideran y se tratan de igual a igual.

Si don Totò se encontró de verdad con Andreotti, hay que creer —como argumentan los jueces— que el personaje, por más que fuera desagradable y rústico, quizás haya al menos intentado demostrar a sus súbditos, con una teatral *basata*, que el gobierno de la mafia no era de rango inferior al del Estado. Si tan misteriosa cumbre no es una invención, queda por establecer si Andreotti consiguió sustraerse al juego. Según uno de sus acusadores, el arrepentido Balduccio Di Maggio, que habría estado presente en el acontecimiento, no lo habría logrado.

El relato tiene aspectos que lo hacen parecer una verdadera novela negra. Andreotti, eludiendo con un pretexto la vigilancia de su escolta policial se habría reunido con sus «amigos» pasando por un «sótano que permitía llegar hasta el ático (de Salvo) al abrigo de ojos indiscretos». La continuación, con interesantes observaciones, es descrita por Di Maggio en el texto reproducido por el «Suplicatorio para proceder contra el senador Andreotti» presentado por el fiscal Gian Carlo Caselli y los fiscales Roberto Scarpinato y Guido Lo Forte ante el Senado de la República el 20 de abril de 1993.

> Con el ascensor yo, Riina y... [omitido] subimos a la casa de Salvo, quien nos hizo entrar, haciéndonos recorrer un pasillo al fondo del cual, a la derecha, había una habitación en la que nos hizo entrar.
>
> Cuando llegamos, las personas presentes, a las que reconocí sin sombra de duda como el honorable Giulio Andreotti y el honorable Salvo Lima, se levantaron y nos saludaron. En particular, yo estreché la mano de los dos diputados y besé a Ignazio Salvo, a quien ya había saludado al llegar.
>
> *Riina, en cambio, saludó con un beso a las tres personas* [Andreotti, Lima y Salvo]. Inmediatamente después, fui, junto a... [omitido] a otra habitación, a la cual se accedía también a través del pasillo.

Los hechos narrados, para los cuales el arrepentido no consiguió indicar una fecha precisa, habrían ocurrido en 1987. Podríamos detenernos en esta fecha para respetar el itinerario cronológico de nuestra reconstrucción. Pero las crónicas judiciales apremian con nuevas informaciones de las cuales es oportuno dar cuenta de inmediato a los lectores.

Para empezar, en honor a la verdad, hay que destacar que Di Maggio, único testigo del beso, no ha contribuido a reforzar coherentemente su credibilidad, porque parece que hizo, por así decir, un uso impropio de sus oportunidades de arrepentido, aprovechando la «libertad protegida» para nuevas actividades mafiosas y para acciones punitivas en perjuicio de sus adversarios personales, descubiertas por la policía. Añadamos a esta desgracia el desmentido que, en un primer momento, le había llegado de su ex colega y brazo derecho de Riina, el capo Giovanni Brusca, que, interrogado sobre el beso, había dicho, con su colorido lenguaje de gran mafioso: «Es una gilipollez.» Sólo que con posterioridad, el 28 de julio de 1997, en la sala-búnker romana de Rebibbia, Brusca cambió por completo su versión dando crédito a las afirmaciones de Di Maggio. ¿Por qué antes había mentido? Lo ha explicado con afirmaciones que, al releerlas por entero, proporcionan una eficaz representación de los circuitos mentales de un mafioso: «Cuando empecé a colaborar, después del arresto, hace un año, traté por todos los medios de salvar a Andreotti para desacreditar al arrepentido Balduccio Di Maggio, al que odiaba y quería ver muerto. Por eso maquiné un plan para cortar los hilos que ataban a Andreotti con los Salvo, Lima... Si Andreotti hubiera sido absuelto, Di Maggio se habría convertido en un calumniador. Así, fingí que las relaciones de la Cosa Nostra estaban circunscritas a los Salvo, a Lima, a Vitalone, afirmando que no sabía nada de Andreotti. Y, en cambio, todos sabían que ellos eran... una sola persona, junto a los capos Greco, Bontate y Badalamenti.»

A continuación ha insistido en dar veracidad al relato de Di Maggio. Este último, aunque tan autorizadamente acreditado, ha tenido, no obstante, un percance que, como ha sostenido ante los jueces, por poco le cuesta la piel, o bien, como ha dicho textualmente, «el pellejo». En efecto, ha declarado a los jueces que en enero del año en curso había sido abordado en Roma por un paisano suyo, el abogado siciliano Vito Ganci y por dos misteriosos personajes, probablemente agentes de los servicios secretos, que le habrían ofrecido nada menos que seis millardos de liras para retractarse de sus afirmaciones sobre el beso. El extraño terceto le habría planteado perentoriamente el dilema: por una parte, seis o incluso siete millardos de compensación por una «buena acción»; por la otra, en el caso de una obstinada negativa a la colaboración, prepararse para renunciar a su... «pellejo». El abogado Ganci lo ha desmentido todo y ha denunciado a Di Maggio por calumnias.

Aquí podríamos poner el punto, porque es obligatorio suspender el juicio a la espera de las verificaciones judiciales. No sin antes haber registrado las palabras de comentario de Andreotti, al menos como confirmación del conocido y sutil humor del personaje: «Con seguridad nadie ha hablado por mí. Entre otras cosas, esos seis millardos representan una cifra que habría debido ganar con un par de premios de la lotería.»

Acabábamos de prometer que pondríamos el punto, y en cambio nos hemos visto obligados a continuar en el examen de la crónica. En fecha tan reciente como el 4 de mayo de 1988, en la sala donde se llevaba a cabo el proceso de Perugia, Giovanni Brusca se retractó. Había que cambiarlo todo: él, Brusca, ¡siempre había querido decir que el relato de Di Maggio era una invención! Luego, siempre en Perugia, volvió a insistir en el encuentro Riina-Andreotti, que habría sido solicitado por éste para conjurar la eventualidad de un desplazamiento de votos mafiosos de la DC al PSI. ¿Cómo orientarse en semejantes meandros? Mejor, por ahora, dejarlo correr. La mafia, además del arma del disimulo, usa con frecuencia la de la desestabilización. Es preciso no dejarse desestabilizar. Sin embargo, para nuestro cometido, tanto las confirmaciones como los desmentidos cambian muy poco la esencia de los acontecimientos. El hecho de que Andreotti se encuentre en el centro de una tormenta no puede dejar de depender de los deslices de sus actividades. Para tomarlos como blanco, e incluso señalarlos como protagonistas, se debe formar parte de la escena. Es raro que en la acción esté implicado alguno de los espectadores, y aún más raro que alguno de ellos sea confundido con un primer actor.

Cualesquiera que sean los problemas a resolver en el juicio a fin de llegar a la verdad, esta digresión sobre un beso, que si quedara probado podría convertirse en el más famoso del siglo, nos ofrece un motivo para medir la distancia entre lo que necesita la justicia de los tribunales y lo que, más modestamente, basta a la justicia de la historia. Y, en verdad, para reducir el énfasis que demanda el caso, puede incluso observarse que, a los fines del juicio histórico sobre los hechos de los años ochenta en Sicilia, es hasta superfluo invocar la justicia de los códigos.

Para la historia, al contrario de lo que corresponde al loable empeño de los magistrados, sería sólo una curiosidad incluso la eventual confirmación de alguna directa o indirecta iniciación mafiosa de Andreotti. Sólo tendría un peso relevante a los fines de una biografía del personaje; tal como ya tiene un peso relevante, a estos fines, la increíble obstinación con la cual el mismo personaje niega haber conocido a los primos

Salvo que, junto a Lima, como todos saben, eran precisamente las vigas maestras de su edificio de poder.

Al no estar aquí interesados en un trabajo biográfico, nos basta aquello que el caso Andreotti —mucho más allá de los particulares aspectos que lo connotan penalmente— de por sí permite documentar, objetivamente, sobre la increíble situación creada en Italia a finales de la primera República. El más poderoso y representativo de los políticos del país, el estadista italiano más acreditado en el marco internacional, el católico militante más estimado y amado por el Vaticano, un hombre dedicado a la cotidiana exteriorización de sus costumbres religiosas, en cualquier caso, una autoridad del llamado mundo libre y un protegido de las monjas, era también, sin duda alguna, el tío Giulio de los mafiosos (Lupo, 1996).

Aldo Moro —cuyo espectro, si existieran los espectros, podría quizás aparecérsele como el de César que aterroriza al Bruto de Shakespeare antes de la batalla de Filippi— dejó escrito, en un texto entregado a sus misteriosos interlocutores en la trágica cárcel de las Brigadas Rojas, que Andreotti era «un hombre nacido para hacer el mal». Pero no debe excluirse que el personaje, incluso tan gravemente juzgado, se hubiera convencido, como Bruto, de que tenía una peculiar misión de libertad por la cual batirse con todos los recursos disponibles de la *realpolitik*. Y es mucho lo que debe añadirse al cinismo de la *realpolitik* que, al ser un cinismo laico, sólo puede haber pertenecido parcialmente a Andreotti, aunque constituye un aspecto muy vistoso de su comportamiento: en la relación del líder democratacristiano con la mafia, toda la fundamental extrañeza católica a la cultura del Estado moderno se enlazaba perfectamente con la tradición antiestatal de las clases dirigentes sicilianas.

Así, en cierto sentido al menos, el tío Giulio constituía para los hombres de la Cosa Nostra, a los máximos niveles de la sociedad y el poder, una figura de auxilio y apoyo autorizado, con un papel análogo al atribuido por el capo Aglieri a aquel increíble fray Frittita del que hemos hablado en el prólogo de este libro. Sólo que, en un nivel tan alto de relaciones políticas, el auxilio que pedir y que obtener era, como es obvio, algo distinto de un servicio religioso, y quien era llamado a prestarlo, si era consecuente, no habría podido limitarse a una manifestación de piadosa y distraída tolerancia.

Desde luego, por más que representable con ese aspecto de Belcebú que le ha confeccionado la prensa satírica italiana, ¿quién se imaginaría de verdad al catoliquísimo Andreotti apostado detrás de un muro, con la gorra en la cabeza y la *lupara* al hombro? Sin embargo, su situación es objetivamente tal que de muy poco le serviría incluso una eventual absolución de los tribunales por una benévola consideración, en el ámbito de un juicio histórico, de su papel de primer plano entre las fuerzas nacionales e internacionales que, en aquellos años, en un país de soberanía limitada como Italia, que era también uno de los más expuestos campos de batalla de Occidente, estimaban que la mafia era un instrumento decisivo e imprescindible para batir al comunismo y ganar la guerra fría. Sólo a los jueces corresponde constatar cuáles y cuántas acciones y omisiones pertenecientes a aquella dramática situación corresponden específicamente a la categoría de los crímenes de guerra y castigar en consecuencia a los criminales.

Para nuestro análisis y para un juicio histórico que vaya mucho más allá de la pobre consistencia de la crónica negra, es sobre todo importante haber constatado que el circuito de la participación italiana en las vicisitudes del mundo libre, a través de Andreotti y la corriente andreottiana, se cerraba en Sicilia, área estratégica fundamental de la defensa atlántica.

CAPÍTULO DIECISÉIS

Las hordas corleonesas
y el terrorismo mafioso

LA MAFIA NAZI DE LOS CORLEONESES: UN BANDOLERISMO URBANO

Retomemos ahora el hilo cronológico de nuestra historia. Para hacerlo debemos remontarnos, yendo un poco hacia atrás, a fines de los años setenta, cuando el sistema mafioso siciliano fue agredido por un nuevo proceso de desestabilización que puede reconstruirse por una vía indiciaria trazada por las revelaciones de los arrepentidos.

La precaria pacificación entre las familias realizada en 1975 fue pronto arrollada por el ascenso de los corleoneses (herederos urbanizados de la vieja mafia agraria), decididos a conquistar todo el poder liquidando a los capos de la vieja mafia ciudadana, considerados inservibles para las nuevas estrategias del negocio, cada vez más ligadas al emporio mundial del narcotráfico y el tráfico de armas.

La operación fue cruenta y dio lugar a una nueva guerra mafiosa. Pero, esta vez, ya no entre dos grupos de familias, sino entre el frente de los corleoneses (que habían tenido la prudencia táctica de infiltrar hombres de su confianza en todas las familias del territorio), por una parte, y el de sus enemigos que se reconocían en el liderazgo de Badalamenti, Bontate, Buscetta y Di Cristina, por la otra.

En 1978 se había formado una nueva Comisión, presidida por el principal aliado de Riina, Michele Greco. En ella era notable la presencia de los corleoneses y de sus amigos (el mismo Salvatore Riina y Giuseppe Calò, Bernardo Provenzano, Bernardo Brusca, Francesco Madonia, Nené Geraci, Ignazio Motisi y el mal afamado Pino Greco *Scarpuzzedda*, «Zapatito»). Entre estos feroces ministros figuraban también, pero ahora en minoría, personajes de la vieja guardia como Stefano Bontate, Salvatore Inzerillo, Calogero Pizzuto y el voluble Salvatore Riccobono. Que la guerra ya estaba en curso desde hacía tiempo se desprendía de varios hechos: para empezar, la clamorosa expulsión, impuesta por Riina, de Gaetano Badalamenti de la Cosa Nostra y, sobre todo, el asesinato de Giuseppe Di Cristina, ocurrido el año anterior (en dicha ocasión, Bontate, amigo de la víctima, habría querido matar a Riina con sus propias manos).

¿Cuáles eran las causas de un enfrentamiento que provocaría una verdadera matanza, en los dos frentes, con centenares de muertos de ambas partes? No es necesario pensar en dos grados de intensidad de las inclinaciones criminales, dado que un Bontate o un Riccobono no eran menos despiadados que sus adversarios. El conflicto estaba naciendo, en cambio, de dos diferentes estrategias criminales. Bontate era favorable a una línea de instrumental moderación, orientada a utilizar al máximo los aparatos estatales, con una búsqueda sistemática de coparticipaciones y complicidades, encaminada a una alianza para estabilizar un orgánico sistema de corrupción, para aprovechar de manera metódica —además de, como se ha visto ampliamente, con los mayores negocios de las contratas y con la gestión de las comisiones ilegales, con aquellos menores y bastante tradicionales del contrabando, la extorsión y el control de la prostitución, de los juegos de azar y de las USL (Unidades Sanitarias Locales), de los hospitales e incluso de los cementerios— sobre todo los recursos constituidos por el capital público y privado que fluía al Sur. En este marco, la importancia del tráfico de drogas no era primordial ni fundamental.

Por el contrario, los corleoneses tendían a oponer a la táctica maniobrera y a la búsqueda de compromisos el sentimiento creciente de la autonomía conquistada por la delincuencia organizada en el ámbito del mismo sistema politicomafioso. De aquí una idea de plena soberanía sobre el territorio y sobre los negocios que no excluía, sino más bien, para ser precisos, estimulaba, el choque frontal con el Estado. En esta visión estratégica estaba implícita la aspiración a hacer coincidir en la práctica al Estado con la Cosa Nostra y a ésta con la sociedad, para hacer de ella nada más que el gran y exclusivo mercado de producción y venta de la economía mafiosa, sobre un eje fundamental constituido por el narcotráfico. Los fines revelaban algo similar al delirio de poder de una mafia nazi. En cualquier caso, eran unos fines de tipo totalitario: disponer sin límites de la administración pública obligando a la obediencia a los políticos orgánicos a la Cosa Nostra; estructurar un sistema de actividades económicas ilegales dotado de la misma fuerza y de los mismos privile-gios de un aparato público; controlar la economía privada (es decir, las actividades legales) sometiéndolas al particular régimen «impositivo» de la extorsión; y gestionar el mercado de trabajo adquiriendo el monopo-lio de las contrataciones públicas y privadas (Lodato, 1990).

En la prosecución de sus objetivos los corleoneses nunca habrían aceptado la idea de que pudieran existir obstáculos insuperables. Con-vencidos, no sin razón, de la extrema vulnerabilidad de un aparato esta-tal cuyos dirigentes, con el ejemplo de importantes hombres de gobier-no, estaban saltándose los límites de las antiguas transacciones entre mafia y política, haciéndose disponibles a las relaciones de directa com-plicidad en el gran negocio de las comisiones ilegales; tranquilizados, en consecuencia, por la evidente falta de autoridad y de prestigio de un mundo político que daba la impresión de no conseguir sobrevivir sin los ingresos asegurados a los partidos y a las corrientes por los tur-bios negocios entrelazados con las actividades criminales de la Cosa Nostra, los corleoneses se habrían acostumbrado enseguida a tratar de igual a igual a los políticos, sin los complejos reverenciales de los viejos mafiosos: complejos, éstos, desaparecidos por completo en relación con los jueces, aunque sólo fuera porque en la cúspide del Tribunal Supre-mo estaba instalado un «amigo» como Corrado Carnevale y se podía contar, por ejemplo en Caltanissetta, con la complicidad de jueces del Tribunal de Apelación como Salvatore Sanfilippo (recientemente con-denado por complicidad con la mafia) o, en Palermo, confiar en las ventajas aseguradas por el garantismo, que era la filosofía jurídica oficial de la Fiscalía en tiempos de Vincenzo Paino, Salvatore Curti Giardina y el andreottiano Pietro Giammanco.

Empeñados en un sagaz trabajo tendente a distinguir en el Estado a los «amigos» que cultivar y que poner a prueba y a los enemigos que combatir y, de ser preciso, suprimir, los corleoneses se habrían provisto también de un respetable arsenal militar —de las armas automáticas más sofisticadas a los misiles— para todas las eventuales necesidades ofensivas o defensivas que afrontar. La misma naturaleza de la opera-ción en la cual estaban empeñados comportaba, obviamente, tanto una constante exposición a los riesgos de la acción hasta los niveles máximos de la temeridad, como un sistemático e ilimitado uso de la violencia, a partir de la exigencia de controlar a la misma base de los «muchachos» pa-ra asegurar una férrea disciplina. De la violencia concebida como prác-tica militar a la pura y simple barbarie el paso sería breve, así que los hombres de Riina, aparte de los asesinatos y matanzas de los que hablaremos más adelante, habrían realizado abominables actos de demostración de su desatinada presunción de estar más allá y por encima del bien y el mal, sin vacilar ni siquiera ante la inerme inocencia de los niños. Baste recordar aquí al respecto, aparte de la feroz acción de pedagogía mafiosa realizada con la supresión del pequeño Claudio Domino, aquel terrible castigo que Giovanni Brusca, en aquellos tiempos aún fugitivo y sustituido por Riina, habría infligido en 1996 a su enemigo más odiado, el arrepentido Santino Di Matteo, secuestrando y luego matando a su hijo: Giuseppe Di Matteo, de catorce años, agotado por dos años de cautiverio, habría sido estrangulado por tres gregarios de Brusca y su cuerpo habría sido disuelto en un bidón lleno de ácido clorhídrico.

Además de usar excepcionalmente el ácido para deshacerse de los despojos de los asesinados, los corleoneses se servían de un especial horno crematorio. En cambio, no era excepcional, sino casi canónica, la práctica de ejecutar las sentencias de muerte mediante estrangulación. Realizada la operación, los cadáveres eran introducidos en un rudimentario incinerador montado en un chalecito, en las inmediaciones de Palermo, propiedad de un tal Salvatore Liga, llamado *Tatuneddu* (el Pequeño Totò). Éste era el «fogonero» oficial de la mafia y tenía la costumbre de hacer uso de las instalaciones de que disponía indiferentemente para el servicio fúnebre al que estaban destinadas y para tareas domésticas y cotidianas, como preparar el pan casero y cocinar las aves de corral que criaba.

Al margen de los mucho más numerosos delitos decididos con la brutal lógica del poder y los intereses, estaban los que correspondían a una arraigada mentalidad tradicionalista, o fundamentalista, con la cual los aldeanos corleoneses pretendían asegurarse la representación moral de las costumbres populares sicilianas: por ejemplo, según el relato del arrepentido Francesco Onorato, un pez gordo de un barrio de Palermo, un tal Antonino Pipitone, habría hecho matar a su hija Rosalia «porque había traicionado al marido que él le había impuesto». Por lo demás, en este plano inclinado de las relaciones sentimentales, el mismo Buscetta había tenido sus problemas, a consecuencia de los rumores que minaban su autoridad en los ambientes mafiosos presentándolo como un mujeriego incorregible.

Canallas del tipo del fogonero *Tatuneddu*, de los estranguladores del pequeño Di Matteo y del moralista asesino Antonino Pipitone, representaban la norma del personal al servicio de los corleoneses, todos juntos, indistintamente, con caracteres y estilos de comportamiento en los cuales los viejos representantes de la delincuencia mafiosa como Buscetta, Badalamenti, Bontate y los mismos Greco habrían tenido algunas dificultades para reconocerse. No es que pueda ni siquiera suponerse una diferencia entre una mafia más buena y otra más mala, pero es cierto que los corleoneses habrían representado cada vez más un fenómeno de criminalidad similar a un bandolerismo urbano provisto de toda la elemental y feroz violencia del antiguo bandolerismo de los campos. Por eso, podemos estar seguros de que, aun en el caso de que ellos estuvieran convencidos de representar a la más evolucionada y poderosa manifestación de la fuerza mafiosa (y, por supuesto, lo eran de verdad, al menos en relación con su contingente capacidad de dominar la organización de la Cosa Nostra en Sicilia), la verdadera mafia, la gran mafia de las estrategias del poder, en Sicilia y en Italia, estaba y seguiría estando por encima de ellos. Ellos expresaban una presunción de total representatividad del orden análoga a aquella con que las fuerzas armadas de algunas repúblicas bananeras consiguen a veces apropiarse de las palancas de la dictadura militar en un sistema en el cual el verdadero control del liderazgo, el dominio, sigue perteneciendo, salvaguardado e incluso potenciado, a las fuerzas y las clases privilegiadas de la política y la economía. Sin comprender este particular aspecto de la situación, sería imposible entender cómo y por qué personajes de tan salvaje y militar rusticidad como los corleoneses, una vez apoderados de la Cosa Nostra, puedan haber aspirado a concretar y hacer bien reconocible, incluso en relación con el Estado, su dictadura. Y asumiría las características de una verdadera locura el comportamiento cómplice y solidario de los políticos que, en cambio, teniendo en cuenta la real fuerza militar de los corleoneses, resulta plenamente explicable como comportamiento racional: los andreottianos, de Andreotti para abajo, y por supuesto también Lima y los primos Salvo, desde hacía años habituados al estilo colaborador de los Badalamenti y los Buscetta, despreciaban a los corleoneses y temían sus feroces excesos; pero no podían prescindir de ellos, dado que habían logrado apropiarse de palancas decisivas de su mismo sistema de poder; a lo sumo habrían podido intentar controlar y morigerar, de una manera muy arriesgada y torpe, sus pretensiones.

Por otro lado, los corleoneses habrían estado cada vez menos dispuestos a comprender los expedientes tácticos y las operaciones de cobertura de los políticos para salvar el sistema de poder de la creciente acción de la Magistratura y de la sociedad civil que estaba desvelando de manera ostentosa su naturaleza mafiosa. Incluso una mujer de mala vida tiene motivos para ofenderse si el distinguido caballero que la ha llevado a cenar se avergüenza de ella si se encuentra con sus amigos. Riina y los suyos no sólo no se avergonzaban, sino que incluso estimaban que podían exhibir gran cantidad de créditos y méritos. ¿Cuáles? Desde luego los méritos revelados por Siino. ¿Y los otros? En parte podemos intuirlos en el mercado de los negocios electorales; quizá muchos sólo sean conocidos dentro de algunas décadas, cuando pueda consultarse la documentación de los archivos sobre la última experiencia de la primera República. Por ahora, en lo que puede valer, disponemos de una autocertificación de los corleoneses: Giovanni Brusca ha contado que Riina estaba convencido del particular valor de su «billete» para echar en cara a los políticos medrosos o ingratos.

Cualquiera que sea el fundamento de los títulos reivindicados por Riina, al menos dos cosas son ciertas: la primera es que, a niveles mucho más altos que la misma cúspide de la Cosa Nostra, se favoreció la impresión de que esos títulos eran auténticos y perentoriamente reivindicables; la segunda es que la particular situación determinada con la afirmación de los corleoneses creó las condiciones para una cada vez más acentuada, e imprevista, divergencia entre los intereses y los fines de la mafia (el nuevo bandolerismo urbano) y los de la mafia política, de sus masones y de sus notables nacionales y locales. Sobre las causas y las consecuencias de esta divergencia versará el análisis de los próximos parágrafos.

LA UNIDAD NACIONAL, LA DESESTABILIZACIÓN MAFIOSA Y LA ÉPOCA DE LOS GRANDES DELITOS

La iniciativa de los corleoneses, destinada a realizarse en la mayor ofensiva terrorista llevada a cabo por la mafia, habría sido mucho más idónea para culminar un intento (con fines de puro saqueo y de devastación para aprovechar la crisis, la corrupción y el probable resquebrajamiento de las instituciones públicas), por demás insensato, de conquistar el Estado.

En cierto sentido, abandonando las estrategias precedentes de acuerdo e inserción pacífica en el sistema de los poderes oficiales, la Cosa Nostra habría intentado, cada vez más, actuar por su cuenta. Una orientación tan extremista —tenían razón, desde su peculiar punto de vista, Bontate, Badalamenti y Buscetta al calificarla de demencial e inoportuna— revelaría a qué límites, a la vez bárbaros y torpes, estaba llegando el fenómeno de la adquisición (por parte de un personal criminal formado en el ambiente atrasado de los campos) de métodos y estilos propios de gánsteres, a la americana, iniciado por Luciano Liggio en los años cincuenta.

Liggio, desde hacía tiempo en la cárcel, conseguía ser a lo sumo un remedo de su maestro Lucky Luciano. Su sucesor, Totò Riina, era un ex bracero prácticamente analfabeto, un *buzzurro* (paleto), dirían los romanos, si bien dotado de esa aguda astucia que caracteriza a no pocos campesinos. Sería una osadía imaginarlo capaz de grandes estrategias políticas. Su proyecto de superponer la organización mafiosa al Estado revelaba una falta total de cobertura estratégica precisamente en el importante terreno de la política. En la práctica, la decisión de asignar a la Cosa Nostra el papel tradicionalmente ejercido por la burguesía mafiosa lo habría privado de la posibilidad de contar con las mediaciones y las sofisticadas artes de la política, con la eventualidad, casi segura, de un aislamiento que constantemente debería haber tratado de ocultar a sus propios hombres con teatrales demostraciones de fuerza. Pronto se encontraría en la difícil situación de tener que obligar a la colaboración y la obediencia a políticos del nivel de Lima y a empresarios mafiosos del nivel de los Salvo, que se habían formado con sus adversarios, Greco, Bontate, Badalamenti y Buscetta, y sólo se encontraban a gusto en su compañía. Pero no disponía de otros, y para todo lo relativo a sus empeños e intereses en el terreno de la política (de la gestión del negocio al amaño de los procesos) no podía prescindir de ellos.

En otras palabras, la situación de bandolerismo urbano en la cual se había resuelto en gran medida su presunción de actuar «a la americana» habría tenido el efecto paradójico de transformarlo en una esquirla enloquecida de la que la misma mafia, la grande y verdadera, la de los grandes poderes políticos y especulativos (la misma a la que los jueces más avisados llamaban «el tercer nivel») habría debido, antes o después, liberarse.

Sin embargo, es preciso explicar cómo y por qué los corleoneses, a pesar de su evidente déficit estratégico, consiguieron afirmarse: su brutal operación de aniquilación de los adversarios internos en la organización mafiosa no constituye una explicación suficiente. En efecto, para ganar las guerras no basta con la pura fuerza, si no está sostenida por situaciones favorables. Y la situación se hizo favorable para Riina en parte a causa de las prácticas de poder de la corriente andreottiana que, como se ha visto, había ayudado a la delincuencia organizada a representarse como un sujeto político autónomo, pero sobre todo por los efectos de un cambio decisivo registrado en la política nacional entre 1976 y 1979. Este cambio, en el centro de los más dramáticos y oscuros acontecimientos ligados a la primera República, habría obligado cada vez más a Andreotti y los suyos a moverse en la sutil línea de una táctica de poder que, por una parte, habría requerido controlar a la mafia sin perder su disponibilidad y consenso y, por otra, impondría crecientes demostraciones de firmeza en la defensa del Estado a la vez que se mostrarían oficialmente antimafiosos.

En efecto, en este período se puso en evidencia un proceso de excepcional valor innovador: la entrada del PCI en la mayoría de Gobierno en un contexto marcado por la emergencia terrorista que planteaba con fuerza esas exigencias de unidad nacional, recogidas por Enrico Berlinguer y por Aldo Moro. Cuando más tarde Andreotti —en el clima de la gran tragedia nacional que supuso el asesinato de Moro por parte de las Brigadas Rojas— fue investido de las principales responsabilidades de un Gobierno de unidad nacional, el hecho no habría podido dejar de parecer sorprendente a la base delictiva de su corriente, habituada a considerar al PCI un enemigo mortal. Es verdad que tan extraordinaria novedad podría explicarse como una oportuna jugada táctica de Andreotti para instrumentalizar y domesticar al Partido Comunista, pero la orientación iniciada por la valerosa política de Aldo Moro alarmaba a los círculos atlantistas y estaba induciendo a la P2 de Gelli a operaciones inescrupulosas (que poco después no excluirían una contribución directa o indirecta a la eliminación de Moro) en apoyo del terrorismo.

Al principio, la mafia siciliana quizá tuviera la impresión de que el cambio le reportaba más ventajas que inconvenientes. En lo que se refiere al «asociacionismo», del que ya se han examinado las composiciones y alianzas entre la mafia y Tangentópolis, se estaba debilitando, hasta apagarse casi por completo, la vitalidad de la tradicional oposición comunista al sistema político y económico mafioso. El secretario regional de la DC, Rosario Nicoletti, actuaba de acuerdo con el secretario regional del PCI Achille Occhetto. Incluso estaba cambiando el lenguaje de muchos comunistas: el detestado Lima se había convertido en el «querido Salvo». Con la determinante ayuda de los europarlamentarios comunistas, Lima habría conseguido evitar una discusión pública del dossier *Un amigo en Estrasburgo* presentado en el Parlamento europeo por el frente antimafioso y, sobre el caso Sindona, el grupo del PCI había contribuido a salvar a Andreotti de un voto de censura de la Cámara de Diputados italiana. También en el área de la gran política de la izquierda las conciencias libres y honestas eran aisladas y ridiculizadas a menudo: no hablaban la correcta jerga de los políticos. Prevalecían, en cambio, los mediadores, los maniobreros y los rufianes. Ése era el clima en el cual las empresas cooperativas de la izquierda estaban haciendo su entrada en el perverso sistema de relaciones transversales que las revelaciones de Siino y de Nicolosi sacaron a la luz. Las relaciones de amistad de algunos conocidos representantes comunistas con los caballeros cataneses no provocaban escándalo. Se supo que incluso estaban en curso iniciativas de la premiada firma del conde Cassina para la financiación de *L'Ora*, el glorioso periódico comunista de tantas batallas contra la mafia. Semejante hecho habría sido, además, plenamente coherente con las provechosas relaciones entrelazadas, en el consorcio Italco, por las cooperativas rojas de la Conscoop con las empresas de Cassina. En particular, los representantes de la corriente reformista del PCI (los llamados «gradualistas», que consideraban a Bettino Craxi su modelo político fundamental) se habían vuelto protagonistas de una campaña orientada a salvar a los empresarios, incluidos los menos defendibles, de las acusaciones de contactos con la mafia. En coherencia con los estilos aconsejados por los excesos de aquella época dominada por Craxi y Andreotti, desde la izquierda estaban relanzándose los proyectos de colaboración con la llamada burguesía progresista, como había ocurrido en los infaustos y grotescos años de la operación Milazzo. Por lo tanto, se afirmaría la tendencia a un entendimiento que aconsejaba no ser demasiado remilgado, porque —como dijo un prominente gradualista agrigentino, Michelangelo Russo— no se podía «hacer un análisis de sangre a los empresarios».

En semejante clima, los más testarudos en el desafío abierto a la mafia quedaban aislados y algunos pagarían con su vida el precio de dicho aislamiento: fue lo que le ocurrió, en 1977, al teniente coronel de los carabineros Giuseppe Russo; y luego, el 9 de marzo de 1978, en su Cinisi natal, un territorio antes dominado por Badalamenti, al joven y valeroso militante de la izquierda extraparlamentaria Peppino Impastato.

Impastato había estado, además, a la cabeza de un grupo de jóvenes de su pueblo que, con una emisora radiofónica había escandalizado el ambiente difundiendo contrainformación y, sobre todo, atacando, con una mordaz sátira, las costumbres y la mentalidad mafiosas. Sus numerosos enemigos, a menudo expresiones inconscientes del fundamentalismo sicilianista instrumentalizado por la mafia, lo habían denigrado largamente atribuyéndole actitudes orgiásticas y un provocador desprecio de la moral. Nunca había obtenido ayudas relevantes ni siquiera en los ambientes oficiales de la izquierda. Sucesivamente compartirían su suerte el periodista Mario Francese, asesinado el 26 de enero de 1979; un investigador indómito como el subcomisario Boris Giuliano, asesinado el 21 de julio del mismo año; el juez y ex diputado comunista Cesare Terranova (que, entre otras cosas, había procesado a Luciano Liggio, determinando su definitiva desaparición de la escena activa de la mafia, que se perfilaba como aspirante a la dirección de la oficina de instrucción de la Fiscalía de Palermo) y su guardaespaldas y amigo el mariscal Lenin Mancuso, ambos abatidos por el plomo mafioso el 25 de septiembre. A un análogo designio punitivo se habrían sometido luego los asesinos de Giuseppe Fava, el periodista liquidado por el clan de los Santapaola el 5 de enero de 1984, en Catania, en el meollo de su solitaria campaña de prensa en el periódico *I Siciliani*, contra los «caballeros».

Desde luego, no fue casual que la ofensiva criminal comenzara con semejante determinación. En la práctica, fue el efecto mismo de una fase de creciente desestabilización e inseguridad del sistema mafioso que acabó favoreciendo objetivamente la línea aventurera de los corleoneses. La política de renovación y de moralización de la DC, promovida y dirigida, a nivel nacional, primero por Benigno Zaccagnini, seguidor de Moro, y luego, con lucidez y reiterados intentos de rigor, por Ciriaco de Mita, estaba provocando en Sicilia cambios y dinámicas de ruptura, además de una todavía improbable recomposición filomafiosa cuyos signos inmediatos resultaban poco descifrables. Estaban emergiendo nuevos líderes de clara y segura vocación antimafiosa como Leoluca Orlando; otro líder de nueva generación, Calogero Mannino, formado en la zona de Agrigento, en un área en la que la mafia tendía a hacerse autónoma con la ya citada organización local de la *Stidda*, encarnaba todas las ambigüedades de una orientación, de fines aún imprevisibles, que necesitaba tanto una oficial recalificación antimafiosa como un reforzamiento, con formas inéditas, de las tradicionales relaciones de «amistad» y complicidad; un Mattarella, Piersanti Mattarella, luego ascendido a la presidencia de la Región, estaba abriendo la tradición de su familia a una nueva historia, encaminándose hacia un testimonio de pública moralidad y de cultura de Estado; el mismo Lima se empeñaba en buscar nuevos rostros a los que asignar el control de su antiguo feudo del Ayuntamiento de Palermo, entre ellos, aparte de Nello Martellucci, que se presentaría con la dudosa consigna de su adhesión a la renovación, la señora Elda Pucci, una fanfaniana decidida a combatir a la mafia a pesar de su reiterada fidelidad a la memoria de Giovanni Gioia.

En semejante situación —en la cual la vieja y aislada antimafia intelectual y moral de los años sesenta, también por efecto del pánico y el horror provocado por los grandes crímenes, se estaba expandiendo rápidamente formando en la sociedad un área de protesta y de creciente iniciativa civil—, Riina y los suyos debieron no poco de su éxito circunstancial a la creciente sensación, difundida en las bandas, de que los políticos amigos los habían traicionado. En efecto, serían precisamente ellos, los corleoneses, quienes juzgarían las traiciones reales o supuestas y llevarían a cabo las correspondientes condenas a muerte. Así tuvieron argumentos para sostener y justificar su feroz ofensiva, que operó sobre diversos frentes. En el frente interno de la Cosa Nostra, eliminando con varias decenas de crímenes a toda la fuerza de los badalamentianos y los bontatianos, sin perdonar, como es obvio, al mismo Bontate, asesinado el 23 de marzo de 1981 por el catanés Nitto Santapaola. Entre los grandes cayeron, además, Giuseppe Di Maggio y Salvatore Inzerillo, mientras que Badalamenti y Buscetta buscaron refugio en ultramar.

Al mismo tiempo, en el frente externo de la más antigua contigüidad mafiosa para impartir lecciones a los políticos vacilantes (el 9 de marzo de 1979 fue muerto el secretario regional de la DC Michele Reina) o para castigar a los políticos que habían decidido abrirse a una nueva historia y encarnaban en la DC siciliana los propósitos de renovación marcados, a nivel nacional, por la línea Moro-De Mita: fue el caso de un innovador, el presidente de la Región Piersanti Mattarella —el político que había decidido arrojar luz sobre la relación entre la mafia y Tangentópolis, y poner en marcha una suerte de *glasnost* en la administración regional—, caído el 6 de enero de 1980. Sobre su memoria, las recientes afirmaciones del arrepentido Siino han condensado la sombra de comprometedoras relaciones con capos del calibre de Stefano Bontate y Natale Buccellato: él, antes de provocar a la mafia con actos de abierta oposición, habría «pasteleado» largamente entre la ruptura y la continuidad de su tradición familiar (en efecto, la misma fuente atribuye a su padre, el ministro Bernardo, la condición de mafioso *punciutu*, es decir, formalmente afiliado a una banda) y habría acabado en el punto de mira de la mafia, tanto por haberse negado a capitanear una revuelta separatista de Sicilia (urdida por la Cosa Nostra y la masonería en 1979 para reaccionar ante la evolución de la política nacional del compromiso histórico entre la Democracia Cristiana y el PCI), como, sobre todo, por haber privilegiado a Buccellato con respecto a Bontate. Parecen, en verdad, deducciones alimentadas por unas buenas dosis de fantasía (Sergio Mattarella las ha definido como «patrañas grotescas, falsas de la primera a la última palabra»), pero de todos modos no habría motivos para asombrarse demasiado puesto que, al menos desde los tiempos de Bernardino Verro, la más decidida y valerosa antimafia ha sido a menudo en Sicilia el producto de una experiencia marcada por precedentes relaciones con los ambientes de la mafia.

La muerte de Piersanti Mattarella, que se había convertido, por reales méritos políticos personales y no por un puro y simple lavado de imagen, en el rostro limpio de la DC, abrió el camino a una drástica involución: el ascenso a la presidencia de la Región de Sicilia del andreottiano de hierro Salvo D'Acquisto, el más conocido, aparte de Lima, de los democratacristianos del régimen con los que poco después se encontraría el general Dalla Chiesa en su fatal estancia en Sicilia. En el ámbito de una lógica similar a la que de algún modo obedeció el crimen de Mattarella habría sido abatido varios años después, en enero de 1988, el converso y redimido ex alcalde de Palermo Giuseppe Insalaco.

Con la elección de objetivos insólitos para las mismas tradiciones mafiosas, los corleoneses procedieron también a la eliminación física de los principales enemigos poco a poco identificados en las instituciones del Estado, una acción salvaje (cuyo primer y oscuro episodio había sido, en el lejano 1971, el misterioso asesinato en Palermo del fiscal jefe Pietro Scaglione) que seguiría ininterrumpida en la década siguiente y tendría una fase particularmente aguda en 1983. El 25 de enero fue asesinado en Valderice, en las inmediaciones de Trapani —como hemos recordado antes— el juez Gian Giacomo Ciaccio Montalto.

A esta acción criminal siguió la eliminación del capitán de carabineros Mario D'Aleo, el cabo Giuseppe Bommarito y el carabinero Pietro Morici, y el increíble acto estratégico llevado a cabo, a fines de julio, con la explosión del coche bomba que destrozaría al juez Rocco Chinnici, el mariscal Mario Trapassi, el cabo Salvatore Bartolotta y el portero Stefano Li Sacchi, hecho cuyas motivaciones (bloquear las indagaciones sobre las relaciones entre la economía, la mafia y la política) y dinámica quedaron definitivamente esclarecidas tras el proceso concluido recientemente en Caltanissetta.

Al ataque, dirigido con particular fuerza contra la Magistratura y las fuerzas del orden, el Estado —con los gobiernos Spadolini, Craxi y De Mita, pero siempre con un Andreotti en posiciones clave, de Exteriores a Defensa, y que al fin, en julio de 1989, volvería al cargo de primer ministro— opuso una resistencia que se revelaría ambigua y contradictoria.

La política gubernativa —cualquiera que fuese el rigor del que pretendiera dar prueba con la institución de un Alto Comisariado para la lucha contra la mafia— se reveló indecisa, entre el empeño de acallar con intervenciones resueltas la alarma y las protestas de una opinión pública democrática cada vez más decidida, como veremos mejor dentro de poco, a avanzar en el camino de la revuelta moral, y la tendencia (conforme a los intereses de la corriente andreottiana y de los socialistas craxianos que también habían instaurado provechosas relaciones electorales con varios «hombres de honor») a tranquilizar a la base mafiosa del sistema de poder. En particular los andreottianos se habrían afanado cada vez más en el intento (¿formó parte de ello la cumbre Andreotti-Riina, beso incluido?) de convencer a la delincuencia organizada del establecimiento de una tregua, dejando entender que las medidas represivas sólo tenían un carácter táctico y transitorio.

Todo esto no evitaba el riesgo de que los delincuentes pudieran volverse, aparte de más desconfiados, más impacientes y agresivos con reiteradas demostraciones de fuerza, entre las cuales —después del homicidio de Mattarella y el posterior (6 de agosto de 1980) del fiscal de la República Gaetano Costa— la brutal eliminación, el 30 de abril de 1982, del diputado comunista Pio La Torre (junto a su chófer, Rosario Di Salvo), secretario regional de un PCI que finalmente había vuelto a la oposición, estaba organizando un gran movimiento de masas contra la instalación de los misiles americanos en Comiso y había logrado que el parlamento promulgase una ley que permitía perseguir como delito específico la asociación mafiosa y golpear en el centro mismo de los intereses económicos de la mafia, es decir, los patrimonios y las estructuras financieras.

El máximo de la ambigüedad y la debilidad con que el Estado afrontaba el fenómeno mafioso (entre el empeño generoso de algunos de sus representantes y las resistencias de amplios sectores corruptos de su aparato oficial) se alcanzó con el atentado de que fue víctima el general Carlo Alberto Dalla Chiesa, tras sus éxitos contra el terrorismo. Chiesa era con seguridad el hombre que tenía todos los títulos y todas las cualidades para aspirar a ser un nuevo Mori. Conocía a fondo el fenómeno mafioso al que había combatido, como joven oficial de los carabineros, enfrentándose con el emergente poder de los corleoneses de Luciano Liggio y de Riina. Estaba familiarizado con la realidad siciliana; tenía muy claras las relaciones y las diferencias entre la mafia indistinguible de la política y la «delincuencia organizada»; había intuido la hegemonía de la mafiosidad sobre la sociedad siciliana y la exigencia de disgregarla, a partir de los jóvenes, de las escuelas, con una acción educativa masiva.

Su nombramiento como prefecto de Palermo, en el clima del reciente asesinato de Pio La Torre, había ofrecido al Gobierno, y a Andreotti en particular, la ocasión de dar muestras de su talante antimafioso; pero en los cien días de su fatal experiencia en Sicilia, el general había sido abandonado a su suerte, casi condenado —para la insana satisfacción de la mafia— a sufrir con medios insuficientes y sin los poderes excepcionales que había solicitado en vano, la gruñona hostilidad, e incluso las ofensas, de un ambiente político que, del Ayuntamiento encabezado por el alcalde Martellucci, a la provincia (donde habían prosperado personajes como Di Fresco y Di Benedetto) y a la Región de los D'Acquisto y los Muratore, estaba ampliamente constituido por personal fiel a Lima y a Ciancimino.

La consecuencia inevitable de todo esto fue, el 3 de septiembre de 1982, la trágica muerte del general, de su joven esposa, Emanuela Setti Carraro, y del agente Domenico Russo.

El verdadero móvil y la identidad auténtica de los inductores del asesinato del prefecto general siguen sumidos en las sombras. En efecto, Dalla Chiesa llevaba demasiado poco tiempo en Palermo para haber activado un plan de castigo a la mafia, que suele salir indemne de iniciativas no lo bastante ponderadas: como ha destacado Tommaso Buscetta, «aún no había hecho nada» que la mafia pudiera achacarle personalmente. Si dentro de algunos años los historiadores tuvieran ocasión de encontrar en los archivos, sobre estos hechos, esos documentos de los que acostumbran valerse para su trabajo, quizá sea posible averiguar cuán fundada es la sospecha de que ese asesinato contiene una verdad secreta más inquietante que su misma y trágica dinámica (Dalla Chiesa, 1984).

¿Existía algún elemento en esa muerte que la ligara al crimen con el cual las Brigadas Rojas habían eliminado, menos de cuatro años antes, en 1978, a Aldo Moro? ¿Estuvo de verdad implicada la mafia, siquiera indirectamente, en los procesos que determinarían una mortífera sinergia de acciones y omisiones por parte de los servicios secretos y de posibles agentes de potencias extranjeras, así como de inefables relaciones entre la P2 de Gelli y, tal vez, misteriosos elementos de las Brigadas Rojas? Buscetta ha revelado que en el seno de la Cosa Nostra se planteó la cuestión de una intervención activa, luego resuelta con la decisión de «no meterse»; pero aun así, ¿puede suponerse la existencia de una hábil dirección que llevó a cabo la maniobra de utilizar desde el exterior a las Brigadas Rojas para conseguir el objetivo de eliminar a Aldo Moro y, luego, usar a la mafia para hacer lo propio, por alguna oscura razón ligada al asesinato de Moro, con el general Dalla Chiesa?

Es un hecho que, tras la matanza del 3 de septiembre, el capo Gaetano Badalamenti, interrogado por Buscetta en Brasil (donde ambos se encontraban huidos) para tener una respuesta autorizada, habría dicho: «Buscar a quien ha matado a Dalla Chiesa no es un problema de la mafia, sino que va más allá de ésta.» Buscetta también ha querido profundizar en sus dudas sobre lo sucedido. Como se sabe, nunca ha sido reticente en lo que respecta a los delitos de la mafia, ni ha callado su personal y directa responsabilidad en muchos de ellos. Por lo tanto, tiene un cierto valor el hecho de que sobre el caso Dalla Chiesa se oriente a compartir la interpretación de Badalamenti: en su opinión, el general —así como un periodista romano, el director de la revista sensacionalista *O.P.*, Mino Pecorelli— «conocía secretos que molestaban al senador Andreotti». ¿Qué secretos? No existen pruebas seguras que acrediten su existencia, aunque es fácil entender que en cada caso tales secretos, siempre que hubieran tenido una consistencia real, no habrían podido referirse más que a los numerosos misterios sin resolver en torno a la muerte de Aldo Moro. Es un hecho que el mismo periodista Mino Pecorelli pagaría con la muerte el precio de su excéntrica vocación de curiosear. Y, según los colaboradores de la justicia que han proporcionado los elementos para la apertura, en el Tribunal de Perugia, de un procedimiento penal contra el senador Giulio Andreotti, la cruel operación habría sido llevada a cabo en Roma por emisarios de la mafia para «hacerle un favor al senador Andreotti».

Dios nos guarde, por ahora, de dar crédito definitivo a esta versión de los hechos sin las oportunas verificaciones procesales. De todos modos, no parece que puedan plantearse dudas sobre la sinceridad de Buscetta al referirse y al compartir las opiniones de Badalamenti sobre ciertas misteriosas intenciones politicodelictivas que se habrían saldado con la decisión del Gobierno de enviar (probablemente sin que lo supiera el mismo presidente Giovanni Spadolini) a Sicilia a Dalla Chiesa para dejarlo solo e indefenso, sin los medios adecuados, en su combate contra la mafia: «Lo mandaron a Palermo para desembarazarse de él.» Y, aún más explícitamente: «Algún político se había desembarazado, sirviéndose de la mafia, de su demasiado molesta presencia.»

CAPÍTULO DIECISIETE

Éxistos y límites de la revuelta legalista

La primavera de Palermo

De todos modos, en sus peores años la experiencia histórica siciliana volvió a manifestar con plenitud, incluso en positivo, su originaria y permanente contradictoriedad. Con gran impulso, reapareció, y esta vez con las dimensiones de una fuerza civil masiva, la otra Sicilia que, para afirmarse y desarrollarse, aprovechó a fondo, desde el principio, los efectos de la divergencia creciente entre la «mafia nazi» y sus inseguros y preocupados referentes políticos. Palermo aún se parecía a Beirut, pero se estaba preparando para hacerse más similar a Berlín. Riina y los suyos no habían conseguido impedir que la Magistratura y las fuerzas del orden —cada vez más solas en la representación y defensa del Estado ante aparatos políticos estatales y regionales corrompidos por la mafia y sin prestigio en la sociedad civil (¡recuérdense los silbidos y los escupitajos contra las autoridades presentes en los funerales de las víctimas de los crímenes!)— hicieran progresar la acción represiva.

El papel de testimonio, y de suplencia de la política, desarrollado en Palermo y en Sicilia sobre todo por jueces de la nueva generación sería en muchos aspectos anticipador de lo que más tarde se evidenciaría en el Norte con la impresionante iniciativa de la Fiscalía de Milán contra Tangentópolis, en el marco de un proceso definible como la revuelta legalista italiana de fines del siglo XX.

El dato que confiere una específica originalidad a la iniciativa de tales jueces consiste en el hecho de que finalmente —por primera vez en la historia italiana— la lucha contra el fenómeno mafioso fue claramente concebida, planteada y llevada a cabo no como un capítulo de la represión de la criminalidad, sino como una empresa de liberación civil de un complejo sistema de poder del que la criminalidad constituye sólo un aspecto. No es casual que en la cúspide, y se podría decir como natural culminación de dicha iniciativa, causara asombro, en marzo de 1993, la sentencia contra Giulio Andreotti por asociación mafiosa, firmada por el fiscal Gian Carlo Caselli.

El trayecto para llegar a resultados decisivos no sería nada fácil. Ante todo, la Magistratura debió encaminar hacia una saludable liquidación, atravesando los meandros de un contexto corrompido, la fase de reticencias y de elusiones, muy reciente, dominada por los Paino, los Giammanco y los Curti Giardina. Los protagonistas de esta actitud renovadora, que debió forzar las fronteras también de otros sectores estatales paralizados por culpables complicidades y por solidarios silencios, fueron sobre todo los magistrados del grupo Antimafia de la Fiscalía de Palermo, un organismo de coordinación de las actividades de investigación e instrucción, nacido de una fértil intuición del asesinado Rocco Chinnici y constituido en 1983. Ya forma parte de la historia la obra realizada por Antonino Caponnetto en la dirección de dicho grupo con el auxilio de excelentes magistrados como Giuseppe Ayala, Giacomo Conte, Giuseppe Di Lello y Leonardo Guarnotta, así como de los más conocidos Giovanni Falcone y Paolo Borsellino, unidos, como pronto veremos, por un trágico y heroico destino. A ellos se sumarían, con los años, hasta la más reciente fase dirigida por Gian Carlo Caselli, Guido Lo Forte, Gioacchino Natoli, Roberto Scarpinato y, luego, los más jóvenes Antonella Consiglio, Domenico Gozzo, Franca Imbergamo, Alfredo Montalto, Anna Palma, Teresa Principato y muchos más de primera línea, no sólo de la Fiscalía palermitana (a menudo protagonistas de debates públicos contra la mafia), que merecerían ser citados si la lista no fuera demasiado larga para incluirla aquí.

En ayuda de los magistrados renovadores intervinieron algunas importantes innovaciones legislativas arrancadas por el movimiento contra la mafia. Si el asesinato de Pio La Torre casi había obligado al Gobierno a una demostración de fuerza con el nombramiento de Carlo Alberto Dalla Chiesa como prefecto de Palermo, el posterior asesinato del mismo Dalla Chiesa casi había forzado al Parlamento a promulgar rápidamente, en un texto firmado por el ministro Rognoni, la ley concebida y presentada por La Torre que, en el artículo 416 bis, definía así, por primera vez en el derecho italiano, el delito de asociación mafiosa: «La asociación es de tipo mafioso cuando quienes forman parte de ella se valen de la fuerza de intimidación del vínculo asociativo y de la condición de sometimiento y *omertà* que deriva de él para cometer delitos, adquirir de manera directa o indirecta la gestión o en cualquier caso el control de actividades económicas, concesiones, autorizaciones, contratas y servicios públicos o para obtener beneficios o ventajas injustos para sí o para otros.»

Los frutos positivos de la Ley La Torre-Rognoni no tardaron en manifestarse con la acción conjunta de la Magistratura y las fuerzas del orden: de 1982 a 1986, serían denunciadas por asociación mafiosa 14.870 personas; se efectuarían 20.890 comprobaciones patrimoniales en todas las regiones italianas (salvo el Valle d'Aosta, el Molise y el Trentino); se decidirían 1.452 secuestros de bienes de procedencia ilícita relacionada con la mafia, que derivarían en 379 confiscaciones por un valor total de los bienes incautados de 776.259.585.307 liras.

Al mismo tiempo las indagaciones dirigidas por el grupo de la Fiscalía palermitana consiguieron agrietar el muro de la *omertà* mafiosa, aprovechando los espacios abiertos por el conflicto entre los corleoneses y la vieja guardia. En particular, la obra maestra del gran magistrado Giovanni Falcone consistió en una hábil operación —en el curso de la cual sus excelentes dotes de investigación se vieron potenciadas por una sutil agudeza psicológica y un conocimiento sin igual de la realidad siciliana— que logró obtener, en diversas ocasiones, las confesiones de Tommaso Buscetta, un personaje, citado varias veces en este libro, sobre el cual ahora es oportuno ampliar los conocimientos, a costa de una breve digresión.

Buscetta (que jovencísimo, a los veinte años, había pertenecido orgullosamente al séquito de Lucky Luciano) tenía a sus espaldas una experiencia mafiosa ligada a las actividades de contrabando y al tráfico de estupefacientes muy floreciente para sus bolsillos desde la primera mitad de los años cincuenta. Traficante internacional capaz de rápidos desplazamientos de Sicilia a Estados Unidos y a Brasil, había subido de categoría en la jerarquía de la Cosa Nostra (sin asumir, no obstante, tareas directivas orgánicas), al principio por su amistad con el capo Paolino Bontà y por la protección del diputado democratacristiano Francesco Barbaccia. Dada su especialización en la droga, se había acercado durante un tiempo a Luciano Liggio, para pasarse más tarde a las filas de la corriente opuesta, ligándose a las familias Inzerillo y Bontate, además de a Giuseppe Di Cristina y a Gaetano Badalamenti. En todo momento había gozado de una misteriosa y escandalosa fortuna en sus relaciones con la justicia: procesado en Catanzaro y condenado a catorce años de reclusión, increíblemente obtuvo en poco tiempo el régimen abierto, sin sufrir severos controles policiales. Se aprovechó de ello también para un clamoroso ajuste de cuentas. En efecto, en 1982 consiguió ofrecer a su facción una prueba de sus excelentes capacidades tanto diplomáticas como criminales atrayendo a Palermo, a una trampa —con métodos muy similares a los empleados por César Borgia contra Vitellozzo Vitelli, estudiados y apreciados, como se sabe, por Niccolò Machiavelli, y cuyo pretexto había sido un intento de pacificación—, a quince miembros de la familia filocorleonesa de Rosario Riccobono, envenenándolos a todos de una vez.

Sus enemigos se vengarían sin tardanza matándole a un yerno, un hermano y tres sobrinos en sólo cuarenta y ocho horas. Tras salvarse de la victoriosa ofensiva de los corleoneses huyendo del país, en 1987 sería extraditado a Italia desde Brasil después de ser arrestado, en respuesta a una orden de búsqueda y captura internacional, por tráfico de estupefacientes.

Criminal astuto y fantasioso, que siempre había cultivado una extraña idea romántica de la mafia y la mafiosidad, Buscetta, plegándose a las solicitudes del juez Falcone (que lo impresionó también por sus excepcionales cualidades de hombre fuerte y valeroso) vino a asumir en Italia un papel análogo al que había desarrollado el mafioso Joe Valachi en Estados Unidos en la inmediata posguerra, conquistando por tanto, como arrepentido (en este caso es verdaderamente correcto suprimir las comillas), indiscutibles méritos en la historia de la Antimafia.

Las preciosas revelaciones de Buscetta, completadas con las declaraciones hechas por un número creciente de arrepentidos, descubriendo no pocos secretos de la mafia, proporcionaron los datos necesarios y suficientes para instruir el gran proceso (llamado, justamente, maxiproceso), celebrado en la sala-búnker del Ucciardone de Palermo a partir del 10 de febrero de 1986. El proceso, presidido por el juez Alfonso Giordano, con Giuseppe Ayala y Domenico Signorino como fiscales, sometió a juicio a unos quinientos imputados prácticamente la parte más relevante de la fuerza operativa de la mafia (el ejército de Riina). Concluyó con una valiente sentencia que impuso 28 cadenas perpetuas y miles de años de cárcel. Desde luego, se trató de un gran éxito del grupo Antimafia de la Fiscalía de Palermo y, en particular, de Giovanni Falcone (Angelini, 1987).

En esa ocasión, el nuevo auge de la sociedad civil se evidenció en una adhesión popular de imponentes dimensiones al trabajo de los magistrados: decenas y centenares de debates sobre la mafia en las escuelas públicas, innumerables mítines y manifestaciones en recuerdo de los caídos; una difusa voluntad de saber y entender, de denunciar y luchar para conseguir cambios radicales; numerosos comités y grupos de trabajo para educar en la antimafia. En septiembre de 1985 el Centro de Estudios Peppino Impastato lanzó en una asamblea de comités populares contra la mafia la primera propuesta de un «centro social polivalente [...] lugar de reunión y de vida comunitaria, sede de los organismos antimafiosos, espacio formativo y productivo para los jóvenes», dirigiendo una apelación para realizarlo a los sindicatos, a las asociaciones cooperativas, a las iglesias y a las instituciones, «en oposición al uso clientelista de los recursos».

En un horizonte estratégico similar (pero al principio con una estructura condicionada por elementos orgánicos de los partidos y en particular del PCI, que cultivaba una visión tradicional e institucional de las formas organizativas) nació, al año siguiente, la Coordinadora Antimafia, luego liberada trabajosamente de condicionantes externos y convertida, en realidad, en algo similar a un pequeño y compacto comité de testimonio, denuncia y compromiso por la legalidad, obviamente muy mal visto por los políticos filomafiosos (y, en general, por todos los políticos de aparato), pronto obligada a afrontar querellas (entre otras, la de un jefe de clientela de Partinico, el diputado Avellone) y denigraciones, pero también impuesta a la atención de la gran prensa política nacional. Volveremos sobre la actividad de este organismo. No sin haber identificado perfectamente el motor político y los referentes culturales de la nueva fase, que sería definida como la «primavera de Palermo» (Alongi, 1998).

Como siempre sucede, los cambios que se determinan en el ordenamiento del liderazgo político de un sistema son, a la vez, causas y efectos: es imposible establecer el exacto orden de los factores al tratarse de un problema similar al del huevo y la gallina. Lo que cuenta es que, al fin, cambia el marco de hegemonía. Y, al menos durante el cuatrienio 1985-1989, este marco apareció de veras cambiado en beneficio de una antimafia masiva. El centro de las saludables rupturas con el pasado y de los consiguientes procesos de recomposición progresista fue, por un acontecimiento en el que muy pocos se hubieran atrevido a tener esperanzas, precisamente el Ayuntamiento de Palermo dirigido por el heresiarca democratacristiano Leoluca Orlando, un joven intelectual de extracción social aristocrática (de la antigua aristocracia del latifundio de los marqueses de Arezzo y los barones Cammarata, emparentada también con los Tasca), pero, sobre todo, un profesor de cultura europea (formado entre Sicilia y la Universidad de Heidelberg) enfrentado a las tradiciones de su propia familia. Se trata de un protagonista que, por las características generales de su actividad, a cuantos conocen la historia de Sicilia puede haber recordado el papel desarrollado por el virrey Domenico Caracciolo en su empeño reformador, a fines del siglo XVIII, por cuenta del reino del Sur dirigido por el ilustrado Bernardo Tanucci.

En su caso y en su tiempo, Leoluca Orlando tuvo inicialmente como referencia nacional a Ciriaco De Mita. Los méritos y también los no pocos límites de su acción habrían sido, inevitablemente, esas operaciones ilustradas. Pero nada más ni mejor habría sido quizá posible concebir para dar, como se dio, desde arriba, un vigoroso impulso al cambio, con efectos que se multiplicarían en la activación de otras análogas primaveras, entre las cuales aquella, distinta, pero igualmente significativa, de la Catania del alcalde Enzo Bianco.

El camino le había sido abierto a Orlando en 1983 por la antes citada profesora Elda Pucci, una pediatra improvisada en «dama de hierro» de la política siciliana que, como alcaldesa de la ciudad, en 1983 había impuesto que el Ayuntamiento se constituyera en parte civil en el proceso penal iniciado en Caltanissetta contra los asesinos del juez Chinnici. Sin embargo, la valiente señora (que también sufriría un atentado intimidatorio por parte de la mafia), por ser, como se ha recordado, una seguidora irredenta del líder fanfaniano que en los años sesenta había fundado el sistema de la mafia democratacristiana, y no poseer los mejores antecedentes y actitudes para continuar en su acción, había enfatizado sobre todo una orientación de protesta moral contra la delincuencia organizada, que casaba con la indignación y el miedo con que la misma burguesía mafiosa asistía a la escalada de bandolerismo urbano impulsada por Riina.

Sin el apoyo de sus propios amigos, que le reprochaban excesos de énfasis y protagonismo, la señora tendría dos inmediatos y bastante anodinos sucesores de la izquierda democratacristiana: en abril de 1984, Giuseppe Insalaco, voluntarioso en el intento de hacer limpieza en el sector de las contratas y lanzado en una carrera mortal contra sus ex amigos mafiosos; y luego, en agosto de 1984, el vacuo e insignificante Stefano Camilleri. El Ayuntamiento de Palermo había sido intervenido por sus manifiestas relaciones mafiosas, y en apenas cinco meses el prefecto romano Gianfranco Vitocolonna había conseguido plantear y poner en marcha, antes de morir en un accidente de carretera, más iniciativas renovadoras (incluida la lucha contra las conocidas empresas del conde Cassina) de las que sus predecesores habrían sido capaces siquiera de concebir.

Dadas estas premisas tortuosas y contradictorias, cuando en el verano de 1985 Leoluca Orlando finalmente accedió a la alcaldía de Palermo con el consenso de Lima, su elección pareció incluso un paso atrás respecto de Pucci, y en efecto había motivos suficientes para suponer que su trabajo se resolvería en una operación de limpieza meramente formal del poder democratacristiano y permitiría ocultarse a los elementos mafiosos del sistema.

Además, la DC había salido victoriosa de las recientes elecciones de mayo, recuperando, con el 37,3 % de los votos, nada menos que cinco puntos respecto de las elecciones europeas del año anterior, y aunque ya no tenía la fuerza del pasado, con el PSI craxiano (que había alcanzado el 13,3 %) y sus tradicionales aliados, su alianza como los republicanos (5,9 %), los socialdemócratas (5,3 %) y los liberales (4,2 %) le permitía conservar intacta su hegemonía. Añádase a todo esto el dato de que los hombres de Lima y de Ciancimino mantenían intacto su poder absoluto sobre los aparatos administrativos del Ayuntamiento y los distintos entes de la ciudad.

La sorpresa no tardó en manifestarse. Cuantos pensaban en Orlando como un joven respetable prisionero semiinconsciente de los ladrones se vieron muy pronto decepcionados. Entre sus primeras medidas estuvo la de pedir y obtener que la ciudad de Palermo se constituyera en parte civil en el maxiproceso que se estaba desarrollando en la sala-búnker del Ucciardone. Aparte de las señales de resolución inmediata, el nuevo alcalde reveló insospechadas dotes de líder político de alcance nacional y no sólo por sus brillantes capacidades para valerse de los medios de comunicación de masas promoviendo una campaña de imagen que daría numerosos frutos en la relación entre las opiniones públicas internacionales y Palermo, sino por una fundamental intuición que, desde el principio, marcó su actuación: asumió de verdad una tarea excepcional y comprendió a fondo que, para realizarla, primero habría debido echar por tierra lo existente y acentuar la desestabilización en curso, favoreciendo la multiplicación de las contradicciones de la DC hasta hacerlas explotar para dar vida a una experiencia radicalmente alternativa, lo cual, como es obvio, provocaría una creciente y cada vez más insidiosa oposición de los componentes andreottianos de su partido y un progresivo distanciamiento del mismo De Mita, además de, por último, una ruptura definitiva con la DC, bajo los anatemas y los insultos del presidente de la República Francesco Cossiga.

El camino para la fundación de un nuevo sujeto político más allá de la DC, el movimiento de la Red, sería de todos modos fatigoso y, dada la dimensión al menos nacional del poder mafioso, no habría podido limitarse a Sicilia, sino abarcar toda Italia. El juicio histórico sobre una experiencia tan compleja no puede improvisarse, sobre todo cuando se trata de hechos y procesos tan próximos que aún no han concluido. De todos modos, resulta útil despejar el campo de apresuradas valoraciones que corren el riesgo, desde ahora, de comprometer su lucidez y equilibrio.

El excelente Umberto Santino, director e inspirador del extraordinario Centro Impastato, en un reciente libro de título muy significativo, _L'alleanza e il compromesso_ [La alianza y el compromiso], no evita, probablemente con la loable intención de favorecer una desmitificación y desalentar el peligro de un culto a la personalidad, las críticas más severas a la política de Leoluca Orlando. En la práctica, lo acusa de haber encabezado una operación esencialmente transformista, llevada a cabo con el objetivo prioritario de conseguir una afirmación personal, que, para tener éxito, se habría valido de no pocas dosis de compromiso con el mismo sistema de poderes e intereses mafiosos. Luego, en una entrevista (_L'inchiesta_, 1998), ha fijado en estos términos su interpretación general del liderazgo orlandiano y de la primavera de Palermo:

> Orlando unía rupturas verbales y connivencias de hecho con Salvo Lima. El actual alcalde de Palermo ha llenado un vacío. Y ha sido también protagonista de algunos cambios. Pero es un líder político carismático. La relación con él está basada en la devoción. Y en los políticos carismáticos, como dice Weber, prevalece lo tradicional y lo irracional. Para él cuentan el gesto y los eslóganes y no una política real de transformación.

En particular, como confirmación de las iniciales connivencias con la contraparte mafiosa y, en cualquier caso, de la tendencia a abrirse camino sin prejuicios, en el libro citado se imputa a Orlando un hecho específico de su gestión administrativa del Ayuntamiento, ocurrido entre diciembre de 1985 y enero del siguiente año: al fin las empresas del conde Cassina fueron expulsadas de la gestión de las contratas municipales y así se cortó uno de los principales tentáculos del poder mafioso sobre la ciudad, pero —y es justamente el «pero» lo que hay que subrayar— se favoreció que la sucesión correspondiese a una «inmaculada» agrupación de empresas septentrionales (la CO.SI) detrás de la cual, mediante el conde romano Romolo Vaselli, ¡se ocultaba nada menos que don Vito Ciancimino! Francamente, sería difícil imaginar un rapapolvo tan severo y despiadado a un hombre que está entre los italianos más amados de los últimos momentos del siglo XX. Tomarlo en consideración es casi obligado, tanto porque su autor es un acreditado y honesto experto del fenómeno mafioso, como porque constituye en sí misma una prueba de cuán fácil es ver mal y, por lo tanto, tergiversar sustancialmente, cuando en vez de mirar la marcha global de los procesos históricos, uno se detiene, con espíritu polémico, en datos y aspectos particulares que, tomados de manera aislada, pueden incluso resultar desagradables.

Desde luego, descontados sus méritos en «mafiología», Santino no da pruebas de poseer una apreciable capacidad para interpretar desde una perspectiva histórica los datos de la crónica, tanto es así que en la «primavera de Palermo» sólo consigue ver un fenómeno de redefiniciones mecánicas de los equilibrios políticos municipales: nada más, escribe, que una mezcla política que incluye a la DC (limianos incluidos). Pero, en primer lugar, ¿cómo subestimar el hecho de que cuando inició su operación Orlando era un democratacristiano? El escándalo de su iniciativa sobre la escena política italiana consistía precisamente en el hecho de que era la iniciativa de un democratacristiano. De ello se habría percatado enseguida con alarma De Mita; por ello se habría enfurecido, como se ha recordado, el presidente Cossiga. Y para que el escándalo se concretara en un verdadero resultado político y no se agotase en una enésima operación de transformismo, habría debido romper, despedazar, no desde el exterior, sino desde el interior, el frente del poder mafioso democratacristiano, aprovechando sus grietas, diversidades, conflictos y posibles laceraciones, desarticulando y descompaginando —con un hábil y sincronizado juego contradictorio de mediaciones y provocaciones— el sistema de complicidades.

En el exterior, habría debido procurarse, al mismo tiempo, alianzas estables y fiables, para no incurrir en esa especie de aislamiento que había sido mortal para el presidente D'Angelo en los años sesenta. No era fácil, porque, en el exterior —lo destaca ampliamente con un particular énfasis polémico de ex militante de la izquierda extraparlamentaria el mismo Santino—, el aliado concretamente más fiable, quizás el único posible, el PCI, después del asesinato de su secretario Pio La Torre, había entrado de lleno, con importantes sectores de su organización, en el sistema mafiosotangenticio. Por tanto, era preciso poner en movimiento fuerzas capaces de determinar contradicciones y rupturas decisivas también en el interior del PCI. La original intuición estratégica de Orlando consistió en identificar y hacer crecer estas necesarias fuerzas de renovación y de ruptura en la opinión pública nacional e internacional (mediante un uso calculado y hábil de los medios de comunicación) y, sobre todo, en las asociaciones, los comités, los *soviets* de la antimafia.

Así, con la extensión de la protesta y el miedo ante la escalada terrorista de los corleoneses, Orlando logró consolidar, en apoyo de su liderazgo, un segmento articulado de sociedad civil, constituida por las alianzas transversales de los honestos, los valientes y los indignados, más allá de las fronteras o, mejor, de las vallas, de un envejecido sistema de partidos que no conseguía liberarse del dominio de hombres como Andreotti o Craxi.

La «primavera de Palermo» fue exactamente esta movilización. Todo lo contrario de una recomposición mecánica de equilibrios de poder municipales. Fue, en concreto, algo similar a la apertura de un frente no violento, pero enérgico y arrollador, de guerra civil. En él, aparte de la recordada Coordinadora Antimafia (que, dada su composición, actuó sobre todo en la vertiente de la izquierda), se evidenciaría, por su particular capacidad para promover las necesarias rupturas y recomposiciones en el perezoso y hegemónico mundo católico, el Centro Arrupe de los jesuitas, dirigido por Bartolomeo Sorge y conducido, en el interior de las mismas operaciones políticas de la guerra contra la mafia, por Ennio Pintacuda (otro objetivo de las iras y las intimidaciones del presidente Cossiga), consejero y padre espiritual de Orlando. Y habría tenido una fértil continuidad, obteniendo también las aprobaciones y los reconocimientos que merecía, el trabajo de un valiente y humilde fraile redentorista, Nino Fasullo, desde hace años al frente de la redacción de la revista *Segno*, en un difícil enfrentamiento con las jerarquías eclesiásticas. Pero, ahora, en honor a la verdad, la fuerza de la nueva sociedad civil estaba entrando también en la Iglesia. Altos prelados como el cardenal Pappalardo en Palermo y el arzobispo Bommarito en Catania estaban marcando, con coherencia y continuidad, una clara ruptura respecto de los tiempos escandalosos y solidarios con la mafia de la Iglesia del cardenal Ruffini. Un grupo de católicos secesionistas había fundado, en torno a una revista, el combativo movimiento Ciudad para el Hombre.

Así, la «primavera de Palermo» habría activado también un fervoroso empeño de testimonio cristiano y favorecido el trabajo educativo y las luchas de un grupo de curas antimafiosos, entre los cuales se habrían distinguido por una «pastoral antimafia» los sacerdotes Torturro, Garrau y Cosimo Scordato, ayudados por el bondadoso poeta laico corleonés Nino Gennaro y, en el mafiosísimo barrio palermitano de Brancaccio, el heroico padre Pino Puglisi: a su modo, todas las fuerzas expresas de una peculiar teología de la liberación que aún tenía que enfrentarse a personajes como el arzobispo de Monreale, monseñor Salvatore Cassisa, que sufriría el rigor de la ley como imputado en un proceso por corrupción, concusión y estafa en perjuicio del Estado y la Comunidad Europea.

La Palermo del cuatrienio 1985-1989 fue en verdad otra Palermo. El hecho de que luego los entusiasmos e ímpetus se hayan debilitado progresivamente es otra cosa. Como también es otra cuestión, que relanza todas las preocupaciones sobre la increíble capacidad de reproducción de la mafia, la cuestión de por qué el sector de la sociedad civil construido en aquella época feliz, por más que muy amplio y expansivo, haya seguido siendo un sector circunscrito y asediado.

EL CASO SCIASCIA Y LA HISTORIA DE LOS INTELECTUALES SICILIANOS

En la plenitud de su florecimiento, la «primavera de Palermo», además de los mencionados resultados políticos (la ruptura del sistema de poder democratacristiano y el inicio, en la sociedad, de un proceso constitutivo de nuevas elites antimafiosas con efectos que pronto se sincronizarían con la general revuelta legalista italiana de fines de siglo), registró también uno de relevante valor cultural que se puede comprender perfectamente con el paso del tiempo a pesar de las dificultades de estabilización que lo afectaron desde el principio y el futuro incierto y precario al cual se enfrentaría: finalmente, después de más de un siglo, se asistió a la repulsa universal no sólo de la mafia, sino también de la mafiosidad, una repulsa tan difusa y sin alternativas que indujo incluso a numerosos representantes de la siempre floreciente burguesía mafiosa, que desde luego no podían haber cambiado de pronto de mentalidad, a tratar de integrarse en la antimafia.

Al hablar de este fenómeno, sin embargo, es necesario prestar atención a la fraseología específica de tantas improvisadas profesiones civiles: el término «mafia» era normalmente sustituido por la perífrasis (sin razón, y engañosamente, considerada equivalente) «delincuencia organizada», en definitiva la misma de la que los mafiosos solían valerse para indicar un mundo criminal del que se obstinaban en distinguirse para ennoblecer su especial condición social. En consecuencia, la diferencia de campo entre los auténticos antimafiosos y los filomafiosos, obligados a un excepcional esfuerzo de mimetización, estaría marcada por el diferente lenguaje de cuantos a la mafia la llamaban «mafia» y de todos los demás, que la condenaban como delincuencia organizada. En cualquier caso, a pesar de todo, era un buen éxito de la otra Sicilia haber obligado a la burguesía mafiosa (e incluso a los mismos andreottianos) a exhibiciones de empeño legalista y de fidelidad al Estado, si bien corregidas con reiteradas invocaciones de garantismo y con el apremiante cuidado de aconsejar a las autoridades comportamientos razonables y equilibrados para evitar meter a todos en el mismo saco.

En semejante clima cultural —en el cual, como es obvio, se perfilaba el riesgo de un inédito y paradójico conformismo antimafioso—, el más famoso intelectual anticonformista siciliano, el escritor Leonardo Sciascia, erró, por así decir, las medidas de su habitual relación crítica con la realidad y extravió las virtudes de esa racional lucidez de análisis que había penetrado su largo testimonio civil, al lado de una imponente producción literaria. Fue en verdad un hecho singular y sorprendente que una personalidad como Sciascia, de la cual toda la opinión pública nacional hubiera esperado el empeño de una convencida y creativa participación en la «primavera de Palermo», se distanciara de ésta hasta el punto de deslegitimarla y atacarla frontalmente. Es cierto que Sciascia —después de una breve experiencia como concejal municipal del PCI, vivida, no sin razón, como una decepción— hacía tiempo que había pasado a las filas del Partido Radical de Marco Pannella, que lo habían elegido como diputado al Parlamento nacional. Pero también es cierto que nadie habría podido imaginar que el radicalismo de Sciascia (el autor, además, de *El día de la lechuza*, *Todo modo* y *El caso Aldo Moro*) pudiera llegar hasta el punto de compartir las «libertarias» provocaciones de Pannella que —en coherencia con su línea política desestabilizadora, proclive a utilizar, para encargos parlamentarios, tanto a los *maitre à penser* del terrorismo, como a prostitutas y actrices porno— había adquirido la costumbre de incluir entre los perseguidos del sistema de poder a los mafiosos, llegando a declarar públicamente en los mítines sus simpatías por los padrinos de la mafia, entre los cuales había cogido un particular afecto por el viejo Momo Pieromalli, capo de la 'ndrangheta calabresa, sin olvidar a Michele Greco y Luciano Liggio, invitados a mostrar arrepentimiento con la simple decisión de solicitar el carné de su partido. Aunque Sciascia no llegó a tanto, para combatir el peligro del conformismo echó una mano a los peores conformistas del momento, a cuantos reprobando públicamente la delincuencia organizada intentaban templar y frenar, en nombre del garantismo, el progreso de una acción, necesariamente de guerra y en todos los terrenos, de la Magistratura, las fuerzas del orden y la sociedad civil contra la mafia.

El escritor, que cultivaba una idea elitista y erudita de los saberes y en vez de las palabras gritadas prefería con mucho los silencios, estaba desde hacía tiempo, más que indignado, fastidiado por el alboroto de las calles que parecían ocupadas por estudiantes de secundaria con la intención de escapar de los exámenes de latín, oficinistas gandules y amas de casa deseosas de sustraerse de las obligaciones del hogar, además de por una cierta retórica de la antimafia que parecía hacer emerger, sobre inestables escenarios, a politicastros marginados o funcionarios de partido de dudosa conversión a la legalidad, profesorzuelos y directores de instituto jubilados, militares y policías rasos, santurronas y damas de la beneficencia de laicas virtudes civiles, impetuosas y rebeldes sin declarado estatus ideológico, todos personajes tan enfáticos como apasionados, en los cuales, teniendo en cuenta los antiguos vicios sicilianos, se habrían podido intuir fácilmente aspiraciones de protagonismo o de inmerecidas posiciones de prestigio público.

Entre otras cosas, la asociación Coordinadora Antimafia, que se había acreditado como el alma del movimiento, dirigida por un inspector de policía, Carmine Mancuso (hijo del mariscal Lenin Mancuso, caído con el juez Terranova), incluso con su base de algunos centenares de inscritos, constituía una prueba de como un heterogéneo grupito de pobretones sostenidos por una gran pasión civil —una especie de comité de salud pública constituido por chicos y chicas, ayudados (con la excepción de pocas y prominentes personalidades de relevancia regional y nacional, entre otros el abogado y profesor Alfredo Galasso) por los periodistas, casi todos en el paro, de *I Siciliani* del pobre Giuseppe Fava y por policías y parientes de las víctimas de la mafia así como por algunos ancianos intelectuales de escasa fortuna— podía emerger en el gran escenario de los sujetos colectivos de relevancia nacional, casi como una invención de los medios de comunicación y con la protección que les había acordado el alcalde Orlando, que tenía necesidad de un interlocutor social, o sea, de una entidad a la cual atribuir un mandato de representación de la sociedad civil.

Más que por una capacidad de elaboración cultural, la coordinadora, aparte de la denuncia, con un estilo jacobino, de las colusiones de los políticos con la mafia, pareció distinguirse al comienzo de su actividad por los ritos conmemorativos de los caídos en la lucha contra la mafia y la concesión de medallas y certificados al valor a quienes participaban en la misma. Todo esto, para un gran intelectual como Sciascia, que no concebía más ocasión de debate público serio que los congresos científicos presididos por los académicos y que, por añadidura, había sido constantemente ignorado por el movimiento, pagando el precio del descrédito en el que había caído en tanto que seguidor de Pannella, era demasiado.

Fue por todo ello que decidió reaccionar por sus propios medios. Con motivo del prefacio de Denis Mack Smith al ensayo de Cristopher Duggan sobre *La mafia durante il fascismo* [La mafia durante el fascismo], escribió un artículo lleno de indignación y acritud que el *Corriere della Sera* publicó con un título de por sí provocador: «Los profesionales de la antimafia». De manera velada, dio a entender que estos vituperables profesionales eran, además del alcalde Orlando y los personajes para él desconocidos de la coordinadora, los mismos jueces del grupo Antimafia de la Fiscalía de Palermo, Falcone, Di Lello y, en general, los magistrados dirigidos por Antonino Caponnetto. La estocada al alcalde fue durísima: «Cojamos, por ejemplo, a un alcalde que por sentimiento o por cálculo comience a exhibirse (en entrevistas televisivas y escolares, en convenios, en conferencias y en mítines) como antimafioso; aunque dedicará todo su tiempo a estas exhibiciones y nunca lo encontrará para ocuparse de los problemas de la ciudad que administra, se puede considerar bien seguro. Desde dentro, en la Junta Municipal y en su partido, ¿quién se atreverá a promover un voto de censura, una acción que lo deje en minoría o provoque su sustitución? Puede ser que a la larga aparezca alguien, pero correrá el riesgo de ser tildado de mafioso y con él todos los que lo sigan.»

Inmediatamente después, blandiendo el arma del «garantismo», el ataque a la Magistratura no habría podido ser más ingrato e infeliz, al menos porque apuntaba precisamente a un juez, Paolo Borsellino, destinado a dar próximas pruebas de verdadero heroísmo, nombrado fiscal de la República en Marsala, en desmedro de un oscuro y anodino amigo personal del escritor que habría debido ocupar legítimamente ese puesto porque estaba dotado de mayor antigüedad. Con una increíble argumentación, Sciascia reprocha al Consejo Superior de la Magistratura haber elegido a Paolo Borsellino sólo porque poseía «una específica y peculiarísima competencia profesional en el sector de la delincuencia organizada en general y en la de tipo mafioso en particular»; pero ¿qué otra cosa se habría podido requerir como título que privilegiar, si no esa «peculiarísima competencia», para una batalla a librar en una de las áreas más calientes de la lucha contra la mafia? En cambio, para el escritor Borsellino debía ser incluido en la lista de los «profesionales de la antimafia».

No sin las tribulaciones de tener que enfrentarse a un verdadero monumento de la conciencia civil italiana —con los medios de una anticuada máquina de escribir, usando papel sin membrete porque los escasos recursos de la asociación no permitían contar con los servicios de una imprenta— la Coordinadora se apresuró a responder públicamente a Sciascia con un texto, redactado por un estudiante universitario, divulgado a la prensa y a los informativos después de un precipitado y angustiado debate entre los miembros de la dirección:

> Tildarlo de mafioso sólo sería posible cometiendo una injusticia con nuestra inteligencia y su memoria histórica, hecha de agudeza y de espíritu crítico. Que no lo tome a mal, entonces, el ilustrado hombre de cultura Leonardo Sciascia si esta vez, con toda nuestra fuerza, lo situamos en los márgenes de la sociedad civil [...]. Estamos seguros de que Sciascia, por una cierta afinidad cultural, además de por su espíritu de inconformismo, prefiere a los alcaldes que lo han precedido en vez de a Orlando: acaso a aquellos de los años sesenta, como Ciancimino, que gestionaban la cosa pública en nombre y por cuenta de la mafia. Comienza a resultar incómodo quien, en cambio, en nombre del llamado «conformismo antimafioso», cambia las reglas del juego y lucha por la transparencia de las contratas y de la administración pública, por el trabajo y por un nuevo desarrollo de la ciudad [...]. La injerencia del escritor en las decisiones del CSM [Consejo Superior de la Magistratura] es gratuita e inesperada. Nos encontramos ante un ataque directo a la persona, en teoría bien estudiado, que tiene el vago sabor de una de las más so-

fisticadas formas de advertencia mafiosa [...]. Desde luego, querido Sciascia, vivir en la tranquilidad bucólica de los campos racalmutenses [Racalmuto, en la provincia de Agrigento, era el pueblo natal y predilecto del escritor] es muy distinto de vivir en la angustia de la probable venganza mafiosa. Y escribir de la mafia como del ave fénix es muy distinto de procesar a traficantes y capos. Desde luego, viviendo así se arriesga mucho menos, pero uno acaba convirtiéndose, poco a poco, en un «chivato».

El término «chivato» indicaba precisamente el más bajo nivel de aquella especial jerarquía de «hombres, hombrecillos y chivatos» en la cual el mismo Sciascia, en una de sus novelas, *El día de la lechuza*, había sintetizado los criterios con los cuales la mentalidad mafiosa solía clasificar a la gente corriente y, en especial, a quienes estaban a disposición de las bandas. Más allá de la evidente impertinencia, el bien calculado insulto dio en el blanco. Sciascia se puso furioso y, en consecuencia, perdió un poco más de lucidez. No conocía a los componentes de la dirección de la Coordinadora, pero se decidió por un juicio sumarísimo con el cual, sorprendentemente para un ex filocomunista, demandaba la solidaridad de todos los anticomunistas: «Son comunistas —diría—, se ve por su lenguaje; en vez de relegarme al confinamiento policial me han arrojado a los márgenes de la sociedad civil.» Y añadía, para total deslegitimación de sus críticos: «La Coordinadora [...] me parece que coordina estupideces e intereses políticos.» Se trata de un juicio demagógico y arrogante, además de instrumentalizable, a derecha e izquierda, por parte de los escépticos y sicilianistas que desde hacía tiempo miraban con sospecha la «primavera de Palermo». Y pase para el andreottiano *Giornale di Sicilia*, que informó así a sus lectores, procediendo también a un fichaje de los peligrosos subversivos indicados por el escarnio público: «¿Quiénes son los acusadores? Un carné rojo con el pulpo negro. Lo tienen en el bolsillo los trescientos socios.» Pero no se quedaba atrás el comunista *L'Ora,* que, con un artículo de Mario Farinella, titulado «Sciascia, ese mafioso», estigmatizaba a los miembros de la Coordinadora con una frase que compartía con el paternalismo una fraseología de la vieja guardia stalinista: «Ya se sabe, éstos son tiempos en los cuales hasta las pulgas tienen tos. No debe asombrarnos, por lo tanto, si algunas salpicaduras de ácida saliva llegan también a aquellas pocas caras limpias que todavía, por fortuna, puede exhibir esta Sicilia» (Campisi, 1994).

El belicoso Renato Campisi, miembro de la dirección de la Coordinadora, se declaró orgulloso de ser «una pulga con tos». En cambio, el liderazgo regional comunista prefirió escurrirse con una filistea declaración del secretario Luigi Colajanni: «El PCI no se reconoce en ésta o en aquella toma de posición.» ¿Y en qué se reconocía, entonces? ¿Por qué esconde la cabeza en la arena?

Por suerte, el viento de la revuelta legalista italiana, que soplaba desde el Norte, barrió las medrosas astucias de los notables de partido y de la insoportable jerga política. Embistió la isla e Italia el 15 de enero, con las palabras de un artículo destinado a permanecer entre los documentos tanto de la crisis como de la renovación moral de finales del siglo XX, «Cuando Sciascia está contra Sciascia», un editorial de *La Repubblica* firmado por Giampaolo Pansa. En él se leían frases como éstas:

> Según este nuevo Sciascia, el poder en Sicilia habría pasado de la mafia a la antimafia [...]. ¿Y quién será el nuevo Mori que perturba al nuevo Sciascia? ¿Ese fanático de la lucha contra la Cosa Nostra que responde al nombre de Falcone? ¿O el fiscal Borsellino, que asola la tranquila Marsala con una escolta armada de nada menos que dos (¡dos!) hombres y al que Sciascia señala como ejemplo de magistrados arribistas?
>
> Cualquiera puede ver por sí solo quién manda en Sicilia, si un puñado de jueces valientes o la Cosa Nostra. A mí me parece que este Sciascia se ha puesto a combatir contra [el propio] Sciascia. Este nuevo Sciascia nos importa menos. Sobre todo cuando parece invitarnos a convivir con la mafia, tal como otros nos incitan a convivir con el terrorismo. Así, a este nuevo Sciascia se lo regalamos por completo a la Italia de la fuga, a la Italia del 8 de septiembre, a la Italia del pantano.

Igualmente fuerte, sería la intervención de Giorgio Bocca, también aparecida en *La Repubblica,* el 16 de enero:

> No conocemos al alcalde de Palermo y no podemos decir si tiene razón o no Sciascia cuando afirma que será un excelente retórico de la antimafia pero es un pésimo administrador. Conocemos lo bastante al juez Borsellino para saber que se trata de un magistrado valiente que desde hace años arriesga la vida para luchar contra la mafia y para afirmar que Sciascia se ha equivocado de ejemplo. Oja-

lá hubiera muchos jueces igual de arribistas, listos para asumir solos, sin medios ni ayudas, el encargo de representante del Estado en
una provincia en la que el verdadero Estado es la mafia.

A los fines de la valoración histórica es poco importante proseguir
por los meandros de la polémica, mientras que conviene, en cambio,
intentar extraer del hecho fundamental que estuvo en su origen —la
torpe autoexclusión de Sciascia de la primavera de Palermo— algunos
elementos útiles para instruir correctamente, más allá de un episodio
concreto, la gran cuestión de la relación entre los intelectuales sicilianos
y la mafia.

Como veremos ahora, la transformación de Sciascia se prestaba
para representar tanto una ininterrumpida tradición, al menos de pusi-
lanimidad, de los intelectuales sicilianos, como las excepciones positivas
de revuelta moral a esa misma tradición.

Constituiría un esfuerzo inútil tratar de encontrar en la gran literatura producida por los sicilianos (quizá la de mayor relieve de toda la
literatura nacional italiana y entre las más altas de Europa) atentos análisis y denuncias, indignaciones, claras reprobaciones del fenómeno mafioso. Menos aún abiertos desafíos culturales a la mafia. No hay nada
por el estilo en Capuana, Verga, Pirandello, Brancati, Vittorini, Quasi-
modo o Tomasi di Lampedusa. Al respecto, la orientación normativa
había sido definida por uno de los mayores estudiosos europeos de todos los tiempos de las tradiciones populares, Giuseppe Pitré, que en el
lejano 1889 había sentenciado así: «La mafia es la conciencia del propio
ser, el exagerado concepto de la fuerza individual, el único y exclusivo
árbitro de cualquier discrepancia, de cualquier choque de intereses e
ideas; de donde proviene la intolerancia de la superioridad y, peor aún,
de la prepotencia ajena.» Pitré, al igual que su amigo y discípulo Vittorio Emanuele Orlando, era sin dudas un intelectual orgánico de la burguesía mafiosa.

Frente a posiciones como las suyas, el desarrollo de una cultura democrática o, en cualquier caso, impregnada de una intensa vocación civil (por ejemplo, el viejo Napoleone Colajanni) había constituido el
campo, más bien incierto y restringido, de las excepciones. Pero las excepciones, como suele decirse, suelen confirmar la regla: si en estos casos se condenaba enérgicamente a la mafia (inclinándose a interpretar-
la, de una manera muy restrictiva, como un particular fenómeno de
criminalidad organizada sostenido por una multiplicidad de relaciones

de condescendencia y de colusión con las clases dirigentes), se tendía a absolver la mafiosidad, considerándola como un aspecto folclórico al que aguantar, si no valorar positivamente.

Así, mientras de costumbre se reprochaba a los gobiernos del Estado su complicidad con la mafia y con los numerosos aliados locales de la política (casi siempre identificables con los propios adversarios de circunscripción), si luego el Estado se decidía a intervenir y a reprimir, se protestaba para evitar que cometiera ilegalidades o criminalizara a Sicilia y a los sicilianos.

Ahora bien, Leonardo Sciascia era un distinguido epígono de estas expresiones de cultura democrática y de vocación civil. Formaba parte de los poquísimos intelectuales sicilianos (entre quienes también debe recordarse al católico Luigi Sturzo) que habían escrito sobre la mafia con tanta lucidez como execración. Pero la mafiosidad como mentalidad y costumbre la reabsorbía en aquella inefable condición a la que solía definir como «sicilitud», una dimensión casi metafísica de la cultura y la tradición de la isla, varias veces indicada a sus lectores como un misterio o como un enigma irresoluble. Y no escatimaba las críticas más severas a la «sicilitud», que lo horrorizaba sinceramente hasta el punto de dejarse llevar a veces a un juicio tan pesimista y angustiado como para definir a Sicilia de irredimible. Sin embargo, Sciascia era un siciliano que, aun considerándose autorizado, en tanto que siciliano, a decir toda clase de pestes sobre Sicilia, no habría nunca tolerado que otros, en tanto que no sicilianos, se atrevieran a imitarlo; no es casual que hubiera puesto particularmente en el punto de mira a Nando Dalla Chiesa, el sociólogo milanés hijo del homónimo general asesinado por los corleoneses, un agudo «mafiólogo» que había rigurosamente descubierto y denunciado la red de complicidades entre la mafia y las clases dirigentes sicilianas. En otras palabras, dado que juzgaba a Sicilia irredimible, si luego alguien hubiera intervenido para intentar su redención o al menos para desafiar su inefable misterio, Sciascia habría saltado para pedir, para pretender legalidad para afrontar las indebidas ofensas a su intangible y desesperada sicilitud.

Desde luego, en honor a la verdad, el garantismo sciasciano tenía la intención de proponerse y hacerse valer como una particular forma de pedagogía social: el Estado, al reprimir, habría debido dar ante todo el ejemplo, a los mismos mafiosos, de un integral respeto de las leyes, de sus principios y de sus formas. Pero con un tan riguroso cuidado legalista, a la inglesa (de aquí su simpatía por las posiciones radicales-libertarias de Pannella), en definitiva se situaba en el mismo plano de cuantos, en el pasado, habían puesto trabas a la antimafia de la derecha histórica y luego a la del prefecto Malusardi, de los jueces que habían condenado a los inductores del crimen de Notarbartolo y, por último, del prefecto Mori.

Además, Sciascia no había entendido en absoluto que con la «primavera de Palermo» la sociedad civil de la otra Sicilia había entrado en guerra con la mafia, y que la guerra requiere instrumentos y métodos adecuados a sus exigencias. Tampoco estaba en condiciones de comprender el nuevo hecho representado por la mafia nazi de los corleoneses. Sus medidas conceptuales, sus cánones de juicio sobre la mafia, estaban detenidos en los años cincuenta. Su misma solicitud (tan ingenua que parece filistea) de hacer un buen uso de la legalidad sin recurrir a medidas excepcionales, para educar a los mafiosos en el sentido del Estado, revelaba su escasa capacidad de orientarse sobre cuanto separaba a los don Calò y los Genco Russo de la vieja y profunda Sicilia del latifundio, prototipos de la misteriosa condición siciliana, de la mafia nazi de los Liggio y los Riina.

Éste era un defecto de análisis, unido a un fundamental límite de mentalidad en el juicio, que el gran escritor de Racalmuto compartía con todos los demás representantes de una vieja tradición laica y democrática siciliana que había confluido en el área socialista, y aún más en la corriente gradualista del PCI, detenidos también ellos en los cánones interpretativos de los años cincuenta, en los paradigmas de una antimafia campesina ligada a las luchas del reformismo agrario (paradigmas aún hoy evidentes en los escritos de algunos estudiosos sicilianos radicales, socialistas o comunistas, ex socialistas o ex comunistas, de esa generación).

Todos los intelectuales y políticos pertenecientes con distinto título, y con diversa y específica situación partidaria, a esta tradición democrática están unidos por un tan sutil como a menudo inconfesado, u oficialmente repudiado, sicilianismo que los induce a atribuir más al Estado que a los sicilianos las responsabilidades del fenómeno mafioso y, en todo caso, a intentar una mediación entre su auténtica vocación cívica antimafiosa y la defensa de una especie de derecho de Sicilia a sus dramáticos misterios, contra la expeditiva arrogancia de quien «no sabe ni puede saber» y contra cuantos puedan excederse en el rigor represivo como, por ejemplo, el fascista Cesare Mori.

Desde este último punto de vista, el mismo general Dalla Chiesa y el juez Paolo Borsellino habrían podido provocar entre esos demócratas ciertas preocupaciones, ya que, como todos saben, eran hombres de derechas. Pero préstese atención a no considerar inmunes, privilegiándolos respecto de los de izquierdas, a los mismos intelectuales de derechas sicilianos de análogos sentimientos y análogas preocupaciones: el sicilianismo —como se ha visto al analizar las increíbles alianzas del milazzismo— es un archipiélago en el que desaparecen los colores, una «noche en la cual todos los gatos son pardos». En él siempre han sido prósperas y activas todas las posibles corrientes de la burguesía mafiosa y, en él, los intelectuales siempre han tenido contradictorias ocasiones para enorgullecerse o para sufrir desesperadamente bajo los enigmas de una metafísica Sicilia.

DESPUÉS DEL MAXIPROCESO: CRÍMENES, VENENOS, CUERVOS Y ASTUCIAS CRAXIANAS

Tras el maxiproceso, los corleoneses y sus aliados no perdieron el tiempo a la hora de manifestar que el empeño represivo del Estado no había debilitado sus potenciales ofensivos. El 12 de enero de 1988, con una ejecución ejemplar orientada a demostrar la capacidad de castigar a los ex «amigos de los amigos» que se habían pasado al frente adversario, Riina tomó medidas para hacer asesinar al ex alcalde de Palermo Giuseppe Insalaco, cuyo memorial luego habría suministrado las primeras informaciones documentales útiles sobre las relaciones entre mafia, política y economía con particular referencia al papel desarrollado en el sistema por las empresas del conde Cassina. Inmediatamente después, se infligió otro golpe a la policía con el asesinato del agente Natale Mondo, antes directo colaborador del subcomisario Cassarà. Más tarde, en septiembre, la ofensiva agredió los núcleos organizativos de la sociedad civil eliminando, bajo la roca de Erice —en un contexto de particular valor simbólico como era el de las comunidades para la recuperación de los toxicodependientes—, a Mario Rostagno, antiguo líder de Lucha Continua y jefe en Trapani de la comunidad Saman (sobre la cual, debe recordarse, gravitan las sombras de las oscuras operaciones especulativas, quizá ligadas a hombres de Craxi, de un inquietante «gurú» que responde al nombre de Francesco Cardella). Al mismo tiempo, también en septiembre, contestó duramente al ataque de la Magistratura elevando el tiro más allá de los ministerios públicos y asesinando al juez Antonino Saetta, presidente de la sección de la Sala de lo Penal de Palermo, y a su hijo Stefano.

Todo ello basta para creer que una ofensiva tan concentrada en el tiempo y articulada en los objetivos (política, sociedad civil, policía y Magistratura) obedecía a un plan orgánico lúcidamente elaborado. Quizás el fin fuese aumentar, con una demostración de eficiencia militar, el poder contractual que la mafia aún consideraba a su disposición para chantajear a las instituciones e inducir a los políticos a poner remedio a los daños provocados por la sentencia del maxiproceso. En efecto, Riina (todavía prófugo) y los numerosos «muchachos» detenidos en las cárceles de máxima seguridad cifraban sus esperanzas en los posibles efectos liberadores de las maniobras de amaño, encargadas, con un residuo de ostentosa confianza, a los poderosos amigos del liderazgo mafioso.

Los movimientos de Andreotti, de Lima, de los Salvo, de los «caballeros» y del muy apreciado juez Carnevale, fueron atentamente vigilados y estudiados. En las celdas se esperaron los frutos de una nueva oleada de la instrumental campaña garantista animada por los abogados y alimentada por una cierta prensa próxima a Andreotti que mostraba una tendencia a retornar a los argumentos sicilianistas del comité en favor de Sicilia de los tiempos de Giolitti, otra vez con el concurso de prominentes intelectuales (ya conocemos el significativo caso representado por Sciascia), pero ahora contra el grupo Antimafia de la Fiscalía de Palermo y los arrepentidos.

Tuvieron esperanzas asimismo en los efectos de los venenos introducidos en las instituciones por misteriosos amigos. Además, se habría organizado una sutil operación de desacreditación del grupo en el corazón mismo del palacio de justicia de Palermo, tratando de intoxicar el clima de trabajo mediante la difusión de misivas anónimas con falsas revelaciones sobre un uso impropio e instrumental de los arrepentidos y con graves insinuaciones sobre la misma autenticidad de la acción contra la mafia de Giovanni Falcone. La operación fue tan hábil que consiguió hacer recaer las sospechas de los investigadores movilizados en la búsqueda del anónimo difamador (sospechas recogidas y apresuradamente acreditadas por el alto comisario para la lucha contra la mafia Domenico Sica) sobre un serio magistrado, Alberto Di Pisa, señalado como el «cuervo» del palacio de Justicia y sometido a un agotador procedimiento de verificación judicial del cual saldría absuelto (Campisi, 1994).

Al crecer la inestabilidad del régimen que estaba evidenciando su crisis inexorable, la situación general podía generar, sin embargo, algunas ilusiones en un partido como el PSI de Craxi, al cual se le presentaba finalmente la posibilidad de aprovecharse de las imprevistas necesidades democratacristianas de un calculado distanciamiento de la mafia (en efecto, Andreotti aspiraba a la presidencia de la República) para ampliar su fuerza electoral e intentar resistir, con la aportación de la Cosa Nostra, a la tormenta de destrucción que comenzaba a levantarse, sobre todo en perjuicio de su corruptísimo liderazgo, desde el frente de la justicia y la sociedad civil.

El sentido y los fines de esta maniobra podrían resultar (con evidencia documental, si las específicas afirmaciones encontraran definitivamente confirmaciones judiciales), de las siguientes revelaciones del arrepentido Siino sobre un encuentro que habría tenido en 1987 con Claudio Martelli, vice secretario nacional del PSI y luego ministro de Justicia en el Gobierno de Andreotti: «El ex ministro vino solo e hizo un prólogo, en el cual dijo que era un gran garantista y que era preciso poner coto al excesivo poder de los jueces. Yo me preocupé por lo que estaba diciendo y le dije que se había equivocado de dirección, porque yo habría votado a la DC.» Interrogado sobre este episodio, Martelli ha declarado que «no recordaba haberse reunido con Siino», aunque, ha añadido prudentemente, «durante una campaña electoral todo es posible». ¿Todo?

Si bien Martelli no consiguió un éxito inmediato, el PSI tuvo mayor fortuna en los niveles más elevados de la Cosa Nostra, hasta el punto de que Siino ha declarado que, tras el encuentro, fue criticado por su manifiesta fidelidad a la DC por un emisario de Totò Riina, uno de los Brusca, que le dio órdenes en el sentido de que era preciso «votar una lista de cuatro personas del PSI: Martelli, Reina, Alagna y Fiorino». Por lo demás, semejante camino ya había sido tomado con ocasión de las precedentes elecciones regionales de 1986, con la decisión de Giovanni Brusca de «votar a Foni Barba (candidato del PSI)».

El horizonte del pacto socialista con la mafia debió de ser por lo menos regional, si tienen razón los jueces que han procesado en Catania, por intercambio de votos, a otro ex ministro socialista, Salvo Andò, junto con los terroríficos patrocinadores de suertes electorales, Nitto Santapaola y Piero Puglisi. En general, los votos conseguidos en total por el PSI en Sicilia en 1987 confirman el éxito del embrollo craxiano con un Riina que tenía la intención de hacer una advertencia a Andreotti y a la DC en el ámbito de su acción que apuntaba a obtener la anulación en el Tribunal Supremo del veredicto del maxiproceso.

Obviamente, una advertencia de por sí es un acto de alcance limitado. Y, en efecto, también el desplazamiento de votos mafiosos hacia el PSI debió ser calibrado como señal y cuantitativamente limitado. En definitiva, los socialistas de Craxi fueron una vez más obligados, respecto de la DC, a mantener en Sicilia un vulgar estatus de clase política de segunda mano. Sin embargo, el hecho mismo bastaba para crear, en las expectativas de la Cosa Nostra, unas obligaciones en Martelli y en los suyos, y para plantear, por añadidura, la indignación y quizá la alarma de los andreottianos.

CAPÍTULO DIECIOCHO

El fin de la guerra fría
y el delirio mafioso

EL INTENTO DE SALVACIÓN DE LOS POLÍTICOS DE LA COSA NOSTRA

El clima general que se vivía a finales del siglo XX no era en absoluto favorable al éxito de la última ofensiva contra el Estado que habían intentado los corleoneses. Con el cambio de rumbo impulsado por Gorbachov en la URSS a partir de 1985 y, luego, con los impresionantes acontecimientos internacionales que culminaron con la caída del Muro de Berlín menguaría la tradicional exigencia de Occidente de defenderse del peligro rojo. A partir sobre todo de 1989, la mafia debió comprender que había acabado para siempre el tiempo de su servicio a los intereses del «mundo libre». El anticomunismo y las estrategias a las cuales éste había constreñido a la política italiana y a los partidos de gobierno habían perdido toda posible justificación.

Caído el socialismo real, el mismo PCI, con el ya famoso «cambio de dirección de la Bolognina» decidido por el secretario nacional Achille Occhetto, había tomado el camino de la autoliquidación. Pero también los demás partidos que habían dirigido en Italia la política atlántica habían entrado en una tormenta disolvente, cuyas peligrosas consecuencias se verían, en el mismo tejido de la unidad nacional, con el avance de la secesionista Liga Norte de Bossi.

La revuelta legalista, puesta en marcha en el Sur contra la mafia por los jueces y la movilización de la sociedad civil, pronto evidenciaría en el Norte su mayor centro de propulsión, y un excepcional estado mayor, en el ámbito de la acción moralizadora de los jueces de la Fiscalía de Milán que, día tras día —instruyendo procesos que poco después, a partir de 1992, estarían en el centro de la vida pública nacional— habían comenzado a desmantelar todo el sistema de corrupción del país. Los nombres de Francesco Saverio Borrelli, Gherardo Colombo, Gerardo D'Ambrosio y Antonio Di Pietro se volverían familiares en las páginas de sucesos como protagonistas de una sublevación de la conciencia cívica de los italianos combatida por fuerzas cada vez más minoritarias y confusas, obligadas a medirse con la angustia y el escarnio público de las investigaciones y la cárcel.

Ningún ocaso habría podido ser más amargo para un régimen que descubrió súbitamente que no estaba en condiciones de sobrevivir a la derrota del socialismo real que, durante cuarenta años, había sido a la vez su principal adversario y el fundamento de su legitimación internacional. Además de amargo, sería un ocaso tristísimo porque coincidiría con la extendida verificación de su descrédito moral. Ningún último intento de defensa, incluida la digna operación de gobierno en la que se habría empeñado el presidente Giuliano Amato, habría podido salvarlo, como mínimo porque al menos tres cuartas partes de la clase política italiana presente en el Parlamento debería afrontar el rigor de los magistrados.

En este punto es casi superfluo destacar cuán patético sería, además de vulgarmente provocador, el afanoso empeño manifestado, incluso hasta 1993, por hombres como Craxi y Andreotti, decididos a estudiar cualquier expediente para permanecer en el poder oponiéndose a la inexorable oleada de la Revuelta legalista. Sin embargo, pongamos enseguida punto a la cuestión, porque no es éste el lugar para un análisis de la fase final de la primera república, un análisis cuya deseable serenidad de juicio histórico se vería desde luego dañada por una pura y simple insistencia en el dato emotivo de la indignación colectiva. Aquí nos importa, más bien, valorar sus efectos sobre las relaciones de poder que, en el enredo de las vicisitudes nacionales con las sicilianas, incidieron de manera determinante sobre los comportamientos de la Cosa Nostra.

El primero y fundamental de tales efectos se percibe ampliando el análisis apenas desarrollado y es contextual a los cambios inducidos por el fin de la guerra fría. Menguada, para Italia, la condición de área neurálgica de la defensa de un Occidente amenazado, se anuló de golpe el papel estratégico del Sur como base fundamental para la salvaguardia de los potenciales electorales de la democracia occidentalista. Personajes como Riina, Aglieri, Brusca, Bagarella y Provenzano, antes que decididamente insoportables, se habían vuelto del todo inútiles. Había acabado de verdad el tiempo en que un presidente del Consejo de Ministros podía decirle a un capo del calibre de Gaetano Badalamenti que «se necesitaban» hombres de su pasta «en cada calle de cada ciudad italiana».

En el marco de conjunto de una crisis que pronto arrollaría del todo a la DC y al PSI se evidenció, con el desastre de las cuentas públicas, también la insostenibilidad de la larga operación de la asistencia a la clientela, en beneficio de la burguesía mafiosa, en la cual se habían resuelto las llamadas políticas meridionalistas. En el Norte, habían menguado las instancias anticomunistas que habían hecho políticamente conveniente asistir al Sur. Todo estaba cambiando en el rápido y catastrófico derrumbe del régimen democratacristiano.

Tanto en el Norte como en el Sur los tránsfugas de un turbio pasado intentaban ganar la salvación con nuevas aventuras. El mismo Andreotti se las daba desde hacía tiempo de enemigo de la mafia. Claudio Vitalone, su hombre de confianza, incluso era vicepresidente de la Antimafia, y, en Nápoles, Antonio Gava, Pomicino y Lorenzo intentaban tomar distancia de aquella fuerza camorrista que había estado entre los mejores recursos del Ministerio del Interior y del gobierno de la ciudad.

Claudio Martelli, el ministro de Justicia, en representación de su partido, había hecho ver que sabía asumir en relación con la mafia una actitud análoga a la adoptada en el lejano 1924 por Benito Mussolini después del encuentro de Piana degli Albanesi con el patriarca Francesco Cuccia: por una fundamental iniciativa suya, avalada por Andreotti, fueron promulgadas, con especial atención al régimen carcelario, medidas legislativas y reglamentos de inusitada dureza contra los mafiosos.

Al mismo tiempo, Martelli (arrastrando en sus exhibiciones antimafiosas también a otro ministro socialista, el catanés Salvo Andò, encargado de Defensa) dio muestras de que quería apoyar plenamente la acción del juez Falcone y cuando éste fue gravemente humillado por el Consejo Superior de la Magistratura (que rechazó su candidatura al cargo de fiscal de la República en Palermo) lo convenció de que se trasladara a Roma con el alto cargo de «superasesor» en el Ministerio de Justicia.

¿Y Lima? Se afanaba en el intento de arrancar alguna ventaja para los «muchachos» encarcelados, en contradicción con la personal exigencia de recuperar el prestigio. El intento, comprensiblemente difícil, debió resolverse en un doble juego que contaba con toda la autoridad con la cual un consumado político habría podido al menos tratar de hacer aceptar su táctica y sus movimientos contradictorios a amigos y aliados muy expertos en el uso de la dinamita, pero toscos y algo cortos de mente. Por desgracia para él, esta vez el arma del maquiavelismo no funcionaría, porque los «amigos» y aliados, por más que su rusticidad fuese indivisible de una radical ignorancia, no eran en absoluto ingenuos. Y Lima no sólo se excedió en la confianza depositada en las astucias de su oficio, sino que subestimó el hecho de que los corleoneses lo miraban desde siempre con recelo porque le reprochaban sus viejas relaciones con la mafia perdedora y derrotada de los años sesenta, su fraternal amistad con enemigos como Badalamenti y Buscetta. Además, ¿qué otra cosa habría podido hacer más que continuar hasta el final con su arriesgado doble juego? En público, dio a entender que compartía la acción en curso contra la mafia: el hecho mismo de haber avalado la alcaldía de Leoluca Orlando había sido una manifestación significativa de ello. Al mismo tiempo, intentó culpabilizar, por así decir, a Riina, atribuyéndole la responsabilidad de sus propias desgracias: ¿por qué había cometido el error de provocar a la DC y a la corriente andreottiana ordenando a la Cosa Nostra que votara e hiciera votar a los socialistas? Diría a Nino Salvo y a Siino, en tono algo más que de irritación: «Pero ¿qué pensaban esos cuatro paletos, que *u presidé* [el presidente] se había olvidado de que en el 87 votaron por el PSI?» ¿Cómo habría podido ayudarlos ahora apelando a Andreotti y sus otros amigos romanos para conseguir que amañasen la sentencia del maxiproceso?

Por el contrario, un leal «amigo de los amigos» —y Lima necesitaba hacer ostentación de una lealtad sutil y sustancial— sabe comprender y perdonar los errores. Pero aquellos «paletos» debían darle tiempo para que afrontara y subsanase las consecuencias. Y, con esta apelación a la comprensión y a la paciencia, pudo también jactarse de sus recientes méritos: por ejemplo, el de haber contribuido de manera decisiva, entre 1988 y 1989, al desarrollo de la campaña garantista concluida con un oportuno desmantelamiento del grupo Antimafia de la oficina de instrucción de la Fiscalía de Palermo, por iniciativa del consejero Meli, firme adversario de Giovanni Falcone y magistrado de la vieja guardia al cual el informe Violante de la Antimafia atribuye la responsabilidad de un comportamiento concretado en «extraordinarios beneficios para la Cosa Nostra».

Además, como nueva prueba de su poder y de su inalterada fidelidad a los «amigos», Lima convocó en su despacho al conocido Siino (todavía en la plenitud de su carrera criminal) y le enseñó el dossier sobre la Mafiotangentópolis siciliana obtenido de manera subrepticia del Tribunal, con la intimación de un coherente recurso a la paciencia como última y necesaria medida para la salvaguardia de los grandes intereses amenazados por la acción de la Magistratura: con aquella gran tormenta a punto de caer, ¿no era más sensato que los «muchachos» y los capos condenados por el maxiproceso estuvieran un poco quietos y soportaran incluso los rigores de la cárcel de máxima seguridad, a la espera de tiempos mejores? Pero Riina y los suyos dudaban de que cupiese esperar tiempos mejores. Más bien pretendían claras promesas sobre la auténtica lealtad de sus políticos. Y las señales al respecto, de Roma hacia abajo, iban en muy distinta dirección.

A alimentar los temores de la mafia, además de Lima, contribuyeron mucho los Salvo. Giovanni Brusca acaba de revelar que Riina los había dejado con vida por la ayuda que aún podrían proporcionar con sus amistades. Pero Antonino Salvo (ya golpeado indirectamente por los corleoneses, que habían liquidado a su suegro, Luigi Corleo) había incluso descubierto —en efecto, lo declaró a los jueces horrorizados— que se había visto siempre obligado, inocente hombre de honor, a «sufrir las prepotencias y los atropellos de esa verdadera plaga social que es la mafia». Para Riina, todo esto era verdaderamente demasiado.

El martirio de Libero Grassi y el insensato asesinato de Salvo Lima

Los corleoneses aún prófugos y aquellos que estaban en la cárcel debieron advertir que se hallaban en una situación similar a la de un ejército mercenario que, habiendo perdido del todo la esperanza de recibir el salario pactado con sus superiores, no habría tenido otra elección que la de entregarse al saqueo y la devastación salvaje. En semejante acción, la mafia nazi estaba dispuesta a poner en tela de juicio su propia supervivencia. Y, en efecto, fue precisamente entonces cuando, con una evidente tendencia a golpear de manera sumaria en todas las direcciones sin la mínima consideración a las reacciones de la opinión pública, se desarrolló una impresionante oleada de terrorismo mafioso (anticipada, como se ha recordado, en enero de 1988 con el asesinato del agente de policía Natale Mondo y proseguida en septiembre con los asesinatos del juez Saetta y de Mario Rostagno).

La oleada terrorista se dirigió fundamentalmente a las instituciones, con una marcha que parecía avanzar de la base a la cúspide y viceversa, truncando, entre enero de 1989 y septiembre de 1990, la vida de numerosos servidores del Estado: el agente de policía Nino Agostino con su esposa, Ida Castellucci, el austero funcionario regional Giovanni Bonsignore (figura representativa de los honestos que habían quedado aislados y sufriendo durante décadas en la administración pública), el juez del Tribunal Supremo Antonino Scopelliti, culpable de haber representado un obstáculo insuperable para los intentos de revisión procesal realizados por los mafiosos condenados; el 21 de septiembre, el «chiquillo juez» Rosario Livatino.

En el verano de 1991, el 29 de agosto, la opinión pública nacional asistió impresionada a la noticia del asesinato de Libero Grassi, un empresario ejemplar decidido a no ceder a la extorsión, abatido en la acera de una calle de Palermo a dos pasos de su casa. Quien esto escribe era un fraternal amigo suyo y al recordar con comprensible emoción su trágico testimonio no puede silenciar el hecho de que fue testigo, en distintos ambientes de la ciudad, de inequívocos comportamientos de deslegitimación pública por parte de sus colegas; negándole el saludo o demostrando que no querían ser perturbados o «contaminados» por su presencia, éstos pretendían manifestar su reprobación por haberse atrevido a romper la regla de pagar lo debido en concepto de extorsión al clan corleonés de los Madonia.

Desde luego, él no había conseguido tener la misma suerte que en Capo d'Orlando, en la provincia de Messina, un ambiente muy distinto había permitido al valiente Tano Grasso un éxito relevante a la cabeza de los comerciantes locales (Costantino, 1993). Al contrario, en la práctica Libero había quedado aislado e indefenso, aparte de la solidaridad moral conseguida en los más altos tribunales de la conciencia cívica italiana y también en las escuelas públicas, en el mundo de los jóvenes que habían participado en la movilización antimafiosa de la «primavera de Palermo». Pero esta época estaba llegando a su fin; en efecto, sobre ella comenzaban a incidir los efectos negativos, o sea los éxitos parciales de las contradictorias operaciones de distanciamiento del pasado (piénsese, por ejemplo, en las fustigaciones del presidente Cossiga) con las cuales el sistema de poder de la entente Craxi-Andreotti se obstinaba en sobrevivir.

Evidentemente, en ese clima de final de imperio, mientras algunos —entre ellos los políticos más astutos— se empeñaban en borrar el pasado, la mayor parte de la burguesía mafiosa, al sufrir la crisis de sus tradicionales seguridades, se mostraba sobre todo capaz de una corrosiva resistencia pasiva a la revuelta legalista y a sus protagonistas, como Libero Grassi. Condenada a beber hasta el fondo la hiel de las relaciones que ligaban las prácticas ilegales de sus negocios con el mundo de la criminalidad, tenía esperanzas en algún golpe final limpio del CAF (Craxi-Andreotti-Forlani) y lo propiciaba insistiendo, siempre con una instrumental invocación de garantismo, en un solapado y a menudo eficaz ataque a la Magistratura, acusada de querer criminalizar a toda Sicilia.

A su vez, los corleoneses, cuanto más insistían en su ofensiva terrorista, más terreno perdían en el campo de la política, sumiéndose en un histérico aislamiento. Cuando más tarde, el 30 de enero del año siguiente, el Tribunal Supremo (tras cerrarse el camino para cualquier posible intervención contra el demasiado comprometido juez Corrado Carnevale) confirmó la sentencia del maxiproceso, consagrando en la práctica el denominado «teorema Buscetta» que había sostenido la acusación, debieron tomar nota del definitivo fracaso de la lucha emprendida contra el Estado para obtener el amaño prometido para los «muchachos» sometidos al régimen de máxima seguridad.

Para Riina esta humillación amenazaba con resolverse en una drástica pérdida de prestigio que lo exponía al inmediato peligro de un derrumbe de su liderazgo sobre el universo mafioso. Reaccionó de la peor de las maneras: empeñándose en una nueva exhibición de violencia para demostrar, sobre todo a los suyos, que era capaz de castigar a los traidores y aniquilar a los enemigos. Con el primer acto realizado en esa dirección quiso, como suele decirse, matar dos pájaros de un tiro: castigar a Lima con la muerte y, al mismo tiempo, a Andreotti con la liquidación política.

Lima fue asesinado en pleno día el 16 de marzo de 1992 en las cercanías de su chalé por el sicario Francesco Onorato, en la acera de la avenida que une la finca de la Real Favorita con la playa de Mondello, en Palermo. La dinámica del asesinato, a pesar de los muy poco nobles precedentes que había en su origen, evidenció un comportamiento de la víctima que es correcto destacar, al menos para dar relieve al enigma existencial de una vida marcada por una cínica y trágica mafiosidad, tan turbia como inquietante.

En el momento del fatal encuentro con sus asesinos, el líder democratacristiano se hallaba en un automóvil conducido por un amigo, un profesor universitario. Presintiendo la inminencia del atentado contra su vida, abrió la puerta del coche e intentó huir a la carrera. En esta decisión ¿prevaleció el pánico o el valor? ¿Fue una reacción instintiva y desesperada o, en cambio, un acto de extrema lucidez para salvar la vida de un amigo?

Si bien estos interrogantes quedarán para siempre sin respuesta, no existen dudas sobre las intenciones de Riina, reveladas por los arrepentidos. Gaspare Mutolo ha aclarado que Lima fue asesinado «porque era el símbolo de ese componente político que, después de haberse servido de la Cosa Nostra, había traicionado sus compromisos con ocasión del maxiproceso». En fecha más reciente, Giovanni Brusca ha ofrecido nuevos elementos para un mayor conocimiento del móvil: «Cuando fue asesinado Lima nosotros sabíamos que Andreotti tenía la intención de presentarse como candidato a presidente de la República, y el homicidio fue un claro mensaje dirigido a obstaculizar esta intención.»

Sin embargo, puesto que Andreotti, aunque abatido y debilitado, «estaba intentando recuperarse y volver a entrar en el juego», decidieron eliminar también a Ignazio Salvo; quien llevó a cabo la operación fue, increíblemente, su yerno, un «hombre de honor» libre de toda sospecha, el economista Tani Sangiorgi, recientemente condenado a cadena perpetua.

Al valorar los hechos con el distanciamiento que permite un juicio histórico, se podría reconocer que el asesinato de Salvo Lima sobre todo confirmó plenamente cuánta razón había tenido la víctima en vida, desde su peculiar punto de vista, al considerar que Riina era sólo un «paleto» de escaso cerebro. En efecto, si el poder de los corleoneses tenía alguna posibilidad de supervivencia, debería haberla reconocido no precisamente intentando el desmantelamiento violento de la corriente andreottiana, sino al contrario, en esa fatigosa operación en la cual se habían empeñado el mismo Lima y los Salvo, que debería haber concluido en el ascenso de Andreotti al Quirinal.

En otras palabras, un astuto cálculo de conveniencias correspondiente a las mejores tradiciones históricas de la mafia habría debido sugerir a la Cosa Nostra la oportunidad de disponerse a una nueva y voluntaria ocultación, a costa de tolerar, en el más alto grado de los sufrimientos impuestos por una coyuntura desfavorable, las temporales y tácticas orientaciones represivas de sus políticos. Pero Riina no. No entendió nada o, quizá, no estaba en condiciones de entender, porque —aparte de las limitaciones de su inteligencia política— el curso de la revuelta legalista italiana, juntamente con el cambio radical de la situación internacional, estaba haciéndose tan arrollador y desorientador que favorecía el predominio de las emociones sobre las decisiones razonadas.

De todos modos, cediendo a las pulsiones de su criminal impaciencia, a la brutal emotividad que lo inducía a vengarse, confirmó plenamente, como no habría podido hacer mejor de otra manera, esos fundamentales rasgos de bandolerismo urbano que —ya se ha destacado— marcaban, respecto de la misma tradición mafiosa, una vistosa anomalía de una parte considerable de los corleoneses. Éstos, incapaces de iniciativas distintas de la pura y simple exhibición de su fuerza militar, no habrían puesto ningún límite a su desesperado y delirante intento de transformar la misma ferocidad en un arma política. En su delirio, probablemente se convencieron de que habían conseguido el poder que los hacía autónomos de la misma burguesía mafiosa, de sus partidos y de sus hombres de gobierno.

Pero la referencia a la peculiar naturaleza de bandido que caracterizaba a numerosos corleoneses no basta para aclarar los motivos de su persistente dominio sobre toda la organización mafiosa. A mantenerlo inalterado y a reforzarlo durante algún tiempo debieron de contribuir tanto la exigencia de oponerse con energía al proceso disgregador, advertido como mortal y provocado por las crecientes defecciones de los arrepentidos, como, sobre todo, la idea, tan elemental como confusa, de que había que blindar el aislamiento con una vistosa potenciación de los instrumentos militares, en un esfuerzo desesperado por convertir a la Cosa Nostra en un poder independiente del Estado (o, si se prefiere, en un antiestado) a la manera de los narcotraficantes colombianos. Esto correspondía a un inevitable afán autodefensivo por parte de la Cosa Nostra, que a pesar de las defecciones seguía siendo poderosa en términos de pura y simple fuerza criminal, mientras estaba registrando el agotamiento de su cincuentenaria función política asumida en el marco de las estrategias atlantistas y anticomunistas de la República.

DE LAS MATANZAS DE FALCONE Y BORSELLINO A LA BOMBA CONTRA LOS UFFIZI

Después de haber castigado a los políticos traidores, la escalada del afán autodefensivo y del correlativo delirio de soberanía de la Cosa Nostra alcanzó y golpeó al estado mayor de la Antimafia y la revuelta legalista en Sicilia. Fueron acontecimientos enormemente trágicos, que cuentan entre los más funestos de la historia de la primera República, después de la ya lejana masacre de Portella della Ginestra del primero de mayo de 1947 y el más reciente martirio del presidente Aldo Moro y de su escolta.

Fueron, como se sabe, las dos tragedias que en el breve lapso de dos meses unieron en el sacrificio por el Estado los nombres de los dos magistrados, uno con inspiraciones ideológicas de izquierdas y el otro de derechas, que la memoria civil suele recordar juntos, como una sola e indivisible persona: dos muertos que pesaron como losas sobre un *establishment* político que había entrado en una fase de confusión, agredido por centenares de acusaciones de corrupción, detestado e insultado por multitudes populares enardecidas de indignación, en las insignificantes y medrosas figuras de sus exponentes oficiales obligados a estar presentes en los funerales de Estado.

La matanza del 23 de mayo de 1992 truncó la vida de Giovanni Falcone (además de la de su esposa, la magistrada Francesca Morvillo y los agentes Di Cillo, Montinari y Schifani); la del 19 de julio, en Palermo, destrozó en Via D'Amelio, bajo la casa de su anciana madre, a Paolo Borsellino y a los agentes Catalano, Cusina, Li Muli, Loi y Traina.

Ambas masacres pusieron de relieve las extraordinarias capacidades militares de la criminalidad dirigida por los corleoneses. En particular, la del 23 de mayo había sido precedida por otros intentos que habían empeñado, con distintas propuestas alternativas, a la dirección estratégica de la Cosa Nostra. Matar a un hombre superprotegido como Falcone no era, desde luego, tarea fácil. Después de un primer atentado confiado al capo Antonino Madonia (que en junio de 1989 acabó en fracaso, en el chalecito junto al mar del magistrado) incluso se había pensado en recurrir a un método empleado con éxito por los integristas islámicos: la utilización de un hombre-bomba cargado de tritol que volaría por los aires al abrazar a Falcone. El candidato era el anciano padre de un «hombre de honor» gravemente enfermo de cáncer. Desechado este proyecto, los corleoneses tomaron en consideración las hipótesis alternativas de utilizar un coche cargado con explosivos (el Fiorino que llevaba cada día los cruasanes calientes al bar del Tribunal de Palermo) o bien una Vespa. Por último, decidieron —después de un ensayo general efectuado con un bazuca por Giovanni Brusca ayudado por el experto en explosivos Angelo Siino— recurrir al brillante método de hacer saltar un tramo de la autopista que une el aeropuerto de Punta Raisi con Palermo, en las cercanías del municipio de Capaci, sincronizando la explosión de una enorme carga de tritol con el paso del automóvil del que se servía el juez en su viaje de regreso de Roma, donde prestaba servicio en el ministerio, con destino a su casa palermitana para pasar allí el fin de semana con su esposa (Galluzzo y otros, 1992).

El plan fue realizado a la perfección: la explosión, activada con un mando a distancia, se produjo con puntual vigor devastador, exactamente en el momento en que una columna blindada con el juez a bordo, su esposa y el chófer Giuseppe Costanza (que afortunadamente sobrevivió), procedente del aeropuerto, se cruzó con la salida de autopista de Capacci. La noticia de lo ocurrido llegó casi de inmediato a los «muchachos» del Ucciardone, que brindaron por el éxito.

Después de cinco años, el 26 de septiembre de 1997, la Sala de lo Penal de Caltanissetta condenaría a los autores de la matanza, imponiendo veinticuatro cadenas perpetuas (entre ellas las de Totò Riina, Pietro Aglieri, Bernardo Brusca, Giuseppe Calò, Leoluca Bagarella, Giuseppe Madonia, Bernardo Provenzano y Filippo Graviano), veintiséis años de cárcel para el declarante Giovanni Brusca y penas de detención de entre quince y veintiún años para los imputados menores. Se mantienen todas las dudas y las perturbadoras sospechas sobre la posible corresponsabilidad de personas pertenecientes a los aparatos del Estado. En efecto, Falcone nunca habría sido tan ingenuo como para facilitar el acceso a las informaciones sobre los horarios de sus desplazamientos. El día de la matanza había aterrizado en Palermo a bordo de un avión militar. ¿Quién había proporcionado a los asesinos tan precisas informaciones sobre un vuelo reservado para hacer posible la perfecta sincronía de todas las operaciones previstas por la compleja planificación de la masacre? Al respecto, el sicario arrepentido Francesco Onorato ha aludido a las relaciones que, sobre la base de su experiencia, había entre los servicios secretos y el clan de los Madonia, que controlaba el territorio de Capaci. También en el interior de la Cosa Nostra muchos pensaban que detrás de ciertas matanzas, desde aquella de julio de 1983 de la que había sido víctima el juez Chinnici hasta las matanzas de Falcone y Borsellino, había agentes «desviados» de los servicios secretos (Giordano y Tescaroli, 1998).

¿Podrán conocer alguna vez los historiadores la verdad de lo ocurrido o todo quedará encerrado para siempre en las tumbas de los misterios irresueltos de la primera República? Es un hecho que, prescindiendo de cualquier razonable sospecha sobre ayudas externas proporcionadas a la Cosa Nostra en casos particulares, el notable potencial tanto organizativo como estratégico y los arsenales auténticamente militares de que disponían los corleoneses no se habrían podido constituir sin coberturas y protecciones de distinto tipo por parte de «amigos» y cómplices infiltrados en las más diversas estructuras de la administración pública. Y, en todo caso, el particular poder de la mafia de obtener obediencias y fidelidades con el chantaje era el directo resultado de la enorme implicación de la masonería y la burguesía mafiosa en el vasto campo de sus negocios.

Debió de ser el convencimiento de poder contar con una fuerza tan secreta como perentoria y atractiva lo que indujo a los corleoneses, después de la matanza de Borsellino, a jugarse el todo por el todo (no nos es dado conocer con qué precisos objetivos), aprovechando la imponente desestabilización en curso, la atormentada y triste agonía de la primera República.

A falta de otras fuentes, para tener una idea de sus verdaderas intenciones, debemos conformarnos con las declaraciones de los arrepentidos. El catanés Maurizio Avola ha proporcionado una explicación bastante exhaustiva: la cúpula mafiosa decidió «chantajear al Estado para obligarlo a renunciar a la ley sobre los arrepentidos y a la cárcel de máxima seguridad para los capos, pero también para desestabilizar el marco político institucional, dar el golpe de gracia a una clase política moribunda y favorecer el advenimiento de una nueva clase política como interlocutora más dispuesta al diálogo con la Cosa Nostra».

¿Bettino Craxi tenía conocimiento directo o indirecto de estas intenciones de la mafia, cuando ostentosamente —como si quisiera intimidar a los magistrados y funcionarios que dirigían la revuelta legalista— habló de una santabárbara de «bombas y bombitas» que pronto explotaría por toda Italia? ¿Había algún plan de choque (concebido para restablecer el orden aprovechando la desestabilización y la imponente provocación puesta en marcha por la Cosa Nostra) sobre las mesas de los amigos de Craxi, casi todos amenazados por los Tribunales y en evidente y angustioso estado de dificultad, antes de conseguir ganar la orilla salvadora del nuevo movimiento político de Forza Italia? ¿Quién intervino, con hostigamientos y consejos, para ofrecer una nueva e inesperada posibilidad de protagonismo a los corleoneses, aislados y abandonados a sí mismos por los andreottianos y por otros políticos empeñados en salvarse de los interrogatorios de los jueces y de la cárcel?

Aunque por el momento estos interrogantes están destinados a quedar sin respuesta, valen como hipótesis indiciarias para comprender cómo la mafia intentó asegurarse una vez más (probablemente también por una fundamental intuición de Giovanni Brusca) un papel decisivo en la fase, apenas abierta, del paso de la primera República a una nueva experiencia de premisas y resultados aún imponderables. Es deseable que dentro de algunos años sea posible verificarlas de manera científica, quizá para descubrir que se trata de hipótesis infundadas. Sin embargo, es sensato estimar que alguna idea-guía, concebida autónomamente o (más creíblemente) sugerida desde el exterior, debe de haber habido, junto con la afanosa búsqueda de una vía de escape del yugo de la revuelta legalista, en la base del proyecto de infligir un golpe final a un Estado estimado, sin razón, moribundo. Y es cierto que se pensó en una especie de gigantesca explosión pirotécnica de horripilante efecto fantasmagórico, capaz de manifestarse en todas las figuras de la política, la sociedad civil, la Iglesia y la vida religiosa, la prensa y la información y hasta la cultura y el arte, valorables como importantes y decisivas para el imaginario colectivo. ¿Fue Totò Riina quien lo concibió desde la cárcel, o más bien el místico «teólogo» de los corleoneses, el inefable y culto Pietro Aglieri, o quizás el brutal y astuto Giovanni Brusca? ¿Y con qué nuevos o antiguos consejeros?

El plan preveía, además, castigar con la muerte, por la traición de la DC, a Andreotti y, por la traición atribuida a los socialistas, a Claudio Martelli: según declaró recientemente Giovanni Brusca, «Andreotti y los socialistas y, por ellos, Martelli, [...] primero habían cogido los votos de la Cosa Nostra y luego, para recuperar el prestigio, habían empezado a hacer cosas que nos perjudicaban». Es sabido que los dos consiguieron salir libres de polvo y paja, al igual que el ex ministro socialista Salvo Andò, también en el punto de mira. Asimismo se salvó el juez Antonio Di Pietro, sobre cuya eliminación se discutió durante un tiempo «para desviar al Norte la atención de las fuerzas del orden y armar un poco de jaleo»; pero quizá también —contaría el arrepentido Maurizio Avola— para hacer, con una imprecisa ayuda de los servicios secretos, «un favor a personas importantes» (¿qué personas?, ¿aquéllas que, de Craxi para abajo, tenían que temer la intransigencia punitiva del juez erigido en símbolo de la lucha contra Tangentópolis?).

En cambio, no conseguiría salvarse de ser asesinado, el 15 de septiembre de 1993, quizá porque era un objetivo demasiado fácil, el sacerdote Giuseppe Puglisi, que en el mafioso barrio palermitano de Brancaccio había intentado poner en marcha, y no sólo con sus valerosas homilías y las clases de catecismo, sino sobre todo con una tenaz acción de penetración cultural en los ambientes juveniles, una experiencia de liberación colectiva de la hegemonía mafiosa. Aunque de por sí gravísimo y cargado de una funesta vocación punitiva en relación con los curas antimafiosos, el asesinato del padre Puglisi fue de algún modo un repliegue sobre el terreno cercano de una más ambiciosa acción intimidatoria que en los primeros meses del año —asegura el arrepentido Gioacchino Pennino— habría debido alcanzar incluso al Vaticano. Al mismo tiempo, ha revelado Giovanni Brusca, se había decidido «aterrorizar a Italia» difundiendo en los supermercados de alimentación dosis de veneno mezcladas con la mermelada de los bollos para niños. Y, para «poner de rodillas al turismo», se esparcirían miles de jeringuillas con sangre infectada de sida en las playas del litoral adriático.

Por suerte, algo debió de intervenir para bloquear la realización de semejante plan. O bien los corleoneses —por las crecientes defecciones que estaban diezmando sus filas y las clamorosas capturas de sus principales capos— no tuvieron las fuerzas y las alianzas necesarias para ejecutarlo. Sin embargo, alguna de las iniciativas previstas fue llevada a efecto: en verdad, por desgracia, algo más que una de las «bombitas» imaginadas por Craxi. En efecto, el 27 de mayo de 1993, un coche bomba cargado con doscientos cincuenta kilos de tritol, colocado en la florentina Via dei Georgofili, mató a cinco personas, derribó la torre de Pulci y destrozó algunas preciosas obras de la Galleria degli Uffizzi. En el mismo día, otros dos coches bomba dañaron, en Roma, la basílica de San Giovanni in Laterano y la iglesia de San Giorgio in Velabro. Otra bomba, destinada a devastar el parque florentino de Boboli, no llegó a explotar.

Antes del insensato ataque contra el patrimonio artístico (incluso se había pensado en la eventualidad de hacer saltar los templos griegos del conjunto monumental de Selinunte), la ofensiva terrorista había sido orientada contra las estructuras de los medios de comunicación y de información: la víctima-símbolo designada había sido el popular periodista y presentador de televisión Maurizio Costanzo, el cual, ha recordado Brusca, «desde hacía tiempo llevaba adelante una campaña contra la mafia e incluso había deseado un tumor al capo Francesco Madonia». Por suerte, el correspondiente atentado, llevado a término en Roma el 14 de mayo, había fracasado.

EL RÁPIDO FIN DE LOS CORLEONESES

Ya en la fase de conclusión es bueno volver a reflexionar, con la intención de favorecer una síntesis, sobre los principales nudos definitorios del análisis desarrollado en los últimos parágrafos. Los lectores habrán notado que para definir a los corleoneses se han usado hasta aquí dos definiciones en apariencia contradictorias, «bandolerismo urbano» y «mafia nazi», una de confinamiento en un antiguo retraso social, la otra lúgubremente evocadora de una de las vicisitudes más representativas de la más perversa modernidad del siglo XX. Para liquidar la contradicción, superándola en un juicio más complejo y más correcto, el fenómeno podría ser definido como el último proceso de hibridación social (del campo a la ciudad) y de modernización criminal (el gansterismo al servicio de los negocios) de la mafia de origen rural (Catanzaro, 1989).

Evidenciadas sus profundas simetrías, las dos definiciones, si bien tan impropias y parciales que es aconsejable entrecomillarlas, resultan, de todos modos, funcionales al objetivo cognoscitivo que más apremia al autor de esta historia: resaltar, con el mayor relieve posible, que la verdadera mafia —la mafia-mafia, o sea, el sistema político mafioso— debe imaginarse siempre por encima del contingente poder militar conquistado por los corleoneses. Es precisamente este dato fundamental el que ahora permite explicar su rápido fin, que debe considerarse consecuencia de sus mismas insensateces y, naturalmente, también el resultado de la eficaz acción represiva activada en su contra; pero debe verse sobre todo como el resultado inevitable de una drástica privación de legitimidad mafiosa sobrevenida para desclasar a Riina y a sus socios (lo indican con claridad los epítetos con los cuales Lima solía apostrofarlos) al nivel de la pura y simple delincuencia.

Reducidos a representarse sólo a sí mismos en la perversidad de su feroz crueldad, y privados —bajo el avance de la revuelta legalista que obligaba a los antiguos protectores y cómplices a tomar distancia— de las oportunidades y las instancias de los tradicionales servicios hechos por la mafia a la gran política, los corleoneses, uno tras otro, se habrían visto obligados a acceder al inevitable destino carcelario de los criminales.

Descontadas las diferencias debidas al cambio de los tiempos, su suerte no sería muy distinta de la sufrida, en 1877, en pocos meses, por las bandas desarticuladas por el prefecto Malusardi y, luego, de las demás, del todo análogas, de la baja mafia reprimida por el prefecto Mori en época fascista y del bandolerismo separatista de Salvatore Giuliano liquidado por el ministro Scelba en los primeros años de la República.

Es particularmente significativo el caso personal de Salvatore Riina. Durante muchos años su contumacia había sido no sólo tolerada, sino incluso protegida; se le había permitido andar con una cierta tranquilidad por la ciudad, servirse de los hospitales públicos para sus necesidades personales y de sus familiares, inscribir normalmente a sus hijos (y no bajo nombres falsos) en las escuelas estatales, proveerse de una normal cartilla de trabajo (¡hasta el punto de poder reivindicar, ahora, el derecho a una pensión!) y frecuentar restaurantes y círculos abiertos al público. Como garantía de tan confortables y no casuales comodidades, al personaje le fue reconocida, de hecho (como en otros tiempos le había sido reconocida a su maestro Luciano Liggio), la condición de prófugo inasible. Condición que entró indefectiblemente en crisis después de la caída del muro de Berlín y se desvaneció del todo a consecuencia del estallido, de Milán abajo, de la Tangentópolis italiana. Incluso Balduccio Di Maggio, su hombre de confianza, precisamente el testigo de la *basata* de Andreotti, lo traicionó ofreciendo a las fuerzas del orden las informaciones necesarias para arrestarlo en pleno día, el 15 de enero de 1993 (la misma fecha en que Gian Carlo Caselli asumió su cargo al frente de la Fiscalía de Palermo), en la circunvalación de Palermo, como si fuera un vulgar ladrón de gallinas sorprendido delante del corral (pero, en verdad, don Totò, según su costumbre, se estaba dirigiendo seriamente... a trabajar en una obra en construcción de la zona).

Su sucesor en la cúspide de la Cosa Nostra fue Giovanni Brusca, el cerebro de la última ofensiva terrorista de la que se ha hablado antes. Con un excepcional refuerzo de la red de sus protecciones personales logró resistir dos años más en su base de San Giuseppe Jato, a pocos kilómetros de Palermo. Al fin fue capturado cerca de allí, el 20 de mayo de 1996, en una guarida situada en la localidad de Cannatello repleta, además de armas, de una asombrosa sobreabundancia de objetos suntuarios, desde Rolex a trajes de firma, reveladora de un estilo de vida que habría gustado a un Al Capone y a muchos gánsteres americanos de los años treinta.

Su sucesor en la cúspide de la Cosa Nostra fue Pietro Aglieri. Sería precisamente Giovanni Brusca, increíblemente declarado arrepentido ante los jueces del Tribunal de Caltanissetta, quien lo traicionaría, ayudando a la policía que lo acechaba desde hacía ocho meses a concluir la operación del 6 de junio de 1997 que lo entregó a la justicia, en Bagheria, una vez más a dos pasos de Palermo.

Aglieri emergió enseguida de la tenebrosa escena de los corleoneses con notables características de originalidad, apreciadas por aquel fray Frittitta que hemos encontrado en el prólogo de este libro. No era un criminal como los demás, aunque los títulos para ascender a la cúspide de la organización mafiosa los había conquistado sobre el terreno asesinando al capo histórico Stefano Bontate: de joven había estudiado en el seminario y la larga familiaridad con las prácticas criminales no lo había apartado del todo de ciertos intereses culturales y de la antigua pasión por la teología. No es casual que los «muchachos» lo llamaran *u signurinu* (el señorito). Lo que impresionó de inmediato a las fuerzas del orden en el curso de la búsqueda de su madriguera fue el descubrimiento de una especie de «capilla de corte», una pequeña iglesia dotada de un altar con flores y velas encendidas delante de una imagen de la Virgen, además de bancos bien alineados y reclinatorios para íntimas ceremonias religiosas. El mismo criminal apareció ante los policías con una camiseta azul sobre elegantes pantalones de tela y un vistoso crucifijo de madera que le colgaba del cuello. Sobre los bancos de la capilla, los textos de sus más recientes meditaciones: un ensayo de Soren Kierkegaard, la Biblia, *Por qué tengo miedo de amar* de John Powell y el libro *Introducción al pensamiento filosófico* de la monja-filósofa Edith Stein, muerta en Auschwitz.

Con un tan paradójico como singular alimento cultural, que probablemente lo disponía a una especie de mística de la mafiosidad, Pietro Aglieri, más que resolverse a convertirse y entrar en un convento, estaba en el centro del esfuerzo de reorganización de la Cosa Nostra posterior a Riina, un esfuerzo —aclaró de inmediato tras su arresto al fiscal Gian Carlo Caselli— que iba «en el sentido tanto de una mayor compartimentación, de una mayor segregación de los distintos componentes de la estructura criminal, como de una revitalización de las relaciones con otras mafias y de los tráficos más remunerativos [drogas y armas], además de en el sentido de una brutal intensificación del control del territorio mediante las extorsiones».

Evidentemente, a pesar de su personal misticismo, el inquietante personaje estaba trabajando en un proyecto de exclusivo alcance criminal, sin ni siquiera un residuo de las veleidades políticas de sus predecesores. Es sensato imaginar que en un proyecto similar haya quedado y quede circunscrita también la actividad de su sucesor en la cúspide de la

Cosa Nostra, el capo Bernardo Provenzano, aún prófugo con un séquito de canallas de menor peso que responden a los oscuros nombres de Mariano Tullio Troia, Benedetto Spera, Francesco Virga, Matteo Messina Denaro y Antonino Giuffré, los actuales restos de la cúpula de los corleoneses. Si esto está sucediendo y se realiza de manera definitiva, el estudio del fenómeno podrá delegarse en su totalidad a los sociólogos, mientras que ya no será necesario proponer la mafia a la atención de la historiografía porque los criminales, por más que quieran o puedan estimarse protagonistas de importantes trabajos sociales, son radicalmente indignos de la memoria histórica de la que se alimentan las civilizaciones. Pero, si es verdad que esto, por el momento, quizás ocurra a los corleoneses, ¿puede esperarse que el proceso sea de veras final y definitivo para la suerte de todo el fenómeno mafioso? No hay que olvidar que la Cosa Nostra sólo ha sido la más reciente estructuración organizativa de una mucho más amplia, compleja y ultrasecular sociedad mafiosa.

¿CONTINUIDAD O RUPTURA CON EL PASADO?

Llegados a este punto, la reconstrucción histórica se ve cada vez más apremiada por las exigencias de la crónica, que hacen difusos e improbables sus límites. De todos modos, al tener que elegir uno, el más adecuado parece corresponder aquí a una línea de deliberada aceptación de la provisionalidad y, por lo tanto, paradójicamente, el horizonte del análisis no queda cerrado sino abierto, con múltiples interrogantes sobre el futuro. Si una orientación tan insólita para un libro de historia es en parte aconsejada por la naturaleza misma de su materia, que va creciendo día a día con el desarrollo de los procedimientos judiciales, se vuelve casi obligada ante una corriente de opinión pública que, de vez en cuando con motivaciones auténticas o instrumentales, desde hace un tiempo se muestra convencida de un próximo final definitivo del fenómeno mafioso. Desde el universal suspiro de alivio por la derrota de los corleoneses, para muchos es cada vez más frecuente el paso hacia un optimismo sistemático y radical (Renda, 1997, p. 434), basado en la idea errónea según la cual la mafia sería un fenómeno de delincuencia organizada y, por lo tanto, bastaría con liquidar a sus delincuentes más peligrosos y disgregar su organización para acabar definitivamente con ella.

Por desgracia, se trata de una imprudencia o de un vicio recurrente, dado que, como se ha visto varias veces en el pasado, gobiernos, prefectos y magistrados han cantado victoria con respecto a la mafia con resultados desastrosos. Ahora es muy significativo el hecho de que sea sobre todo la Antimafia, en su conjunto y a través de sus representantes más conocidos y representativos, la que se declare recelosa y prudente en la valoración de sus propios éxitos. Y, esto, al menos porque la Antimafia —valga al respecto como supremo ejemplo el último y denso informe de la Comisión Parlamentaria de Investigación firmado por Luciano Violante— ha adquirido finalmente un conocimiento profundo de los fundamentales y originarios aspectos políticos y culturales del fenómeno y los magistrados empeñados en la investigación y en la acción represiva se han familiarizado con la exigencia de tener que golpear más arriba que abajo: cada día se amplía en sus indagaciones, y se está convirtiendo en un ejército, una fauna de ex intachables (en general, todos cómplices, o «amigos» o colaboradores indirectos de la Cosa Nostra) constituida por un personal que durante décadas ha formado parte de la clase dirigente.

Sin embargo, debe quedar claro que el fenómeno está tan arraigado y extendido que no puede restringirse al campo de las desventuras judiciales de algunos protagonistas, aunque muy poderosos y en el pasado inatacables. Para las mismas actuaciones judiciales, se trata de una especie de pozo, del que no parece fácil tocar fondo, en el cual se producen frecuentes golpes de efecto. Como siempre sucede en situaciones de este tipo, las imprevistas rehabilitaciones de personajes incriminados no son menos frecuentes que las nuevas e imprevistas incriminaciones.

La guerra contra la mafia no puede dejar de considerar, como todas las guerras, las consecuencias de una inestabilidad permanente y el mismo azar de las ofensivas. Un ejemplo de esta inestabilidad y, si se quiere, del elemento azaroso, lo constituye el caso del ya mencionado Culicchia, quien, como el penalista palermitano Francesco Musotto, reelegido presidente de la provincia de Palermo después de la reciente y clamorosa actuación judicial que concluyó con su absolución de la imputación de complicidades mafiosas, ha conseguido, al término de su difícil enfrentamiento con la justicia, ser absuelto de los infamantes delitos que le atribuía la Antimafia y estaban recogidos en el informe Violante.

No podemos prever qué sucederá con los otros en análogas condiciones. Evidentemente, toda la cuestión no puede resolverse en los tribunales, porque se refiere a un sistema de relaciones e intereses que involucra al conjunto de una sociedad, un sistema en el cual las responsabilidades (raramente mesurables con los instrumentos de los códigos) son fundamentalmente políticas y morales.

Sobre los hechos denunciados y perseguidos por los investigadores, la gente suele mantener un casi total distanciamiento. Y no sólo por

Los claroscuros de la sociedad siciliana desde los años sesenta: el notable democratacristiano Salvo Lima (el futuro jefe de la corriente andreottiana de la DC) y el poderosísimo capo político Vito Ciancimino (de pie, a la derecha) en el curso de un procedimiento judicial contra este último.

Michele Greco, llamado «el papa», el intermediario entre la mafia de los padrinos
y la mafia de los gánsteres, el primer capo de la Cúpula de la Cosa Nostra
a principios de los años sesenta, en un momento del maxiproceso de 1986.

Cuatro ejemplares protagonistas del «bandolerismo urbano» de los corleoneses:
en este orden (de izquierda a derecha, de arriba abajo), Salvatore Riina, llamado
Totò el Corto, futuro capo de la Cosa Nostra; Francesco Madonia; el catanés
Benedetto *Nitto* Santapaola; Bernardo Provenzano (en una foto juvenil),
aún prófugo y probable cabecilla de una nueva estrategia de la Cosa Nostra,
más allá de la fase terrorista concluida con el arresto de Giovanni Brusca.

La ejecución de Marcello
Grado, efectuada por
Leoluca Bagarella
por un ajuste de cuentas
en defensa del poder
de la Cúpula mafiosa.

El brutal asesinato
de la madre del
arrepentido Francesco
Marino Mannoia.

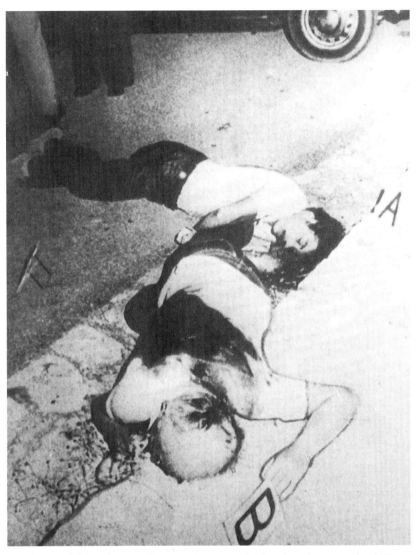

El coronel de carabineros Giuseppe Russo, asesinado, el 20 de agosto de 1977,
con su amigo Filippo Costa, durante un paseo por una localidad
cercana a Corleone.

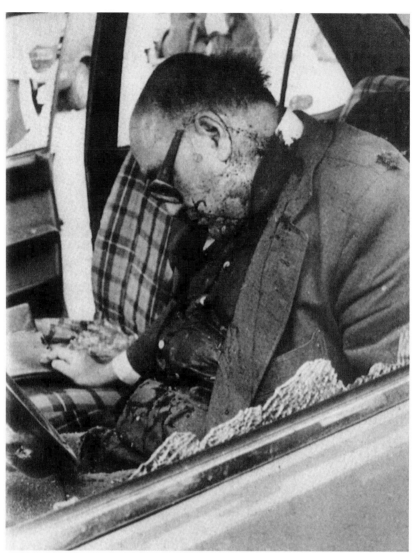

El martirio del juez Cesare Terranova (25 de setiembre de 1979),
acribillado junto al mariscal Lenin Mancuso.

Una cruda imagen del prefecto de Palermo, general Carlo Alberto Dalla Chiesa, asesinado, el 3 de setiembre de 1982, con su mujer, Emanuela Setti Carraro, y el agente Domenico Russo.

Una dramática foto tomada el 13 de julio de 1983, inmediatamente después de la explosión del coche bomba que mató al juez Rocco Chinnici, al mariscal Mario Trapassi, al cabo Salvatore Bartolotta y al portero Filippo Li Sacchi.

El martirio del empresario Libero Grassi, el solitario héroe de la lucha contra el chantaje (29 de agosto de 1991).

Foto histórica del juez Giovanni Falcone.

La matanza del 23 de mayo de 1992, en la autopista Palermo-Punta Raisi,
que acabó con la vida de Giovanni Falcone, su mujer, Francesca Morvillo,
y los agentes Montinaro, Di Cillo y Schifani.

Otra impresionante imagen de la matanza de Capaci.

Los funerales de
Giovanni Falcone
en Palermo, en la plaza
San Domenico.

El juez Paolo Borsellino (a la derecha), con su colega Alfonso Giordano,
presidente del maxiproceso de 1986.

Imagen terrorífica
de la matanza
de Via D'Amelio
(19 de julio de 1992),
que truncó la vida de
Paolo Borsellino y los
agentes de la escolta
Loi, Catalano, Li Muli,
Cusina y Traina.

El pueblo de Palermo en torno a los cadáveres de la «matanza Borsellino».

El cadáver del amigo de Giulio Andreotti, el diputado europeo Salvo Lima,
eliminado, el 18 de marzo de 1992, por orden de Salvatore Riina.

La ejecución del recaudador y financiero mafioso Ignazio Salvo: otra «advertencia»
de Riina a Andreotti.

El capo Giovanni Brusca, llamado el Cerdo, finalmente esposado:
un acontecimiento que, después del arresto de Riina, sanciona el estado
de definitiva liquidación del poder de los corleoneses.

Una cierta «visión» de la legalidad
en beneficio de la mafia:
el juez Corrado Carnevale,
el Matasentencias, en las escaleras
del Palacio

La sociedad civil contra la mafia: el reverendo Ennio Pintacuda S.J. (a la izquierda) con el padre del mártir Nino Agostino en el curso de una manifestación de la «primavera de Palermo».

El «árbol de Falcone» en Via Notarbartolo en Palermo, el símbolo
de la resistencia y de las luchas civiles de la otra Sicilia.

complicidad o por miedo. Es que en ciudades como Palermo, Catania, Agrigento, Trapani, Partinico, Alcamo, Canicattì, Marsala, Castelvetrano o Mazara del Vallo, la gente percibe confusamente que lo poco o mucho que ha logrado conquistar en términos de acceso a la sociedad de consumo en cincuenta años de experiencia republicana, en el fondo es fruto de la economía y los poderes mafiosos. El autor de este libro ha tenido ocasión de registrar personalmente sentimientos de este tipo con ocasión de la detención del diputado Canino (un ex democratacristiano pasado a Forza Italia) al que investigaciones recientes señalan como una de las más prominentes referencias políticas de la especulación mafiosa en la zona de Trapani.

Todo esto, es casi superfluo destacarlo, hace más difícil el trabajo de los magistrados y favorece el éxito de las fuerzas mafiosas y filomafiosas empeñadas en la búsqueda de los modos y los medios más oportunos para mimetizarse, reciclarse y reorganizarse en los canales de las transformaciones en curso. Con este fin, si por mafia debe entenderse bastante más y distinto de la pura y simple criminalidad, la masonería es, con cada vez mayores posibilidades, la organización que puede presidir la reproducción bajo nuevas formas, de la tradicional mafiosidad de las clases dirigentes. A ella, es bueno recordarlo tomando los nombres del informe Violante, pertenecían no sólo estimados profesionales, innumerables docentes universitarios y hombres de negocios, sino también incomparables y atípicos hermanos que responden a los nombres de Michele Greco, Stefano Bontate, Ignazio Salvo, Salvatore Inzerillo, Francesco Madonia, Giacomo Vitale, Mariano Agate, Angelo Siino, Vanni Calvello di San Vincenzo (el príncipe), Vincenzo Sinacori y, *dulcis in fundo*, Salvatore Riina. Parece por tanto creíble que los canales masónicos sean los mejor dispuestos para llevar a cabo una calculada redistribución de elementos mafiosos y filomafiosos de primer nivel y de base del desmoronado sistema montado en torno a Craxi y Andreotti en los nuevos partidos, partiduchos y movimientos de la segunda República.

Al mismo tiempo, el optimismo inducido y potenciado en la opinión pública por la derrota de los corleoneses podría permitir que un polimorfo y renaciente frente politicomafioso (en la práctica, la vieja clase dirigente siciliana y sicilianista reciclada y completada con nuevas levas) obtuviera del nuevo *establishment* nacional aquellas medidas de normalización, correspondientes a la tradicional invocación garantista de la mafia en períodos de dificultad, que se resolverían en una deslegitimación de los colaboradores de la justicia, en un progresivo resquebrajamiento de las sentencias de instrucción del grupo antimafia y, en todo caso, en una drástica interrupción de los procesos puestos en marcha por la revuelta legalista.

Si desdichadamente estos acontecimientos acabaran confirmándose, quienes pagarían las consecuencias esta vez no serían sólo los italianos, sino todos los europeos, porque podemos estar seguros de que la mafia reorganizada apuntaría a instalar de manera estable en el espacio de la Europa del euro la red de sus negocios y de sus relaciones políticas, reforzando, por ejemplo, esas posiciones inquietantemente destacadas, desde el punto de observación de la República Federal Alemana, por Werner Raith en su reciente *Mafia Ziel Deutschland* [La mafia, destino Alemania], de 1992. Derrumbada la dimensión de los intereses atlánticos ligados a la guerra fría, la mafia tiende a desplazar sus proyecciones internacionales del eje Sicilia-Estados Unidos al nuevo eje Sicilia-Europa central, apuntando también al Este, hacia las vírgenes tierras de Rusia. El fenómeno va asumiendo, así, la dimensión cada vez mayor de un problema continental europeo.

Quiera el cielo que existan motivos suficientes para estar equivocados en estas previsiones y que los optimistas tengan razón en lo que respecta al futuro y que de ahora en adelante podamos sólo divertirnos bonachonamente con la directora de una película como *Tano da morire* [Tano para morir] por algunos aspectos folclóricos residuales de la mafiosidad popular. Pero, por desgracia, los conocimientos adquiridos por la Antimafia, los hechos reales y los procesos en curso emergentes a distintos niveles de la crónica —incluido el cada vez más frecuente intento de hacer callar a los jueces— parece que están empujando en otra dirección.

Lo que más impresiona es que la mafia, con un oportunismo coherente con sus tradiciones, está procediendo a extirpar de manera radical el cáncer de los corleoneses (como si quisiera liberarse de una incómoda y desastrosa anomalía supercriminal) y a intentar reconstruirse como fuerza pacífica y respetable (¿acaso sus miembros no se llaman «hombres de honor»?), partiendo precisamente del que siempre ha sido su mejor terreno de cultivo, es decir, el de la política y las interconexiones de intereses con las clases dirigentes.

Recientemente el fiscal suplente Guido Lo Forte ha destacado que, acabada la era Riina, «mentes refinadísimas» están trabajando para dar vida a una «Cosa Nuova», cuyo capo sería Bernardo Provenzano —una de esas «mentes refinadísimas», según aseguran varios arrepentidos como Tullio Cannella, natural de Prizzi—, interesado en conducir a la mafia hacia nuevos escenarios que comportarían un sutil encaje en las estructuras del poder en formación en la segunda República y una reconstrucción orgánica de las relaciones con la política. Provenzano, dotado de una sensibilidad estratégica mucho mayor que la de Riina, estaría empeñado en relanzar el clásico papel de la mafia de gran mediadora entre los «intereses sicilianos» y los poderes (por ahora, sólo) nacionales.

Sobre las orientaciones del nuevo curso, el fiscal nacional antimafia Pier Luigi Vigna ha ofrecido una pista interpretativa que consigue captar en profundidad la tradicional vocación de la mafia, en todos los pasajes históricos de una época a otra, de negociar con el Estado en función de la posibilidad de conseguir un compromiso razonable. En efecto, el magistrado florentino ha referido las muy significativas palabras de un importante mafioso, apenas sentado ante él para el interrogatorio: «Entonces, doctor, ¿llegamos a un acuerdo? Podemos volver a la vieja gestión, sin homicidios, sin fastidiar demasiado al Estado?» El fiscal Vigna ha comentado: «Se está volviendo a una actuación primitiva, más subterránea y en apariencia más pacífica, pero no por eso menos peligrosa.»

Por lo demás, el mismo Riina, a pesar de la modestia de sus capacidades estratégicas, había dicho a su desleal secuaz Totuccio Contorno que estaba espantado por los excesos del ataque mafioso al Estado: «Si no haces la guerra, ¿cómo puedes negociar la paz?»

Hoy la mafia está intentando negociar la paz, y precisamente por este motivo hay que temer que pueda volverse más refinada y fuerte, como ha ocurrido siempre en el pasado en circunstancias semejantes. No es casual que el fiscal de la República Gian Carlo Caselli —el hombre que se ha convertido, después de Falcone y Borsellino, en el símbolo moral de la renovación cívica— haya puesto en guardia varias veces contra el peligro de que «esté formándose una nueva mafia muy secreta y organizada». Luego ha resumido eficazmente en un artículo de *La Repubblica* (19 de julio de 1997) las ideas que guían su acción en cuanto a las crecientes demandas de normalización y garantismo:

No es normal que la ilegalidad y la mafia se ciernan aún sobre ciertas áreas porque el Estado no consigue reapropiarse a fondo de ellas y, es más, sigue dejándolas «deshabitadas» desde el punto de vista del desarrollo y las oportunidades.

Tiene toda la razón quien sostiene que la normalidad es esencial en un país democrático. Y es verdad que la justicia debe funcionar en la normalidad. Por lo cual, ¡ay de sentirse siempre en una trinchera!, aunque sea por razones nobilísimas. Es preciso construir una fuerte red de normalidad. Y es posible hacerlo.

Pero sería estúpido o suicida apartar a la mafia o a la corrupción, como si fueran historias del pasado. La partida de la normalidad (que es, además, la de la democracia real) se gana o se pierde también y sobre todo en estas vertientes. Por desgracia, aún actuales. En cambio, quien se obstina en recordar estas sencillas verdades, quien sigue pidiendo que la lucha contra la corrupción y la mafia no sufra dilaciones, oye cada vez más a menudo que lo acusan de llevar a cabo una especie de encarnizamiento. O se acepta el escenario de cartón piedra, falsamente tranquilizador, de una pacificación que se querría irreversiblemente en curso, o se es acusado de «justicialista». O de algo todavía peor.

¿Existe el peligro de un nuevo aislamiento de los protagonistas de la Antimafia? ¿Y el peligro de que vuelva a prevalecer la doctrina oficial resumida en la antigua fórmula de «la mafia no existe»? ¿Y el peligro de una radical deslegitimación de los colaboradores de la justicia con la drástica destrucción de los resultados de años de fatigosas investigaciones para rasgar el telón de los secretos sicilianos? Todo esto, mientras un optimismo incauto parece penetrar en una parte de las mismas fuerzas que en un reciente pasado habían debido batirse duramente contra la mafia para activar la primavera de Palermo y para conquistar el municipio que había sido de Lima y de Ciancimino. Todo esto, mientras está en curso una alarmante verificación pública de la falta de resolución de los problemas fundamentales del paro juvenil y de la general degradación urbana en Palermo, con el peligro de que la mafia se disponga a meterse en la boca del lobo del malestar social (como ya había sucedido, en parte, en tiempos de los fascios sicilianos). Y mientras el presidente de la Confesercenti (Confederación de los Profesionales de las Actividades Comerciales y Turísticas), Marco Venturi, se ve obligado a denunciar que la ciudad «aún es cautiva de las extorsiones».

¿Cuáles son, ahora, las referencias políticas de la nueva maniobra mafiosa? ¿No hay duda de que se encuentran entre los tránsfugas del sistema de poder generado en torno a Craxi y Andreotti y sus directos sucesores, en un arco de fuerzas que va de la derecha a la izquierda, de los restos dispersos del PSI al CCD (Centro Cristiano Democrático) y a Rinnovamento Italiano, pasando por Forza Italia. Esto, obviamente, no significa en absoluto que estas fuerzas estén interesadas de manera inmediata y directa en mantener relaciones con la mafia, sino que es previsible que sea la mafia la que trate de entretejer y estabilizar complicidades con ellas. Además, debe considerarse que en Sicilia y en Italia hay una selva de relaciones subterráneas y encubiertas, de antiguas y tenaces afinidades y «amistades», entre Tangentópolis y Mafiópolis, que constituye, objetivamente, un terreno de continuidad con el pasado (Bolzoni y Lodato, 1998).

En particular, si son creíbles las informaciones de los colaboradores de la justicia, las relaciones de la mafia con algunos dirigentes de primer nivel de Forza Italia serían bastante antiguas. El arrepentido Maurizio Avola ha hecho público su convencimiento, acusando al principal colaborador del presidente Silvio Berlusconi: después de Riina —ha declarado— «la Cosa Nostra habría podido estrechar nuevas amistades y nuevas alianzas. Luego he comprendido que se trataba de Forza Italia. A continuación muchas veces Marcello Dell'Utri ha bajado a Catania para hablar con Santapaola». Y el arrepentido Francesco Di Carlo, en la sala-búnker de Mestre (en el curso del proceso contra el mafioso Vittorio Mangano, ex mozo de cuadra de Silvio Berlusconi en Arcore) ha proporcionado su versión de lejanas aproximaciones y de antiguas contigüidades que habían tenido en el centro de sus oscuras tramas la actividad de un importante emisario de la mafia siciliana en la zona de Milán, el capo Gaetano Cinà:

> Fue en el año 1974 cuando conocí personalmente a Silvio Berlusconi. Estábamos en una oficina en Milán. También estaba Marcello Dell'Utri... y luego otra vez, lo encontré por casualidad en un restaurante de la plaza Duomo; él, Berlusconi, me reconoció y me pagó la cuenta. [...] En aquella ocasión Bontate le dijo a Berlusconi que, para cualquier necesidad, habría podido dirigirse a Dell'Utri y entonces aseguró que pronto mandaría a Arcore [la villa de Berlusconi] a un hombre de confianza, Vittorio Mangano.

El presidente Berlusconi y Fininvest han reaccionado asegurando que dichas afirmaciones son puras y simples falsedades. Por lo tanto, es obligatorio suspender el juicio antes de las comprobaciones judiciales a las cuales está actualmente sometido también Dell'Utri, acusado por nada menos que veintitrés arrepentidos y procesado por el delito de «colaboración con asociación mafiosa».

Desde luego, también en otras direcciones y con numerosas referencias, van emergiendo historias de complicidades especulativo-mafiosas, con Gaetano Cinà, Vittorio Mangano, Antonino Calderone, Nitto Santapaola, Giovambattista Ferrante, en un vasto recorrido de Milán a Catania, de Catania a Palermo, de relaciones y alianzas sobre el filo de las amistades de Bettino Craxi, en una moderna escenografía de villas hollywoodenses, estudios de televisión, hipódromos y picaderos. Y, aun queriendo excluir cualquier directa aportación de la mafia, suscita al menos una cierta curiosidad el hecho de que los más poderosos colaboradores del milanesísimo Silvio Berlusconi sean del Sur y, en gran medida, sicilianos.

PARA UNA REVOLUCIÓN CULTURAL

Si es verdad, como en efecto lo es, que más allá de los gravísimos y recientes golpes sufridos la mafia se va reorganizando y que las tensiones del frente antimafia se están debilitando preocupantemente, algo trágico y atroz —de lo que un escritor siciliano no puede dejar de tomar nota con incontenible angustia— existe de veras en el corazón profundo de la realidad de Sicilia y de su historia. Semejante condición, tan cierta como oscura, induce ahora, para una conclusión provisional de este libro, a retomar los hilos de observaciones ya anticipadas en el prólogo y en otros capítulos y a intentar profundizarlas y sintetizarlas. La operación comporta la puesta a punto de al menos dos marcos de reflexiones.

El primero es bastante complejo y afecta a los aspectos culturales de la cuestión mafiosa. Los datos sobre los cuales reflexionar al respecto se obtienen con facilidad del análisis histórico de las páginas precedentes. Existe, y se ha reproducido variadamente en el tiempo, una difusa cultura mafiosa de la que son responsables las clases dirigentes sicilianas y también varias generaciones de intelectuales hasta las de los años de Andreotti y de Craxi, que han dominado las corporaciones profesionales, las instituciones y los círculos culturales, las hermandades y las iglesias e incluso —y quizá sobre todo— las universidades y las manifestaciones públicas de conocimientos.

Raras veces entre los distintos representantes del liderazgo político y cultural de la isla —y no mucho más que entre los numerosos pobres diablos reclutados por un extenso y complejo sistema de ilegalidad—, derecho, virtudes cívicas y todos los protocolos constitutivos de una moderna ciudadanía han obtenido crédito y convencida consideración. Las fuerzas antagonistas, varias veces empeñadas en generosas luchas de liberación y de progreso, han sido recurrentemente derrotadas y sólo ahora, en este fin de milenio, parece que hayan madurado finalmente condiciones apenas suficientes, pero lábiles y precarias, para tener esperanzas en un radical y resolutivo cambio histórico en favor de la otra Sicilia.

Al no haber arraigado nunca en la isla una verdadera cultura de la estatalidad, se ha convertido en predominante y aplastante una particular cultura de lo privado, alimentada por pretendidos valores sicilianistas y regulada por la normativa consuetudinaria de los clanes, que privilegia las complicidades respecto de las mismas, muy enfatizadas, «amistades» y tiende a considerar virtuosas las obediencias, las pertenencias, la astucia, la desconfianza y la *omertà*. De ello ha nacido una mentalidad por la cual sólo aquello que puede medirse con el cálculo de eventuales privilegios y con los intereses de la familia, de la parentela, del grupo restringido, debe considerarse importante, mientras que el resto —aquello que se atiene a los fines de la colectividad defendida por el Estado— si no debe ser rechazado del todo, al menos debe ser mirado con desconfianza y distanciamiento.

Es precisamente esta forma cultural de lo privado, dominante sobre lo público, fruto de la larga vicisitud histórica de una sociedad que ha cultivado a todos los niveles un culto casi obsesivo del poder y de los bienes, el aspecto general de aquello que suele indicarse como mentalidad mafiosa. Se trata de una mentalidad que, ya se ha visto, tiene raíces antiguas y profundas y contribuye a hacer de la mafia siciliana algo excepcional, poco comparable con otros fenómenos de exclusiva naturaleza delictiva que en el mundo (en China, en Japón, en Rusia, en América Latina), con un impropio uso extensivo de un término nacido en Sicilia, se suele definir igualmente como mafiosos.

El segundo orden de reflexiones nos devuelve a la crónica; se refiere a la relación entre la mafia y el sistema italiano y también ofrece unos datos útiles para comprender mejor el caso Andreotti. Como es ampliamente conocido por los lectores, el ilustre senador vitalicio —sobre la base de las conclusiones a las cuales han llegado el fiscal Caselli y los suplentes Guido Lo Forte y Gioacchino Natoli—, además de estar sometido a proceso en Perugia por los hechos relativos al asesinato del periodista Pecorelli, lo está en Palermo «por haber contribuido, no ocasionalmente, a la tutela de los intereses y a la consecución de los objetivos de la asociación denominada Cosa Nostra en particular en relación con los procesos judiciales contra representantes de la misma organización». Como era perfectamente previsible, el imputado no podría recurrir a otra línea de defensa que la de declararse del todo inocente y de presentarse como víctima de la mafia y de misteriosos complots.

Es probable que tenga razón cuando da a entender que en el origen de sus desgracias hay un cambio de actitud de los ambientes estadounidenses en relación con él. Pero él parece desafiar todo sentido común cuando declara que ignoraba las relaciones orgánicas que unían a Salvo Lima y a los otros principales representantes de su corriente con la mafia. En particular, es sorprendente que declare no haber conocido a los primos Salvo, que eran precisamente los grandes protectores y los incontestados jefes de barrio de su corriente.

En breve, a cualquiera que hoy, por patriotismo, desease para él una sentencia absolutoria, le costaría resignarse al hecho de haber sido gobernado durante cerca de cuarenta años por una personalidad tan ingenua y desprevenida que es radicalmente incapaz de dotarse de esas informaciones que en Sicilia están a disposición, desde siempre, de cualquier hombre de la calle. El senador Andreotti, antes admirador de Michele Sindona, habría sido tan distraído e incauto en su gobierno como para no percatarse de tramas y complicidades con los ambientes mafiosos, sea de sus seguidores, sea de los servicios secretos del Estado del que era uno de los estadistas más prominentes y poderosos. Europa y el mundo deberían tomar nota del increíble candor de un ejercicio de poder que, en tanto partícipe de una antigua tradición italiana, habría corrido el riesgo, sin razón, de ser sospechoso de maquiavelismo.

De todos modos, la cuestión, por sus aspectos de relevancia penal, es de exclusiva pertenencia de la Magistratura y, así las cosas, es obligatorio evitar juicios de valor que puedan parecerse a las sentencias de los tribunales. Pero el juicio histórico sobre los hechos puede desde ahora, y podrá en el futuro, prescindir siempre de las «verdades judiciales». Para empezar, hay que destacar que el planteamiento de la acusación no se limita a evidenciar unas genéricas relaciones entre mafia y política, sino que incluso formula la hipótesis —y hemos visto por qué en los capítulos precedentes— de que una cierta actividad política, funcional a la aventura de poder de una corriente democratacristiana, haya sido ella misma una actividad mafiosa (en efecto, Andreotti está acusado de «asociación mafiosa»). De por sí, prescindiendo de sus resultados, una tan clamorosa incriminación constituye un enorme acontecimiento, verdaderamente de alcance histórico.

En efecto, para un historiador, su sentido trasciende las mismas específicas responsabilidades atribuidas a un imputado que, exhumando memorias y títulos importantes de la historiografía italiana, podría merecer aquella definición de «ministro de la mala vida» acuñada por Gaetano Salvemini para el gran Giovanni Giolitti. Y el servicio que la incriminación de Andreotti hace al conocimiento histórico se vuelve aún mayor si se consigue comprender cuánto contribuye ella a desvelar la perversa dinámica de las relaciones instauradas y mantenidas durante más de un siglo, desde la unificación, en la realidad italiana. Veamos, brevemente, en qué consiste tan significativa y relevante aportación cognoscitiva.

La historia del fenómeno, más allá de cuanto se refiere específicamente a Sicilia, permite tomar nota del hecho de que gran parte de la cuestión meridional coincide con la cuestión mafiosa y que ésta, a su vez, implica una ineludible «cuestión septentrional». En distintos tiempos, el Norte de los grandes poderes industriales y financieros, mientras consideró necesario defenderse de reales o solamente temidos peligros subversivos, no escatimó su apoyo a un general ordenamiento de poder que, sostenido básicamente por el voto conservador del Sur, tuvo interés en utilizar el fenómeno mafioso y en considerar incluso benéfica para la democracia la actividad paracriminal de los políticos que se servían de ella para sus personales aventuras de poder. Esto es suficiente para comprender correctamente las características nacionales de la cuestión mafiosa, de la que el Norte no es menos responsable que el Sur, en la red de complicidades de una Italia de los misterios aún tutelada por el secreto de Estado. Y, más allá de los hechos ocurridos en Sicilia, basta para comprender oportunamente la relación profunda, puesta varias veces de manifiesto en estas páginas, establecida entre la historia de un poder político orgánico a la mafia y las vicisitudes estratégicas de Occidente en el marco de la guerra fría. El mismo Andreotti ha sido muy claro al respecto, en el curso de una entrevista concedida a *El País Semanal* en julio de 1998: «Si no hubiese caído el muro de Berlín —declaró textualmente— creo que no habría pasado nada y quizás yo habría podido seguir siendo primer ministro.»

Sin embargo, desde el fondo de reflexiones objetivamente realistas y amargas —que remiten a cuanto el comunista Antonio Gramsci y el liberal Piero Gobetti habían destacado en obras clásicas sobre las consecuencias del limitado e infeliz desarrollo de la democracia y del liberalismo en Italia desde el siglo XIX— es posible remontarse a la idea de qué se necesita en la actualidad para producir un cambio.

Es preciso no perder la ocasión de hacer avanzar los desarrollos de la revuelta legalista italiana hasta determinar una parálisis definitiva de los mecanismos que aún permiten a una extensísima burguesía mafiosa, núcleo central de la clase dirigente, penetrar en la sociedad siciliana.

¿Conseguirán las nuevas generaciones liquidar para siempre la mentalidad, las costumbres y los estilos de la tradición sicilianista y de inescrupulosas prácticas de poder del todo similares a las de los antiguos barones? Las respuestas corren el riesgo de resultar banalmente retóricas porque —hay que reconocerlo de manera realista— no es nada fácil imaginar cómo puede formarse rápidamente una nueva clase dirigente en una realidad que, desde el punto de vista de sus actuales problemas sociales y económicos, está atravesando una de las más agudas fases de sufrimiento de su historia. De todos modos, es de esperar que el nuevo curso que se abre ayude a las nuevas generaciones a comprender y a salvaguardar lo mejor de las tradiciones históricas sicilianas (que no es poco) induciéndolas a conectar los antiguos recursos de la antimafia popular con nuevas experiencias y nuevas luchas por el desarrollo y la democracia en Europa.

Ahora, tanto la otra Sicilia como Italia —más allá de la deseable buena suerte de los procedimientos judiciales en curso— no pueden más que apuntar a los efectos moleculares y los plazos necesariamente largos de una experiencia abierta por la revuelta legalista que, para conseguir cambios radicales y definitivos de alcance histórico, debería desplegarse y consolidarse en una profunda revolución cultural, guiada por nuevas y cívicas vanguardias de masas.

Constituye un servicio a los lectores explicar por qué este libro, sobre la estela de su considerable éxito, reaparece en una nueva edición, y con un excepcional complemento —los pasajes más sobresalientes del texto con el cual el Tribunal de Palermo ha razonado su sentencia sobre el caso Andreotti—, aspirando, como es obvio, a un nuevo éxito.

Las explicaciones que se pueden aducir aquí son al menos dos. La primera tiene una base que es a la vez de naturaleza científica y emocional y debe referirse a la satisfacción del autor por el hecho de haber visto aumentar con el tiempo informaciones de distinta naturaleza y procedencia, incluida la citada sentencia, que han confirmado sus hipótesis interpretativas y el planteamiento general de sus reflexiones. Si bien no siempre en relación con la forma de los juicios, se ha tratado, sobre todo para las partes del libro más aventuradas, porque estaban más expuestas a todos los vientos de la actualidad, de una confirmación sustancial. No es poco para un estudioso que, encontrándose en el deber de investigar incluso las últimas décadas del siglo XX, haya intentado hacer historia con los datos imprecisos de candentes acontecimientos aún *in fieri* y, en todo caso, en absoluto concluidos definitivamente.

El satisfactorio resultado, destacable incluso en lo que se refiere a los hechos de carácter judicial, complejamente ligados a las investigaciones de la Magistratura y las revelaciones de los arrepentidos, se debe en gran medida quizás a una sabia precaución: haber asumido al proyectar el libro, y luego al escribirlo, una duda metódica sobre la personal culpabilidad en términos del código penal de los distintos imputados (a partir de los más notorios), dejando, como era sensato y obligado, sólo a los tribunales del Estado la carga de arrojar luz y juzgar. Pero sin renunciar en lo más mínimo al oficio crítico y ético del análisis histórico que no puede someterse a las variables intimaciones de la crónica, incluida la judicial, para formular sus hipótesis de trabajo y luego intentar verificarlas ofreciendo a los lectores, con el mayor grado posible de probidad científica, sensatas interpretaciones de los acontecimientos y los hechos investigados.

Con mucha mayor libertad respecto de sus propios deberes de ciudadano (obligado, en efecto, en tanto que ciudadano, a respetar sin manifiestas reservas la honorabilidad social de todos los conciudadanos para los cuales un regular juicio de los magistrados no haya intervenido para oficializar una valoración opuesta), el historiador no puede dejar de considerar las mismas sentencias de los tribunales, sean de condena o de absolución, como actos normales de los poderes públicos que —desde luego, prescindiendo de su relevancia existencial para los interesados— deben remitirse al general examen crítico al que deben someterse todos los datos de los que normalmente nos valemos para construir el marco unitario de los procesos sociales de una época.

En otras palabras, las sentencias, para un historiador, son sólo unos documentos entre muchos otros disponibles. Y, como tales, deben remitirse a un juicio, un juicio histórico, que las considera objetivamente vinculadas a las contingentes orientaciones afirmadas socialmente, y en los ordenamientos del poder, en el curso de la específica fase temporal en que han sido emitidas. Ellas no pueden escapar de ese procedimiento, intensamente desmitificador, al que los historiadores están obligados, que suele señalarse como la crítica de las fuentes.

Existe, por lo tanto, un particular y soberano tribunal de la historia que responde a problemas a menudo muy distantes de las razones y sinrazones personales de los imputados y de los formularios y las instancias técnicas de los códigos. Esto vale tanto para las sentencias emitidas como para aquellas nunca emitidas en contra de los numerosos imputados de la historia jamás sometidos al juicio de los tribunales oficiales del Estado.

El tema aconseja recurrir a alguna rápida ejemplificación clarificadora. Piénsese enseguida en un Giolitti, el gran político de la modernización de principios del siglo XX. Su Gobierno, como es universalmente reconocido, coincidió en Sicilia y en el Sur de Italia con una especie de legitimación oficiosa de los poderes mafiosos. Sin embargo, Giolitti nunca debió defenderse de ninguna formal imputación de mafiosidad o de complicidad con la mafia. Y es muy probable que si alguien hubiera logrado arrastrarlo como acusado a un tribunal habría sido absuelto, al igual que ahora el senador Andreotti y, en su tiempo, por la «insuficiencia de pruebas» que salvaba de la condena a prestigiosos padrinos del nivel de don Vito Cascio Ferro. Pero queda el hecho de que las motivaciones del juicio expresado sobre él por un gran espíritu y un gran historiador de indiscutible probidad científica como Gaetano Salvemini, que lo definió como el «ministro de la mala vida», siguen siendo válidas prescindiendo de cualquier verificación judicial y, préstese atención, de por sí no son tales como para comprometer el juicio positivo sobre las extraordinarias capacidades políticas del personaje. Y, obviamente, su absolución —aparte del suspiro de alivio y el comprensible entusiasmo de sus numerosísimos seguidores y clientes por una parte, y las protestas de sus adversarios por la otra— no habría asombrado demasiado a Salvemini y a aquella selecta corriente de opinión dotada de inteligencia histórico-crítica que sabe perfectamente qué difícil e impropio, e incluso imposible, es a menudo traducir ciertas responsabilidades políticas, aunque graves y moralmente reprobables, en hechos penalmente relevantes.

El historiador conoce a fondo tanto las presiones como los tormentos y las perversiones producidos por la *realpolitik* sobre las acciones y los comportamientos de los grandes protagonistas de la historia. No se escandaliza por ello, sino que se limita a tomar nota en honor a la verdad. También es consciente del hecho paradójico de que casi siempre los protagonistas son sólo los instrumentos más vistosos de complejos procesos politicosociales que aconsejarían considerar la escena y las dinámicas objetivas de la acción mucho más importantes que los distintos actores. Para seguir con el ejemplo, está obligado a atribuir una parte notable de las responsabilidades referibles a la persona de Giolitti, con mayor amplitud de cuanto induciría a pensar el implacable juicio de sus adversarios políticos, al impersonal sistema de poder alimentado y sustancialmente dirigido por una acumulación de fuerzas para las cuales la mala política en el Sur (la asociación en Sicilia con la mafia de los grandes latifundistas) correspondía a la buena política perseguida para el desarrollo capitalista del Norte.

Cambiados los tiempos, en el sistema de intereses de la segunda posguerra, en una Italia en el centro de la tormenta de la guerra fría, para una buena parte del país la buena política fue sobre todo la lucha contra el comunismo. Y Giulio Andreotti se ha encontrado varias veces desempeñando, tanto por autónoma y convencida elección como por una fundamental presión de su militancia, el papel de primer actor y de maniobrero falto de prejuicios de todos los posibles instrumentos a disposición de una *realpolitik* anticomunista.

Esta última observación, que traduce en la objetividad de los procesos históricos una singular e inquietante responsabilidad subjetiva, ahora permite al historiador señalar a su especialísimo tribunal un imputado de indecorosas tramas y de orgánicas relaciones entre la política y la mafia que ningún ministerio público podría procesar con la sensata esperanza de obtener su condena, pero que nunca conseguiría ser absuelto por cuantos estiman, como Salvemini, que la ética de las acciones públicas y privadas (por más motivadas que estén) va siempre antes de cualquier batalla por la defensa de intereses de parte y que la buena política de por sí no debe considerarse el equivalente de la *realpolitik* con la cual quien está en el poder combate a sus adversarios.

El imputado al cual nos referimos aquí no es, obviamente, una persona individual, sino el sistema de poder democratacristiano. Es útil y confortable destacar, para cuantos cultiven un sentido histórico de la justicia, que el imputado en cuestión es definitivamente «condenado», incluso por la sentencia de Palermo que por ahora ha liberado de toda responsabilidad al senador Andreotti, evidenciando la irrelevancia, a los fines del código penal, de algunos de sus no ocultables comportamientos políticos (en particular, haber capitaneado una corriente de la DC que ha tenido un importante papel en los equilibrios y en la historia del poder en Italia con hombres como Lima, Ciancimino, los primos Salvo y otros muchos impresentables «amigos», de los Greco a los Badalamenti y a los Sindona, al menos hasta la última operación de salvaguardia para escapar de la incontenible e insensata ferocidad de los corleoneses de Riina).

Quien conoce a los hombres y las cosas de Sicilia, tiene presente no sólo la turbia vicisitud del bandido Salvatore Giuliano en los tiempos del ministro Scelba, sino también todo el desarrollo de las relaciones politicocriminales que han relacionado orgánicamente a la mafia con las distintas fases de la política nacional. Quedan indelebles en la memoria las escenas de las reuniones en el curso de las cuales los políticos, de acuerdo con los padrinos, programaban los resultados de las consultas electorales, reuniones del tipo de las contadas en un inédito *Memorial* por el cándido mariscal Calandra, testigo de las afectuosas relaciones, propiciadas por prefectos de la República, entre importantes políticos y notables democratacristianos como Aldisio, Giglia y Volpe y los mafiosos Genco Russo, Serafino Di Peri y Calogero Vizzini (Casarrubea, 1998, p. 64). Entonces, en 1948, sólo se trataba de las premisas de una actividad destinada a desarrollos cada vez más sofisticados y peligrosos, hasta el apogeo de los años setenta y ochenta.

Más allá de las sentencias de fines de siglo sobre los distintos protagonistas, lo más importante es que queden sometidos a un despiadado y ecuánime juicio de la historia todos los aspectos criminales de la larga época de la guerra fría, que ha inducido a muchos a considerar necesaria en Italia a la mafia siciliana para combatir al comunismo y debilitar a la izquierda, tal como con posterioridad, y aún hoy, en la ex Unión Soviética se ha considerado, y se considera, que para fundar la democracia se debe recurrir a otra «mafia», la de los nuevos ricos creados por Borís Yeltsin.

La absolución de la que al fin se ha beneficiado el senador Andreotti no puede constituir un pretexto para cuantos querrían rebajar a la mafia a puro y simple fenómeno de delincuencia organizada, mientras que las páginas de este libro dejan pocas dudas sobre el hecho de que la mafia siciliana ha sido, en cambio, esencialmente, un específico fenómeno de mala política que ha utilizado para sus fines a la delincuencia. No puede ser un pretexto para liquidar la cuestión de las relaciones mafia-política y, por tanto, para ocultar la funcionalidad del fenómeno a los enredos entre mala política (la asociación de los poderes públicos con la mafia) y mala economía (la rapaz apropiación privada de los recursos públicos llevada a cabo con la práctica mafiosotangenticia) en el marco de los procesos capitalistas, precisamente mientras numerosos estudiosos y magistrados están dando la alarma sobre ciertas transformaciones modernizadoras que parece que están preparando la invasora presencia de una mafia de nuevo cuño, con un cautivador rostro financiero y dotada de una sofisticada cultura informática, en el sistema de la globalización.

En cuanto a aquello que le concierne personalmente, el senador Andreotti seguirá siendo depositario durante mucho tiempo, como Giolitti, de hechos comprobados y de irresueltos y quizás irresolubles misterios, siempre expuesto a una vivaz polémica entre convencidos admiradores e igualmente convencidos detractores en el clima del debate historiográfico. Lo cual, para él y su personal balance vital, no es desde luego poco, dado que se tratará, de todos modos, de reflexionar sobre una acción política que, en lo bueno y en lo malo, de por sí lo coloca objetivamente entre los protagonistas de la gran historia italiana del siglo XX. En semejante debate, la absolución del tribunal es casi seguro que tendrá importancia mucho más para su personal biografía de ciudadano que para el juicio sobre su acción política, que resulta indivisible del sistema de poder democratacristiano en los peores años de la primera República. Para empezar, podemos creer que él, como sujeto histórico, comienza a no pertenecer al presente. Muy distinta sería, en cambio, su actual condición si hubiera sido condenado y por tanto obligado, paradójicamente, a ajustar las cuentas más con la arriesgada decepción de sus «amigos» interesados en considerarlo inocente, que con la satisfacción de los adversarios para los cuales era sin más culpable, prescindiendo de los resultados del proceso. El personaje parece haberlo entendido. Si bien no estaba dispuesto a quedar al margen, ha evitado posibles excesos de exhibicionismo polémico.

El comportamiento del senador Andreotti de algún modo ayuda también a este libro a pasar por encima de las contingencias emocionales de la crónica, al reproponer sin modificaciones de relieve respecto de la primera edición, los temas fundamentales de una reconstrucción de los hechos que, por más que pueda estimarse discutible y siempre problemática, ha intentado mantenerse al nivel de una constante ecuanimidad incluso frente al hecho más perturbador de su trama: el papel ciertamente no secundario desarrollado, en el muy turbio contexto de poder de la segunda posguerra que ha tenido a Sicilia como base fundamental, por un distinguido estadista católico, que remite a comportamientos políticos no menos inconvenientes y perturbadores de los achacables, para un más lejano pasado, a estadistas laicos de igual relevancia como Giolitti y Vittorio Emanuele Orlando.

Al ser éste el libro de un historiador, es —como ya se ha destacado al comienzo— quizás uno de los pocos, entre los numerosos escritos sobre el tema, que ha obedecido a la precaución (pero sólo en relación con los aspectos de relevancia penal de las imputaciones que pesan sobre los distintos personajes presentes en su relato) de sustraerse al máximo a la disputa entre «culpabilistas» e «inocentistas» y esto no sólo en relación con el caso Andreotti sino también con aquellos otros personajes «excelentes», como el juez Corrado Carnevale, o como Claudio Vitalone, Calogero Mannino, Salvo Andò y los demás que han salido absueltos de su confrontación con la justicia. Se trata de una orientación que también debe considerarse válida a la espera de nuevos pronunciamientos de la Magistratura, dado que, como es obvio, ningún historiador, como tal, podría ser mínimamente proclive a favorecer condenas o ab-

soluciones o a disfrutar con aquéllas y sufrir por éstas. En la medida que
las sentencias se le ofrezcan como documentos para comprender mejor
los acontecimientos que entran en su campo de análisis, se limitará a
incluirlas, con las precauciones que se han recordado, entre sus fuentes.

Ante las pruebas de la segunda edición, al reafirmar su exclusivo interés, muy aparente en los últimos capítulos más cercanos a la actualidad, en utilizar aún los mismos datos imprecisos y no definitivos que
ofrece la crónica para intentar una interpretación razonable, el autor sigue convencido de haber empleado honestamente los medios propios
de su oficio, con algún fruto que trasciende las asperezas y los límites de
un flujo de informaciones ininterrumpido y casi aturdidor. En efecto, él
se ha empeñado —consiguiendo unos resultados cognoscitivos parciales sobre los cuales, en especial para los acontecimientos tratados en los
últimos capítulos, no queda dicho que no se deba volver a discutir, antes o después, sobre la base de conocimientos aún más profundos y seguros—, en particular, en una reinterpretación y reconstrucción orgánica del fenómeno mafioso valorando su papel en el interior de una
larga y secular fase de la historia del poder. Durante su transcurso, Sicilia, con su capacidad para condicionar toda la política nacional, se ha
convertido, como había intuido Leonardo Sciascia, en una metáfora de
Italia, y ésta, en muchos aspectos (como lo revelan en parte las recientes
e inquietantes informaciones sobre las relaciones entre la política y los
negocios en Alemania, Japón y otros países), una especie de metáfora
del Occidente capitalista durante la guerra fría. Por lo tanto, una historia de la mafia es una historia de Italia desde un peculiar punto de observación y también, quizá, la introducción general a una historia que
va mucho más allá.

Para finalizar, pasemos al segundo motivo destacable de esta nueva
edición. Consiste en la voluntad del autor de mantener alto y vivo su
desafío a cuantos han hecho de todo para fingir que ignoraban este libro, aun apreciándolo. A veces se ha tratado de simple e inocente des-
cuido debido a la sobreabundancia de la oferta editorial sobre el tema.
Más a menudo, de un embarazoso silencio a pesar del éxito de ventas
registrado en las librerías. De todos modos, la fauna, en verdad un poco
gruñona, de «distraídos» y de medrosos contestatarios ha sido la más
heterogénea. Algún colega académico, en defensa de un muy limitado y
provinciano prestigio, se ha mostrado indignado por las críticas y obje-
ciones planteadas a sus escritos. Los masones de toda logia y de toda
posible ubicación oculta en las fuerzas políticas organizadas y en las re-

dacciones de los periódicos, no han agradecido, como era previsible, una hipótesis interpretativa, confirmada por los hechos, que en la práctica une las tramas de una cierta masonería con los intereses de la cúpula de la mafia. Otros, «malos maestros», aún más en el secreto, se han encolerizado. Entre estos últimos merecen desde luego comprensión los numerosos sicilianistas. Para ellos, que en general siempre han sufrido los sutiles condicionamientos de una mentalidad sustancialmente mafiosa, no era nada fácil digerir un análisis que los instaba a poner en tela de juicio toda la tradición política y cultural de la historia del poder en Sicilia.

Giulio Andreotti ha dicho hace un tiempo que si tuviera que vivir una segunda vida se cuidaría del peligro de volver a entretejer relaciones con los sicilianos. Éste es, desde luego, un juicio demasiado severo sobre un pueblo que ha sabido producir en distintos momentos una fuerza muy relevante de combatientes y de mártires en el empeño civil contra la mafia. Y el senador, más allá de sus preocupaciones personales, haría bien en reflexionar sobre los particulares problemas de quien, como el autor de este libro, ha nacido en Sicilia y ha seguido viviendo en ella, pero guardándose tenazmente de cualquier contacto con Lima y Ciancimino, al menos para no encontrarse luego en el deber de depender de su benevolencia o de los límites de credibilidad de los arrepentidos.

Pero se trata, en resumen, de problemas privados y de poca entidad comparados con los que la comunidad nacional en su conjunto y Europa deberían enfrentarse si se afirmara —como de algún modo ya se está afirmando— la idea de que la mafia siciliana es un fenómeno del pasado sólo porque, después de la época de las grandes matanzas, se ha asistido a la total aniquilación del clan de los corleoneses. Al respecto, aquí, por desgracia, deben repetirse las poco tranquilizadoras previsiones formuladas en el epílogo para los lectores de la primera edición. Con una nueva alarma que debe conectarse con la reciente tendencia promovida por todos los sectores de la política y la economía a resolver las controversias con el pasado imaginando, como ha sucedido en parte con el fascismo, que una larga sucesión de crímenes del poder y de la mala vida puede encerrarse en un muy delimitador paréntesis de la historia y valorarse como una enfermedad afortunadamente resuelta en una completa curación sin consecuencias para el futuro de la sociedad italiana.

En semejante contexto, alimentado por la tendencia a conseguir una pacificadora normalización a través de la eliminación de las responsabilidades y en el olvido de los responsables, mientras desconfianzas, reprobaciones y sospechas se condensan cada vez más sobre los jueces herederos de Falcone y Borsellino, en un acto de peligroso debilitamiento de las civiles y vitales tensiones que habían penetrado la revuelta legalista desencadenada contra la mafia y el sistema de corrupción en la última década del siglo pasado. Y no debe excluirse la eventualidad de algún nuevo régimen en el cual la mafia se apresuraría a reinventarse un papel importante, más allá de un curso por ahora aún marcado por el vivaz conflicto entre al menos dos corrientes contrapuestas de italianos, en una Italia de transición que acaba de superar el confín del siglo XX sin conseguir encontrar, no obstante, ningún anclaje estable en la herencia de su reciente historia nacional: por una parte, los responsables, no arrepentidos, de la catastrófica experiencia de los años ochenta ahora unificados, más allá de las persistentes diferencias, por una común invocación de amnistía y de instrumental hipergarantismo; por la otra, el heterogéneo pueblo de las innumerables víctimas de corrupciones públicas y privadas, además de oficiales ilegalidades entre la mafia, las comisiones ilegales y los repartos de cargos, un pueblo decepcionado y sufriente en el desarrollo de inestables acontecimientos que en muchos aspectos parecen más propicios para las prácticas transformistas que para los requerimientos de justicia. Todo ello en una situación política del país que ve desvanecerse el tradicional enfrentamiento dialéctico entre la izquierda y la derecha. Sinceramente es de esperar que éste, no precisamente tranquilizador, análisis de los procesos en curso sea demasiado alarmista y equivocado.

G. C. M.

Argumentaciones de la sentencia del Tribunal de Palermo
(IV Sección penal, 23 de octubre de 1999)
sobre el «caso Andreotti». Las conclusiones

[...] Como resultado de la valoración crítica de los testimonios procesales y de todo el conjunto probatorio conocido durante la vista debe
concluirse, pues, que la prueba de la responsabilidad penal del imputado, con específica referencia a las distintas conductas delictivas que le
han sido atribuidas, ha resultado insuficiente, contradictoria y en algunos casos incluso del todo inexistente, imponiendo por tanto un pronunciamiento absolutorio conforme al art. 530, apartado 2, del Código
de Procedimiento Penal.

La norma referida en el apartado 2 del art. 530 del C.P.P. prevé la
obligación del juez de pronunciar sentencia absolutoria incluso cuando
la prueba de la responsabilidad del imputado es inexistente, insuficiente y/o contradictoria.

1) En mérito a las relaciones con los primos Antonino e Ignazio Salvo el examen de los elementos recogidos ha evidenciado que:

1. los primos Salvo, profundamente integrados en la Cosa Nostra,
fueron interpelados varias veces por miembros de la sociedad ilícita para
intentar obtener una resolución favorable del proceso, manifestaron a

* Archivo obtenido y difundido en la web, con todo el texto de los argumentos de
la sentencia, por la Agencia Periodística Ansa (www.ansa.it) y por Radio Radicale
(www.radioradicawle.it) desde el 18 de mayo de 2000.

diversos hombres de honor sus estrechas relaciones con el diputado Lima y, en las conversaciones con una pluralidad de representantes mafiosos, evidenciaron sus relaciones con el senador Andreotti;

2. los primos Salvo, en el plano político, ofrecieron un apoyo abierto y eficaz (aunque no exclusivo) a diversos representantes de la corriente andreottiana, sobre la base de la estrecha relación de colaboración y de amistad personal que habían instaurado desde hacía tiempo con el diputado Lima;

3. entre el senador Andreotti y los primos Salvo se desarrollaron incluso relaciones personales directas comprobadas por los siguientes hechos:

—el senador Andreotti envió un regalo (una bandeja de plata) con ocasión de la boda de la hija primogénita de Antonino Salvo, Angela Salvo;

—en el curso de un encuentro amistoso desarrollado en el hotel Zagarella el 7 de junio de 1979, el senador Andreotti tuvo repetidas ocasiones de hablar con Antonino Salvo en modo de generar en dos testigos oculares la convicción de que ya se conocían;

—el senador Andreotti manifestó su interés —a través de una llamada telefónica realizada por un sujeto perteneciente a su secretaría— por las condiciones de salud de Giuseppe Cambria (persona estrechamente ligada a los Salvo y su socio en SATRIS S.P.A.) en el período (5-8 de septiembre de 1983) en que este último se encontraba ingresado como consecuencia de una crisis cardíaca en el Hospital Municipal de Palermo;

—en una pequeña agenda incautada a Ignazio Salvo con fecha 12 de noviembre de 1984 estaba apuntado el número telefónico del senador Andreotti;

4. el senador Andreotti utilizó en varias ocasiones, para sus propios desplazamientos a Sicilia, e incluso durante varios días, un vehículo blindado perteneciente a SATRIS S.P.A., prestado al diputado Lima por Antonino Salvo.

La afirmación del imputado de que no había tenido ninguna relación con los primos Salvo se ha visto inequívocamente contradicha por los resultados probatorios antes resumidos.

Los elementos de convicción recogidos no son, sin embargo, tales como para demostrar que el imputado haya manifestado a los primos Salvo una permanente disponibilidad a afanarse para la consecución de los objetivos propios de la asociación mafiosa, o en todo caso que haya efectivamente realizado, ante su solicitud, específicas intervenciones idóneas para reforzar a la ilícita sociedad.

La circunstancia de que los Salvo hayan evidenciado sus relaciones con el senador Andreotti en las conversaciones con diversos representantes mafiosos, llegando incluso a hablar de él en términos amistosos y a especificar que el interlocutor habría podido dirigirse a ellos siempre que hubiera necesitado del senador Andreotti, no es suficiente para probar que el imputado haya expresado la propia adhesión a la sociedad criminal poniéndose a disposición de ella, o haya prestado una contribución casualmente orientada a favorecer a la asociación.

Tampoco puede llegarse a otras conclusiones sobre la base de las declaraciones *de relato* de algunos colaboradores de la justicia, según los cuales Badalamenti y Bontate habían tenido relaciones con el senador Andreotti mediante los Salvo, Riina había obtenido la disponibilidad de todas las amistades de los primos Salvo, entre otras la del senador Andreotti (Sinacori), y Antonino Salvo podía dirigirse a dicho político, que le había manifestado su propia y concreta disponibilidad en algunas ocasiones (Di Carlo).

Afirmaciones tan genéricas no han permitido detectar precisos comportamientos penalmente relevantes.

Éstas habrían podido asumir una significativa validez probatoria sólo si semejantes expresiones con carácter recapitulativo hubiesen sido acompañadas por la indicación (inexistente en el caso en cuestión) de determinadas intervenciones favorables a la Cosa Nostra realizadas por el imputado.

En ausencia de ulteriores especificaciones, los elementos aducidos no asumen una consistencia tal que permitan afirmar que el senador Andreotti haya efectivamente instaurado una colaboración estable con la sociedad ilícita para la realización del programa criminal.

Por lo que se refiere a la disponibilidad que manifestaría frente a algunas demandas de los Salvo, debe observarse que no hay pruebas de que se haya tratado de comportamientos funcionalmente conectados con la actividad de la organización mafiosa.

Por tanto, no ha podido demostrarse la realización, por parte del imputado, de concretas conductas tendentes a ayudar a la asociación de tipo mafioso.

Tampoco pueden asumir un inequívoco valor sintomático las atendibles declaraciones hechas por el imputado, quien ha negado haber mantenido cualquier relación con los primos Salvo.

Es planteable la hipótesis según la cual en la base de la absoluta negación, por parte del imputado, de las propias relaciones con los primos Salvo, habría una precisa conciencia del carácter ilícito de este vínculo personal y político.

Pero es igualmente planteable la hipótesis de que con su comportamiento procesal el senador Andreotti sólo haya intentado evitar que se viese perjudicada su imagen de político, empeñándose tenazmente en impedir que la opinión pública creyese que en efecto se relacionaba con sujetos como los primos Salvo, orgánicamente integrados en la Cosa Nostra y señalados por Giovanni Brusca como implicados en el plan para matar al consejero instructor del Tribunal de Palermo doctor Rocco Chinnici.

La existencia de relaciones personales directas y de un intenso vínculo político entre el senador Andreotti y los primos Antonino e Ignazio Salvo no es, pues, suficiente para probar la participación del imputado en la asociación mafiosa Cosa Nostra, o la realización, por parte del mismo sujeto, de conductas subsumibles en la figura penal de la colaboración.

2) Por lo que se refiere a las relaciones con el diputado Salvo Lima sobre la base de los elementos de convicción conocidos, ha quedado demostrado que:

a) el fuerte vínculo desarrollado, en el plano político, entre el senador Andreotti y el diputado Salvatore Lima, se tradujo en una estrecha relación fiduciaria entre los dos sujetos;

b) el diputado Lima solía poner en evidencia su relación fiduciaria con el senador Andreotti con el fin de acrecentar su autoridad;

c) el diputado Lima asumió el papel de jefe de la corriente andreottiana en Sicilia y alcanzó una posición de relevante fuerza política respecto de los demás exponentes del partido y de los representantes de las instituciones, sea en la órbita local sea a nivel nacional;

d) el diputado Lima llevó a cabo, tanto antes como después de su adhesión a la corriente andreottiana, una colaboración estable con la Cosa Nostra, y manifestó al diputado Evangelisti (político particularmente cercano al senador Andreotti) su amistad con un notable representante mafioso como Tommaso Buscetta, expresando asimismo una clara conciencia de la influencia de este último sujeto;

e) el problema de las relaciones existentes entre la corriente andreottiana siciliana y la organización mafiosa fue presentado a la atención del senador Andreotti por el general Carlo Alberto Dalla Chiesa en abril de 1982.

Pero no ha quedado demostrado que el senador Andreotti haya tenido comportamientos específicos susceptibles de asumir una relevancia penal.

La circunstancia de que el imputado fuera el jefe de la corriente en que estaba integrado el diputado Lima —en el período en que la actividad política de este último se proyectó al plano nacional— no es suficiente a los fines de la afirmación de su responsabilidad penal por el delito de participación en asociación mafiosa o de colaboración con la misma, a falta de ulteriores elementos idóneos para demostrar de forma inequívoca que, en el ámbito de este intenso vínculo de tipo político, el senador Andreotti haya intervenido activamente para permitir que la asociación de tipo mafioso alcanzara sus finalidades ilícitas.

En este punto es preciso reafirmar —como se ha observado en otra parte de la sentencia— que el umbral mínimo de la contribución participativa penalmente relevante es reconocible en la manifestación de empeño, con la que el individuo pone sus energías a disposición de la organización criminal, ampliando su potencialidad operativa.

La inserción orgánica del sujeto en la estructura asociativa puede configurarse incluso independientemente del recurso a formas rituales de afiliación, y deducirse de *facta concludentia*, siempre que se trate de comportamientos que denoten la presencia de la *affectio societatis*, manifestando la consciente voluntad de participar en la asociación de tipo mafioso con el fin de realizar su particular programa y con la permanente conciencia de formar parte de la sociedad criminal y de estar dispuesto a actuar para llevar a cabo el común programa delictivo.

Debe asimismo destacarse que —puesto que la conducta del colaborador consiste no en la asunción de uno de los papeles o de las tareas que caracterizan al aparato estructural-instrumental de la asociación de tipo mafioso en su normal operatividad, sino en la realización de una aportación que «sirva para permitir que la asociación se mantenga viva» en una situación anormal o patológica— para afirmar la responsabilidad penal del individuo con orden al delito al que se refieren los artículos 110 y 416 bis del Código Penal es preciso constatar que dicho sujeto efectivamente se afanó por dar satisfacción a la intervención solicitada por la organización criminal.

Aplicando estos principios al caso en cuestión, debe observarse que no ha quedado suficientemente probado que el imputado, en el ámbito de las antes expuestas relaciones políticas con el diputado Lima, haya puesto en práctica una conducta de inserción orgánica en la estructura de la asociación de tipo mafioso, o haya efectivamente realizado específicas intervenciones idóneas para asegurar la existencia o el reforzamiento de la Cosa Nostra en una fase patológica de su vida.

Es más, algunos de los colaboradores de la justicia que se han referido a los contactos del diputado Lima con representantes mafiosos han explicitado no estar al tanto de específicas iniciativas favorables a la Cosa Nostra adoptadas por el senador Andreotti a solicitud del diputado Lima.

Por tanto debe reconocerse que los elementos de convicción antes resumidos no sirven para demostrar en términos de certidumbre que el imputado haya conscientemente determinado, de acuerdo con el diputado Lima, la transformación de la corriente andreottiana en Sicilia en una «estructura de servicio» de la asociación mafiosa, y haya movilizado las articulaciones internas de la propia corriente para la solución de los problemas que afectaban a la Cosa Nostra.

Las consideraciones anteriormente desarrolladas, que impiden reconocer, en las relaciones entre el senador Andreotti y el diputado Lima, perfiles dotados de inequívoco valor sintomático a los fines de la prueba de los hechos delictivos atribuidos al imputado, inducen a excluir la relevancia penal de los contactos entre este último y otros representantes sicilianos de la corriente andreottiana en colusión con la organización mafiosa.

La intensidad de dichos contactos —que no resulta que hayan superado los límites del apoyo electoral y de las relaciones de carácter político— se ha mantenido, sin embargo, ampliamente por debajo de aquella del vínculo fiduciario que ha unido durante mucho tiempo al senador Andreotti con el diputado Lima, y que —sobre la base de los elementos de convicción recogidos— no parece haberse traducido en una inserción del imputado en la ilícita sociedad o en una conducta de colaboración.

Al respecto es preciso asimismo destacar que no hay pruebas de que las iniciativas adoptadas por el senador Andreotti en el ejercicio de los poderes públicos correspondientes a los cargos ocupados por él se hayan orientado —por efecto del lazo que lo unía, en el ámbito de la corriente, a representantes políticos cercanos a la organización delictiva— en sentido favorable a la Cosa Nostra.

Desde luego no pueden reconocerse conductas de apoyo a la asociación mafiosa en la actitud mantenida en relación con la criminalidad organizada por el senador Andreotti en el ejercicio de los poderes inherentes al cargo de presidente del Consejo de Ministros entre los años 1989 y 1992.

Indudablemente, este período se caracteriza por una producción normativa de notable relieve, dotada de profunda incidencia sobre el derecho penal sustancial y procesal, la reglamentación de la actividad de las fuerzas del orden y la acción global del Estado en oposición a la mafia.

El marco probatorio general conocido denota que el senador Andreotti, en el Consejo de Ministros, acogió sin plantear inconvenientes algunas importantes iniciativas legislativas de oposición a la criminalidad organizada propuestas por los ministros Martelli y Scotti, y, en las relaciones externas, manifestó abiertamente tanto al presidente de la República como a un parlamentario que sostenía con fuerza una diferente línea política, como el diputado Mellini, la propia intención de facilitar, con el soporte de adecuados instrumentos legislativos, la lucha contra la mafia.

Si el senador Andreotti hubiera querido favorecer a la asociación mafiosa Cosa Nostra sin atraer sobre sí la mínima sospecha, habría podido limitarse a presentar en el parlamento el Decreto Ley de 12 de septiembre de 1989 n.º 317, sin reiterarlo a continuación de su fallida conversión en Ley, debida a la enérgica impugnación puesta en práctica por las fuerzas políticas de oposición y por una parte de la misma mayoría de gobierno. En esta hipótesis, habría podido hacer recaer fácilmente la responsabilidad de las excarcelaciones sobre los representantes políticos contrarios a la conversión del Decreto Ley.

El hecho de que, en cambio, el senador Andreotti, en presencia de graves dificultades surgidas en el camino de la conversión de la providencia legislativa, haya decidido su reiteración y haya estado presente personalmente en las sesiones parlamentarias hasta obtener el resultado deseado, es un significativo índice de su intención de conceder el máximo empeño para evitar que, antes de la conclusión del juicio de segunda instancia del maxiproceso, numerosos representantes mafiosos fueran liberados.

Cualesquiera que fuesen las motivaciones del comportamiento del senador Andreotti, no hay duda de que en esta ocasión, incluso teniendo la posibilidad de proceder de otra manera, se empeñó activamente para conseguir un resultado objetivamente desfavorable para la organización mafiosa.

Sin embargo, esta actitud del imputado, y las ulteriores medidas legislativas posteriormente promovidas por el Gobierno por él presidido, no impidieron que la organización mafiosa apoyara a los candidatos de la corriente andreottiana en las elecciones para la renovación de la Asamblea Regional siciliana, celebradas en junio de 1991.

Esto denota que el apoyo electoral ofrecido por la Cosa Nostra a la corriente andreottiana en Sicilia podía desde luego prescindir de la adopción, por obra del imputado, de específicas medidas favorables a la ilícita sociedad.

Las expectativas de la asociación mafiosa estaban conectadas, más bien, a la espera de ventajas conseguibles a través de la influencia política ejercitada de hecho por la corriente andreottiana sobre diversos sectores de las instituciones y centros de decisión.

Sin embargo, debe reconocerse que el marco probatorio conocido no es suficiente para demostrar que el imputado haya contribuido personalmente, de manera concreta y efectiva, a orientar dicha influencia política hacia específicos objetivos inmediatamente funcionales a la existencia y al reforzamiento de la organización mafiosa.

3) En orden a las relaciones del imputado con Vito Ciancimino debe destacarse que de los elementos de prueba conocidos ha aflorado que el ex alcalde de Palermo, en un período en que se habían lanzado sobre él graves acusaciones políticas y en que se había difundido ampliamente su proximidad a los ambientes mafiosos, instauró relaciones de colaboración con la corriente andreottiana, luego desembocados en una formal inserción en dicho grupo político, y que las mismas relaciones recibieron, a solicitud del mismo Ciancimino, el asentimiento del senador Andreotti en el curso de un encuentro expresamente organizado con este fin.

A esto siguieron ulteriores manifestaciones de coparticipación, tanto bajo el perfil de las financiaciones orientadas al pago de las cuotas relativas al «paquete de carnés» gestionado por Ciancimino, como bajo el perfil del apoyo dado por los delegados próximos a Ciancimino a la corriente andreottiana con ocasión de los congresos nacionales del partido celebrados en 1980 y 1983.

Sin embargo, los resultados de la instrucción no han demostrado, en la vista, que el senador Andreotti, en el ámbito de las antedichas relaciones políticas mantenidas con Ciancimino, haya expresado una disponibilidad estable para empeñarse en la persecución de los fines propios de la organización mafiosa, o haya realizado concretas intervenciones funcionales al reforzamiento de la Cosa Nostra.

El comportamiento global mantenido por el senador Andreotti en relación con Ciancimino denota, desde luego, la indiferencia repetidamente demostrada por el imputado respecto de los vínculos que notoriamente unían a su interlocutor con la estructura criminal, pero no se traduce inequívocamente en una adhesión a la ilícita sociedad.

El mismo colaborador de la justicia Gioacchino Pennino, que también ha tenido un conocimiento directo de la manera de actuar de Ciancimino en el ámbito político, no ha indicado ninguna solicitud dirigida por este último al senador Andreotti para la persecución de los intereses de la Cosa Nostra.

Debe concluirse, pues, que la prueba de los repetidos contactos entre el imputado y Ciancimino no es suficiente para demostrar la realización de conductas penalmente relevantes.

4) Por lo que se refiere al primer encuentro del cual se ha tenido noticia en el presente proceso entre el imputado y un conocido representante de la Cosa Nostra en 1970 (Frank Coppola, «hombre de honor» de la familia mafiosa de Partinico), que la acusación ha considerado una prueba en base a la declaración del imputado de delito conexo Federico Corniglia, el marco de referencia de todos los hechos narrados por el antedicho es extremadamente genérico y carece de verificaciones válidas.

Corniglia ha quedado del todo aislado al delinear la existencia de una presunta relación del senador Andreotti con el conocido representante mafioso Frank Coppola, al cual ninguno de los numerosos colaboradores interrogados en el presente proceso ha hecho nunca alusión como sujeto en contacto con el actual imputado.

Más allá de las contradicciones, incongruencias y, a veces falsedades, destacadas en el relato de Corniglia, sus declaraciones, sobre la base de las cuales debería fundarse exclusivamente la tesis de la acusación, han quedado, además de aisladas en el contexto de todo el proceso, no probadas en cuanto carentes de cualquier idónea verificación.

5) Parece inequívoco que Michele Sindona consideraba al senador Andreotti un importantísimo punto de referencia político al que po-

dían dirigirse las propias instancias concernientes al ordenamiento de la Banca Privata Italiana y a los procedimientos penales que el financiero siciliano debía afrontar en Italia y en Estados Unidos. A esta actitud de Sindona correspondió un continuado interés del senador Andreotti, precisamente en un período en el que éste ocupaba importantísimos cargos gubernativos.

Fueron numerosos los contactos entre el imputado y una serie de personas que se dirigían a él para presentarle las peticiones de Sindona. En el curso de las conversaciones con éstos, el senador Andreotti, además de manifestar, en general, un vívido interés por la situación de aquél, no pocas veces aseguró a los interlocutores (Federici, Guarino, Rao, Guzzi) su empeño por facilitar la solución de sus problemas tanto de orden economicofinanciero como judicial.

El senador Andreotti, además, realizó algunos actos específicos que parecían concretamente idóneos *ex ante* para favorecer a Sindona en su plan de sustraerse a las consecuencias de la propia conducta, e inequívocamente orientados a este fin: el apoyo al nombramiento del doctor Mario Barone como tercer administrador delegado del Banco di Roma, y el conferimiento al senador Stammati y al diputado Evangilisti del encargo de examinar el segundo proyecto de ordenamiento de la Banca Privata Italiana.

Sobre la base de los elementos de prueba conocidos ha quedado probado, pues, que:

1. el senador Andreotti adoptó reiteradamente iniciativas idóneas para facilitar la realización de los intereses de Sindona en el período posterior a 1973.

2. entre dichas iniciativas, asumieron particular relevancia —aunque no consiguieron el resultado querido— las que tenían como destinatarios finales a la cúpula de la Banca d'Italia y al comisario liquidador de la Banca Privata Italiana, los cuales se oponían a los proyectos de «ordenamiento»; en particular, debe subrayarse que, si los intereses de Sindona no prevalecieron, ello se debió, en gran medida, al sentido del deber, la honestidad y el valor del abogado Giorgio Ambrosoli, que fue asesinado, por mandato de Sindona, precisamente a causa de su firme oposición a los proyectos de salvación elaborados por el entorno del financiero siciliano, a favor de los cuales, en cambio, se movilizaron el senador Andreotti, algunos otros exponentes políticos, ambientes mafiosos y representantes de la logia masónica P2.

3. el significado esencial de la intervención desplegada por el sena-

dor Andreotti (aunque no las específicas modalidades con las cuales se había realizado) era conocida por los referentes mafiosos de Sindona.

Las conductas puestas en práctica por el senador Andreotti en relación con Sindona, sin embargo, podrían integrar la figura penal de la participación en la asociación de tipo mafioso sólo si hubieran asumido —por sus características intrínsecas— significatividad y resolución en términos de *affectio societatis*, denotando la adhesión del imputado a la sociedad criminal.

No ha quedado suficientemente probado, en cambio, que el senador Andreotti, en el momento en que realizó los antedichos comportamientos susceptibles de favorecer a Sindona, fuera consciente de la naturaleza de los lazos que unían al financiero siciliano con algunos prominentes representantes de la asociación mafiosa.

Los comportamientos del imputado que parecían concretamente idóneos *ex ante* para auxiliar a Sindona en su plan para sustraerse a las consecuencias de las propias conductas ilícitas —como el conferimiento informal al senador Stammani y al diputado Evangelisti de los cargos relativos al segundo proyecto de ordenamiento— se remontan a un período anterior a la fecha (18 de octubre de 1978) en que el mismo abogado Guzzi comprendió que su cliente mantenía relaciones con ambientes mafiosos.

Tampoco se ha obtenido la prueba segura de que, en el momento en que tuvo los antedichos comportamientos, el imputado estuviera en posesión de informaciones tales como para generar en él la conciencia de que los efectos de su actuación habrían podido asumir una notable importancia para los representantes mafiosos por cuenta de los cuales Sindona desarrollaba actividades de blanqueo.

En particular, no se ha proporcionado ninguna prueba suficiente de que el imputado hubiera conocido la relación con la cual, en época anterior a 1977, el embajador italiano en Estados Unidos, Roberto Gaja, había expuesto ante el Ministerio de Relaciones Exteriores las razones por las cuales no había participado en una celebración en honor de Sindona y no tenía la intención de estar presente en ninguna otra manifestación concerniente al financiero siciliano, considerándolo en estrecho contacto con ambientes de naturaleza mafiosa.

Tampoco hay prueba suficiente de que el imputado haya tenido conciencia de las sospechas surgidas, con anterioridad a 1974, sobre las conexiones entre Sindona y los ambientes mafiosos, sobre la base de las indicaciones provenientes —según cuanto ha referido el testigo Teodori— del Narcotics Bureau de Estados Unidos (que había solicitado informaciones relativas a Sindona a la autoridad policial italiana, señalando sus relaciones con personajes de los ambientes de la Cosa Nostra norteamericanos, como Daniel Porco, Ernest Gengarella y Ralph Vio, sospechosos de estar implicados en el tráfico de estupefacientes) y del periodista norteamericano Jack Begon (quien había dirigido un programa sobre las relaciones entre Sindona, la mafia y el tráfico internacional de estupefacientes, transmitido por una red de emisoras radiofónicas americanas el 28 de julio de 1972, haciendo referencia a movimientos de dinero entre Europa y Estados Unidos, planificados por la cúpula de la Cosa Nostra en una reunión celebrada en el hotel Delle Palme de Palermo).

Por cuanto atañe, luego, al período posterior a la fecha (23 de febrero de 1979) en que el abogado Guzzi refirió al senador Andreotti que el abogado Ambrosoli y el doctor Cuccia habían sido amenazados, es incierta la efectiva validez causal de las intervenciones solicitadas al senador Andreotti, o prometidas por él, en las conversaciones con otros sujetos.

En efecto, no se han definido en términos seguros las modalidades de las «instrucciones» que el imputado había comunicado al abogado Guzzi que había dado con referencia a la demanda recibida con orden al problema de las indagaciones relativas al Franklin Bank.

Ha quedado, además, indeterminado el papel efectivamente asumido por el senador Andreotti respecto de la intervención asertivamente realizada por Grattan en relación con un representante del Departamento de Estado de Estados Unidos. Y los elementos de convicción recogidos no permiten establecer si el interés demostrado por el senador Andreotti ha influido realmente en los plazos del procedimiento de extradición.

Un profundo conocimiento, por parte del senador Andreotti, de la conexión de Sindona con la coalición mafiosa «moderada» queda sin duda demostrado por las expresiones usadas por el imputado en el encuentro del 5 de abril de 1982 con el general Dalla Chiesa. En efecto —como ha quedado claro en otra parte de la sentencia—, en esta ocasión el senador Andreotti hizo referencia al homicidio de Pietro Inzerillo (asesinado el 15 de enero de 1982 en Mont Laurel, Nueva Jersey, Estados Unidos) y al estado en que se encontraba su cadáver (hallado con cinco dólares en la boca y un dólar en los genitales, según un macabro ritual tendente a acreditar la tesis de que la víctima había sustraído dinero a la organización y era «un don nadie»), volviendo a conectar dicho episodio con las vicisitudes de Michele Sindona (quien en realidad había tenido intensas relaciones con Salvatore Inzerillo, hermano de Pietro Inzerillo).

Pero se trata de una conversación muy posterior al período al que se remontan las intervenciones realizadas por el imputado en favor de Sindona.

Por lo tanto, es muy posible que las mismas intervenciones no hayan sido motivadas por una participación del imputado en la organización criminal a la que Sindona estaba estrechamente coaligado, sino por razones políticas (relacionadas, por ejemplo, con la financiación de la Democracia Cristiana por parte de Sindona), o por presiones ejercitadas sobre el senador Andreotti por ambientes mafiosos dependientes de Gelli.

En conclusión no puede configurarse la subsistencia del elemento subjetivo del concurso eventual en el delito al que se refiere el artículo 416 bis del Código Penal, al no existir pruebas suficientes de que el senador Andreotti haya actuado con la conciencia y la voluntad de aportar a la asociación de tipo mafioso una contribución relevante para la conservación o el reforzamiento de su organización.

Sin embargo, queda el hecho de que el imputado, incluso en el período en que ocupaba los cargos de ministro y de presidente del Consejo de Ministros de la República Italiana, se aplicó, con las conductas ampliamente indicadas, en favor de Sindona, en relación con el cual la autoridad judicial italiana había emitido desde el 24 de octubre de 1974 una orden de búsqueda y captura por el delito de bancarrota fraudulenta.

6) El episodio de la presunta intervención del senador Andreotti en favor del empresario petrolífero del Lazio Bruno Nardini no ha resultado suficientemente probado teniendo en cuenta la aislada declaración de Mammoliti, sujeto que, por otra parte, no puede calificarse de testigo, ni de colaborador de la justicia, y cuyas motivaciones para deponer han suscitado, por las razones expuestas, legítimas reservas.

Su versión de los hechos, desmentida en los puntos esenciales por todos los demás testimonios en la vista, ha quedado del todo privada de las necesarias verificaciones objetivas.

7) El examen de las declaraciones de Francesco Marino Mannoia sobre el presunto regalo de un cuadro a Giulio Andreotti por parte de

Stefano Bontate y Giuseppe Calò ha evidenciado la absoluta imprecisión del recuerdo del declarante justamente sobre los aspectos esenciales
del hecho.

Respecto de una conversación con Bontate ocurrida hace mucho
tiempo (1980), el recuerdo de Marino Mannoia, después de trece años
(abril de 1993) ha resultado bastante vago e incierto sobre todo aquello
que atañe al cuadro en cuestión (nombre y nacionalidad del autor,
tema), mientras que tres años y medio después de la vista (noviembre de
1996) el recuerdo del colaborador se ha concretado en la específica indicación del nombre del autor, de la nacionalidad y del tema de la pintura.

Pero si es verdad que Bontate le había pedido que se empeñara en
hallar dicho cuadro, Marino Mannoia, además de recordar con extrema
precisión o al menos en términos generales las características de la pintura que debía encontrar, habría podido y debido referir a la autoridad
judicial sobre todo en qué se había concretado efectivamente esta iniciativa suya, o sea, dónde, con quién, en relación con qué referentes y
con qué modalidades había tratado de cumplir la orden que le había
sido impartida por el capo mafioso.

Y en cambio Marino Mannoia ha sido absolutamente genérico
acerca de aquellos hechos, limitándose a afirmar que después de algún
tiempo Bontate le había hecho saber que el cuadro había sido hallado y
regalado al senador Andreotti.

Precisamente la absoluta indeterminación del relato ha impuesto la
exigencia de buscar, siempre dentro de los límites de las vagas indicaciones proporcionadas, sólidos elementos de verificación de las declaraciones del colaborador.

Bastantes dudas ha suscitado el hecho de que sólo después de las declaraciones de Angela Sassu a la autoridad judicial y los anticipos que siguieron en la prensa Francesco Marino Mannoia haya recordado algunos detalles de la pintura —exactamente idénticos a los referidos por la
mujer—, con orden a los cuales a más de trece años del hecho no había
sabido inicialmente proporcionar ninguna indicación.

En la vista de noviembre de 1996 no sólo recordó que se trataba de
un cuadro de Rossi (o Grassi), sino incluso el detalle de que el tema de la
pintura era precisamente un paisaje. Y ha resultado muy singular el que
Sassu justamente haya hablado del interés de Evangelisti, por cuenta de
Giulio Andreotti, en un cuadro de Gino Rossi, que representaba precisamente un paisaje.

Un muy distinto relieve probatorio habría asumido como verificación el relato de Sassu si Marino Mannoia hubiera referido desde el principio que el cuadro que Bontate le encargó que buscara y consiguiera era del pintor Rossi y tenía un tema paisajístico, en el momento en que luego se hubiera comprobado en el curso de las consiguientes indagaciones, mediante Sassu, que efectivamente el senador Andreotti se había interesado por una pintura de ese autor y con ese tema.

Pero tampoco las indagaciones sobre las declaraciones de Sassu han proporcionado resultados útiles en razón del hecho de que la testigo no ha estado en condiciones de individualizar ni siquiera la galería de arte en la cual ha referido que había visto el cuadro de Gino Rossi.

Sólo en el caso de un resultado positivo de dicha búsqueda, se habría podido reconstruir la historia del cuadro que fuera y sobre todo verificar la verdad o no del hecho referido a la mujer por el padre Gabriele, según el cual luego el cuadro había sido regalado al senador Andreotti, verificando también la identidad de la persona que le había hecho tal obsequio.

Obviamente nada resulta en orden a la posesión por parte del senador Andreotti de una pintura de Gino Rossi.

Recuérdese, por último, que el cuadro visto por Sassu nunca ha sido localizado, ni siquiera en el catálogo general de las obras de Gino Rossi. Por otra parte, al ser interrogado sobre este punto el diputado Franco Evangelisti ha desmentido categóricamente todo el relato de Sassu.

Subsiste, pues, una patente inconclusión e insuficiencia de la prueba en relación a la tesis de la acusación de un regalo de un cuadro al imputado por parte de representantes mafiosos.

8) El presunto encuentro en Roma entre Gaetano Badalamenti, uno de los primos Salvo, Filippo Rimi y Giulio Andreotti en relación con el pretendido amaño del proceso contra Vincenzo y Filippo Rimi celebrado en distintas instancias judiciales entre Roma y Perugia entre 1968 y 1979, constituye uno de los episodios puestos por la acusación como fundamento de la tesis de la existencia de un pacto de intercambio entre la Cosa Nostra y Giulio Andreotti.

Pero las declaraciones de Tommaso Buscetta, principal fuente de la acusación, desde el origen han resultado viciadas por una extrema contradictoriedad y una manifiesta indeterminación.

Se ha destacado, en verdad, que Buscetta, desde su primer interrogatorio del 6 de abril de 1993, después de haber afirmado que el encuentro en Roma con Giulio Andreotti se había producido «en relación con interés de este último por un proceso en el Tribunal Supremo referente a Filippo Rimi» (f. 2), en el contexto de la misma acta, ha declarado en cambio (f. 3) que Badalamenti le habló del encuentro mantenido personalmente en Roma con el imputado «con el propósito de interesarlo por el proceso referente a Filippo Rimi».

Más allá de las rectificaciones y precisiones que ha proporcionado en el curso de sus interrogatorios, sea en la fase de las indagaciones preliminares sea en las vistas de Palermo y Perugia, no ha estado inicialmente en condiciones de precisar si el encuentro tenía como objetivo agradecer a Andreotti por cuanto ya había hecho o la necesidad de «interesarlo» a fin de que se contribuyera al amaño de un proceso aún por celebrar.

En el transcurso de apenas dos años Buscetta ha pasado de la manifestación de dos tesis absolutamente opuestas (6 de abril de 1993) a la formulación de una alternativa a la Fiscalía de Roma el 2 de junio de 1993: («el encuentro estaba orientado a interesar a Andreotti por un proceso que afectaba a Rimi o para agradecerle su interés por algo ya ocurrido»), para luego acabar con la indicación segura (24 de abril de 1995) del objetivo del encuentro destinado al «agradecimiento» de Andreotti.

Las antedichas versiones radicalmente opuestas inciden también sobre la ubicación temporal del pretendido encuentro —que obviamente sería anterior a la sentencia amañada en caso de una intercesión aún por desarrollar y posterior en la hipótesis del agradecimiento por cuanto ya había hecho— y evidencian, pues, el recuerdo indudablemente aproximativo de Buscetta en orden al real contenido de las conversaciones mantenidas con Badalamenti.

La inexactitud de los recuerdos de Buscetta, al menos en la fase inicial de sus declaraciones, no se limita exclusivamente al objetivo del pretendido encuentro con Andreotti, sino que abarca también la fase procesal en la cual la presunta intercesión se había producido (o debía producirse).

El 6 de abril de 1993, en verdad, Buscetta hizo alusión expresa a «un proceso en el Tribunal Supremo referido a Filippo Rimi» y a la circunstancia de que Rimi, «en la fase inicial del proceso, había sido condenado a cadena perpetua, pero luego el juicio del Tribunal Supremo le había sido favorable».

Así pues, el colaborador hizo, dos referencias explícitas a un proceso definido ante el Tribunal Supremo, y precisamente esta explícita indicación había orientado originariamente la ubicación temporal del encuentro de Badalamenti con Andreotti en 1971 o 1972 (según se eligiera la tesis de la intercesión o del agradecimiento) tomando como punto de referencia el pronunciamiento de los jueces competentes que el 4 de diciembre de 1971 habían anulado, mostrándose favorables al inicio de un nuevo juicio, la condena a cadena perpetua en el proceso de apelación definido con la sentencia del Tribunal de Apelación de Perugia del 18 de marzo de 1969 (que había a su vez confirmado la cadena perpetua infligida en primera instancia por la Sala de lo Penal de Perugia el 16 de febrero de 1968).

También la explícita referencia a una fase inicial del proceso, concluido con una condena a cadena perpetua, y a un juicio del Tribunal Supremo de resultado favorable que inicialmente no había hecho abrigar dudas sobre la conclusión de que la intervención de agradecimiento tenía que ver con el pronunciamiento favorable de los jueces competentes y, por lo tanto, de la sentencia emitida por el Tribunal Supremo el 4 de diciembre de 1971.

Examinado en la audiencia del 24 de abril de 1995 en el ámbito del proceso relativo al homicidio del diputado Lima, Buscetta ha referido una vez más a la Sala de lo Penal de Palermo que Gaetano Badalamenti le había hablado «de un encuentro en el despacho del senador Andreotti para agradecerle la absolución de su cuñado y de su padre que habían sido absueltos por el Tribunal Supremo».

Pero en el curso de esta deposición ante la Sala de lo Penal de Palermo, que procesaba a los imputados por el homicidio de Salvo Lima, el colaborador también añadió significativamente que se había visto «obligado a corregir» su declaración en ese punto a causa de las declaraciones hechas por Badalamenti y precisó (confirmándolo también en la actual vista) que Badalamenti le había dicho que había ido a «agradecer al senador Andreotti [...] en el año 1979» y que, al referirle en Brasil el episodio, no había hecho ninguna alusión al Tribunal Supremo, habiéndose limitado a hablar de un proceso en Roma.

Fue, pues, una deducción del mismo Buscetta la declaración según la cual el proceso en cuestión afectaba al Tribunal Supremo.

Según la tesis del fiscal la decisión a la que se refieren las declaraciones de Buscetta no sería, pues, la del Tribunal Supremo del 4 de diciembre de 1971, sino la asumida en el momento del envío a la Sala de lo Penal de Roma el 13 de febrero de 1979 y, por tanto, el encuentro entre

Badalamenti y Andreotti habría ocurrido entre 1978 y 1979 y «en cualquier caso antes del 13 de febrero de 1979».

Sin embargo, el tribunal ha puesto en evidencia que la tesis del fiscal, según la cual dicho agradecimiento debe situarse en 1979 y afecta exclusivamente a Filippo Rima (dado que Vincenzo Rimi había fallecido en 1975), entra en conflicto con las palabras textuales de Buscetta ante la Sala de lo Penal de Palermo (proceso por el homicidio de Salvo Lima), según el cual Andreotti recibió el agradecimiento de Badalamenti «por la absolución de su cuñado y de su padre que habían sido absueltos por el Tribunal Supremo» y, en consecuencia, por la única sentencia «absolutoria» (en un sentido no técnico, al ser en realidad una anulación de actuaciones con inicio de un nuevo proceso) pronunciada por los jueces competentes en relación con ambos Rimi en diciembre de 1971.

Y entra en conflicto también con las declaraciones de Buscetta del 6 de abril de 1993 en la parte en que refiere textualmente que Badalamenti le habló del encuentro en Roma con Giulio Andreotti «en relación con la intercesión de este último en un proceso en el Tribunal Supremo».

Resulta ilógico, pues, que el encuentro se haya producido, como luego ha afirmado Buscetta, en 1979, en relación con una intercesión de Andreotti o por un agradecimiento relativo al amaño de una sentencia pronunciada en diciembre de 1971, esto es unos ocho años antes.

Asimismo se ha evidenciado que, si el encuentro debiera situarse cerca de la sentencia del Tribunal Supremo —y, por tanto, hacia fines de 1971— el encuentro mismo no hubiera podido tener lugar porque tanto los Rimi, condenados a cadena perpetua, como Badalamenti en esa época estaban detenidos (obtuvo la libertad provisional sólo con fecha 15 de febrero de 1972 y volvió a la cárcel un año después).

Por otra parte, en el curso del examen llevado a cabo en la actual vista (9 de enero de 1996) Buscetta ha referido que al encontrarse con los Rimi en el Ucciardone en 1971, éstos le habían referido que estaban esperando una sentencia del Tribunal Supremo que los «absolviera» de la acusación de homicidio y, por tanto, de las dos sentencias de condena a cadena perpetua («[...] en 1971 al encontrarme con los Rimi en el Ucciardone me dicen que están esperando una sentencia del Tribunal Supremo que los absuelva de este asunto»).

Ahora bien, ha quedado documentalmente probado (cfr. Doc. 86

pres. fiscal) que Tomasso Buscetta no ha podido conversar en la cárcel con los Rimi antes de la sentencia del Tribunal Supremo emitida el 4 de diciembre de 1971 por la incontestable razón de que Buscetta, prófugo desde junio de 1963, fue arrestado por la policía de Brooklyn el 25 de agosto de 1970 y puesto otra vez en libertad el 4 de diciembre siguiente; se volvió de inmediato ilocalizable para la policía estadounidense y se convirtió en un fugitivo para la policía italiana después de la emisión en su contra de la orden de búsqueda y captura n.º 20/71 R.O.C. por parte de la Fiscalía de Palermo el 21 de julio de 1971.

Buscetta fue finalmente arrestado por la policía brasileña el 3 de noviembre de 1972, extraditado a Italia el 3 de diciembre siguiente y, por último, trasladado al Ucciardone el 5 de diciembre de 1972.

Queda, pues, incuestionablemente probado que no puede haber habido ninguna conversación entre los Rimi y Buscetta durante el período de común detención en la cárcel de Palermo en época anterior a la sentencia del Tribunal Supremo del 4 de diciembre de 1971. Y la circunstancia de que Buscetta no se haya limitado a indicar un año (1971), que podría hacer pensar en un mero error, sino que haya referido el contenido de una conversación que en realidad nunca ocurrió (cuyo objeto era la espera por parte de los Rimi de una sentencia del Tribunal Supremo que los absolviese), demuestra irrefutablemente que la circunstancia referida por el colaborador es fruto de un recuerdo erróneo.

Las declaraciones *de relato* de Tommaso Buscetta, sobre la base de las cuales el fiscal ha fundado su tesis de acusación (intervención del senador Andreotti dirigida a obtener el amaño del proceso contra Filippo Rimi en 1979; encuentro del senador Andreotti en Roma con Gaetano Badalamenti después de la sentencia aseverativamente amañada del 13 de febrero de 1979), además de intrínsecamente contradictorias y en varios puntos inatendibles, han sido desmentidas por varias pruebas procesales y por las declaraciones de otros numerosos colaboradores interrogados en el curso del proceso.

Precisamente la valoración analítica de las declaraciones de Francesco Marino Mannoia, Vincenzo Sinacori, Salvatore Cucuzza, Giovanni Brusca, Francesco Di Carlo y Salvatore Cancemi ha conducido en verdad a la conclusión según la cual la reconstrucción de Buscetta, más que encontrar una segura verificación, ha recibido un patente y múltiple desmentido.

El único dato común a todas las declaraciones examinadas es que muchos hombres de honor estaban en conocimiento de la apremiante actividad que la Cosa Nostra había desarrollado en el tiempo en el intento de conseguir el amaño del proceso contra los Rimi.

Algunos de éstos (Cancemi, Sinacori, Cucuzza y Calderone) han desmentido a Buscetta precisamente con específica referencia a la fase procesal que habría sido objeto de la presunta intervención o en todo caso de los intentos de amaño (el juicio en el Tribunal Supremo de 1971 según Cancemi, Sinacori, Cucuzza y Calderone).

Otro colaborador (Marino Mannoia) difiere de Buscetta allí donde alude a un amaño buscado y también obtenido por Vincenzo Rimi, por tanto con indudable referencia a una fase procesal anterior a la muerte del mismo Vincenzo Rimi ocurrida en 1975, y sin ninguna alusión al senador Andreotti.

Los otros dos colaboradores (Francesco Di Carlo y Giovanni Brusca), aun refiriéndose a la misma época histórica indicada por Buscetta (1979), hacen declaraciones, también ellas siempre y sólo *de relato*, a menudo genéricas, en varios puntos contradictorias e inatendibles, además de intrínsecamente, incluso en el recíproco careo, desmintiendo de todos modos al antedicho Buscetta sobre el punto más definitorio del papel desarrollado en los hechos por Gaetano Badalamenti, que ni Di Carlo ni Brusca citan.

Así pues, han quedado carentes de verificación ambas tesis formuladas por la acusación fundadas principalmente en las declaraciones de Tommaso Buscetta y relativas a una presunta intervención del senador Andreotti en el amaño del proceso contra Filippo Rima en 1979 y a un encuentro entre el imputado y Gaetano Badalamenti en 1979.

9) Por lo que concierne a la intercesión de la Cosa Nostra para la liberación del diputado Moro, ha sido precisamente el mismo Buscetta quien afirmó de manera explícita, ya en el curso de sus declaraciones ante el fiscal el 6 de abril de 1993, que la implicación del actual imputado en las iniciativas dirigidas a la liberación, mediante la Cosa Nostra, del estadista secuestrado por las Brigadas Rojas sólo es fruto de su evidente deducción, no resultando nada específico al respecto.

En consecuencia, Buscetta no tiene ningún conocimiento directo y específico de elementos concretos que puedan demostrar que la Cosa Nostra se empeñó en favor de la liberación de Aldo Moro (por otra parte, sin ningún éxito) ante una precisa solicitud y requerimiento de los primos Salvo, cuyo papel en los acontecimientos ha quedado afirmado sólo sobre la base de una mera deducción del declarante («Desde luego no podían haber sido más que los Salvo los que pidieran a Stefano Bontate que intercediera en el caso Moro»).

Si la implicación de los Salvo en las iniciativas puestas en práctica por la Cosa Nostra para obtener la liberación de Moro fue sólo una deducción de Buscetta, otro tanto ha ocurrido con la consiguiente implicación del senador Andreotti («[...] no podían haber sido más que los Salvo y, por lo tanto, Andreotti»).

Fue inequívocamente el mismo Buscetta, en el curso de las indagaciones preliminares, ante el fiscal de Roma, que el 20 de noviembre de 1992 lo interrogaba sobre este punto, quien excluyó expresamente saber si Bontate e Inzerillo se habían empeñado en la liberación de Aldo Moro por iniciativa propia o por presiones de personajes políticos.

La reconstrucción de las complejas vicisitudes en examen por parte de Tommaso Buscetta fue como mínimo aproximativa, contradictoria y voluble, además de fuertemente condicionada, como por otra parte ha admitido el mismo declarante, por la superposición entre recuerdos personales y noticias conocidas en otras partes, incluso en la prensa y la televisión.

Que hayan sido los primos Salvo quienes pidieran a Bontate que se empeñara «y, por lo tanto, Andreotti»— como había referido Buscetta el 6 de abril de 1993— constituye, con toda evidencia, una mera deducción que ni siquiera la profundización en la vista en los procesos de Palermo y Perugia ha permitido concretar en útiles y apreciables desarrollos probatorios.

En conclusión el presunto papel del senador Andreotti en los acontecimientos y en las negociaciones llevadas a cabo por Buscetta, incluso por requerimiento de representantes de la Cosa Nostra, para la liberación de Aldo Moro está ligado sólo a una mera deducción del declarante, como tal carente de cualquier apreciable eficacia probatoria contra el imputado en el presente proceso.

Con referencia al análisis de las declaraciones de Buscetta sobre el homicidio de Pecorelli se ha comprobado que aquél ha precisado expresamente que Badalamenti (como así tampoco Bontate) nunca le dijo que hubiera habido un mandato del actual imputado para el homicidio de Pecorelli y que la implicación del político en el delito ha sido deducida por Buscetta sobre la base de la relación de conocimiento con los Salvo, que eran los verdaderos inductores del homicidio (audiencia de Perugia del 9 de septiembre de 1996).

La afirmación de Buscetta según la cual el homicidio fue solicitado a Badalamenti y a Bontate por los primos Salvo «en el interés del senador Andreotti» es sólo una deducción aun cuando directamente derivada también, y sobre todo, de la presunta razón del delito, relacionada por los dos representantes mafiosos con el hecho de que Pecorelli «estaba haciendo cosas que no agradaban al senador Andreotti» y «tenía documentos embarazosos que habrían podido atentar contra la vida política del senador Andreotti».

Dicha tesis, sin embargo, fue sostenida por el fiscal sobre todo en base a las declaraciones del mariscal Incandela, cuya atendibilidad ha sido evidenciada sobre todo en las referencias de naturaleza temporal del encuentro a tres con el general Dalla Chiesa y con el desconocido aseverativamente identificado como Pecorelli.

Este encuentro se habría producido, según el testigo, en los primeros días de enero de 1979 y exactamente tres días después de aquel encuentro vespertino habría habido una nueva conversación entre el mismo mariscal Incandela y el general Dalla Chiesa en el puesto de policía de Cuneo. Pero se ha constatado que en su diario el general Dalla Chiesa no ha apuntado nada respecto de los pretendidos encuentros con el mariscal Incandela o con Pecorelli, y ha surgido a la luz en la vista que los movimientos del alto oficial en el período indicado no dan cuenta de una presencia compatible con el relato del testigo, según el cual hubo un encuentro nocturno en la zona de Cuneo, seguido apenas tres días después por otro encuentro celebrado en la misma ciudad.

Falta, pues, la prueba de esta doble presencia del general Dalla Chiesa, a sólo tres días de distancia, en una zona que pueda considerarse cercana a Cuneo, presencia que obviamente está en la base de todo el relato expuesto por el testigo Incandela.

Tampoco se ha obtenido la prueba segura de una efectiva relación de conocimiento entre el general Dalla Chiesa y el periodista Carmine Pecorelli, habiendo sostenido el fiscal esta presunta relación con una serie de elementos indudablemente no unívocos y carentes de segura eficacia probatoria.

En cuanto al testimonio del diputado Franco Evangelisti, se ha constatado que los documentos que le enseñó el general Dalla Chiesa eran precisamente los hallados en 1978, y que por lo tanto no se trataba de unos manuscritos, de modo que nada autoriza a afirmar que al testigo le hayan sido enseñados documentos hallados y sustraídos en la guarida de Milán.

En consecuencia, sobre la base de la declaración del testigo Evangelisti, no puede afirmarse que se haya obtenido la prueba, presentada por el fiscal como fundamento de toda la tesis acusadora, de que el general Dalla Chiesa haya sustraído en 1978 de la guarida de Via Montenevoso documentos que no entregó a la autoridad judicial.

De modo, pues, que si Evangelisti vio unos cincuenta folios mecanografiados es indudable que se trataba precisamente de parte de los papeles hallados en 1978.

No se ha obtenido ninguna prueba, ni siquiera indiciaria, de que el general Dalla Chiesa enseñó o entregó a Andreotti unos papeles distintos de aquellos (mecanografiados) hallados en la guarida en 1978 y enseñados a Evangelisti, y consiguientemente ninguna prueba de que hayan sido sustraídos papeles con el fin de favorecer al imputado.

La instrucción, en el caso de que la tesis acusatoria tuviera fundamento, habría debido demostrar irrefutablemente en la vista que las partes publicadas sólo en 1990 contienen pasajes y referencias particularmente perjudiciales para el senador Andreotti, hasta el punto de constituir incluso la causa del homicidio de Pecorelli, que, habiéndose apropiado de ellas, tenía la intención de dar a conocer aquellas partes entonces secretas.

En cambio, la lectura comparada del escrito mecanografiado hallado en 1978 y de los documentos inéditos de 1990 ha demostrado, de forma irrefutable, que la hipótesis acusatoria carece de fundamento.

La existencia de partes ocultadas del memorial Moro conteniendo, entre otras cosas, elementos gravemente perjudiciales para el senador Andreotti ha quedado sólo como una tesis no demostrada y carente de verificaciones probatorias seguras.

La comprobada falta de pruebas en referencia con la sustracción refluye sobre la pretendida causa del homicidio de Pecorelli, reconducida por la acusación a la necesidad de silenciar a un periodista que, en posesión de tales partes del memorial sustraídas, perjudiciales para el senador Andreotti, habría tenido la intención de publicarlas «poniendo en peligro [para usar las palabras de Buscetta] la vida política» del conocido político.

Falta, en verdad, la más mínima prueba que dé apoyo a la tesis acusatoria según la cual Pecorelli estaba en posesión de dichos papeles inéditos que, por otra parte, en el curso de los pormenorizados registros efectuados después de su homicidio, nunca han sido hallados.

Al no haberse obtenido tampoco la prueba segura de que Pecorelli estuviera en posesión o en conocimiento de partes del memorial inéditas, la construcción del fiscal ha quedado sólo como una mera hipótesis carente de adecuadas y convincentes verificaciones.

Además la declaración *de relato* de la testigo Setti Carraro, distinguida por una extremada imprecisión, además de por erróneos recuerdos y múltiples contradicciones, no ha resultado idónea para proporcionar la prueba unívoca, segura e incontestable de la posesión por parte del general Dalla Chiesa de documentos sustraídos de la guarida de Via Montenevoso.

La hipótesis del ocultamiento de partes del memorial para una operación fraudulenta y chantajista que habría sido puesta en ejecución por el general Dalla Chiesa ha sido del todo desmentida, además de por las articuladas consideraciones desarrolladas en la parte de la sentencia dedicada a dicho tema de prueba, también por cualquier otro resultado procesal obtenido en la vista.

Incluso el mariscal Incandela ha precisado que el general Dalla Chiesa le confirmó explícitamente que el famoso «salami» aseverativamente hallado en la cárcel de Cuneo y entregado al general no era el memorial Moro («[...] visto que no has logrado encontrar los escritos de Moro sobre Andreotti...»).

No hay prueba alguna de que Tommaso Buscetta, más allá de las destacadas contradicciones, verosímilmente debidas también al largo tiempo transcurrido desde aquellas conversaciones que se remontan a principios de los años ochenta, haya mentido inventándose conversaciones con sus fuentes de referencia en realidad nunca ocurridas, pero tampoco se ha obtenido la prueba segura de que los hechos que le habían sido referidos por esas fuentes se correspondieran con la verdad, faltando concretos y apreciables elementos de verificación.

En conclusión la valoración crítica de los resultados obtenidos no ha confirmado la tesis de la acusación, principalmente fundada sobre las vagas, contradictorias y titubeantes declaraciones de Tommaso Buscetta, todas por otra parte *de relato*, de un perverso enredo entre el homicidio de Carmine Pecorelli, los presuntos secretos del caso Moro y el homicidio del general Dalla Chiesa.

Queda exclusivamente confiado a la Sala de lo Penal de Perugia el juicio con orden a la responsabilidad penal del senador Giulio Andreotti por el homicidio del periodista Carmine Pecorelli, materialmente ejecutado, según la tesis de la acusación, por representantes de la Cosa Nostra por mandato de los primos Salvo, además de Gaetano Badalamenti, Giuseppe Calò y Stefano Bontate y con el auxilio operativo de representantes de la banda de la Magliana.

Pero a los limitados fines que aquí interesan sobre la subsistencia del delito asociativo atribuido al imputado debe concluirse que la valoración llevada a cabo por el tribunal con orden a la presente causa ligada a las pretendidas molestias que el periodista, con sus artículos y con cuanto habría querido hacer público, habría producido al senador Andreotti ha evidenciado la inexistencia de elementos seguros y unívocos que confirmen la hipótesis acusatoria.

10) Las declaraciones de Benedetto D'Agostino sobre los presuntos encuentros entre Giulio Andreotti y el conocido representante de la Cosa Nostra Michele Greco en la salita reservada del hotel Nazionale, en Roma, no han sido suficientemente verificadas.

En verdad se ha constatado que dichos encuentros pueden y deben de haber ocurrido sólo el domingo por la tarde.

Pero el único domingo en el quinquenio 1976-1980 en relación con el cual las indagaciones llevadas a cabo por el fiscal general han verificado la presencia de Michele Greco en Roma ha resultado el 4 de marzo de 1979, fecha en relación con la cual en la agenda del senador Andreotti no figura ninguna anotación relativa a su presencia en el hotel Nazionale.

Y si bien puede suponerse que aquel día el senador Andreotti omitió apuntar en su agenda que se dirigió al hotel Nazionale a ver una película en la salita reservada allí existente, sigue siendo un hecho que el fiscal ha ofrecido al tribunal la prueba de una única posibilidad de encuentro entre el imputado y Michele Greco, quien en cambio se ha jactado con extrema seguridad, según las mismas palabras citadas por D'Agostino, de haber estado en esa salita con Andreotti más de una vez (textualmente ha dicho «algunos domingos por la tarde», «algunas veces», «varias veces»), demorándose también a charlar con él al término de las proyecciones.

No se ha obtenido, pues, la verificación esencial al menos de las presencias de Michele Greco en Roma en días correspondientes a domingos, también porque la indagación se ha limitado al hotel Excelsior.

Se trata en todo caso de una declaración *de relato*, cuyo valor probatorio es, de todos modos, inferior respecto de una representación directa, y en la cual la reconstrucción del relato hecho a D'Agostino por Michele Greco no ha estado ausente de inexactitudes y contradicciones, considerando la ya expuesta «fluctuación» entre referencias explícitas y simples alusiones.

Una declaración aislada *de relato* de D'Agostino, sujeto que, por otra parte, no puede calificarse ni de testigo, ni de colaborador de la justicia, atestiguando la circunstancia (que le fue referida) de la presunta existencia, entre Giulio Andreotti y Michele Greco, de una relación de conocimiento de la que, por otra parte, el conocido representante mafioso tenía interés de jactarse y de explicitar a terceros.

En efecto, ha sido el mismo D'Agostino quien ha referido que, por el tenor de los discursos que se le habían hecho, se comprendía perfectamente que Greco pretendía ante todo jactarse con su interlocutor del conocimiento con un tan célebre e importante representante político («me lo refería como una cosa importante, como un acontecimiento [...], la noticia que me daba él, era —y estaba contento de ello, de darme esta noticia—, que conocía al presidente Andreotti» [...] «estaba satisfecho de decírmelo para demostrarme que conocía gente importante [...]. Se jactaba de esta amistad»).

Pero si entre Greco y D'Agostino, por cuanto dice este último, no existían relaciones particularmente intensas o de habitual frecuentación, debe deducirse de ello que Greco habría debido jactarse de este importante contacto, por razones mucho más consistentes que la mera jactancia, con otros y, sobre todo, con sus principales referentes en el seno de la Cosa Nostra.

Y en cambio a la existencia de una tan directa y personal relación entre Michele Greco y el senador Andreotti no ha ni siquiera aludido uno sólo de las decenas de colaboradores examinados en la presente vista, ni siquiera aquellos que operaban, con el mismo rango que Greco, en la cúpula de la Cosa Nostra (Cancemi, Di Carlo, Di Maggio, Cucuzza y Sinacori) o que por su larga militancia han demostrado que tenían profundos conocimientos sobre aspectos incluso particularmente delicados o reservados de la sociedad mafiosa (Buscetta, Calderone, Marino Mannoia y Siino).

Éstos no han referido nada en cuanto a esta relación de aseverado y directo conocimiento y habitual frecuentación entre Giulio Andreotti y Michele Greco.

La genérica afirmación de Giovanni Brusca que habría debido, en opinión del fiscal, verificar la existencia de relaciones entre Michele Greco y Giulio Andreotti, no ha sido considerada en cambio idónea, por las razones analíticamente expuestas en la parte de la sentencia que se ocupa de ella, para proporcionar esa verificación que habría debido ser de muy distinta naturaleza y consistencia para asumir un valor procesal apreciable.

Al no haber sido adecuadamente verificada la declaración *de relato* de Benedetto D'Agostino, la misma resulta, por tanto, insuficiente para poder llegar a la conclusión de la existencia de relaciones directas y personales entre Giulio Andreotti y Michele Greco.

11) En orden a las declaraciones del testigo Vito Di Maggio sobre el presunto encuentro en Catania en la primavera-verano de 1979 entre Giulio Andreotti y Benedetto Santapaola, en el que participó también el diputado Salvo Lima, se ha constatado que el testigo, inducido inconscientemente por la voluntad de ser útil a las fuerzas policiales y a la Magistratura, ha presentado y referido como certezas, con numerosas indeterminaciones, aquellas que se han revelado en cambio sólo vagas y erróneas imprecisiones, refiriendo hechos a veces de manera no del todo correspondientes con la realidad.

Tras su examen durante la vista ha sido posible constatar que el encuentro referido se habría producido entre el 20 y el 30 de junio de 1979, pero el examen de los compromisos del senador Andreotti en el período indicado hace absolutamente imposible plantear la hipótesis de un viaje aéreo, aun de pocas horas, del imputado hasta Catania.

Incluso el único día indicado por el fiscal (lunes 25 de junio de 1979) en el período de referencia del testigo Di Maggio (20 de junio-30 de junio de 1979) ha resultado del todo incompatible con la tesis de la realización de un viaje relámpago a Catania.

El testimonio del embajador Riccardo Sessa refuerza la tesis de la absoluta imposibilidad incluso de un viaje efectuado el día 1 de julio de 1979 con las modalidades sospechadas por el fiscal que habrían comportado la ausencia del senador Andreotti de la capital y de sus compromisos de presidente del Consejo en funciones en aquel momento.

En conclusión, Giulio Andreotti no podía estar y no estaba en Catania delante del hotel Nettuno aquella tarde de fines de junio de 1979 en la que el testigo Vito Di Maggio dice haberlo visto.

De ello se desprende que el testigo, en esos pocos segundos que afirma haber observado, identificándola con el senador Andreotti, a la persona sentada en el interior de un coche en el aparcamiento anterior al hotel, ha incurrido una vez más en un error (como en los casos ya examinados de Buscetta y Pulvirenti).

Todas las consideraciones desarrolladas y los resultados testimoniales y documentales examinados en la vista demuestran, por tanto, de manera irrefutable, que el encuentro de junio de 1979 entre el senador

Andreotti y Nitto Santapaola, referido por el testigo Vito Di Maggio, nunca ocurrió.

12) También los dos presuntos encuentros del senador Andreotti con Stefano Bontate y otros representantes de la Cosa Nostra en Catania, estrechamente relacionados con la causa del homicidio del presidente de la Región Siciliana, el diputado Piersanti Mattarella, ocurrido en Palermo el 6 de junio de 1980, nunca han sido probados por la acusación.

Las referencias temporales proporcionadas por Francesco Marino Mannoia en orden a la época en que se había producido el primer encuentro se han caracterizado siempre por su extremada imprecisión y aproximación, habiendo hablado Marino Mannoia sólo de primavera-verano de 1979, después del homicidio de Michele Reina (cometido el 9 de marzo de 1979) y, por tanto, de un período de nada menos que seis meses (de marzo a septiembre).

No se ha podido tampoco determinar al menos el mes o los dos-tres meses en los cuales circunscribir la búsqueda, al no haber proporcionado nunca Marino Mannoia sobre este punto ni la más mínima indicación, tal como se ha destacado también a propósito del segundo encuentro en el que asume haber participado personalmente.

Si bien ha admitido por primera y única vez un encuentro con uno de los más conocidos e importantes políticos del país, Francesco Marino Mannoia no ha recordado ni siquiera el mes en que se produjo.

Para la determinación del período en el que situar el primer encuentro ha sido decisivo Angelo Siino, el cual, con una progresión mnemónica facilitada por algunas preciosas referencias ofrecidas por el fiscal, ha conseguido determinar, aunque con un comprensible margen de aproximación, el período de tiempo que nos interesa.

Remitiendo a la parte de la sentencia que se ocupa de dicha reconstrucción, aquí es suficiente recordar que según Angelo Siino el episodio se desarrolló sin duda entre fines de junio y los primeros días de julio de 1979.

Como resultado de la valoración analítica de los resultados procesales ha aflorado que el domingo 8 de julio de 1979 es el último día posible indicado por Siino, que ha hablado de los «primerísimos» o de los «primeros» días de julio («... Entonces sin duda como máximo junio, julio, primerísimos de julio [...] entre fines de junio y principios de julio [...] puede haber sido julio, los primeros días de julio. Desde luego no después de los primeros días de julio, máximo siete, ocho, porque yo me iba a preparar las carreras»).

Pero la afirmada consiguiente compatibilidad genérica de dicha jornada con el presunto viaje de Andreotti no puede considerarse suficiente para verificar la tesis de la acusación, que sigue privada de todo ulterior elemento de soporte.

En efecto, entre otras cosas se ha destacado que el 8 de julio es el domingo inmediatamente precedente al 15 de julio, en que tuvieran lugar las «doce horas de Campobello» y que el mismo Siino ha precisado que habitualmente, justamente en los domingos anteriores a las competiciones automovilísticas en las que participaba, solía dirigirse al sitio de la carrera para efectuar con su copiloto pruebas y reconocimientos del recorrido («[...] yo utilizaba los días del fin de semana anteriores, por ejemplo si era sábado y domingo, utilizaba los sábados y domingos para hacer reconocimientos para esta carrera [...] yo iba allí en torno al viernes, jueves para las pruebas de marcación y dedicaba a las pruebas los fines de semana anteriores [...]»).

Siino ha recordado asimismo en el curso del examen hecho en Perugia que aquel año había estado particularmente empeñado en los entrenamientos con vistas a aquella competición («[...] sí, porque había estado el hecho de la apertura de la temporada de caza en junio y prácticamente luego yo había participado en una carrera automovilística que me había comprometido notablemente para los entrenamientos, los reconocimientos y cosas por el estilo [...]»).

Siino, por otra parte, nunca ha precisado que el encuentro del que ha hablado se haya producido en domingo.

En efecto, si el episodio de que se trata hubiera ocurrido ese domingo 8 de julio de 1979, él tendría un recuerdo más nítido anclado al hecho de que, contrariamente a sus costumbres deportivas, aquel domingo inmediatamente anterior a la competición, en vez de estar como era habitual en el recorrido de la carrera en Campobello haciendo los acostumbrados reconocimientos y pruebas con su copiloto, se había dirigido a una partida de caza en la zona de Catania, o sea, el otro lado de Sicilia.

Todas las consideraciones desarrolladas llevan, pues, a excluir que el encuentro se haya producido precisamente aquel domingo 8 de julio de 1979.

Contrariamente a cuanto es evidenciado por el fiscal con referencia a otros días (1 de julio, en particular), además, ni para la fecha del 8 de julio, ni para otros eventuales días del período en examen ha sido determinado por la acusación un vuelo aéreo posible al cual asociar el necesario viaje del imputado a Sicilia.

La prueba ha resultado por tanto manifiestamente incompleta incluso bajo este específico aspecto, de modo que, si se quisiera situar el presunto encuentro en La Scia precisamente aquel domingo (8 de julio de 1979), o en cualquier otro día del período examinado, se debería formular la hipótesis de que el viaje del entonces presidente del Consejo se habría producido con la dolosa y predeterminada supresión de hasta la más mínima pista y, por tanto, con la activa complacencia y connivencia de la escolta y del personal tanto del aeropuerto de partida como de llegada.

Pero también en dicha hipótesis la tesis de la acusación resulta fundada exclusivamente en una mera posibilidad o compatibilidad, que evidencia solamente que un hecho puede haber ocurrido, pero nunca que haya necesaria y efectivamente ocurrido.

Una vez más, pues, se ha formulado una mera hipótesis absolutamente no idónea para ser puesta como fundamento de la reconstrucción de un hecho, cuya prueba habría necesitado en cambio indiscutibles elementos demostrativos que, en este caso, faltan por completo.

Si, luego, el motivo de dicho presunto encuentro, que había impuesto una verdadera convocatoria de Andreotti a Catania, en la reconstrucción de Marino Mannoia, había sido realmente hacer intervenir al importante político sobre Piersanti Mattarella con el fin de hacerle cambiar su línea de conducta política y administrativa que entraba en conflicto con los intereses de la Cosa Nostra, tampoco se ha conseguido demostrar con qué título y con qué instrumentos el imputado habría debido y podido hacer aquello que se le requería.

En verdad no se ha obtenido ningún elemento concreto que pueda hacer formular la hipótesis de que el diputado Piersanti Mattarella fuera un sujeto influenciable por el senador Andreotti, ni resultan pruebas que puedan, en todo caso, demostrar que se haya producido un encuentro o contacto entre los dos, después del presunto encuentro en Catania y antes del homicidio del político siciliano.

Todas las consideraciones desarrolladas y los resultados testimoniales y documentales examinados en la vista demuestran, por tanto, irrefutablemente que la tesis de la acusación del encuentro en 1979 entre el senador Andreotti y numerosos representantes de la Cosa Nostra, del que han hablado (ambos *de relato*) Francesco Marino Mannoia, por haberlo sabido de Stefano Bontate, y Angelo Siino, al que se lo dijo un sujeto no identificado («*u cchiu*»), no ha encontrado las necesarias verificaciones probatorias.

Francesco Marino Mannoia ha afirmado haber sido posteriormente testigo directo de un segundo encuentro del senador Andreotti con Bontate, también directamente conectado, bajo el perfil de la causa y de la reconstrucción de toda la vicisitud, con el primer encuentro de Catania que, como se ha visto, no ha sido estimado por la Sala como adecuadamente verificado.

Precisamente la omitida demostración probatoria del encuentro que precedió al homicidio de Mattarella ya invalida la credibilidad general de la reconstrucción de los hechos realizada por Marino Mannoia.

La verificación de la declaración de Marino Mannoia, absolutamente aislada al no haber sido confirmada por otras declaraciones de colaboradores, ha sido particularmente rigurosa según los parámetros del art. 192, parágrafo 3 del C.P.P., en busca de esas constataciones sólidas e inequívocas, como confirmación de la atendibilidad del declarante, que pudieran compensar tanto la unicidad de la acusación como la global imprecisión del colaborador.

La acusación ha juzgado oportuno elevar a verificación la descripción de la villa en la que se habría producido el encuentro en examen, individualizada en el curso de las indagaciones, gracias a las detalladas indicaciones suministradas por el colaborador que luego la ha reconocido sin vacilaciones en aquella sita en la localidad de Altarello di Baida a disposición de Salvatore Inzerillo.

Pero la descripción de la villa, que ha resultado exacta, y las ulteriores indicaciones constituyen exclusivamente la constatación de la existencia de la villa misma y no pueden, desde luego, representar un parámetro útil de verificación de la atendibilidad del relato y, por consiguiente, de la presencia en aquel lugar del senador Andreotti, por la sencilla razón de que el mismo Marino Mannoia ha admitido haber estado en esa villa varias veces tanto antes como después del presunto y referido encuentro con el imputado.

Ha quedado asimismo en evidencia que el relato de Marino Mannoia carece de un elemento de primordial relieve como es el de la exacta ubicación temporal del episodio.

Aunque la referida por el colaborador es la primera y única ocasión en la cual asume haber visto personalmente al importante y conocido político, Marino Mannonia no ha estado en condiciones de referir con ninguna precisión la época de aquel encuentro, ni siquiera con un comprensible margen de aproximación.

Esto ha impuesto al tribunal la búsqueda de la verificación más significativa en la referida presencia del senador Andreotti en la ocasión descrita por Marino Mannoia, o sea, de un elemento apreciable de prueba que pudiera demostrar un efectivo viaje del imputado a Sicilia en el período incluso genérico indicado por la acusación.

Marino Mannoia ha referido que supo por Stefano Bontate que aquel día Andreotti había llegado a Trapani con un avión alquilado o puesto a disposición por los Salvo, o en cualquier caso a su disposición.

El fiscal ha estimado que había demostrado el fundamento de la acusación asumiendo que, aun sin haberse obtenido ninguna prueba de los viajes de Andreotti a Sicilia en el período indicado, se habría conseguido, de todos modos, una prueba suficiente del hecho de que el imputado estaba en condiciones de efectuar un viaje secreto del cual no quedaba ningún rastro documental.

Pero como soporte de la hipótesis acusatoria no se ha deducido la prueba de un viaje del imputado que confirmase la acusación de Marino Mannoia, sino la prueba del hecho de que no todos los viajes de Andreotti han dejado rastro documental.

Si, pues, la presencia de Andreotti en Palermo era una hipótesis que verificar y comprobar, al término de las profundas indagaciones y de todas las complejas constataciones efectuadas, ha quedado de todos modos sólo en la mera hipótesis originaria: Andreotti puede haberse dirigido a Palermo en el amplio arco de tiempo indicado por Marino Mannoia en cuanto puede haber efectuado un viaje carente de rastros documentales.

La búsqueda orientada a la localización de un campo de aterrizaje en Trapani en la primavera de 1980 de un avión con el senador Andreotti a bordo no ha dado resultados apreciables, también en razón del hecho de que ya no existe la documentación relativa al aeropuerto militar de Trapani Birgi en cuanto, en base a la normativa vigente, la documentación sobre los vuelos es destruida después de noventa días.

No han tenido resultado positivo en particular precisamente esas ulteriores indagaciones que habrían sido necesarias para localizar las dos aeronaves PA20 y DA20 que en el mes de abril de 1980 efectuaron un aterrizaje en Trapani sin ser registradas por el personal civil del aeropuerto.

No se han localizado las aeronaves de ese tipo que estaban en circulación en abril de 1980 y sus correspondientes propietarios, ni se han realizado las consiguientes verificaciones que quizás habrían permitido constatar, aunque sea con una cierta aproximación, incluso a través de las libretas de vuelo de los correspondientes pilotos, si efectivamente esas aeronaves habían efectuado en ese período aterrizajes en el aeropuerto de Trapani Birgi.

La necesidad de verificar específicamente las declaraciones de Francesco Marino Mannoia con orden al presunto aterrizaje de Andreotti en el aeropuerto de Trapani Birgi hacía esencial e ineludible la demostración del hecho objeto del tema de prueba, o sea, que, según la hipótesis formulada por el fiscal, dicho aterrizaje hubiera ocurrido precisamente con uno de los dos vuelos no registrados en abril de 1980.

La simple circunstancia, en verdad, de que haya sido localizado, aunque sea indirectamente a través de una tabla estadística, el aterrizaje en el mes de abril de 1980 de dos aviones privados (PA20 y DA20) sin que se haya comunicado a la Dirección Civil del aeropuerto, no es, en efecto, por sí sola suficiente para verificar adecuadamente lo que afirma Marino Mannoia, o sea, que uno de esos dos vuelos había sido organizado por los Salvo y que en una de esas dos aeronaves estaba el actual imputado.

Al término de la siempre profunda indagación desarrollada por el fiscal ha quedado, por tanto, una patente insuficiencia del compendio probatorio obtenido que demuestra sólo una mera posibilidad, y que es por consiguiente no idóneo para dar soporte cumplida e unívocamente a la aislada declaración de Francesco Marino Mannoia.

Las indicaciones del colaborador han quedado privadas de esas verificaciones que son necesarias para atestiguar la atendibilidad de su relato confiado, pues, sólo a sus declaraciones, no carentes, como se ha evidenciado analíticamente en otra parte de la sentencia, de imprecisiones (respecto del dato temporal del episodio) y de contradictoriedad general, al haber faltado también y sobre todo la prueba del encuentro previo entre Bontate y Andreotti en Catania que en la reconstrucción de toda la vicisitud resulta evidentemente previo, también en el plano lógico y causal, respecto de la reunión en la villa de Salvatore Inzerillo.

En la reconstrucción de Marino Mannoia con orden a la causa del homicidio de Piersanti Mattarella asume, por otra parte, un papel central la afirmación según la cual el político había sido asesinado también por su presunto e intolerable cambio de chaqueta, habiendo estado en el pasado en relaciones «íntimas» y «amistosas» tanto con los primos Salvo como con Stefano Bontate, a los cuales «no escatimaba favores».

Pero cuando se ha tratado de especificar la naturaleza de estas relaciones amistosas y sobre todo de los favores que el presidente Piersanti Mattarella no habría escatimado tanto a los primos Salvo como a Stefano Bontate, la declaración de Marino Mannoia se ha mantenido en una absoluta imprecisión impidiendo cualquier útil y obligada verificación.

En el planteamiento de la acusación la misma presunta reunión de Catania con el senador Andreotti tenía, según las declaraciones *de relato* de Francesco Marino Mannoia, precisamente el objetivo de inducir al imputado a intervenir sobre Piersanti Mattarella con el fin de hacerle cambiar su reciente conducta, juzgada en conflicto con los intereses ilícitos de la Cosa Nostra.

Ahora bien, precisamente este punto central de la exposición de Marino Mannoia ha sido desmentido por los resultados procesales, al no haber aflorado nada con orden a relaciones «íntimas» y «amistosas» previas de Piersanti Mattarella con los primos Salvo o con Stefano Bontate, y aún menos en relación con los pretendidos favores que éste no habría «escatimado» en beneficio de los anteriores.

Por el contrario, se ha obtenido la prueba de una constante conflictividad entre los primos Salvo y Piersanti Mattarella, cuya acción política y de renovación obstaculizaba irremediablemente los intereses económicos y políticos de los poderosos recaudadores de Salemi.

Acusar entonces a Piersanti Mattarella, como ha hecho Marino Mannoia —el cual sobre este punto se limita a reproducir los juicios que le expresó Stefano Bontate— de haber, al menos en un primer momento de su vida política, no sólo mantenido relaciones amistosas con los primos Salvo, e incluso con el capo mafioso Stefano Bontate, sino incluso hecho favores de todo tipo a éstos, ha resultado una afirmación que, lejos de haber encontrado verificación en la vista, ha sido manifiesta e inequívocamente desmentida por los resultados procesales conocidos.

También bajo este perfil, por tanto, la reconstrucción formulada por Marino Mannoia carece de las necesarias verificaciones para ser estimada atendible.

Subsiste, pues, al término de la valoración analítica de los resultados procesales obtenidos en la vista, una manifiesta inconclusión e insuficiencia del marco probatorio ofrecido como verificación de las declaraciones de Marino Mannoia con orden al presunto encuentro en la primavera de 1980 entre el senador Giulio Andreotti y Stefano Bontate respecto del cual el único testimonio, aunque aseverativamente *de visu*, del colaborador, impone, a falta de cualquier necesario elemento que lo sostenga, estimar sólo posible, pero no adecuadamente probado, el episodio objeto del tema de prueba.

13) En orden a la intervención que habrían llevado a cabo el diputado Lima y el senador Andreotti para obtener el traslado de algunos detenidos sicilianos de la cárcel de Pianosa a la de Novara en el año 1984, se ha destacado que los elementos probatorios obtenidos ofrecen una puntual verificación de las declaraciones hechas por el colaborador Gaetano Costa en orden al contexto en que encontraron origen y desarrollo sus relaciones con Bagarella, a las manifestaciones de protesta organizadas en la prisión de Pianosa, a la identidad de los destinatarios de la provisión de traslado y a la ubicación cronológica de los hechos.

Ha aflorado, luego, la absoluta anomalía de la provisión con que fue dispuesto el traslado de los detenidos, sin ninguna indicación de razones justificativas y a falta de cualquier acto previo.

Desde luego, el carácter anómalo de la provisión no podía ser conocido por Costa, al tratarse de un acto transmitido reservadamente por el Ministerio de Justicia a la Dirección de la prisión de Pianosa.

La presencia, en la provisión, de una efectiva y relevante anomalía —de otro modo no conocible y plenamente coherente con la tesis según la cual el traslado fue dispuesto por efecto de una intervención política, cumplida en beneficio de representantes de la criminalidad organizada siciliana— constituye, por tanto, una precisa verificación de cuanto el colaborador ha afirmado que había sabido de Bagarella.

Sin embargo, debe destacarse que no se han obtenido verificaciones extrínsecas dotadas de carácter individualizador, de las que pueda extraerse el seguro convencimiento de la exactitud de la referencia del hecho delictivo a la persona del imputado.

En ausencia, por tanto, de verificaciones referibles de manera específica a la posición del imputado, no puede estimarse suficientemente probada su personal implicación en el episodio en examen.

14) Sobre la base del testimonio proporcionado por el Superintendente Jefe de Policía Francesco Stramandino, es seguro que hubo una conversación reservada entre el senador Giulio Andreotti y Andrea Manciaracina, desarrollada en el hotel Hopps de Mazara del Vallo con fecha 19 de agosto de 1985.

Es posible que, en el curso de dicho encuentro, se hayan tratado asuntos que, de algún modo, entraban en la esfera de intereses de la organización mafiosa, pero falta cualquier elemento que permita reconstruir el contenido de la conversación.

En efecto, no ha aflorado nada respecto de los requerimientos formulados, en esta ocasión, por Andrea Manciaracina, y de las respuestas dadas por el senador Andreotti.

Tampoco se reconocen, en el posterior comportamiento del senador Andreotti, específicos elementos sintomáticos de su adhesión a las instancias planteadas por Manciaracina.

Con referencia al episodio en examen falta, pues, la prueba de la incidencia causal asumida por la intervención del imputado respecto de la existencia o el reforzamiento de la asociación de tipo mafioso (en su conjunto o en un determinado sector), en una fase patológica, o, en cualquier caso, anormal y particularmente difícil de su vida.

En efecto, no puede excluirse la eventualidad de que el senador Andreotti haya opuesto un rechazo a las solicitudes planteadas por Andrea Manciaracina (eventualidad, ésta, que impide la configurabilidad de una conducta punible según los artículos 110 y 416 bis del C.P.).

La inverosímil reconstrucción del episodio ofrecida por el imputado podría, además, asociarse no con la conciencia de la ilicitud de su comportamiento en tal circunstancia, sino, sencillamente, con su intención de no ofuscar su imagen pública admitiendo haberse reunido con un sujeto estrechamente relacionado con la criminalidad organizada y haberse entrevistado con él de manera absolutamente reservada.

Tampoco puede afirmarse que un único encuentro, de contenido indeterminado, con un sujeto ligado a la cúpula de la Cosa Nostra, denote, de por sí, la instauración de una relación de estable y sistemática colaboración, con la realización de comportamientos que hayan beneficiado a la ilícita sociedad.

En efecto, se trata de un episodio que, si no es acompañado de ulteriores hechos dotados de significatividad y conclusividad en términos de *affectio societatis*, no manifiesta en términos de certidumbre la existencia de un vínculo asociativo del imputado con la organización mafiosa.

15) El presunto encuentro verificado en Palermo en 1987 entre el imputado y Salvatore Riina en la presentación de la acusación debía demostrar la existencia también a fines de los años ochenta de intensas relaciones entre Giulio Andreotti y la asociación mafiosa denominada Cosa Nostra.

La acusación ha encontrado fundamento en las declaraciones de Baldassare Di Maggio, que admitió haber acompañado en aquel encuentro a Salvatore Riina y haber sido, por tanto, testigo directo de él.

Sin embargo, las declaraciones de Baldassare Di Maggio han resultado en varios puntos contradictorias, tanto en el curso de las indagaciones como en la vista, también en razón del hecho de que el antedicho al comienzo de su colaboración ha callado deliberadamente cuanto sabía del encuentro entre Andreotti y Riina y sobre lo que podía inducirlo a hablar de tal encuentro.

Se han destacado múltiples discrepancias en la comparación entre las distintas declaraciones hechas por el colaborador en el tiempo y con referencia a varios puntos: las relaciones y los encuentros con los primos Salvo; el conocimiento con el diputado Lima; la ubicación temporal del encuentro entre Andreotti y Salvatore Riina en casa de Ignazio Salvo; el objeto de la conversación entre Andreotti y Riina; y la duración y las modalidades del encuentro.

Definidos, aunque sea en términos siempre bastante aproximativos, tanto la duración de la presunta presencia de Andreotti en casa de Ignazio Salvo (de dos a tres horas y media), como el correspondiente horario (entre las 14.30/15.30 y las 16.30/19 horas), se ha procedido a verificar si tales tiempos y horarios eran o no compatibles con los movimientos y los compromisos comprobados del imputado en aquella tarde del 20 de septiembre de 1987 que constituye la fecha que la acusación ha privilegiado respecto de todas las otras posibles.

Ahora bien, al término de esta verificación ha quedado del todo excluida la posibilidad de que el encuentro se haya producido el 20 de septiembre de 1987, también en base a la absoluta y patente incompatibilidad entre la versión de Di Maggio y la del periodista Alberto Sensini, que precisamente aquella tarde entrevistó al senador Andreotti.

En verdad se ha constatado, aunque sea en términos de comprensible aproximación, que la entrevista fue concedida por el senador Andreotti a Sensini entre las 15.30 y las 16.30 horas (o como máximo las 17.00) y que duró unos 45 minutos.

En el examen hecho ante la Sala de lo Penal de Perugia Di Maggio ha afirmado que llegó con Riina a la casa de Ignazio Salvo, encontrando allí al senador Andreotti, a las 15.30 horas, de modo que la duración mínima del encuentro (dos horas) hace del todo imposible una presencia del imputado en su habitación de Villa Igiea antes de las 17.00 horas.

Pero también una supuesta llegada a casa de Ignazio Salvo hacia las

15.00 horas lleva a conclusiones distintas frente a las declaraciones de Di Maggio que calculan la duración del encuentro en una medida, como se ha analíticamente demostrado, más a menudo próxima a las tres horas que a las dos.

El 20 de septiembre de 1987 Giulio Andreotti no podía estar, pues, en casa de Ignazio Salvo en las horas indicadas por Baldassare Di Maggio.

En cuanto a la posibilidad de que el encuentro pueda haberse celebrado en otra fecha, debe destacarse que la manifiesta imprecisión y vaguedad, ya ampliamente examinada y evidenciada, de las referencias de naturaleza temporal ofrecidas por Di Maggio hacen casi imposible determinar —contrariamente a cuanto estima el fiscal, que lo sitúa con absoluta certeza en el mes de septiembre de 1987— hasta el período o la temporada de tal presunto encuentro, si no incluso el año.

En efecto, más allá de la fluctuante secuencia de indicaciones temporales proporcionadas por Di Maggio, que hacen dudar no sólo del mes y de la temporada (Di Maggio ha hablado también de «fines de la primavera» y del período anterior a las elecciones de junio de 1987), sino en algunos pasajes incluso de la exacta determinación del año 1987 (recuérdese la referencia al homicidio de Dragotto de septiembre de 1988), no puede sin duda considerarse probado el presunto referido encuentro sobre la base de las aisladas y contradictorias declaraciones de un sujeto cuya inatendibilidad intrínseca, no sólo en las referencias de naturaleza temporal y cronológica, ha sido ampliamente evidenciada.

Una vez más, por otra parte, se debería formular la hipótesis de que el imputado se ha dirigido a Palermo en un vuelo del que no ha quedado ningún rastro documental con el resultado —ya valorado en otras partes de la sentencia a propósito de otros precedentes y presuntos encuentros en los cuales el senador Andreotti habría estado presente— que lo que sigue siendo una mera hipótesis debería ser transformada en esa necesaria y sólida comprobación que, en cambio, está del todo ausente.

Las verificaciones de carácter objetivo expuestas por el fiscal como soporte del relato de Di Maggio han sido en particular dos: la descripción de la casa de Ignazio Salvo y de las modalidades reservadas de acceso a ella, además de la presencia de Paolo Rabito; y el contenido de una llamada telefónica interceptada entre Rabito y su madre.

Pero ha sido el mismo Baldassare Di Maggio quien ha repetidamente admitido que él ya se había dirigido al menos dos veces a la casa de Ignazio Salvo siguiendo el mismo idéntico recorrido que luego ha descrito a propósito del encuentro entre Andreotti y Riina, y acompañado precisamente por ese Paolo Rabito que los habría aseverativamente asistido también en el episodio destacado en el presente proceso.

El hecho, pues, de que Baldassare Di Maggio ya había estado en el interior de la vivienda de Ignazio Salvo al menos dos veces, accediendo por otra parte con Paolo Rabito y a través del mismo recorrido que luego ha descrito a propósito del presunto encuentro entre Andreotti y Riina, demuestra que el declarante conocía perfectamente la situación de los lugares, de modo que la descripción que ha hecho de ellos carece de relieve respecto de la exigencia de verificar sus revelaciones con orden al presunto encuentro que concierne específicamente al senador Giulio Andreotti.

En conformidad a la jurisprudencia del Tribunal Supremo ha quedado en evidencia que los elementos descriptivos del hecho o de su autor intrínsecos a la coparticipación en un delito no pueden, aunque estén positivamente verificados, constituir elementos de comprobación porque no añaden nada a la complicidad ni la refuerzan objetivamente y desde el exterior, sino que sólo demuestran el conocimiento por parte del declarante de detalles que, sin embargo, no vinculan al acusado con el delito (Cfr. Sala de lo Penal, Secc. IV sent. n.º 433 del 28 de marzo de 1998 en relación con la aplicabilidad de medidas cautelares personales: en este caso se trataba del reconocimiento fotográfico y de la indicación de la vivienda).

Idénticas consideraciones valen también respecto de la indicación de Di Maggio concerniente a la presencia de Paolo Rabito, o sea, de la misma persona que con anterioridad lo había acompañado hasta la vivienda de Ignazio Salvo.

En efecto, Rabito solía encontrarse en el lugar cuando Ignazio Salvo recibía en su casa a representantes de la asociación mafiosa, como ha aflorado también de las coincidentes declaraciones de Giovanni Brusca y Vincenzo Sinacori, que han confirmado dicha circunstancia, este último precisando también que Rabito estaba incluso en posesión de la llave que accionaba el ascensor interno y conducía directamente al interior de la vivienda de Salvo.

El valor indiciario de la conversación telefónica interceptada sobre el derecho de usufructo a Maria Scimemi, madre de Paolo Rabito, a las 13.08 horas del 13 de mayo de 1993, no ha sido estimada idónea para colmar las relevantes carencias de la acusación, que ha quedado por tanto privada de válidas verificaciones.

Por otra parte, precisamente en la misma época y con posterioridad a su primer examen en la vista (diciembre de 1996), la atendibilidad general de Di Maggio —arrestado nuevamente en octubre de 1997 por gravísimos delitos entre los cuales también homicidios— ha sido puesta en discusión al haberse constatado varias declaraciones engañosas, a veces admitidas por el mismo interesado, una determinación varias veces explicitada de calumnia y proyectos (realizados) de intoxicación de procesos a través de declaraciones acordadas con otros colaboradores.

Baldassare Di Maggio ha admitido haber tenido propósitos calumniosos; ha demostrado ampliamente que sabe mentir y lo ha hecho repetidamente incluso ante este tribunal acreditando la imagen de persona muy alejada del crimen y de su ambiente, mientras que en el mismo período de su primera declaración estaba implicado en la reanudación de múltiples y graves actividades criminales precisamente en San Giuseppe Jato, su pueblo de origen y centro de sus ilícitos intereses; ha desarrollado una activa y provechosa obra de intoxicación procesal logrando implicar a otros dos colaboradores (Gioacchino La Barbera y Mario Santo Di Matteo) en el amaño de un proceso que implicaba a su correo, Giuseppe Maniscalco, absuelto sólo en razón de la acordada declaración de los tres en su favor, obteniendo así su integración en la banda mafiosa que Di Maggio había reconstruido y la implicación en gravísimos actos criminales, entre los cuales incluso homicidios, que el mismo Maniscalco, arrestado, ha finalmente confesado.

Por otra parte, es bueno evidenciar que el mismo Di Maggio, prescindiendo de las presuntas presiones llevadas a cabo en relación con él para obtener su retractación, había incluso formulado la hipótesis de utilizar las declaraciones acusatorias ya hechas contra el senador Giulio Andreotti como una especie de salvoconducto en garantía de la impunidad por los gravísimos delitos que había vuelto a cometer aprovechando la recuperada libertad como consecuencia de su colaboración.

En efecto, Di Maggio manifestó la intención de retractarse de sus declaraciones contra el senador Andreotti y de acusar calumniosamente a los fiscales del presente proceso en la hipótesis de que hubiera sido objeto de medidas restrictivas a causa de las nuevas actividades delictivas puestas en práctica por él o en el caso de que hubieran proseguido las indagaciones en relación con su hijo, sospechoso de homicidio.

La inatendibilidad intrínseca del relato de Di Maggio, lleno de patentes discrepancias y reiteradas contradicciones, y la carencia de adecuadas y unívocas verificaciones objetivas, inducen por tanto a concluir que el hecho puesto como fundamento de la acusación (encuentro entre Andreotti y Riina) no ha sido suficientemente probado.

Tampoco las declaraciones de Emanuele Brusca y Enzo Salvatore Brusca pueden estimarse una válida y convincente verificación de las acusaciones de Di Maggio.

En verdad ha quedado demostrado que en la versión de Enzo Salvatore Brusca mucho antes de las elecciones de 1987, y sin ninguna referencia al resultado de las votaciones de aquel año —como en cambio ha sostenido el fiscal utilizando las siempre contradictorias declaraciones de Di Maggio y aquellas, de las que a continuación nos ocuparemos, de Emanuele Brusca—, Andreotti había solicitado un encuentro con Riina y había hecho saber que aprovecharía la pausa del almuerzo para despedir a la escolta del hotel y presentarse a la cita.

La patente incompatibilidad de dicha versión con las declaraciones de Di Maggio aflora incuestionablemente si se recuerda que según este último fue Riina, precisamente a través de Di Maggio, quien le pidió a Ignazio Salvo que fijara una cita con Andreotti y que el encuentro se produjo efectivamente 15 días o un mes después.

Si se considera que el fiscal, como se ha dicho, sitúa el encuentro entre Riina y el imputado en términos de absoluta certeza en el mes de septiembre de 1987, resulta evidente la completa divergencia entre los hechos referidos por Enzo Salvatore Brusca, aseverativamente ocurridos varios meses antes, y la tesis de la acusación.

El fiscal, por otra parte, estima, como se ha dicho, que el encuentro se produjo casi con seguridad el domingo 20 de septiembre de 1987 con ocasión de la presencia de Andreotti en Palermo para la Fiesta de la Amistad de la DC, allí donde Enzo Salvatore Brusca sostiene, por el contrario, haber oído a su hermano Emanuele hablar del casual encuentro con Di Maggio vestido elegantemente en un día hábil («mi hermano Emanuele fue a ver a Di Maggio, en un día hábil, y lo encontró elegante, en resumen, vestido de ceremonia»).

Fue precisamente el hecho de haber hallado a Di Maggio «vestido de ceremonia» en un día hábil —cosa del todo insólita— lo que impresionó a Emanuele Brusca, haciéndole deducir que precisamente aquel día estaba empeñado acompañando a Riina al encuentro con el imputado en casa de Ignazio Salvo.

Si se quisiera dar crédito, pues, a las declaraciones de Enzo Salvatore Brusca sobre este punto, la tesis del fiscal —que determina como día más probable del encuentro entre Andreotti y Riina el 20 de septiembre de 1987— encontraría un ulterior desmentido en cuanto que tal día era un domingo, mientras que el antedicho Brusca hace referencia a una jornada laborable.

Luego ha aflorado con absoluta evidencia, del conjunto de las declaraciones, que Enzo Salvatore Brusca no participaba en las discusiones entre su hermano Emanuele y su padre Bernardo y que, por tanto, él, ocasional oyente de diálogos ajenos llevados a cabo, por otra parte, con la máxima circunspección y recurriendo a menudo a señas y medias palabras, sólo comprendió parte de esas conversaciones.

Respecto de los hechos narrados por su hermano Emanuele Brusca, directo protagonista de la conversación con su padre, Bernardo, la versión de Enzo Salvatore Brusca debía resultar, pues, eventualmente imprecisa o lagunosa.

No es posible que pueda haber oído y haya referido —como en realidad ha ocurrido en el presente proceso— frases y hechos que, en cambio, su hermano Emanuele ha excluido categóricamente haber nunca pronunciado o referido.

Precisamente la valoración crítica de las declaraciones de Emanuele Brusca ha evidenciado, en verdad, discrepancias y divergencias profundas e insalvables entre las versiones de los dos hermanos, y entre éstas y el relato ya examinado de Di Maggio.

Emanuele Brusca ha proporcionado, por otra parte, una versión en total y estridente discrepancia con lo referido en su primera declaración, o sea, que se había enterado del encuentro Riina-Andreotti sólo el mismo día en que le había hablado de él Di Maggio.

Las destacadas e iniciales omisiones y divergencias han resultado del todo inexplicables, sobre todo en un sujeto que había demostrado en su primer interrogatorio que recordaba incluso el mes y el año del referido encuentro, y minan fuertemente su general atendibilidad intrínseca haciendo estimar con fundamento que sus declaraciones, sobre todo las posteriores, pueden haber sido sustancialmente de adhesión —aunque con patentes discrepancias— a las de su hermano y, por consiguiente, nada espontáneas y creíbles.

Prueba de ello es el hecho de que en la vista Emanuele Brusca, que hasta aquel momento había hablado del encuentro con Di Maggio afirmando que se había producido en septiembre de 1987, recordó repentinamente incluso que era a fines de septiembre de aquel año, con una singular coincidencia con la tesis de la acusación según la cual Riina y Andreotti se encontraron justamente el 20 de septiembre de 1987.

Emanuele Brusca ha declarado, además, como imputado de delito conexo, desprendiéndose de ello, de acuerdo con el ex art. 192, parágrafo 3 del C.P.P., la exigencia de verificación de su coparticipación o culpabilidad tanto bajo el perfil de la credibilidad subjetiva, según los criterios varias veces enunciados (espontaneidad, desinterés, constancia, ausencia de condicionamientos, etc.), como de la objetiva, bajo el perfil de la constatada integridad, historicidad y lógica de la representación.

Emanuele Brusca, según está en conocimiento de este tribunal, y por su misma afirmación, no es un colaborador de la justicia, al no haber hecho declaraciones de particular relieve a los fines de la determinación de delitos y de los autores de los mismos y en el curso de su examen ha excluido haber hecho al fiscal otras declaraciones, además de las que tienen como objeto los hechos de interés en el presente proceso.

Pero más allá de las dudas sobre la atendibilidad intrínseca del declarante es bueno evidenciar que el relato de Emanuele Brusca, lejos de verificar las ya examinadas declaraciones de su hermano Enzo Salvatore, diverge radicalmente de ellas precisamente en los puntos esenciales, no pudiendo tal profunda e insalvable discrepancia justificarse sólo con el hecho de que este último haya podido malinterpretar las palabras pronunciadas por sus dos parientes.

Se han evidenciado partes relevantes de las revelaciones de Enzo Salvatore Brusca que, por un lado, no encuentran la menor correspondencia en el relato de su hermano Emanuele y, por el otro, reciben incluso un explícito desmentido, de modo que ellas sólo pueden estimarse —si se atribuye crédito a este último— inventadas.

En efecto, ha aflorado una innumerable serie de profundas y radicales divergencias en las dos versiones (y para estas múltiples divergencias se remite a la parte de la sentencia que las ilustra analíticamente).

Enzo Salvatore Brusca, a mero título de ejemplo, ha referido haber comprendido sin ninguna duda, precisamente sobre la base de la escucha de varias conversaciones, que su hermano Emanuele actuaba como un verdadero intermediario entre su padre, en la cárcel, y Riina, prófugo, quien quería una opinión de Bernardo Brusca sobre la solicitud de encuentro que le había llegado de Andreotti.

Emanuele Brusca ha excluido, en cambio, de manera radical haber sido encargado por Riina de consultar a su padre, en la cárcel, para una opinión sobre dicho programado encuentro, precisando que él había hablado de él con su padre sólo por iniciativa propia, por otra parte quebrantando una fundamental regla de reserva propia de la Cosa Nostra.

La profunda y generalizada discrepancia que emerge de las declaraciones de los dos hermanos Brusca no puede sencillamente explicarse y resolverse, como parece haber hecho el fiscal, con el reconocimiento de un crédito mayor a Emanuele, en tanto que directo interlocutor de su padre y, por consiguiente, directo protagonista de toda la vicisitud, respecto de Enzo Salvatore, mero oyente ocasional de diálogos ajenos.

Precisamente la diferencia marcada por el fiscal lleva a la conclusión de que Emanuele Brusca, en tanto que directo protagonista, habría debido conservar un mayor y más preciso recuerdo de la vicisitud, pero en realidad ha ocurrido exactamente lo contrario, dado que Emanuele Brusca no se ha acordado de casi nada hasta que se le ha opuesto el contenido de las declaraciones de su hermano.

En efecto, mientras que Emanuele resulta del todo sintético al referir el contenido de la conversación, allí donde en cambio habría debido recordar mucho más precisamente porque era el protagonista directo del diálogo con su padre, su hermano Enzo, en cambio, lo supera en cuanto a riqueza de detalles, de contenidos, de representación, de intercambio de frases y de referencia a situaciones específicas, a los que Emanuele no sólo no ha mínimamente aludido, sino que también ha excluido que hayan sido objeto de comentarios por su parte y por parte de su padre.

La discrepancia tampoco puede explicarse por la posibilidad de que Enzo Salvatore no haya oído o haya tergiversado las palabras pronunciadas por su padre y su hermano, sobre todo en los numerosos casos en que Emanuele Brusca ha excluido por completo incluso haber pronunciado nunca las frases que se le atribuyen.

La valoración crítica de todos los resultados de la vista hace estimar, pues, contradictoria, y en varios puntos intrínsecamente inatendible, la declaración de los hermanos Enzo Salvatore y Emanuele Brusca, cuyas respectivas versiones del mismo hecho además de ser radicalmente divergentes hasta en los más mínimos aspectos de los hechos, en cuanto a número, modalidad, tiempos y contenido de las conversaciones mantenidas con su padre, resultan asimismo irremediablemente incompatibles también con la reconstrucción de todo el episodio que ya había hecho, de manera igualmente confusa y contradictoria, el mismo Baldassare Di Maggio.

La única conclusión posible es que los dos hermanos Brusca dan versiones de un mismo episodio que, además de ser por completo opuestas entre sí, son también, y sobre todo, divergentes respecto de cuanto es referido por Baldassare Di Maggio, cuyas declaraciones, pues, no pueden estimarse ni siquiera una útil comparación.

La tesis de Emanuele Brusca según la cual él, precisamente el día en que acababa de producirse el encuentro entre Andreotti y Riina, vio a Baldassare Di Maggio, que le habló de ella, ha sido radicalmente desmentida en primer lugar precisamente por este último.

En efecto, Di Maggio, tanto en la fase de las indagaciones preliminares como en el curso de su primera declaración articulada en la presente vista (12 y 13 de diciembre de 1996), no había aludido ni en lo más mínimo al hecho de haber confiado a alguien que también había estado presente en aquel encuentro porque Riina le había impuesto el total secreto sobre lo ocurrido.

Si hubiera hecho semejante confidencia a Emanuele Brusca realmente el mismo día del encuentro entre Riina y Andreotti, su recuerdo habría sido estimulado en el momento en que ha afirmado que Riina le había impuesto el total silencio sobre cuanto había visto.

El hecho de haber hablado a Emanuele Brusca, por el contrario, constituía una tan grave violación de la orden que le había sido impartida por Riina que muy difícilmente, consciente del gravísimo riesgo al que se había expuesto con esa transgresión, se habría olvidado de ello.

Por otra parte, Di Maggio conocía muy bien las relaciones particularmente íntimas existentes entre Bernardo Brusca y Salvatore Riina, con la consecuencia de que habría corrido el riesgo añadido de que Emanuele Brusca hablara de ello con su padre y éste se lo revelara a Riina.

La confirmación de la inverosímil versión de Emanuele Brusca deriva precisamente de la explícita negación de esta presunta confidencia que Di Maggio hizo, al fin, en la vista en el curso de su segundo examen (audiencias del 27 y 28 de enero de 1998).

Baldassare Di Maggio excluyó decididamente haber hablado con alguien del encuentro en el que había estado aseverativamente presente entre Andreotti y Riina, y por consiguiente ni con Emanuele Brusca, ni con Gioacchino La Barbera u otros.

La discrepancia entre Di Maggio y los Brusca (y sobre todo con Emanuele Brusca) es radical e irremediable también en otros esenciales puntos de toda la vicisitud.

Según los Brusca, no obstante las divergentes versiones proporcionadas, la iniciativa del encuentro habría sido de Andreotti, allí donde Di Maggio siempre ha declarado en cambio que recibió personalmente el encargo de Riina de procurar, a través de Ignazio Salvo, la cita con el imputado, solicitada y querida por tanto por el capo mafioso.

Baldassare Di Maggio ha desmentido asimismo a Gioacchino La Barbera, oído en la presente vista en las audiencias del 27 de junio y 9 de julio de 1996, y nuevamente examinado el 17 de febrero de 1998.

En esta última ocasión La Barbera, que en el octubre precedente había sido arrestado por su implicación en los nuevos proyectos delictivos puestos en práctica por Baldassare Di Maggio, con el cual había reanudado desde hacía tiempo sus contactos criminales, ha referido, entre otras cosas, que Di Maggio le había recordado un encuentro entre ellos ocurrido en Altofonte precisamente el día en que estaba yendo donde Salvatore Riina para la cita con Andreotti o para organizar el encuentro.

Ahora bien, precisamente Di Maggio en el curso de sus numerosas declaraciones nunca ha hablado de contactos previos con Riina para organizar la cita con Andreotti en casa de Ignazio Salvo.

Tampoco se comprende la razón por la cual Di Maggio habría debido vestirse con insólita elegancia (tal como ha precisado La Barbera) sólo para uno de los numerosos y habituales encuentros que tenía con Riina.

La ulterior demostración de la falta de fundamento del episodio referido por La Barbera ha sido ofrecida por la consideración de que el mismo Di Maggio, el día en que habría acompañado a Riina al encuentro con Andreotti, en realidad, según su misma versión, fue convocado sin saber qué ocurriría aquel día y con la única indicación de que se vistiera elegantemente.

Fue precisamente Salvatore Riina, y sólo aquel mismo día, quien le dijo que debían ir a casa de Ignazio Salvo donde luego se produciría el encuentro con el imputado.

Di Maggio nunca ha hablado, pues, de reuniones preliminares con Riina en las cuales debía organizarse el encuentro con Andreotti y a las cuales él habría debido dirigirse vestido con elegancia.

También se han evidenciado las no pocas perplejidades que suscitan las declaraciones de La Barbera en referencia a la época en que se habría producido este presunto encuentro con Di Maggio, si se considera que en el curso de las indagaciones él no había estado ni siquiera en condiciones de indicar el año, mientras que en la vista, la ubicación temporal del episodio se hizo precisa y coincidente con la tesis de la acusación (finales de septiembre de 1987).

El desmentido de Di Maggio resultó, pues, de mayor relieve si se considera que proviene de un sujeto que, en el curso de su examen de enero de 1998, habría tenido todo el interés de confirmar el hecho, al estar en busca de la recuperación de la credibilidad que sus recientes problemas judiciales ya habían comprometido gravemente.

Por último debe recordarse que La Barbera, en síntesis, se ha limitado a referir genéricamente un encuentro con Di Maggio en Altofonte y que es siempre y en cualquier caso el mismo Di Maggio quien habría afirmado y contado al primero que el día de aquel encuentro estaba dirigiéndose a organizar la cita entre Riina y Andreotti.

Se trata, pues, en todo caso de la misma fuente —Di Maggio— que habría estimulado en su interlocutor el recuerdo de uno de los numerosos encuentros mantenidos con él, mientras la presunta conexión con el argumento de prueba en examen (encuentro Riina-Andreotti) habría sido efectuada siempre y sólo por el mismo Di Maggio, que por otra parte lo excluye.

Por consiguiente, una vez más, está la enésima, radical e irremediable discrepancia entre las fuentes de prueba que confirma la patente contradictoriedad e insuficiencia del resumen acusatorio sobre la base del cual debería estimarse alcanzada la prueba del encuentro entre el imputado y Salvatore Riina.

Dicho resumen acusatorio incompleto y contradictorio no resulta reforzado ni aclarado por las declaraciones de los imputados de delito conexo Antonio Calvaruso y Tullio Cannella.

Las declaraciones de Calvaruso no han resultado susceptibles de la más mínima verificación, quedando, por tanto, del todo carentes de cualquier constatación que confirme su atendibilidad, con la consecuencia de que debería atribuirse acríticamente a ellas un crédito total sin ninguna posibilidad de obligada comprobación.

Tampoco las mismas pueden estimarse a su vez verificación idónea y suficiente para sostener un marco acusatorio del cual ya se ha ampliamente evidenciado la indudable contradictoriedad e insuficiencia.

A iguales conclusiones debe llegarse con referencia a las declaraciones de Tullio Cannella, cuya pertenencia a la asociación mafiosa suscita reservas en orden al hecho, por otra parte tardíamente revelado, de que puede haber sido realmente destinatario de las confidencias de Bagarella sobre asuntos —y entre éstos precisamente la existencia de una relación directa de la Cosa Nostra con el senador Andreotti— conectados con los cuales, como se ha expuesto ampliamente, se había tratado de mantener la máxima reserva, resultando de conocimiento exclusivo y privilegiado sólo de los más importantes representantes de la sociedad mafiosa.

Cannella, entre varias contradicciones, afirma que —según las textuales palabras de Bagarella o en cualquier caso el «jugo» del discurso que se le ha hecho— Lima y Salvo, además de no haber llevado a cabo «las presiones necesarias» sobre el senador Andreotti, «no habían dado las garantías necesarias» (también al fiscal Cannella le había dicho que «la justificación que ha llegado por parte de Andreotti era que fueron aquellos dos, en pocas palabras, Salvo y Lima, los que no le dieron esas garantías y ese incentivo a fin de que se ocupara»).

Ahora bien, la Sala ha destacado que se trata de una afirmación que ha quedado del todo no explicitada, al no comprenderse qué garantías habría debido pretender el senador Andreotti de Salvo Lima e Ignazio Salvo y con referencia a qué.

La referida falta de adecuadas presiones sobre el senador Andreotti a fin de que éste se empeñara para el amaño del maxiproceso, debe estimarse objetivamente increíble si se considera que sin duda el imputado, si la acusación hubiera sido fundada, habría sido muy consciente de la relevante importancia del resultado del maxiproceso para la organización mafiosa Cosa Nostra, cuyas cúpulas —que habrían estado en contacto con él desde los años setenta— estaban todas implicadas en ese proceso y corrían el riesgo de una condena a penas elevadísimas.

El imputado, si se hubiera probado su pertenencia de más de diez años a la Cosa Nostra, no habría tenido necesidad alguna de presiones para empeñarse en favor de un resultado del maxiproceso positivo para la sociedad mafiosa de la cual, según la acusación formulada en su contra, habría sido un privilegiado referente precisamente en relación con su capacidad de intervención para el amaño de las vicisitudes judiciales que involucraban o en cualquier caso interesaban a la asociación.

El mismo Bernardo Brusca, como se ha visto, en las palabras que le fueron atribuidas por su hijo Enzo Salvatore, pero desmentidas por su otro hijo, Emanuele, habría reaccionado ante esta presunta justificación de Andreotti sobre la poca presión recibida, mostrándose maravillado de semejante afirmación y juzgándola sólo una tomadura de pelo.

También fue evidenciada la patente falta de fundamento de semejante justificación allí donde el presunto encuentro entre Riina y Andreotti —que habría lamentado la poca presión recibida— habría ocurrido en un momento histórico en el cual aún habría sido posible empeñarse para el amaño del maxiproceso, cuya sentencia se dictó sólo a fin de año (16 de diciembre de 1987).

Las declaraciones *de relato* de Cannella, no carentes de contradicciones, deben estimarse tales como para no colmar esa insuficiencia del marco acusatorio hasta aquí examinado.

En conclusión, la pluralidad de las declaraciones acusatorias recogidas, más que delinear un marco probatorio unívoco, seguro y coherente, ha evidenciado múltiples contrastes entre las mismas y patentes divergencias que inducen a estimar no suficientemente probado el episodio relativo al argumento de prueba en examen.

Por último debe observarse que no ha quedado de ningún modo demostrado que el senador Andreotti haya intentado interferir en el presente proceso, valiéndose de la actuación del abogado Vito Ganci y de Baldassare Migliore, para obtener, de parte de Baldassare Di Maggio, la retractación de sus acusaciones.

16) Numerosos colaboradores interrogados en el curso de la vista han referido en relación con las expectativas, difundidas en el seno de la Cosa Nostra, de un amaño del maxiproceso que se habría producido gracias a la referida y estimada disponibilidad del doctor Corrado Carnevale, presidente de la Primera Sección Penal del Tribunal Supremo.

La acusación se funda en la afirmada existencia de un pacto ilícito entre el doctor Carnevale y el senador Andreotti que habría debido llevar a la anulación de la sentencia de condena pronunciada contra numerosos representantes de la sociedad mafiosa en los dos juicios del 16 de diciembre de 1987 (primera instancia) y el 18 de diciembre de 1990 (apelación).

Precisamente en el cargo formulado contra el senador Andreotti se cuestiona a este último haber reforzado la potencialidad criminal de la organización provocando en los capos de la Cosa Nostra y en otros elementos adheridos a ella la conciencia de su «disponibilidad a poner en práctica (de distintas formas y modos, incluso indirectos) conductas orientadas a influir, en beneficio de la asociación mafiosa, a individuos operantes en instituciones judiciales y en otros sectores del Estado».

Ahora bien, la valoración de los resultados obtenidos ha permitido concluir con la falta de fundamento de la tesis de la acusación relativa al presunto amaño del proceso Rimi y del proceso contra los hermanos Modeo.

A falta de ulteriores referencias específicas a otros procesos que, por medio del senador Andreotti, habrían sido objeto de intervenciones por solicitud de representantes de la Cosa Nostra, sólo ha quedado la vicisitud del maxiproceso sobre la cual convergen las innumerables declaraciones de los colaboradores interrogados en la presente vista, muchas de las cuales unidas por la afirmación según la cual en el seno de la sociedad mafiosa era conocida y difundida la esperanza de un resultado favorable del juicio en el Tribunal Supremo fundada en un referido y pretendido compromiso de intervención asumido por parte del actual imputado.

En efecto, según la tesis de la acusación, fundada también en el resultado del conocido encuentro entre Riina y Andreotti en casa de Ignazio Salvo (estimado por la Sala no suficientemente probado), los imputados detenidos del maxiproceso tuvieron, hasta algunos meses antes de la sentencia definitiva del 30 de enero de 1992, la certeza de que el juicio, después de los resultados negativos de las fases iniciales, les habría sido finalmente favorable precisamente porque se había comunicado la existencia de un acuerdo alcanzado en virtud del cual el imputado habría provisto a amañar el maxiproceso interviniendo ante el doctor Carnevale en el Tribunal Supremo.

Pero la divergencia, a veces incluso radical, entre las numerosas declaraciones examinadas induce, en cambio, a concluir que en el seno de la Cosa Nostra en realidad circulaba un verdadero torbellino de voces, noticias, indiscreciones y expectativas de todo tipo.

Alguien ha referido que se esperaba más del resultado de la primera instancia que en el de las instancias sucesivas y ha sostenido que la orden de la Cosa Nostra llegada a la cárcel desde el exterior era estar tranquilos porque la primera instancia acabaría bien y el proceso ni siquiera habría llegado al Tribunal Supremo (Cucuzza); otros, en cambio, han afirmado que la orden era estar tranquilos, pero hasta el Tribunal Supremo, única fase en la cual todo se habría al fin amañado (Cancemi, Mutolo, E. Brusca); algunos, hasta pocos meses antes de la sentencia del Tribunal Supremo, seguía cultivando esperanzas (Cancemi, Mutolo), mientras que otros, en cambio, nunca tuvieron esas esperanzas, en tanto eran conscientes del hecho de que Ignazio Salvo no se había y no se habría empeñado (G. Brusca); otros sabían que Andreotti y Lima habían sido sin duda abordados y habían asumido el compromiso de intervenir (Messina, Cancemi); otro afirma, en cambio, que Lima se desinteresó del maxiproceso ya antes de las elecciones de 1987 (Emanuele Brusca), y otro en cambio duda incluso de que Ignazio Salvo haya efectivamente presionado a los dos políticos (Giovanni Brusca); alguien ha afirmado que no sabía absolutamente nada de contactos con el Tribunal Supremo por intermedio de Andreotti (Marino Mannoia); otros que ya no podían contar con los viejos canales políticos (Ignazio Salvo-Lima-Andreotti) desde el inicio del maxiproceso, y desde luego ya en los primeros meses de 1991 (Sinacori, G. Brusca); otro, en cambio, confiaba en la intervención de Andreotti hasta casi el final de aquel año 1991 e incluso después de la firma del conocido decreto que había hecho volver a la cárcel a tantos representantes de la Cosa Nostra (Costa); alguien ha referido la hostilidad hacia Andreotti, culpable junto a Lima y al PSI de Craxi, de no haber hecho presidir el maxiproceso por Carnevale (Messina), mientras otro en cambio ha sostenido todo lo contrario, es decir, que Ignazio Salvo quería y debía empeñarse para no dejar presidir el tribunal por dicho magistrado, ya demasiado criticado, porque habría hecho más daño que otra cosa (G. Brusca); otro, en fin, llegó incluso a sostener que Andreotti, junto a Falcone y Martelli, había «orientado al presidente» Carnevale y había contribuido a constituir «un Tribunal Supremo duro» (Sinacori); otro ha referido que Riina disuadió a algunos de sus hombres de honor excarcelados en febrero de 1991 de que se dieran a la fuga para evitar un «clima negativo» en la víspera del maxiproceso (Cancemi); otros en cambio han sostenido que el homicidio del doctor Antonino Scopelliti, fiscal general ante el Tribunal Supremo que debía representar a la acusación en el maxiproceso, cometido el 9 de agosto de 1991 (por consiguiente, pocas semanas antes del inicio del proceso) fue decidido por la Cosa Nostra (Mutolo), que ordenó un gravísimo delito de inmediato conectado con el maxiproceso, en su inmediata vigilia, determinando un evidente clima de profunda consternación y rechazo de los previsibles efectos.

Un marco general, pues, extremadamente confuso y contradictorio frente al cual ha resultado deficiente incluso la prueba de eventuales maniobras puestas en práctica para el amaño del maxiproceso en la fase del juicio del Tribunal Supremo y de la atribución de tales eventuales maniobras al actual imputado.

Más allá de las ya examinadas declaraciones de los colaboradores, a menudo genéricas y a veces contradictorias, en el presente proceso no se han obtenido apreciables y unívocos elementos probatorios que demuestren la existencia de un ilícito acuerdo entre el imputado y el doctor Carnevale.

Tampoco se ha obtenido la prueba de la existencia de relaciones de tal intensidad y cercanía entre los dos para poder fundar en ella, legítima y creíblemente, la tesis acusatoria —también por demostrar— según la cual el senador Andreotti pueda haber interesado al alto magistrado al fin de que éste se aplicara para conseguir un resultado del maxiproceso que respondiera a las expectativas maduradas en la Cosa Nostra y a los pretentidos compromisos asumidos por el imputado con la sociedad mafiosa.

En efecto, el fiscal no ha deducido ninguna prueba concretamente idónea para demostrar una costumbre de frecuentación y relaciones entre el imputado y el doctor Carnevale, pero sobre todo de una intimidad tal como para hacer formular razonablemente la hipótesis de la posibilidad de un intercambio ilícito de favores.

En efecto, no ha sido refutada por la acusación la unánime afirmación del senador Andreotti y del doctor Carnevale de la absoluta inexistencia de relaciones que fueran más allá de un superficial y ocasional conocimiento.

Ha quedado documental y objetivamente probado que el doctor Carnevale no gozó del apoyo del senador Andreotti con ocasión del concurso para el puesto de presidente del Tribunal de Apelación de Roma, al que aspiraba.

La confirmación de esta conclusión ha sido extraída, no sólo del incuestionable resultado del concurso que vio recaer la elección del Consejo Superior de la Magistratura (CSM) en el doctor Boschi, sino también por las mismas consideraciones hechas por el doctor Carnevale en el curso de una escucha telefónica.

A Bajardi, que le decía cómo sobre su nombre había intervenido la clara oposición de los componentes del CSM reconducibles al PCI («la orden ha partido de, de... Salvi, mira... en mi opinión la orden ha partido de allí, que tú no debías ir por ningún motivo... y si Salvi da la orden no hay más que hablar»), Carnevale replicaba que también por parte de la DC y del senador Andreotti había partido un «toque» en favor de otro candidato («Y también debe de haber habido un toque a los democratacristianos por parte de Andreotti...»), ese Boschi al que los dos interlocutores señalaban como un «verdadero democratacristiano».

Es seguro, pues, que, más allá de las afirmaciones a posteriori del doctor Vitalone sobre la pretendida orden que le fue impartida por Andreotti de sostener «cuerpo a tierra» la candidatura de Carnevale, lo que objetivamente ocurrió fue exactamente lo contrario, o sea, el sostén y la elección de otro candidato por parte de aquellos componentes del CSM del sector democratacristiano que habrían podido eventualmente recibir una indicación proveniente del imputado.

Tampoco existen elementos de ningún tipo para afirmar que el pretendido compromiso en favor de Carnevale, aseverativamente ordenado a Vitalone por el imputado y, sin embargo, no mantenido, haya sido en alguna medida solicitado por el magistrado, cuyos desmentidos sobre este punto no han sido mínimamente refutados.

Si, pues, la medida y la intensidad de la relación entre Andreotti y Carnevale debe ser medida también según el compromiso aseverativamente desarrollado en favor del magistrado con ocasión del mencionado concurso, no puede concluirse más que negativamente.

En cuanto a las presencias en el mismo sitio del senador Andreotti y del doctor Carnevale con ocasión de las sesiones o de los actos de la Fundación Fiuggi, se ha destacado que la exigüidad y sobre todo las modalidades de los encuentros mismos, que veían la presencia no de decenas, sino de centenares de personas, no puede dar valor a la tesis de la acusación que formula la hipótesis de tal intensidad e intimidad de relaciones como para autorizar la que era y sigue siendo sólo una mera hipótesis, o sea la existencia de un acuerdo ilícito de intercambio continuo de favores como para autorizar al imputado a pretender y obtener del doctor Carnevale el amaño de uno de los más importantes procesos contra la mafia llegados nunca al Tribunal Supremo.

Tampoco la presunta intervención de salvación aseverativamente efectuada por el imputado en favor del doctor Carnevale, que corría el riesgo de ser sometido a un procedimiento disciplinario promovido por el ministro de Justicia de la época, el diputado Virginio Rognoni, no ha resultado suficiente e inequívocamente probada.

En efecto, ha aflorado una clara e irremediable contraposición entre la versión de los hechos expuesta por el doctor Almerighi y el doctor Lo Curto, y aquella referida por el doctor Casadei Monti y por el ex ministro Rognoni.

A falta de elementos que permitan formular la hipótesis contra alguno de los testigos examinados de una predeterminada voluntad de mentir (por otra parte, explícitamente excluida tanto por Almerighi como por Casadei Monti, quienes han dejado constancia de su respectiva buena fe, acabando así por acreditar objetivamente la tesis de un sustancial malentendido o equívoco) y, por consiguiente, contar los hechos de manera dolosamente tergiversada, y permaneciendo una insuperable y radical divergencia entre las dos versiones opuestas, no puede más que concluirse por la contradictoriedad de la prueba de que el hecho objeto de discusión haya ocurrido.

La prueba de que el senador Vitalone, magistrado en excedencia por mandato parlamentario, haya efectivamente cultivado buenas relaciones con el doctor Carnevale, según cuanto este último ha sustancialmente admitido (aunque habiendo negado que entre ellos haya habido ninguna solicitud de favores), como con tantos otros magistrados del Tribunal Supremo, no puede, a falta de específicos y concretos elementos de prueba, legitimar la conclusión de que él haya hecho de intermediario entre el alto magistrado y el senador Andreotti, a los fines del amaño de procesos o, en todo caso, para un ilícito intercambio de favores.

En efecto, ha quedado sólo como una mera hipótesis de investigación que no ha encontrado la más mínima verificación probatoria haciendo, pues, del todo inconsistente la aplicación de una especie de propiedad transitiva según la cual, probada la existencia de excelentes relaciones entre el imputado y el senador Vitalone por un lado, y entre éste último y el doctor Carnevale por el otro, se debería deducir la prueba de una relación de igual naturaleza entre el alto magistrado y el senador Andreotti.

Pero tampoco la prueba de semejante relación habría sido suficiente para colmar el absoluto vacío probatorio que caracteriza la ulterior tesis de la acusación fundada en la existencia de un pacto ilícito entre el imputado y el doctor Carnevale orientado al amaño del maxiproceso, tesis que sigue anclada sólo en la serie de genéricas y a menudo contradictorias declaraciones hechas por los distintos colaboradores interrogados en la vista.

En verdad en base a tales declaraciones sólo ha quedado probado que efectivamente la Cosa Nostra, desde la cúpula a la base de la organización, alimentaba una indudable confianza en un resultado al menos parcialmente favorable del maxiproceso en razón de la ya conocida jurisprudencia de la Primera Sección Penal del Tribunal Supremo presidida por Corrado Carnevale, cuyos innumerables pronunciamientos de anulación de sentencias, también y sobre todo en procesos de criminalidad organizada, además de haber tenido un amplio eco en el país a causa de las airadas polémicas a menudo derivadas de ellos, legitimaba con fundamento la expectativa de una enésima condena del trabajo de los jueces de Palermo.

En efecto, esa sección del Tribunal Supremo estaba situada desde hacía años en una orientación jurisprudencial homogénea y compacta, consolidada en algunas grandes cuestiones interpretativas relacionadas con la valoración de las pruebas.

Se trataba de una orientación compartida por magistrados de la más diversa formación cultural e ideológica; baste pensar que entre ellos figuraban también un ex senador del PCI y algunos pertenecientes a la corriente más progresista de la Magistratura, a menudo situados en posiciones incluso más garantistas que las del doctor Carnevale.

La Sala, habiendo tenido en cuenta el contenido de las declaraciones obtenidas en la presente vista y cualquier otro elemento de prueba sometido a su examen, no comparte la tesis del fiscal según la cual el doctor Carnevale, aunque dotado de una cultura jurídica elevada, de una extraordinaria capacidad profesional y de una excepcional preparación de las actas de cada proceso del que era llamado a ocuparse, estuviera incluso en condiciones de imponer sus decisiones y sus elecciones a todos los consejeros componentes del tribunal con otros instrumentos distintos de la libre confrontación dialéctica de las opiniones.

En efecto, del examen en la vista por parte de los magistrados de la Primera Sección del Tribunal Supremo no han aflorado elementos que induzcan a estimar que el trabajo en esa sección del tribunal se desarrollaba, y las decisiones en las cámaras del consejo fueran adoptadas, de manera anómala, ilícita o en cualquier caso diferente de las ordinarias modalidades de trabajo de cualquier otra Sala.

Las decisiones surgían de una ordinaria y regular confrontación dialéctica entre los componentes de la Sala, entre los cuales, como de costumbre, el ponente y el presidente gozaban del beneficio de un conocimiento profundo de los papeles del proceso que, sin embargo, no impedía obviamente que los otros jueces, siempre que lo hubieran deseado, verificaran personalmente cuanto ellos les habían referido o profundizaran en cualquier cuestión, incluso mediante el cotejo de las actas procesales.

En conclusión debe destacarse la absoluta falta de sólidas e inequívocas pruebas que atestigüen de manera irrefutable que, por instigación, directa o indirecta, del senador Andreotti, y en virtud de subyacentes acuerdos ilícitos queridos por éste, buscados y logrados, directa o indirectamente, con el doctor Carnevale, éste último se empeñó, aunque sin resultado, por una salida del proceso favorable a la mafia y en sintonía con las esperanzas de la Cosa Nostra.

No hay ninguna prueba concreta de actividades puestas en práctica por el senador Andreotti para favorecer un resultado del maxiproceso de signo positivo para las expectativas de la Cosa Nostra, debiéndose por el contrario evidenciar que ha sido ampliamente documentada y probada en la vista la serie de intervenciones legislativas que han incidido eficazmente en los distintos momentos de la larga vicisitud procesal sobre todo en términos de prisión preventiva de los imputados detenidos, evitando su excarcelación o incluso restableciendo su custodia carcelaria.

Entre ellos debe recordarse el Decreto Ley n.º 60 de 1 de marzo de 1991 que el Gobierno (siendo presidente del Consejo el senador Andreotti) emitió para devolver a la cárcel a los imputados del maxiproceso excarcelados por haber transcurrido los plazos de prisión preventiva en virtud de una discutida decisión de la Primera Sección Penal del Tribunal Supremo presidida precisamente por Corrado Carnevale.

Y aún antes, en la fase del juicio de apelación, había estado la adopción por parte del Gobierno, siempre presidido por el senador Andreotti (siendo ministro de Justicia el diputado Vassalli), del Decreto Ley n.º 370 de 13 de noviembre de 1989, convertido con modificaciones en la Ley n.º 410 de 22 de diciembre de 1989 —el precedente Decreto Ley de 12 de septiembre de 1989 caducó y fue repropuesto por el presidente del Consejo Andreotti a las Cámaras—, que había prolongado los plazos de prisión preventiva para aquella fase procesal, impidiendo la excarcelación en apelación de los detenidos del maxiproceso.

Se ha recordado, finalmente, la ulterior provisión legislativa de modificación del artículo 275, parágrafo 3 del Código de Procedimiento Criminal (Decreto Ley de 9 de septiembre de 1993 n.º 203, convertido con modificaciones en la Ley n.º 356 de 8 de noviembre de 1991), emitido siempre por el Gobierno presidido por el imputado, con el cual, a apenas pocos meses de la pronunciación de la sentencia definitiva del 30 de enero de 1992, fue restablecida la custodia en la cárcel para todos aquellos imputados (y entre ellos muchos componentes de la Cúpula) que habían gozado hasta aquel momento de arresto domiciliario y que, si hubieran permanecido en casa esperando el resultado del juicio del Tribunal Supremo, habrían podido disfrutar del régimen de detención atenuada para sustraerse a la ejecución de las graves penas que poco después se convertirían en definitivas.

De la articulada valoración de las evidencias procesales no aflora, pues, la prueba concreta de la implicación del imputado en el intento de pilotar el maxiproceso hacia un resultado grato a la Cosa Nostra, habiéndose verificado, por el contrario, que el senador Andreotti fue artífice, con otros, y en varias ocasiones, de la adopción de relevantes provisiones legislativas que incidieron en el curso de dicho proceso conjurando las excarcelaciones de aquellos representantes mafiosos que fueron finalmente condenados con sentencia irrevocable.

17) Los elementos de convicción deducibles de las interceptaciones telefónicas, de la declaración del testigo Pulizzotto y de la documentación obtenida inducen a estimar que Marino Pulito se reunió, junto a Serraino, con Licio Gelli en Roma, en el hotel Ambasciatori con fecha 24 de enero de 1991.

No se han obtenido específicas verificaciones que confirmen unívocamente el relato de Pulito en lo que atañe a la efectiva realización de la comunicación telefónica entre Gelli y el senador Andreotti narrada por Pulito.

Semejante valor demostrativo no puede ser atribuido, en verdad, a las declaraciones de Alfonso Pichierri y de Salvatore Annacondia (en razón de las divergencias destacadas), ni a las de Gaetano Costa (que no contienen ninguna referencia a la comunicación telefónica con el senador Andreotti, y, más en general, a las modalidades de los contactos entre Gelli y el senador Andreotti).

Tampoco se ha reconocido el necesario requisito de la especificidad en los elementos de prueba relativos a las relaciones entre el imputado y Gelli, y a la eventual disponibilidad, por parte de este último sujeto, de un enlace telefónico externo que permitiese efectuar llamadas a través de la centralita del hotel Ambasciatori.

Sobre la base de la documentación obtenida, además de las declaraciones hechas por el periodista Roberto Fabiani y del colaborador con la justicia Gaetano Nobile, es posible deducir que el senador Andreotti mantuvo relaciones con Gelli, pero no puede extraerse la conclusión de que estas relaciones se hayan prolongado, con una significativa intensidad (como para justificar la conversación telefónica descrita por Pulito), hasta 1991; la misma circunstancia de que Gelli ya no haya apuntado en su agenda las variaciones de los números telefónicos del senador Andreotti, producidas en los meses de abril y mayo de 1989, es índice de una solución de continuidad en las relaciones entre los dos sujetos.

De la indagatoria en la vista no ha aflorado ninguna conexión directa entre el senador Andreotti y la Liga Meridional.

Tampoco se comprende qué interés podía tener el imputado en la consecución de un sostén electoral para un movimiento político distinto del partido en el que militaba.

De los elementos de prueba obtenidos ha aflorado la posibilidad de que Gelli, en los períodos en que se alojaba en el hotel Ambasciatori, utilizara una línea telefónica activada mediante una de las conexiones externas que no pasaban a través de la centralita del hotel y escapaban a todo control.

Pero no hay ninguna prueba de que semejante línea telefónica haya sido efectivamente utilizada para llamar al senador Andreotti en 1991.

Los elementos de convicción obtenidos no valen, pues, para demostrar que el senador Andreotti haya recibido de Gelli una solicitud de intervenir para asegurar el resultado positivo del proceso de revisión de la condena sufrida por los hermanos Riccardo y Gianfranco Modeo, ni, aún menos, que el senador Andreotti haya efectivamente realizado acciones orientadas a conseguir dicho resultado.

De acuerdo con las consideraciones precedentes, pues, ha aflorado como resultado de la compleja instrucción desarrollada en la vista y de la valoración crítica de todos los elementos obtenidos un marco probatorio caracterizado globalmente por contradicciones, insuficiencia y, en algunos casos, falta de pruebas en orden a los hechos delictivos atribuidos al imputado.

Como consecuencia de ello el senador Giulio Andreotti debe ser absuelto de las acusaciones que se le imputan con arreglo al art. 530 parágrafo 2.º del Código de Procedimiento Penal porque el hecho no subsiste.

Por estos motivos
Visto el art. 530, parágrafo 2.º, del Código de Procedimiento Penal; absuelve a Giulio Andreotti de las imputaciones que se le atribuyen porque el hecho no subsiste.
Visto el art. 544, parágrafo 3.º, del Código de Procedimiento Penal fija el término de noventa días para el depósito de la motivación.
Palermo, 23 de octubre de 1999

Los jueces redactores   El Presidente
(doctor Salvatore Barresi)   (doctor Francesco Ingargiola)
(doctor Antonio Balsamo)

1860. Garibaldi y los Mil ponen en marcha en Sicilia la «revolución nacional». Barones, «muchachos» y mafiosos participan en el movimiento.

Represión de las revueltas campesinas. Matanza de Bronte.

1861. La «baronía política» negocia con el nuevo Estado.

1862. Nueva expedición de Garibaldi, detenida en el Aspromonte. Misteriosos «apuñaladores» matan en Palermo a doce personas.

1863. La palabra «mafia» aparece por primera vez en un trabajo literario. El 3 de agosto es asesinado el general garibaldino Giovanni Corrao.

1863-1873. Los «piamonteses» de la derecha histórica se enfrentan a la mafia.

1874. Propuesta de medidas excepcionales de la Dirección General de Policía para Sicilia.

En noviembre, elecciones políticas y victoria de la izquierda.

1875. Se constituye la primera Comisión Parlamentaria de Investigación.

1876. A. Depretis presenta su Gobierno apoyado por la izquierda siciliana. La Comisión de Investigación informa al parlamento.

Encuesta paralela y privada de L. Franchetti y S. Sonnino.

1877. Victoriosa operación del prefecto Malusardi contra el bandolerismo.

1877-1891. Italia es gobernada por F. Crispi.

1888. Se constituye en Messina el primer fascio de trabajadores.

1890-1893. Se desarrolla la acción de los fascios y la primera revuelta antimafiosa.

1893. Asesinato de Emanuele Notarbartolo, director del Banco di Sicilia. Crispi vuelve al poder.

1894. Crispi proclama el estado de sitio y reprime a los fascios.

1896. El gobierno de Crispi es arrollado por la tragedia de Adua.

1899. Apertura del procedimiento contra el diputado Raffaele Palizzolo, imputado en el crimen de Notarbartolo.

1902. Palizzolo es condenado por el Tribunal de Bolonia.
Se constituye en Palermo el Comité pro Sicilia.
Matanza proletaria en Giarratana (13 de octubre).

1903. Giolitti inicia su larga época de gobierno.
En Florencia, nuevo proceso a Palizzolo, concluido con una sentencia absolutoria, en un clima de público triunfo de la mafia.

1904. Matanza proletaria en Castelluzzo (13 de septiembre).

1905. Matanza proletaria en Grammichele (15 de agosto).

1909. Asesinato en Palermo del policía norteamericano Joe Petrosino.

1911. Asesinato del dirigente campesino Lorenzo Panepinto.

1915. Asesinato del dirigente campesino Bernardino Verro.

1919. Gran huelga campesina, dirigida por Nicola Alongi.
Asesinato del jefe de la liga Giovanni Zangara.
Asesinato del jefe de la liga Giuseppe Rumore.

1920. Ocupación de los latifundios por parte de los campesinos y ocupación de las fábricas, en Palermo, por parte de los obreros dirigidos por G. Orcel. Asesinato del jefe de los campesinos, Nicola Alongi (29 de febrero). Asesinato del jefe de los obreros, Giovanni Orcel (14 de octubre). Lucio Tasca y Calogero Vizzini amenazan con una revuelta separatista.

1921-1924. Los terratenientes y las clases dominantes se alían con el fascismo.

1925. Comienza la operación antimafia del prefecto Cesare Mori. V. E. Orlando se pasa al antifascismo y exalta a la mafia.

1927. Concluye la operación Mori. La Cámara agradece a Mussolini. Comienzan decenas de maxiprocesos contra los mafiosos.

1928-1939. La mafia y el fascismo: entre unión y oposición.

1940. El «asalto al latifundio» del fascismo. Empieza la reacción separatista de la mafia.

1943. Desembarco anglonorteamericano en Sicilia y caída del fascismo. Los norteamericanos relanzan a la mafia. Se desarrolla el separatismo siciliano dirigido por A. Finocchiaro Aprile. La mafia se «democratiza».

1944. Restablecimiento de la soberanía italiana sobre Sicilia. Renacen los partidos. Crece el movimiento campesino dirigido por el PCI y el PSI.

1945-1946. El movimiento campesino defiende la reforma agraria. Los partidos democráticos conquistan la autonomía regional. Nace la República. Se agota el movimiento separatista. La mafia mira a la DC.

1947. Elecciones para la primera Asamblea Regional Siciliana.
1.º de mayo: matanza de Portella della Ginestra, realizada por el bandido Salvatore Giuliano con la cobertura de la mafia.

1949. Proceso de Viterbo contra la banda de Giuliano.

1950. La mafia, a través de Pisciotta, elimina a Salvatore Giuliano.
La Asamblea Regional Siciliana promulga la reforma agraria.
Nace la Cassa per il Mezzogiorno.

1950-1955. La mafia se oculta y se va convirtiendo en un poder político.

1956. Cumbre mafiosa de la Cosa Nostra norteamericana en el hotel Arlington de Nueva York y luego en Apalachin.

1957. Cumbre mafiosa en el hotel Delle Palme de Palermo: la Cosa Nostra se convierte en una compleja realidad siculoamericana. Comienza la «ocupación del poder» por parte de los fanfanianos dirigidos por Giovanni Gioia y Vito Ciancimino. Asesinato del alcalde de Camporeale Pasquale Almerico. La DC engloba a la mafia.

1958-1960. «Operación Milazzo» en la Región. Luciano Liggio asesina al capo de la mafia agraria de Corleone, el médico Michele Navarra. Se desarrolla, en la ciudad y en el campo, la «nueva mafia». Nace en Palermo el «comité de negocios» politicomafioso.

1962. Giuseppe D'Angelo gobierna Sicilia. La Asamblea Regional vota por la institución de una Comisión de Investigación sobre la Mafia.

1963. Da comienzo la primera «guerra de la mafia».
Se constituye (14 de febrero) la Comisión Parlamentaria de Investigación sobre la Mafia. Nace el primer movimiento antimafia.
Matanza mafiosa de Ciaculli (30 de junio).
Operación Antimafia de las fuerzas del orden que abre los sucesivos procesos de Bari y de Catanzaro.

1964. La encuesta del prefecto Bevivino documenta las actividades politicocriminales del Ayuntamiento de Palermo, controlado por Lima y Ciancimino.
Es arrestado, por primera vez, Luciano Liggio.

1969. Al término de la guerra entre las bandas, la Cosa Nostra se auto-disuelve.

1970. Se inicia la reconstitución de la organización mafiosa.

1971. Asesinato del fiscal jefe Pietro Scaglione.

1972. El triunvirato Bontate-Badalamenti-Riina lleva a cabo la refundación de la Cosa Nostra. Se evidencia la fuerza de los corleoneses. Está en curso el paso de los fanfanianos a la corriente de Giulio Andreotti.

1974. Luciano Liggio, arrestado en Milán, entra definitivamente en la cárcel.

1975. El triunvirato perfecciona el acuerdo para la nueva organización de la Cosa Nostra. Crece el poder político de Lima y Andreotti en Sicilia.

1977. Asesinato del teniente coronel de carabineros Giuseppe Russo.

1978. Una nueva comisión de la Cosa Nostra sanciona el poder de los corleoneses. En Sicilia se pone en marcha un compromiso mafioso que implica también a los partidos de izquierdas, en el marco de la estrategia de la unidad nacional.
Asesinato del extraparlamentario Peppino Impastato (9 de marzo).

1979. Caen asesinados el periodista Mario Francese (26 de enero), el subcomisario Boris Giuliano (21 de julio), el juez Cesare Terranova y el mariscal Lenin Mancuso (25 de septiembre).

1980. Asesinato del presidente Piersanti Mattarella (6 de enero). Asesinato del capitán de carabineros Emanuele Basile (4 de mayo). Asesinato del magistrado Gaetano Costa (6 de agosto). Empieza una nueva guerra de la mafia. Prevalecen los corleoneses sobre Badalamenti, Bontate y Buscetta.

1981. Riina elimina a Stefano Bontate. La «vieja guardia» es aniquilada y los supervivientes se refugian en el exterior.

1982. Son asesinados el secretario regional del PCI, Pio La Torre (30 de abril), el médico forense Paolo Giaccone (12 de agosto) y, al término de sus cien días en Palermo, el prefecto Carlo Alberto Dalla Chiesa, con su mujer, Emanuela Setti Carraro, y el agente Domenico Russo (3 de septiembre).

1983. Después de los asesinatos del capitán de carabineros Mario D'Aleo y del carabinero Pietro Morici (13 de junio), la explosión de un coche bomba mata al juez instructor Rocco Chinnici, al mariscal Mario Trapassi, al cabo Salvatore Bartolotta y al portero Stefano Li Sacchi (29 de julio).

1984. La mafia mata en Catania al periodista Giuseppe Fava, director del periódico *I Siciliani* (5 de enero). Es arrestado Vito Ciancimino.

1985. Atentado contra el juez Carlo Palermo, que resulta milagrosamente ileso (2 de abril). Asesinato del jefe de la brigada móvil de Palermo Giuseppe Montana (28 de julio). Asesinato, el 5 de agosto, del subcomisario Antonino Cassarà y del agente Roberto Antiochia.

Leoluca Orlando es elegido alcalde de Palermo. Comienza el proceso de ruptura en el interior de la DC. Se evidencia el creciente desarrollo de un nuevo movimiento popular antimafia.

1986. Empieza el maxiproceso contra la mafia, instruido por la Fiscalía de Palermo, fruto del importante trabajo del grupo Antimafia dirigido por Antonino Caponnetto, con la decisiva aportación de Giovanni Falcone, que consigue obtener las revelaciones de Tommaso Buscetta y de otros arrepentidos, luego cada vez más numerosos. El Ayuntamiento de Palermo, dirigido por el alcalde Leoluca Orlando, se constituye en parte civil.

1987. Concluye el maxiproceso con una general admisión del llamado «teorema Buscetta». Gravísimas condenas para los 474 imputados.

1988. Asesinato de Giuseppe Insalaco, ex alcalde de Palermo (12 de enero). Siguen los asesinatos del agente de policía Natale Mondo (14 de enero), del juez Antonino Saetta y de su hijo Stefano (25 de septiembre) y del asistente social Mauro Rostagno, en Trapani (26 de septiembre).

1989. Asesinato, en Villagrazia di Carini, del agente de policía Nino Agostino y de su mujer, Ida Castellucci.

1990. Asesinato de Giovanni Buonsignore, ejemplar funcionario de inspección de la Región Siciliana (9 de mayo). Siguen, el 9 de agosto, la muerte del juez Antonino Scopelliti y, el 21 de septiembre, el crimen del que es víctima el juez Rosario Livarino.

1991. Asesinato del empresario Libero Grassi (29 de agosto).

1992. La Cosa Nostra acentúa su estrategia de masacres en varios frentes, después de la confirmación, por parte del Tribunal Supremo, de la sentencia del maxiproceso (30 de enero). Es ajusticiado el diputado europeo Salvo Lima (18 de marzo). La explosión de una bomba bajo un puente de la autopista Palermo-Punta Raisi trunca la vida del juez Giovanni Falcone, de su mujer, Francesca Morvillo (también magistrado), y de los agentes de la escolta Schifani, Montinaro y Di Cillo (23 de mayo). Un coche bomba con mando a distancia explota y provoca la muerte del juez Paolo Borsellino y de cinco agentes, Loi, Cusina, Li Muli, Traina y Catalano (19 de julio).

1993. Toma posesión en la dirección de la Fiscalía de Palermo el magistrado Gian Carlo Caselli (15 de enero). Las fuerzas del orden entregan a la justicia a Salvatore Riina (15 de enero). El ministro de Justicia, Conso, presenta al Senado el suplicatorio para proceder contra el senador vitalicio Giulio Andreotti por los delitos de «asociación para delinquir» y «asociación de tipo mafioso» (27 de marzo), sobre la base de la solicitud de la Fiscalía de Palermo, firmada por el fiscal de la República Gian Carlo Caselli y por los fiscales suplentes Guido Lo Forte, Roberto Scarpinato y Gioacchino Natoli. Es asesinado el padre Pino Puglisi (15 de septiembre).

1994. Comienza en Palermo el proceso contra el senador Andreotti.

1995. El senador Andreotti está entre los principales imputados de la vista judicial abierta en el Tribunal de Perugia por los hechos relativos al asesinato del periodista Mino Pecorelli.

1996. Es arrestado, en diciembre, Giovanni Brusca, sucesor de Salvatore Riina.

1997. Giovanni Brusca, procesado en Caltanissetta, asombrosamente se declara «arrepentido», pero es tomado en consideración sólo como «declarante».

La Fiscalía de Palermo procesa por el delito de «colaboración con asociación mafiosa» al gerente de Fininvest, el diputado de Forza Italia Marcello Dell'Utri, acusado por veintitrés arrepentidos (19 de mayo).

La policía consigue arrestar finalmente a Pietro Aglieri, nuevo sucesor de Riina y de Brusca en la dirección de la Cosa Nostra (6 de junio).

La Fiscalía de Palermo pide la expulsión del colegio profesional y procesa al abogado penalista Franco Marasà (17 de marzo).

La Fiscalía de Palermo inicia un procedimiento judicial contra el juez del Tribunal Supremo Corrado Carnevale, acusado de «colaboración con asociación mafiosa» (11 de julio).

El Tribunal de Caltanissetta condena a cinco años y seis meses de reclusión al ex juez palermitano Salvatore Sanfilippo por «colaboración con asociación mafiosa» (14 de julio).

Se difunden, por parte de la Fiscalía de Pavía, nuevas revelaciones sobre la muerte del ex presidente del ENI Enrico Mattei (29 de agosto).

Giovanni Brusca, con sus declaraciones, implica a Silvio Berlusconi entre los interlocutores de la Cosa Nostra (12 de septiembre). Las revelaciones de Brusca, en su conjunto, abren un nuevo escenario para la reconstrucción de la estrategia terrorista de la Cosa Nostra en el marco de la gran crisis italiana de fines de siglo.

El arrepentido Gioacchino Pennino reconstruye el ascenso y las actividades del grupo político dirigido por el ex ministro democrata-cristiano Calogero Mannino, bajo proceso por delitos mafiosos (22 de septiembre).

La sentencia emitida el 26 de septiembre por los jueces del Tribunal de Caltanissetta castiga a los artífices de la matanza de Capaci (la masacre «Falcone» del 23 de mayo de 1992), condenando a veinticuatro cadenas perpetuas y penas de detención de diversa entidad a los principales representantes del grupo mafioso de los corleoneses.

La opinión pública conoce las informaciones del arrepentido Angelo Siino que revelan las interioridades mafiosotangenticias sicilianas (4-5 de octubre). Resulta implicado, entre otros, el empresario agrigentino Filippo Salamone, junto con numerosas personalidades del mundo económico, incluso del ex bloque comunista. El ex presidente de la Región Siciliana Rino Nicolosi replica a Siino.

En noviembre comienza, en el Tribunal de Palermo, el proceso contra Marcello Dell'Utri, diputado de Forza Italia y amigo personal, además de colaborador, de Silvio Berlusconi.

1998. Es condenado a cadena perpetua, por el Tribunal de Palermo, el economista Tani Sangiorgi por el crimen de Ignazio Salvo (6 de febrero).

Estalla, a principios de marzo, el «caso Giorgianni» y sale a la luz el sistema mafioso, la «gusanera», de la ciudad de Messina, con una inquietante incidencia de episodios que afectan a la universidad.

El Tribunal de Palermo absuelve al abogado Francesco Musotto, ex presidente de la provincia de Palermo, que con anterioridad había sido imputado de «colaboración con asociación mafiosa» (18 de abril). Silvio Berlusconi lo vuelve a presentar por Forza Italia como candidato para el mismo cargo público.

Las fuerzas que dirigen la lucha contra la mafia y la corrupción plantean su alarma por el destino de la acción de los procesos iniciados en los tribunales y por la orientación política general que parece amenazar la evolución de la revuelta legalista italiana.

BIBLIOGRAFÍA

Libros y fuentes impresas

VV. AA.: *Mafia vecchia, mafia nuova*, Angeli, Milán, 1985.

—, «(La) Mafia», en *Nuovi Quaderni del Meridione*, n.º 5, 1964.

—, *Il milazzismo. La Sicilia nella crisi del centrismo*, al cuidado de Rosario Battaglia, Michela D'Angelo y Santi Fedele, Istituto socialista di studi storici, Messina, 1980.

—, *Morte di un generale: l'assassinio di Carlo Alberto Dalla Chiesa*, Mondadori, Milán, 1982.

—, *Mafia ieri e oggi*, IGS, Palermo, 1985.

ABBA, Giuseppe Cesare: *Da Quarto al Volturno*, Zanichelli, Bolonia, 1960.

ABBATE, Lirio y BONADONNA, Vincenzo: *Nostra mafia nei monti*, Dharba, Palermo, 1994.

ACCARDO, Luigi: *Camporeale*, Ed. Campo, Alcamo, 1995.

AYALA, Giuseppe y CAVALLARO, Felice: *La guerra dei giusti*, Mondadori, Milán, 1993.

ALATRI, Paolo: *Lotte politiche in Sicilia sotto il governo della Destra (1866-74)*, Einaudi, Turín, 1954.

ALONGI, Giuseppe: *La mafia nei suoi fattori e nelle sue manifestazioni*, Bocca, Turín, 1877.

ALONGI, Nino: *Palermo, gli anni dell'utopia*, Rubbettino, Soveria Mannelli, 1998.

ALTAN, Carlo Tullio: *La nostra Italia*, Feltrinelli, Milán, 1986.

ANGELINI, Aurelio (al cuidado de), *Uno sguardo dal bunker: cronache del maxiprocesso di Palermo*, Ediprint, Siracusa, 1987.

ARCHIVO CENTRAL DEL ESTADO: *L'inchiesta sulle condizioni sociali ed economiche della Sicilia (1875-1876)*, al cuidado de Salvatore Carbone y Renato Grispo, intr. de Leandro Sandri, Cappelli, Bolonia, 1969.

ARLACCHI, Pino: *La mafia imprenditrice*, Il Mulino, Bolonia, 1983.

—, *Gli uomini del disonore. La mafia siciliana nella vita di un grande pentito Antonio Calderone*, Mondadori, Milán, 1996.

—, *Addio Cosa nostra. I segreti della mafia nelle confessioni di Tommaso Buscetta*, Rizzoli, Milán, 1996.

AVELLONE, Giovanni Battista y MORASCA, Salvatore: *Mafia*, Roma, 1911.

BARONE, Giuseppe (al cuidado de): *Lorenzo Panepinto. Democrazia e socialismo nella Sicilia del latifundio*, IGS, Palermo, 1990.

BARRESE, Orazio y D'AGOSTINO, Giacinta: *La guerra dei sette anni. Dossier sul bandito Giuliano*, Rubbettino, Soveria Mannelli, 1996.

BARRESE, Orazio (al cuidado de): *Atti della Commissione parlamentare d'inchiesta sulla mafia. Mafia, politica, pentiti. La relazione del presidente Luciano Violante e le deposizioni di Antonino Calderone, Tommaso Buscetta, Leonardo Messina, Gaspare Mutolo*, Rubbettino, Soveria Mannelli, 1993.

BARRESE, Orazio: *I complici. Gli anni dell'antimafia*, Feltrinelli, Milán, 1973.

BLOCK, Anton: *La mafia in un villaggio siciliano (1860-1960)*, Einaudi, Turín, 1986.

BOCCA, Giorgio: *L'inferno - Profondo Sud, male oscuro*, Mondadori, Milán, 1992.

BOLZONI, Attilio y LODATO, Saverio: *C'era una volta la lotta alla mafia*, Garzanti, Milán, 1998.

BONFADINI, Romualdo: «Relazione della Giunta parlamentare d'inchiesta sulle condizioni della Sicilia», presentada y leída en la Cámara de Diputados en julio de 1877, Roma, 1877.

BRANCATO, Francesco: *Storia della Sicilia nel primo ventennio dell'unità d'Italia*, Zuffi, Bolonia, 1956.

CALÀ ULLOA, Pietro: «Considerazioni sullo stato economico e politico della Sicilia, Trapani, 3 agosto 1838», en Ernesto Pontieri, *Il riformismo borbonico nella Sicilia del Sette e Ottocento*, Esi, Nápoles, 1965.

CÁMARA DE DIPUTADOS: «Relazione della Commissione parlamentare d'inchiesta sulle condizioni morali, economiche e sociali della città e provincia di Palermo (1867)», al cuidado de Giuseppe Carlo Marino, en *Il Risorgimento in Sicilia*, año VI (N.S.), n.º III-IV, julio-diciembre de 1970.

CÁMARA DE DIPUTADOS-SENADO DE LA REPÚBLICA: XI legislatura, Comisión Parlamentaria de Investigación sobre el Fenómeno de la Mafia en Sicilia y sobre las asociaciones criminales similares, «Audizione del collaboratore di giustizia Tommaso Buscetta», en *Mafia, politica, pentiti*, al cuidado de O. Barrese, cit.

CAMPISI, Renato: *I ribelli. Storie di cittadini senza collare in lotta contro la mafia*, Rinascita Siciliana, Palermo, 1994.

—, *Lo zio Giulio*, Rinascita Siciliana, Palermo, 1996.

CANCILA, Orazio: *Così andavano le cose nel secolo sedicesimo*, Sellerio, Palermo, 1987.

—, *Palermo*, Laterza, Roma-Bari, 1988.

CANDIDA, Renato: *Questa mafia*, Sciascia, Caltanissetta, 1956.

CAPONNETTO, Antonio: *I miei giorni a Palermo. Storie di mafia e di giustizia raccontate a Saverio Lodato*, Garzanti, Milán, 1992.

CARCACI, Francesco Paternò Castello, duque de: *Il movimento per l'indipendenza della Sicilia. Memorie del duca di Carcaci*, Flaccovio, Palermo, 1977.

CARRARO, Luigi: «Relazione conclusiva», en Senado de la República, VI legislatura, doc. XXIII, n.º 2, Comisión Parlamentaria de Investigación sobre el Fenómeno de la Mafia en Sicilia (Ley 20 dic. 1962, n.º 1.720).

CASARRUBEA, Giuseppe y CIPOLLA, Giuseppe: *Quotidiano e immaginario in Sicilia*, Vittorietti, Palermo, 1984.

CASARRUBEA, Giuseppe: *Portella della Ginestra. Microstoria di una strage di Stato*, Angeli, Milán, 1997.

—, *«Fra diavolo» e il governo nero - Doppio Stato e stragi nella Sicilia del dopoguerra*, con introducción de Giuseppe De Lutiis, Angeli, Milán, 1998.

CATANZARO, Raimondo: *Il delitto come impresa*, Liviana, Padua, 1989 [*El delito como empresa: historia social de la mafia*, Taurus, Madrid, 1992].

—, *La mafia come fenomeno di ibridazione sociale - Proposta di un modello*, en *Italia contemporanea*, 156, septiembre de 1984.

CENTORRINO, Mario y SIGNORINO, Guido: *Macroeconomia della mafia*, La Nuova Italia, Florencia, 1997.

—y GALANTE, Giuseppe: «Il mafioso da imprenditore a manager», en *Politica ed economia*, n.º 10, 1982.

CENTORRINO, Mario: _L'economia mafiosa_, Rubbettino, Soveria Mannelli, 1986.

CHILANTI, Felice y FARINELLA, Mario: _Rapporto sulla mafia_, Flaccovio, Palermo, 1964.

CIMINO, Marcello: «La mafia come borghesia», en _Segno_, n.º 10, 1980.

—, _Le pietre nello stagno_, La Zisa, Palermo, 1988.

CINGARI, Gaetano: _Brigantaggio, proprietari e contadini nel Sud_, Editori Riuniti Meridionali, Reggio Calabria, 1976.

COLAJANNI, Napoleone: _Gli avvenimenti di Sicilia e le loro cause_, Sandron, Palermo, 1894.

—, _Nel regno della mafia_, Sandron, Palermo-Milán, 1900.

COLOMBO, Gherardo: _Il vizio della memoria_, Feltrinelli, Milán, 1998.

COMISIÓN PARLAMENTARIA ANTIMAFIA (Ley de 20 de diciembre de 1962, n.º 170), Ponencia del diputado Francesco Cattanei, V legislatura, doc. XXIII, n.º 2 _septies_, Roma, 1972.

COMISIÓN PARLAMENTARIA ANTIMAFIA: _Mafia e politica_, con prefacio de Nicola Tranfaglia, Laterza, Roma-Bari, 1993.

COMISIÓN PARLAMENTARIA DE INVESTIGACIÓN SOBRE EL CASO SINDONA (Leyes de 22 de mayo de 1980, n.º 204, y de 23 de junio de 1984, n.º 315), Ponencia de la minoría (ponentes G. D'Alema, G. Minervini y L. Cafiero), VIII legislatura, doc. XXIII, n.º 2 _sexies_, Roma, 1982.

CONSIGLIO, Alberto: _La vita di Lucky Luciano_, Milán, 1963.

COSTANTINO, Salvatore: _A viso aperto. La resistenza antimafiosa di Capo d'Orlando_, La Zisa, Palermo, 1993.

CUTRERA, Antonino: _La mafia e i mafiosi. Saggio di sociologia criminale_, Reber, Palermo, 1900; reed. anastática, Forni, Bolonia, 1984.

D'ALESSANDRO, Enzo: _Brigantaggio e mafia in Sicilia_, D'Anna, Messina-Florencia, 1959.

DALLA CHIESA, Nando: _Delitto imperfetto. Il generale, la mafia, la società italiana_, Mondadori, Milán, 1984.

—, _Il potere mafioso_, Mazzotta, Milán, 1976.

DE FELICE, Franco: «Doppia lealtà e doppio Stato», en _Studi storici_, julio-septiembre de 1989, n.º 3, pp. 493-563.

DE LUTIIS, Giuseppe: _Storia dei servizi segreti in Italia_, Editori Riuniti, Roma, 1985.

DI BELLA, Saverio (al cuidado de): _Mafia e potere_, 3 vol., Rubbettino, Soveria Mannelli, 1983.

DOLCI, Danilo: _Inchiesta a Palermo_, Einaudi, Turín, 1956.

—, *Spreco. Documenti e inchieste su alcuni aspetti dello spreco nella Sicilia occidentale*, Einaudi, Turín, 1960.

DUGGAN, Christopher: *La mafia durante il fascismo*, Rubbettino, Soveria Mannelli, 1986.

ENZENSBERGER, Hans Magnus: *Politica e gansterismo*, Savelli, Roma, 1979 [*Política y delito*, Anagrama, Barcelona, 1987].

FAENZA, Roberto y FINI, Marco: *Gli americani in Italia*, pref. de William Domhoff, Feltrinelli, Milán, 1976.

FALCONE, Giovanni y PADOVANI, Marcelle: *Cose di Cosa nostra*, Rizzoli, Milán, 1991.

FALCONE, Giovanni: «Che cosa è la mafia», en *Micromega*, n.º 3, 1992, pp. 7-14.

FALZONE, Gaetano: *Histoire de la mafia*, Fayard, París, 1973, trad. it.: Pan, Milán, 1974; Flaccovio, Palermo, 1985.

FAVA, Giuseppe: *Mafia. Da Giuliano a Dalla Chiesa*, Editori Riuniti, 2.ª ed., Roma, 1984.

FERRAROTTI, Franco: *Rapporto sulla mafia*, Liguori, Nápoles, 1978.

FIANDACA, Giovanni y COSTANTINO, Salvatore (al cuidado de): *La mafia. Le mafie*, Laterza, Roma-Bari, 1994.

FIUME, Giovanna: *Le bande armate in Sicilia (1819-1849). Violenza e organizzazione del potere*, Gelka, Palermo, 1984.

FRANCHETTI, Leopoldo y SONNINO, Sidney: *Inchiesta in Sicilia* (1876), 2 vol., Vallecchi, Florencia, 1876; nueva ed., Vallecchi, Florencia, 1974, al cuidado de Zeffiro Ciuffoletti.

FROSINI, Vittorio, RENDA, Francesco y SCIASCIA, Leonardo: *La mafia. Quattro studi*, Cappelli, Bolonia, 1970.

GAJA, Filippo: *L'esercito della lupara*, Area, Milán, 1950.

GALASSO, Alfredo: *La mafia política*, Baldini e Castoldi, Milán, 1993.

GALLUZZO, Lucio, LA LICATA, Francesco y LODATO, Saverio (al cuidado de): *Rapporto sulla mafia degli anni Ottanta*, Flaccovio, Palermo, 1986.

GALLUZZO, Lucio, NICASTRO, Franco y VASILE, Vincenzo: *Obiettivo Falcone*, Liguori, Nápoles, 1992.

GAMBETTA, Diego: *La mafia siciliana. Un'industria della protezione privata*, Einaudi, Turín, 1994.

GANAZZOLI, Angelo: *Antimafia post-scriptum*, I.l.a. Palma, Palermo, 1987.

GANCI, Massimo y SORGI, Nino: *Antologia della mafia*, Il Punto, Palermo, 1964.

GENTILE, Nicola: *Vita di capomafia*, Editori Riuniti, Roma, 1963.

GIORDANO, Francesco Paolo yTESCAROLI, Luca: *Falcone - Inchiesta per una strage*, Rubbettino, Soveria Mannelli, 1998.

GIUFFRIDA, Romualdo: *Il Banco di Sicilia*, vol. 2, Fondazione Mormino, Palermo, 1973.

GOSH, Martin A. y HAMMER, Richard: *L'ultimo testamento di Lucky Luciano*, Sperling Kupfer, Milán, 1975.

GRAMMATICO, Dino: *La rivolta siciliana del 1958. Il primo governo Milazzo*, Sellerio, Palermo, 1996.

GRIBAUDI, Gabriella: *Mediatori*, Rosenberg e Sellier, Turín, 1991.

HESS, Henner: *Mafia, zentrale Herrschaft und lokale Gegenmacht*, J.C.B. Mohor, Tubingen, 1970; trad. it., Laterza, Bari, 1973.

HOBSBAWM, Eric John: *I ribelli. Forme primitive di rivolta sociale*, Einaudi, Turín, 1966. [*Rebeldes primitivos*, Ariel, Barcelona, 1983].

—, *I banditi. Il bnditismo sociale nell'età moderna*, Einaudi, Turín, 1971 [*Bandidos*, Ariel, Barcelona, 1976].

HUTIN, Serge: *Le società segrete*, Mondadori, Milán, 1996 [*Historia mundial de las sociedades secretas*, Plaza y Janés, Barcelona, 1971].

IMPASTATO, Felicia Bartolotta: *La mafia in casa mia*, La Luna, Palermo, 1986.

KEFAUVER, Estes: *Il gangsterismo in America*, Einaudi, Turín, 1953 [*El crimen en América*, Noguer y Caralt, Barcelona, 1960].

LA TORRE, Pio: «Relazione di minoranza», en Senado de la República, VI legislatura, doc. XXIII, n.º 2, Comisión Parlamentaria de Investigación sobre el Fenómeno de la Mafia en Sicilia (Ley de 20 de diciembre de 1962, n.º 1720).

LO SCHIAVO, Giuseppe Guido: *100 anni di mafia*, Bianco, Roma, 1962.

LODATO, Saverio: *Dieci anni di mafia*, Rizzoli, Milán, 1990.

LUMIA, Luigi: *Villalba. Storia e memoria*, 2 vol., Luxografica, Caltanissetta, 1990.

LUPO, Salvatore: *Storia della mafia dalle origini ai nostri giorni*, Donzelli, Roma, 1993; 2.ª ed. 1997.

—, *Andreotti, la mafia, la storia d'Italia*, Donzelli, Roma, 1996.

MACALUSO, Emanuele: *I comunisti e la Sicilia*, Editori Riuniti, Roma, 1970.

—, *La mafia e lo Stato*, Editori Riuniti, Roma, 1971.

—, *Giulio Andreotti tra Stato e mafia*, Rubbettino, Soveria Mannelli, 1995.

MACK SMITH, Denis: «L'insurrezione dei contadini siciliani nel 1860», en *Scritti in onore di Luigi Luzzatto*, Giuffré, Milán, 1950.

—, *Storia della Sicilia medioevale e moderna*, Laterza, Bari, 1970.

MANGIAMELI, Rosario (al cuidado de), *Foreign Office, Sicily Zone Handbook 1943*, Sciascia, Caltanissetta-Roma, 1995.

—, «Gabelloti e notabili nella Sicilia dell'interno», en *Italia contemporanea*, 156, septiembre de 1984.

—, «La regione in guerra», en *La Sicilia*, al cuidado de Maurice Aymard y Giuseppe Giarrizzo, Einaudi, Turín, 1987.

—, «Le allegorie del buon governo: sui rapporti tra mafia e americani in Sicilia nel 1943», en Universidad de Catania, *Annali 80 del Dipartimento di scienze storiche*, Galatea, Catania, 1981.

—, «Banditi e mafiosi dopo l'unità», en *Meridiana*, n.º 7-8, 1989-1990, pp. 73-118.

MARCHESE, Antonino Giuseppe (al cuidado de): *I masnadieri giulianesi - L'ultimo avanzo del brigantaggio in Sicilia*, I.l.a. Palma, Palermo, 1990.

MARINO, Giuseppe Carlo: *L'ideologia sicilianista*, 2.ª ed., Flaccovio, Palermo, 1988 (a).

—, *Sacri ideali e venerabili interessi*, Ediprint, Siracusa-Palermo, 1988 (b).

—, *Storia del separatismo siciliano*, Editori Riuniti, Roma, 1993².

—, *La repubblica della forza*, Angeli, Milán, 1995.

—, *L'opposizione mafiosa*, Flaccovio, Palermo, 1996³.

—, *Storia della mafia*, colección «Il sapere», Newton & Compton, Roma, 1997.

—, *Vita politica e martirio di Nicola Alongi contadino socialista*, Novecento, Palermo, 1997.

—, *Il maligno orizzonte e l'utopia. La profonda Sicilia dai Fasci al Fascismo*, Sciascia, Caltanissetta-Roma, 1998.

MAXWELL, Gavin: *Dagli amici mi guardi Iddio*, Feltrinelli, Milán, 1957.

MAZZAMUTO, Pietro: *La mafia nella letteratura*, Andò, Palermo, 1970.

MENIGHETTI, Romolo: *Un giornale contro la mafia - Analisi del periodico palermitano* «Sicilia Domani: 1962-65», I.l.a. Palma, Palermo, 1984.

MERCADANTE, Vito: *Storia ed antologia sulla mafia*, Vaccaro, Caltanissetta, 1984.

—, *Breve storia della mafia*, I.l.a. Palma, Palermo, 1986.

—, *La nuova mafia da Lucky Luciano a Michele Greco*, Vaccaro, Caltanissetta, 1986.

MERCURI, Lamberto (al cuidado de): «Resoconto delle attività svolte dal Governo militare alleato e dalla Commissione alleata di controllo in Italia», *Quaderni FIAP*, n.° 17, Roma, s.f.

MESSINA, Calogero: *Il caso Panepinto*, Herbita, Palermo, 1977.

MINNA, Rosario: *Breve storia della mafia*, Editori Riuniti, Roma, 1984.

MINEO, Mario: «Borghesia mafiosa e Stato Italiano», en *Praxis*, n.° 10-11, 1983, pp. 10-14.

MONTALBANO, Giuseppe: «La mafia», en *Quaderni di Sala d'Ercole*, Palermo, 1959.

—, *Mafia politica storia*, Boccone del povero, Palermo, 1982.

MORI, Cesare: *Con la mafia ai ferri corti*, Mondadori, Milán, 1932.

MOSCA, Gaetano: «Che cos'è la mafia?», en *Giornale degli economisti*, serie II, n.° 20, pp. 236-262, 1900.

—, *Uomini e cose di Sicilia*, al cuidado de Vittorio Frosini, Sellerio, Palermo, 1980.

NICOSIA, Angelo: «Relazione di minoranza», en Senado de la República, VI legislatura, doc. XXIII, n.° 2, Comisión Parlamentaria de Investigación sobre el Fenómeno de la Mafia en Sicilia (Ley de 20 de diciembre de 1962, n.° 1.720).

NOTARBARTOLO, Leopoldo: *Memorie della vita di mio padre, Emanuele Notarbartolo di San Giovanni*, Pistoia, 1949.

NOVACCIO, Domenico: *Inchiesta sulla mafia*, Feltrinelli, Milán, 1963.

OVAZZA, Mario: *Il caso Battaglia. Pascoli e mafia sui Nebrodi*, Libri Siciliani, Palermo, 1967.

—, «Antologia di discorsi parlamentari», al cuidado de Giuseppe Carlo Marino, en *Mario Ovazza, Il comunismo come pratica della ragione*, vol. II, IGS, Palermo, 1990.

—, «Appunti inediti», en Giuseppe Carlo Marino, *Antimafia come rivoluzione culturale*, Rinascita siciliana, Palermo, 1993.

PANTALEONE, Michele: *Mafia e politica*, Einaudi, Turín, 1962.

—, *Mafia e droga*, Einaudi, Turín, 1966.

—, *Antimafia occasione mancata*, Einaudi, Turín, 1969.

PETACCO, Arrigo: *Il prefetto di ferro*, Mondadori, Milán, 1976.

PETRUZZELLA, Franco (al cuidado de): *La posta in gioco. Il Pci di fronte alla mafia*, 2 vol., La Zisa, Palermo, 1993.

PEZZINO, Paolo: «Stato violenza società. Nascita e sviluppo del paradigma mafioso», en *La Sicilia*, al cuidado de Maurice Aymard y Giuseppe Giarrizzo, Einaudi, Turín, 1987.

—, *Una certa reciprocità di favori. Mafia e modernizzazione violenta nella Sicilia postunitaria*, Angeli, Milán, 1990.

—, *La congiura dei pugnalatori*, Marsilio, Venecia, 1992.

PITRÉ, Giuseppe: *Usi e costumi, credenze e pregiudizi del popolo siciliano*, 4 vol., reed. anastática, Clio, San Giovanni La Punta, 1993.

POLETTI, Charles: Texto de la entrevista concedida a Gianni Puglisi, en AA.VV.: *I protagonisti. Gli anni difficili dell'autonomia*, Università degli Studi, Palermo, 1993.

PRIULLA, Graziella (al cuidado de): *Mafia e informazione*, Liviana, Padua, 1987.

RAITH, Werner: *Mafia ziel Deutschland - Vom Verfall der politichen Kultur zur Organisierten Kriminalitat*, Fischer, Francfort, 1992.

REID, Ed: *La mafia dalle origini ai nostri giorni* (con pref. de Piero Calamandrei), Parenti, Florencia, 1956.

RENDA, Francesco: *Socialisti e cattolici in Sicilia 1900-1904*, Sciascia, Caltanissetta-Roma, 1972.

—, *I Fasci siciliani 1892-94*, Einaudi, Turín, 1977.

—, *Storia della Sicilia*, 3 vol., Sellerio, Palermo, 1983-1987.

—, *Resistenza alla mafia come movimento nazionale*, Rubbettino, Soveria Mannelli, 1993.

—, *Storia della mafia*, Sigma, Palermo, 1997.

ROMANO, Salvatore Francesco: *Storia dei Fasci Siciliani*, Laterza, Bari, 1960.

—, *Storia della mafia*, Mondadori, Milán, 1966.

ROMEO, Rosario: *Il Risorgimento in Sicilia*, Laterza, Bari, 1950.

SALADINO, Giuliana: *Terra di rapina*, Einaudi, Turín, 1977.

SANTINO, Umberto y LA FIURA, Giovanni: *L'impresa mafiosa*, Angeli, Milán, 1990.

SANTINO, Umberto: «Borghesia mafiosa e capitalismo», en *Segno*, n.º 13, 1980, pp. 18-25.

—, *La mafia interpretata. Dilemmi, steriotipi, paradigmi*, Rubbettino, Soveria Mannelli, 1995.

—, *Sicilia 102 caduti nella lotta contro la mafia e per la democrazia dal 1893 al 1994*, Centro «G. Impastato», Palermo, 1995.

—, *L'alleanza e il compromesso*, Rubbettino, Soveria Mannelli, 1998.

SCELBA, Mario: *Per l'Italia e per l'Europa* (autobiografía), Cinque Lune, Roma, 1990.

SCHNEIDER, Jane y SCHNEIDER, Peter: *Classi sociali ed economia politica in Sicilia*, con pref. de Pino Arlacchi, Rubbettino, Soveria Mannelli, 1988.

Sciascia, Leonardo: *Pirandello e la Sicilia*, Sciascia, Caltanissetta-Roma, 1961.

Senado de la república: V legislatura, doc. XXIII, n.º 2, *sexies*, Comisión Parlamentaria de Investigación sobre el Fenómeno de la Mafia en Sicilia, «Ponencia sobre las relaciones entre mafia y bandolerismo en Sicilia».

—, V legislatura, doc. XXIII, n.º 2, *quater*, Comisión de Investigación sobre el Fenómeno de la Mafia en Sicilia (Ley de 20 de diciembre de 1962, n.º 1.720), presidente Franco Cattanei, «Ponencia sobre la investigación referente a casos de distintos mafiosos», Tip. Colombo, Roma, 1972.

—, V legislatura, doc. XXIII, n.º 2, *septies*, Comisión Parlamentaria de Investigación sobre el Fenómeno de la Mafia en Sicilia (Ley de 20 de diciembre de 1962, n.º 1.720), presidente Franco Cattanei, «Ponencia de los trabajos desarrollados y sobre el estado del fenómeno mafioso al término de la V legislatura, aprobada en la sesión del 31 de marzo de 1972», Tip. Colombo, Roma, 1972.

—, VI legislatura, doc. XXII, n.º 2, Comisión Parlamentaria de Investigación sobre el Fenómeno de la Mafia en Sicilia (Ley de 20 de diciembre de 1962, n.º 1.720), «Ponencia conclusiva, ponente Carraro - Ponencia sobre el tráfico mafioso de tabaco y estupefacientes, además de sobre las relaciones entre mafia y gansterismo italoamericano: ponente Zuccalà - Ponencias de la minoría: 1) ponentes La Torre y otros; 2) ponentes Nicosia y otros; comunicadas a las Presidencias de las Cámaras el 4 de febrero de 1976», Senado de la República, Roma, 1976.

Siragusa, Mario y Seminara, Giuseppina: *Società e potere mafioso nella Gangi liberale e fascista*, ed. «Progetto Gangi», Gangi, 1995.

Siragusa, Mario: *Gli inquietanti legami dello zoppo di Gangi*, Lancillotto, Leonforte, 1997.

Stajano, Corrado (al cuidado de): *Mafia. L'atto di accusa dei giudici di Palermo*, Editori Riuniti, Roma 1986.

Tessitore, Giovanni: *Cesare Mori. La grande occasione perduta dell'antimafia*, Pellegrini, Cosenza, 1994.

Tranfaglia, Nicola: *La mafia come metodo*, Laterza, Roma-Bari, 1991.

—, *Mafia, politica e affari, 1943-91*, Laterza, Roma-Bari, 1992.

Trevelyan, George, M.: *Garibaldi e i Mille*, Zanichelli, Bolonia, 1910.

Turone, Sergio: *Partiti e mafia: dalla P2 alla droga*, Laterza, Roma-Bari, 1985.

VECOLI, Rudolph J.: «Chicago's Italians prior to World War», en *Potere e mafia*, al cuidado de S. Di Bella, Rubbettino, Soveria Mannelli, 1983.

VILLARI, Pasquale: *Lettere meridionali ed altri scritti sulla questione sociale in Italia*, Bocca, Roma-Turín-Florencia, 1882.

VIOLANTE, Luciano: *Non è la piovra. Dodici tesi sulle mafie italiane*, Einaudi, Turín, 1994 [*No es «piovra»: doce tesis sobre la mafia*, Anaya & Mario Muchnik, Madrid, 1997].

—, (al cuidado de): *Mafia e società italiana. Rapporto '97*, Laterza, Roma-Bari, 1997.

—, (al cuidado de): *I soldi della mafia. Rapporto '98*, Laterza, Roma-Bari, 1998.

ZANGHERI, Renato: *Storia del Socialismo italiano*, II, Einaudi, Turín, 1997.

FUENTES DOCUMENTALES

La reconstrucción histórica de este libro, aparte de los textos antes enumerados, se ha valido de un vasto material documental (no siempre citado), a veces inédito, pero a menudo utilizado por el autor también en obras anteriores. Los fondos más importantes a los que se ha recurrido son los siguientes:

ARCHIVO CENTRAL DEL ESTADO (ACE):
— Ministerio del Interior, Dirección General de Policía del Estado (DGP), años 1944-1955;
— Oficina Penal (OP) *ad vocem*;
— Oficina de Códigos;
— Ministerio del Interior, Dirección general de la Administración Civil, División de Asuntos Provinciales y Municipales (fondo «Ayuntamientos»), años 1913-1924 y varias carpetas sucesivas.

ARCHIVO DE ESTADO DE PALERMO:
— Gabinete de Prefectura (GP), años 1862-1910 (en los respectivos legajos del ordenamiento de archivos adoptado);
— Subprefectura de Corleone, años 1873-1913.

ARCHIVO DEL INSTITUTO GRAMSCI SICILIANO:
Fondos «Finocchiaro Aprile» y «Girolamo Li Causi».

ARCHIVO DEL INSTITUTO STURZO DE ROMA:
Fondo «Scelba».

ÍNDICE DE PERSONAS

ÍNDICE DE LUGARES

LOS MASONES

Jasper Ridley

Los masones suelen ser vistos como una hermandad misteriosa. En este libro, Jasper Ridley se propone separar el mito de la verdad.

Describe el desarrollo de la francmasonería, desde las primitivas logias de los trabajadores de la Edad Media a los «caballeros masones» del siglo XVIII. Relata la formación de la Gran Logia de Londres en 1717 y la difusión de la bula papal de 1738, que condenaba la francmasonería y que marcó el comienzo de una guerra de doscientos cincuenta años entre los masones y la Iglesia católica. Analiza su papel en la revolución norteamericana de 1776 y la creación de Estados Unidos y su responsabilidad en la Revolución Francesa, pasando por el significado de la ópera *La flauta mágica* de Mozart. También examina el caso de William Morgan, un hombre que, casi con seguridad, fue asesinado por los francmasones en 1826 en el estado de Nueva York para impedir que revelara secretos masónicos, lo que provocó un estallido de furia antimasónica en los Estados Unidos a lo largo de la década de 1830.

Ridley analiza la persecución a los francmasones por parte de Hitler, quien los acusó de ser agentes de los judíos y de ayudarlos en su intento de dominar el mundo; las dificultades que los masones encontraron en Japón y en otros países; el efecto que su actitud de ocultamiento y sus ceremonias produjeron en su imagen pública y su relación con las mujeres, razón por la que fueron criticados durante casi trescientos años. Compara la francmasonería británica, que consiste en una organización compuesta en su mayoría por comerciantes de clase media bajo protección de la realeza, con los francmasones revolucionarios e izquierdistas de Francia, Italia y América Latina.

Por último, estudia la posición de los francmasones en nuestros días, evaluando hasta dónde se justifican los temores y las sospechas que aún generan, y si serán capaces de adaptarse al mundo del siglo veintiuno.

LOS TEMPLARIOS

Piers Paul Read

La dramática historia de los Caballeros Templarios,
la orden militar más poderosa de las Cruzadas.

Desde los misteriosos guardianes del Santo Grial en la ópera *Parsifal*, de Wagner, hasta el demoníaco antihéroe Brian de Bois Guilbert, en *Ivanhoe*, de Walter Scott, los Caballeros del Templo de Salomón han sido fuente de constante fascinación en la imaginación contemporánea. ¿Quiénes eran los Templarios? ¿Cuáles eran las razones de su éxito y su poder? ¿Qué provocó su declive?

En esta crónica ágil y atractiva, basada en las últimas investigaciones históricas, Piers Paul Read separa el mito de la ficción. Luego de un breve resumen de la historia del templo y de las tres religiones —judaísmo, cristianismo e islamismo— que pelearon tanto tiempo por poseerlo, describe en detalle esta fuerza de monjes guerreros que no sólo fue única en la historia de las instituciones cristianas, sino que fue además el primer ejército estable uniformado del mundo occidental. El mantenimiento de los Templarios supuso la creación de una suerte de poderosa «empresa multinacional» que prosperó gracias al manejo eficiente de vastos bienes y a una forma precursora del sistema bancario internacional. Expropiada por el rey francés Felipe IV en 1307, la Orden fue finalmente suprimida en 1312 por el Papa Clemente V.

¿Era culpable de los cargos de blasfemia, sodomía y herejía que sus miembros aceptaron bajo tortura? ¿Qué importancia tiene su historia para nuestros días? En esta obra, que incorpora la historia de las cruzadas y describe muchos de los atractivos personajes que tomaron parte en ellas, Piers Paul Read examina la reputación póstuma de la Orden y señala paralelos entre el presente y el pasado.